韩文秀，河北人。现任中央财经委员会办公室副主任。1984年毕业于北京大学经济系，获经济学学士学位；1989年毕业于北京大学经济学院，获经济学硕士学位；2010年毕业于中国人民大学财政金融学院（在职），获经济学博士学位。曾在北京大学学报编辑部任编辑，国家计委经济研究中心从事研究工作，在国家发展改革委财政金融司、国民经济综合司任调研员、处长、副司长等职，在中央财经领导小组办公室宏观组任组长，2011年8月任国务院研究室副主任，2018年3月起任中央财经委员会办公室副主任。出版有《人民币迈向国际货币》、《回头看：经济分析的前瞻性和可靠性》、《中国 GNP 的分配和使用》（合著）、《积极财政政策的潜力和可持续性》（合著）等著作。

历史的足音——改革开放 40 年研究文库

建言中国经济成长

韩文秀◎著

中国言实出版社

图书在版编目（CIP）数据

建言中国经济成长 / 韩文秀著. -- 北京 ：中国言
实出版社, 2018.11

ISBN 978-7-5171-2791-8

Ⅰ. ①建… Ⅱ. ①韩… Ⅲ. ①中国经济－宏观经济分
析－文集 Ⅳ. ①F123.16-53

中国版本图书馆 CIP 数据核字（2018）第 122426 号

责任编辑：肖　彭
　　　　　张　朕
特约编辑：李　俊
出版统筹：冯素丽
责任校对：张　强
责任印制：佟贵兆
封面设计：徐　晴

出版发行　**中国言实出版社**
　　　　地　　址：北京市朝阳区北苑路 180 号加利大厦 5 号楼 105 室
　　　　邮　　编：100101
　　　　编辑部：北京市海淀区北太平庄路甲 1 号
　　　　邮　　编：100088
　　　　电　　话：64924853（总编室）　64924716（发行部）
　　　　网　　址：www.zgyscbs.cn
　　　　E-mail：zgyscbs@263.net

经　　销　新华书店
印　　刷　北京中科印刷有限公司
版　　次　2018 年 11 月第 1 版　　2018 年 11 月第 1 次印刷
规　　格　710 毫米×1000 毫米　1/16　49.25 印张
字　　数　693 千字
定　　价　268.00 元　　ISBN 978-7-5171-2791-8

自　序

——兼论转段和适应

　　改革开放 40 年，在人类历史上只是一个瞬间，但中国创造了发展奇迹，经历了沧桑巨变。凡亲历者，皆为之惊叹。拿我自己来讲，回看走过的路，也不胜唏嘘。如以儿时的环境状况为基点来设想人生，不会想象出现在的样子。反过来，如以现在的样子倒推人生，也不会推演出儿时的环境状况。按常理，许多事情不可能发生，有如电影《Mission: Impossible》的字面含义，但现实胜于设想。

　　举例来说，作为 20 世纪 60 年代初出生的人，整个 70 年代都在上中小学。那时也写过以"我的理想"为题的作文，但上小学初中的时候，没有想到还要上大学，因为那时没有大学可上，1977 年恢复高考彻底改变了千千万万个青年的命运。我从北方的乡村小学、县城中学一路学来，居然上了大学，而且是北京大学。上小学初中的时候，没有想到自己会有一辆汽车，因为那时我们的工业还很落后，后来自己居然有了私家车，而且更新换了代。上小学初中的时候，虽然听说过"楼上楼下、电灯电话"，但从未去过大城市，也没想过有没有机会去，因为那时城乡分割很明显，后来不仅时常往来北上广，居然连纽约、巴黎都去过了。上小学初中的时候，说一口家乡话，没想过还会需要说普通话，而后来居然以普通话作为日常用语，甚至需要且能够用英语和外国人交流。这些对个人来讲都是重大的跨越，这在原来的环境状况下根本不可能实现，只因为国家发展的大环境变了，个体才得以完成"惊险的跳跃"。我们感谢和庆幸能够生长在这样一个伟大的时代。

　　由此体悟到一个带有规律性的东西，它适用于微观主体和宏观主体，适用于质变和巨变，那就是"转段"和"适应"。

人的成长经常面临转段和适应。从学前自由玩耍到上学按时作息，是生活的转段，需要适应。从中小学到大学，学习的内容和方式方法有很大变化，也是转段，需要适应。大学毕业后开始工作或进入慢就业状态，又是转段，需要适应。在企业从工人、专业技术人员到厂长经理老板，在政府部门从科员到处长、司长等，都是转段，需要适应。从单身到成家，再到为人父母，又是转段，需要适应。从繁忙的工作状态到安逸的退休生活，也是转段，需要适应。如果拒绝转段，或该转段时不转段、没转段，或者客观上转段了、但主观上不适应，那就可能遇到失调、摩擦甚至冲突。

国家发展经常面临转段和适应。从贫穷到温饱，从低收入到中等收入再到高收入，在不同发展阶段，国家政策的基调和重点取向不同，需要适时调整。在"一穷二白"的情况下，重点是怎样画出最新最美的图画（但政策思路必须对头），那时没什么人讨论个人财产保护和财富管理。在经历了改革开放40年经济持续快速发展后的今天，我们把保护产权（包括国有资产、企业产权、个人财产等）置于重要位置，把财富管理和资产配置看得如此重要，把加强知识产权保护和运用摆上重要议事日程，把保护生态环境和应对全球气候变化由外部压力变为内在要求，都是适应变化、与时俱进的表现。特别是我们做出了我国社会主要矛盾已经由"人民日益增长的物质文化需要同落后的社会生产之间的矛盾"转化为"人民日益增长的美好生活需要和不平衡不充分的发展之间的矛盾"、我国经济已由高速增长阶段转向高质量发展阶段的重大判断，这就为今后一个时期经济社会发展的政策取向确定了新的基调。这也是"转段"和"适应"。

国际关系经常面临转段和适应。"江山代有才人出，各领风骚数百年"。国家兴衰、世界格局演变也是如此。世界历史上曾见证一个个大国崛起，也见证许多大国走向衰落甚至消亡。在一国的综合国力和国际地位发生趋势性变化和"转段"的情况下，"适应"很重要，"适应"和"不适应"所产生的外溢效应差别很大。今天的马其顿肯定不宜保持当年亚历山大帝国的心态。今天的英国也不宜保持当年"日不落帝国"的心态。20 世纪世界格局曾发生重大变化，进入 21 世纪，世界正面临百年未有之大变局，中国崛起是一个最大亮点、焦点。日本曾经在 1968年后几十年中保持了全球第二大经济体的地位，2010 年中国的超越曾令日本在心态上很不适应。但随着中国经济体量越来越大，迄今已达到日本的近 3 倍，自然是"不服不行"。而且人口规模等因素决定了中国不会止步于第二大经济体，2017 年中国经济总量相当于美国的 64%，这一比例必将还会上升，最终实现超越。可以理解，美国的焦虑感上升，而且在被超越之前和被超越初期的一段时期，势必忍受"痛苦的煎熬"。在这里，我们又看到了"转段"和"适应"的规律。如果"转段"是客观趋势乃至客观现实，那么主观上就要学会"适应"，逆潮流而动没有结果，只会乱套。

回首过去 40 年，中国以改革开放推动发展的壮举，改变了自己，也改变了世界。展望下个 40 年，中国的发展前景令人无限遐想，我们将成为大而强的国家，我们的国民素质、国家治理、产业水平、企业竞争力等诸多方面，都需要转段和适应。对此，我们充满期待。

本书汇编了作者自 20 世纪 80 年代初至 2018 年的文章报告 81 篇，粗略分为稳增长、促改革、调结构、惠民生、防风险五大类，按照由近及远的时序排列，呈现了作者对相关问题的思考和认识，谨作为对改革开放 40 周年的一份纪念。

韩文秀

2018 年 10 月

目　录

第一篇　稳增长

第二篇　促改革

第三篇　调结构

第四篇　惠民生

第五篇 防风险

稳增长

坚定不移把发展作为党执政兴国的第一要务*

回头看：本文较为全面系统地阐述了在中国特色社会主义进入新时代为什么、怎么样坚持把发展作为党执政兴国的第一要务，这一命题将贯穿于社会主义初级阶段和实现中华民族伟大复兴的整个过程。

党的十九大强调，发展是解决我国一切问题的基础和关键，必须坚定不移把发展作为党执政兴国的第一要务。我们要适应中国特色社会主义进入新时代的新要求，紧扣社会主要矛盾的新变化，顺应人民对美好生活的新期待，推动实现高质量发展。

一、抓好发展是治国安邦的根本之策

党的十八大以来，我国经济社会发展取得历史性成就，我国发展已经站在新的历史起点上，但我国仍处于并将长期处于社会主义初级阶段的基本国情没有变，我国作为世界最大发展中国家的国际地位没有变，发展仍然是我们党执政兴国的第一要务。发展没有止境，必须长抓不懈。党的十九大对全面建设社会主义现代化国家作出新的战略安排，提出新的目标要求，抓好发展更加重要、更为紧迫。

（一）抓好发展是决胜全面建成小康社会和实现中华民族伟大复兴中国梦的必然要求。改革开放以来，我国先后解决了人民温饱问题、使人民生活总体上达到小康水平，实现了社会主义现代化建设的前两步战

---

* 本文原载《求是》2018年第2期。

略目标,靠的是发展。进入新世纪以来全面建成小康社会取得重大进展,靠的是发展。今后三年决胜全面建成小康社会,实现圆满收官,也要靠发展。毫无疑问,全面建设社会主义现代化国家、实现中华民族伟大复兴,还要靠发展。没有发展,许多设想就可能流于空想。

(二)抓好发展是实现人民对美好生活向往的必然要求。发展和民生密切相关,只有发展了,才能创造更多就业机会,解决好就业这个民生之本问题,才能做大"蛋糕"供人民群众共享,不断增加城乡居民收入,逐步实现共同富裕。如果没有发展或发展停滞,民生就难以得到有效保障和改善,人民对美好生活的向往也必然落空,各类矛盾就会集中爆发,甚至出现一些影响社会和谐稳定的连带风险和问题。

(三)抓好发展是显示中国特色社会主义制度优越性的必然要求。小平同志说,贫穷不是社会主义。改革开放之后,我国开启了从站起来到富起来的伟大进程,回首走过的近40年,尽管当前人民生活还不能说多么富裕,但从贫穷到相对富裕的巨大变化举世瞩目,证明了社会主义能够让人民群众在不算长的时间内尽快富起来。目前我国经济规模已经比较大,但大而不强的问题比较突出。我们必须实现由大到强的转变,发展先进生产力、提高核心竞争力,这才能进一步显示中国特色社会主义制度的优越性。

(四)抓好发展是我们党长期执政的必然要求。发展工程往往直接或间接地也是民生工程、民心工程,抓发展是为了惠民生、赢民心。只有持续抓好发展,才能持久赢得民心,更好维护和巩固我们党长期执政的地位。同时,只有抓好发展,才能提供强大的物质基础,从而建立巩固的国防和有力的国家安全保障体系。发展是政权的基石,务必筑牢夯实。

(五)抓好发展是提升我国国际地位和影响力的必然要求。一国国际地位的高低强弱,主要由国家实力决定,软实力也需要硬实力支撑,需要有强大的物质基础。当前我国国际地位和影响受到全球瞩目,根本在于经过改革开放以来持续快速发展,我国已经成为世界第二大经济体,拥有3万多亿美元外汇储备,220多种工业产品产量位居世界第一,进出口、对外投资和出境旅游规模庞大,国内市场潜力巨大,国际工程建设和融资能力很强等,这使得我国在多双边国际事务中的分量日益吃重。进一步提升我国国际地位和影响力,还要通过抓好发展,推动我国经济实力和综合国力在国际上实现新的跨越、达到新的高度。

二、我国发展仍存在短板弱项

在充分肯定发展成就的同时,要坚持两点论,清醒认识发展中的差距,找准下一步发展的努力方向。党的十九大报告指出,我国社会主要矛盾已经转化为人民日益增长的美好生活需要和不平衡不充分的发展之间的矛盾。这一重大论断和报告的相关论述清晰地指明了我国发展存在的短板弱项。

一是发展不平衡。突出表现在城乡、区域发展差距仍然较大,经济与社会发展一条腿长一条腿短的问题仍然存在等。目前城镇居民人均可支配收入相当于农村的2.7倍,与前些年相比,差距逐步收窄,但仍比较明显,特别是还有3000多万农村贫困人口,尤其是深度贫困地区和集中连片特困地区的生产生活条件差,与东部沿海发达地区形成较大反差。区域发展不平衡状况同样如此,整体上趋于改善,但差距依然不小,人均地区生产总值和人均财力高的省份(即使不考虑北京、上海等直辖市)相当于低的省份3倍左右。在医疗、教育、社保、住房等方面既有供给不足问题,也有质量不高问题,人民群众还有许多不满意的地方。发展不平衡既是问题所在,也是潜能所在,从不平衡趋向平衡,将为发展提供强大动力。

二是发展不充分。我国社会主要矛盾发生了变化,但我国仍处于并将长期处于社会主义初级阶段,仍是国际上最大的发展中国家,发展不充分是对这一基本国情和这一国际地位的最佳注解。与发达国家相比,我国发展不充分的问题自不待言,比如我国人均国民总收入目前不足1万美元,排在世界90多位,仅相当于高收入国家平均水平的20%。即使是沿海发达地区,在发展水平和结构上也有不足之处,也存在发展不充分问题。至于中西部地区,发展不充分问题更为突出。同时,随着收入水平提高、恩格尔系数下降(即食品支出占居民消费总支出的比例,已由1978年的60%左右，下降至2016年的30.1%)，人民群众对美好生活的向往更加强烈，对生活品质的要求更高，与日益多样化高端化的需求相比，发展不充分问题也十分明显。

三是发展方式仍较粗放。我国发展的环境和条件已经发生重大变化，原有发展方式难以为继，近年来转变发展方式取得积极成效，但尚未到位，新旧发展方式处于并存、过渡、替换状态。新发展理念还没有成为全社会普遍自觉的行动，而旧发展理念则树倒根还在。适应新发展方式、新发展理念要求的工作方式方法还没有完全找到和熟练掌握，旧的工作方式方法仍会习惯性地运用。经济大而不强的问题既很普遍、又很突出，无论是工业、外贸，还是科技、教育等领域，量大质不高问题都有诸多表现。制造业一些关键核心技术受制于人，工业母机、高端芯片、特殊材料等仍需要大量进口。金融期货市场交易规模位居世界前列，但对国际大宗商品价格缺乏定价权。我国企业在全球500强中已占据115席，为世界第二多，其中既有不少民营企业，也有许多国有企业，但普遍缺乏全球知名品牌和自主知识产权优势，在核心竞争力和全球资源配置能力等方面与世界先进水平仍有差距。

其他许多领域也存在发展质量、结构、效益等问题，需要高度重视、认真解决。

三、多措并举推动转向高质量发展

党的十九大报告指出，我国经济已由高速增长阶段转向高质量发展阶段。由于人力、土地、环境等成本上升，传统比较优势弱化，加之经济规模的基数增大等因素影响，我们不可能再期望重现过去那种高速增长，工作上不能蛮干和盲目追求速度，这方面已形成广泛共识。同时要认识到，高质量发展并不是自然而然就会到来，并不是速度下去了，质量就会提上来。高质量发展阶段是一个以质取胜的发展阶段，是没有质量就无以发展的阶段，是唯有艰苦努力才能达到的新发展水平和新发展境界。实现高质量发展，必须坚持以习近平新时代中国特色社会主义思想为指导，坚持稳中求进工作总基调，贯彻创新、协调、绿色、开放、共享的发展理念，加快建设现代化经济体系。

第一，坚持质量第一、效益优先，深化供给侧结构性改革。正确处理发展速度和质量效益的关系，始终把质量和效益摆在首位，同时要加强和改善宏观调控，使经济运行保持在合理区间，确保不滑出底线。要把发展经济的着力点放在实体经济上，以科技创新来支撑和引领实体经济，以现代金融来服务实体经济，以丰富的人力资源来满足实体经济发展需要，加快建设实体经济、科技创新、现代金融、人力资源协同发展的产业体系。要加快发展先进制造业和现代服务业，推动互联网、大数据、人工智能和实体经济深度融合，培育壮大新兴产业、改造提升传统产业，让实体经济不断焕发出勃勃生机。要正确认识供给和需求的关系，把解决供给问题作为主要矛盾和主攻方向，同时适度扩大总需求，注重运用新需求来引导和激发新供给。持续推进去产能、去库存、去杠杆、降成本、补短板，根据形势变化不断更新和充实相关领域的具体任务要求，提高供给体系的质量和对市场需求变化的适应性。

第二，坚持强化创新驱动，提高全要素生产率。目前我国劳动力总量开始下降、部分行业存在产能过剩，靠增加劳动和资本投入来带动经济增长的局限性越来越大，今后推动发展的基本动力和途径是提高全要素生产率。提高全要素生产率主要靠科技创新、体制创新和要素优化组合。要搭上新一轮科技和产业革命的快车，深入实施创新驱动发展战略，持续推动大众创业万众创新，加大研发投入，充分释放科技人员和全社会创新创造潜能，促进科技创新成果源源不断涌现，并转化为现实生产力，形成先发优势明显、创新驱动发展的新局面。要全面深化改革，加快完善社会主义市场经济体制，充分发挥市场在资源配置中的决定性作用，更好发挥政府作用，实现产权有效激励、要素自由流动、价格反应灵活、竞争公平有序、企业优胜劣汰，坚持增量结构调整和存量结构调整并重，优化全社会各类资源配置。要大力实施乡村振兴战略和新型城镇化战略，推进城乡融合发展，使劳动力、土地、资金等要素在城乡间有序流动、优化组合。要大力实施区域协调发展战略，推动"一带一路"建设、京津冀协同发展、长江经济带发展取得更大成效，推动西部大开发、东北等老工业基地振兴、中部崛起和东部率先发展呈现新气象，把区域发展不平衡中存在的落差势能转化为推动发展的强大动能。

第三，坚持绿水青山就是金山银山，形成人与自然和谐发展现代化建设新格局。要拓展发展的内涵和视野，发展不仅要提供物质产品和精神产品，也要提供优质生态产品，发展不仅要为人类自身发展创造条件，也要为自然界发展留下空间。发展必须是绿色发展。要大力推行清洁生产、清洁能源，形成绿色低碳的生产方式和生活方式。要持续实施大气、水、土壤污染防治行动，开展农村人居环境整治，提高污染排放标准，强化排污者责任，形成有效的节能环保激励和惩罚机制。要加强国家生态安全屏障建设，实施重要生态系统保护和修复重大工程，健全耕地草原森林河流湖泊休养生息制度，建立市场化多元化生态补偿机制，改革完善生态环境监管体制，加快建设美丽中国，使天蓝地绿水清的优美生态环境成为常态，走出一条生产发展、生活富裕、生态良好的文明发展道路。同时，要推动构建人类命运共同体，积极参与应对全球气候变化，认真履行《巴黎协定》，在2030年左右实现我国碳排放总量达峰并力争尽早达峰，在促进全球绿色发展中发挥重要的支撑和引领作用。

第四，坚持统筹国内外两个市场两种资源，加快培育国际经济合作和竞争新优势。随着现代交通通信技术发展和各国经贸人文交流扩大，我们生活在日益"变小"的地球村。经济全球化进程虽会遇到曲折和逆风，但必将深入发展。我们要树立全球视野，善于在全球范围内捕捉发展机遇、优化配置资源，提高我国的发展能力和发展水平。要推动形成全面开放新格局，以全面开放促改革、促创新、促升级。坚持共商共建共享原则，推动"一带一路"建设向纵深发展，取得更多互利共赢成果。搭建对外开放新平台，继续办好自贸试验区，并赋予更大的改革自主权，同时，探索建设自由贸易港，构建开放层次更高、营商环境更优、辐射作用更强的开放新高地。要加快建设贸易强国，优化进出口商品和服务结构，推动我国制造业、服务业与对外贸易互促互进，协同实现由大到强的转变。要继续积极有效利用外资，全面实行准入前国民待遇加负面清单管理制度，放宽包括金融在内的服务业市场准入，加强知识产权保护，对内外资企业一视同仁、平等对待，使我国持续成为国内外资本投资兴业的沃土。同时，要积极有序开展对外投资，促进国际产能合作，实现引进来和走出去有机结合，拓展我国的发展空间和回旋余地。

第五，坚持以人民为中心的发展思想，让改革发展成果更多更公平惠及全体人民。要抓住人民最关心最直接最现实的利益问题，在幼有所育、学有所教、劳有所得、病有所医、老有所养、住有所居、弱有所扶上不断取得新进展，增强人民获得感。要坚持尽力而为、量力而行，守住底线、引导预期，既要不断加大民生投入，又要反对民粹主义，不作脱离实际的过高承诺，增强经济发展和民生改善的可持续性。要坚持人人尽责、人人享有，把人民群众作为推动改革创新发展的主体，充分发挥我国人力资源丰富的优势，激发亿万人民的积极性主动性创造性，形成推动发展的强大内生动力。要破除妨碍劳动力、人才社会性流动的体制机制弊端，打破社会阶层固化格局，使人人都有通过辛勤劳动实现自身发展的机会，获得上升的空间。要正确把握发展经济与改善民生的互动关系，坚持在发展中提高保障和改善民生水平，努力实现居民收入增长和经济发展同步、劳动报酬增长和劳动生产率提高同步，以高质量高效益的经济发展创造更多可以共享的社会财富和成果，同时又以民生改善过程中不断增强的消费能力和不断扩大的多样化需求，为经济发展提供新的支撑力和拉动力，形成发展经济与改善民生的良性循环。还要指出，我们推动的发展不是仅指经济发展，而是全面发展，要加强社会主义经济、政治、文化、社会、生态文明建设，促进人民的物质文化生活"锦上添花"，还要更好满足人民在民主、法治、公平、正义、安全、环境等方面日益增长的需要。

进入新时代，发展还是硬道理，发展要有新作为。发展必须是科学发展，必须坚定不移贯彻新发展理念，统筹推进"五位一体"总体布局，协调推进"四个全面"战略布局，只有这样，才能实现更高质量、更有效率、更加公平、更可持续发展，这才是我们所孜孜以求的发展。

2018 年政府工作的总体要求和
需要把握的重点*

回头看：本文对稳中求进的要求作了与时俱进的阐述，提出了五稳五进，即稳增长、稳就业、稳物价、稳政策、稳预期，同时经济结构要进一步优化，生态环境要进一步好转，人民生活要进一步提高，体制改革要进一步深化，对外开放要进一步扩大。推动高质量发展有一个从量变到质变的过程，是一项庞大的系统工程，要持续用力、久久为功。

2018年是全面贯彻党的十九大精神的开局之年，是改革开放40周年，是决胜全面建成小康社会、实施"十三五"规划承上启下的关键一年。李克强总理在十三届全国人大一次会议上所作的《政府工作报告》（以下简称《报告》）中，明确了做好政府工作的总体要求和需要把握的重点。我们要认真抓好贯彻落实，切实体现在经济社会发展各方面工作之中。

一、坚持以习近平新时代中国
特色社会主义思想为指导

《报告》提出，做好政府工作，要在以习近平同志为核心的党中央坚强领导下，以马克思列宁主义、毛泽东思想、邓小平理论、"三个代表"重要思想、科学发展观、习近平新时代中国特色社会主义思想为指

---

* 本文原载《〈政府工作报告〉辅导读本》，人民出版社、中国言实出版社，2018年。

导，全面深入贯彻党的十九大和十九届二中、三中全会精神，贯彻党的基本理论、基本路线、基本方略，坚持和加强党的全面领导，坚持稳中求进工作总基调，坚持新发展理念，紧扣我国社会主要矛盾变化，按照高质量发展的要求，统筹推进"五位一体"总体布局和协调推进"四个全面"战略布局，坚持以供给侧结构性改革为主线，统筹推进稳增长、促改革、调结构、惠民生、防风险各项工作，大力推进改革开放，创新和完善宏观调控，推动质量变革、效率变革、动力变革，特别在打好防范化解重大风险、精准脱贫、污染防治的攻坚战方面取得扎实进展，引导和稳定预期，加强和改善民生，促进经济社会持续健康发展。

按照这一总体要求，做好全年经济社会发展工作，关键是要坚持以习近平新时代中国特色社会主义思想为指导。习近平新时代中国特色社会主义思想，是对马克思列宁主义、毛泽东思想、邓小平理论、"三个代表"重要思想、科学发展观的继承和发展，是马克思主义中国化的最新成果，是党和人民实践经验和集体智慧的结晶，是中国特色社会主义理论体系的重要组成部分，是全党全国人民为实现中华民族伟大复兴而奋斗的行动指南。习近平新时代中国特色社会主义思想是一个博大精深、内涵丰富的思想体系，涵盖了改革发展稳定、内政外交国防、治党治国治军的各个领域，以全新的视野深化了对共产党执政规律、社会主义建设规律、人类社会发展规律的认识。我国经济社会发展的各方面工作，都能够从中汲取智慧、寻找答案。

过去五年是我国发展进程中极不平凡的五年，国内外环境错综复杂，诸多矛盾叠加，风险隐患交汇，各种严峻挑战接踵而至。在这种情况下，我国经济发展实现了速度平稳、就业扩大、物价稳定、结构优化、质量提升的良好态势，成为世界经济增长的重要动力源和稳定器，国际地位和影响力明显提升。取得这些历史性成就，根本在于我们有以习近平同志为核心的党中央坚强领导，有习近平新时代中国特色社会主义思想的科学指引。

做好今年和今后一个时期的经济工作，必须坚持以习近平新时代中国特色社会主义思想为指导，学懂弄通做实党的十九大报告精神。在经济工作中，特别要学习好领会好贯彻好以新发展理念为主要内容的习近平新时代中国特色社会主义经济思想，坚持加强党对经济工作的集中统一领导，坚持以人民为中心的发展思想，坚持适应把握引领经济发展新常态，坚持使市场在资源配置中起决定性作用、更好发挥政府作用，坚持适应我国经济发展主要矛盾变化完善宏观调控，坚持问题导向部署经济发展新战略，坚持正确工作策略和方法。只有这样，我国经济才能沿着正确方向发展，不断达到新的更高水平。

二、坚持稳中求进工作总基调

稳中求进工作总基调是治国理政的重要原则，也是做好经济工作的方法论。稳和进不是抽象的，要体现为经济工作的具体要求。

新的一年，要把稳作为大局和基础，保持主要经济指标和宏观政策基调基本稳定，确保经济运行处在合理区间。一是稳增长。今年要实现6.5%左右的经济增长，这一增速与全面建成小康社会的要求相衔接，符合现阶段我国经济增长的潜力，与市场预期基本一致。只要就业增加、收入增长、环境改善，不出现大的起落，实际增速略高一点或略低一点都是可以接受的。二是稳就业。今年要把城镇调查失业率控制在5.5%以内、城镇登记失业率控制在4.5%以内，这就意味着在13亿人口的大国继续实现比较充分的就业。同时，要更加重视解决结构性就业问题，特别要解决好高校毕业生等重点群体的就业和身份、性别歧视问题，努力实现更高质量、更加公平的就业。三是稳物价。今年居民消费价格涨幅预期目标为3%左右，与去年目标一致。在市场供应充足、供求基本平衡的情况下，居民消费价格可以继续保持总体平稳态势。同时，要关注大宗商品价格、工业生产者出厂价格、房地产价格和资本市场价格的变化趋势，前瞻性地预测和把握其对宏观经济的影响，防止市场和价格出现大的波动。四是稳政策。要保持宏观政策的连续性稳定性，继续实施积极的财政政策和稳健的货币政策。积极的财政政策取向不变，要聚力增效。财政赤字率按2.6%安排，比去年低0.4个百分点，反映了经济和财政形势稳中向好的趋势，但财政预算赤字总额不减，财政支出总规模进一步扩大，支出结构进一步优化，加大对三大攻坚战的支持，更多向创新驱动、"三农"、民生等领域倾斜。稳健的货币政策保持中性，要松紧适度。保持广义货币M_2、信贷和社会融资规模合理增长，维护流动性合理稳定，疏通货币政策传导渠道，更加有效地服务实体经济。同时，要加强财政、货币、产业、区域等政策协调配合。五是稳预期。预期管理在宏观调控中的作用日益重要。要加强与市场和国际社会的沟通，提高政策透明度，及时解疑释惑，对一些缺乏依据的极端看法、不当言论要及时纠偏，增强国内外对中国经济持续健康发展的信心。

在保持经济稳定运行的同时，要着力在提高发展质量上积极进取、奋发有为。一是经济结构要进一步优化。持续提高服务业比重，增强消费对经济增长的拉动作用，使服务业和消费持续成为经济稳定增长的主要动力和可靠依托。二是生态环境要进一步好转。继续实施大气、水、土壤污染防治行动，特别是要打好蓝天保卫战，进一步降低重点地区$PM_{2.5}$浓度，提高空气优良天数比重，推进土壤污染治理和修复，为人民群众提供更多优质生态产品。三是人民生活要进一步提高。保持居民收入与经济增长基本同步，扩大中等收入群体数量和比重，完善社会保障体系和水平，努力在"七个有所"（幼有所育、学有所教、劳有所得、病有所医、老有所养、住有所居、弱有所扶）上取得新的进展，让人民群众有更多获得感。四是体制改革要进一步深化。努力在重要领域和关键环节取得新的突破，不断完善社会主义市场经济体制。五是对外开放要进一步扩大。探索开放新领域、新途径、新高地，以高水平开放促进高质量发展。

稳和进是辩证统一的关系，要作为一个整体来把握，不能相互脱节、顾此失彼，必须实现稳进结合、相得益彰，推动国民经济持续健康发展。

三、大力推动高质量发展

我国经济已经由高速增长阶段转向高质量发展阶段，推动高质量发展是今后相当长时期我国经济发展的总要求、大方向。需要指出，一方面，推动高质量发展是必然要求、别无他途。当前我国经济发展面临的客观环境和条件发生了重大变化，劳动力成本上升，资源环境约束加大，粗放的发展方式难以为继，加上基数不断增大，过去那种高速增长不可能重现，今后必须走高质量发展之路。这也是世界各国特别是发达国家经济发展的规律和经验。另一方面，高质量发展的要求更高、难度更大。高质量发展不是天上掉馅饼，不是增长速度掉下去、发展质量就会自然而然升上来，高速增长阶段与高质量发展阶段之间不存在天然的无缝衔接，需要我们加倍努力才能实现。推动高质量发展有一个从量变到质变的过程，不可能一口吃成胖子，也要坚持稳中求进。我们必须紧扣社会主要矛盾变化，瞄准解决发展不平衡不充分问题，持续用力、久久为功，年年都要在推动高质量发展上取得新的成效。

推动高质量发展是一项庞大的系统工程，在经济发展的全过程和各领域都要坚持质量第一、效益优先，多方采取有力措施。要加快建设现代化经济体系，包括建设创新引领、协同发展的产业体系，统一开放、竞争有序的市场体系，体现效率、促进公平的收入分配体系，彰显优势、协调联动的城乡区域发展体系，资源节约、环境友好的绿色发展体系，多元平衡、安全高效的全面开放体系，充分发挥市场作用，更好发挥政府作用的经济体制，以现代化经济体系支撑高质量发展。要坚持以供给侧结构性改革为主线，抓好"三去一降一补"等重点任务，深入实施创新驱动发展战略，持续开展大众创业、万众创新，加快新旧发展动能转换，推动质量变革、效率变革、动力变革，推动产业转型升级，做实做强做优实体经济。要完善体制机制保障，构建市场机制有效、微观主体有活力、宏观调控有度的经济体制，加快形成推动高质量发展的指标体系、政策体系、标准体系、统计体系、绩效评价和政绩考核办法。要强化人才支撑，加大人力资本投入，培养造就规模大、素质高的各类人才队伍，弘扬企业家精神、劳模精神、工匠精神，充分发挥人的积极性、主动性、创造性，形成推动高质量发展的强大内生动力。

四、加大改革开放力度

改革开放是决定当代中国命运的关键一招，也是决定实现"两个一百年"奋斗目标、实现中华民族伟大复兴的关键一招。今年是改革开放

40周年，要以此为契机，思想再解放，改革再深化，开放再扩大，工作再抓实，以深化改革开放的实际行动和更大成效作为对改革开放40周年的最好纪念。

要深化重点领域和关键环节改革。深入推进国资国企改革，做强做优做大国有资本，推动国有企业走在高质量发展前列。要坚持"两个毫不动摇"，支持民营企业发展，构建亲清新型政商关系。要加强产权特别是知识产权保护，完善要素市场化配置机制，为各类所有制经济公平竞争、共同发展创造适宜的基础性制度环境。要深化财税体制改革，加快建立现代财政制度。深化金融改革，完善服务实体经济、防控金融风险的体制机制。落实机构改革方案，优化政府机构设置和职能配置，持续推进简政放权、放管结合、优化服务，激发市场活力和社会创造力，增强政府执行力和公信力。

要加快形成全面开放新格局。坚持共商共建共享，推进"一带一路"国际合作取得更多互利共赢成果。拓展开放范围和层次，建设国际一流营商环境，促进利用外资稳定增长。巩固外贸稳中向好势头，积极扩大进口，促进产业升级和贸易平衡发展。促进贸易和投资自由化便利化，妥善应对贸易争端，捍卫自身合法权益。推进区域协调发展也要更多依靠改革开放。在西部开发、东北振兴、中部崛起、东部率先发展方面，要推出一系列改革开放新举措。推进京津冀协同发展、长江经济带发展取得更大进展，也必须深化改革开放。高起点规划、高标准建设雄安新区，规划建设粤港澳大湾区等，更要在改革开放上实现跨越、赢得先机。

五、坚决打好三大攻坚战

从现在到2020年，是全面建成小康社会决胜期，也是最后冲刺期，三年时间虽短，但收官之战十分重要。坚决打好防范化解重大风险、精准脱贫、污染防治三大攻坚战，是决胜全面建成小康社会的关键。要科学谋划、精心组织，分别提出工作思路和具体举措，排出时间表、路线图、优先序，突出抓重点、补短板、强弱项，确保风险隐患得到有效控制，确保脱贫攻坚任务圆满完成，确保生态环境质量总体改善，朝着全面建成小康社会的最后胜利不断迈进。

一要坚决打好防范化解重大风险攻坚战。当前金融风险总体可控，但隐患较多，不良资产风险、流动性风险、债券违约风险、影子银行风险、外部冲击风险、房地产泡沫风险、地方政府债务包括隐性债务风险、互联网金融风险等不容忽视，金融市场乱象频生。要增强忧患意识和底线思维，把防控金融风险放到更加重要的位置。要提高金融服务实体经济的能力和水平，促进金融和实体经济、金融和房地产、金融体系内部良性循环。要坚持标本兼治，守好货币供给总闸门，推进市场化法治化债转股，保持宏观杠杆率基本稳定，逐步实现稳中有降。做好重点领域风险防范和处置，坚决打击非法集资等违法违规金融活动，严禁各类违法违规举债担保行为。改革完善金融监管体制，加强薄弱环节监管制度建设。严格控制增量风险，有效处置化解存量风险，努力使各类风险趋向收敛。要增强风险监测、预警、应急处置能力，加强风险隐患排查，摸清风险底数，及时跟踪摆在明处的风险因素，有效掌控藏在暗处的风险隐患，及早识别并有效防范"黑天鹅"事件、"蝴蝶效应"和"灰犀牛"冲击。当前我国经济稳中向好、持续健康发展，财政赤字率有所调低，商业银行拨备覆盖率达到180%，政策手段多、空间足，有条件有能力守住不发生系统性风险的底线。

二要坚决打好精准脱贫攻坚战。当前贫困人口数量在减少，但脱贫难度在增大，都是难啃的硬骨头。今年的任务是再脱贫1000万人以上。要深入推进产业扶贫、教育扶贫、健康扶贫、生态扶贫，加大对贫困地区尤其是深度贫困地区的投入，健全公共服务、完善基础设施、发展特色优势产业。注重把扶贫同扶志、扶智有机结合起来，把脱贫攻坚同实施乡村振兴战略有机结合起来，提高贫困地区和贫困群众的自我发展能力和脱贫内在动力。要坚持现行脱贫标准，既不降低标准，也不吊高胃口。认真解决一些地方脱贫攻坚工作中的形式主义、官僚主义、弄虚作假现象，严格考核监督，确保脱贫进度和质量。

三要坚决打好污染防治攻坚战。要坚持绿水青山就是金山银山，坚持节约优先、保护优先、自然恢复为主，加快产业结构优化升级，淘汰落后产能，推动能源生产和消费革命，推进绿色低碳循环发展。实施好主体功能区战略，优化国土空间开发格局。在取得积极成效基础上，要深入推进大气、水、土壤等污染防治，巩固蓝天保卫战成果，全面整治黑臭水体，着力解决损害群众健康、社会反映强烈的突出环境问题。深化生态文明体制改革，加强环保督察和环境执法，落实环保主体责任，形成全社会齐抓共管的生态环境保护格局，努力使天更蓝、地更绿、水更清，决不能把严重污染一起带进全面小康社会。

六、坚持以人民为中心的发展思想

我们所做的一切工作，都是为了人民。要把增进民生福祉作为推动发展的根本目的，多谋民生之利、多解民生之忧，注重在发展中补齐民生短板、促进社会公平正义和人的全面发展，不断提升人民群众的获得感、幸福感、安全感。

切实解决好人民群众最关心最直接最现实的利益问题。要抓好就业这个民生之本，创造更多就业机会，努力让有就业意愿和能力的人都能够通过劳动创造美好生活。要多渠道增加城乡居民收入，合理调整收入分配结构。发展公平而有质量的教育，让每个人都有平等机会通过教育改变自身命运、成就人生梦想。实施健康中国战略，促进人民群众身心健康。坚持房子是用来住的、不是用来炒的定位，加快建立多主体供给、多渠道保障、租购并举的住房制度，让广大人民群众早日实现安居宜居。织密织牢社会保障网，使人民群众解除后顾之忧。打造共建共治共享社会治理新格局，坚决维护国家安全和公共安全。

做好保障改善民生工作要处理好尽力而为和量力而行的关系。对群众反映强烈、期待迫切的问题，有条件的要抓紧解决，把好事办好，让人民群众早受益多受益；对那些暂不具备条件、一时难以解决的，要努力创造条件逐步加以解决，制定路线图和时间表，让人民群众看到希望，不作超越国情国力的过高承诺。要处理好公平与效率的关系，努力实现更加公平与更高效率之间相互促进、协同并进。要坚持人民主体地位，发扬人民首创精神，让人民群众在创业创新创造中实现对美好生活的向往。

　　新的一年，我国发展面临的机遇和挑战并存。我们要更加紧密地团结在以习近平同志为核心的党中央周围，深入贯彻习近平新时代中国特色社会主义思想，增强"四个意识"，坚定"四个自信"，全面做好稳增长、促改革、调结构、惠民生、防风险各项工作，促进经济社会持续健康发展，为决胜全面建成小康社会、夺取新时代中国特色社会主义伟大胜利、实现中华民族伟大复兴的中国梦作出新的贡献。

把握五个重点 书写发展新篇*

——深入理解 2017 年政府工作的总体要求

回头看：本文对稳和进的关系及经济工作要求作了阐述，指出经济工作要把推进供给侧结构性改革作为主线，把改善供给结构作为主攻方向，同时要适度扩大总需求。因为经济增长离不开需求拉动，宏观调控从短期看主要是需求调节。这既有理论意义，也有实践意义。

2017年将召开党的十九大。这是党和国家事业发展中具有重大意义的一年，也是实施"十三五"规划的重要一年和推进供给侧结构性改革的深化之年。《政府工作报告》对做好今年经济社会发展工作提出了总体要求。深刻领会、认真贯彻这一总体要求，应把握好五个重点。

坚持稳中求进工作总基调

稳中求进工作总基调是治国理政的重要原则，也是做好经济工作的方法论。今年要迎来党的十九大胜利召开，坚持稳中求进工作总基调具有特别重要的意义。

在稳和进的关系上，稳是主基调，稳是大局。稳，主要体现在以下几个方面。一是稳增长。经济平稳运行对于发展大局稳定具有压舱石作用。今年要实现国内生产总值增长6.5%左右，在实际工作中争取更好结果。二是稳物价。今年居民消费价格涨幅预期目标为3%左右。既要保持物价总水平基本稳定，又要关注食品等基本生活用品价格上涨情况

---

* 本文原载《人民日报》2017年3月28日07版。

和资产价格变化，防止价格大起大落。三是稳就业。今年城镇新增就业目标定为1100万人以上，比去年增加100万人。在保持就业总体稳定的同时，更加注重缓解结构性就业矛盾，做好高校毕业生、退役军人、困难家庭人员的就业服务工作。四是稳政策。继续实施积极的财政政策和稳健的货币政策，财政赤字率仍按3%安排，广义货币M_2和社会融资规模余额预期增长均为12%左右。这与近年来经济运行的实际和需求相符，保持了宏观政策的连续性、稳定性。五是稳预期。宏观调控本质上是预期调控。我们定的预期目标、政策基调都与市场期待比较一致，在执行中还要加强与市场主体和国际社会的沟通，使各方面对中国经济的预期稳定、信心增强。六是控风险。当前系统性风险总体可控，但对不良资产、债券违约、影子银行、互联网金融等累积风险要高度警惕，要把防控金融风险放到更加重要的位置。这几方面的稳，构成了大局稳定的支柱。

稳中求进，不是无所作为，不是不敢作为，而是要在把握好度的前提下奋发有为，在关键领域有所进取。一是改革开放要有新进展。近年来全面深化改革推出了许多举措，要以钉钉子精神抓好落实、见到成效。二是结构调整要有新成效。强化创新驱动发展，持续提高服务业比重，大力提升制造业水平，调整优化农业结构，增强消费对经济增长的拉动作用，推动城乡区域协调发展。三是生态环境要有新改善。坚持"绿水青山就是金山银山"的战略思想，贯彻绿色发展理念，针对群众反映强烈的环境问题，打好大气、水、土壤污染防治攻坚战、持久战，努力实现发展经济、改善民生、保护环境的有机统一。

坚持以推进供给侧结构性改革为主线

多年来，我国依托传统比较优势形成了规模庞大的供给体系，但主要以满足国内外中低端需求为主。现在，需求侧已经发生重大变化，供给体系出现明显的不适应，迫切需要提高供给的质量和效率。因此，推进供给侧结构性改革是实现经济良性循环、持续健康发展的治本之策，是贯穿当前和今后一个时期经济工作的主线。

　　用改革的办法深入推进"三去一降一补"。一是扎实有效去产能。要知难而进、拓展范围，进一步压减钢铁和煤炭产能，淘汰、停建、缓建落后煤电产能，同时切实解决好人和债的问题，妥善安置下岗分流职工，处理好企业债务问题。二是因城施策去库存。分类调控、因地制宜，落实地方政府主体责任，处理好去库存与稳房价的关系。加快推进户籍制度改革，把去库存与推进新型城镇化、促进农业转移人口市民化更好结合起来。坚持住房的居住属性，加快建立和完善促进房地产市场平稳健康发展的长效机制。三是积极稳妥去杠杆。把降低企业杠杆率作为重中之重：在增量上，加强对企业债务融资增长的合理约束，加大股权融资力度；在存量上，支持市场化法治化债转股，推进资产证券化。同时，防止地方政府变相举债和个人住房贷款在短期内过快增长。四是多措并举降成本。在减税方面，全面推开营改增试点，扩大小微企业和科技型中小企业税收优惠。在降费方面，全面清理规范政府性基金，减少涉企行政事业性收费、经营性收费，继续降低"五险一金"有关缴费比例，降低用能和物流成本等，让企业固本培元。五是精准加力补短板。结合实施"十三五"规划确定的重大项目，切实加强经济社会发展和民生保障的薄弱环节。当务之急是打好精准脱贫攻坚战，今年再减少农村贫困人口1000万以上。

　　提高供给的质量和效率，大力振兴实体经济。目前，三次产业都面临供给侧结构性改革的任务。推进农业供给侧结构性改革，要在确保国家粮食安全的基础上，优化农业产业体系、生产体系和经营体系，加快培育农业农村发展新动能，确保农民增收和农产品质量安全。推进工业特别是制造业供给侧结构性改革，要大力发展先进制造业，用新技术新业态改造提升传统产业，全面提高产品质量，形成中国制造新优势。推进服务业供给侧结构性改革，要让传统服务业焕发新的生机、现代服务业快速发展壮大，并切实防止一些领域出现资产泡沫问题。

适度扩大总需求并提高有效性

　　经济增长离不开需求拉动，宏观调控从短期看主要是需求调节。经济工作要把推进供给侧结构性改革作为主线，把改善供给侧结构作为主攻方向，同时适度扩大总需求。这是保持经济运行在合理区间的客观要求。

释放国内需求潜力。我国居民消费需求不断升级和扩大，消费对经济增长的贡献率将持续上升。要顺应这一趋势，从多方入手扩大消费。保持居民收入增长与经济增长基本同步，持续提高居民收入水平，合理调整收入分配结构，增强居民消费能力。完善政策措施，支持教育、健康、养老、文化、旅游等服务消费，不断开发具有高品质、能带来新体验的消费品，以新供给创造新需求。完善消费环境，规范市场秩序，加强消费者权益保护，让消费者放心消费。在扩大消费的同时保持投资适度增长，把好投资方向，增加有效投资，引导资金更多投向补短板、调结构、促创新、惠民生的领域，坚决防止重复建设和加剧产能过剩矛盾。

在城乡区域协调发展中拓展内需空间。深入推进新型城镇化、城乡发展一体化、基本公共服务均等化，并在这一过程中持续激发与释放消费和投资需求。深入实施"一带一路"建设、京津冀协同发展、长江经济带发展三大战略，持续推进西部大开发、东北地区等老工业基地振兴、中部地区崛起和东部率先发展，使"三大战略"和"四大板块"产生相互叠加、协同融合效应，形成新的经济增长极和动力源。

保持外贸回稳向好态势，巩固和扩大国际市场份额。坚定不移推进贸易和投资自由化、便利化，让经济全球化进程更有活力、更加包容、更可持续。落实和完善外贸政策，为外贸企业减负松绑，鼓励企业苦练内功，调整优化出口商品结构，促进加工贸易转型升级、服务贸易创新发展。增加先进技术、设备和关键零部件进口，促进贸易平衡发展。扎实推进"一带一路"建设，与世界各国实现互利共赢。

切实把创新作为引领发展的第一动力

当前，我国发展环境和条件发生了重大变化，劳动力、土地、环境等要素成本上升，传统比较优势明显弱化，必须依靠创新实现新旧动能转换，培育新的竞争优势。要贯彻落实新发展理念，深入实施创新驱动发展战略，发挥科技创新在全面创新中的引领作用，完善对基础研究和原创性研究的长期稳定支持机制，强化原始创新、集成创新和引进消化吸收再创新，重视颠覆性技术创新。强化企业在创新中的主体地位和主导作用，推动跨领域跨行业协同创新，加强知识产权保护和运用，促进科技成果转化为现实生产力，为实体经济转型升级提供强大的科技支撑和创新驱动。

用好用活人才。人才是推动创新的第一要素。我国拥有世界上数量最多、素质较高的劳动力，拥有最大规模的科技人才和各类专业技能人才队伍，每年高校毕业生近800万人，蕴藏着巨大的创新潜能，这是其他任何国家都难以比拟的巨大优势。要落实好科研机构自主权，落实好科研经费和项目管理制度改革，落实好对科研人员的股权和分红等激励政策，把科研人员的积极性、创造性充分激发出来，形成高质量创新成果竞相涌现的良好态势。同时，持续推进大众创业、万众创新，提供便捷多样的众创空间和服务平台，让所有有意愿、有能力创业创新的人都有机会施展才华、创造价值。

加快新旧动能接续转换。既要大力培育壮大新产业、新动能，又要大力改造提升传统产业、传统动能。本着鼓励创新、包容审慎原则，制定新兴产业监管规则。全面实施战略性新兴产业发展规划，做大做强新兴产业集群，努力使新动能的成长超过旧动能的衰减。同时要看到，传统产业仍是我国制造业的"基本盘"。2016年高技术制造业增加值增长10.8%，增速比规模以上工业高4.8个百分点，但占规模以上工业增加值的比重仅为12.4%。我国制造业的主体仍是各类传统产业。应加快运用新技术、新业态、新模式武装和更新传统产业，特别是深入推进"互联网+传统产业"，为传统产业升级发展插上互联网的翅膀。传统产业的改造提升也会转化、汇聚为新的发展动能。

坚持以人民为中心的发展思想

我们的政府是人民的政府，政府的一切工作都是为了人民。应牢牢坚持以人民为中心的发展思想，把保障和改善民生当作为政之要，把实现好维护好发展好最广大人民根本利益作为一切工作的出发点和落脚点，着力解决人民群众普遍关心的突出问题，使人民群众在共建共享中有更多获得感。

在当前国内外经济形势复杂严峻、国家财政收支压力较大的情况下，要切实抓好人民群众最关心最直接最现实的利益问题。坚决打好精准脱贫攻坚战，让贫困地区、贫困人口与全国人民一道如期进入全面小康社会。抓好就业这个民生之本，努力实现更加充分、更高质量的就业。完善社会保障体系，确保养老金按时足额发放。合理调整收入分配结构，高度重视解决农民增收和农民工工资拖欠问题。办好人民满意的教育，提高教育质量和公平性。解决好看病难看病贵、异地就医费用结算和食品药品安全等问题，推进健康中国建设。

做好保障改善民生工作，要把握好我国处于社会主义初级阶段的基本国情，处理好尽力而为与量力而行的关系。对群众反映强烈、期待迫切的问题，有条件的要抓紧解决，把好事办成办好；对那些暂不具备条件、一时难以解决的，要努力创造条件逐步加以解决，制定路线图和时间表，让人民群众看到希望。解决民生问题特别是扶贫助困，一定要从实际出发，多雪中送炭、少锦上添花，不能超越国情国力作过高的承诺。处理好公平和效率的关系，在发展经济、增强国力的基础上，不断增进民生福祉，使人民生活水平水涨船高。

新常态要有新作为*

——关于 2015 年经济社会发展的总体要求

回头看： 在经济下行压力加大的背景下，本文强调坚持稳中求进应做到三稳三进：稳住经济增长，稳住就业，稳住物价，结构调整要有新进展，改革开放要有新举措，发展质量要有新提升，守住不发生区域性系统性风险的底线。这些具有较强的针对性。

李克强总理在2015年《政府工作报告》中提出，政府工作的总体要求是：高举中国特色社会主义伟大旗帜，以邓小平理论、"三个代表"重要思想、科学发展观为指导，全面贯彻党的十八大和十八届三中、四中全会精神，贯彻落实习近平总书记系列重要讲话精神，按照"四个全面"战略布局，主动适应和引领经济发展新常态，坚持稳中求进工作总基调，保持经济运行在合理区间，着力提高经济发展质量和效益，把转方式调结构放到更加重要位置，狠抓改革攻坚，突出创新驱动，强化风险防控，加强民生保障，处理好改革发展稳定关系，全面推进社会主义经济建设、政治建设、文化建设、社会建设、生态文明建设，促进经济平稳健康发展和社会和谐稳定。我们要结合实际，全面贯彻落实，并注重把握好以下几个方面。

一、主动适应和引领经济发展新常态

科学认识当前形势，准确研判未来走势，必须历史地、辩证地认识

---

* 本文原载《〈政府工作报告〉辅导读本》，人民出版社、中国言实出版社，2015年。

我国经济发展的阶段性特征,准确把握经济发展进入新常态这一重大战略判断。新常态具体表现为九个趋势性特征和三个本质性要求。九个趋势性特征是:(1)消费需求方面,过去模仿型排浪式消费阶段基本结束,现在个性化、多样化消费渐成主流;(2)投资需求方面,传统产业的投资相对饱和,而基础设施互联互通和一些新技术、新产品、新业态、新商业模式的投资机会大量涌现;(3)国际收支方面,国际金融危机发生前国际市场空间大、扩张快,出口成为拉动我国经济快速发展的重要动能,现在全球总需求不振可能持续较长时间,出口对经济增长的拉动作用减弱;(4)生产能力和产业组织方式方面,过去供给不足是主要矛盾,现在传统产业供给能力过剩,而企业兼并重组、生产趋向集中,生产小型化、智能化、专业化成为新趋势;(5)比较优势方面,过去我国劳动力成本低是最大优势,现在人口老龄化日趋明显,农业富余劳动力减少,劳动力成本接近或高于周边许多发展中国家;(6)市场竞争方面,过去主要是数量扩张和价格竞争,现在正逐步转向质量型、差异化为主的竞争;(7)资源环境方面,过去能源资源和生态环境空间相对较大,现在许多地区环境承载能力已经达到或接近上限;(8)经济风险方面,过去高速增长时期风险隐患逐步积累,现在风险总体可控,但伴随着经济增速下调,各类隐性风险逐步显性化;(9)宏观调控方面,以往强刺激政策的边际效应递减,宏观调控需要找到不同但有效的方式和途径。这些趋势性变化说明,我国经济正在向形态更高级、分工更复杂、结构更合理的阶段演化。与新常态相适应,对经济发展有三个本质性要求:一是从高速增长转向中高速增长,二是从规模扩张转向结构优化,三是从要素驱动转向创新驱动。

需要指出的是,我国仍处于并将长期处于社会主义初级阶段,社会主要矛盾仍是人民日益增长的物质文化需要同落后的社会生产之间的矛盾,仍是一个发展中国家,新常态是在此之上叠加的一个新特征。新常态下,我们仍处于可以大有作为的重要战略机遇期,仍要坚持以经济建设为中心,坚持把发展作为第一要务,坚持发展是硬道理,加快转变经济发展方式,努力实现更好质量、更高效益、更可持续的发展。

二、坚持稳中求进工作总基调

近几年我国经济工作一直坚持稳中求进总基调，实践证明是正确的、有效的，2015年还要继续坚持。

坚持稳中求进，要在三个方面能"稳住"。一是稳住经济增长速度。当前经济下行压力加大，稳增长的难度上升。《政府工作报告》提出2015年经济增长的预期目标为7%左右，这与以往相比，已经作了合理下调。但即使如此，从国内外发展环境看，实现这一目标仍面临较大困难，需要付出艰苦努力。7%左右的增速是就全国而言的，各地情况不同，要从实际出发确定各自的预期目标，积极进取，挖掘潜力，在确保质量效益的情况下，努力争取更好的结果。二是稳住就业。就业是民生之本。《政府工作报告》提出今年城镇新增就业1000万人以上，这与经济增长预期目标是相匹配的。今年高校毕业生749万人，达历史新高，比上年增加22万人，是就业工作的重中之重。既要落实好促进就业的政策，加强就业服务，又要鼓励大学生创业，到基层就业。在扩大就业规模的同时，还要优化就业结构、提高就业质量。三是稳住物价。今年消费价格涨幅的预期目标是3%左右。前些年物价调控的重点是防止通货膨胀，去年以来主要价格指数总体上一路走低，其中消费价格月度同比涨幅由2014年初的2.5%降至年底的1.5%，工业生产者出厂价格涨幅由年初-1.6%和7月份的-0.9%，降至年底的-3.3%，通缩苗头趋于明显。因此，2015年稳物价的政策重点是防通缩。

需要强调的是，以上"三稳"，核心和关键是稳增长。只有经济增长稳住了，不滑出合理区间，才能创造足够的就业机会，才能阻止通缩苗头继续发展。

坚持稳中求进，要在三个方面有"进展"。一是结构调整要有新进展，包括产业结构、需求结构、城乡结构、区域结构等方面要继续调整优化。二是改革开放要有新举措，为经济社会发展注入更加强劲的动力和活力。三是发展质量要有新提升，节能减排要取得新成效，能源消耗强度、二氧化碳排放强度均下降3.1%以上，氨氮等排放量持续减少，要以投入和排放的减法换来产出和效益的加法，使资源环境压力逐步减缓。要保持居民收入增长与经济发展同步，人民生活水平和质量持续提高，企业效益和国家财政收入实现合理的增长。

"稳"和"进"之间要有机衔接、相互促进。把"稳"作为"进"的前提和基础，把"进"作为"稳"的支撑和后劲，不仅当前要稳得住，而且要通过"稳""进"结合，实现长期的"稳"、持续的"稳"、高质量的"稳"。

三、保持中高速增长

我国经济发展进入新常态，发展面临的国内国际环境和条件发生了深刻的变化。"三期叠加"矛盾是一种综合征、慢性病，病去如抽丝。世界经济增长进入"新平庸"时期，复苏的进程和强度低于预期。在这种背景下，将2015年经济增长预期目标由前几年的7.5%左右调整为7%左右，是科学合理的，符合当前我国经济的潜在增长能力，符合客观实际，符合发展的规律性，符合国内外市场预期。在经济体量增大的情况下，这样的中高速增长，能够满足就业和人民生活改善的需要。同时，在新的发展环境下，这样的中高速增长不是轻而易举可以实现的。保持中高速增长，保证经济运行在合理区间，需要从多方面采取有效措施。

要加强和创新宏观调控，用好用足积极的财政政策和稳健的货币政策。积极的财政政策要加力增效，适当扩大赤字规模，提高赤字率，继续实行结构性减税和普遍性降费，减轻企业负担。稳健的货币政策要松紧适度，灵活运用利率、存款准备金率、公开市场操作等多种货币政策工具，保持货币供应量和社会融资规模适度增长，有效解决企业融资难融资贵问题，提高金融服务实体经济的能力和水平。在《政府工作报告》中，财政、货币政策既定了调，也定了量，如何更有效地发挥其作用，还有操作空间和挖掘余地。要加大预调微调力度，针对经济下行压力，政策出台要有必要的提前量和富余量，使政策有力度、早见效。要加大盘活财政、信贷存量资金的力度，把死钱变成活钱，把慢速周转的资金变成快速周转的资金，提高资金的乘数效应。同时，要研究形成足够的政策储备，以备应对可能出现更加困难的局面。

要深入挖掘内需潜力，充分发挥消费的基础作用和投资的关键作用。《政府工作报告》提出了扩大消费的领域和方向，要促进养老家政健康消费，壮大信息消费，提升旅游休闲消费，推动绿色消费，稳定住房消费，扩大教育文化体育消费。为此，要在保持居民收入稳定增长、跑赢GDP的同时，深化收入分配体制改革，着力提高中低收入居民的收入，提高中等收入者比重，优化分配结构，提高居民的消费能力和消费倾向。要完善消费环境，提高消费品质量安全水平，保护消费者合法权益。要创新消费载体和渠道，鼓励发展以互联网特别是移动互联网为载体的新兴消费。要优化税制和其他相关政策体制，努力把庞大的居民出境购物消费尽可能转回国内实现。要采取有力有效措施鼓励居民自住和改善性住房需求，促进房地产市场平稳健康发展。扩大消费是慢工出细活，要多措并举，持续提高消费对经济增长的贡献。

应对经济下行压力，投资的作用很关键。政府工作报告提出要实施一批重大工程项目，包括棚户区和危房改造、城市地下管网等民生工程项目，中西部铁路和公路、内河航道等重大交通工程项目，水利、高标准农田等农业工程项目，信息、电力、油气等重大网络项目，清洁能源及油气矿产资源保障工程项目，传统产业技术改造等工程项目，节能环保和生态建设工程项目。这些投资领域，对当前稳增长和长远发展增后劲都有意义，不会形成新的产能过剩。政府要加大投入力度，更重要的是通过深化投融资体制改革，采用政府和社会资本合作（PPP）模式等，吸引更多社会资本进入重点建设领域，努力保持全社会固定资产投资稳定增长。

要加大统筹城乡区域协调发展力度，加快形成新的增长带增长极。城镇化是内需的源泉和潜力所在。要积极推进新型城镇化，以户籍制度改革为契机着力推进农民工市民化，完善城市基础设施，加强智慧城市建设，有效解决交通拥堵等城市病，在提高城镇化质量过程中激发需求潜力。要继续坚定不移推进西部大开发、东北等老工业基地振兴、中部地区崛起、东部率先发展。同时，扎实推进"一带一路"建设、京津冀协同发展和长江经济带发展，在今年取得重要进展，实现良好开局。除了这些全国性全局性的区域发展战略外，各省市包括沿海发达地区内部也都存在区域发展不平衡问题，也有实现协调发展的强烈愿望和客观要求。在区域发展从不平衡不协调到平衡协调发展的过程中，必将释放出新的需求和发展动力。

四、迈向中高端水平

当前我国产业总体上处于国际产业分工的中低端，技术含量和附加值较低，在劳动力等要素成本连续多年持续上升的情况下，其盈利水平和竞争能力已经明显弱化，越来越多的传统行业传统企业在国内国际市场竞争中步履维艰以至难以立足，转型升级势在必行。《政府工作报告》贯穿的一条主线红线，就是在发展中升级，在升级中发展，推动产业迈向中高端水平，实现经济提质增效升级。

首先要发展先进制造业，改造提升传统产业。我国制造业规模已经很大，需要实现由大到强的转变。要实施好两个具有重要引领性的战略规划，一是"中国制造2025"，二是"互联网+"行动计划，其核心要义是，顺应新一轮科技革命和产业变革的要求，采用国际领先的技术和理念，促进工业化和信息化深度融合，实现智能化制造，推动制造业实现革命性变化，并以互联网为载体或助力，改造提升传统产业，培育发展一批新兴产业和新兴业态。归结起来就是，我们一定要搭上第三次工业革命的快车。

其次要发展各类服务特别是现代服务业，使服务业替代制造业成为中国经济的顶梁柱。目前服务业比重已经提高到48.2%，成为三次产业中的最大产业。但无论与发达国家比，还是与发展中国家的平均水平比，我国服务业发展还有很大提升空间。要全面完成"营改增"，完善服务业发展的相关政策和体制，进一步促进服务业规模扩大、水平提高。要推动现代服务业与先进制造业相互融合、相互促进。不仅要在国内大力发展服务业，在对外贸易中也要大力发展各类服务贸易，逐步改变货物贸易与服务贸易一强一弱、一重一轻、一边顺差偏大一边逆差偏大的不平衡格局，形成货物贸易和服务贸易均衡发展格局。

三是要强化创新驱动。一个国家产业水平的高低往往与其科技创新能力的强弱密切相关。推动我国产业迈向中高端水平，必须大力增强科技创新能力，加快建成创新型国家，以源源不断的高水平创新成果及其产业化，为产业转型升级提供源源不断的强大支撑和引领。要加大全社会研发投入，鼓励企业增加研发经费支出。深化科技体制改革，提高科技资金使用效率，强化企业在技术创新中的主体地位，推进产学研协同创新。有效利用国际创新资源，加强开放式创新和国际创新合作。完善创新成果收益分享制度，充分激发科研人员的积极性创造性。鼓励草根创新，发展众创空间，形成大众创业、万众创新的环境和热潮。

五、全面深化改革扩大开放

在新常态下保持经济中高速增长、推动产业迈向中高端水平，必须在深化改革扩大开放上采取新举措、取得新成效、形成新动力。

今年是全面深化改革的关键之年。在去年全面深化改革拉开大幕、取得良好开局之后，今年改革必须向纵深推进，取得更多更大的成果。《政府工作报告》明确了经济社会发展领域的重点改革任务，首先要继续简政放权，转变政府职能。要制定实施市场准入负面清单、省级政府权力清单和责任清单，这三个清单将把政府的权力关进制度的笼子，使市场和社会拥有更大的创新活力和发展空间。投融资体制和价格改革的取向同样以放为主，与简政放权本质相通，将共同演奏一部美妙的协奏曲。财税体制改革在预算管理和税制完善上都有新要求，特别是在合理界定中央和地方事权与支出责任、合理调整中央和地方收入划分上，要形成合理可行的方案。金融改革重在加强金融创新，鼓励推出新机构、新产品、新机制，包括民营银行、"深港通"试点、巨灾保险等，更好地为实体经济服务，同时要推进利率市场化，完善人民币汇率市场化形成机制，使市场在金融资源配置中发挥决定性作用。要深化国有企业改革，完善现代企业制度，加强国有资产监管，依法保护各类企业的法人财产权，营造各类所有制企业公平竞争的环境。可以预期，随着改革不断深化，推动发展的新动力将不断形成，新红利将不断释放。

开放也是改革，也是发展的动力。我国经济面临的下行压力，在对外经济领域表现得更为突出，外贸增幅由过去的两位数跌至一位数，个别月份出现负增长，利用外资低速运行，其中制造业利用外资连续三年下降。我们迫切需要实施新一轮高水平对外开放，加快构建开放型经济新体制，努力再创如加入WTO那样的对外开放新红利。要推动外贸转型升级，培育形成新的竞争优势。利用外资要积极探索准入前国民待遇加负面清单管理模式，拓宽开放领域，实行以备案制为主的利用外资管理制度，完善营商环境。对外投资正处于快速发展阶段，要因势利导，把走出去与国内产业结构调整升级更好结合起来。特别是要扎实推进"一带一路"建设，搞好上海等四个自贸试验区建设，加快与一些国家和地区的高标准自贸区谈判和建设，推进中美、中欧投资协定谈判，努力占据新一轮对外开放和经济全球化的制高点，以高水平开放倒逼深层次改革、推动高质量发展。

六、守住不发生区域性系统性风险的底线

当前我国经济领域的风险总体可控，但风险隐患还在积累，一些企业一些领域的风险事件不时发生。目前经济中的风险因素和风险源较多，产能过剩矛盾突出，企业经营困难增大，亏损和破产重组现象增多。地方债务处于偿债高峰，土地出让收入和其他财税收入明显收缩。房地产市场调整加深，房地产相关贷款在银行各项贷款总额中的比例较高。影子银行规模较大，资金期限错配，投入高风险领域的比例不小，等等。有效防范和化解经济中的风险，是现实课题和重要考验。在经济高速成长时期，一些风险隐患被掩盖起来，一旦经济增速回落，可能水落石出，风险集中暴露。凡事预则立，不预则废。我们要增强忧患意识，未雨绸缪，努力把风险隐患化解在萌芽状态，把大风险变成小风险，把小风险变成无风险。要保持社会资金流动性合理充裕，对一些有生产有效益但资金暂时紧缺的企业有针对性地采取资金缓释措施，防止因个别企业资金链断裂引发大范围的呆坏账损失。要加快建立健全规范的地方政府举债融资机制，堵住旁门，打开正门，保障合理的融资需求，特别是在建项目融资需求。妥善处理在化解产能过剩过程中的债权债务和下岗失业

问题。要发挥好地方政府特别是城市政府在房地产市场调控中的主体责任，因地施策，区别对待，努力保持房地产市场平稳运行，防止大起大落。要认真研究借鉴历史上、国际上处置财政金融风险中的做法和经验教训，加强金融监管和对地方偿债情况的跟踪分析，及早发现和妥善处置一些苗头性问题，避免个别风险案件的传染和放大。要认识到，经济健康发展是防范化解风险的基础和根本，财政、金融在注重防范化解自身风险、减少直接损失的同时，要从全局和长远的角度把握好发展与风险之间的关系，在更好地支持促进实体经济发展中，更好地防范化解财政金融风险。

总的看，把握好经济社会发展工作的总体要求，必须着眼于保持中高速增长和迈向中高端水平"双目标"，坚持稳政策稳预期和促改革调结构"双结合"，打造大众创业、万众创新和增加公共产品、公共服务"双引擎"，推动发展调速不减势、量增质更优，实现中国经济提质增效升级。

牢牢把握发展主动权*

——深刻理解 2014 年政府工作的总体要求

回头看：本文强调做好经济工作要坚持稳中求进、锐意改革创新、不断扩大开放、同步推进"四化"、提质增效升级、持续改善民生，并阐述了年度工作的具体内涵和要求，这些方面应当年年讲，年年有新意。

今年的《政府工作报告》（以下简称《报告》）科学分析了我国发展面临的国内外环境，提出了 2014 年政府工作的总体要求。深刻认识、正确把握提出这一总体要求的国内外环境和重点指向，才能牢牢把握发展主动权，顺利实现全年经济社会发展的目标任务。

深刻认识经济社会发展面临的国内外环境

综合来看，今年我国发展面临的环境仍是机遇大于挑战，但实现经济社会发展目标任务必须付出艰苦努力。

密切关注两个短期因素。从国际看，世界经济复苏呈现新的特征，我国发展既有机遇也有挑战。世界经济有望延续和强化复苏态势，但存在不稳定不确定因素，出现一定分化。发达国家情况有所好转，但其在这次国际金融危机中暴露的制度性、结构性缺陷不是短期内能修复的，其量化宽松政策退出是影响全球经济金融稳定的最大不确定因素。一些发展中国家和新兴经济体受到拖累，普遍面临外需疲弱、内生增长动力

---

* 本文原载《人民日报》2014年4月30日07版。

不足、通胀压力上升问题。从国内看，经济运行稳中向好，但基础还不牢固。当前，供给结构逐步优化，去年出台政策措施的积极效应持续显现，特别是全面贯彻党的十八届三中全会精神，深化改革、简政放权，将进一步激发企业和社会活力。同时应看到，经济运行仍存在下行压力，消费需求增长动力偏弱，企业投资意愿不强，部分行业产能严重过剩，节能减排形势严峻，就业结构性矛盾突出，财政、金融等领域存在风险隐患，在住房、食品药品安全、医疗、养老、教育、收入分配、征地拆迁、安全生产等方面存在不少需要解决的问题。

深刻认识两个长期背景。第一个大背景是，我国经济由高速增长进入中高速增长阶段。必须看到，我国发展仍处于可以大有作为的重要战略机遇期，经济长期向好的基本面没有改变，工业化、城镇化尚未完成，仍有巨大发展潜力；城乡、区域发展不平衡，有很大回旋余地；新的改革红利持续释放，科技创新能力不断增强，人口红利逐步转变为人才红利，这些都将为经济持续发展提供动力和支撑。我国经济增速换挡是调速，而不是失速，我们有基础有条件在相当长时期内保持7%—8%的中高速增长。第二个大背景是，全球经济格局处于深度调整中。经济全球化深入发展，各国相互依存达到前所未有的程度，发展中国家和新兴经济体在全球经济中的地位不断上升，这是多年来的基本趋势。同时，应高度关注一些新变化：新科技革命正在孕育突破，可能引发新一轮产业革命。全球经济结构正在调整，将导致全球产业布局和分工体系发生新变化。国际经济秩序还在发展变化，发达国家谋求重塑国际经贸规则，各国都试图抢占新的国际竞争制高点，20国集团等机制在全球经济治理中的作用增强，我国经济实力、国际影响力和塑造发展环境的能力提升。

正确把握政府工作的总体要求

根据政府工作总体要求，做好经济社会发展各项工作，应把握好以下几个方面。

坚持稳中求进。这是《报告》强调和近几年我们一直坚持的工作总基调。稳中求进的前提是稳。稳，首先要保持经济在合理区间平稳运行，基本要求就是守住稳增长、保就业的下限和防通胀的上限。今年经济社会发展的预期目标是，经济增长7.5%左右，城镇新增就业1000万人以上，居民消费价格涨幅3.5%左右，这实际上明确了合理区间的上下限。经济增长和消费价格涨幅目标都带"左右"二字，意味着这两项指标在执行中可以有一定弹性。只要经济增速波动没有明显影响就业稳定，没有与全面建成小康社会的目标要求脱节，只要价格涨幅没有明显影响居民生活、没有出现明显通货膨胀，就可以说经济运行总体稳定，就是可以接受的。坚持稳中求进，需要保持政策的连续性稳定性，继续实施积极的财政政策和稳健的货币政策，同时根据经济运行的实际情况进行适时适度预调微调，以增强宏观调控的前瞻性有效性；继续发挥好消费的基础作用、投资的关键作用，使经济健康发展建立在内需持续扩大基础上；对财政、金融、房地产市场等领域的风险隐患，要摸清底数、制定预案，防患于未然；保持社会和谐稳定，建设平安中国。在稳的基础上求"进"，包含丰富的内容。今年最大的"进"，就是要全面深化改革，力争在一些重要领域和关键环节取得新进展。"进"，还要求深入推进经济结构调整和发展方式转变，继续创新宏观调控思路和方式。"进"，最终要体现在城乡居民收入增加和生活水平提高上。把"稳"和"进"有机统一起来，稳扎稳打、步步为营，才能推动经济社会发展不断达到新水平。

锐意改革创新。《报告》强调，要把改革创新贯穿于经济社会发展各个领域各个环节。今年是全面贯彻落实党的十八届三中全会精神的第一年，应当成为改革丰收年。要继续打响简政放权这一改革当头炮，进一步激发市场和社会活力；以完善预算管理制度、税收制度、中央与地方事权和支出相适应的制度为重点，深化财税体制改革；着眼于放宽市场准入、优化金融结构、防范化解风险，深化金融体制改革；加快发展混合所有制经济，为各类所有制经济提供同台竞技、大显身手的舞台。要把握好改革的方法论，区别不同情况，分类有序推进。对于条件成熟的改革，要抓紧组织实施；对于需要试点的改革，要坚持试点先行，取得经验再推开；对于复杂的、条件还不完全具备的改革，要抓紧研究方案、创造条件，拿出改革的时间表、路线图。要注重从群众最期盼的领域改起，从制约经济社会发展最突出的问题改起，从社会各界能够达成共识的环节改起。

不断扩大开放。当前我国对外开放面临新形势新任务，必须进行系统布局和谋划，加快构建开放型经济新体制。在对外贸易上，调整和优化出口结构，促进加工贸易转型升级，提高出口产品技术含量和附加值，从数量和价格优势转向以技术、质量、品牌、服务为核心的综合优势；同时积极扩大进口，促进进出口贸易平衡发展。在利用外资上，把扩大服务业开放作为重点，进一步营造内外资企业一视同仁、公平竞争的环境。在实施"走出去"战略上，推进对外投资管理体制改革，实行以备案制为主的管理方式，赋予各类所有制企业对外投资自主权，把对外投资与国内装备和劳务出口结合起来，与国内消化过剩产能结合起来，与产业结构调整升级结合起来，提高我国在全球范围内优化资源配置的能力。在自贸区建设上，要内外兼修，一方面高度重视国际上各类高水平自贸区建设的新趋势新进展及其对世界经贸规则的影响，积极打造中国—东盟自贸区升级版，推进中韩、中澳等自贸区谈判；另一方面建设好、管理好中国上海自由贸易试验区，在取得经验后适时开展新的试点。在对外开放的区域格局上，要在提升东部地区开放水平的同时，拓展内陆和沿边对外开放，抓紧规划和建设丝绸之路经济带、21世纪海上丝绸之路，推进孟中印缅、中巴经济走廊建设，形成全方位对外开放新格局。

同步推进"四化"。我国工业化处于中后期阶段，关键是提高质量，走新型工业化道路，实现工业由大到强的跨越。信息化渗透在经济和社会发展的各方面，应大力推进现代信息技术开发和应用，运用新技术新理念提升经济发展水平和社会治理能力。城镇化仍处于快速发展时期，是今后一个时期我国扩大内需的最大潜力所在。推进城镇化应把握两个关键：第一，突出以人为核心。2020年前的一项重要任务，就是扎实解决好现有"三个1亿人"问题，即促进约1亿农业转移人口落户城镇，改造约1亿人居住的城镇棚户区和城中村，引导约1亿人在中西部地区就近城镇化。第二，重在提高质量。坚持以人为本，优化城镇布局，建设生态文明，突出文化特色，提高管理水平，使城镇既宜业又宜居。农业是经济社会发展大局稳定的基础，也是"四化"同步发展的短板。继续加大投入，促进农业稳定增产、农民持续增收、农村繁荣发展，特别是确保谷物基本自给、口粮绝对安全。

提质增效升级。这是加快转变经济发展方式、实现科学发展的迫切需要，是我国经济行稳致远的内在要求。应在稳增长的同时，大力推动经济转型升级。一是从主要依靠要素投入向更多依靠创新驱动转变。把创新摆在国家发展全局的核心位置，持续增加研发投入，完善对科研人员和科研机构的激励措施，发展战略性新兴产业。二是从主要依靠传统比较优势向更多发挥综合竞争优势转变。发挥我国产业体系完整、配套能力强的优势，进一步完善基础设施"硬件"和营商环境"软件"，增强企业跨国经营、利用国内外两个市场两种资源的能力，在新的国际竞争中赢得主动。三是从国际产业分工中低端向中高端提升。从附加值较低的加工制造环节向附加值较高的研发设计和市场营销环节延伸，从制造业大国向制造业强国跃升，从贸易大国向贸易强国转变。四是从城乡区域不平衡向均衡协调发展迈进。继续加强社会主义新农村建设，实施好区域发展总体战略，统筹谋划城乡和区域发展新棋局。推动经济提质增效升级，应做好"加减乘除四则运算"。加法，就是扩大国内需求，发展服务业和高技术产业，不断增加就业和收入；减法，就是淘汰过剩落后产能，推进节能减排；乘法，就是强化创新驱动，推进新型城镇化；除法，就是破除体制机制障碍，减小发展阻力，增大发展动力。

持续改善民生。保障改善民生、增进人民福祉，是政府工作的出发点和落脚点。要统筹兼顾，做好就业、社保、教育、卫生、文化、收入分配、住房保障、安全生产、社会管理等各项工作，并注意处理好几个关系。一是基本和非基本的关系。政府对基本民生需求应切实加以保障，特别是社会救助等方面的短板应尽快补上；对于非基本需求部分，应更加注重发挥市场机制和社会组织的作用，更多由市场和社会提供多样化供给，满足群众多样化需求。二是尽力而为和量力而行的关系。政府公共支出应更多用于民生，在经济发展的基础上不断增加居民收入、改善人民生活。同时，充分考虑我国发展阶段和发展水平，把改善民生建立在国家财力可持续、经济发展有后劲的基础上。三是处理好增加投入和完善机制的关系。改善民生离不开增加投入，但同时须建立健全民生保障机制，使民生投入更有效率和针对性。四是增加居民收入和改善生活质量的关系。在继续提高生活水平的同时，更加注重克服影响生活质量的"软肋"。加强生态文明建设，出重拳、用实招解决雾霾和水污染等关系群众切身利益的环境问题。深化收入分配制度改革，逐步缩小收入差距，让全体人民更好共享改革发展成果。

2013 年经济社会发展工作的总体要求*

回头看：本文强调坚持以提高经济增长质量和效益为中心，对有质量有效益的增长的内涵作了归纳，包括结构优化、绿色低碳、就业充分、分配公平等，对坚持稳中求进之"稳"和"进"的关系进行了阐述，具有现实意义。

2013年是贯彻落实党的十八大精神的开局之年，是实施"十二五"规划承前启后的关键一年，是为全面建成小康社会奠定坚实基础的重要一年。《政府工作报告》对今年经济社会发展工作提出了总体要求。深刻领会、认真贯彻这一总体要求，应把握好以下几个方面。

坚持以提高经济增长质量和效益为中心

实现有质量有效益的增长，是我们不懈追求的重要政策目标。随着时代的发展，有质量有效益增长的内涵不断丰富和发展，归结起来有以下要点。

结构优化。结构优化表现在多方面。从三次产业结构看，工业应实现由大到强的转变，服务业应提高比重和水平，农业应巩固和加强基础地位。从总需求结构看，应继续扩大内需特别是消费需求，注重发挥消费的基础作用和投资的关键作用，努力稳定出口，促进国际收支基本平衡。从城乡结构看，应推进城乡发展一体化，逐步消除城乡二元结构。从区域结构看，应保持中西部地区相对更快的发展，推动东部地区加快

---

* 本文原载《人民日报》2013年4月8日07版。

转型升级，实现区域之间优势互补、良性互动。

绿色低碳。绿色低碳发展既是世界潮流，也是我国实现可持续发展的内在要求，今后的经济增长应做到"上""下"联动，即质量效益要上去，能耗污染要下来。

就业充分。就业是民生之本。当前我国劳动力总量供大于求和结构性短缺的矛盾并存，每年新增劳动力有1000多万，就业压力依然较大。经济增长应当在创造更大价值的同时创造更多就业机会，构建和谐劳动关系，提高就业质量。

分配公平。力争同时实现财政增收、企业增效、全民共享发展成果。没有适度的财政收入增长，国家就缺乏宏观调控和再分配调节的能力。没有适度的企业效益增长，生产和投资活动就难以持续进行。当前应更加强调的是，要实现城乡居民收入增长与经济增长同步，使经济增长过程成为城乡居民收入水平提高、生活质量改善的过程。

真正做到以质量和效益为中心，需要以有效的体制机制作保障，其中特别重要的有三方面：一是经济利益机制，即完善财税体制和价格形成机制，使体现科学发展观要求、以质量和效益为中心的增长能够获得更多经济利益；二是市场竞争机制，即为各种所有制经济公平竞争、共同发展创造良好环境；三是干部考评机制，即完善干部考核评价和选拔任用机制，树立正确的用人导向，使科学发展观成为干事创业的指挥棒。

坚持稳中求进

去年以来，我们坚持稳中求进的工作总基调，经济社会各项事业取得积极进展。2013年应继续坚持稳中求进，努力开创各项工作的新局面。

稳和进都有丰富的内涵和具体的要求。稳，一是经济运行要总体平稳，努力实现全年7.5%左右的经济增长；二是物价总水平要稳，努力把居民消费价格涨幅控制在3.5%左右；三是农业基础要稳，特别是毫不松懈地抓好粮食等农业生产，努力使粮食产量稳定在1万亿斤以上；四是就业形势要稳，力争全年新增就业900万人以上，使城镇登记失业率稳定在略高于4%的较低水平；五是保持社会稳定的大局。进，就是要在转变经济发展方式和调整经济结构上有新进展，在自主创新上有新突破，在改革开放上有新举措，在改善民生上有新成效。

稳和进之间的关系是辩证的、相互联系的，稳不是静止，进不是冒进。稳，实质上包含着一定范围内的动态变化；进，则是有步骤有次序地向前迈进。稳，既是进的前提、基础、环境、保障，又是进的结果。应努力实现稳和进之间的有机统一、良性互动，推动经济社会持续健康发展。

坚持统筹兼顾、协同推进

促进工业化、信息化、城镇化、农业现代化同步发展。"新四化"之间具有内在的有机联系，既相互制约，又相互促进。当前的关键是积极稳妥推进城镇化，加快实现农业现代化。坚持走中国特色新型城镇化道路，使城镇化成为扩大内需的动力源泉，成为产业转型升级、人民安居乐业的有效依托。巩固和加强农业基础，严格保护耕地，完善农业扶持政策，加强农业基础设施建设，推动农业科技进步，创新农业经营体制，努力实现农业持续发展、农民持续增收、农村持续繁荣稳定。与此同时，继续推进工业化和信息化深度融合，运用现代信息技术改造提升传统工业和服务业，促进产业结构优化升级，搭上第三次工业革命的快车。

全面推进"五位一体"建设。中国特色社会主义事业是一个涵盖"五位一体"建设的整体。要在坚持以经济建设为中心，加强社会主义市场经济建设的同时，切实加强社会主义民主政治、社会主义先进文化、社会主义和谐社会、社会主义生态文明建设。这里强调两方面：一是继续加强以保障和改善民生为重点的社会建设，坚持把促进就业放在更加优先的位置，稳步提高社会保障统筹层次和保障水平，做好房地产市场调控和住房保障工作，加强社会服务和管理，把钱用在刀刃上，把好事办好办实，确保人民安居乐业、社会安宁有序、国家长治久安。二是大力推进绿色发展、循环发展、低碳发展，加强生态文明建设。用高标准、严要求推进节能减排，努力实现能源消费强度和能源消费总量"双控制"目标，使美丽中国由愿望变为现实。

41

不断加强和改善宏观调控

实施好积极的财政政策和稳健的货币政策。"积极"加"稳健"仍然是今年两大宏观经济政策的基调，但其内涵有所丰富和调整。从财政政策看，今年安排财政赤字1.2万亿元，比去年预算增加4000亿元，这充分体现了财政政策的积极取向。当然，我国的赤字和债务水平仍然较低，处于安全范围。积极财政政策的另一个重要内容是继续实行结构性减税，重点是加快推进营业税改征增值税试点，扩大试点地区和行业范围。这将进一步减轻企业负担，促进经济结构调整。当前我国财政支出规模已经很大，今年将超过13万亿元，必须用好财政资金，优化支出结构，发挥最大效益。从货币政策看，应综合运用多种货币政策工具，保持货币信贷合理增长，适当扩大社会融资规模。力争使广义货币M_2增速持续稳定在13%左右的水平。优化信贷结构，发展多层次资本市场。加强金融监管与货币政策的协调，注意防范和化解民间借贷、跨境资本流动等领域潜藏的风险隐患，确保不发生系统性和区域性金融风险。

搞好政策之间的协调配合。产业政策方面，主要是推动优胜劣汰、结构升级，缓解产能过剩矛盾。价格政策方面，主要是加强价格管理和监督，理顺价格关系，促进资源节约、环境保护、公平竞争、结构优化，保持市场价格基本稳定。投资政策方面，主要是进一步激发民间投资活力，发挥好政府投资的引导带动作用，严格控制"两高"和产能过剩行业盲目扩张，保持合理的投资增长，提高投资效益。土地政策方面，主要是既满足经济社会发展包括房地产市场对土地的合理需求，又促进土地节约集约利用。财政、货币政策在实施过程中，应与这些方面的政策要求相配合、相协调，形成合力，增强宏观调控的整体效应。

不断强化改革开放和科技创新两大动力

不断深化改革开放。今年应着力抓好以下方面。一是做好改革的顶层设计和总体规划。按照构建系统完备、科学规范、运行有效的制度体系和加快完善社会主义市场经济体制的要求，制定改革的路线图和时间表，充分挖掘改革红利，构建新的制度优势。二是落实好已经明确的两大改革。深化行政体制改革，切实转变政府职能；深化收入分配制度改革，逐步理顺收入分配关系。三是在一些领域适时推出条件成熟的改革举措。在财税、金融、价格、医药卫生、国有经济等领域，应不失时机地完善相关体制机制。当前对外开放面临新形势新任务，应实行更加积极主动的开放战略。坚持稳定出口和扩大进口相结合，推动对外贸易平衡发展；坚持利用外资和对外投资相结合，努力在全球范围内优化配置资源；坚持提升沿海开放和扩大内陆、沿边开放相结合，构建均衡协调的区域开放格局；坚持向发达国家开放和向发展中国家开放相结合，提高对外开放的广度和深度。

不断推进科技创新。着力构建以企业为主体、市场为导向、产学研相结合的技术创新体系，进一步确立企业作为技术创新主体的地位。在去年研发经费占国内生产总值比重接近2%的基础上，今年应继续加大国家科技投入，并采取措施鼓励各类企业增加研发支出，切实用好资金，提高科技成果产出和转化为现实生产力的效率。深化科技体制改革，健全科技资源开放共享机制，完善支持科技发展的各项政策，加强基础研究、前沿先导技术研究，为经济社会发展提供更加有力的支撑和引领。

2012年我国经济社会发展的总体思路*

回头看：本文强调科学发展是符合经济规律、科学规律、自然规律的发展。要坚持稳中求进工作总基调，夯实实体经济基础，处理好实体经济与虚拟经济的关系，提高金融服务实体经济的能力和水平。这些对做好当前经济工作仍有意义。

温家宝总理在十一届全国人大五次会议上作的《政府工作报告》（以下简称《报告》）中指出："我们要高举中国特色社会主义伟大旗帜，以邓小平理论和'三个代表'重要思想为指导，深入贯彻落实科学发展观，坚持稳中求进，加强和改善宏观调控，继续处理好保持经济平稳较快发展、调整经济结构和管理通胀预期的关系，加快推进经济发展方式转变和经济结构调整，着力扩大国内需求特别是消费需求，着力加强自主创新和节能减排，着力深化改革开放，着力保障和改善民生，全面推进社会主义经济建设、政治建设、文化建设、社会建设以及生态文明建设，努力实现经济平稳较快发展和物价总水平基本稳定，保持社会和谐稳定，以经济社会发展的优异成绩迎接党的十八大胜利召开。"这是今年政府工作的总体思路，我们应全面认识、深刻理解、切实贯彻。

坚持突出主题、贯穿主线

今年是"十二五"时期承前启后的重要一年，也是本届政府任期的最后一年，我们党将召开第十八次全国代表大会，因此，做好今年经济

---

* 本文原载《人民日报》2012年3月30日07版。

社会发展的各项工作具有特殊重要的意义。当前，我国经济呈现增长较快、价格趋稳、效益较好、民生改善的良好态势，综合国力和国际影响力不断提升。但我国经济社会发展也面临不少困难和挑战，发展中不平衡、不协调、不可持续的矛盾和问题仍很突出。解决这些矛盾和问题，实现又好又快发展，必须在各项工作中突出科学发展这个主题、贯穿加快转变经济发展方式这条主线。

突出科学发展这个主题，是时代的要求，关系改革开放和现代化建设全局。如果发展方式不转变、发展不科学，发展之路就会越走越窄、越走越难。我们所谋求的发展，必须坚持以人为本，把保障和改善民生作为根本出发点和最终落脚点；必须坚持全面协调可持续，着力加强经济社会发展中的薄弱环节和重点领域，加快社会主义新农村建设、促进城乡共同繁荣发展，深入实施区域发展总体战略和主体功能区规划、促进区域协调发展，坚持不懈做好节能减排工作、走可持续发展道路；必须坚持以经济建设为中心，促进经济建设、政治建设、文化建设、社会建设以及生态文明建设协调发展、共同进步。说到底，必须坚持科学发展，实现符合经济规律、科学规律、自然规律的发展。

贯穿加快转变经济发展方式这条主线，是推动科学发展的必由之路，符合我国基本国情和发展的阶段性新特征。只有加快转变经济发展方式，才能突破资源环境制约，改变经济结构失衡状况，全面提高经济发展的质量和效益，不断增强可持续发展能力；才能更好地适应全球需求结构的重大变化，在新的国际竞争中不断创造新优势、赢得主动权；才能实现全面建设小康社会奋斗目标新要求，满足人民群众过上更好生活新期待。转变经济发展方式需要一个过程，但每年都应取得新进展，积少成多，集腋成裘，推动经济发展方式转变尽快取得实质性突破。

坚持稳中求进工作总基调

推动今年经济社会发展，应突出把握好稳中求进的工作总基调。过去的一年，世界经济增长放缓，国际贸易增速回落，国际金融市场剧烈动荡，各类风险明显增多。今年，世界经济形势总体上仍然十分严峻复杂，经济复苏的不稳定性不确定性上升。从国内看，经济增长下行压力增大，推动物价上涨的因素仍然存在，部分企业生产经营困难，节能减排任务艰巨，经济金融等领域存在一些潜在风险。我们必须保持清醒头脑，加强风险评估，及早准备预案，及时采取措施，有效化解各种风险。还应看到，我国经济发展呈现一些新的阶段性特征，长期矛盾和短期问题相互交织，结构性因素和周期性因素相互作用，国内问题和国际问题相互关联，对加强和改善宏观调控提出了更高要求。今年是国家政治生活中具有特殊重要意义的一年，面对复杂多变的国际政治经济环境和国内经济运行新情况新变化，党中央、国务院明确提出了稳中求进的工作总基调。稳和进是辩证统一的，互为条件、相辅相成。稳的本质要求是创造良好的环境，包括政策环境、宏观经济环境和社会环境；进的本质要求是在经济发展的质量效益上有新的提高，努力实现经济社会又好又快发展。为实现稳中求进，应当继续实施积极的财政政策和稳健的货币政策，适时适度进行预调微调，进一步提高政策的针对性、灵活性和前瞻性。

坚持统筹兼顾、协调推进重点工作

2012年经济社会工作任务繁重，涉及许多方面和领域，概括起来讲，就是"稳增长、控物价、调结构、惠民生、抓改革、促和谐"。

稳增长。受国际金融危机持续深化等因素的影响，去年以来我国经济增速逐季放缓。外需对去年经济增长的贡献率为-5.8%。今年，稳增长的压力和重要性上升。应当看到，我国发展仍处于重要战略机遇期，具备不少有利条件。我们应抓住机遇、克服困难，不断加强和改善宏观调控，及时解决苗头性、倾向性问题，保持经济平稳较快发展。稳增长的关键是扩内需。要完善消费政策，拓宽消费领域，优化消费环境，提高居民的消费能力和意愿。把扩大内需的重点更多放在保障和改善民生、加快发展服务业、提高中等收入者比重上来，建立健全扩大内需的长效机制。积极稳妥推进城镇化，努力解决好农民工在大城市的基本公共服务和在中小城市的落户问题，释放消费潜力。认真落实鼓励引导民间投资健康发展的政策措施，充分激发民间投资活力，保持投资稳定增长。同时，高度重视外需对稳增长、促就业的重要作用，保持出口稳定增长，实现内外需良性互动。

控物价。去年，我们把稳定物价总水平摆在宏观调控首要位置，采取了综合调控措施，物价过快上涨势头得到有效抑制。但应看到，当前国际输入性通胀压力较大，食品、居住类价格同比涨幅仍处高位，劳动、土地等要素成本上升和环保要求提高等推动价格上涨的因素仍然存在，对物价问题绝不可掉以轻心。2012年，应继续高度重视管理通胀预期，在实施好各项宏观经济政策、管好货币总量、促进社会总供求基本平衡的基础上，精心搞好物价调控，保持物价总水平基本稳定。应把中央出台的一系列政策措施落实到位，重点抓好农产品尤其是食品供应，促进供求平衡；搞活流通，切实降低过高的流通成本；规范发展住房租赁市场；合理把握政府管理价格的调整时机和力度；加强价格监管。

调结构。过去的一年，我们坚持有扶有控，力促结构升级，经济发展的协调性和产业竞争力进一步提高。当前，国内外经济环境的变化对结构调整形成了"倒逼机制"。应深刻认识到，发展必须转型，转型也是发展。应努力推动经济结构调整向纵深发展，实现内生增长、创新驱动和结构优化的发展。继续推动战略性新兴产业快速健康发展，提高服务业比重和水平，促进传统产业优化升级。大力推进节能减排和环境保护，提高可持续发展能力。大力推进原始创新、集成创新和引进消化吸收再创新，增强科技对经济社会发展的支撑引领作用。实施好区域发展总体战略和主体功能区规划，进一步提高区域发展的协调性。积极稳妥推进城镇化，着力提高城镇化质量和水平。

惠民生。2011年在十分复杂的国内外背景下，我国保障和改善民生取得了不俗成绩：新增就业较多，城乡居民收入增长较快，覆盖城乡居民的社会保障制度体系基本建立，保障性住房建设力度明显加大。但应看到，由于历史欠账较多，在一些关系群众切身利益的重要领域仍有不少待解难题。今年，应坚持把保障和改善民生放在突出位置，加大财政投入力度，在就业、教育、医疗、住房、社会保障等方面让人民群众得到更多实惠。重点加强对困难群众的帮扶。加快完善基本公共服务体系，推进基本公共服务均等化。深化收入分配制度改革，合理调整国家、企业、个人的分配关系，持续增加低收入者收入，逐步扩大中等收入群体，努力扭转收入差距扩大趋势。提高发展的包容性，把促进社会公平特别是机会公平放在更加突出的位置，努力使发展成果惠及全体人民。

抓改革。改革开放是决定中国前途命运的正确抉择。必须进一步增强紧迫感和自觉性，以更大的决心和勇气推进改革开放，进一步解放和发展社会生产力。应加强改革的顶层设计和统筹协调，明确深化改革开放的重点，不失时机地推进财税金融、资源环境、收入分配、社会事业等重要领域和关键环节改革。总结基层鲜活经验，鼓励地方先行先试，立足当前、着眼长远，提高改革决策的科学性，增强改革措施的协调性，为促进科学发展、加快转变经济发展方式提供更加有力的制度保障。

促和谐。当前，我国既处于发展机遇期，也处于矛盾凸显期，保持经济平稳较快发展、维护社会和谐稳定的任务十分繁重。应正确处理改革发展稳定的关系，坚持预防为主、标本兼治，努力从苗头上和源头上消除影响经济稳定、社会和谐的负面因素；积极稳妥地化解地方政府性债务和民间借贷中存在的风险；深入研究在发展社会主义市场经济和全方位对外开放条件下，如何更好地把握经济社会发展规律，统筹抓好发展这个第一要务和维护稳定这个第一责任；加强和创新社会管理，积极有效化解各种矛盾和隐患，防止局部性问题演变成全局性问题，促进社会和谐稳定。

"稳增长、控物价、调结构、惠民生、抓改革、促和谐"这六个方面相互联系、相互促进，是一个有机的整体。稳增长是保持今年经济社会大局稳定的基础和关键，控物价是关系群众利益和经济社会发展全局的重点工作，调结构是加快转变经济发展方式的主攻方向和提高经济增长质量效益的基本途径，惠民生是推动经济社会发展的根本目的，抓改革是为经济社会发展注入强大而持久的动力，促和谐是为经济社会发展和改善人民生活创造良好环境。只有把各项工作更好地结合起来，坚持统筹兼顾、协调推进，才能取得预期效果，顺利实现经济社会发展各项目标。

坚持夯实实体经济基础

虚拟经济脱离实体经济、过度炒作资产不仅会影响经济发展、扩大贫富差距，而且会增加经济金融风险和社会风险。在这方面，国际金融危机提供了深刻的警示。因此，必须正确处理实体经济与虚拟经济的关系，牢牢把握发展实体经济这一坚实基础。

促进各类市场要素特别是人才和资金更多地向实体经济领域聚集。政策措施应更加有助于发展实体经济，切实减轻企业特别是小型微型企业负担，不断改善和健全政府服务，进一步放开市场准入，拓宽民间资本投资空间，为实体经济发展创造良好环境。

努力营造鼓励实业致富、抑制投机暴利的社会氛围。充分利用财政、税收等调节手段，让做实业的人感到有奔头、能致富。同时，遏制投机炒作，改变个别领域价格上涨过快、轻易获取暴利的状况，努力推动资金等生产要素自由流动、合理配置以及各行业利润趋向平均化。

将夯实实体经济基础与调整优化经济结构紧密结合起来。发展实体经济不能走老路，必须同步调结构、上水平，加快转型升级，大力发展战略性新兴产业，对传统产业加强技术改造以提升竞争力，保持实体经济的长久活力。

使金融更好地服务于实体经济发展。实体经济的持续健康发展，离不开金融支持。强调发展实体经济不是排斥虚拟经济，而是要处理好二者之间的关系，把握实体经济的基础性地位，防止虚拟经济脱离实体经济过度扩张。应发挥好金融在经济发展中的重要作用，深化金融体制改革，加快金融创新，提高金融服务实体经济的能力和水平。

为"十二五"发展开好局起好步*

回头看：本文提出上海等发达地区要以平常心看待速度、以进取心看待质量，加快经济转型升级，努力形成早转早受益、多转多受益、慢转就被动、不转就淘汰的良性循环局面。这已为当前区域、产业、企业分化态势所证实。文中在年初对全年经济增长的预测在事后证明是可信的。文中提出房价关乎民生也关乎竞争力，殷切期望把房价控制在合理水平。但实践表明，事与愿违。这是最大遗憾。

当前国内外经济走势复杂多变，正确分析判断形势是科学决策的基本前提。下面主要介绍四个方面的看法。

一、如何看待国际经济环境：机遇和挑战

（一）世界经济在曲折中复苏是大趋势、主旋律。国际金融危机疾风骤雨式爆发的时期已经过去，今后一个时期世界经济将继续复苏，但复苏之路不平坦、不平衡。2011年世界经济和贸易将从上年的危机后反弹式增长进入相对稳定复苏阶段。世界银行预测2011年世界经济增长3.3%（汇率法），国际货币基金组织预测增长4.2%（购买力平价法），均比2010年有所减缓，但已经接近甚至高于过去20年的平均增速。预期美国经济可能呈现力度和就业仍显不足的复苏，但对前景的预期增强；欧盟可能呈现局部震荡和国家分化的复苏，但德英法经济作为欧盟主体表现健康；日本仍处于通货紧缩边缘，但对世界经济基本趋势的影响下

---

* 本文是作者2011年1月28日在上海市委中心组学习会上的专题报告提纲。

降；新兴市场国家继续强劲增长，但风险明显增大。

（二）全球双层滞胀趋势：一个暂时性过渡现象。所谓双层滞胀，是说滞胀现象没有同时发生在一个国家，而是发达国家"滞"、新兴市场国家"胀"，如把全球经济作为一体看，"滞"的成分和"胀"的成分同时存在。美欧日经济复苏乏力，而新兴市场国家通货膨胀压力明显上升，一定程度上是冰火两重天。随着世界经济逐步复苏，这种双层滞胀现象将会逐步消除，不会出现真正意义上的典型滞胀。

（三）持续复苏的困难和阻力。对美国而言，是如何培育新的经济增长点。对欧洲来说，是如何消除部分国家的主权债务风险。对日本来说，是如何走出长期通货紧缩困境。对新兴市场国家来说，是如何扩大内需、防范国际大宗商品价格高涨和流动性泛滥带来的外部冲击。应对危机的后遗症显现，发达国家量化宽松政策对全球和新兴市场国家产生外溢效应。

（四）"四个不变"和"四个时期"的长期趋势。就国际环境来说，尽管发生了国际金融危机，经济全球化的基本趋势没有变，和平发展合作的时代潮流没有变，发达国家在经济科技上占优势的总体格局没有变，美元在国际货币体系中的主导地位没有变。与此同时要深刻认识，世界经济结构进入调整期，科技创新和产业转型处于孕育期，全球经济治理机制进入变革期，新兴市场国家力量步入上升期。

（五）外部环境同时作为"外生变量"和"内生变量"及其对我国的影响。以往，外部环境对我国而言主要是外生变量，我们被动地接受和适应；当前和今后，外部环境是我们在一定程度上可以塑造或影响的内生变量。总体上看，当前国际环境总体上有利于我国发展。

二、如何看待国内经济运行：有利条件和矛盾问题

（一）政治周期和经济周期。2011年是"十二五"开局之年，建党90周年，地方集中换届年，迎接"党的十八大"的重要一年。经验表明，这些政治因素对经济发展有推动作用。

（二）"五化"交融的基本趋势。工业化、信息化、城镇化、市场化、

国际化继续深入发展，同时相互交融、相互作用，对经济社会发展产生持久而强大的动力。

（三）通胀和农业的走势是影响全局的关键点敏感点。价格正在从结构性上涨演变为持续上涨，国内因素和输入因素、成本推动和需求拉动、翘尾影响和新涨价因素都会助推价格总水平，一季度将成为全年价格总水平的高点。此后走势关键在农业收成，去冬今春北方持续干旱，增加了农业歉收的可能性和通胀形势的不确定性。过去担心投资膨胀和农业歉收双碰头，现在要防止成本推动、需求扩张、农业歉收三碰头。但总的看，通胀不会失控。

（四）国内边际滞胀倾向：另一个暂时性过渡现象。主要是指，从2010年以来经济运行变化的角度、增量的角度考察，经济增长逐步减速，而消费价格指数则逐步攀升，2011年一季度可能延续这一边际变化倾向，表现为速度处于低点、价格升至高点。随着经济增速趋于平稳、物价涨势得到控制，这一过渡现象也不会演变为真正的滞胀。

三、如何看待国家宏观调控：基调和影响

（一）"三重"任务：稳增长、防通胀、促转型。增长方面，主要取向是防止偏快过快，当然一些地方也有"保增长"的压力。通胀方面，要尽快遏制价格加速上涨势头，使其回归平稳上涨和社会可承受范围。既要防止经济增长过快助长物价上涨，也要防止抑制通胀措施过重而损害合理经济增长，但抑制通胀必然要付出一定的经济增长代价。在平衡经济增长和通货膨胀的关系中，要切实推动经济结构调整和产业转型升级。"三重任务"中防通胀最急，促转型最难，稳增长是前提条件，同时完成"三重任务"并不容易。

（二）积极的财政政策：力度减弱。赤字规模及其占GDP的比例下降，财政资金支持的重点有所调整。

（三）稳健的货币政策：逐步收紧。继续适度控制货币信贷规模，并关注全社会融资总量，灵活运用利率、准备金率、汇率、央行票据（公开市场操作）等政策工具。各项政策工具操作的空间余地不同。

（四）宏观调控风格的转向。从大刀阔斧、一次到位的调控转向渐进式、试错式的连续性调控，由此带来的市场预期不同，现行调控方式下人们的不确定感上升，"靴子"不断掉下来，不知何时是尽头，要适应新的调控风格。总的看，2011年国际市场环境稳中向好，国内政策环境总体趋紧。

（五）为加快转变经济发展方式创造政策和体制条件。其中既有鼓励性的，也有限制性的，目的都是促进经济发展方式转变。包括：增值税征收范围扩大到部分生产性服务业试点；节能减排约束性指标增设；资源性产品价格改革（含新能源产品定价机制）；实施主体功能区规划等。国家对各地转型升级要加大财税金融政策支持力度，形成强大的内在动力和外在压力，形成早转早受益、多转多受益、慢转就被动、不转就淘汰的良性循环局面，"逼入"科学发展轨道。

四、如何为"十二五"开好局起好步：发达地区的带动示范作用

（一）开好局起好步的标志。经济平稳较快增长，物价涨势得到有效控制，转变经济发展方式取得重要进展。如果经济和投资出现过热现象，价格继续加快上涨，全社会的目光和宏观调控的焦点重又集中在防过热、控通胀上，那就会影响到整个"十二五"的发展，就不是开好局起好步。如果传统发展方式依然故我，甚至有的死灰复燃，也不算开好局起好步。转型升级实质性启动是良好开局的关键标志。

（二）以平常心看待速度、以进取心看待质量。日本和我国沿海发达地区经济发展需要客观全面评价，不能用传统统计指标衡量，亮点不在速度而在结构变化和质量提升。这是日本等发达国家和我国沿海地区的共同特征。

（三）关系国家和区域竞争力的几大必然趋势。一是劳动力成本上升。二是资源环境约束强化。三是人民币逐步升值。四是人口红利逐步减退。五是区域间产业梯度转移（国内和国际类似）。六是针对我国的

贸易投资保护主义长期化常态化。七是基数效应持续显现。要丢掉幻想、善于应对。

（四）出路：向存量调整要发展空间、靠全面创新强发展动力。土地利用、能源消耗、污染排放都要进行存量调整。全面推进科技创新和体制创新，鼓励和支持自主改革、自费改革。创新的速度要超越淘汰落后的速度。转型不只是增量调整和发展新兴产业，还要创新社会管理模式和经验。

（五）追求"苹果"那样的产品和产业层次。努力造成"一览众山小"的位势，更好发挥排头兵、先行者的作用，巩固和增强在区域乃至全国发展中的龙头地位。

（六）捕捉对外开放新特征和人民币国际化带来的新机遇。把握好在全球经济分工中的新定位，积极创造参与国际经济合作和竞争的新优势。新定位包括"3个大国"：在提升制造业大国地位的同时，逐步成为市场大国和对外投资大国。在对外开放上，扩大出口和增加进口并重，扩大利用外资和增加对外投资并重，积极适应外部环境变化和积极参与全球经济治理并重。人民币国际化是大势所趋，蕴藏着巨大的商机。这些都关系到提升上海"四个中心"的地位。

（七）引领和推动区域一体化进程。区域一体化无论在国际层面还是国内相关区域都是一个大趋势，区域一体化有利于降低交易成本、提高资源配置整体效率，增强区域创新力和竞争力，对参与各方总体上互利共赢，其中发展水平更高的一方往往受益更大，要善于从战略的、全局的高度谋划和推动长三角一体化。

（八）房价关乎民生也关乎竞争力。无论对一个国家还是一个城市来说，房价过快过多上涨固然会带来一时的财税收入和经济增长，但必然损害长久的经济竞争力。过高的房价加大营商成本、恶化投资环境，阻碍吸引高端人才和高端客户。环顾全球、回顾历史，经济上栽跟头者多与房地产泡沫有关，日本、美国、爱尔兰莫不如此。把房价控制在合理水平，既是改善民生的需要，也是保持和提升竞争力的需要。

展望和结语

预期2011年经济增长总体平稳，全年增幅9%—10%；价格涨势前高后缓，全年在4%左右；贸易顺差占GDP的比例下降，国际收支状况继续改善；就业形势总体稳定，结构性供过于求和供不应求的情况同时存在。中国经济仍将保持平稳较快发展的良好态势。同时相信，在党中央、国务院以及市委市政府的正确领导下，上海在加快推进"四个率先"、加快建设"四个中心"上一定能够迈出更大的步伐、取得更好的成绩！

奥运后我国经济减速压力可能加大

——2008 年经济形势分析*

回头看：本文写于北京奥运会正在如火如荼地举办之际，较早地预警了奥运后经济减速的可能性，并提出了宏观经济政策基调转向"积极"的建议。

鉴于我国经济体量已经很大，奥运对我国经济的影响相当有限，这是无可置疑的。但另一方面，从时间角度看，我国经济运行总可以划分为奥运前和奥运后两个时段，人们容易把奥运后经济运行态势的变化统统归结为奥运的影响。其实，影响奥运后我国经济发展趋势的有多种因素，包括周期（结构）因素、外需因素和奥运因素等，奥运因素仅是其中影响最小的一个。问题在于，受这些因素影响，奥运后我国经济继续减速的压力大于通货膨胀上升的压力，对此要有必要的思想和措施准备。

一、三个影响因素

（一）奥运因素。奥运对经济的影响从时间上可以分为三个阶段：第一阶段是奥运场馆设施建设阶段。由于投资增加，对经济的影响是向上拉动的。第二阶段是奥运会举办阶段。为保证北京和协办城市空气质量达标，对这些城市及周边地区的部分经济活动，包括机动车行驶、建

---

* 本文完成于2008年8月，原载《中国经济中长期风险和对策》，经济科学出版社2009年版。

筑施工、重点污染企业的生产等，采取了一些限制措施，这对这些地区的工业和经济增长客观上会产生一定的抑制作用。从7月份看（当月起一些限制措施对奥运相关地区部分经济活动的影响开始显现），北京、河北的工业分别增长2.8%和13.3%，比上月回落5.5个和9.9个百分点，所受影响最大（见下表）。8月份分别增长-9.1%和7.3%（成文时8月份数字尚未出来，均为9月中旬另加，下同）。估计这方面的影响在8、9月份还会存在（1—8月北京城镇投资下降0.6%）。第三阶段是奥运会（包括残奥会）结束之后。随着生产经营活动恢复正常，北京和周边地区的工业和经济增长速度也将恢复到应有的水平，从这个意义上可以说，奥运后的经济影响是向上拉动的。但由于奥运涉及的区域和行业有限，加之宏观环境出现变化，这一拉动影响将非常有限，奥运后的经济走势主要取决于其他因素。

表1　奥运相关地区2008年7月和6月工业增速变化　　单位：%

	6月	7月	+/-
北京	8.3	2.8	−5.5
天津	21.7	21.0	−0.7
河北	23.2	13.3	−9.9
山西	14.2	13.9	−0.3
内蒙古	28.4	30.5	+2.1
辽宁	20.2	16.5	−3.7
山东	16.9	15.9	−1.0
上海	9.6	7.1	−2.5
全国	16.0	14.7	−1.3

（二）外需因素。外需是近年来拉动我国经济快速增长的一个重要因素。2007年，在11.9%的国内生产总值增长中，外需（货物和服务净出口）的贡献为2.6个百分点。今年以来，外需处于增幅回落、相对收缩状态。从国民经济核算的角度看，如果今年净出口与去年相等，则外需对经济增长的贡献为零，如果今年净出口比去年减少，则外需对经济增长的贡献为负值。今年1—7月，外贸出口增长22.6%，同比回落6个百分点；贸易顺差1237亿美元，同比减少131亿美元（8月份出口增长

21.1%，比上月回落5.8个百分点，但进口也回落，故顺差287亿美元，反而增加）。预计全年贸易顺差会进一步减少，这意味着今年外需对经济增长的贡献为负值，以此与去年外需拉动2.6个百分点对比，则相当于外需对经济增长的影响要损失约3个百分点。如果没有投资和消费的弥补，从经济理论和统计规则角度讲，仅外需收缩一个因素即可导致经济增速从去年的11.9%回落到今年的9%左右，足见外需影响之大。

外需的变化主要取决于世界经济增长态势。当前，美国次贷危机的影响正在从次级房贷向整个金融市场扩散，从金融领域向实体经济扩散，从美国向世界其他国家扩散，这一过程还处于发散状态，尚未见底。这必然导致世界经济在今后一段时间内继续处于减速下行通道。尽管美国第二季度的国内生产总值增长数据被连续调高，达到3.3%，但次贷损失不断增加、银行不断倒闭、失业总体上升、汽车等行业惨淡经营等，才是美国经济的真相。与此同时，欧洲和日本均已出现负增长，陷入衰退的风险增大。从更宽视野和历史演变的角度看，世界经济正在进入一个新的向下调整期。从美国等发达国家来说，过去10年的经济较快增长本质上是由先后出现的互联网泡沫和房地产泡沫支撑和左右的，其中技术创新和金融创新发挥了关键作用，一定程度上是人为制造的繁荣。瞻望未来，在次贷危机之后，世界经济缺乏新的增长点。世界范围内的技术革命和产业调整仍在进行，但还未积聚足够的能量、实现重大的突破。同时，世界经济缺乏强有力的引擎。目前的倾向是，在发达国家经济低迷不振的情况下，国际社会期望把宝押在我国等新兴市场经济国家身上，而我国等新兴市场经济国家又高度依赖发达国家的市场，这种相互押宝的愿望恐难免成为空中楼阁。因此，随着世界经济进入相对低速增长期，外需相对收缩是一个必然趋势。

（三）周期（结构）因素。周期因素和结构因素相互交织和叠加，本质上是结构问题导致周期变化。进入新世纪以来，我国经济发展形成了新一轮周期的上升期，特别是从2003年到2007年连续5年经济增长保持在两位数，而且呈现高位加快趋势。在充分肯定经济持续快速增长这一巨大成绩的同时，我们也较早认识到经济增长速度偏快、难以持续。关键是经济运行中一些突出的结构矛盾已经发展到非降低速度而难以有效缓解的程度。

第一，资源消耗与供给不平衡的矛盾持续加重。在供给能力连续大幅增加的情况下，煤电油运紧张的状况却连续多年没有根本改观。从电力看，装机容量从2002年的3.57亿千瓦增加到2007年的7.18亿千瓦，五年期间翻了一番，发电量从1.65万亿千瓦时增加到3.26万亿千瓦时，同样翻了一番，而拉闸限电的情况却有增无减。从煤炭看，产量从2002年的14.55亿吨增加到2007年的25.23亿吨，增长73%，目前煤炭产量和消费量占世界的比重达到41%，但仍然不能满足需要，煤炭价格出现飞涨。从石油看，在国内产量受资源禀赋限制而保持稳定的情况下，进口大幅增加，国内石油消费对进口的依存度从2002年的32.5%上升到2007年的约50%，即使如此，成品油供应总体紧张、个别地区品种断档的情形依然存在。与此相对应的是，产业结构越来越重，2007年国民经济中第二产业占48.6%，为30年来最高，其中工业占43%。在工业中重工业又增长过快、比重过大。这表明，发展方式粗放、资源消耗过大、产业结构过重的问题已经成为阻碍经济平稳运行和持续发展的根本症结，成为实现节能减排目标的根本制约，已经到了非解决不可的程度。

第二，内外经济不平衡的矛盾持续加重。经济增长对外需的依赖程度过高。外贸依存度（用进出口总额与国内生产总值的比例表示）从2002年的42.7%上升到2007年的67%，这在大国经济中是极其少见的，美国和日本的这一比例通常在20%左右。外贸顺差从2002年的304亿美元增加到2007年的2622亿美元，贸易顺差占国内生产总值的比例从2002年的2.1%上升到2007年的8%，这与美国近几年经常项目逆差占国内生产总值的比例达到7%左右的历史记录形成了明显的反差。国家外汇储备从2002年的2864亿美元扩大到2007年的1.53万亿美元，遥居世界首位。这些均成为国内流动性过剩、人民币升值压力加大、贸易摩擦增多等问题的重要成因。内外经济不平衡的矛盾同样非调整不可。

第三，投资与消费不平衡的矛盾持续加重。投资与消费比例不协调的现象由来已久，近年来进一步发展。在改革开放之初的1981年，消费率曾经达到67.1%，投资率（资本形成率）为32.5%。从2002年到2007年，消费率从59.6%持续下降到49%，降幅达10.6个百分点，而投资率从37.9%上升到42.1%，升幅为4.2个百分点。2002—2007年消费对经济增长的贡献平均为4.1个百分点，而投资对经济增长的贡献平均为5个百分点，投资的拉动作用明显超过消费。当前的消费率之低、投资率之高，在改革开放30年来是非常突出的，也是其他大国经济无可比拟的。这种状况难以持续，势必需要调整。

从根本上讲，正是经济运行中这些不平衡矛盾不断积累，发展到难以承受的地步，才导致了结构的合理调整和速度的合理回归。这一因素是决定性的，结构调整和速度回归是必然的。但这些与奥运没有关联。从周期和过程的角度看，这一轮高速增长在2007年第三季度（当季增幅12.2%）达到顶峰，从第四季度即奥运会之前已开始回调，奥运是经济回调过程中时间巧合的一个事件，没有奥运照样回调。

二、发展趋势前瞻

当前经济运行中一些指标的变化值得高度关注，可能预示着今后一段时期经济增长的回调还将持续。

（一）上海等沿海发达地区的投资和经济增长乏力。常言说"春江水暖鸭先知"，沿海发达地区经济运行的变化往往先于其它地区，预示着今后一个时期全国经济运行的变化趋势。2007年以来，上海、广东、浙江等地的投资和工业增长速度明显低于全国，2008年1—7月，上海、广东、浙江三地的城镇固定资产投资增速分别为5.2%、17.1%和18.1%，明显低于全国27.3%的增幅（1—8月上海5.1%）；工业增长速度分别为12%、13.4%和12%，（1—8月分别增长11.9%、13.4%和11.7%，全国为15.7%）也明显低于全国16.1%的增幅。这些地区并非主观上不想快，而是受多种客观因素的制约快不起来。江苏的情况有所不同，主要得益于苏北、苏中的速度较快，对苏南和全省来说起到了重要的弥补作用。

（二）企业用电量增幅回落。电力消费情况往往能够更加真实地反映经济的冷热和快慢变化。2008年1—7月，全社会用电量增长10.91%，比上年同期减慢4.77个百分点，其中第二产业用电量增长10.61%，低于全社会用电量增幅（这与去年正好相反），比上年同期回落6.52个百分点。特别是东部沿海地区的用电量增幅明显低于全国，并呈大幅回落态势。1—7月，浙江用电量增长9.81%，同比回落6.89个百分点；广东用电量增长14.14%，回落8.34个百分点。这除了节能减排和供给不足的影响外，主要在于工业等产业用电需求增幅回落。另外，考虑到2008年1—7月居民生活用电增幅高达14.38%，比上年同期上升3.52个百分点，各产业用电量增长的跌幅更大。

（三）股市深度回调。股市不是宏观经济态势的精确的晴雨表，二者之间更没有一一对应关系，但股市变化往往反映（或透支、预支）对宏观经济的未来预期。目前上证指数已经从去年10月的最高6000点跌落到2200多点（9月12日收于2079点），跌幅达60%，没有明显回升的迹象，其中包含了对宏观经济前景的信心不足。股市变化趋势是多种因素综合作用的结果，去年我国股市屡创新高，除了股权分置改革这一重要制度性因素外，还因为经济在高位上加快、企业利润大幅增加、货币流动性过剩、市场信心高涨、国外股市活跃上升等，而今年以来股市低落，也是上述多种因素出现"逆转"综合作用的结果，包括经济增长减速、企业利润下滑、外贸顺差减少、国际环境和国外股市动荡、市场信心缺失，加上大小非等制度方案的缺陷。在去年股市猛涨的过程中，提高证券交易印花税的单项措施不能改变股市上涨趋势，同样，在今年股市跌落的过程中，调低证券交易印花税的单项措施也不能改变股市低迷状态，因为股市变化不是单个举措所能左右的。

（四）房地产市场进入向下调整期。经过连续5年的价格较快上涨，许多城市的住房价格水平之高已经远远超出广大居民的购买能力。2007年12月北京、上海的房屋成交均价分别达到每平方米14470元和10292元，相当于其城镇居民每月可支配收入的7.9倍和5.2倍，而东京、巴黎等城市的这一比例多为1—2倍。今年以来（实际上少数城市自去年下半年已经开始），房地产市场出现调整的明显迹象，表现为：一是房价涨幅总体回落，部分城市房价出现下降。7月份全国70个大中城市房屋销售价格同比上涨7%，涨幅比1月份回落4.3个百分点（8月份涨幅5.3%）。去年以来深圳房价下跌30%以上。二是房屋销售萎缩。1—7月房屋销售面积27743万平方米，同比下降10.8%（1—8月同比下降14.7%），增幅同比下降37.2个百分点。以往那种房地产热销、脱销局面已经出现重大转变。三是商品房空置面积增加。7月末商品房空置面积1.29亿平方米，同比增长6.1%（1—8月末达到1.3亿平方米，同比增长8.7%），改变了过去较长时间内空置面积不断减少的态势。四是房地产业资金供应日趋紧张。6月末全国商业性房地产开发贷款余额5.2万亿元，同比增长22.5%，比去年同期降低2个百分点，增幅连续7个月回落。在房地产开发企业资金来源中，包括定金及预收款（1—8月增长3%）和个人按揭贷款（1—8月下降10.1%）在内的其他资金大幅缩减，1—7月仅增长6.3%，增幅比去年同期回落24.3个百分点。五是土地价格下滑。一些城市土地拍卖出现流拍，而在去年土地拍卖中出现的价格畸高的"地王"，目前则变成开发商沉重的负担。六是房地产贷款风险开始上升。目前房地产贷款的不良率总体上仍然较低，但不同地区的情况不同，购房者抵押贷款"断供"现象开始出现。6月末，北京地区房地产不良贷款率为2.56%，比上年上升0.19个百分点。深圳发展银行不良贷款比率总体较低，而房地产不良贷款率为10.27%。这些情况都值得重视。

（五）企业利润缩减。受原材料涨价、汇率升值、退税率下调、劳动成本上升、部分产品价格倒挂等因素影响，规模以上工业企业利润增幅从去年1—11月份的36.7%回落到今年1—5月的20.9%，不同行业效益明显分化，电力、化纤行业利润大幅下降，炼油行业则出现大量亏损。企业效益变化是宏观经济运行趋势的一个重要反映。

根据以上分析，初步判断是，作为一种客观趋势，新世纪以来我国新一轮经济周期的上升期已经结束，当前和今后一段时期可能会经历本轮经济周期的下行期。至于通货膨胀趋势，由于去年涨价的翘尾影响逐步消失、严格控制新涨价因素，今年下半年消费价格涨幅将继续回落。全年价格总水平虽超出年初4.8%左右的预期目标，预计达到6.5%左右，但重要的是物价走势已呈现收敛趋势。在粮食丰收、生猪等生产稳定增长和国际市场石油等初级产品价格明显回落的情况下，今年后半期和明年面临的通胀压力可能得到缓解。价格涨势可能更多取决于我们主动调整能源资源等产品价格的力度。因此，通胀问题有可能逐步演化为经济运行中相对次要的矛盾，稳定增长问题则更加凸显。

三、政策建议思考

研究明年的宏观调控问题，似应把握好几个关键点。

第一，合理把握经济增长速度适度回落的边界。防止经济增长由偏快转为过热是前一阶段宏观调控的一项基本要求，经济增长速度适度回落符合宏观调控的方向。问题在于何谓"适度回落"？从我国经济增长潜力、保障就业稳定、改善人民生活、长远可持续发展等的需要和可能看，现阶段经济增长保持在9%左右可能更为合理。考虑基数很高的现实，关键是把握好经济增长速度回落的节奏。如果经济增长速度从2007年11.9%陡然跌落至9%，显然是不合理的，年度间增长速度回落的幅度最好控制在2个百分点以内。换言之，2008年的经济增长速度宜保持在10%左右。从目前的发展趋势看，对于2008年的总体经济增长水平还不必过多担心，全年可能达到10%或略低一点。问题在于2009年。影响明年经济走势的关键因素有两个：一是外需或国际经济环境的变化，二是国内房地产市场的变化。这两个因素的演变都存在很大的不确定性，目前看继续低迷下行的可能性较大，短期内难有大的起色。如果经济增长速度继续按照今年的节奏回落，则2009年的经济增长速度将降至8%左右。这样的速度水平其实并不算低，但连续下两个台阶，难免会伴生一些新的社会矛盾。鉴此，明年经济增长的回落幅度最好控制在1个百分点左右，比今年的回旋余地明显缩小，全年增长速度目标仍可定在8%左右，实际完成宜在9%左右。这就大大增加了明年宏观调控的复杂性和困难性。

第二，合理确定宏观调控的政策基调。考虑到国内外客观经济环境的变化可能导致明年的经济增长速度进一步回落1个百分点以上，超出合理区间，宏观政策有必要也有可能随机应变、逆势而上、有所作为。宏观调控的主要任务可能由年初的"两个防止"（防止经济增长由偏快转为过热、防止价格由结构性上涨演变为明显通货膨胀），到下半年的"一保一控"即"把保持经济平稳较快发展、控制物价过快上涨作为宏观调控的首要任务，把抑制通货膨胀放在突出位置"，进一步转变为稳定增长、保障就业。宏观调控的政策基调可能由"稳健"与"从紧"的结合转向名义上"稳健"、实质上"积极"，显著增加调控措施的灵活性。在策略上，可先适当松动货币政策，然后相机调整财政政策。如调整货币政策，可先不直接调整利率（由于贷款总量控制，银行已普遍上浮贷款利率）、准备金率等，而是在已有调控措施的力度把握上适当从宽。例如，有可能需要在今年第四季度适度放松贷款总量控制，以防止形势变化超出意料而在日后被迫采取货币政策与财政政策大幅联动调整。总之，经过近几年的快速发展和汇率、利率、准备金率、出口退税率、财政赤字率的连续调整，我国宏观调控有很大回旋余地，我们应对国内外环境变化、保持经济平稳较快增长的物质基础、政策手段和政策空间是充分具备的。

第三，充分挖掘出口市场多元化的潜力。出口和顺差的陡升陡降都不利于经济平稳发展。从促进内外经济平衡的角度看，近期逐步降低顺差是宏观调控的要求。一般来说，贸易差额占国内生产总值的比例保持在3%以内较为适度。我国贸易顺差占国内生产总值的比例从2007年的8%逐步降低到3%应当有一个过程，在这一过程中外需对经济增长的贡献往往为负值。这就需要处理好保持出口稳定与减少贸易顺差的关系。在当前世界经济明显减速的情况下，保持出口稳定除了调整出口产品结构外，很重要的是推进出口市场多元化。2008年1—7月我国出口增长22.6%，其中对美国、日本这两个传统市场的出口分别增长9.9%和15.9%，而对印度、俄罗斯、巴西、东盟的出口分别增长49%、28.5%、89.7%、29.3%，明显高于对其它市场的出口增幅。当前世界各国经济增长很不平衡，我们有可能在努力巩固传统市场的同时，在拓展新兴市场上取得更大成效。

第四，努力防止房地产市场过多下滑。房地产市场继续走低在所难免，问题是会低到什么程度，这是影响甚至决定下一步宏观经济走势的一个关键。我国房地产市场与美国等发达国家有很大不同，有可能避免次贷危机那样的后果。一是我国房地产市场远未饱和，有很大的真实需求。我国每年新增1000多万城镇人口，必然带来相应的住房需求，而美国等发达国家的城市化和人口都已经达到总体上稳定不增的水平；我国人均住房面积总体较小，居民改善住房条件的需求较大，而美国等发达国家住房水平已经较高、几近饱和，住房需求很大程度上是存量结构调整的需求。因此，我国住房价格下降到一定程度，有可能获得真实需求的有力支撑。二是我国房地产市场的购房者和投资者多属于中高收入阶层，住房信贷多为优质资产，而美国则是在有购买力的真实需求不足的情况下，通过金融工具创新创造出住房需求，使得原本被排除在外的穷人大量进入房地产市场，形成了巨额次级贷款。三是我国区域发展不平衡，如深圳和乌鲁木齐的房地产市场变化的周期差异就很大，可能形成"东方不亮西方亮"的格局，有利于分散风险，减弱全国市场的波动幅度，而美国等发达国家区域发展水平相近，容易出现市场下滑的同步共振现象。当然，在防止房地产市场过度下滑的过程中，原有的促进房地产市场健康发展的政策措施要继续坚持，不能翻烧饼、走回头路。总之，近期房地产市场难免出现一个艰难的、痛苦的调整，但远景是广阔的、光明的。

同时，要辩证地认识经济形势及其蕴含的机遇和挑战，充分借助宏观环境变化带来的压力和动力，坚持不懈地推进自主创新和结构升级，这是应对国内外市场变化、保持经济平稳较快增长的根本途径，也是转变经济发展方式、走上科学发展道路的必然要求。

加强经济监测预警分析
需解决好的几个问题*

回头看：本文提出的一些建议已经落实，如公布环比数据、恢复月度企业效益数据等，其他一些建议对改进经济形势分析工作仍具有参考意义。

近年来，我国经济统计制度不断完善，监测预警方法不断改进，总体上适应宏观经济决策的需要。但从应对国际金融危机冲击、准确把握经济走势、增强宏观调控的预见性科学性有效性的要求看，从适应经济全球化趋势、借鉴国外成功经验、增强国际可比性的角度看，我国在经济监测预警分析上还有一定差距，需要解决好若干突出问题。

一、充实基础统计数据

我国的统计数据已经比较健全，但从完善经济监测预警分析的角度看，仍需要改进和充实一些重要统计数据。

（一）**充实失业率数据**。我国现行失业率为"城镇登记失业率"，其缺陷：一是仅包括城镇，未覆盖农村；二是仅包括城镇户籍人口，在城市工作的农民工等不具备失业登记资格，不纳入统计；三是仅有季度数据，没有月度数据。这种状况明显不适应经济监测预警和坚持以人为本的需要。而在美国等发达国家，失业统计与其他指标相比更加及时、更加完备。鉴此，建议设置和统计全口径的失业率指标，重点完善城镇失

---

* 本文完成于2009年4月。

业率统计，将登记失业率改为调查失业率，将季度数据改为月度数据，并明显充实失业和就业统计的内容，如不同性别、行业、教育水平等分组的失业状况，为增强决策的针对性服务。近年来国家统计局曾在内部试行调查失业率统计，可考虑将失业率统计职责由劳动部门划入统计部门，劳动部门原有的失业登记继续作为领取失业救济金的依据，也可以继续由劳动部门承担失业统计，但务必推进统计方法和内容改革。

（二）充实企业效益数据。由于客观原因，企业效益数据（利润、成本等）比较滞后，赶不上通常的季度分析（该项工作多在4、7、10、1月的15日前后进行），因此统计部门索性放弃原来的月度统计，仅在季度分析工作前公布2、5、8、11月的企业效益数据。其实，对于效益变化的监测预警，除季度外，月度的连续分析也很必要。建议恢复原来的企业效益月度统计和公布制度。

（三）充实房屋价格数据。房地产市场在国民经济和社会发展中的重要地位已经凸现出来，房地产价格统计也日益受到广泛的关注。目前我国统计70个大中城市的房屋销售价格，包括新建住房和二手房价格，有同比和环比数据。从分析判断房地产价格水平高低和走势的需要看，目前的统计还不能完全满足，一些数据也曾经引发争议，如前两年许多人感觉房价涨幅远大于统计数据。建议增加房地产价格的定基指数，以更好地反映一段时期内价格的累计变化情况；增加房屋绝对价格的统计，即每平方米多少钱（平均数），使得大家对房价的涨落有更多的直观感觉；还可区分城市中心地区和郊区的房屋价格，从而使房价统计更有针对性和层次感。

（四）充实库存数据。我国制造业在国民经济中所占比重很大，库存变化能够显著反映需求和供给的变化，特别是一些重要生产资料和商品库存变动能够前瞻性揭示市场供求的变化情况。建议充实工业库存和商业库存月度数据，包括价值量数据和一些重要商品如煤炭、石油、钢材、有色金属、汽车等的实物库存量。还可恢复公布月度工业增加值绝对量。

二、充分利用统计数据

统计数据是公共产品，是为宏观决策服务的，应尽可能地使统计数据在政府部门和全社会范围内得到有效的消化、吸收和应用，而不是闲置或限制在数据生产部门内部。

（一）所有生产数据的机构都有义务将数据及时、完整地提供给国家宏观调控部门。这些部门包括国家发展改革委、财政部、人民银行等。同时，财政、银行、商务、劳动等部门统计数据也应及时与统计部门分享。所谓及时，是指向宏观调控部门提供数据要比向全社会公布数据提前一定时间，而不是在向全社会公布数据的同时或之后提供。这一点之所以必要，是因为宏观调控部门是党中央、国务院的参谋助手和主要决策部门，应当拥有统计数据的优先使用权。特别是有的统计数据可能会产生特有的社会影响，宏观调控部门优先获得可以在政策应对上掌握主动。所谓全面，是指要尽可能多地向宏观调控部门提供数据，有些不向社会公开的数据也应提供给宏观调控部门，如季度GDP支出法数据等。如有政府工作人员提前向外泄漏统计数据（如消费价格等），要依法追查并严肃处理，但不能因噎废食，不能以此为借口而不再及时、全面地提供统计数据。要防止统计数据在政府部门间相互封锁、把统计数据作为部门一己之"私"、统计数据商业化等现象发生。

（二）最高决策部门分析研究形势会议的时间应在全部数据出来3—5天之后。经济形势分析不是抗震救灾，政策调整更需要仔细考量，不差那么几天，关键在于数据质量要可靠、分析判断要准确。假如要求各部门在7月10日报送上半年分析材料，那么许多部门只能依据前5个月的数据进行分析。因此，要求统计部门提前或仓促提供统计数据的做法是不妥的，要求有关部门在数据出来之前或适当消化之前提供分析报告的做法也是不妥的。建议季度形势分析会议的时间在1、4、7、10月份的15—20日进行，最好不要提前，使各部门对数据有适当的消化理解时间，以提高分析和决策质量。

（三）不轻易提高数据生产和发布的频率。统计需要与时俱进，提高时效性。我国在这方面取得明显进步的一个例子是能源统计。过去能源生产、消费总量的统计滞后一年以上，目前每月都有能源生产总量数据。但也要看到，统计有自身的规范和要求，并不是时间上越快越好、频率上越高越好。当前我国统计数据主要由月度、季度、年度数据组成，总体上与国际接轨，符合我国实际，基本满足经济形势分析的需要。对于多数指标而言，提高统计数据频率的意义不大，应当审慎对待。一是将GDP统计从季度改为月度的意义不大。尽管个别地区（如上海）有月度GDP数据，但目前全国没有必要进行月度GDP统计。美国、欧洲等发达国家都没有月度GDP统计，而我国的季度GDP数据发布时间已经明显早于美国、欧洲等发达国家，如一季度GDP数据我国在4月中旬已经发布，而美欧日都要到5月上旬甚至更晚。二是将财政、金融、海关等数据按旬或周报送的意义不大。从技术上说，这些数据可以做到按周或旬（甚至每天）报送，但在当前信息"爆炸"、月度内数据波动较大的情况下，过于频繁报送信息只会加重领导的负担。如农产品市场每天都有几百个品种的报价，资本市场有实时的股票、债券、黄金价格，领导同志不可能天天都看这些。因此，旬和周的数据还是作为统计部门的内部掌握，只有出现重大异常时再行专报。

三、做好数据的调整和平衡衔接

按照统计原理，许多统计数据之间必然存在内在的平衡关系，如全国与各地区之间，GDP的生产法、支出法、收入法统计之间。同时，剔除季节性因素的影响既利于对数据的分析判断，也利于数据的国际可比性。在这些方面的统计完善上我国还有不少工作要做。

（一）地区国内生产总值（GDP）加总与全国GDP数据的平衡衔接。我国的一个独特现象是，各地区GDP相加之和大于公布的全国GDP总量。如2007年，全国GDP总量为249530亿元（这里按照《中国统计年鉴2008》数据。2009年1月统计局将2007年GDP总量和速度均作了上调，但不影响本文观点，下同），而各省GDP相加之和为275625亿元，后者比前者多26095亿元，即各省之和比全国多出10.5%。对此，人们多次提出过疑问，统计部门多次作出过解释。但即使有一万个理由，从统计原理讲，各地区GDP相加之和理应等于全国GDP总量。美国50个州，各州都有GDP数据，50个州之和等于全国数据，这是天经地义的。德国等国也是如此。建议借鉴国外做法，改革地区GDP统计，由国家统计局核定和公布各省GDP数据，并保持各省GDP之和与全国GDP总量的一致性。

（二）生产法GDP与支出法GDP数据的平衡衔接。我国的GDP统计以生产法为主，特别是从季度看，主要依据第一、二、三产业的增加值情况，其中以工业产出数据最为充实和及时，而一产、三产数据许多要靠估算。另一方面，从支出角度看，消费、投资、出口数据比较齐全，只是口径偏窄，按照GDP核算的要求，全口径的消费中还要考虑服务消费、自用消费等，投资中还要考虑存货增减，出口中还要考虑服务贸易等。从多年来的统计实践看：一是我国生产法GDP与支出法GDP不相等。如2007年生产法GDP总量为24.95万亿元，而支出法GDP为26.32万亿元，相差1.37万亿元。二是生产法与支出法数据之间的反差有时过大。2009年一季度GDP增长率初步核算为6.1%，从生产法角度看，第一、二、三产分别增长3.5%、5.3%和7.4%，考虑到规模以上工业仅增长5.1%，而这一数据的统计最为扎实，可能会给人留下GDP估算偏高、三产上升偏快的印象。而从支出法看，社会消费品零售额增长15%，扣除价格因素实际增长15.9%，全社会固定资产投资增长28.8%，考虑投资价格因素实际增长30.4%，均超过近几年的增长水平（近几年与此相对应的是GDP两位数增长），仅此两项就足以使GDP增长10%以上。统计部门的核算结果是：一季度，最终消费拉动经济增长4.3个百分点，资本形成拉动经济增长2个百分点，其中，存货变动影响经济增长-4个百分点，货物和服务净出口拉动经济增长-0.2个百分点。换言之，经济增长速度之所以低，主要是存货下降、净出口减少。目前没有全口径的存货变化指标，但统计局公布的2月末工业产成品资金没有下降，反而同比增长11.7%，似乎很难相信全社会库存出现前所未有的巨幅下降，以至于影响GDP增速达到-4个百分点；而一季度贸易顺差达到623亿美元，同比增加209亿美元，增长50%，这从国民经济核算角度讲对于GDP是一个强有力的拉动，在这种情况下，似乎也很难相信服务贸易在一季度出现巨幅逆差，以至于彻底抵消了货物贸易顺差的拉动影响，造成整个净出口对GDP的拉动作用为-0.2个百分点。实际上，2008年第四季度也存在生产法和支出法数据的明显反差。这里提出这一问题，目的是希望进一步改进统计数据的平衡衔接，提高数据质量和可靠性。

（三）数据的季节调整和环比。对统计数据进行季节调整是发达国家比较普遍采用的方法，目的是从原始的时间序列数据中估计和剔除季节因素（如圣诞节、气候条件、生产周期等）的影响，使数据更好地反映真实的变化趋势和基本特征。发达国家所公布的环比指标，如本季度与上季度、本月与上月相比较的数据变化，是根据国际上专门开发的季节调整模型（如X11）计算出来的，与我国目前统计的、未经季节调整的一些环比指标（如消费价格指数和房价指数等）不同。其实，我国统计数据受季节性因素的影响很明显，特别是春节有时在1月、有时在2月，时间上比西方的圣诞节还不规则。简单使用未经季节调整的环比数据有时很不适当，如《人民日报》2009年4月11日第一版有一个标题是"3月份我国外贸出现好转迹象"，副标题是"进出口总值比上月增长23.8%"，在出口形势仍很严峻的情况下，这样使用和解读数据与其说可以提升信心，不如说会造成误解或误导。最近似乎存在环比指标满天飞的现象，但需要说明的是：第一，不宜直接用上期原始数据与当期原始数据对比得到环比数据，而应当对原始数据进行季节调整后再进行前后期数据对比；第二，季节调整不是简单地剔除假日、按有效工作日的平均值来对比数值的增减。为提高数据的国际可比性，将来我国可考虑借鉴国际通行方法，对数据进行季节调整。但要注意几点：一是国际上季节调整的方法不尽相同，采用不同方法（如X11，X12，TRAMO/SEATS）得到的结果也有差异。季节调整是对原始数据的再加工，季节调整数具有独特的参考价值，但不能替代原始统计数据。二是经季节调整的环比数据有时容易缩小或放大趋势变化的幅度。通常情况下，季节调整剔除了非正常因素的干扰，使得数据变化更体现平均趋势，因此波动幅度减小。另一方面，统计部门比较普遍将季节环比数据折成年率，其含义是假设四个季度均按此速率变化则全年速度多少，其方法是对季度环比增速作四次乘方，粗略计算时也可简单地用季节环比速度乘以四。据最初公布数据，2008年第四季度美、欧、日GDP与上季相比增速为-1.6%、-1.6%和-3.2%，但折成年率达到-6%、-6%和-12.7%，看起来很吓人，其实是折年率方法的放大效应。现实中这两类数据往往都被引用，甚至混用。而照此方法来判断我国经济去年下半年以来的变化趋势，可能会得出与现有判断差异很大的结论。据有关专家计算，去年第四季度和今年第一季度我国GDP环比增长率分别为大约0.2%和1%，折年率为增长约0.9%和4%，这比正式公布的GDP同比增长6.8%和6.1%低很多。如果目前公布环比折年率数据，固然会提高数据的国际可比性，但难免产生一些不利影响：一是公众会感到数据混乱、无所适从，不知该相信哪一个；二是环比折年率数据很低，将影响人们的信心。因此，对统计数据（特别是GDP）进行季节调整和环比，可作为一项有意义的统计方法制度建设，先做系统的内部研究和参考，暂不作为官方数据对外使用。同时，需要考虑将来的统计体系仍以同比数据为主（目前我国的情形），还是改为以季节调整后的环比数据为主（目前欧美的情形），或者将同比数据和环比数据同时并列。

四、做好部门间职责分工和协调配合

经济监测预警分析是一项系统工程，涉及不同部门和机构，做好这项工作需要各司其职，并加强协调配合，特别是要把自己分内的事情做实、做精，避免"耕了人家的田、荒了自家的地"。

（一）统计部门要处理好统计、分析、预测三项工作的关系。统计部门最重要的工作是保证统计数据的可靠性。朱镕基同志曾题词强调"不出假数"，温家宝同志也题词强调"真实可信"，这就是统计工作的第一要务和座右铭。如果做好了统计数据工作，其他工作不做也是称职的、成功的，如果统计数据工作不到位，其他工作做得再多也是次要的。例如，数据的季节调整在我国面临特殊困难（因春节日期不规则等），这正是统计部门的用武之地，攻克这一难关在实践上、理论上、国际上都很有意义。另外，我国居民收入差距问题各方面都很关注，但近年来基尼系数是个"空白"，学界众说纷纭，因此很有必要做好基尼系数的计算。在此基础上，统计部门可发挥自身熟悉统计指标口径、内涵、数据来源及相互关系等特长，做好体现特色的分析工作，着重从统计指标解释的角度，对数据的统计含义或异常变化解疑释惑。同时要明确，统计部门不宜做预测，特别是不做短期预测，否则容易出现统计数据受主观预测的影响而失真，这也是国际上多数国家的惯例。总之，统计部门应专注统计、兼做分析、不做预测。

（二）允许和鼓励有能力的专业机构进行独立的景气监测预警指数编制。景气监测预警是基于统计和调查的专门业务，景气指数是在统计和调查基础之上的衍生产品。企业家信心指数、消费者信心指数、采购经理指数（PMI）、先行指数、一致合成指数、滞后指数、红黄绿灯景气信号等，都可用于分析判断经济运行趋势。从国内外实践看，这些工作统计部门和其他部门都可以做，也都可以做得很好。如德国伊福研究所（IFO）在景气监测方面有几十年的历史和很高的国际声誉。我国也应鼓励各类专业机构进行独立的景气监测分析和指数编制，官方的数据生产机构应尽可能为他们提供方便和数据支持。实际上，对于2008年下半年以来我国经济形势明显回落的趋势，国家发改委、国家统计局、国家信息中心、中国科学院等机构所编制的景气指数都预先有所反映和预警，并未失察，只是我们没有给予应有的重视而已。另外，在开始重视景气指数（如PMI）的同时，不能忘了这些指数大多反映的是企业家、消费者、经济学家等对未来看好或看淡的主观判断，有些指数的涨跌也与人为地选择哪个指标用于编制指数有关，这些都不能代替客观的统计指标。经济运行需要多种来源的数据相互印证，特别是不同机构的数据来源，从不同层面反映经济运行的实际情况，帮助我们更准确地了解和把握经济运行规律。其实，现有的统计数据中已经包含了有助于理解过去、现在、将来的大量信息，我们不能仅满足于第一时间得到这些数据，然后束之高阁，而是要在获得数据后，拿出足够的时间认真、反复地研读这些数据，深入探究数据背后的经济意义。

经济学基本范畴与宏观调控*

回头看：本文提出完善宏观调控需要正确认识和把握经济学中一些基本范畴的内涵、联系、区别，包括宏观与微观、供给与需求、总量与结构、流量与存量、对内平衡和对外平衡等，这是具有基础性和长期性的问题。

分析纷繁复杂的经济问题，可以从看似简单的一些经济学基本范畴、基本关系入手。我们对许多热点经济问题莫衷一是，往往在于基本范畴、基本关系不清。许多具有一般性抽象性的基本范畴、基本关系在经济发展的不同时期有不同的具体内容和表现，但澄清基本范畴、基本关系对于经济决策和宏观调控而言都是非常重要的，过去如此，现在如此，将来还是如此。这里结合对几个基本范畴的思考，提出对当前我国经济运行中几个相关问题的思考，以期有助于完善宏观调控。

一、宏观和微观

经济分析中区分宏观和微观，不仅具有重大的理论价值，而且具有重要的实践意义。微观经济学研究企业和个人等个别经济单位的行为，宏观经济学则着眼于对经济总量和经济整体行为的研究。这是一般的经济学道理，但对于宏观调控而言，具有很强的指导意义。微观上合理的行为宏观上可能并不合理，微观形势好并不意味着宏观形势也好。在传统计划经济下，宏观与微观混淆，经济调控包罗万象，既涵盖了宏观层

---

* 本文原载《国际经济评论》2007年第3期。

面，也囊括了微观活动，实践证明是不合理、不成功的。在发展社会主义市场经济的过程中，需要把握好宏观与微观的区别，在经济分析和宏观调控中尤其需要有宏观眼光。

首先，要把宏观调控主体与微观经济主体区别开来。企业和个人属于微观，中央政府属于宏观，这是没有疑义的。关键在于明确，地方（包括省一级）和行业都不是宏观，即使广东的GDP总量已达到3000亿美元，新疆的国土面积有165万平方公里，均超过许多小国，但从整个国家的角度讲都是局部或微观，只有国家或国民经济才是宏观。因此，一些地方讲要加强宏观调控，这种说法其实是不合适不准确的，尤其不宜简单地从一个省或一个地区的范围出发自求总量平衡，如钢铁消费大省为了生产与消费平衡而不顾条件大上钢铁厂，原料生产大省为了平衡上下游产业而不顾条件大上加工厂。可以说，宏观调控是中央的独有职责，地方、行业、企业只是从局部的、微观的、个体的角度来服从和执行中央的宏观调控政策。

其次，要把对经济形势的宏观判断与千差万别的微观状况区别开来。投资方面的例子很典型。目前我国投资增长出现了明显的区域分化现象，在经历了过去的投资高潮后，目前东部沿海一些地区的投资增长有心无力，如上海、浙江、广东等地的投资增幅只有10%左右，而中西部一些地区的投资增长则异军突起，近几年内蒙古、吉林和安徽的投资增幅先后达到50%甚至更高。对投资形势的判断自然会存在较大差异，一些沿海地区可能会说自己的投资增幅很低，没必要调控，而一些中西部地区可能会说自己的基数很低，也不应当调控。这种情况下，宏观调控固然需要考虑微观主体的不同情况，但更应当避免在差别很大的微观情况面前举棋不定、无所适从，更应当坚持从宏观的、全国的角度清醒看待投资形势、正确做出调控决策。

第三，要把宏观上的利弊得失与微观上的利弊得失区别开来。近年来我国经济运行的一个新现象是，钢铁、有色等高能耗、高污染、资源性产品不仅在国内有很大的市场，而且在国外也找到了新的"广阔"市场。在2006年生产和出口大幅增长的基础上，2007年以来继续呈现生产和出口大量增加的趋势。从钢铁等企业和行业自身看，似乎存在一个良性循环：从扩大投资开始—首先扩大生产能力—然后扩大生产—在国内市场容量不足时扩大出口—扩大外汇收入和利润—然后再扩大投资和生产。但从国民经济的角度看，钢铁等"两高一资"产品不断扩大规模实际上导致一个恶性循环：这些行业过度扩张投资推动整个投资增长过快—这些行业扩大生产和出口推动经济增长过快—加重国内能耗和污染—助长贸易顺差过大和流动性过剩—形成资源性产品过度依赖进口的局面。这是微观上合理、宏观上不合理的一个典型案例。可见，区别宏观和微观对于判断形势和宏观调控的意义非同小可。

二、供给和需求

诺贝尔经济学奖获得者萨缪尔森在《经济学》教科书中曾引用一句名言：你甚至可以使鹦鹉成为一个博学的政治经济学者——它所必须学的就是"供给"和"需求"这两个名词。在市场经济条件下，对任何经济问题的认识和解决恐怕都离不开供给和需求。房地产市场也不例外。近年来政府对调控房地产市场已经采取了诸多措施，其力度之大、频度之高，是少见的，其目的主要有两个：一是要稳定住房价格；二是要优化住房供给结构，增加价位低的普通商品住房。但这两个目标都还没有很好实现，与广大居民的愿望和要求相比还有较大差距。其实，促进房地产市场均衡和价格稳定，从最基本的方面看，无非是扩大供给和调节需求两条，这是极简单的原理。分开来看，由于土地资源的稀缺和硬约束，决定了住房供给必然是有限的，而不是无限的。这种情况下，住房供给结构状况就十分关键。既然市场力量驱动大户型、高价位住房供给，抑制小户型、低价位住房供应，而很大一部分居民的需求是小户型、低价位住房，表明在住房市场上存在比较明显的市场失灵，政府应当填补这一空白，但实际上政府长期缺位。从住房需求看，可以分为消费需求、投资需求、投机需求三类。本来应当在首先满足当地居民的住房消费需求之后，再逐步满足投资和投机需求，但实际情况却是在各地政府的利益动机之下，三类需求同时膨胀，导致投资需求和投机需求挤占了消费需求，并大大抬高了消费需求的成本。同时应当看到，在购房需求之外，还有大量的租房需求,但当初的城镇住房制度改革方案要求所有居民都要买房,没有为住房租赁市场留下足够的空间,也造成了供给与需求之间的错位。据此,理顺住房供给和需求关系的政策趋向是:在供给上,明确要求各地政府在一定时期内重新成为中低价位住房的直接和间接提供者,承担起相应的责任,以弥补市场失灵;明确实行租售并举的方针,大力发展房屋租赁市场,最终可能会形成租房与购房比例大体相当的市场格局。在需求上,优先保障真实消费需求,严格限制投资需求,坚决遏制投机需求。在住房供给相对有限的情况下,合理调节需求是关键。如果不限制不合理需求,如果需求是个无底洞,那么住房价格永远不可能得到有效抑制。总之,对市场经济条件下的经济问题,理解供给与需求是一把总钥匙。

三、总量与结构

经济中的总量问题和结构问题,各有其独立性,也存在相互联系。总量矛盾的发生,往往伴随着结构问题,甚至在本质上是由结构问题引发的,因此解决总量矛盾的关键常常在于调整结构。最典型的例子是,我国过去30年出现的几次经济总量过热,多数是由投资膨胀引起的,投资与消费比例关系失调和总量矛盾的显现同时并存。1993年出现经济过热和通货膨胀,投资增长61.8%,投资率从1991年的34.8%上升到1993年的42.6%,达到一个历史高峰;消费率则从62.4%下降到59.3%。前几年我国出现经济增长"偏快",同样由于投资增长过快引起,投资与消费的关系更趋失衡。2003年投资增长27.7%,投资率从2000年的35.3%上升到2004年的43.2%,达到另一个历史高峰;消费率则从2000年的62.3%下降到2005年的51.9%。另一个具有重要现实意义的例子是,2006年在节能减排上付出了很大的努力,但结果有些令人沮丧,没有完成年度节能减排的目标任务,关键在于产业结构"恶化"。当前我国产业结构变化的一个重要特征是,第一产业在国民经济中所缩减的份额,不是由第三产业所填补,而是由第二产业特别是工业所填补,在工业中重工业的增长速度更是遥遥领先。2001年到2006年,GDP中第一产业所占比例从14.1%降低到11.8%，降低了2.3个百分点，同期第二产业的比例由45.2%提高到48.7%，提高了3.5个百分点，其中工业比重提高了3.3个百分点。尤为突出的是，在工业中重工业比重从2001年的近63%上升到2006年的近70%。这一趋势在今年一季度还在加快发展。另一方面，重工业是主要的能源消耗者和主要的污染排放者，重工业单位产出的能源消耗和污染排放成倍于轻工业和服务业。在2006年全国电力消费中，工业用电占75.5%，其中重工业占60%。重工业单位产出（增加值）的电力消耗约为0.28千瓦时/元，大约是轻工业的近2倍，农业和第三产业的8倍。结果是，即使轻、重工业自身由于技术进步和管理严格而使能耗和排污水平下降，但由于重工业比重上升，从国民经济的角度看，能耗和排污水平难以明显下降。换言之，各产业自身的能耗和排污水平下降的影响，抵不过产业结构重型化所产生的能耗和排污水平上升的影响，这叫作胳膊扭不过大腿。如果今年和今后几年产业结构继续呈现重型化趋势，那么完成"十一五"时期的节能减排任务也将是极其困难的。因此不难理解，我国宏观调控的一个重要特征是既调总量、也调结构，并把两者有机结合起来。

四、流量与存量

流量是一定时期内所达到、完成、实现的某项经济指标的总量，例如某年内一国的国内生产总值规模。存量是一定时期末或一定时点上所达到、完成、实现的某项经济指标的余额，如某年底一国的国民总财富或储蓄存款余额。存量是由流量逐步积累形成的，在一定意义上也可以把流量叫作增量。盘活存量、用好增量是优化资源配置、促进经济发展的重要途径。国有企业兼并重组、国有资本向优势领域集中是存量调整的范例。着眼未来发展，有两个与流量、存量相联系的问题值得思考。

一是把流量与存量同时调整的思路和机制拓展应用到经济社会生活的其他领域。例如对收入分配的调整。目前收入分配格局的重要特征是，一方面居民收入差距明显扩大，一方面居民收入在全部国民收入中的份额下降，这些都严重制约了消费扩大。有资料显示，城镇居民中20%

的高收入户的平均收入相当于20%的低收入户的平均收入的倍数，2000年为3.6倍，2006年预计为6倍，而目前低收入户的收入中用于消费的比例（消费倾向）为92%，高收入户的收入中用于消费的比例为68%，一定程度上已经形成有钱的不消费、想消费的没有钱的态势。同时，2002—2005年居民可支配收入在国民总收入中的比重从62.1%下降到57.5%，下降了4.6个百分点。调整国民收入分配结构需要在增量和存量上同时进行，增量调整包括增加中低收入者的收入，加大对高收入的税收调节，存量调整则包括划转部分国有资产给社会保障基金持有，加快建立覆盖全社会的社会保障制度，以及征收遗产税、物业税等。目前流量调整的力度不足，存量调整尚未启动，因此收入分配格局的上述两方面不合理特征还在发展。这种状况亟待改变，这是促进国民经济良性循环和构建和谐社会的必然要求。改变这种状况，特别是从存量上调整国民收入分配格局，需要很大的勇气和决心。

二是注重处理国民生产和国民财富之间的关系。生产是流量，财富是存量，生产扩大的结果应当是财富的不断积累。当前存在的不合理现象是：一方面，生产与财富之间不成比例，生产规模很大，但财富积累没有相应扩大，特别是许多房屋建了又拆、拆了又建，房屋内部装修了又铲掉、铲掉了又装修，城市地下管道挖开了埋上、埋上了又挖开，街头路面砖石铺上了又拿掉、拿掉了又铺新的，如此等等，都计算在当年的生产规模之内，但没有增加财富，如果从质的角度衡量，那么财富存量更要打折扣；另一方面，在生产过程中还可能破坏原有的财富存量，例如一些地方的旧城改造将历史遗留的宝贵建筑和城市特色一扫而光，代之以近乎千篇一律的"现代化建筑"，以及由于人为因素造成的资源、环境、气候状况的恶化等，原有财富存量的损失难以估计。因此，必须提高经济增长的质量，才能有效扩大国民财富的总量，改善国民财富的质量，增强国家综合竞争力。

五、对内平衡和对外平衡

在经济全球化深入发展和国际产业分工不断扩大的情况下，一国经济的对外不平衡与内部不平衡往往是一枚硬币的两面,对外不平衡往往是内部不平衡的一种反映。当前我国经济的对外不平衡突出表现为贸易顺差过大,这在很大程度上是两方面的内部不平衡长期存在、不断发展的结果。第一,不平衡的储蓄与消费关系。国内消费相对不足是贸易顺差过大的最深层的原因。目前的消费率只有50%略多一点,比发达国家和世界平均水平低20个百分点。消费之外的总储蓄部分,不是用于投资,就是用于出口。投资率已经很高,但储蓄率更高,因此净出口的比例必然上升。而且投资与出口之间形成了一种自我循环,投资导致生产能力扩大,过剩生产能力导致出口扩大,出口换取的收入和利润又推动投资和生产规模扩大。因此,减少贸易顺差最终还要从扩大消费做起。第二,不平衡的奖出限入外贸政策和体制。影响较大的是,多年来我们鼓励扩大利用外资,鼓励外资企业出口,甚至曾经限制内销比例,结果是目前外资企业出口占全部出口的57%,占贸易顺差的50%;多年来我们鼓励加工贸易转型升级,结果是加工贸易的附加值越来越大,由过去的加工贸易进出口大体平衡、略有逆差或顺差,转变为巨额顺差,目前占全部顺差的80%以上;近年来我们明显地扩大和放开了各类企业的进出口贸易权,结果是在国有企业和外资企业之外,私营企业等贸易主体异军突起,在外贸中的地位由微不足道发展为不可等闲视之,占全部顺差的比例超过50%。同时还有两个外部因素:一是国际经济环境之好前所未有。世界经济增长态势是过去30年最好的,市场需求持续旺盛。二是美国等国的储蓄率偏低,消费率偏高,同时受国内人工成本高和比较竞争优势等因素的影响,发达国家原有的一般加工制造业生产能力大量转移到我国,形成生产、出口和顺差的国际间转移。

由上述因素决定,贸易顺差大在现阶段具有一定的必然性和顽固性。客观地讲,在经济全球化阶段,不仅一个省不能自求平衡,一个国家也难以自求平衡,只有从全球的角度看,世界经济是平衡的。但不平衡也是有限度的,超过一定的范围就可能带来广泛的不利影响。当前我国贸易顺差过大,已成为货币流动性过剩、人民币升值压力加大和贸易摩擦加剧等诸多问题的直接根源。在缓解贸易顺差过大上,我们应当有所作为,也可以有所作为。一方面,要在促进内部平衡上下功夫,把扩大消费作为根本措施，并调整奖出限入的外贸政策倾向，在抑制不合理出口的同时，鼓励扩大进口。另一方面，也需要外部环境和条件的配合。从历史经验看，一旦世界经济明显减速，我国的贸易顺差也会缩减，这是一种自然调整。在世界经济继续强劲增长的情况下，有关国家也需要适当调整国内政策，包括逐步提高国内储蓄率等。内外互动才能更好地实现内外平衡。

改善宏观调控需要提高判断力、
决策力、执行力*

回头看：本文提出宏观调控中的"三力"（判断力、决策力、执行力），迄今仍需继续提高。

宏观调控伴随着经济运行，是一个连续不断的过程。近年来我国宏观调控取得明显成效，国民经济保持了平稳较快增长的态势。继续改善宏观调控需要在认识上和实践上进行新的总结、探索、提高。

一、还原和坚持宏观调控的宏观性

在经济分析中区分宏观和微观十分重要。微观经济学研究企业和个人等个别经济单位的行为，而宏观经济学则着眼于对经济总量和经济整体行为的研究。尽管这是一般的经济学道理，但对于宏观调控而言，具有很强的指导意义。微观上合理的行为宏观上可能并不合理，微观形势好并不意味着宏观形势也好，反之亦然，这正是经济学之所以有宏观和微观之分的原因之一，也是经济管理有宏观调控和微观管理之分的原因之一。那么从经济主体的角度看，什么是微观、什么是宏观呢？应当说，个人不是宏观，企业不是宏观，行业不是宏观，地方（包括省一级）也不是宏观，只有国家或国民经济才是宏观。有的省在经济工作中也讲自己如何宏观调控，其实是反客为主、定位不清。一个省再大，也是局部，如广东2005年的GDP达到2700多亿美元，新疆的国土面积有165万平方

---

* 本文原载《经济学动态》2006年第11期。

公里，均超过许多小国，但从整个国家的角度讲都是局部，不是宏观。

联系当前我国的经济形势，从地方、行业和企业的角度来看，2006年上半年绝大多数人认为形势一片大好，抢抓机遇、大干快上的热情十分高涨，生怕错过了这趟顺风快船。的确，从微观和局部的角度看很多经济行为都有其自身的道理。例如，山东、吉林可能认为投资增长40%以上是合理的，因为前几年速度较低，现在要补欠账；广东可能认为应当上大钢厂，因为从省内钢铁供需、港口条件等方面看都很合理；内蒙古、新疆可能认为应当允许多排放一些污染，因为自己的国土面积很大；不少企业认为可以再上大的棉纺项目，只要自己在市场竞争中胜出，其他一大片被打倒是别人的事情。如此等等。岂不知，现在这条大船的吃水已经很深，但争搭此船的人依然源源不断、潮涌而至，乐极生悲的风险在加速积累。从投资来看，2006年上半年全社会固定资产投资名义增长29.8%，但投资价格较低，剔出价格因素后实际增长28.8%，已经高于1993年27.8%和2003年25%的实际增长水平，尽管目前有的地区投资增长还不太快，其中上海的投资增长只有一位数，但从全国而言加强宏观调控的必要性紧迫性在上半年已经显而易见。从宏观决策的角度看，微观的情况要掌握，微观的意见要倾听，但那毕竟不是宏观调控的主要依据。越是在形势纷繁复杂、众说不一的时候，宏观决策越是需要善于运用宏观的眼光看问题、从长远的角度看问题、从全局的视野看问题，因为宏观分析才是宏观调控的基本依据，任何企业的、行业的、地方的特殊情况都不能作为宏观调控的主要依据。

宏观调控措施的实施有一个统一思想认识问题。统一思想认识主要是要求地方、行业或者重点企业能够从国家的、宏观的角度看问题，把思想认识统一到国家关于宏观形势的判断上来，自觉地贯彻执行国家的宏观调控措施。如果能够做到这一点，当然是一种理想的状况。但我们必须承认，目前利益多元化的格局已经形成，无论是地方还是行业都有自己独特的利益，而企业则更是以追求经济利益或利润为主要目标的市场主体。在这种情况下，对宏观形势形成真正统一的认识是相当困难的，可以说，在改革开放以来甚至新中国成立以来的多次宏观调控中也并没有达到各方面对形势完全一致的认识，当前和今后更不能过多地期望如此众多的企业、行业和地方会对经济形势达成完全的一致。宏观调控也有时机问题，宏观调控不能坐等认识上的完全统一。因此，宏观调控在力求统一思想认识的同时，更需要有勇气和胆识在各方面思想认识不统一或不够统一的情况下，以独立的宏观判断为基本依据，坚持出台和实施必要的宏观调控措施，而不能为来自微观的声音所左右或牵制。

二、判断经济形势需要审慎看待潜在
增长率和消费价格指数

进入新世纪以来，中国经济运行呈现出一些与以往相比不同的特征，对经济形势的判断和经济指标的认识也更加复杂和困难。有一种意见认为，近年来的经济运行都是正常的，不存在过热现象或过热趋势，包括2003年和2006年上半年都是如此，因而没有进行紧缩性调控的必要。其主要依据之一是认为现实的经济增长速度处于潜在增长率范围内（如10%）。然而，这一依据迄今尚难以令人置信。问题在于：首先，对中国的潜在增长率究竟多高，并没有一个公认一致的结论。例如，有的测算结果是8%—9%，有的9%—10%，有的10%左右。如以8%为准，则近几年的速度偏高了，甚至过热了；如以10%为准，则可以说恰好达到了潜在增长率与现实增长率相吻合的最佳状态，不存在速度偏高或过热问题。既然对中国潜在增长率的测算结果如此不同，那就不宜把众说纷纭的潜在增长率作为判断实际经济增长过快或偏慢的基本依据，否则结论也将五花八门，各执一词而难以服众。其次，目前测算潜在增长率的方法一般主要考虑资本和劳动力供给，同时考虑全要素生产率的影响。但要看到，除此之外，中国还有一些比较特殊的情况：一方面，劳动力总量接近于无限供给，而储蓄率持续偏高，一些行业生产能力存在过剩，劳动和资本供给的这种特殊性必然导致潜在增长率测算结果偏高；另一方面，测算潜在增长率还应考虑对长期经济增长的其他约束条件如资源、环境等，我国当前的资源消耗水平是现有的资源供给条件所难以承受的，环境污染水平是现有的环境容量所难以承受的，不考虑这些因素将高估潜在增长率，而一旦考虑这些因素则潜在增长率将打折扣。

也有人认为，当前消费价格较低，表明不存在经济过热，没有进行调控的必要。问题在于，消费价格指数并非判断经济形势的唯一指标。消费价格指数主要反映居民消费市场价格变化情况，与此相对应，还有其他价格指数，特别是生产资料价格和房地产价格，这两个价格指数也是宏观经济的重要指示器。消费市场、生产资料市场和房地产市场是整个实体经济的主要组成部分，无论哪个市场出现重大变动、存在异常情况，都需要采取宏观调控措施。我们高兴地看到，近年来消费品市场总体上风平浪静，价格稳定，消费价格涨幅平均在2%左右。同时我们也必须看到，这几年生产资料市场和房地产市场则是风起云涌，价格跌宕起伏。从流通环节生产资料价格指数看，2004年平均涨幅曾经超过15%，至于一些重要产品的价格则经历了更加剧烈的变动，例如钢材价格在2001年、2002年分别下降0.4%和4.2%，到2003年、2004年则连续急剧上升20.1%和25.2%，2005年以来价格又走低，很大程度上是前两年价格涨幅过高的结果。铜价则从2002年的每吨1万多元一路上涨到2006年年中的超过8万元。这些都是市场失衡和异常的反映。从房地产价格看，这两年大中城市房屋销售价格平均涨幅在7%左右，明显高于其他价格指数，特别是从同样地段或同样位置的房价、地价变化看，短短一两年内价格上涨30%、50%甚至翻番的例子比比皆是。对这样一些情况不能等闲视之，更不能视而不见。20世纪80年代后期日本经济泡沫的产生和破灭已经给我们提供了前车之鉴。1986—1991年日本的城市地价平均上升60%多，东京等大城市地价更是登峰造极，日经指数从1万多点上升到接近4万点，而这一时期日本的消费价格指数累计只上升10%，平均每年上升1.6%，有的年份价格涨幅低于1%。如果单看消费价格指数，显然并没有什么担忧，但实际上这时的日本经济已经潜伏着巨大的危机，并由此引发了整个90年代的十年停滞，教训至为深刻。因此，我们在密切关注消费价格变化的同时，也要高度重视生产资料价格和资产价格的变化。

三、赋予经济手段微调以经常性、可逆性特征

熨平周期、实现经济的平稳运行，是宏观调控的重要目标。从以往的实践看，我国的经济运行具有周期性，而宏观调控也具有相应的周期性特征。宏观调控有时就像搞运动，几年来一次，来了以后集中搞。往往会出现这样的情形：在经济出现过热之前，在问题发展到严重程度之前，大家都跟着说形势好，都不愿意泼冷水，都不采取措施。问题继续发展蔓延，一旦到了非解决不可的时候，一声令下，所有的方面都争先恐后制定调控措施，加大调控力度，导致经济手段、法律手段和行政措施在短期内集中出台（类似于政治表态），其效果固然比较明显，但也可能存在调控力度失衡问题，即前期力度偏弱、后期力度偏大，或前期有不作为之嫌、后期有做过头之嫌，结果是前期经济过热或增长偏快的恶果已经悄然形成，后期则有速度回落过快并带来其他不良后果的风险。

改善宏观调控，防止由于调控不当而加剧经济波动，需要在宏观调控中更多地运用经济手段，并赋予经济手段微调以经常性、可逆性特征。市场经济体制越是完善，市场在资源配置中的基础性作用越是得到充分发挥，就越是需要更多运用经济手段对经济运行加以调控。与其他市场经济国家一样，利率、汇率、税率、准备金率等就是这样一些经济手段。所谓经常性，就是利率、汇率等经济杠杆不应当一成不变，也不宜听任调整压力在长时期内过多积累然后采用大幅调整、一次释放的方式，而是应当随着市场和经济形势的变化不断地进行适度调整。所谓可逆性，就是利率、汇率等经济杠杆的调整变化在一定范围内可升可降、可上可下，一定程度上是通过不断地试错来获得正确的选择。当利率、汇率作为经济调节工具被长时间束之高阁的情况下，利率、汇率自身也会逐步变得有些"神秘""神圣"起来。其实，利率、汇率的调整并不是什么大不了的事情，如果一时调过了头，可以再调回来，这样操作也就恢复了利率、汇率作为经济手段本身的性质和价值。从实践的角度看，可以提出这样的建议：央行货币政策委员会在每一次的例行会议上，有责任提出下一步基准利率水平调整还是维持现状的意见，上层决策者对于这

一意见应当有同意或不同意的明确答复,然后以适当的方式向全社会阐明国家关于货币政策的取向。例会可以由每季度一次调整为每两个月一次。从长远看,也可以赋予货币政策委员会或央行一定的利率决策权,如在一定限度内调整基准利率的权力。

四、宏观调控要做到言必信、行必果

经济形势总是在不断变化的,经济决策和宏观调控也存在抓住时机、当机立断的问题。及时调控,可以最大限度地减少损失;久拖不决,最终可能付出更多更大的代价。宏观决策需要发扬民主、集思广益,但这并不等于凡事都要实行一票否决制,不等于只有意见完全一致才能做出决策。相反,有时候宏观决策需要勇气,需要力排众议,或者需要让少部分人暂时保留意见,这样才能提高宏观决策的效率。

加强和改善宏观调控尤其需要提高执行力,做到言必信、行必果,防止言而无信、行而不果。这是因为,政策措施再好,如果大家都不遵守,也就没有意义。另外,只有大家都认真对待和严格遵守这些政策措施的时候,决策者才能正确判断这些政策措施的效果和对错,才能凭借真实的依据去调整完善这些政策措施。当前,我国的政策法规确实还存在一些不够完善的地方,但现有政策法规的贯彻执行可能更加没有到位。如果说现行政策法规有待完善的差距是1/3的话,那么政策法规有待落实执行方面的差距恐怕达到一半左右。有关部门的调查表明,目前土地利用违法违规的比例在50%以上甚至更高,环境违法违规(如投资项目没有或不符合环境影响评价、企业污染排放不达标等)的比例在50%左右,投资项目不符合有关项目审核程序的比例在40%以上,这说明经济领域有法不依、秩序混乱已经到了何等程度,这些现象令人震惊、值得深思,而不应当见怪不怪、麻木不仁。只有提高宏观决策的执行力,才能维护宏观调控的权威性,增强宏观调控的有效性。

提高宏观决策的执行力需要建立健全奖罚机制。为此,对于调控对象或政策执行者在贯彻执行宏观决策和法律法规上的不同做法和不同表现,要根据情况区别对待,既要表扬,也要批评,当前更要注重运用批评手段；既要奖励，也要惩处，当前更要注重运用惩处手段。在市场经济条件下，批评和惩处都可以触及利益关系的调整，关键是要触到痛处。例如企业和地方政府官员是宏观调控措施的主要执行者，一般来说，企业在乎的是经济利益，政府官员在乎的是职务升迁。因此，对于环保等违规违法企业的处罚要成倍于由此所获得的利益，绝不能允许出现违规收益大于违规成本的现象；对于地方政府官员不执行宏观调控措施者，既可以通报批评，也可以调换岗位，例如从大省调到小省，从东部沿海调到偏远地区，从"实职"调换为"虚职"，或者降级使用，或者从下一步提拔的备选名单中删除。在对土地、环保、项目审核等违规违法的各种检查活动中，除了监察部门参加外，也可以请组织部门参加，这就可以把各种检查活动与干部政绩考核结合起来，其效果必将大为改观。当然，增强企业活力、发挥地方的积极性，对于我国经济发展来说一直是至关重要的，这里所强调的是企业和地方在经济活动中的行为应当更加规范、更加符合科学发展的要求。

提高宏观决策的执行力还需要增强政策措施本身的可操作性。政策措施要更加明确、具体，尽可能有量化指标，不使用过于原则性的表述，防止引起不同的理解甚至歧义，避免出现政策出台但无法执行、还需要再制定过多配套文件或实施细则的情况，避免"实施细则"无法实施的情况。

五、努力创造新一轮经济增长周期的新纪录

如何正确认识和对待经济发展的潜力和机遇，关系到发展战略、经济政策和宏观调控，也关系到经济增长是以相对平稳的方式还是更加跌宕起伏的方式实现。一般来讲，潜力需要挖掘，机遇需要抓住，这是没有疑义的。但在实践中确实也有怎样挖掘潜力、抓住机遇的问题。经济发展的潜力在一定意义上有如一座矿山，如果任由大家乱采滥挖，结果可能是短期内产出急剧膨胀、随后出现资源枯竭、同时还存在资源浪费。我国的房地产市场就是其中的一座矿山，房地产市场越是规范发展、平稳发展，其对整个经济发展的带动和支撑作用就越持久越有力。经济发

展的机遇在一定意义上有如潮汐，这班船赶不上就会在海滩上搁浅，但如果缺乏秩序、蜂拥而上，也可能纷纷掉到水里。总之，我国经济发展的潜力是巨大的，机遇是难得的，但推动国家经济发展不能有暴发户心理，因为个人一夜暴富后也许可以管一辈子，但从国家经济发展来说无论某个年份增长速度再快，也不能说后几年可以不增长了、可以高枕无忧了。国家经济发展需要瞻前顾后、有水长流，这就为宏观调控提出了长期而艰巨的任务。

当前我们需要什么样的增长？从国内来看，我们不仅需要今年经济较快增长，我们同样需要在明年、后年继续平稳较快增长。2007年将召开党的十七大，2008年将在北京举办奥运会，都需要有一个良好的经济环境。如果明后年经济出现大的起伏，除了经济影响外，还会产生一定的政治和社会影响。当然，在更长的时期内，包括全面建设小康社会和基本实现现代化的时期内，我们都希望经济平稳较快发展。从国际上看，我们要追赶发达国家，但这并不是一年两年可以实现的，不可能一口吃个胖子，而是需要一个长期不懈努力的过程。近来国际上对于中印之间的经济发展十分关注，印度的较快发展给我们带来一定的压力和紧迫感，但不被印度超越的关键不在于一两年内经济增长速度比印度高很多，而在于今后很长的时期内我国能够一直保持平稳较快发展的势头。可以说，谁的经济发展具有长期的稳定性和可持续性，谁就会在未来的国际竞争中占据主动地位。

改革开放以来，我国已经创造了经济持续快速增长的纪录。我们还在创造新的纪录。从经济周期的角度讲，如果把8%界定为符合我国现阶段实际的快速增长，那么从历史经验看，过去20多年中经济增长速度连续超过8%的时间一般在7年以内，包括1982年到1988年、1991年到1997年的两个时期。进入新世纪以来，我国经济一直保持快速增长，从2000年到2006年（上半年增长10.9%，预计全年可增长10%左右），8%以上增长速度的持续时间也已经达到7年，而继续快速增长的势头不减。特别是2003年以来，经济增长速度都在10%左右，拉长了这一轮经济增长周期的上升阶段，提高了经济增长的持续性和稳定性，而消费价格涨幅平均不到2%，保持了高增长、低通胀的基本格局。这是非常了不起的成绩。维护和发展这样一种局面，意味着我们将打破以往的快速增长纪录。

用更长的时间跨度衡量，我们也在创造新的增长纪录。从1978年到2006年的28年，我国国内生产总值年均增长约9.6%，作为一个大国，这在世界上是绝无仅有的。我国在世界经济中的地位和影响显著提高。今后一个时期，只要经济增长速度仍然较高，我们就可以继续创造新的更大的经济增长纪录，不断跃上新的台阶。而进一步加强和改善宏观调控，是继续创造新的更大的经济增长纪录、推动经济发展不断跃上新台阶的必然要求。

又好又快发展三论*

回头看：本文是在"又快又好"改为"又好又快"之后对"又好又快发展"含义的系统阐述。

又好又快发展就是科学发展

中央经济工作会议强调，实现又好又快发展是全面落实科学发展观的本质要求。

坚持又好又快发展是把科学发展同加快发展有机结合起来、实现全面建设小康社会宏伟目标和推进社会主义现代化的必然要求。

当前，我国面临着重要战略机遇期，处于新一轮经济周期的上升期，存在着加快发展的国内外条件和内在动力。我国工业化、城镇化、市场化、国际化进程加快，居民消费结构逐步升级，国内市场潜力巨大；我国劳动力资源丰富，劳动力素质不断提高，劳动力成本优势继续保持；我国的储蓄率较高，近年一直在40%以上，国内资金充裕；我国的基础设施条件不断改善，公路、铁路、水路等运输能力明显扩大，煤电油供应紧张状况得到缓解；我国的产业门类齐全，配套能力较强，科技教育具有较好的基础；特别是我国社会政治保持稳定，具有良好的发展前景。这些都表明，我国具有加快发展的有利条件和客观趋势。

同时，我们强调要切实把经济社会发展转入科学发展的轨道，就是要充分体现以人为本，实现全面发展、协调发展、可持续发展。又好又

---

* 本文原连载于《人民日报》2006年12月26日、27日、29日，时任中财办主任王春正对全文作了审改。

快发展就是把科学发展同加快发展有机统一起来的具体体现和结果。

坚持又好又快发展是调动各方面积极性、发挥各类生产要素潜力的有效途径。

经过多年的改革，我国的经济活力明显增强，企业要扩大经营，各地政府要做大当地经济，个人要增加收入，各类经济主体要求推动发展、加快发展的愿望十分强烈。我们要因势利导，充分调动和正确引导各方面的积极性，使之脱离粗放的、传统的发展模式，成为推动科学发展的动力。

同时，我国一些工业行业的生产能力已经形成很大规模，需要合理利用，否则就会造成闲置和损失，带来银行呆账等间接影响；我国每年新增大量劳动力，也需要合理安排就业，否则既是劳动力资源闲置，也会带来一些社会问题。我国储蓄率高、资金比较充裕，是促进经济社会发展的有利因素，也需要充分而高效地利用。

在这种情况下，提出又好又快发展的要求既有利于发挥各类经济主体的主观能动性，也有利于发挥各类生产要素的巨大潜力。

坚持又好又快发展是紧紧抓住发展机遇、实现综合国力整体跃升的必由之路。

善于抓住机遇、充分利用机遇，关系到一个国家的发展和振兴，关系到一个国家在国际上的地位变化。实现综合国力跃升需要一个过程，需要在这个过程中连续保持相对较快的发展速度，并且具有较高的发展质量。综合国力是硬实力和软实力结合的统一体，是发展的速度和质量连续不断积累的结果。只有又好又快发展，才能达到综合国力跃升。

实现"三个协调"才能"又好又快"

又好又快发展是有机统一的整体，就是既要保持经济平稳较快增长，防止大起大落，更要坚持好中求快，注重优化结构，努力提高质量和效益。进一步看，又好又快发展主要体现为"三个协调"：即速度、质量、效益相协调，消费、投资、出口相协调，人口、资源、环境相协调。

速度、质量、效益相协调，主要强调发展既要有量的扩大，也要有质的提高，着重从质与量相统一的角度体现"又好又快"。保持适度较快的发展速度是十分必要的，但更要强调质量和效益。改善发展的质量，既要求改善企业的产品质量，也要求改善国民经济发展的质量；提高发展的效益，既要求提高企业的经济效益，也要求提高国民经济的效益。要努力在改善质量、提高效益的基础上保持较快的发展速度。

消费、投资、出口相协调，主要从发展成果分配使用要合理均衡、经济增长拉动因素要有效搭配的角度体现"又好又快"。我国经济运行中的两个突出矛盾是投资与消费关系不协调，内需与外需关系不协调。主要表现为：投资率偏高，消费率偏低，消费对经济增长的拉动作用相对不足；出口增长快、贸易顺差大，经济增长对国际市场的依赖程度高。消费、投资、出口相协调包含了对调整投资与消费关系、内需与外需关系的要求。要坚持扩大内需的方针，着力扩大国内消费需求特别是居民消费需求，保持投资和出口的合理增长，着力优化投资结构和外贸进出口结构，努力做到消费、投资、出口在保持合理比例关系的基础上共同拉动经济增长。

人口、资源、环境相协调，主要从人与自然的关系、可持续发展的角度体现"又好又快"。发展在注重当前的同时，必须着眼长远，努力使当前的发展与长远的发展有机结合起来，使当前的发展为未来的发展创造更加有利的基础和条件。人口、资源、环境是事关未来发展的最重要影响因素，需要高度重视和认真对待。要坚持计划生育的基本国策，继续控制人口数量，提高人口素质，努力变不利因素为有利因素，把人口大国转化为人力资本大国。要下更大的决心和气力保护资源和环境，加快建设资源节约型和环境友好型社会，大力推广循环经济模式，努力使资源消耗、环境状况与可持续发展的要求相适应。

从深层次看，"三个协调"体现了马克思主义再生产理论的基本原理，是扩大再生产得以良性循环和发展的基本保证。再生产既是物质资料的再生产，也是生产关系的再生产。再生产的顺利进行，需要第一部类和第二部类（即消费品和投资品）的生产保持合理的比例关系，需要人、财、物之间的合理有效配置，"三个协调"是社会主义市场经济条件下扩大再生产的基本要求，只有做到"三个协调"，国民经济才能在持续不断的循环往复中不断发展壮大。

好字当头　好中求快

又好又快发展作为全面落实科学发展观的本质要求，是有机统一的整体。

这几年我国经济增长保持了略高于10%的速度，无论从过去20多年的平均增长速度看，还是与国外相比，都是比较快的。但粗放型增长的状况还没有得到根本改变，经济增长的质量不高，付出的代价偏大。

——能源资源消耗较高。单位GDP能耗相当于世界平均水平的3倍。2005年我国GDP相当于日本的49%，而能耗则是日本的3倍；

——资源浪费现象严重。全国2000个国有煤矿的煤炭回采率平均只有45%左右，明显低于世界先进水平。钢铁工业废钢材利用率仅为26%，远低于世界平均43%的水平；

——环境污染危害大。近几年全国主要污染物排放量呈上升趋势。今年上半年，主要污染物排放指标不降反升，水污染物化学需氧量排放量同比增长3.7%，大气污染物二氧化硫排放量同比增长4.2%；

——生态恶化趋势尚未得到有效遏制。水土流失和荒漠面积分别达356万平方公里和264万平方公里，分别占国土面积的37%和28%。同时，科技进步对经济增长的贡献率只有40%左右，远低于发达国家水平。

我们要充分认识到，我国已具备支撑经济又好又快发展的诸多条件，真正做到又好又快发展，关键要在好上狠下功夫，在转变增长方式上狠下功夫，在提高质量效益上狠下功夫。当前，特别要在增强自主创新能力和节能降耗、保护生态环境方面迈出实质性步伐，这是实现又好又快发展的基本要求和重要标志。

速度是质量的基础和载体，没有一定的增长速度，就谈不上增长的质量。经济增长速度平稳而较快、避免大起大落，这本身也是经济发展质量改善的重要体现。

从现实看，我国的基本国情决定了我们必须保持一定的经济发展速度。

——我国人口多、底子薄，发展很不平衡，处于社会主义初级阶段，处于低水平、不全面、不平衡的小康阶段。要改变这种总体上仍然落后的面貌，需要有较快的发展速度；

——我国每年新增大量劳动力，要解决这些人的就业问题，逐步吸收农村转移劳动力，缓解巨大而持续存在的就业压力，保持就业和社会形势的稳定，都需要有较快的发展速度；

——在新世纪新阶段，完成全面建设小康社会的宏伟目标，加快推进社会主义现代化，实现中华民族的伟大复兴，都需要在较长的时期内继续保持适度较快的发展速度。

因此，强调又好又快发展绝不是不要速度，更不是速度越低越好，而是要坚决改变过去那种片面追求增长速度的倾向。特别是在经济增长速度已经较快的情况下，必须着力改善经济发展的质量效益，真正把较快的速度和较高的质量、较好的效益有机统一起来。

新世纪新阶段，我们要坚持好字当头、好中求快，真正走新型工业化道路，努力开创科学发展的新局面。

中国经济何时赶超美国*

回头看：本文于1996年在法国访问研究期间完成，原文为英文，后经翻译整理而成，首次提出中国经济总量可能在2025年前后赶超美国，对这一问题的讨论此前未曾与闻，近年来热了起来。文中结论得到日益增多的人认同，但还需拭目以待。当时作者在正文之前有一句题记：无论人们是否喜欢，中国崛起不可避免。

我们认为，从长远看，中国经济赶超美国不是可能或不可能的事情，而是时间早晚的事情，不是遥远无期的事情，而是可以期待和争取在不算太远的将来实现的事情。

亚洲金融危机爆发前，曾经有过一种乐观的预期，认为中国经济规模赶超美国、成为世界第一经济大国将指日可待。这在很大程度上是从90年代前半期中国经济连续数年出现两位数高增长得出的推论。亚洲金融危机爆发后，整个亚洲经济罩上了一层厚重的阴云，"21世纪将是亚洲世纪"的议论销声匿迹了，一些人对中国经济能否继续保持稳定发展也心存疑云，更不用说赶超美国了。其实，由于特定时刻的特定经济现象而盲目乐观或盲目悲观都是不足取的，因为特定时刻的特定经济现象往往不能客观、全面地反映事物变化的基本趋势。我们认为，从长远看，中国经济赶超美国不是可能或不可能的事情，而是时间早晚的事情，不是遥远无期的事情，而是可以期待和争取在不算太远的将来实现的事情。

中国经济能否赶超美国，直接取决于三个因素：一是相对的经济增

---

* 本文原载《经济与信息》1999年第2期。

长速度；二是相对的价格上涨幅度，三是汇率的变化趋势。理论上说，如果中国的经济增长速度明显快于美国，价格上升幅度明显高于美国，人民币对美元汇率明显升值，那么中国经济就会表现为加速赶超美国的趋势。如果中国的经济增长速度和价格上涨幅度与美国相似，人民币对美元汇率基本不变，则中国经济不仅难以赶上美国，而且差距还会有所扩大，因为美国经济的基数本来就大。如果中国经济增长速度和价格涨幅均低于美国，同时人民币对美元汇率出现贬值，那么中国经济总量不仅不可能赶上美国，而且与美国之间的差距还会加速扩大。

那么，与美国相比，中国经济发展的趋势将会如何呢？首先来看经济增长速度。1979—1998年中国经济平均增长9.7%。由于供求关系的变化，今后一段时期中国经济增长速度可能有所放慢，但仍有条件保持较快的增长。这是因为，中国的居民消费结构正处于转型升级阶段，城乡市场有巨大的增长潜力；城市化、工业化、现代化将继续为经济增长提供持久而强劲的动力；中国的服务业与发达国家和中等收入国家相比仍然存在很大差距，有着广阔的发展前景；中国的经济体制、基础设施和其他方面的投资环境正在不断得到完善；劳动力成本低、储蓄率高等优势继续存在；政府宏观调控的经验更加丰富，能力进一步提高。这些都使人相信，在今后相当长的时期内中国经济有可能继续保持较快的增长。

再来看价格因素。1979—1998年中国的商品零售价格指数平均每年上涨6.8%，GDP缩减指数上涨6.4%，明显高于美国。目前的通货紧缩形势只是暂时的。随着经济增长势头的恢复，价格涨幅也将有所回升。从长期看，由于总供求关系已经发生重大变化，过去那种价格猛涨的态势很难再现，但与经济增长相对应，价格总水平仍会有一定的上涨，而且涨幅将高于美国。

最后看汇率变化。从80年代初到1994年，人民币之所以不断贬值，是因为当时人民币币值被人为高估了，国际收支状况也不好。1994年汇率并轨后基本上形成了一个由市场因素决定的均衡汇率。由于国际收支状况明显改善，亚洲金融危机爆发前人民币面临着较多的升值压力，即使在亚洲金融危机影响不断深化的1998年，人民币兑美元汇率仍上升了

10个基点，国家外汇储备继续增加。可以相信，这次亚洲金融危机将使中国更加注意防止国际收支失衡，对开放资本账户将更趋审慎。同时，长远看，由于中国的国际竞争力不断提高，经济实力和综合国力相对于美国不断增强，国际收支保持基本平衡具有坚实的基础，因此可以预期，人民币兑美元汇率变化的长期趋势应当是在基本稳定的前提下逐步有所升值。

根据上述分析，可做一个简单的测算。据世界银行数据，1997年中国GDP总量为10554亿美元，美国为76901亿美元。按照中国经济年均增长6%、价格上涨6%（或者经济增长7%、价格上涨5%）、汇率升值1%，美国经济增长3%、价格上涨3%测算，则中国经济将在2025—2030年期间赶上并超过美国。不难发现，上述假设对于今后一定时期内中国经济增长速度放慢和价格涨幅回落的可能性都给予了考虑，而美国经济增长速度的假设比过去10年的平均数略高，价格涨幅与过去10年平均数相似。应当说。这些假设是比较现实合理的，使测算结果的可靠性得到了增强。

中国经济规模赶上美国无疑将对世界经济格局产生重大影响，但对中国人来说，其实并没有足够的理由太过自豪和骄傲，更没有理由忘乎所以，因为中国人口规模巨大，即使在30年后经济总量真的赶上美国，人均GDP也将只有美国的大约1/5或1/4，明显低于发达国家，甚至不及世界平均水平。从长远的眼光看，中国经济追赶发达国家将经历两个阶段：一是经济总量赶上美国，成为世界第一大经济大体，二是人均GDP水平赶超发达国家平均水平。只有超越第二阶段，中国经济赶超发达国家才能画上一个句号，而这将是一个漫长的过程。因此，中国经济即使在总量上赶上美国以后，仍然需要、也有可能获得更大的发展，否则中国人民的收入水平就难以得到更大的提高。

此外，中国居民生活质量的提高与经济规模扩大之间也可能并不那么吻合，而是相互错位。这主要是受两个因素影响：一是在GDP扩张过程中，GDP统计未能包括进去的生活质量因素可能得不到应有的改善，甚至反而恶化。例如。人均绿地面积可能减少，污染可能加重，安逸清静的社区生活环境可能更加稀缺。二是持续的物价上涨固然会促进名义

GDP扩张，但对生活质量而言实际上是一种水分或泡沫。如果我国经济总量赶超美国在较大程度上是靠价格上涨推动的，那么最终结果很可能如日本那样，人均GDP名义上很高，但物价水平也很高，居民得不到相应的实惠，高收入徒有其名。因此，中国赶超发达国家既要努力保持较快的经济增长速度，也要注意保持较高的经济增长质量。

买方市场条件下的宏观调控*

回头看：本文探讨了中国经济由卖方市场转向买方市场大背景下如何完善宏观调控问题，涉及调控目标设定、需求管理、供给管理等基本方面，其中的分析框架和政策寓言具有长期意义。

买方市场是一种持续供过于求的市场状态。在买方市场上，买者处于主动地位，买者有支付能力的需求多大，对实际交易规模和产出水平有决定性影响。告别短缺经济，进入买方市场，标志着我国经济运行已经进入一个新阶段。在买方市场条件下，政府对经济的宏观调控面临新的任务和挑战，具有与以往不同的特点。

一、我国买方市场的持久性

新中国成立以来我国经济运行特征的变化可以分为三个阶段：一是改革以前，生产和价格均受到计划和行政管制，经济处于短缺状态但在价格上反映不出来。二是从改革开放之初到90年代中期，市场化的改革逐步推进和深化，市场机制对经济运行的调节作用不断增强，但经济仍处于短缺状态，显化为具有持续性的市场供不应求和价格上涨。三是目前阶段上，短缺现象初步消失，买方市场初步形成，价格机制在资源配置中开始发挥基础性调节作用。

当前我国买方市场的形成，表现在许多方面。第一，市场供不应求的商品消失，供过于求的商品增加，绝大多数商品处于供求基本平衡状

---

* 本文原载《管理世界》1998年第5期。

态。有关部门对近年来国内市场上600余种商品供求平衡状况的调查结果（见表1）显示，1995年供不应求的商品占14%左右，到1998年上半年已经下降为零，而供过于求的商品超过1/4。第二，商品价格出现持续下降趋势。1997年全国商品零售价格指数仅上升0.8%，1998年上半年下降2.1%，其中6月份下降3%。预计1998年全年商品零售价格指数将保持下降趋势。价格形势的变化是市场供求形势变化的反映。第三，生产能力明显过剩。据1996年进行的第三次全国工业普查资料显示，普查涉及的900多种主要工业产品中，1995年全国有半数产品的生产能力利用率在60%以下。第四，基础产业瓶颈制约的消除。例如，电力供应相当充分，铁路货运量不足，钢材等产品的出厂价格持续下降。当前仍然比较短缺的，主要是城市和农村基础设施，而不是通常所说的基础产业。第五，企业之间价格竞争日益激烈。近年来在一些商场或生产企业之间都曾经发生可能导致两败俱伤的价格战，以至于国家价格管理部门不得不出面干预，以维护市场秩序和公平竞争。第六，消费者在市场上的地位明显提高，消费者权益状况得到改善。目前消费者购买商品的环境和得到的服务与过去相比，已不可同日而语。

表 1　近年来我国市场商品供求平衡状况变化　　　　　　　　单位：%

	供不应求商品比重	供求平衡商品比重	供过于求商品比重
1995 年上半年	14.4	67.3	18.3
1995 年下半年	13.3	72.3	14.6
1996 年上半年	10.5	74.5	15.0
1996 年下半年	6.2	84.7	9.1
1997 年上半年	5.3	89.4	5.3
1997 年下半年	1.6	66.6	31.8
1998 年上半年	0.0	74.2	25.8

资料来源：根据历年中国商业信息中心发布资料整理。

那么，当前的买方市场态势是一种暂时现象还是持久性的现象呢？这是一个事关重大的判断。假如当前的市场状态只是昙花一现，那么只需要采取一些着眼于眼前的短期应急措施就可以了。假如买方市场将持久存在下去，那么对于短缺经济条件下制定的宏观政策和措施就应当进行比较彻底的检讨，以采取标本兼治的对策。我们认为，目前的市场状态标志着我国经济运行特征的阶段性转折，不是暂时现象，而是将长期存在下去。亦可说，当前的市场状态是市场经济（或市场化进程）发展到一定程度后的一种常态。主要理由如下。一是生产能力普遍过剩局面短期内很难改变，这就决定了目前的市场供求态势在短期内几乎不存在出现明显逆转的可能性。二是目前商品价格结构调整基本到位，与市场供求状况基本一致。将来如果出现需求缺口，即使生产供给能力一时难以填补，也将会由灵活、及时的价格调整所吸收，市场供求仍将维持基本平衡。很难想象会重新出现过去那种生产上不去、价格也不允许调整到位，从而出现绝对的供给不足或需求缺口的情形。三是新产品生产能力的扩张速度快。目前常常看到这样的情形：一旦一种新产品生产出来，成为市场的俏销货，其他厂家就会纷纷跟进，迅速填补市场缺口。VCD机、大屏幕彩电、无氟冰箱等产品就是如此。这表明，企业的产品结构调整能力已经有了很大提高。四是通过进口来调节国内市场平衡状况的能力大为提高。1997年我国进口额达到1400亿美元，相当于GDP的16%，此外我国拥有1400亿美元的外汇储备，进口能力是巨大的。同时，由于降低了进口关税，越来越多的企业被赋予外贸进出口权，利用进口调节国内市场供求平衡的机制更加灵活，国内外市场的联系越来越紧密。

二、买方市场下宏观调控目标的选择

宏观调控的主要目标有四个指标，即经济增长、通货膨胀、就业和国际收支。宏观调控各项目标之间最理想的搭配是：经济高增长，低通胀，充分就业，同时维持国际收支平衡。无论在短缺经济中还是买方市场条件下，经济运行结果与宏观调控目标之间都可能存在一定的差距。所不同的是，与短缺经济相比，买方市场条件下实现各项调控目标的条件和难点发生了变化，调控重点发生了转移。

（一）经济增长。作为一个发展中国家，没有必要的经济增长，一切都无从谈起，亦即"发展是硬道理"。因此，在我国宏观调控的几大目标中，经济增长应当置于优先的位置。而需求增长是经济增长的前提。

在需求旺盛的情况下，尽管有可能发生通货膨胀，而且恶性通货膨胀的危害广泛而深远，但经济增长往往因为需求拉动强劲而有较大的保证。相反，如果需求缺乏，经济增长就成了无源之水、无本之木。

经济增长面临资源和需求的双重约束。短缺经济下经济增长面临的主要是资源约束，买方市场条件下经济增长面临的主要是需求约束。从以往的经验看，资源约束所影响的主要不是速度本身，而是通货膨胀，即在资源约束条件下，速度其实不成问题，但过高的经济增长必然带来通货膨胀。而需求约束所影响的却是经济增长速度本身，即需求上不去，速度也上不去。

短缺经济下，由于需求增长速度快，经济增长速度就比较快，经济增长目标比较容易实现。例如，1979—1995年我国经济平均增长10%，除了1989年、1990年治理整顿时期外，经济增长速度均明显超过计划目标。而在买方市场条件下，需求增长速度放慢，经济增长速度相应放慢，实现经济增长目标的难度加大了。1996—1998年我国经济增长的计划目标每年都是8%，1996年实际增长速度比计划高1.6个百分点，1997年高0.8个百分点，1998年可能只是勉强完成计划目标。考虑到1998年我国采取了前所未有、如此之多的扩大需求的措施，而经济增长速度与预期仍有较大差距，我们已经深深地体会到，在短缺经济下抑制通货膨胀不易，在买方市场条件下刺激需求增长从而实现经济的快速增长恐怕更难，否则许多国家的经济增长就不至于那么迟缓了。

过去在确定经济增长目标时着重考虑的因素，一方面是供给能力大小，特别是瓶颈部门的约束状况，另一方面是以不引起通货膨胀为高限。那时，如果对需求也加以考虑的话，所担心的是需求膨胀而不是需求不足。当前，在买方市场条件下确定经济增长目标，则必须充分考虑需求因素，以需求总量多大、增长多快为主要依据，否则经济增长目标的现实可行性就值得怀疑。过去经济似乎总是在快车道上运行，经济增长速度似乎只是经济运行的一个"副产品"，人们没有刻意追求经济增长，但结果却是高增长，总是"超额"完成速度指标。在买方市场条件下，由于受到需求约束，经济增长已经成为只有经过艰苦努力才可能实现的目标，因此在宏观调控过程中，经济增长目标的合理性及其实现程度无疑将受到更多的关注。

（二）通货膨胀。由于存在需求膨胀的内在冲动，短缺经济下通货膨胀成为宏观调控所关注的一个焦点。改革以来，伴随着经济高增长，我国在1984—1985年、1987—1989年和1993—1994年出现了三次通货膨胀高峰，其中1994年商品零售价格指数上升21.7%，创下新的纪录。1985—1995年（不包括实行治理整顿的1990—1991年），商品零售价格平均上升12.5%，涨幅是比较高的。一个带有规律性的现象是，过去价格调控目标往往完不成计划，不少年份实际的价格上涨幅度明显高于计划控制目标。随着买方市场的形成和需求增长速度的减慢，需求拉动通货膨胀的压力已经明显减小。当然，通货膨胀通常是多种因素共同作用的结果。在买方市场条件下，即使需求拉动的影响减小，也可能发生成本（如工资）推动的通货膨胀和外来冲击（如石油危机）造成的通货膨胀。但从我国过去的情况看，需求拉动是形成通货膨胀最重要的因素，而成本推动和外部冲击因素对通货膨胀发生作用，也以必要的需求增长为前提。1996—1998年在通货膨胀的调控目标明显降低（指允许的价格涨幅低）的情况下，年年"超额"完成任务。这不是偶然的，而是市场力量的巨大作用使然。总的看，在买方市场下通货膨胀的压力明显减轻了，通货膨胀目标在宏观调控中所受到的关注程度也下降了。

（三）就业。过去20年来，在就业方面除了安排回城知青时遇到一些困难外，其他多数年份似乎都不是什么大问题。这是因为，一方面，如果说当时存在失业的话，也是隐性失业，而隐性失业（所谓"三个人的活五个人干"）恰恰是一种制度安排。另一方面，经济的持续高速增长不断创造出更多新就业机会，在很大程度上既满足了新增劳动力的就业需要，也基本吸收了隐性失业缓慢显性化所造成的就业压力。因此，80年代的绝大多数年份和90年代前半期，城镇登记失业率都在3%以下，许多年份则低于2.5%，失业率指标既不令人担心，也未引起多大注意，很少有人将就业问题与社会稳定问题直接联系起来。时移事易。当前我国的就业形势已经发生了很大变化。一方面，我国劳动力供给持续增长，居高不下。从增量上看，全国每年约有1000万适龄青年加入劳动大军。从存量上看，目前有大约600万城镇登记失业人员，约700万已经下岗尚未重新就业的职工以及1亿以上的农村潜在剩余劳动力。就业压力相当之大。另一方面，当前对于劳动力的需求却相对萎缩。这是因为，劳动力需求与经济增长状况密切联系在一起，近两年我国经济增长速度逐步回落，1998年甚至连实现8%这样似乎不算很高的经济增长速度都遇到很大困难。经济增长缓慢，就不能创造出较多新的就业机会。同时，随着国有企业改革深化，技术进步和农业劳动生产率的提高，城市和农村都还会排挤出一些劳动力，致使原有的隐性失业转化为显性失业。据统计，1998年上半年全国城镇职工比上年同期减少286万人，其中国有单位职工比上年同期减少273万人，城镇集体单位职工减少162万人。此外，乡镇企业吸纳就业的能力明显减弱。1997年乡镇企业就业人数比上年下降458万人。总之，各种因素交织在一起，就业问题将长期存在，而且有日益严峻化的趋势。因此，在买方市场条件下，就业目标在宏观调控中的重要性将凸现出来。

表2 经济增长、通货膨胀的计划目标与实际执行结果　　单位：%

年　份	GDP 增长率			商品零售价格上涨率		
	计划	实际	差距	计划	实际	差距
1988	7.5	11.3	3.8	严格管理	18.5	
1989	7.5	4.1	−3.4	明显低于上年	17.8	未圆满完成
1990	5	3.8	−1.2	低于上年	2.1	圆满完成
1991	4.5	9.2	4.7	控制物价总水平	2.9	
1992	6	14.2	8.2	6	5.4	−0.6
1993	8	13.5	5.5	6	13.2	7.6
1994	9	12.6	3.6	10	21.7	11.7
1995	8—9	10.5	1.5—2.5	15	14.8	−0.2
1996	8	9.6	1.6	10	6.1	−3.9
1997	8	8.8	0.8	6	0.8	−5.2
1998 预计	8	8	0	3	−2.5	−5.5

资料来源：历年国家计委主任在人代会上关于经济和社会发展计划的报告。

（四）国际收支。短缺经济下，时常出现的需求膨胀、经济过热往往引发国际收支失衡。其主要表现：一是经常出现国际收支赤字。1978—1989年，我国有9个年份出现外贸赤字，1个年份进出口平衡，只有2个年份出现外贸盈余。在经济过热的1993年又出现了较大的外贸赤字；二是国家外汇储备不足，有时甚至告急；三是人民币汇率被迫不断调整、贬值，越是国内需求膨胀、经济过热，外贸赤字越大，外汇储备减少越快，人民币汇率贬值的压力越大，这是一个带有规律性的现象。而在买方市场出现后，形势开始发生根本性变化：对外贸易由大量赤字转变为大量盈余，外汇储备由不足转变为充裕，汇率由面临贬值压力转变为面临升值压力。当然，一旦发生亚洲金融危机这样的特殊事件，国际收支平衡状况总是难免受到影响，但比较而言，买方市场条件下防止出现巨额国际收支赤字（主要指经常项目特别是对外贸易）的压力减轻了，出现国际收支盈余的可能性增大了，因此国际收支平衡作为一个宏观调控目标受关注的程度将相对下降，尽管在开放经济中它永远是一个十分重要的经济指标。

（五）调控目标的重心转移。从以上分析和我国以往的经验看，短缺经济条件下往往出现这样的情况，即一方面是较高的经济增长和较充分的就业，另一方面是较高的通货膨胀和较多的国际收支赤字。而在买方市场条件下，则可能出现另一种情况，即一方面是经济增长速度较低，失业具有上升趋势或面临上升压力，另一方面通货膨胀率较低，国际收支状况趋于好转。买方市场条件下可能出现的最糟的情况是经济滞胀，即经济增长停滞，同时通货膨胀居高不下，结果失业有增无减，国际收支状况没有好转。70年代西方一些发达国家如英国等曾经出现滞胀现象。因此，在宏观调控的目标选择上，必然存在着一种倾向，即短缺经济条件下，宏观调控注重的是控制通货膨胀和保持国际收支平衡，买方市场条件下则注重实现经济的持续增长和充分就业。

三、买方市场下的需求管理

（一）宏观管理重心由供给管理向需求管理转移。关于供求不平衡的情况下产出水平的决定，可以用著名的木桶理论和"短边原理"加以说明。木桶理论认为，木桶能盛多少水，取决于最短的那块木板的高度。短边原理讲的是同一个道理，即实际交易量和产量的大小取决于供给和需求中较小的那一方。当然，供给和需求都有一个结构问题，不能简单相加和对比。但从总体上看，过去我国供给方是"短边"，产出水平的高低变化主要决定于生产供给能力的大小，特别是瓶颈产业的约束状况，因此宏观管理的主要任务是扩大供给数量，以实现总供求的基本平衡和经济的持续增长。目前则相反，在买方市场条件下，需求成了"短边"，产出水平的高低在很大程度上取决于市场需求大小和增长快慢，因此宏观管理的主要任务是刺激需求增长，扩大需求总量，以实现总供求的基本平衡和经济的持续增长。从这个意义上讲，短缺经济下的宏观管理主要是供给管理，买方市场条件下的宏观管理主要是需求管理，因此当前的宏观调控，至少就重心而言，应当实现从供给管理向需求管理的转移。

当然，短缺经济下的宏观调控中也有一个需求管理问题，买方市场条件下的宏观调控中同样存在供给管理问题。由于短缺经济下需求往往总是处于比较旺盛的状态，因此需求管理的主要指向是抑制需求膨胀。例如，对投资项目进行严格的层层审批，在特殊情况下通过行政命令方式停建、缓建投资项目，对集团购买力进行限制，对某些居民消费品实行定量供应等，都是如此。而在买方市场条件下，由于需求变化的特点不同，需求管理的内容和政策取向自然也就大异其趣了。

（二）总需求结构的一般特征。GDP的最终使用或支出方向包括消费、固定资产投资、存货增加和净出口。这四个部分的结构，也就是总需求结构。一般而言，消费和固定资产投资之和占GDP的比例在90%以上，是总需求的主要组成部分。通常把消费占GDP的比例称为消费率，固定资产投资占GDP的比例称为（固定资产）投资率，存货增加占GDP的比例称为存货投资率。

1. 消费。消费在总需求中占有最大的部分。尽管改革以来的20年我国消费率总体上呈下降趋势，但目前消费占GDP的比例仍达60%左右，且保持相对稳定。由于消费在GDP中的比重最大，因此消费增长对经济增长的贡献率也比较大。计算结果显示，过去20年消费增长对经济增长的贡献率一般都在一半以上。凡是消费增长对经济增长的贡献超过6个百分点的年份，GDP增长率一般都在10%以上。另一方面，一旦消费增长对经济增长的贡献明显下降，那么其他方面需求增长很难弥补这一缺口，整个经济增长速度也将有所下降。因此，保持消费的稳定增长对于经济的稳定增长至关重要。

2. 投资。投资需求具有易变性，是造成经济波动的主要因素。我国固定资产投资率1978年为29.8%，1981年下降到25.6%，1988年上升到31.4%，1990年再下降到25.8%，1994年又上升到37.6%，近两年保持在34%左右的水平。总体上看，我国的投资率一直保持着较高水平。

投资增长对经济增长的贡献也不稳定，1981年和1989年由于实行经济调整，压缩投资，投资对经济增长的贡献曾是负值，而1992年和1993年出现经济过热，投资增长对经济增长的贡献均超过7个百分点。1995—1997年投资增长对经济增长的贡献大约为3个百分点。1998年由于加大基础投资，全社会固定资产投资的增长速度也会相应加快，据测算，如果1998年全社会投资增长15%，可以拉动经济增长约5个百分点。

3. 存货增加。存货增加也是一种投资行为，可以称之为流动资产投资或存货投资，与固定资产投资相对应。通常固定资产投资属于意愿投资，存货投资是非意愿投资，因为存货投资增加意味着资金占压，将导致成本上升，盈利减少，是一种被动的投资行为。1978—1997年我国存货投资率平均为6.4%，其中在1989—1990年治理整顿时期存货投资率达到10%左右，近两年存货投资率出现持续下降趋势，1995年为6%，1996年为5.1%，1997年进一步降至3.8%，这是一个积极的现象。但同时也应看到，我国与发达国家在这方面仍然存在较大差距。美国、日本等国存货投资率一般不高于1%，个别年份为0甚至是负值，即存货不增加甚至减少。

我国存货投资增长对经济增长的贡献一般在1个百分点以下，某些年份出现负值，这些都是比较正常的。1985年和1989年由于实行经济调整，抑制通货膨胀，存货大量增加，存货投资增长对经济增长的贡献分别达到3.4和2.1个百分点，这是很不正常的。经济增长的希望不能寄托在增加库存上，存货增加过多形成的经济增长是没有意义的，也是不可持久的。

4. 净出口。净出口是指出口与进口的差额。在国内生产总值核算中，净出口是商品和服务出口减商品和服务进口，是一个比外贸进出口差额宽泛的概念。我国净出口的绝对值占GDP的比例一般低于2%，净出口增长对经济增长的贡献在2个百分点以下，且年度间有较大的差异。在经济过热年份，净出口增长对经济增长的贡献往往是负值，例如1984—1985年、1988年、1992—1993年都是这样；而在经济调整、收缩的年份，净出口对经济增长的贡献是正值。国内需求收缩得越快，净出口增长得越快，其对经济增长的贡献越大。1990年净出口拉动经济增长1.4个百分点，1997年净出口增长对经济增长的贡献达到1.7个百分点，是前所未有的。

总起来看，在总需求中，消费需求所占份额最大，对经济增长的贡献一般也最大，其次是固定资产投资，而存货增加和净出口通常只占很小的比例。从年度间的变化看，投资、存货和净出口的变化幅度（无论增长速度还是在GDP中的比例）都比较大，而消费则相对稳定。从宏观调控的角度看，最富有调控潜力和价值的是投资需求，因此不管在短缺经济下还是买方市场条件下，宏观调控的主要着力点都是对投资的调节。

表3 总需求结构及各种需求对经济增长的贡献

年份	各种需求占 GDP 比例（%）				各种需求增长对 GDP 增长贡献百分点				
	消费	固定投资	存货增加	净出口	GDP 增长	固定投资	消费	存货增加	净出口
1978	62.1	29.8	8.4	−0.3	11.7				
1979	64.3	28.3	7.9	−0.5	7.6	1.25	6.17	0.31	−0.13
1980	65.4	29.0	6.0	−0.3	7.8	2.73	5.83	−0.83	0.08
1981	67.5	25.6	6.7	0.2	5.2	−0.97	4.95	0.83	0.39
1982	66.3	27.2	4.9	1.7	9.1	3.72	5.09	−0.94	1.24
1983	66.2	28.1	4.9	0.8	10.9	4.01	7.10	0.54	−0.75
1984	65.5	29.7	4.8	0.0	15.2	5.82	9.42	0.66	−0.69
1985	65.5	30.2	8.5	−4.2	13.5	4.38	8.83	3.42	−3.13
1986	64.6	30.6	7.4	−2.5	8.8	2.91	5.16	0.02	0.71
1987	63.2	31.8	4.9	0.1	11.6	4.52	6.38	−1.18	1.87
1988	63.7	31.4	5.9	−1.0	11.3	3.41	7.39	1.13	−0.63
1989	64.1	26.4	10.7	−1.1	4.1	−0.66	2.78	2.06	−0.08
1990	62.0	25.8	9.3	2.8	3.8	0.81	1.66	−0.09	1.43
1991	61.8	27.9	7.4	2.9	9.2	3.75	5.53	−0.42	0.33

续表

年份	各种需求占 GDP 比例（%）				各种需求增长对 GDP 增长贡献百分点				
	消费	固定投资	存货增加	净出口	GDP 增长	固定投资	消费	存货增加	净出口
1992	61.7	32.2	5.1	1.1	14.2	7.36	8.69	−0.80	−1.06
1993	58.5	37.6	5.8	−2.0	13.5	7.29	6.61	1.09	−1.49
1994	57.8	35.8	5.1	1.3	12.6	3.87	7.03	0.39	1.31
1995	58.1	34.2	6.0	1.7	10.5	2.94	6.25	1.00	0.31
1996	59.2	33.6	5.1	2.1	9.6	2.93	6.27	−0.04	0.44
1997	58.8	33.8	3.8	3.6	8.8	3.10	4.89	−0.87	1.69

资料来源：根据《中国统计摘要1998》按现价计算。

（三）买方市场下需求变化的主要特征。经济增长有赖于最终需求的扩大。最终需求由消费、投资、出口和存货增加四部分组成。仔细分析可以发现，在这四部分中，消费和出口可以说是"最终的"最终需求，而投资和存货增加则是相对意义上的最终需求。这是因为，投资的结果是扩大后备生产能力，从而满足更多的消费或出口需求，如果没有消费和出口的扩大，投资的扩大只会形成更大规模的闲置生产能力。存货增加要计入国内生产总值，通过扩大库存的确也可以提高经济增长速度，但这其实是表面现象，因为存货急剧增加意味着大量资金占压，必将导致企业经济效益下降乃至亏损，因而存货不可能无限制地大幅度增加下去。换言之，投资和存货的过快增长有可能成为自身继续快速增长的障碍。消费和出口则不同。一个消费品被消费掉了，或出口了，就没有了，需求就彻底实现了。只要消费和出口需求持续增长下去，就会对总需求和经济增长源源不断地起到拉动作用。这正是过去20年我国经济运行的实际。买方市场条件下，需求总量和结构变化均表现出新的特征。

1. 从总量上看，需求增长缓慢或相对不足可能成为买方市场条件下的一种常态。所谓相对不足，是相对于生产供给能力、相对于充分就业的要求而言的。

2. 需求相对不足往往表现为三个层面的需求不足，即消费需求不足、民间需求不足和国内需求不足。

从消费需求方面看，受下述因素的影响，目前我国存在着需求增幅自发下滑的趋势。一是居民收入增幅趋缓。1997年我国城镇居民人均可支配收入比上年实际增长仅3.4%，农村居民人均纯收入也只增长4.6%，增幅均比前几年明显回落。二是城乡居民收入水平还没有积累到实现消费升级的程度，目前均处于一种"购上不足，购下有余"的特殊时期，出现了消费断层。就是说，由于收入水平限制，目前农村居民无法接续城市居民80年代对彩电、冰箱等千元级产品的消费浪潮，城市居民也难以大规模地进入家庭轿车和自有住房的消费时代。三是消费信贷不发达，居民消费观念没转变，无论买吃的买穿的还是买房买车，仍习惯于"一手交钱一手交货"的支付方式。四是居民储蓄倾向持续上升。1998年2月份人民银行的调查表明，尽管储蓄存款利率连续下调，居民储蓄意向比上年四季度提高6.9个百分点。五是居民减收增支预期显著增强，在即期消费上更加谨慎起来。住房货币化改革和社会保障制度改革等都可能成为居民增支因素，而下岗职工的大量存在、国有企业改革的继续深化和市场前景不明朗都可能导致减收预期。六是收入差距扩大，高收入者的边际消费倾向递减，中低收入者则受到收入水平限制难以扩大消费。这种收入结构下，新的消费热点的出现将不是排浪式的，而是递进式的，很难再现过去那种大规模的消费热潮。上述因素在短期内恐怕很难消除。

再来看民间需求。我们把民间需求看作是与政府需求相对应的需求，即在总需求中扣除政府需求就是民间需求。过去十多年的一个基本趋势是，民间需求增长快于政府需求增长。据计算，1980—1995年政府消费平均增长16%，居民消费（民间消费）平均增长近18%；1982—1995年国有单位投资平均增长22%，财政预算内投资增长速度不到5%，而非国有单位投资（视为民间投资）平均增长28%。近两年这种增长态势开始出现逆转，民间需求增长速度不再明显高于政府需求，甚至低于政府需求增长速度。例如，1997年居民消费增长8.8%，低于政府消费1.4个百分点，非国有单位投资增长8.8%，低于国有单位投资2.5个百分点，低于政府预算内投资约10个百分点。1998年上半年社会消费品零售额仅增长6.8%，非国有单位投资基本没有增长，而财政支出增长14%，国有单位投资增长13.8%，财政基本建设支出增长速度更快，民间需求增长速度慢于政府需求的格局更趋明显。

在买方市场条件下，由于民间消费需求和投资需求增长缓慢，而政府需求往往难以完全弥补民间需求增长缓慢的影响，因此总体上就可能表现为国内需求不足。

3. 消费与投资的相互关系呈现新特点。短缺经济下消费增长与投资增长齐头并进，经常出现消费、投资双膨胀。例如，1988年投资比上年增长25.4%，最终消费增长28%，1992年投资增长44.4%，消费增长20.8%。投资膨胀诱发于消费膨胀，投资增长的直接结果是形成更大的生产能力，最终目的是满足不断增长的消费需求，投资增长与消费增长具有相辅相成、相互促进的关系。目前正在出现一种新趋势：一方面，作为政府直接推动的结果，投资呈现较快增长；另一方面，作为自发趋势，消费增长乏力，投资增长与消费增长的联系逐渐疏远，两者之间似有两张皮之感。

（四）买方市场条件下需求管理的主要内容。如果将需求增长缓慢或需求相对不足视为买方市场条件下的一种常态，那么需求管理的主要内容似应包括如下几方面。

1. 在总量上，通过刺激需求，努力保持总需求的稳定增长，弥补总需求之相对不足，实现总供求之间的基本平衡。只有保持总需求的稳定增长才能实现经济的持续增长。

2. 通过扩大投资需求来弥补消费需求之不足。消费需求变化对于总需求的变化有重大影响，消费需求不足往往成为总需求增长缓慢的根源。通过扩大投资需求来弥补消费需求之不足是十分必要的，但主要是一种短期措施，而非长期措施，不能把投资与消费之间的联系完全割断，不能指望通过投资的无限扩张来保持总需求的持续增长。

3. 通过扩大政府需求来弥补民间需求之不足。这样做既是必要的，也是可行的，但同样有局限性，不能指望通过无节制的政府支出来实现需求和经济的长期持续增长。

4. 通过开拓国际市场、扩大国外需求来弥补国内需求之不足。国际市场比国内市场更为广阔，通过开拓国际市场可以在很大程度上弥补国内需求之不足，例如1997年的经验就十分典型。但是也要认识到，开拓国际市场的难度更大，受外部环境变化的影响也更大。

（五）买方市场条件下需求管理的政策取向。鉴于需求相对不足可能成为一个长期现象或常态，因此买方市场条件下的宏观政策，既不宜以"紧"作为中长期基调，也不能一味放松，而是应当适度宽松、松紧搭配、相机抉择。正如在短缺经济下单靠收紧政策不能解决问题、反而带来副作用一样，在买方市场条件下单纯放松政策也不可能成为包治百病的灵丹妙药，也会带来副作用。这里主要针对需求相对不足或增长缓慢状况，提出需求管理的主要政策取向。

1. 财政政策。针对需求疲弱，财政政策的调整可以从收入和支出两方面同时入手。收入方面主要是减税。通过减税可以增加个人的可支配收入，从而增加消费需求；削减企业税负可以增加企业利润，从而增加投资。支出方面主要是增加支出，包括增加公共工程支出、政府购买和转移支付，以扩大总需求，克服经济不景气状况。

我国在财政政策调整方面有较大的潜力可挖。目前偷漏税、欠税情况比较普遍，客观上具有减税效果。今后应在严格税收征管的同时，逐步增加税收杠杆的灵活性，根据需要采取一些临时减税或永久性减税措施。在收入既定的情况下增加支出，可能导致财政赤字或扩大赤字规模，赤字需要通过发行国债来弥补。根据一些发达国家的经验，财政赤字占GDP的比例控制在3%以内、国债余额占GDP的比例控制在60%以内是安全的。1997年我国财政赤字占GDP的比例为0.75%，国债余额占GDP的比例不足10%，因此今后我国通过增发国债来扩大财政支出的潜力是相当大的。但也要看到，如下两方面因素将对我国财政发债增支的潜力产生一定的影响：一是目前我国的财政赤字都是中央财政赤字，中央财政的债务依存度（债务收入与中央财政支出包括债务还本付息支出的比例）已经超过50%，继续上升也有个限度问题；二是目前我国的财政赤字计算未包括国债付息部分，与国外不完全可比，计入利息支付后的赤字规模会比现在的数字大，例如1997年赤字相当于GDP的比例将达到1%左右。

在注意发挥财政政策积极作用的同时，也不能忽视其局限性：一是扩张性财政政策只能在短期发挥作用，不能指望通过无节制地发债和扩大赤字规模来保持总需求和国民经济的持续增长；二是要避免出现公共支出的"挤出效应",否则扩大公共支出就不会增加总需求;三是减税可以增加居民或企业的可支配收入,但并不必然导致消费和投资需求增加,因为居民或企业可能将增加的收入转变为银行储蓄或其他金融投资。

2. 货币政策。调整货币政策可以有许多具体的途径,包括调整准备金率和利率,进行公开市场操作或再贴现,通过窗口指导(或道义劝说)鼓励银行发放贷款等。但不少意见认为,在市场不景气、需要刺激经济的时候,货币政策的作用不那么显著。因为市场前景不明朗,商业银行担心发放贷款的风险大,而企业的预期利润率较低,没有好项目可投,通常也不愿意多向银行借款。近年来日本的贴现率只有0.5%,可以说是超低利率,但日本经济仍迟迟不见好转。今年以来,为扩大内需、确保8%的经济增长,我国在货币政策方面出台了大量措施,包括调整准备金率和连续降低利率等,目前的利率水平是改革以来最低的,但实际效果与预期相比有较大差距。因此,对于买方市场条件下货币政策的局限性要给予足够的估计。

3. 收入政策。只有有支付能力的需求才是现实的需求,而支付能力(或购买力)大小与收入状况直接相关。因此,首先要努力保持居民收入的稳定增长,这是需求稳定增长的基础;其次要调整居民收入结构,努力将居民收入差距限制在合理的范围内,实现公平与效率的最佳结合。国内外经验表明,收入差距过大对于需求扩张具有制约作用,因为高收入者消费倾向低,而低收入者又没有足够的钱来购买。此外还要注意引导居民的收入预期。当居民的收入预期下降时,即使即期收入没有变化,也会影响即期消费需求。

4. 消费引导政策。当前最重要的是发展和完善消费信贷体系。因为城镇居民消费正处于结构升级准备阶段,消费结构升级的主要内容是逐步实现商品住宅和家庭轿车的普及,如果没有消费信贷体系的支持,这样的消费结构升级是不可能实现的。进一步发展和完善消费信贷体系,要求消费信贷的适用范围更广(例如除了住宅以外还应包括汽车等)、期限更长、利率更低、申请贷款的手续更简便、金融机构的服务更周到。其次要加强基础设施建设,创造有利于扩大消费需求的硬件环境。例如完善城市道路等基础设施有利于轿车进入家庭，加强城乡电网建设有利于城乡居民增加电力消费和家用电器的购买。此外还要加强市场监管，规范市场秩序，打击假冒伪劣，完善售后服务，创造良好的消费环境。对于某些生产能力过剩的产品，可以采取一些直接鼓励消费的措施，如在电力方面，过去电力短缺时实行的是限制消费的政策，用电越多电价越高，现在则可以实行用电越多电价越低的政策。

5. 汇率政策。货币贬值可以提高出口产品在国际市场上的价格竞争力，因此调整汇率是开放经济中扩大国外需求的一个主要政策选择。从80年代初到1994年，人民币汇率经历了一个不断贬值的过程，贬值在很大程度上是被迫的，但在客观上对扩大出口产生了十分积极的影响。然而，调整汇率的局限性也很明显：首先，如果相关国家竞相调整汇率，实行竞争性贬值，那么这些国家汇率调整的效果实际上等于零，因为相互都贬值等于都没有贬值。其次，许多情况下货币贬值后对出口的影响不会立即显现，但进口成本却会马上提高，如果进口数量不减少，国际收支可能在短期内表现出恶化趋势。此外，名义汇率调整的意义可能被国内通货膨胀加剧所抵消，因为竞争力提高与否还要看实际汇率的走势如何。而且，汇率的频繁变动实际上意味着一国投资和贸易环境的不稳定，对吸引外资和扩大对外贸易也可能产生负面影响。

总之，目前在初步进入买方市场的时候，我国的宏观调控面临着更加复杂的局面和更加困难的选择。一方面，人们对于目前的买方市场很不适应，更不愿看到买方市场态势持久地存在下去或变得更糟，同时对于前些年的经济过热和通货膨胀仍然记忆犹新，因此在扩大内需过程中总是倾向于小心谨慎，怕用猛药烈药，担心引发新一轮经济过热和通货膨胀，结果可能是，内需扩大不到位，经济增长受影响。扩大内需的火候很难掌握。另一方面，对于我国来说，买方市场是个新事物，扩大内需是个探索过程，我们没有成功的经验可以借鉴，没有现成的办法可以直接拿来为我所用。因此，扩大内需所采取的举措能否见效，以及在多大程度上见效，具有较多的不确定性。

四、买方市场下的供给管理

在短缺经济中，不足的一方是供给，宏观调控的重点可以说是供给管理，任务是努力扩大生产供给能力，消除瓶颈制约，以适应不断增长的需求。在买方市场条件下，供给总体上处于过剩状态，但这并不意味着经济中的供给问题已经圆满而永久性地解决了。宏观调控在供给方面可以而且应当继续有所作为。如果说在短缺经济下供给管理的主要任务是扩大供给数量，那么在买方市场条件下供给管理的主要任务就是在适当限制供给数量过快扩张的同时，调整供给结构，提高供给质量，更好地适应不断变化的市场需求，实现总供求的基本平衡。

（一）限制新生产能力的扩张速度，避免低水平重复建设。在现有生产能力普遍过剩的情况下，新上投资项目就要格外瞻前顾后，有长远眼光，避免低水平的重复建设，根据现有固定资产的折旧和市场前景等情况来掌握新生产能力的扩张节奏，否则会留下很多后遗症，吃不了兜着走。同时，在新投、融资体制下政府不再直接干预企业的投资行为，这就要求政府部门及时地向社会介绍行业和产品的生产能力和市场前景等信息，引导企业投资行为，使未来供给能力与未来需求相适应。

（二）根据市场需要有意识地限制生产，防止过度竞争。在供给能力严重过剩的情况下仍然开足马力生产结果只能是两个：或者生产出大量库存积压，或者大幅度削价竞卖，这对于供给方在总体上都是不利的。解决问题的出路在于：一方面，供给方可以主动限制生产；另一方面，政府要注意维护市场秩序，防止出现恶性价格战。长期以来美国在农业上通过政府与农场签订合同的方式实行休耕限产，近年来我国煤炭行业也主动进行限产压库，都收到了积极效果。

（三）有计划有步骤地压缩和淘汰过剩、过时的生产能力。对于供给能力过剩问题，釜底抽薪的一种解决办法是压缩和淘汰生产能力。美国和日本等发达国家在结构调整过程中曾经把大量传统加工制造业的生产能力转移到发展中国家包括我国，这实际上也是淘汰过时的、不再具有竞争力的生产能力的一种方式。这样做，对于发展中国家有益，发达国家的损失也最小，因为旧的生产能力没有变成一文不值的废铜烂铁。我国目前也在有计划地压缩纺织等行业的过剩生产能力。我们认为，压缩生产能力应当注意这样几个问题：一是可以根据技术的先进程度来决定压缩哪些生产能力，而不是一刀切；二是如果把压缩掉的生产能力卖到外国，可以收回一些价值，代价将更小，效果将更好；三是压缩生产能力应是一种企业行为，政府可以引导，但不越俎代庖；四是压缩生产能力最好与转产或新产品开发结合起来，以避免直接导致较多的失业下岗现象。

（四）调整供给结构。即使在买方市场条件下，供给结构与需求结构之间也会存在一定的差距，供给对需求的适应状况也不会完美无缺。因此，进一步调整和优化供给结构，以便更好地适应市场需求，也有不少工作可做。

（五）通过创造新产品来创造新需求。供给与需求之间是一种相互作用的关系。我们不能说供给自动创造需求，因而供给与需求之间必然会保持平衡，但是，正如需求会刺激供给那样，新的供给也会在一定程度上激发新的需求。例如计算机产品，包括硬件和软件，层出不穷的新产品带来了不断扩大的新需求。

（六）对进口进行适时适度调节。买方市场条件下，由于国内需求相对不足，进口一般也不旺盛。但由于关税水平和汇率变化等因素，有时某些商品的国内外价差较大，也可能出现国内需求疲弱但进口需求活跃的情况，这就需要对进口进行适当的调节，同时还要注意严厉打击走私活动，否则国内生产企业将会受到国内需求不足和国外进口冲击的双重压力。而对于进口先进的技术设备，总是应当鼓励的。此外，从总量上说，进出口之间应当保持大体平衡，不管是净出口还是净进口，都不是多多益善。

国民经济高速增长的比较研究*

回头看：本文对经济增长的国际经验进行了系统分析，并得出了对中国的启示，其中的许多结论如中国高增长持续时间更长、保持高投资率和高储蓄率、重化工业大发展、工业化和城市化同时并举、基础设施先行等正在此后的实践中得以验证，文中提出应避免劳动力成本优势过早丧失，使经济增长与生活质量同步等建议，今天仍有现实针对性。

二战以来经济发展取得巨大成功的国家如日本、联邦德国、新加坡、韩国等，都经历过一个国民经济持续高速增长的时期。然而，即使经济发展最成功的国家，如日本和联邦德国，高速增长的持续性都是有限的。相对于高速增长时期，都有此前的准备阶段（或恢复阶段）和此后的稳定增长阶段（或减速增长阶段）。本文试图对日本、联邦德国、新加坡和韩国的国民经济高速增长作一个比较研究：第一部分关于高速增长的持续性，第二至四部分关于高速增长的国内外条件和政策体制因素，第五部分关于高速增长的其他特征，第六部分关于高速增长是如何终结的。本文注重各国经济高速增长及其转折过程中的共性，各国的特殊性也将简单提及。鉴于中国经济已实现连续15年平均9%的高速增长，这项研究对于展望中国经济的未来发展趋势无疑是有意义的。因此，本文第七部分是关于国际社会经验对中国经济发展的启示。

---

* 本文系"1996—2010年我国经济发展基本思路研究"（国家计委经济研究中心重点课题）专题报告，完成于1993年5月，作者韩文秀、邵宁。

一、国民经济的高速增长时期

实现国民经济持续高速增长是许多国家梦寐以求的事,然而长期以来大多数国家与经济高速增长无缘。即使被公认为战后经济取得成功的国家,如日本、联邦德国、新加坡和韩国,其经济高速增长的持续性也不是无限的。如果把上述四国的经济增长划分为准备阶段(或恢复阶段)、高速增长阶段和后高速增长阶段(或称之为减速阶段,稳定增长阶段),那么可以发现这四个国家经济高速增长时期(以第一次出现负增长为结束标志)持续约14—20年。具体而言,日本经济高速增长时期为1956—1973年,持续18年,平均增长速度为9.8%;联邦德国经济高速增长时期为1952—1965年,持续14年,平均增长速度为9.8%;新加坡经济高速增长时期为1966—1984年,持续19年,平均增长速度为9.7%;韩国经济高速增长时期为1963—1979年,持续17年,平均增长速度为10.6%,(如表1所示)。四国经济高速增长时期的共同特征是:(1)与准备阶段或后高速增长阶段相比,经济增长速度明显高(为10%左右,比前后两个阶段的增长速度高出一倍左右);(2)持续时间长;(3)增长的波动性比较小(每年均为正增长,绝大多数年份增幅在5%以上)。

表1　四国国内生产总值增长率

		日　本	联邦德国	新加坡	韩　国
准　备阶　段	年度区间	1946—1955	1950—1952	1961—1965	1955—1962
	GDP 增长率(%)	8.9	6.5	5.5	3.7
高　速增　长阶　段	年度区间	1956—1973	1952—1965	1966—1984	1963—1979
	起点人均 GDP(美元)	300	67.2	710	159
	GDP 增长率(%)	9.8	9.8	9.7	10.6
	终点人均 GDP(美元)	3752	2032	6409	1616
后高速增　长阶　段	年度区间	1974—1990	1966—1990	1985—1990	1980—1990
	GDP 增长率(%)	4.1	2.6	6.1	7.6

国民经济持续高速增长为这些国家经济实力的壮大、人民生活的改

善提供了坚实的基础。据统计，经过十多年的高速增长，日本人均国内生产总值由1955年的295美元增加到1973年的3752美元，增长近12倍，人均国内生产总值相当于美国的比例由12%上升到61%；联邦德国的人均国内生产总值由1952年的672美元增加到1965年的2032美元，增长2倍，相当于美国的比例由35%上升到58%；新加坡人均国内生产总值由1966年的710美元增加到1984年的6409美元，增长8倍；韩国人均国内生产总值由1962年的146美元增加到1979年的1616美元，增长10倍。可以说，持续高速增长使这些国家的总体经济实力和国民福利水平都获得了飞跃性的提高。从各国政府的愿望而言，自然高速增长时期持续的时间越长越好，然而无一例外地，这些国家的高速增长在保持15—20年后都进入了减速或中低速增长的阶段。那么，是什么因素支撑或推动着国民经济的高速增长，又是什么因素引致高速增长的基础消失了呢？

二、增长因素分析：储蓄、投资与消费

高投资是高增长的源泉，而高储蓄是高投资的基础。将日、德、新加坡、韩、美、英六国进行比较，那么在储蓄、投资和经济增长方面可以把它们归入特征鲜明的三种类型：（1）日本和联邦德国属于高储蓄、高投资和高经济增长型；（2）新加坡、韩国属于高投资、高增长但储蓄率却经历了由低到高演变过程的国家；（3）美国、英国属于低储蓄、低投资、低增长的国家。日本和联邦德国的储蓄率和投资率在战后相当多的年份里，尤其是50年代后半期和60年代，保持在30%左右的水平。日本在1970年时储蓄和投资率竟分别高达41%和38%；另一个特点是，日本和联邦德国的储蓄和投资之间大体处于平衡状态，相当一些年份中储蓄略大于投资。美国、英国的情况与日本、联邦德国相比，储蓄率和投资率保持在20%左右，有时甚至更低，其经济增长表现为中低速度，年均增长率为2%—4%，唯一相似之处在于，美国和英国在储蓄与投资之间也是基本平衡的。新加坡和韩国作为新兴工业国，其储蓄率和投资率都经历了一个由低到高的递增过程。例如1960—1990年新加坡的储蓄率由-2.4%提高到44.8%，投资率由11.2%提高到38.7%，在此期间1980年

的投资率高达47.3%。1955—1990年韩国的储蓄率由4.9%提高到37%，投资率由11.9%提高到37%。另一方面，新加坡和韩国的储蓄率和投资率之间都经历了一个由不平衡到平衡的过程，六七十年代的许多年份中新加坡的投资率超过储蓄率10个百分点以上，韩国的情形也很类似，这意味着利用国外储蓄是这两个国家长期以来高投资和高增长的重要支撑因素。只是到了1985年（新加坡）和1990年（韩国），这两个国家的投资和储蓄之间才实现了平衡。

既然投资是经济增长的直接源泉，那么一定量的投资究竟引致多大程度的经济增长呢？这里考虑两种关系。（1）投资率与经济增长率。表2表明，日本、联邦德国、新加坡和韩国在高速增长时期，其增长率水平是大致相同的，即10%左右（尽管其所处的年代不尽一致），但不同国家的投资水平却相差甚大，如日本约为36%，联邦德国约为27%，新加坡约为38%，韩国约为25%。也就是说，在高速增长时期，每实现1%的经济增长，新加坡需要3.9%、日本需要3.7%、联邦德国需要2.8%、韩国需要2.5%的投资率来支持。在这方面，上述四国虽情形有别，但与美英两国比，似又都显得更有效率。例如，在整个60年代和70年代初，美英两国的投资率均相当稳定地保持在19%左右，经济每增长1%，美国需要4.8%、英国需要6.8%的投资率来支持。造成这种差异的原因可能主要在于各国所处的经济发展阶段和国内的产业结构不同。（2）投资增长率与经济增长率。一般经验表明，高投资增长率与高经济增长率是对应的，这从统计中可以得到检验、证实。例如，1965—1980年新加坡、韩国的投资增长率和经济增长率双双名列前茅；日本次之；美、英、德三国的投资增长率和经济增长率则都保持在较低的水平。80年代，韩国的投资增长率和经济增长率似乎鹤立鸡群，其他五国则显得逊色（见表3）。

表2 不同国家的投资率与经济增长率　　　单位：%

	投资率（A）	经济增长率（B）	A/B
日本（1965—1973）	36	9.8	3.7
联邦德国（1952—1965）	27	9.8	2.8
新加坡（1966—1984）	38	9.7	3.7
韩国（1963—1979）	25	10.2	2.5
美国（1961—1973）	19	4.0	4.8
英国（1961—1973）	19	2.8	6.8

注：投资率为估算值

表3 不同国家的投资增长率与经济增长率　　　单位：%

	投资增长率		经济增长率	
	1965—1980	1980—1990	1965—1980	1980—1990
日　本	6.9	5.7	6.6	4.1
联邦德国	1.8	2.4	3.3	2.1
新加坡	13.3	3.6	10.0	6.4
韩　国	15.9	12.5	9.9	9.7
美　国	2.1	4.4	2.7	3.4
英　国	1.2	6.4	2.3	3.1

与国民经济高增长相对应的高投资往往不仅是固定资产高投资，而且包括存货高投资。这是一个重要的共同现象。日本和联邦德国在50、60年代的存货投资率约为3%左右，远高于经济中低速增长的70年代后半期和80年代；60年代后期和70年代新加坡、韩国高速增长时期的存货投资率大致保持在3%以上，到80年代以后也已降了下来。美国、英国的存货投资率自战后以来相对稳定地处于较低水平（1%左右），这可以说是经济走向成熟的一种表现。

简言之，高储蓄尤其高投资是经济高增长的决定性因素之一。但这绝不是说，高储蓄必然引致高投资，高投资必然引致持续高增长。事实上，高储蓄可以与低投资并存，即一部分国内储蓄被国外利用；另一方面，低储蓄也可以与高投资并存，即利用国外储蓄进行投资，如60年代新加坡和韩国那样。尤为重要的是，无效益的投资可以高涨一时，但绝不会持久。因此，在推动经济高增长方面，高储蓄和高投资总是与其他一些因素结合在一起共同发挥作用的。

与高储蓄高投资相对的问题的另一面，也即国民经济高速增长时期一些国家普遍存在的另一现象，是居民"低收入低消费"。这可以包括两层含义：一是从在国内生产总值中的份额看，高储蓄率高投资率必然意味着低消费率，而低消费率在一定程度上是与低收入分配率相联系的；二是从增长速度看，储蓄和投资的增长速度高于国内生产总值的增长速度，即储蓄率和投资率上升，必然意味着消费增长速度落后于国内生产总值增长速度，即消费率趋于降低。

收入是消费的直接基础，低消费只能由如下两种原因引起：或者收入低下，或者在既定收入水平下储蓄倾向高、消费倾向低。这些情况在一些国家经济高速增长时期都不同程度地发生过。

劳动分配率相对低。劳动分配率是衡量劳动报酬占生产过程中所创造的增加值的比率的指标，能够较好地反映劳动与资本之间的收入分配关系。一个较普遍的现象是，日本、联邦德国、新加坡、韩国的劳动分配率相对较低，在高速增长时期的一些年份里甚至呈下降之势。例如，日本的劳动分配率在1950—1971年期间由47%降至34.6%，下降了12.4个百分点；联邦德国的职工工资占国民收入的比重按可比口径计算，由1950年的71.1%降至1964年的67.3%，下降近4个百分点，这一时期恰恰是其高速增长时期。新加坡和韩国的情形与日本、联邦德国相比，也具有很多相似之处。1966—1975年的高速增长时期，除第一产业外新加坡所有其他产业中的个人收入占国内生产总值的比重都呈大幅度下降之势。其中，制造业由52%降至32%，建筑业由38%降至16%，交通通讯和其他基础设施业由43%降至31%，商业服务业由55%降至32%。韩国的劳动分配率在60年代和70年代似乎呈现一种略微上升的趋势。其中1963年为57.74%，1969年为59.14%，1976年为60.35%，1963—1969年平均为57.74%，1969—1976年平均为60.14%。然而，美国经济学家丹尼森的研究结果表明。1960—1968年期间，日本的劳动分配率为73.7%，美国的劳动分配率为80.2%，远高于韩国。

除了劳动分配率低、个人收入增长慢于国内生产总值增长外，实现了国民经济高速增长的国家的另一个特征是个人储蓄率高。从20世纪

50年代中期到70年代中期，日本的个人储蓄率大致平均为18%左右，联邦德国为15%左右，美国、英国均为6%左右，也就是说，日本和联邦德国的个人储蓄率约相当于美、英两国的2.5—3倍。由于受资料所限，这里无法列出关于新加坡和韩国个人储蓄率的数据，但有一个可以肯定的基本趋势是，在60、70年代的相当多年份中，这两个国家的国内储蓄率低于投资率，换言之，他们长期地、大量地利用国外储蓄来进行投资。另一方面，这两个国家的个人储蓄在国内总储蓄中的比例小，例如韩国1963—1968年家庭储蓄有3年为负值，1969—1970年期间的绝大部分年份里家庭储蓄还达不到总储蓄的1/5，这些情况也与居民收入水平相对还低有一定的关系。

一方面劳动分配率低，个人收入增长相对滞后；另一方面个人储蓄率又高（如日本和联邦德国），一个顺理成章的推论便是：消费率低，消费水平提高相对缓慢。这也正是一些国家高速增长时期所共有的又一个特征。1950—1970年期间，日本的私人消费率由61%降至52%，降低9个百分点；联邦德国的私人消费率由65%降至54%，降低11个百分点，同期美、英两国的私人消费率分别降低4个百分点和9个百分点。大致而言，50年代以来日本和联邦德国的私人消费率平均约为57%左右，而美国、英国的私人消费率则约为64%左右，相差7个左右的百分点。新加坡与韩国的私人消费占国内生产总值的比重自60年代以来呈持续下降之势。1960—1985年，新加坡的这一比重由85%降至45%，降低了40个百分点之多；韩国的这一比重由1962年的84%降至1985年的54%，降幅达30个百分点之多。这两个国家的消费率由偏高到偏低的转变是与其储蓄率由偏低到偏高，从大量利用国外储蓄到出现资金流出的转变是一致的。

需要补充说明的一点是，尽管如上所述，一些国家在其高速增长时期往往呈现出低劳动分配率、高个人储蓄率和低消费率的特征，但这绝不意味着这些国家的个人收入和消费增长慢于其他国家。恰恰相反，这些国家的劳动分配率和消费率低可以被视为是一种代价，这种代价所换得的是经济的高速增长，与经济的高速增长相联系，并且以经济的高速增长为基础，这些国家居民的收入和消费水平提高速度实际上远高于其他国家。例如，1955—1975年期间，日本制造业部门的实际工资增加2倍，年平均增长率为5.7%，这一速度高于其余欧美发达国家的工资增长速度，因此，日本与欧美其他国家的工资水平差距在这20年中缩短了不少。在消费方面，日本、联邦德国、新加坡、韩国的增长速度同样也比美、英等国高。1950—1980年期间，以美元计算的私人最终消费增长速度，日本和联邦德国分别为8%和9%，至于新加坡和韩国，则就更高了。

需要补充说明的另一点是：尽管日本、联邦德国等国家在经济高速发展时期私人消费率低，但这并没有妨碍市场总规模的扩大。因为最终总需求包括消费、投资和出口，相应地，市场规模的大小最终由消费、投资和出口共同决定。日、德等国家在高速增长时期的共同特征是：（1）消费增长的相对滞后由投资和出口的高速增长所弥补；（2）高投资和高出口推动了产业结构的调整和升级；（3）高投资和重化工业投资和生产所具有的在一定限度内自我实现、自我循环的特征，保证了国民经济高速增长。

三、增长因素分析：产业结构调整与升级

基础设施和基础产业往往成为经济高速增长的瓶颈约束。如果说原材料等可以在一定程度上依赖从国外进口的话，那么交通、通讯、能源（尤其是电力）等则主要得依靠国内。日本和联邦德国等国所具有的一个共同特点是：在经济高速增长的准备阶段和初期，可能成为瓶颈约束的基础设施和基础产业部门已经得到了较为超前的开拓。也就是说，从发展轨迹来看，这些国家的基础设施和基础产业经历了一个扩张、相对收缩、相对稳定协调增长的过程。扩张阶段对应的是经济高速增长的准备阶段和初期，相对收缩阶段对应的是国民经济高速增长时期，相对稳定协调增长阶段对应的是高速增长结束以后的时期。例如，从投资方面看，日本的电力、煤气、供水投资在全部固定资产投资中的比重1952年为10.1%，1970年降为4.8%，1975年为4.0%；运输邮电业投资比重1960年为5.5%，1970年为5.2%，1975年为3.7%。联邦德国电力、煤气、供

水投资占投资比重1965年为4.8%，1970年为4.1%，1975年为5.5%；运输邮电业投资比重1965年为6.9%，1970年为8.2%，1975年为8.8%。从产出方面看，日本的电力、煤气、供水、采矿、邮电、运输部门增加值占国内生产总值的比重1950年为10%，1960年为13%，1970、1978年均为10%；联邦德国的这一比重在1950、1960、1970和1978年分别为13%、11%、10%和9%。总之，高速增长时期日本和联邦德国等国的基础设施和基础产业总体上看没有构成严重的瓶颈约束。

韩国基础设施建设是与经济高速增长相并行的，而且一直是投资的重点。60年代韩国基础设施投资占国内总投资的比重约为27%左右，到70年代达到35%左右，其中运输通讯又是重点中的重点，占国内总投资的比重一直保持在20%上下，发挥了"先行官"的作用。在50年代和60年代初，韩国经济发展处于起步时期，国内储蓄率只有3%左右，建设资金奇缺，基础设施建设主要依靠外资进行。1953—1961年期间韩国每年获得美援近2亿美元，主要用于基础设施建设；截止到1981年韩国共借外债200多亿美元，大部分用来集中发展大型的基础设施项目。直到80年代以后，韩国国内资金积累能力提高，基础设施建设资金才转向内资，主要渠道是财政拨款和国家银行的低息贷款。由于韩国在经济高速增长时期一直把基础设施作为投资重点，集中财力尽可能超前发展，为经济增长奠定了比较好的物质基础，尽管各类"瓶颈"问题始终存在，但总体上没有对经济的高速增长产生重大的制约影响。

产业结构的调整与升级本质上是一致的，因为产业结构升级是通过产业结构的调整来实现的。尤其对于经济相对落后、初级产业占很大比重的国家来说，产业结构调整与升级的一致性更加明显。产业结构调整与升级推动经济高速增长的机理是怎样的呢？产业结构调整过程必然首先是投资结构倾斜的过程，然后是产出结构倾斜的过程。由产业高级化所要求的具有倾斜特征的投资规模扩大本身，以及所带动的投资品产出扩大，是经济增长的直接要素。换言之，投资扩大和相应的投资品产出扩大，必然直接牵动经济的增长。另一方面，产业结构升级在多数情况下意味着国民经济中农业的比重下降和非农产业比重的上升，初级加工部门所占比重的下降和深加工部门所占比重的上升。这种变化之所以能够促进国民经济高速增长，根本上讲是因为所谓高级产业生产率高、获利能力强。1951—1970年期间美、日两国人均国内生产总值的产出水平在农业、制造业、建筑业和商业之间是很不平衡的。一个共同的特征是：农业人均产出低于其他产业或部门。例如，1951年美国制造业和建筑业每个劳动力的国内生产总值产出相当于农业的2倍左右，1960年进一步扩大到2.5倍左右。日本制造业和建筑业的人均国内生产总值产出与农业之间的差距也很悬殊，1960年和1970年时前者相当于后者的3倍左右。另外，不同产业的获利能力也是大相径庭的。据日本经济学家的意见，"如以整个经济的平均获利能力为1的话，那么一次产业的获利能力为0.41，二次产业为1.20，三次产业为1.23。"可见，一个简单的道理或关系便是：大力发展高级产业和深加工产业将比农业和初级加工业更有力地推动国民经济增长。

产业结构的调整和升级根本上讲是通过投资结构的变化来实现的。许多国家尤其是发达国家已经历过的一个共同趋势是：在总投资中农业投资比重持续下降，工业投资在经历过一段上升时期后趋于下降，服务业和其他投资基本呈现持续上升之势。工业投资上升的过程往往就是国民经济高速增长的过程。例如，日本的农业投资在固定资产总投资中的比重由1955年的10.6%降至1960年的5.9%，进而降至1970年的5.1%；而工业投资比重则由1955年的31.9%升至1960年的46.4%，然后降至1970年的32.6%。联邦德国的农业投资比重1956年为6.4%，1968年降至5.2%，同期工业投资比重由37.7%降至31.2%（似乎在1956年前后联邦德国的工业投资比重已经达到了高峰）。相应地，服务业投资比重由1956年的56%跃升至1968年的63.6%。韩国各部门投资结构变化的阶段性特征是：1963年以前工业投资比重相对较低，如1960年为26.6%；1963—1979年期间的绝大部分年份工业投资占总投资的30%以上，其中1963年达37%；1980年以后工业投资比重降至30%以下。在这一过程中，农业投资比重是持续下降的，如1960年农业投资比重为13.3%，1984年仅为6.1%，服务业和其他部门投资比重则基本上呈上升趋势。

此外，在工业投资内部结构的变化方面，二战以来日本和联邦德国都经历过一个制造业尤其是重化学工业投资猛烈扩张的时期。例如，

1955—1970年期间，日本制造业投资在工业投资中的比重由60.1%升至85.2%，上升25个百分点。1958—1970年期间，重化学工业投资比重由23.4%升至35.2%，上升约12个百分点，机械工业投资比重由14.0%升至23.1%，上升约9个百分点。联邦德国的情形是：制造业投资在工业固定资产投资中的比重由1956年的56.1%升至1970年的84.3%，重化工业投资比重则由1964年的19.5%升至1970年的27.8%，上升约8个百分点；机械工业投资比重由1964年的15.5%，升至1970年的27.1%，上升约12个百分点。与日本和联邦德国工业内部投资结构变化趋势形成对照的是，美国和英国的工业投资中，制造业和重化工业投资比重的变化不甚明显。例如，美国自二战以来制造业投资在工业投资中的比重一直在60%—70%之间徘徊，其中1955年和1970年该比重均为68%，重化工业投资的比重分别为30%和33%，机械工业投资的比重分别为15%和17%。英国的制造业投资在工业投资中的比重1955年为62.9%，1970年为71.5%，在这两个年份重、化工业投资比重分别为17.1%和22.5%，机械工业投资比重分别为19.6%和20.5%。也就是说，美、英两国在二战以后没有像日本和联邦德国那样经历一个重化工业和机械工业投资急剧扩张的时期。

上述国家的经济中部门结构变化所具有的不同特征不仅体现在投资方面，而且体现在产出方面。日本和联邦德国的工业产出尤其是制造业产出在总产出中的比重自战后以来表现出先上升、后下降并趋于相对稳定的轨迹。而美国和英国的这一比重则基本上呈现出一种下降的趋势。对所有这些国家来说，一个共同的趋势是：农业产出比重持续下降，服务业和其他部门产出比重持续上升。日本工业中制造业增加值占全部国内生产总值的比重由1950年的26%升至1970年的36%，然后降至1979年的30%；同期联邦德国的这一比重由39%升至41%，然后降至38%。韩国工业增加值的比重1963年为18%，1970年上升到25%，到1980年进一步上升到33%，但1982年则下降到31%。相对照的另一种变化趋势是：美国的制造业增加值占国内生产总值的比重由1950年的32%持续下降至1978年的24%，英国的这一比重由1953年的35%持续下降至1978年的25%。美英两国全部工业增加值的比重也呈现出相似的持续下降趋势。

工业内部不同行业的增长速度结构在上述几个国家中也具有明显不同的特征。表现为：日本和联邦德国等国家曾经历过一个重化工业超高速增长的时期，而美、英等国在战后以来似乎走过了一条工业各部门相对"均衡"发展的道路。1954—1960年和1961—1970年期间，日本和联邦德国工业内部各行业增长速度结构特征是：制造业速度高于全部工业，重化学工业的增长速度整体而言大大高于整个制造业的速度水平和全部工业平均的速度水平。美国和英国则相反，重化工业和机械工业中虽有个别行业增长速度相当高，但也有一些行业增长得相当慢，甚至呈现负增长，总体上看重化工业和机械工业的增长速度与全部工业的增长速度水平相差不多。据有关资料，日本重化工业在整个工业生产中的比重继从1955年的51%，提高到1965年的64%以后，1975年更进一步提高到1965年的64%以后，1975年更进一步提高到75%。联邦德国重化工业部门（包括采矿业）在整个制造业和采矿业中所占比重由1950年的56.4%上升到1981年的73.8%。考虑到制造业尤其是深加工工业包括重化工业和机械工业的人均增加值产出率较高、重化工业在一定程度上具有自我循环自我实现的特征以及可以为消费品工业和最终需求提供物质基础的特点，那么日本、联邦德国等国在一定时期内倾斜的工业投资结构和生产结构与经济高速增长之间的对应关系便不言而喻了。

四、增长因素分析：出口战略实施及相关条件

日本、联邦德国、新加坡和韩国在其经济高速增长时期，出口战略的实施都是非常成功的。日本在1956—1973年期间，外贸出口由20.1亿美元增加到369.3亿美元，年均增长17.6%；联邦德国在1952—1965年期间，出口由34.6亿美元增加到178.9亿美元，年均增长12.5%；新加坡在1965—1985年期间，出口由9.8亿美元增加到228.1亿美元，年均增长17.0%；韩国在1963—1979年期间出口由0.55亿美元增加到150.6亿美元，年均增长幅度高达39.1%。这些国家在高速增长时期出口的增长速度都高于国民经济的增长速度，意味着国际交换和参与国际市场竞争对其经济的高速增长起到了巨大的推动作用，这一点可能是经济高速增长

的一个带有共性的因素。

成功的出口战略对于国民经济高速增长的重大意义在于：首先，经济增长离不开市场，市场是一种可贵的资源。当国内市场有限时，增加出口、开拓国外市场，意味着国内产品可以在更广阔的市场上得以实现，从而为国内经济的增长开创无可限量的前景。这一道理无论对于投资品生产还是消费品生产，重化工业还是轻工业，都是一样的。其次，出口战略的成功，尤其是深加工产品出口的扩大，往往是一国国际竞争力和国民经济整体素质提高的反映，而国民经济整体素质大幅度提高恰恰是国民经济高增长的必要条件之一。尤其对于欠发达国家来说，让其产品在国际市场上与发达国家一决高下，其困难程度必将成倍增加，因而，这些国家成功地实施出口战略的过程必然同时是国民经济整体素质包括经济技术水平赶超发达国家的过程，这一过程与国民经济高速增长过程实质上是同一的，而且，这一过程的完成必将为国民经济进一步高速增长奠定雄厚的物质技术基础。

幸运的是，日本、联邦德国等国在五六十年代扩大出口、实施外向型经济发展战略时都曾具备许多国内外有利条件。

（一）稳定的低汇率。日本在1949—1970年长达22年的时间里实行360日元兑1美元的固定低汇率制，虽于1971年后转为浮动汇率制，但在1976年之前仍然实行300左右日元兑1美元的低汇率制，这对于日本扩大出口、实施贸易立国政策无疑是难得的有利条件。联邦德国在1949—1960年期间实行4.2马克兑1美元的固定低汇率制，1962—1968年实行4马克兑1美元的固定汇率制（1961年为4.03马克兑1美元），此后在1972年之前一直维持3个多马克兑1美元的低汇率，这与日本的情形极其相似。韩国在50年代曾实行50韩元兑1美元的汇率，1960年贬为100韩元兑1美元，1980年更进一步贬值为583韩元兑1美元，其中1961—1980年期间韩元曾贬值12次。无疑，降低本币币值有利于提高本国产品在成本方面的国际竞争力、促进出口的扩大，但稳定的低汇率制似乎更加重要，对于欠发达国家尤其如此。

（二）森严的进口壁垒。日本人口众多，国内市场广阔，保护国内市场这一宝贵资源，为哺育国内产业服务，是日本经济战略的一个重要方面。也就是说，存在着一种明显的不对称现象：一方面是极力扩大出口，另一方面是竭力限制进口。当然，对进口的限制是结构性的，原料等资源性产品的进口扩大与制成品的出口扩大是同时并行的。此外，对进口的限制也不是一成不变的，而是有一个逐渐放松的过程。例如，日本在50年代初期曾实行外汇预算制度，禁止一切个人和法人持有外汇，进口及外汇资金的使用需要得到批准。1956—1960年实行外汇资金分配制和自行承认制，即在合适的企业中适当分配外汇资金，对若干进口品种不加限制。但自由进口品种比例1956年仅为22%，1958年为33%，1960年为41%，1962年为73%，1965年为94%。可见，在高速增长的准备阶段和初期几年中，日本对进口的限制是相当严格的，此后虽名义自由进口品种比例提高很快，但其他方面的限制也还是存在的和不可忽视的。

联邦德国很早就加入了欧洲经济一体化过程，贸易壁垒在欧洲共同体国家之间确实大大削弱了，但欧共体包括联邦德国对外部其他国家的贸易壁垒在一定程度上依然存在。总体上讲，联邦德国主要是靠发挥自己的比较优势来增加出口，而不是靠扩大出口与限制进口并举来振兴国内产业和促进经济增长的。新加坡和韩国一方面由于国内市场狭小，另一方面其出口中相当大一部分属于加工组装出口贸易型，因而对进口的限制并非、也不宜特别严厉。但需要提及的是，韩国在大力扶植国内某些产业如电子、汽车等，并扩大其出口的过程中，贸易壁垒和非贸易壁垒也曾经是其经济政策的重要内容。

（三）世界经济与贸易的蓬勃增长。一般来说，当世界经济快速增长时，国际贸易规模便会相应扩大，而容量大、扩张迅速的国际市场对任何国家来讲都是实施出口战略的良好外部环境。统计表明，1961—1970年世界经济平均增长率为5.1%，1971—1980年为3.9%，1981—1990年为2.9%（均指国内生产总值增长率）；而国际贸易（进出口）年平均增长率按美元计算，1950—1960年为9.4%，1960—1970年为9.3%，1970—1980年为20.2%，1980—1990年为5.6%。日本、联邦德国、新加坡和韩国等国出口扩张较快的时期也正是世界经济尤其是国际贸易增长较快的时期，这种吻合绝不是偶然的。

（四）优越的贸易条件。优越的贸易条件表现为：50—60年代，国际市场上原材料等初级产品价格持续低落，工业制成品价格持续高涨，而日本、联邦德国等国的进出口结构特征恰恰是进口以原材料等资源产品为主，出口以工业制成品等高附加值产品为主。据有关资料，1948—1970年期间，世界食品和原料的出口价格下降2%，燃料的出口价格下降4%，而工业产品的出口价格上涨20%，初级产品的贸易条件恶化了20%以上，工业制成品的贸易条件相对而言则大大改善了。日本和联邦德国等国的进出口商品结构特征恰恰反映了对这一有利的贸易条件的充分利用。日本出口商品中加工制成品的比重1955年为87%，1960年为89%，纤维及其制品、化学制品、金属及其制品、机械的比重1965年为82%，1970年为84%，1975年为90%。日本的进口商品中食品、原料、燃料的比重1955年为88%，1960年为78%，1965年为77%，1970年为71%，1975年为80%。联邦德国工业制成品出口占出口总额的比重1950年为65%左右，60年代上升为80%左右，1970年占96.1%；进口额中食品和工业原材料所占比重1950年为73.7%，1960年为48%，如再加上燃料，则比重更大。1970年联邦德国食品、原料、燃料进口占全部进口额的67%。毫不夸张地说，日本、联邦德国等国在50、60年代的进出口贸易中两头便宜都占了。

（五）建立高效率的技术引进和消化吸收机制。相对落后国家的后发优势在于：可以越过基础研究和应用开发的漫长过程，把发达国家的先进技术直接拿过来为我所用，用较短的时间使国民经济的整体技术水平赶上发达国家。"拿来主义"是一条捷径，但技术的"拿"并非是无偿的，只有建立一个高效率的技术引进和消化吸收机制，才能走通这条捷径。

日本和联邦德国是西方世界中长期保持技术贸易逆差和商品贸易顺差的两个国家。1955—1970年日本技术输入额由0.2亿美元增至4.33亿美元，而同期技术输出额由0.012亿美元增至0.59亿美元，技术贸易逆差由0.18亿美元扩大到3.74亿美元。联邦德国的技术引进费用1960年为1.3亿美元，1970年增加到3.5亿美元，而技术输出收入1962年为0.5亿美元，1970年为1.3亿美元，技术贸易逆差同样呈扩大趋势。正因为大量地引进技术，并有一套高效率地消化吸收引进技术的机制（如日本在火力发电配套设备方面实行的"一号机组进口，二号机组国产"就是一种典型的模式），日本和联邦德国的国民经济整体技术水平才能在很短时间里赶上和超过其他发达国家，其产品才得以横行天下。

（六）高素质、低成本的劳动力优势。一国劳动力素质的优劣，主要不在于高科技人才的多寡，而在于全民族文化素养的高低。综观日本、联邦德国、新加坡和韩国实现国民经济高速增长的经验，国民素质高是无一例外的先决条件。据有关资料，1955年时日本25岁以上人口中受过高等教育的占3.1%，受过中等教育的占12.6%，受过义务教育的占78.3%。就是说，在日本经济起飞前夕，其国民整体文化素质已达到相当高的水平。1950—1975年期间，日本和联邦德国的中学升学率绝不比美国和英国低，平均为80%左右，意味着日本和联邦德国这一时期成长起来的劳动大军的主体的素质，从适应现代生产的要求来看，不比美国和英国差。新加坡和韩国也类似，在70年代其中学生入学率已达70%左右。在高等教育方面，日本和联邦德国的发展也是急剧扩张性的。例如，日本大学入学率由1960年的9.45%提高到1975年的24.69%，联邦德国的大学入学率在同一时期由6.11%上升到25.10%。

劳动力成本低是一些国家实现经济高速增长的另一个重要因素。在60年代高速增长时期，日本的实际工资与其他发达国家相比属于最低一档，其次是联邦德国，其实际工资水平相当于日本的1.7倍左右，而英国和美国的工资水平则分别相当于日本的2倍和4倍左右。值得注意的是，1955—1970年期间，日本和联邦德国的工资水平与美国比还相差悬殊，但在70年代则迅速赶了上来，到1980年这两个国家制造业的工资水平已超过英国，几与美国相当。50年代中后期和60年代恰恰是日本和联邦德国经济高速增长的时期，此后便进入所谓稳定增长时期或减速增长时期。

五、高速增长时期的其他特征

（一）权威而高效率的政府。政府作为现代经济活动中的主体之一，其地位、作用与企业和个人相比，至少同等重要。对于发展中国家赶超发达国家来说，政府的作用尤其重要。战后实现经济高速增长的国家的一个共同之处也在于它们有一个权威而高效率的政府，经济发展中政府的职能得到了相对来说恰如其分的发挥。具体而言，政府的作用表现或反映在如下一些方面。

1. 保证社会处于长期稳定。战后30多年里日本实行的是一党多派执政、联邦德国是西方式的多党制、韩国是军人政权、新加坡是强人政治，无论这些国家在政治制度方面多么不同，但政府的权威性和社会的持续稳定性则是无二致的。这是经济高速增长不可缺少的条件之一。

2. 制订诱导性计划和经济发展战略。战后日本自1956年起制订和实施了10个综合经济计划，还有许多为振兴某些产业而制订的专业规划或计划，其中1961—1970年的《国民收入倍增计划》最为人称道，许多产业振兴计划也取得了令人满意的成效。同样，新加坡自1961年始实施了4个五年计划。这些计划的共同特点是：体现政府的经济发展战略意图，每个时期都有明确的重点；整体上说计划是诱导性的而非指令性的，从国民经济的高度为各产业和企业等微观主体提供了可供参考的发展方向；对于为实现经济发展战略政府本身应当做的事情明确范围和措施；从结果上看，这些计划在不同程度上对经济发展都有积极意义。

3. 利用财政、金融等政策工具对经济生活进行积极有效的干预。财政方面措施主要有：对主导产业、基础产业或出口部门给予减、免税，或直接资助；在某些产业中实行加速折旧制度。金融方面的措施包括：建立政策性金融体系和有效的储蓄动员机制，扩大国债发行、支持某些特殊产业或行业的发展，等等。

4. 通过政府投资或国有企业来推动和保障经济发展战略目标的实现，包括产业结构的调整升级等。据有关资料，日本以公共投资为中心的政府固定资本形成对国民生产总值的比率，1955年以前约为6%，1955—1965年间约为8%，1965—1975年间约为9%。而欧美发达资本主义国家的这一比率约为3%—4%。这些投资是为改善企业投资环境和居民居住环境而进行的社会资本投资。日本政府社会资本投资的特点进一步表现为：属于产业基础设施方面的投资比居民生活基础设施方面的投资，被置于更加优先的地位。1955—1973年日本社会资本投资额增加31

倍（现价），而其中的公路、港口码头、铁路、工业用水和工业废物处理五项产业基础设施投资增加44倍，所占比例由1955年的53%提高到75.7%。这五项产业基础设施投资额对国民生产总值的比率由1956年的1%上升到1964年的3.5%。

联邦德国的政府直接投资也具有与日本相似的特点，即投资比重大，投资方向主要是产业基础设施。例如，联邦德国中央政府直接投资占国民生产总值的比重1949年为4.4%，1958年为6.5%。1958年全部固定资产投资中源于政府预算资金的部分占30%。铁路、邮政电讯等是政府投资的主要领域，1950—1956年这些部门投资总额中政府投资占90%左右。由于政府投资主要局限在产业基础设施领域，因而不但没有排挤私人部门投资，相反，其实际效果是为私人部门的生产和投资创造了十分有利的环境，起到了鼓励私人部门生产和投资扩大的作用，这是国民经济高速增长的必要保证。

日本等国的政府投资许多是通过国有企业来进行的。国有企业是贯彻政府产业政策和其他经济政策的直接通道，但无例外的是，这些国家中国有企业往往被限制在有限的具有自然垄断等特殊性质的行业范围内，对国民经济增长发挥的是特殊作用，并不完全等同于一般的经济主体如私人企业等。

（二）高增长与物价水平。五六十年代是日本和联邦德国经济高增长的年代（经济增长率达9%左右），也是物价水平上涨幅度较低的时期。综合起来看，这20年中日本年均消费物价上涨率在5%左右，联邦德国的年均物价上涨率在2%左右，分别与英国、美国的情形相似。另一方面，各国的批发物价上涨率又都低于消费物价上涨率。这表明，高增长并不必然引致高物价，而是可以在物价水平相对平稳的状态下实现。"亚洲四小龙"在六七十年代取得了令人瞩目的经济发展，其物价形势在不同国家和地区有所不同，1960—1980年新加坡的消费物价平均上涨仅1%，香港地区也只有5%；而台湾地区则达到6.8%，其中70年代的平均上涨率达10.4%；韩国的情况更是另一个极端，1960—1980年消费物价平均上涨率为12.9%，其中70年代的平均上涨率达16.2%。

值得注意的是，进入70年代日本和联邦德国的经济增长速度都掉了下来，但物价上涨速度却涨了上去。这也表明，经济增长和物价上涨各有其独特的形成机制，二者之间并没有什么固定的关系。

（三）高增长与货币供应量。高速增长时期日本和联邦德国的货币流通量增长都比较快。如日本20世纪五六十年代的货币流通量年均增长速度约为18%，经济增长速度约为9%；联邦德国的货币流通量增长速度50年代为11.6%，60年代为8.1%，经济增长速度分别为8.1%和4.7%。同期美国和英国的货币流通量增长速度，50年代均为2%稍多，60年代为4%左右，经济增长率保持在3%左右的低水平。由此，货币流通量的高增长与经济高增长之间，或者货币流通的低增长与经济低增长之间，是否有什么因果关系呢？答案并不那么明确、肯定。可以认为，五六十年代日本和联邦德国货币供应量的迅速增加很大程度上是源于或为适应于那时的经济高增长，可谓经济先行。另一方面，靠增发货币并不必然带来相应的经济增长。例如，日本，尤其是联邦德国70年代的货币流通量增长速度依然较高，但经济增长水平则逊色多了。据计算，50、60、70年代日本每一个百分点的经济增长相对应的是2.3、1.6和2.6个百分点的货币增长，联邦德国的这一比率分别为1.4、1.7和3.2，就是说，到70年代，日本尤其是联邦德国的货币供应增长与经济增长之间的比例关系出现了明显的逆转，货币发行的增长远远超过了经济增长，意味着增发货币与经济增长之间并不存在可以信赖的直接因果关系。

1960—1980年韩国货币增长率为28.6%，新加坡为13.8%，台湾地区（1965—1980年）为23.8%，香港地区（1962—1970年）为12.9%。可以看出，不同国家和地区几乎同样高的经济成长可以与差异悬殊的货币增长率共存不悖。但对比"亚洲四小龙"的货币供应增长率与消费物价指数，可以发现它们之间的一致性倒是比较明显的。

（四）高增长与国际收支平衡。经济高增长时期日本、联邦德国及其他国家的贸易差额状况也有很大不同。1950—1970年期间的21年中日本只有4年贸易顺差，其余17年皆为逆差；而联邦德国则有19年顺差，只有1950、1951两年为逆差。1960—1985年的26年中，韩国是清一色的贸易逆差，60年代时逆差相当于出口的若干倍，到70年代时逆差额仍相当高，平均为出口额的30%。新加坡的对外贸易在60、70年代也以逆差为主。台湾在60年代以逆差为主，到70年代则发生了逆转。可以说，一个带有规律性的现象是，高速增长时期，至少是初期，往往出现贸易逆差，这可能与国内需求扩张，尤其是大量引进国外先进技术、设备有关。

高速增长时期各国在多数年份里保持了国际收支平衡，这是一个共同的特征。1950—1970年期间，日本有6年处于国际收支逆差状态，联邦德国有7年处于国际收支逆差状态，即在其余多数年份里国际收支表现为顺差。考虑到日本在这一时期多数年份处于贸易逆差，而联邦德国则多数年份处于贸易顺差，国际收支与贸易收支状况的差别，反映的自然主要是资本输出输入状况的差别。即：日本在这一时期的多数年份里得到了较多的国外援助和资本净输入，而联邦德国则在多数年份中属于资本净流出。新加坡在70年代中后期和80年代的国际收支状况都非常令人满意，韩国在70—80年代的多数年份里国际收支也是平衡的。进一步的推论似乎是：贸易逆差虽可以维持一段时间，但长此以往必将难以为继，除非能够不断地得到大量外援或资本净流入。一国可以长期存在贸易逆差，但不能听任国际收支长期处于不平衡状态。根本上讲，持续的贸易逆差和国际收支不平衡终归要靠日后的贸易顺差来弥补和扭转。

（五）高增长与财政收支平衡。过去相当长的时间里，许多西方国家，无论实现了高增长与否，实行的都是赤字财政政策，或者说财政政策的结果都是财政赤字。1950—1970年期间的21年中，日本有15年出现财政赤字，美国16年发生赤字，英国17年是赤字。联邦德国在1951—1970年期间的20年中只有3年有财政盈余。80年代多数年份中新加坡和韩国也都是处于财政赤字状态。财政赤字相当于财政支出的比例日本多在15%以下，联邦德国多在10%以下，新加坡的财政赤字相当于财政支出的比例多数年份保持在20%—40%的高水平。各国的赤字在很大程度上都是靠发行国债弥补的。由此可以得到的简单结论是：经济高增长往往与财政赤字伴随，但赤字财政并不必然与经济高增长共生。

（六）高增长与利用外资和对外直接投资。日本对引进国外先进技术十分积极，但对来自国外的直接投资则严格限制。例如1950—1964年以合营合资形式引进的外国直接投资只有2.3亿美元，但1950—1963年期间为引进技术就花了5亿美元（专利等）。限制国外直接投资主要是担心会妨碍国内产业的成长、国内技术的开发以及国内企业受外国支配。从1967年到1970年经过三次"自由化"后引进外资的限制有所放宽，但实际上仍然有很大保留。据有关资料，外国对日本的直接投资占外国对西方13国直接投资的比率，1961—1967年仅为2%，1968—1973年减至1.7%，1974—1979年进一步减至1.2%。1978年外国企业产值在本国制造业产值中的比例，日本为4.2%，在西方13国中是最低的。另据有关资料，高速增长时期日本民间设备投资主要来自于个人储蓄，引进外资仅占国内资金筹措额的3.6%。日本引进外资的基本战略方针是：改善国际贸易收支；支援重要产业包括基础产业的发展；优先考虑引进新技术时所需外汇。另一方面，日本在对外国的直接投资方面则十分积极。据统计，日本对外直接投资占西方13国对外直接投资的比率，1961—1967年为2.4%，1968—1973年上升到6.7%，1974—1979年进一步升至13%，其增长速度在西方13国中属于最快者之一。另据统计，1951—1959年日本对外投资（包括间接投资）额累计1.96亿美元，1960年为2.89亿美元，1970年则高达35.77亿美元。可以看出，对外投资的阶段性特征是十分明显的：在高速增长的准备阶段和前期对外投资微不足道，但到了高增长的后期和减速增长时期，对外投资则急剧膨胀。

联邦德国政府对于资本输出输入均采取了比较自由的政策。1952—1959年联邦德国对外直接投资累计24.2亿马克，来自国外对联邦德国的投资则微乎其微；到1965年联邦德国对外直接投资达累计83.17亿马克，而国际对联邦德国的直接投资累计为77.4亿马克，两方面基本平衡。到1970年联邦德国对外直接投资升至211亿马克。

（七）高增长与市场的扩张。高增长的实现必然与市场的急剧扩张相对应。根据最终需求的三个组成部分即消费、投资和出口，可以把市场划分为相应的三块。那么，在经济高增长的过程中哪类市场是主导性的市场呢？1956—1973年期间是日本高速增长时期，这期间现价国内生产总值的平均增长率为15.3%，出口增长率为17.6%，而国内批发、零售贸易（视作消费品市场的代表）和固定资产投资则增长更快，平均增长率超过19%，可以说，国内消费品和投资品的高速增长居主导地位。联邦德国与日本不同，不同市场的增长结构呈梯级状态，即出口增长最快，为15.8%，固定资本投资次之，达13.4%，然后是国内零售市场，为10.1%，略低于国内生产总值增长。总的来看，为拉动国民经济高速增长，消费、投资和出口三个市场不应偏废，都须有较快的扩张。其中消费和出口从需求的角度看更具有最终性质，很大程度上可以相互替代，即如果国内市场疲软但出口增长特别强劲，或者出口增长乏力但国内市场特别旺盛，对经济增长的影响是无二致的。但投资作为一种最终需求有其特殊性，因为投资将使未来的生产能力进一步扩大，因此从保持持久的经济增长的角度而言，固定资本投资总应保持在一定的水平，否则可能出现经济增长后劲不足。从这个意义上讲，没有其他的需求或市场可以替代投资需求或投资品市场。鉴于国内市场在市场总容量中占有绝大部分份额，保持国内市场的持续增长和对国内市场的充分占领对于经济增长具有更加重要的意义。

六、高速增长时期的终结

日本和联邦德国等国之所以被认为是经济发展比较成功的国家，很大程度上是因为它们实现了长达十多年甚至20来年的经济高速增长。然而，这些国家的经济高增长也不是永恒的。那么，高增长的基础是如何消失的呢？

（一）经济高增长过程都是被一次比较严重的经济危机打断的，经济危机本质上是需求不足、生产过剩的危机。日本战后至80年代前共发生过7次经济危机，其中5次经济危机中生产下降幅度在2%—5%之间，第7次经济危机即始自1973年末的经济危机中，生产下降幅度达19.3%，从此日本便告别了持续高增长的黄金时代。从1973年下半年到1974年上半年日本国民总需求下降了9.2%，其中私人消费支出下降8.5%，占需求减少总额的40.5%，私人设备投资下降19.8%，占需求减少总额的58.3%，政府资本形成下降6.6%，库存投资下降0.6%，政府经常支出和出口只有微弱的增长。也就是说，主要是私人投资减少和消费支出减少引发了生产下降。联邦德国自战后至70年代前共发生了3次经济危机，其中1966年4月始的经济危机是最严重的一次，工业生产下降了8.5%，这次经济危机本质上也是生产过剩的危机或需求不足的危机,例如固定资产投资下降了15.2%。这次危机成为联邦德国由高增长变为中速增长的转折点。

从长期看,需求增长态势的逆转是日本和联邦德国经济结束高增长,转入并维持在中低速增长水平的根本原因之一。日本在结束高速增长以后的1974—1980年的固定资产投资和消费年均增长率(分别为9.1%和12.2%)均比高速增长的1953—1973年有较大幅度下降(分别下降9.2和2.6个百分点);联邦德国也类似,1966—1980年间投资与消费的平均增长速度(分别为7.3%和8.0%)比高速增长时期的1956—1965年分别下降3.8和0.8个百分点。尽管从统计上看出口的增长在经济高增长结束后有进一步加速的趋势,但由于出口在总需求中比重较小(如日本出口值占出口、固定资产投资和私人消费三项需求之和的比例为1/5左右,联邦德国的这一比例在1/4—1/3之间),出口的加速增长扭转不了总需求增长不足的基本趋势,因而经济增长速度终归要掉下来。

(二)原料等初级产品价格大幅度提高,使日本、联邦德国等对原料等初级产品进口高度依赖的经济受到严重冲击。日本和联邦德国都是外向型经济,出口中的绝大部分是制成品,进口中的绝大部分是原料等初级产品。日本和联邦德国都是对进口初级产品严重依赖的国家。例如,1976年时日本进口依赖程度达到或接近100%的初级产品为棉花、羊毛、黄麻、天然橡胶、原油、铁矿砂、铝矾土、铜等;1975年时联邦德国依赖程度达到或接近100%的进口初级产品是棉花、生丝、羊毛、黄麻、茶、天然橡胶、原油、铜、铝矾土等。这两个国家都是经济大国,其初级产品进口在国际市场上的比重相当高。例如,1972年日本资源产品进口占世界资源产品市场比重在20%左右或更高的品种为:原油、羊毛、棉花、木材、铁矿石、铜、煤、锡,这些都是极其重要的工业生产原料。初级产品进口比重高的后果有两个:一是国际市场上的风吹草动必然对国内经济有较大的影响;二是若想进一步扩大初级产品进口必然立即牵动国际市场价格上扬。也就是说,国内经济增长终归要受到对初级产品进口严重依赖的限制。据统计,1951—1970年国际市场初级产品出口价格下降8.3%,而发达国家的工业制成品出口价格上升了22%。1970—

1976年国际市场初级产品出口价格指数上涨2.1倍（主要是由原油提价引起的），其中发展中国家的初级产品出口价格提高3倍，而发达国家的工业制成品出口仅提高83%。由此不难看出，1970年或70年代初是个分水岭，一方面初级产品价格不再低迷徘徊；另一方面，日本、联邦德国等国家也结束了高增长，进入了中低速增长的年代。

（三）在技术方面别人开发我引进、模仿的时代已经接近于走到尽头，靠本国力量独立地进行技术创新开发，既费钱费力，又需假以时日，对经济增长产生了实质性约束。日本和联邦德国的经济高速增长与其大量、高效率地引进国外先进技术、推动产业结构升级是分不开的。统计表明，1956—1970年日本的技术进口额年均递增率为22.8%，远高于出口贸易的增长（16.3%），1970年时技术输入额是技术输出额的7.33倍。但进入70年代后技术引进速度明显放慢，1971—1975年技术输入额年均增长速度为10.5%，远低于以前。如果以1973年为分界线，变化更为明显。1973—1975年3年中日本技术引进额停滞在7.12—7.18亿美元之间，1975年比1973年还稍有下降。另一方面，引进技术项目的单位成本却大大提高了。1955年日本引进每件技术项目的平均费用为10.8万美元，1960年上升为16.1万美元，1970年更增至24.5万美元，到1975年已达39万美元，1955—1975年每项技术引进成本提高了2.6倍。尽管不同时期引进的技术项目本身并不具有可比性，但引进技术的成本费用提高是一个无可置疑的事实。因此，技术引进费用增长的停滞必然意味着技术引进的实物量下降。联邦德国的技术进口贸易额在70年代后仍然增长得很快，但由于同样的道理，其实物量的增长也大打了折扣，因而对经济增长推动的势头不再如过去那样强劲。更为根本的是，经过几十年高效率的技术引进消化吸收，日本、联邦德国等国的国内技术水平已处于世界领先地位，环顾四周，已没有多少经济效益大的实用型先进技术可供引进和推广了。在这一阶段上，新技术便在很大程度上要靠自己研制开发了。因为这时只有自己开发的新技术才是最先进的技术。但这方面似乎并非日本等国的优势。这种情况对经济增长的约束可以称之为国外先进技术存量不足，国内技术开发能力不强对经济增长的约束。

（四）劳动力成本提高，使日本、联邦德国等国以优质、廉价著称的劳动力条件优势有所丧失。1955年时日本、联邦德国制造业部门的小时工资水平相当于美国的比例分别为12%和20%，但到1975年则达到68%和82%，1980年时更升至93%和92%，可以说与美国旗鼓相当，比英国的小时工资水平还高。劳动力成本提高无疑降低了企业的盈利率。例如，日本公司销售利润率（经常利润占销售额的比率）1950年为6.0%，1960年为3.1%，1970年为3.1%，1975年为1.3%，1978年为2.1%，70年代以来公司利润率的下降不能说没有劳动力成本提高的"贡献"。

（五）投资的实际回报率和预期收益率降低，引致投资高增长的强劲势头发生逆转，一定程度上出现了相对而言的高储蓄低投资现象。初级产品价格的上涨，劳动力成本的上升，技术创新开发费用的增加，以及利息负担的加重，都在不同程度上引发了投资的实际回报率和预期收益率的下降。因此，即使政府可以采取措施保持较高的国内储蓄率，但维持高投资率却难乎其难了。日本1974—1980年的固定资产投资增长率比1953—1973年降低了10个百分点，联邦德国的固定资产投资平均增长速度1966—1980年比1956—1965年降低约4个百分点。日本的固定资本投资率由1950年的17%上升到1960年的30%和1970年的36%，自1973年后日本固定资本投资率逐步有所下降，1974年为35%，1975年为32%，1977年为30%，1986年为28%。联邦德国的固定资本投资率1950年为19%，1960年上升至24%，1970年进一步上升到26%，此后自1973年开始下降，当年为25%，1975—1978年为21%，1986年为19%。另外，在高速增长结束后的较多年份里日本和联邦德国均出现了国内储蓄率高于国内投资率的情况。

（六）向高附加值产业转移、调整的进程已接近于走到了尽头。产业结构向高附加价值产业倾斜、调整的过程往往就是经济高速增长的过程。向高附加价值产业转移无非是由初级产业向高级产业转移，由农业为主的第一产业向第二、三产业转移。例如，日本农业在国内生产总值中的比重，1950年为26%，1960年为13%，1970年为6%，从1971年起长期保持在5%的水平，不再进一步退缩。联邦德国农业比重1950年为10%，1960年为6%，1970年为3%，此后便长期稳定在这一水平上。日本农林渔业就业人数占总就业人口的比重，1950年为51%，1960年为

32%，1970年为17.7%，1975年为13%，1980年为10.4%。联邦德国农业就业人口的比重在1960、1970、1975、1980四个年份分别为14%、8.6%、7.3%和5.6%。这意味着，一方面，由农业向其他产业转移劳动力已没有什么潜力可挖，另一方面，农业生产率也在不断提高，农业等初级产业已不再是拖国民经济高增长后腿的因素。也就是说，靠产业结构调整升级来带动国民经济增长的道路已接近走到了尽头。

（七）货币升值使出口增长受到一定影响。日本和联邦德国在五六十年代出口的高速增长很大程度上得益于有一个固定的低汇率制度。1949—1970年期间日元对美元汇率为360∶1，1949—191968年西德马克对美元的汇率为（4—4.2）∶1，都是固定汇率。日元汇率自1971年起，西德马克汇率自1969年始，开始浮动，此后20多年来其汇率变动的基本趋势是升值。例如，1975年、1980年日元对美元的汇率分别为297∶1和227∶1，西德马克对美元的汇率分别为2.5∶1和1.8∶1。货币升值在一定程度上使日本和联邦德国的外贸出口增长受到影响，尽管自70年代以来这两个国家的出口贸易增长率以美元计算是相当高的。

同时，推迟进口贸易自由化所具有的温室保护效应已逐渐消失。或者准确地说，过去那种自由出口、限制进口的不对等做法已被对应的贸易自由或对应的贸易壁垒所替代，出口的增长和国内产业的成长都因此而受到影响。日本在五六十年代保护国内产业成长不受外来冲击的做法和条件是极其优越、特殊和不对等的。其特点是：（1）严格限制国外进口，但有步骤地放开自由进口的商品范围；（2）大力促进出口，同时外国对日本产品进口实行的是比较自由的贸易政策；（3）严格限制国外直接投资，但同时大量利用国外贷款，对于向国外投资的约束不像对国外在日本直接投资的约束那样严厉。上述做法具有明显的不对等性，正是在这种情况下日本的产业茁壮成长起来，使日本成为首屈一指的贸易大国。但是，自70年代以后，国外要求日本开放其国内市场的呼声日渐高涨，同时对于日本的贸易壁垒也在一定程度上构建起来，日本在外贸和保护国内产业方面原有的特殊优越条件便逐渐地丧失了。

韩国和新加坡的持续高速增长在1980、1985年被打断，直接原因也是投资和消费增长不足，甚至出现负增长。但与日本和联邦德国相比，在进入80年代时韩国和新加坡的经济还不够发达，不是完全成熟的经济，产业结构有待进一步调整升级，劳动力成本低的优势依然在一定程度上保持，国外还有大量的先进技术可以引进，投资率和储蓄率继续保持在较高的水平。因此，80年代以来韩国和新加坡的经济依然很有活力，其经济增长率依然持续保持在较高水平上。

七、高速增长比较研究对我国经济发展的启示

（一）中国经济高速增长的持续时间。如果从1984年算起（一般认为，我国在1984年基本消除了基本生活用品的市场短缺），我国经济的高速增长已持续了10年，国民生产总值年均增长10.1%。经济高速增长的一个基本条件是有规模不断扩张的、可利用的市场，而将来经济高增长势头的消失也必然会因需求不足而引发。从这一点出发，我国经济持续高速增长的时间将会长于其他国家。原因主要在于：我国消费品市场的开拓还不充分、还不平衡，农村居民的消费市场有很大的扩张潜力，城镇居民对住房和轿车的消费规模将逐步扩大；我国的投资品市场极其广阔，基础设施的发展、支柱产业的振兴都将急剧扩大投资品市场的容量；由于我国农村有数量众多的剩余劳动力有待转移，有可能在较长时间内保持劳动力价格低的比较优势，因此除机电产品有进一步扩大国际市场的前景外，劳动密集型产品也有保持或进一步扩大国际市场份额的条件。当然，市场的形成和扩张不会是均衡的，尤其是居民消费市场将出现明显的阶段性波动，从而引致经济增长的波动。

（二）持续地保持较高的投资率是实现国民经济持续高速增长的重要保证。这是因为，投资是达到产业结构调整升级的主要途径；投资直接形成后续生产能力，为经济的持续增长奠定物质技术基础；投资是总需求的重要组成部分，高投资和相应的需求增长将直接带动经济成长。过去十多年我国经济发展所取得的巨大成就与这一时期的高投资（固定资产投资率约30%）是密切相关的。根据改革以来我国的实践和国际社会的经验，今后我国的总投资率应当在较长时期内保持在30%—35%的水平，其中固定资产投资率应保持在28%—33%，存货投资率应保持在

2%—3%。应当强调指出的是，投资增长似乎有其自身特有的规律性或周期性。近年来我们常常为投资过热所困扰，但总会有一天我们会为因高回报的投资机会减少造成投资不足而苦恼。因此，我们一方面应对目前企业的投资热情加以珍惜、引导和调控，同时也应为日后应付投资不足做好准备，提高国家筹集、动员资金的能力，以调节好总的投资率水平。

（三）今后相当长一段时期内我国保持30%以上的高储蓄率是可望又可及的。储蓄是投资的资金来源基础。国际社会经验表明，战后几十年来，日本和联邦德国的高储蓄率（30%左右）以及美国和英国的低储蓄率（20%左右）都是比较稳定的，这种差别或许主要应从国民特性等方面加以解释。而新加坡与韩国的储蓄率在经济起飞前因居民收入水平不高而较低（15%以下），但随着经济起飞，储蓄率也逐渐提高到与日本等国相当的高水平。这使我们有理由相信，我国在经历了十多年的高储蓄、高投资和高增长后，居民的收入水平和消费剩余有了很大增加，在未来相当长时期内仍然可以相对稳定地保持较高的储蓄率水平（如30%以上）。

（四）正确处理利用国内储蓄资金与利用外资和对外投资的关系。基本原则是：将挖掘和利用国内储蓄资金置于优先位置；利用外资规模要适度，特别是要有明确的产业政策，并与引进先进的技术和管理结合起来；目前阶段上对国外投资应谨慎发展。从国际经验看，日本和联邦德国的国内储蓄与投资之间在很长时期内处于基本平衡状态，而新加坡和韩国在六七十年代则迫于国内储蓄过低而主要（或大量地）利用外资进行投资。我国与新加坡和韩国在六七十年代的情况不同，我们已有足够高的国内储蓄率和庞大的国内储蓄资金，因此应以依靠国内储蓄资金进行投资建设为根本立足点。目前的关键是进一步疏通和完善将国内储蓄资金运用到投资建设中的渠道，使之更加畅通和高效。利用外资不仅在国内资金短缺时是必要的，在国内资金充裕时为了引进国外先进技术设备等也是必要的，但必须明确的是，引进外资的根本目的是使民族工业乃至整个国民经济体系在较短的时间内达到新的技术水平和管理水平，壮大我国的发展能力。利用外资应当受到鼓励，但这绝不意味着可以盲目引进外资，或引进外资越多越好，尤其是在利用国外直接投资方面。利用外资如果掌握不好，也可能出现一些不良后果：外资利用了，但国内资金却相应闲置了；先进技术没有引进来，部分国内市场却丢了；一般加工工业中出现过度膨胀、过度竞争，国内的原有产业受到冲击，瓶颈产业的约束更趋严厉。此外，在目前国内资金并不宽裕、对利用外资如饥似渴的情况下，不宜大力开展对外投资。

（五）国内市场是珍贵的资源，对国内市场的占领与对国际市场的开拓应同时并重。国际经验表明，需求的扩大、市场的扩张是经济高增长的真正拉动力量，而需求不足、市场容量有限则是经济高增长的致命约束。最终消费市场尤其重要。日本和联邦德国等国在经济高增长时期本国工业对于本国的最终消费市场的占领是相当充分的，进口主要是原料和技术设备，这些或者为国内生产所必需，或者有助于提高本国产业的国际竞争力，均属正常、合理。反观我国，一方面进口产品中有相当一部分是最终消费品，另一方面由于大量地利用国外直接投资，从事最终消费品生产并向国内市场供应，因而我国国内消费品市场事实上已有一定的份额被外国资本占有了。这是应当引起注意的。特别是，进口消费品与引进外资在本国生产消费品是不同的，今年进口可以明年不再进口，但一旦投资设厂，今年开工明年不让生产却是做不到的。因此，应恰当地对待两个"三角"关系：一是国内消费品市场、国内投资品市场和国际市场三者之间的关系，二是国内市场、利用外资和引进技术三者之间的关系。可以说，国际市场是无论任何时候都应当努力去开拓、占领的；国内投资品市场则可以在特定情况下作为欲进先退的权宜之计而主动地出让一部分，如引进原料和先进技术设备等，但最终应实现提高国际竞争力、增加出口和重新夺回国内市场的目的；对于国内消费品市场则应尽量让国内工业来占领，因为在完成工业化之前而通过引进外资使国内消费品档次大幅度升高，调起普通百姓的消费胃口，并不见得有多大益处。

（六）应当创造条件，使我国的重化工业获得一个大发展，实现产业结构的升级。国际经验表明，重化工业加速发展是工业化过程中必经的一个阶段。日本重化工业在全部工业中的比重1951年为46.4%，到

1970年上升到62.2%，并在整个70年代维持在60%—63%的高水平上。联邦德国等国也曾经经历过相似的时期。从我国的情况看，改革开放前"重重轻轻"的做法所产生的一个客观效应是奠定了一个庞大的重工业基础，而过去十多年的发展过程则是个工业轻型化的过程，一定程度上也是一个重化工业吃老本的过程。但在这个吃老本的过程中，我国原有重化工业尤其是装备工业与国际水平的差距进一步扩大了。目前我国国民经济的整体技术水平需要有一个飞跃性的提高，这只能通过重化工业的大发展尤其是装备工业技术水平提高来实现或推动。鉴于重化工业市场潜力巨大而有弹性，既可以在一定时期内和一定程度上形成自我循环，又可以为消费品工业服务，还可以直接参与国际市场竞争，因此，重化工业的适度超前发展是极其重要的。

（七）我国经济和社会发展战略的一个重要方面是二、三产业比翼双飞，工业化与城市化同时并举。西方国家在实现工业化和现代化的过程中，一、二、三次产业递进发展的阶段性特征比较明显，但从目前我国的实际情况看，二、三产业均发展不足，而目前又处于一个"信息时代"，因此，我们不应等二次产业发展成熟以后再转向第三产业的发展，而应当同时加快二、三产业的发展，充分利用后发优势。当然，前提条件是农业的稳定。另一方面，在西方国家历史上，工业化与城市化可以说是一个过程的两个方面，这是一条基本经验，我国在80年代曾有意识地将农村工业化与城市化分离，实践证明是不够成功的。因此，今后应当将工业化与城市化结合起来。在这一进程中，农村土地制度和城市户籍制度的变革恐怕是至关重要的。

（八）避免劳动力成本低的优势过早丧失，同时需要大力提高劳动力整体素质。优质、廉价而丰富的劳动力供应是国民经济高速增长所需要的重要条件，这已为国际经验所证实。我国的劳动力即使从长期看总量上也将是丰富的，因而我们的担心将不是劳动力供应总量不足，而是就业压力加大。劳动力成本急剧提高，到一定程度便可能为经济的持续增长敲响丧钟。我国劳动力成本低是一大优势，但劳动力成本提高过快也是有目共睹的事实，有必要对劳动力成本的过快上升加以重视和限制，避免劳动力成本优势过快过早丧失。此外，劳动力的整体素质或平均素质的重要性在一定程度上可能胜于劳动力的数量和成本,因为劳动力素质低将对产业结构调整升级的速度产生制约影响,不利于提高国际竞争力。产业结构向高附加价值产业倾斜,向深加工产业倾斜,一定的劳动力素质条件是十分必要的。日本、联邦德国在60年代高增长时期的中学入学率均已达80%左右,我国目前的这一比例却比日本、联邦德国30年前还要低,这是必须加以重视的。今后,我国许多产业部门将由单纯的劳动力密集型向劳动力、技术密集型和资金技术密集型转化,没有全民族文化素质的提高,工业化现代化的进程必然受到迟延。

(九)建立一个高效率的技术引进、消化吸收和推广应用机制。日本和联邦德国等国五六十年代都是通过大量的技术进口来提高国民经济整体技术水平的。把别人已有的先进的东西拿过来直接为自己所用,即使有偿使用,也是一种捷径,比自己从头开始搞基础研究和应用开发要节约得多,迅捷得多,只有通过这种方式,才可能赶超国际先进水平。然而,如果没有一个高效率的技术设备引进和消化机制,其不良影响同样是十分严重的。一是在低水平重复引进之下,将永远赶不上国际先进水平;二是大量的重复引进、轮番引进实际上是对外汇资源的浪费,也不利于国际收支平衡;三是重复引进容易导致国内企业间的过度竞争,于国内产业的长远发展不利;四是低水平的重复引进最终还是不能使国内产业和市场免受国外产品的冲击。

(十)基础产业基础设施建设应当先行。日本和联邦德国等国在经济高速增长的准备阶段或初期都曾经出现一定程度的基础产业超前发展倾向,在交通方面表现得尤其明显。在经济高增长时期基础产业与其他产业相比其发展速度基本上是同步的,或略有滞后,但总体上看,国民经济的高增长没有受到基础产业基础设施落后而导致的严重瓶颈约束。另一方面,基础设施(或基础产业)可以分为生活基础设施和产业基础设施两类,即主要为生活服务的基础设施和主要为生产服务的基础设施。日本在高速增长时期的经验是:优先发展产业基础设施。当然,在进入70年代以后,日本不得不在生活基础设施发展方面"补课"。或许,没有过去生活基础设施发展不足之"失",便没有经济持续高速增长之"得"。我国在80年代以前存在着重工业、基础产业优先发展的趋势，但自80年代以来，基础产业的发展明显落后于国民经济总体的发展，从而日益成为经济增长的瓶颈约束。为保证我国经济的长期持续发展，基础产业方面的政策取向应当是：第一，在目前体制条件下，基础产业的投资、建设和发展主要是政府的职责，政府应当通过政策性金融体系、财政投融资等方式支持基础产业的发展，同时鼓励非政府部门、个人甚至外资参加到某些基础产业的发展事业中来；第二，特定时期内基础产业的超前发展是必要的、合理的，但总体上讲基础产业应与其他产业协调发展，应以国民经济的持续健康增长不受基础产业瓶颈约束作为基础产业获得适当发展的标志；第三，作为发展中国家，将产业基础设施的发展置于优先的位置是必要的、合理的，如果因此而能使国民经济得到令人满意的发展，生活基础设施的进一步发展或"还账"也便获得了强大的物质技术基础，综合考虑，应当是划算的。

（十一）尽可能使经济增长与生活质量提高统一起来。经济增长是人民生活水平提高的物质基础和根本途径，但西方国家的实践表明，经济增长与生活质量提高不是一回事。生活质量所包含的内容比人均GNP要丰富得多。欧美国家历史上曾长期只顾经济发展，忽视环境污染，后来不得不"补课"。日本在进入70年代后人均GNP已迅速赶上其他主要发达国家，但其国民福利水平却依然有明显的差距。我国的经验似乎很独特，即按人均GNP水平，我国属于低收入国家，但从预期寿命、日均摄入热量和初生婴儿死亡率等指标看，我国已达到甚至超过一些中等收入国家的水平。然而，我国的经济增长与国民福利增进还有许多不协调的地方，环境问题即是突出的一方面。由于改善环境需要花费大量的财力物力，同时只具有间接的社会效益，没有直接经济效益，因此目前我们很难期望全社会在这方面有很大的投入。但是，今后在制定经济和社会发展战略时，这一问题应当给予足够的重视：首先，经济增长不应视为唯一重要的目标，不能为增长而增长，对于经济增长（尤其是某些生产建设项目）所可能带来的间接社会效益损失要给予充分的估量；其次，目前国外许多机构对于帮助中国治理污染等表现出十分积极的态度，他们愿意无偿地或以非常优惠的条件来提供技术或资助，我们对此应当充分配合。

第二篇

促改革

补短板：当前深化供给侧结构性
改革的重点任务*

回头看：本文指出供给侧结构性改革各项任务进展存在不平衡，补短板事实上成为供改的"短板"，当前深化供给侧结构性改革的阶段性重点是补短板，主要包括六个方面，即在关键核心技术攻关和新动能培育方面、在现代服务业和民生急需领域、在实体经济有效投资领域、在精准脱贫方面、在推动城乡区域协调发展方面、在优化营商环境等制度供给方面补短板。这对于将供给侧结构性改革向纵深推进、打造供改2.0，具有不少启发。

今年7月31日，习近平同志主持召开中央政治局会议，分析研究上半年经济形势，部署下半年经济工作。会议提出的一个重要思想和重大举措是：把补短板作为当前深化供给侧结构性改革的重点任务。这具有很强的现实针对性和深远的战略意义。

一、补短板是保持经济平稳运行、推动
经济高质量发展的必然要求

补短板是供给侧结构性改革"三去一降一补"重点任务的重要组成部分，加强补短板工作具有重大意义。

保持经济平稳健康发展需要补短板。当前，我国经济运行总体平稳，

---

* 本文原载《人民日报》2018年10月10日07版。

稳中有进、稳中向好，同时稳中有变。从主要经济指标看，经济运行处在合理区间，结构持续优化，同时在某种程度上呈现出供给强、需求弱，宏观强、微观弱的反差。比如，包括基础设施在内的投资增速持续走低；实体经济困难增多，特别是小微企业和民营企业融资难、融资贵问题仍很突出。无论是当前保持经济稳中向好态势，还是实现长期可持续发展，都需要加强补短板。

推动经济高质量发展需要补短板。目前，我国经济总体上仍处于国际分工产业链、价值链中低端，供给体系质量不高，高端供给的短板明显。推动经济高质量发展，就要集聚整合有利于高质量发展的要素资源，使各产业各领域的发展质量不断提升，使经济发展中的高质量部分比重不断提升。补短板，从根本上说就是要补高质量发展的短板。

全面协调推进"三去一降一补"重点任务需要加强补短板。近年来，去产能、去库存、去杠杆、降成本、补短板各项工作持续推进、成效明显。同时，受多种因素制约，几大任务的完成情况在客观上存在不平衡。其中，补短板内容广泛、任务繁重，虽已取得不少积极进展，但许多方面的短板依然存在、亟待补上。可以说，在"三去一降一补"重点任务中，补短板本身已成为一个相对的短板。

还应指出的是，通过加强补短板，巩固和发展经济稳中有进、稳中向好态势，迈向高质量发展，也是有效应对中美经贸摩擦和各种风险挑战的底气所在。

二、当前和今后一个时期补短板的主要任务

经济发展的不同时期有不同的短板。从保持经济平稳运行和推动经济高质量发展的要求看，当前和今后一个时期要着力在一些重点领域补短板。

着力在关键核心技术攻关和新动能培育方面补短板。要瞄准受制于人的关键核心技术，痛下决心、保持恒心，持续加大研发投入，充分利用我国市场规模巨大和社会主义制度能够集中力量办大事的优势，强化市场机制作用和企业主体地位，坚持问题导向和目标导向，形成创新成

果源源不断推出和持续转化应用的良性循环。大力发展高新技术产业，使之尽早成为经济发展的顶梁柱。加快发展先进制造业，运用高新技术改造提升传统产业，实现旧貌换新颜，推动制造业高质量发展。

着力在现代服务业和民生急需领域补短板。多年来，我国服务贸易存在大量逆差，反映出我国服务业发展质量不高、国际竞争力不强。推动经济转型升级，要提升服务业质量和效率，推动服务业高质量发展。要大力发展科技教育、文化旅游、交通运输、医疗养老等，更好适应居民消费结构升级需要和人民对美好生活的向往。服务业门类多、差异大，发展服务业不能靠大而化之的号召，必须针对一行一业、一城一地的具体情况，采取有力措施补短板强弱项。比如，积极发展养老服务和健康产业，更好应对人口老龄化；增加各层次优质教育供给，更好满足广大家庭对子女教育的热切期盼；大力提升城市交通服务能力和水平，解决拥堵、停车难等突出问题。

着力在实体经济有效投资领域补短板。投资在当期是国内需求的重要组成部分，在未来则是供给体系结构质量和能力的重要决定因素。要加大基础设施领域补短板的力度，根据"十三五"规划要求和今后更长远发展需求，精心谋划和开工建设一批重大项目。各地也要根据当地发展需要不断完善基础设施，为全面建成小康社会、进而全面建设社会主义现代化国家提供更加有力的支撑。同时，要顺应新一轮科技革命和产业变革趋势，加大实体经济各产业技术更新改造投资，不断做强做优做大实体经济，坚决防止实体经济空心化、边缘化、低端化。

着力在精准脱贫方面补短板。当前，全党全国对精准脱贫工作高度重视，资金投入和工作力度不断加大，精准脱贫正在有规划按步骤、有力有序有效推进，农村贫困这个全面建成小康社会的最大短板将会如期补上。在这一过程中，要不断研究新情况、解决新问题，特别是要增强贫困群众和贫困地区的自我发展能力，把扶贫同扶智、扶志更好结合起来，加快改善贫困地区的生产生活条件，增强造血功能和脱贫意志，确保在2020年后脱贫地区持续发展进步、脱贫群众持续增收致富。

着力在推动城乡区域协调发展方面补短板。在城镇化水平持续提高、农村人口比重逐步降低的时代背景下，要把实施乡村振兴战略与新型城镇化战略有机结合起来，加大对农村的精准投入，加强农村水电路气房等建设，促进城乡之间要素合理流动、高效配置，推动城乡一体化发展。区域发展差距和短板的存在，蕴含着区域发展的潜力和动力。要根据新形势新要求实施好区域协调发展战略，充分调动各地的积极性主动性创造性，扎实推进西部开发、东北振兴、中部崛起、东部率先发展，深入推进京津冀协同发展、长江经济带发展，积极推进粤港澳大湾区建设，不断培育新的增长极增长带，努力在扭转区域分化态势、提高区域发展协调性中为全国经济发展提供内生动力。

着力在优化营商环境等制度供给方面补短板。要在构建亲清新型政商关系上下功夫、见实效，既要防止只亲不清，又要避免只清不亲，努力使亲有足够的温度、清有明确的尺度。完善公平竞争政策，坚决废除妨碍市场公平竞争的法律法规和政策制度，大力弘扬企业家精神，严格保护产权和知识产权，促进国有企业、民营企业、外资企业等各类市场主体公平竞争、共同发展。对照国际先进营商环境标准，找出差距，加快改进，建设国际一流营商环境，打造国内外企业投资创业的乐园。

三、加强对补短板的政策支持

经济中的短板有些是长期存在的，有些是新出现的，都是经济结构性矛盾的重要体现，不会自动填平补齐，必须采取既有针对性又有力度的措施加以解决。

实施好积极的财政政策和稳健的货币政策，为补短板提供有效的财政金融支持。宏观政策要体现逆周期特征：财政政策要在扩大内需和结构调整上发挥更大作用，货币政策要把好货币供给总闸门，保持流动性合理充裕。为此，应加大对短板领域的减税降费力度，让企业轻装上阵。优化财政支出结构和进度，优先支持补短板。补短板不是急就章，必须与防风险结合起来。要坚定做好去杠杆工作，促进宏观杠杆率稳中有降。对杠杆率过高的企业和地方，应加强债务控增量、化存量工作；对杠杆率较低的企业和地方，应允许其根据需要适当扩大债务融资，积极有效支持补短板。在严控风险的基础上，用好用足地方政府发债额度，保障城乡基础设施等项目建设资金需要，防止半拉子工程。要切实提高金融服务实体经济的意愿、能力和水平，促进金融与实体经济形成利益共同体、责任共同体、命运共同体。加强和完善金融监管，规范和约束资本行为，严禁对房价房租等基本民生产品和服务价格进行投机炒作，坚决扭转资金脱实向虚倾向。

处理好政府和市场的关系，充分发挥市场在资源配置中的决定性作用，更好发挥政府作用。补短板需要"有形的手"和"无形的手"共同发力。应深入推进简政放权，该放的彻底放开，该管的切实管好。从企业和社会的现实需要出发，提供更多优质公共服务，这也是补短板的题中应有之义。坚持社会主义基本经济制度，坚持两个毫不动摇，深化国企国资改革，激发非公有制经济活力，培育一批具有全球竞争力的世界一流企业。重视发挥民营资本和外资企业在补短板中的重要作用，进一步扩大对外开放和对内开放，充分调动社会力量补短板，形成各种要素资源踊跃向短板领域汇聚的态势。

强化激励机制，完善容错纠错机制。短板要靠人来补。要为各类人才干事创业搭建宽广舞台，创造宽松环境，激励广大干部和各类人才勇于改革创新，敢于担当作为。落实容错纠错机制，加强正向激励，引导广大干部保持良好精神状态。只要13亿多人民的主观能动性充分调动起来、释放出来，任何短板都可以补上，任何困难都可以克服。

补短板是优化供给结构和扩大有效需求的结合点，是保持经济平稳运行和推动经济高质量发展的结合点，是发展经济和改善民生的结合点，是一项宏大的系统工程。我们要以习近平新时代中国特色社会主义思想为指导，增强"四个意识"，坚定"四个自信"，坚决维护习近平总书记党中央的核心、全党的核心地位，坚决维护党中央权威和集中统一领导，努力做好补短板这篇大文章。

学懂弄通做实党的十九大精神*

回头看：本文对党的十九大精神作了阐述，其中有不少深入浅出、理论与实际相结合的解读，有助于学习好领会好党的十九大精神。

党的十九大已经胜利闭幕，这次大会是一次团结的大会、胜利的大会、奋进的大会。大会的最重要成果有三个：一是十九届一中全会选举产生了以习近平同志为核心的新一届中央领导机构，这是政治成果；二是确立了习近平新时代中国特色社会主义思想作为党的指导思想，这是党的十九大最大的理论成果和理论贡献；三是描绘了从现在到本世纪中叶我国社会主义现代化建设的宏伟蓝图，这是大会的实践成果。大会的主要精神体现在党的十九大报告中。党的十九大报告既是习近平总书记作的，也是总书记亲自主持起草的，总书记亲自担任文件起草组组长，从2017年1月开始，历时9个多月，多次主持召开文件起草组会议、中央政治局常委会议、中央政治局会议，研究审议党的十九大报告稿，对文件稿作了几十次批改，报告中许多新的重要思想、重要观点、重大论断、重大举措，是习近平总书记深入研究、反复思考、亲自提出来的。党的十九大报告气势磅礴、博大精深、内涵丰富，通篇闪耀着马克思主义的真理光芒，是决胜全面建成小康社会、夺取新时代中国特色社会主义伟大胜利的政治宣言和行动纲领。报告共13个部分，其中前4部分为总论，提出了一系列重要思想、重要观点、重大判断、重大部署，其他部分为分论，对统筹推进"五位一体"总体布局、协调推进"四个全面"战略

---

　　* 本文是作者作为党的十九大精神中央宣讲团成员2017年11月9日在吉林省的宣讲报告。

布局作出具体部署安排，总论和分论一起构成了系统集成、有机衔接的鸿篇巨制。下面就党的十九大报告的几个重点或核心要义，和大家交流一下我的学习体会。

一、深刻领会党的十九大的鲜明主题

党的十九大的主题是：不忘初心，牢记使命，高举中国特色社会主义伟大旗帜，决胜全面建成小康社会，夺取新时代中国特色社会主义伟大胜利，为实现中华民族伟大复兴的中国梦不懈奋斗。这个主题，明确回答了我们党在新时代举什么旗、走什么路、以什么样的精神状态、担负什么样的历史使命、实现什么样的奋斗目标的重大问题，是我们党立足世情国情党情的新变化，立足我国发展新要求和人民新期待，就当前和今后一个时期党和国家工作提出的总要求。在这个主题中，令人印象最为深刻的是"不忘初心，牢记使命"8个字。这在报告中多次强调，在报告第1页就讲"不忘初心，方得始终"。在阐述新时代中国共产党的历史使命部分又讲到96年来我们党"初心不改、矢志不渝"。2016年习近平总书记在庆祝中国共产党成立95周年大会上讲话的主旋律就是"不忘初心、继续前进"。那么，中国共产党的初心和使命是什么呢？就是为中国人民谋幸福，为中华民族谋复兴。可以说，我们党的初心来自于"一大"，因此党的十九大刚一结束，习近平总书记就率领新一届中央常委到上海和浙江嘉兴南湖，瞻仰中共一大会址，缅怀党的根脉，强调要不忘初心、牢记使命、永远奋斗。我们每一个共产党员也有自己的初心，入党时都曾经宣誓，这次在上海习近平总书记和新一届常委同志一起重温了入党誓词：我志愿加入中国共产党，拥护党的纲领，遵守党的章程，履行党员义务，执行党的决定，严守党的纪律，保守党的秘密，对党忠诚，积极工作，为共产主义奋斗终身，随时准备为党和人民牺牲一切，永不叛党。入党誓词共80个字，篇幅不算长，记住并不难，难的是终身坚守、始终不渝。毛主席1940年1月15日在中共中央为吴玉章同志（曾任中国人民大学校长）补办六十寿辰庆祝会上曾经说过："一个人做点好事并不难，难的是一辈子做好事，不做坏事，一贯地有益于广大群众，一贯地有益于青年,一贯地有益于革命,艰苦奋斗几十年如一日,这才是最难最难的啊!"其中的道理是一样的。

还要指出,党的十九大报告的标题是:决胜全面建成小康社会,夺取新时代中国特色社会主义伟大胜利。回顾一下,党的十三大报告的标题是"沿着有中国特色的社会主义道路前进",党的十四大报告的标题是"加快改革开放和现代化建设步伐,夺取有中国特色社会主义事业的更大胜利",党的十五大报告的标题是"高举邓小平理论伟大旗帜,把建设有中国特色社会主义事业全面推向二十一世纪",党的十六大报告的标题是"全面建设小康社会,开创中国特色社会主义事业新局面",党的十七大报告的标题是"高举中国特色社会主义伟大旗帜,为夺取全面建设小康社会新胜利而奋斗",党的十八大报告的标题是"坚定不移沿着中国特色社会主义道路前进,为全面建成小康社会而奋斗"。可以发现,从党的十三大到党的十九大,报告的标题中都有"中国特色社会主义"8个大字,这不是偶然的巧合,而是深思熟虑的结果。中国特色社会主义是我们的伟大旗帜,我们必须始终高举这面伟大旗帜,持续推进这项伟大事业。

二、深刻总结历史性变革和历史性成就

党的十八大以来的五年是极不平凡的五年,以习近平同志为核心的党中央举旗定向、运筹帷幄,以巨大的政治勇气和强烈的责任担当,提出一系列新理念新思想新战略,出台一系列重大方针政策,推出一系列重大举措,推进一系列重大工作,解决了许多长期想解决而没有解决的难题,办成了许多过去想办而没有办成的大事,推动党和国家事业发生历史性变革,取得历史性成就。主要体现在:

经济建设取得重大成就。发展质量和效益不断提升,2017年国内生产总值将达到80万亿元,折合12万亿美元,经济规模稳居世界第二位,我国对世界经济增长的贡献率连续超过30%,特别是我们坚定不移贯彻新发展理念,以往发展观不正确、发展方式粗放的状况得到明显改变。

全面深化改革取得重大突破。五年来推出1500多项改革举措,力度

之大前所未有，重要领域和关键环节改革取得突破性进展，各方面体制机制弊端阻碍发展活力和社会活力的状况得到明显改变。

民主法治建设迈出重大步伐。坚定不移全面推进依法治国，大家应感受到，有法不依、执法不严、司法不公问题严重的状况得到明显改变，人民民主不断发展，中国特色社会主义法治体系日益完善。十二届全国人大及其常委会已新制定法律20件，通过修改法律的决定37件。

思想文化建设取得重大进展。中国特色社会主义和中国梦深入人心，社会主义核心价值观和中华优秀传统文化广泛弘扬，文化及相关产业增加值超过3万亿元，占GDP比重提高到4.14%，成为国民经济支柱性产业，特别是加强党对意识形态工作的领导，社会思想舆论环境中的混乱状况得到明显改变。

人民生活不断改善。6000多万农村贫困人口稳定脱贫，贫困发生率从2012年的10.2%下降到2017年4%以下，农村贫困人口年均减少1300多万人，城镇新增就业年均1300万人以上，全国居民人均收入平均增长7.4%，高于经济增速。

生态文明建设成效显著。2013—2016年单位国内生产总值能源消耗累计下降17.9%，74个重点城市$PM_{2.5}$平均浓度累计下降30.6%，主体功能区等制度逐步健全，绿水青山就是金山银山的理念深入人心，忽视生态环境保护、生态环境恶化的状况得到明显改变，环境状况得到改善。

强军兴军开创新局面。国防和军队改革取得历史性突破，军队组织架构和力量体系实现革命性重塑（成立陆军领导机构、火箭军、战略支援部队，军委由四总部调整组建为15个军委机关职能部门，由原来的七大军区改为划设东、西、南、北、中五大战区），人民军队中一度存在的不良政治状况得到明显改变，人民军队浴火重生。

港澳台工作取得新进展。全面准确贯彻"一国两制"方针，深化内地与港澳、大陆与台湾的交流合作。

全方位外交布局深入展开。我们坚定不移推进中国特色大国外交，在国际力量对比中面临的不利状况得到明显改变，我国的国际地位和影响力、感召力、塑造力明显提升。中国人在国外腰杆硬了，海外华人华侨底气足了。

全面从严治党成效卓著。全面加强党的领导和党的建设，管党治党宽松软状况得到明显改变，全党理想信念更加坚定、党性更加坚强，党内政治生态明显好转，坚持反腐败无禁区、全覆盖、零容忍，坚定不移"打虎""拍蝇""猎狐"，严肃查处周永康、薄熙来、郭伯雄、徐才厚、孙政才、令计划等人的重大腐败案件。5年来，共立案审查省军级以上党员干部及其他中管干部440人，其中十八届中央委员、候补委员43人，中央纪委委员9人，厅局级干部8900多人，县处级干部6.3万人，反腐败斗争压倒性态势已经形成并巩固发展。

经过改革开放以来坚持不懈的奋斗，当前我国经济实力、科技实力、国防实力、综合国力已进入世界前列，党的面貌、国家的面貌、人民的面貌、军队的面貌、中华民族的面貌发生了前所未有的变化，这标志着我国发展站在了新的历史起点上。

事非经过不知难。5年来的成就，是党中央坚强领导的结果，是全党全国各族人民同心同德、团结奋斗的结果，是各级党组织和广大党员、干部敬业履职、勇于担当的结果。最重要的是我们党有以习近平同志为核心的党中央坚强领导，有习近平同志这样雄才大略的领袖作为党中央的核心、全党的核心。正是由于以习近平同志为核心的党中央勇于直面时代和实践发展所提出的历史性课题，并以超凡魄力和顽强斗争精神力挽狂澜，领导全党和全国人民进行了具有许多新的历史特点的伟大斗争，才实现了这一系列深刻的变革，从而也才有今天党和国家事业蓬勃发展的大好局面。

三、确立习近平新时代中国特色社会主义思想为党的指导思想

在党的十八大以来党和国家事业发生历史性变革的伟大实践中，我们党以全新的视野深化对共产党执政规律、社会主义建设规律、人类社会发展规律的认识，取得重大理论创新成果，形成了习近平新时代中国特色社会主义思想，并把这一思想确立为我们党的指导思想，写进党章，实现了党的指导思想的又一次与时俱进。这是党的十九大的灵魂，是党

的十九大的一个历史性决策和最重要贡献。作出这种概括，强调了继承性、创新性、时代性，明确了习近平新时代中国特色社会主义思想是对马克思列宁主义、毛泽东思想、邓小平理论、"三个代表"重要思想、科学发展观的继承和发展，是马克思主义中国化最新成果，是党和人民实践经验和集体智慧的结晶，是中国特色社会主义理论体系的重要组成部分，是马克思主义基本原理同当代中国实践相结合的一次新的飞跃，在马克思主义中国化进程中具有极强的时代意义和时代特色。

习近平新时代中国特色社会主义思想的"四梁八柱"或核心关键，可以概括为"8个明确"：一是明确坚持和发展中国特色社会主义，总任务是实现社会主义现代化和中华民族伟大复兴，在全面建成小康社会的基础上，分两步走在本世纪中叶建成富强民主文明和谐美丽的社会主义现代化强国；二是明确新时代我国社会主要矛盾是人民日益增长的美好生活需要和不平衡不充分的发展之间的矛盾，必须坚持以人民为中心的发展思想，不断促进人的全面发展、全体人民共同富裕；三是明确中国特色社会主义事业总体布局是"五位一体"、战略布局是"四个全面"，强调坚定道路自信、理论自信、制度自信、文化自信；四是明确全面深化改革总目标是完善和发展中国特色社会主义制度、推进国家治理体系和治理能力现代化；五是明确全面推进依法治国总目标是建设中国特色社会主义法治体系、建设社会主义法治国家；六是明确党在新时代的强军目标是建设一支听党指挥、能打胜仗、作风优良的人民军队，把人民军队建设成为世界一流军队；七是明确中国特色大国外交要推动构建新型国际关系，推动构建人类命运共同体；八是明确中国特色社会主义最本质的特征是中国共产党领导，中国特色社会主义制度的最大优势是中国共产党领导，党是最高政治领导力量，提出新时代党的建设总要求，突出政治建设在党的建设中的重要地位。这8条都是管方向、管长远、管根本的。习近平新时代中国特色社会主义思想是全党全国人民为实现中华民族伟大复兴而奋斗的行动指南，必须长期坚持并不断发展。

为全面准确贯彻落实习近平新时代中国特色社会主义思想，党的十九大报告提出了中国特色社会主义基本方略，概括为"14个坚持"，即坚持党对一切工作的领导，坚持以人民为中心，坚持全面深化改革，坚持新发展理念，坚持人民当家作主，坚持全面依法治国，坚持社会主义核心价值体系，坚持在发展中保障和改善民生，坚持人与自然和谐共生，坚持总体国家安全观，坚持党对人民军队的绝对领导，坚持"一国两制"和推进祖国统一，坚持推动构建人类命运共同体，坚持全面从严治党。这"14个坚持"，涵盖"五位一体""四个全面"，涵盖改革发展稳定、内政外交国防、治党治国治军，涵盖了此前提出的党的基本纲领、基本经验、基本要求的基本内容，概括和归结为基本方略，这是新时代中国特色社会主义的制胜法宝。今后，我们要全面贯彻党的基本理论、基本路线、基本方略，在表述上把"五个基本"简化为"三个基本"。

我们要深刻领会习近平新时代中国特色社会主义思想的重大历史贡献。这一思想开辟了马克思主义新境界，开辟了中国特色社会主义新境界，开辟了我们党治国理政新境界，开辟了管党治党新境界。需要指出的是，习近平新时代中国特色社会主义思想是党和人民实践经验和集体智慧的结晶，其主要创立者是习近平同志。在领导全党全国推进党和国家事业的实践中，习近平总书记以马克思主义政治家、理论家的深刻洞察力、敏锐判断力和战略定力，提出了一系列具有开创性意义的新理念新思想新战略，为习近平新时代中国特色社会主义思想的创立发挥了决定性作用、作出了决定性贡献。可以说，党的十九大报告是习近平新时代中国特色社会主义思想之集大成。

四、明确中国特色社会主义进入新时代

中国特色社会主义进入了新时代，这是我国发展新的历史方位，是党的十九大报告作出的一个重大判断。其主要依据和内容包括：

一是党的十八大以来党和国家事业发生了历史性变革，中国特色社会主义进入了新的发展阶段，这一发展阶段既同改革开放近40年来的发展一脉相传，又呈现许多新的特点，党的执政方式和基本方略有重大创新，发展理念和发展方式有重大转变，发展环境和发展条件发生深刻变化，发展水平和发展要求变得更高。

二是党的理论创新与时俱进，形成了马克思主义中国化新成果即习近平新时代中国特色社会主义思想和基本方略,开辟了马克思主义中国化新境界。

三是从党的十九大到党的二十大是"两个一百年"奋斗目标的历史交汇期,我们既要到2020年全面建成小康社会、实现第一个百年奋斗目标,又要乘势而上向第二个百年奋斗目标迈进。中华民族迎来了从站起来、富起来到强起来的伟大飞跃,迎来了实现中华民族伟大复兴的光明前景。

四是我国社会主要矛盾已经转化为人民日益增长的美好生活需要和不平衡不充分的发展之间的矛盾。1956年党的八大决议最早提出:"我们国内的主要矛盾,已经是人民对于建立先进的工业国的要求同落后的农业国的现实之间的矛盾,已经是人民对于经济文化迅速发展的需要同当前经济文化不能满足人民需要的状况之间的矛盾。"改革开放之后,我国社会主要矛盾一直表述为"人民日益增长的物质文化需要同落后的社会生产之间的矛盾"。

经过改革开放以来近40年的发展,我国社会主要矛盾的两个方面都发生了明显变化:

一方面,我国社会生产力水平总体上显著提高,经济总量跃居世界第二(据世界银行数据,2016年美国为GDP18.6万亿美元,中国GDP为11.2万亿美元,相当于美国的60%,预计2017年将达到12万亿美元;2016年,日本4.9万亿美元,二战后许多年日本是世界第二大经济体,现在日本经济总量仅相当于我国的44%;德国3.5万亿美元,英国2.6万亿美元,金砖国家中俄罗斯1.3万亿美元,印度2.3万亿美元,巴西1.8万亿美元,南非0.3万亿美元),汽车等220多种工农业产品产量位居世界第一,钢铁等行业生产能力出现过剩(2016年,全球汽车产量9497.7万辆,其中中国产量2811.9万辆,美国1219.8万辆,日本920.5万辆,德国606.3万辆;全球钢铁产量16.3亿吨,其中中国8.08亿吨,日本1.05亿吨,印度0.96亿吨,美国0.79亿吨,俄罗斯0.71亿吨,韩国0.69亿吨,德国0.42亿吨。1958年我国曾经"大炼钢铁",希望"超英赶美",但那时砸锅卖铁也没有实现愿望,而现在人们戏称全球钢铁产量是中国第一、河北第二、唐山第三。再比如新能源汽车,虽只有短短几年时间,2016年,中国年产量达51.7万辆，是世界第一，保有量109万辆，其中纯电动汽车保有量74.1万辆，均是世界第一。我们在一些领域还在领导世界新潮流，如外国人评出的中国"新四大发明"：高铁、移动支付、共享单车、网购，在国际上处于领先地位。2016年底我国高铁达到2.2万公里，占全球高铁运营总里程的60%以上），社会生产不宜简单地再说"落后"，更加突出的问题是发展不平衡不充分，这在城乡区域差距、经济社会发展一条腿长一条腿短等方面有诸多表现。

另一方面，在经济社会持续快速发展的基础上，人民享有的物质产品、文化产品得到极大丰富，除了这方面还要锦上添花之外，人民在民主、法治、公平、正义、安全、环境等方面的要求日益增长，对美好生活的向往更加强烈。经济统计中有个指标叫恩格尔系数，是指食品支出总额占个人消费支出总额的比重。这个系数越低，表明用于食品的支出越少，其他方面的需求和支出就越大。据联合国粮农组织的划分标准，恩格尔系数大于60%为贫穷，50%—60%为温饱，40%—50%为小康，30%—40%属于相对富裕，20%—30%为富足，20%以下为极其富裕。改革开放之初，1978年我国城镇居民和农村居民恩格尔系数曾高达57.5%和67.7%，而2016年全国居民恩格尔系数已降至30.1%，其中城镇居民29.3%，农村居民32.2%，已接近或基本达到国际上"富足"的水平。人们吃饱了、喝足了，其他方面的新需求新期待自然就产生了、扩大了。对这个浅显的道理和变化，大家应当都有亲身感受。因此说，社会主要矛盾的变化不是空洞的概念，而是活生生的现实。

社会主要矛盾的变化，对我们的工作带来"变"和"不变"的新要求：变的方面，就是要更加注重全面发展，突出解决好发展不平衡不充分问题；不变的方面，就是要充分认识我国仍处于并将长期处于社会主义初级阶段的基本国情没有变，我国是世界最大发展中国家的国际地位没有变，我们要牢牢把握社会主义初级阶段这个基本国情，牢牢立足社会主义初级阶段这个最大实际，牢牢坚持党的基本路线这个党和国家的生命线、人民的幸福线，坚持把发展作为党执政兴国的第一要务，把经济建设作为党和国家的中心工作，持续推进社会主义现代化事业。需要指出，第一，社会主要矛盾的变化是关系全局、关系长远的，新的社会主要矛盾将在我国长期存在，至少到本世纪中叶。今后相当长时间内对社会主要矛盾的表述不会作频繁调整。第二，社会主要矛盾的新表述与过去有相通之处，即矛盾的两面，一面都落在人民需求上，一面都落在社会生产或发展上。第三，这是指我国整个社会的主要矛盾，不是经济的主要矛盾，对此要有准确的把握。

中国特色社会主义进入新时代，具有重大、深远、多重的意义和影响。党的十九大报告用"三个意味着"进行了概括：一是对中华民族来说，意味着近代以来久经磨难的中华民族迎来了从站起来、富起来到强起来的伟大飞跃，迎来了实现中华民族伟大复兴的光明前景。自鸦片战争以来多少仁人志士为振兴中华而奔走呼号、流血牺牲，真正改变中国命运的是中国共产党。二是对科学社会主义来说，意味着科学社会主义在21世纪的中国焕发出强大生机活力，在世界上高高举起了中国特色社会主义伟大旗帜。三是对发展中国家来说，意味着中国特色社会主义道路、理论、制度、文化不断发展，拓展了发展中国家走向现代化的途径，给世界上那些既希望加快发展又希望保持自身独立性的国家和民族提供了全新选择，为解决人类问题贡献了中国智慧和中国方案。这就打破了所谓的西方神话，打破了所谓"历史终结论"。日裔美国学者弗朗西斯·福山在苏联东欧发生剧变后著书认为，人类社会发展的终点是西方自由民主制度，好像再没有别的道路和模式可选了。中国崛起和中国特色社会主义的发展，使这一论调不攻自破。他本人后来也承认自己的论断有误。

新时代中国共产党的历史使命是实现中华民族伟大复兴，今天，我们比历史上任何时期都更接近、更有信心、更有能力实现中华民族伟大复兴的梦想。但这一梦想绝不是轻轻松松、敲锣打鼓就能实现的。行百里者半九十，正如攀登珠穆朗玛峰那样，越快到达顶点，空气越稀薄，爬山越吃力，甚至可能功亏一篑。全党必须准备付出更为艰巨、艰苦的努力。报告提出了"四个伟大"，即伟大斗争、伟大工程、伟大事业、伟大梦想。当前和今后一个时期，我们必须进行具有许多新的历史特点的伟大斗争，必须深入推进党的建设新的伟大工程，必须坚定不移推进中国特色社会主义伟大事业，这样才能实现中华民族复兴的伟大梦想。无论国家还是地方，无论城市还是农村，无论企业还是学校医院，进入新时代都要有新气象、新作为，创造无愧于新时代的新业绩。

五、描绘全面建设社会主义现代化国家宏伟蓝图

从现在到本世纪中叶，我国社会主义现代化建设有3个重要时间节点：一是到2020年全面建成小康社会，二是到2035年基本实现社会主义现代化，三是到2050年全面建成社会主义现代化强国。这是新时代中国特色社会主义发展的战略安排。

首先来看第一个时间节点，到2020年全面建成小康社会。改革开放之初，邓小平同志提出建设小康社会和现代化建设"三步走"的战略构想，我们党确立为现代化建设的战略目标。第一步目标是解决人民的温饱问题，这在20世纪80年代末已经实现；第二步目标是使人民生活总体上达到小康水平，这在20世纪末也已经实现。党的十六大提出，21世纪头20年，要全面建设惠及十几亿人口的更高水平的小康社会。经过新世纪以来17年的持续奋斗，我国全面建成小康社会取得重大进展。过去5年，我国经济保持中高速增长，今后3年经济增速年均达到6.3%，就可以实现到2020年国内生产总值比2010年翻一番的目标，特别是脱贫攻坚力度明显加大，累计实现6000多万农村人口摆脱贫困，其他各项指标也都持续改善，我们已经更加接近实现全面建成小康社会的目标。用毛泽东同志在1930年《星星之火，可以燎原》中的一段话来形容，可以说，"它是站在海岸遥望海中已经看得见桅杆尖头了的一只航船，它是立于高山之巅远看东方已见光芒四射喷薄欲出的一轮朝日，它是躁动于母腹中的快要成熟了的一个婴儿。"同时，全面建成小康社会仍存在短板弱项，前进道路上仍有困难障碍。

按照党的十九大的部署，今后3年要坚决打好"三个攻坚战"，即坚决打好防范化解重大风险攻坚战、精准脱贫攻坚战、污染防治攻坚战，坚定实施"七大战略"，即科教兴国战略、人才强国战略、创新驱动发展战略、乡村振兴战略、区域协调发展战略、可持续发展战略、军民融合发展战略，突出抓重点、补短板、强弱项，使全面建成小康社会得到人民认可、经得起历史检验。全面建成小康社会最大的短板是贫困地区、贫困人口，剩下的贫困人口规模在减少，但都是难啃的硬骨头，精准脱贫的难度在增大。当前各级党委政府对脱贫攻坚都抓得很紧，近期已有

井冈山、兰考等28个县实现脱贫，摘了帽，原来2012年国务院扶贫办公布全国有592个国家扶贫开发工作重点县（贫困县），今后3年将会有大批贫困县脱贫摘帽。据国家统计局调查，2016年吉林省减少贫困人口12万人，贫困发生率降至3.8%，还有57万左右贫困人口。全国还有4000多万贫困人口（预计2017年再减少1000万以上，今后三年约3000万），要继续采取更加有力有效的措施，确保到2020年我国现行标准下（按2010年不变价，农村年人均纯收入2300元，2016年现价2952元）农村贫困人口实现脱贫，贫困县全部摘帽，解决区域性整体贫困，做到脱真贫、真脱贫，将来还要巩固脱贫成果，确保不返贫、奔小康。

从实现第一个百年奋斗目标到实现第二个百年奋斗目标，中间有30年。在深入研究、反复论证的基础上，党的十九大报告明确，这30年分两个阶段来安排，每个阶段15年。

第一个阶段，从2020年到2035年，基本实现社会主义现代化。这意味着，我们党原来提出的第三步战略目标，即到本世纪中叶基本实现现代化，将提前15年实现。改革开放近40年来，我国经济持续快速发展，现代化建设的第一步、第二步战略目标均提前实现，在全面建成小康社会基础上再奋斗15年，基本实现社会主义现代化是可行的、有把握的。2017年我国经济总量有望达到约12万亿美元，人均约9000美元，据测算，2020年人均国内生产总值将超过1万美元，2035年将超过2万美元，跨过届时高收入国家或发达国家的门槛（估算约为1.7万美元）。党的十九大报告对基本实现社会主义现代化的奋斗目标作了原则性展望和要求，包括：我国经济实力、科技实力将大幅跃升，跻身创新型国家前列；人民平等参与、平等发展权利得到充分保障，法治国家、法治政府、法治社会基本建成，各方面制度更加完善，国家治理体系和治理能力现代化基本实现；社会文明程度达到新的高度，国家文化软实力显著增强，中华文化影响更加广泛深入；人民生活更为宽裕，中等收入群体比例明显提高，城乡区域发展差距和居民生活水平差距显著缩小，基本公共服务均等化基本实现，全体人民共同富裕迈出坚实步伐；现代社会治理格局基本形成，社会充满活力又和谐有序；生态环境根本好转，美丽中国目标基本实现。这些是基本实现现代化的定性标志，在未来的"十四五""十五五""十六五"等规划中将进一步细化、实化、量化。

第二个阶段，从2035年到本世纪中叶，把我国建成富强民主文明和谐美丽的社会主义现代化强国。展望那时的中国，建成现代化强国的标志，有几个核心要义：一是统筹推进"五位一体"建设，全面提升"五大文明"，那时我国将拥有高度的物质文明、政治文明、精神文明、社会文明、生态文明，成为"五大文明"高度发达的社会主义现代化强国；二是实现国家治理体系和治理能力现代化，各方面体制机制制度更加健全完善；三是全体人民共同富裕基本实现，人民生活更加幸福安康；四是我国将成为综合国力和国际影响力领先的国家，中华民族将以更加昂扬的姿态屹立于世界民族之林。这就意味着，那时中华民族伟大复兴由梦想变为现实。仅以经济总量来讲，1820年中国经济总量曾占全球的32.9%，远超其他国家。据初步测算，2025—2030年中国经济总量可超过美国成为世界第一，到2050年经济总量将远超其他国家。展望2035年和2050年的发展前景，我们感到无比振奋和向往，为了基本实现现代化和建成社会主义现代化强国，我们一定要撸起袖子加油干、扑下身子扎实干。

从全面建成小康社会之后到本世纪中叶的30年，其目标任务统称为全面建设社会主义现代化国家，即在全面小康之后仍要"全面建设"，这样可以保持"四个全面"战略布局的连续性，在2020年后仍要协调推进"四个全面"战略布局。

六、部署"五位一体"建设等各领域重大任务举措

经济建设方面，要贯彻新发展理念，建设现代化经济体系。

首先，党的十九大报告对我国经济发展阶段作出新的重大判断，指出我国经济已由高速增长阶段转向高质量发展阶段，正处在转变发展方式、优化经济结构、转换增长动力的攻关期。今后一个时期经济工作的重大任务举措都是建立在这一判断之上。

其次，怎么建设现代化经济体系？党的十九大报告扼要指出了四大要素：一是必须坚持质量第一、效益优先；二是以供给侧结构性改革为

主线，推动经济发展实现"三个变革"，即质量变革、效率变革、动力变革，提高全要素生产率；三是加快建设实体经济、科技创新、现代金融、人力资源协同发展的产业体系；四是构建市场机制有效、微观主体有活力、宏观调控有度的经济体制，不断增强我国经济创新力和竞争力，努力实现更高质量、更有效率、更加公平、更可持续的发展。

第三，要深化供给侧结构性改革，把发展经济的着力点放在实体经济上，把提高供给体系质量作为主攻方向，持续推进"三去一降一补"（去产能、去库存、去杠杆、降成本、补短板），深入实施创新驱动发展战略，推动互联网、大数据、人工智能和实体经济深度融合，加快建设创新型国家，建设制造强国、科技强国、质量强国、航天强国、网络强国、交通强国、数字中国、智慧社会。

第四，要实施乡村振兴战略，总要求是产业兴旺、生态宜居、乡风文明、治理有效、生活富裕，这与社会主义新农村建设是一脉相承的。报告还提出加快推进农业农村现代化，明确第二轮土地承包到期后再延长30年。党的十九大报告对"三农"工作高度重视，送给农民兄弟不少"大礼包"，中央农村工作会议还要作专门部署，国家将会编制乡村振兴发展规划。无论经济发展到什么程度，农业的基础地位都不能动摇，但农业必须调整结构、提质增效。现在我国粮食生产能力达到1.2万亿斤，是一个很了不起的成绩。吉林粮食产量位居全国第4位，亩产986斤，为全国最高水平。当前很现实的一个问题是粮食库存过大，给国家财政和地方带来很大压力，也制约了农民增收。国家已经采取了一些措施，还将下更大决心、采取更多措施消化粮食库存，搞好粮食收储，按照党的十九大的要求，把中国人的饭碗牢牢端在自己手中，同时实现农业持续发展、农民持续增收、农村持续繁荣。

第五，实施区域协调发展战略。报告指出要加大力度支持老少边穷地区加快发展，强化举措推进西部大开发形成新格局，深化改革加快东北等老工业基地振兴，发挥优势推动中部地区崛起，创新引领率先实现东部地区优化发展。同时，要推进新型城镇化，京津冀协同发展，长江经济带发展，建设好雄安新区，加快边疆发展和海洋强国建设。近年来国家实施新一轮东北振兴战略取得积极成效，经济运行呈现企稳向好态势，但东北振兴依然任重道远。今年前三季度，全国经济增长6.9%，其中东部7.3%，中部8%，西部7.8%，东北4.4%，东北三省中吉林增长5.7%，辽宁2.5%，黑龙江6.3%。东北具有良好的自然条件和经济基础，工业、农业的底子很厚，新中国成立以来，东北为国家发展作出了历史性贡献。党的十九大报告对区域"四大板块"发展战略各有一句话，其中强调"深化改革加快东北等老工业基地振兴"，可以说画龙点睛、切中要害。我们相信，通过认真贯彻落实党的十九大精神，深化改革、扩大开放，转变发展观念，大力简政放权，完善营商环境，强化创新驱动，加快改造提升传统产业，培育壮大新的发展动能，做强做优做大国有资本，促进民营企业等非公有制经济健康发展，所谓"投资不过山海关"的魔咒一定会被打破，振兴东北的愿景一定能够实现。

第六，加快完善社会主义市场经济体制，以完善产权制度和要素市场化配置为重点，实现"5个优化"状态，即产权有效激励、要素自由流动、价格反应灵活、竞争公平有序、企业优胜劣汰。要加快国有经济布局优化、结构调整、战略性重组，推动国有资产做强做优做大。要深化国有企业改革，发展混合所有制经济，培育具有全球竞争力的世界一流企业。要坚持基本经济制度，构建亲清新型政商关系，促进非公有制经济健康发展和非公有制经济人士健康成长。

第七，推动形成全面开放新格局。要扎实推进"一带一路"建设，遵循共商共建共享原则，实现"五通"即：政策沟通、设施联通、贸易畅通、资金融通、民心相通，形成陆海内外联动、东西双向互济的开放格局。赋予自由贸易试验区更大改革自主权，探索建设自由贸易港。自由港是设在一国（地区）境内关外、货物资金人员进出自由、绝大多数商品免征关税的特定区域，是目前全球开放水平最高的特殊经济功能区。香港、新加坡、鹿特丹、迪拜是典型的自由港。我国离岛资源丰富，有条件探索建设自由港，打造开放层次更高、营商环境更优、辐射作用更强的开放新高地。党的十九大会议期间上海代表团在回答记者提问时曾经提到上海正在按照中央部署研究建设自由港的问题。2016年我国货物贸易进出口总值3.68万亿美元，居世界第二位，本来前几年已经是世界第一，相信今年和今后一个时期还会重回世界第一的位置。规模确实已经很大，要加快贸易强国建设，提高出口产品质量、档次和附加值，推动贸易和制造一起实现由大到强的转变、跃升。今年前三季度我国利用外资920.9亿美元，同比下降3.2%。我们要继续完善营商环境，积极有效利用外资，全面实行准入前国民待遇加负面清单管理制度，对内外资企业一视同仁，将在资质许可、标准制定、政府采购等方面依法给予内外资企业同等待遇。

中国的发展离不开世界，世界的发展也离不开中国。中国的发展将为世界各国发展带来更多更大的机遇。我们曾多次讲，今后5年，中国将进口8万亿美元商品，对外投资7500亿美元，出境旅游7亿人次。我们欢迎各国搭乘中国发展的快车。党的十九大报告强调，没有哪个国家能够独自应对人类面临的各种挑战，也没有哪个国家能够退回到自我封闭的孤岛。经济全球化是必然趋势，虽然会遇到曲折，但必将持续深入发展。"不谋全局者，不足谋一域"，我们生活在一个地球村，任何一个地区、一个企业，都要树立全球视野，善于在全球范围内优化配置资源，寻找发展机遇，实现更好更大更优的发展。

第八，经济建设要充分调动各类人才的积极性主动性创造性。党和国家事业都是靠人干出来的。我国人力资源丰富，党的十九大报告多次讲到，比如，要激发和保护企业家精神，鼓励更多社会主体投身创新创业。建设知识型、技能型、创新型劳动者大军，弘扬劳模精神和工匠精神。培养造就一大批具有国际水平的战略科技人才、科技领军人才、青年科技人才和高水平创新团队。培养造就一支懂农业、爱农村、爱农民的"三农"工作队伍。党的十九大报告在党建部分专门讲了加快建设人才强国，我国有13亿多人口，4700多万技能人才，每年高校毕业生约800万人，其中一多半是理工科，创造条件让各类人才的创造活力竞相迸发、聪明才智充分涌流，我国的创新和发展就能够获得源源不断的强大动能。

政治建设方面，要健全人民当家作主制度体系，发展社会主义民主政治。党的十九大报告指出，要长期坚持、不断发展我国社会主义民主政治，积极稳妥推进政治体制改革，推进社会主义民主政治制度化、规范化、程序化，保证人民依法通过各种途径和形式管理国家事务，管理经济文化事业，管理社会事务，巩固和发展生动活泼、安定团结的政治局面。围绕发展社会主义民主政治，报告从6个方面作出部署：坚持党的领导、人民当家作主、依法治国有机统一，加强人民当家作主制度保障，发挥社会主义协商民主重要作用，深化依法治国实践，深化机构和行政体制改革，巩固和发展爱国统一战线。报告提出了一些重大思想和重大举措。比如，提出加强人民当家作主制度保障，支持和保证人民通过人民代表大会行使国家权力；推动协商民主广泛、多层、制度化发展，统筹推进"7个协商"即政党协商、人大协商、政府协商、政协协商、人民团体协商、基层协商以及社会组织协商；成立中央全面依法治国领导小组，加强对法治中国建设的统一领导，这是党的十九大报告明确要成立的四个机构之一；完善人大专门委员会设置，优化人大常委会和专门委员会组成人员结构；在省市县对职能相近的党政机关探索合并设立或合署办公。近年来一些地方在这方面作了一些探索，例如广东顺德将党委、政府办公室合二为一，深圳将工商、质监、食品安全等职能合并到市场监管局；等等。

文化建设方面，要坚定文化自信，推动社会主义文化繁荣兴盛。党的十九大报告强调，发展中国特色社会主义文化，就是以马克思主义为指导，坚守中华文化立场，立足当代中国现实，结合当今时代条件，发展面向现代化、面向世界、面向未来的，民族的科学的大众的社会主义文化，推动社会主义精神文明和物质文明协调发展。围绕推动社会主义文化繁荣兴盛，报告提出了5个方面的重点任务：掌握意识形态工作领导权，培养和践行社会主义核心价值观，加强思想道德建设，繁荣发展社会主义文艺，推动文化事业和文化产业发展。报告强调，要推进马克思主义中国化时代化大众化，建设具有强大凝聚力和引领力的社会主义意识形态，使全体人民在理想信念、价值理念、道德观念上紧紧团结在一起；要落实意识形态工作责任制，加强阵地建设和管理，旗帜鲜明反对和抵制各种错误观点；要以培养担当民族复兴大任的时代新人为着眼点，把社会主义核心价值观融入社会发展各方面，转化为人们的情感认同和行为习惯。

社会建设方面，要提高保障和改善民生水平，加强和创新社会治理。党的十九大报告强调，保障和改善民生要抓住人民最关心最直接最现实的利益问题，既尽力而为，又量力而行，一件事情接着一件事情办，一年接着一年干。坚持人人尽责、人人享有，坚守底线、突出重点、完善制度、引导预期，立足于社会主义初级阶段的实际，不吊高胃口，不作不切实际的过高承诺。要完善公共服务体系，保障群众基本生活，在幼有所育、学有所教、劳有所得、病有所医、老有所养、住有所居、弱有所扶上不断取得新进展，不断满足人民日益增长的美好生活需要。围绕保障和改善民生，报告从7个方面作出了部署：优先发展教育事业，办好学前教育、特殊教育和网络教育，普及高中阶段教育，完善职业教育和培训体系，加快一流大学和一流学科建设。提高就业质量和人民收入水平，加强社会保障体系建设，坚决打赢脱贫攻坚战，实施健康中国战略，打造共建共治共享的社会治理格局，有效维护国家安全。报告指出，要全面建成覆盖全民、城乡统筹、权责清晰、保障适度、可持续的多层次社会保障体系，全面实施全民参保计划，尽快实现养老保险全国统筹。这对于各地特别是东北来讲意义重大。目前全国养老保险基金收支总体上还有结余，但这是多年累计的结余，从当期看不少省份养老金收支存在缺口，财政压力增大。实行全国统筹，可以在全国范围内调剂余缺，有利于确保各地养老金按时足额发放，减轻压力、轻装上阵，改善当地的投资发展环境，促进劳动力合理流动。报告还强调，要破除妨碍劳动力、人才社会流动性的体制机制弊端，使人人都有通过辛勤劳动实现自己发展的机会，也就是要打破社会阶层固化的格局，促进社会纵向流动，使人人都有通过艰苦奋斗而上升的空间和机会。加强社会治理制度建设，完善党委领导、政府负责、社会协同、公众参与、法治保障的社会治理体制。

生态文明建设方面，要加快生态文明体制改革，建设美丽中国。党的十九大报告指出，我们要建设的现代化是人与自然和谐共生的现代化，既要创造更多物质财富和精神财富以满足人民日益增长的美好生活需要，也要提供更多优质生态产品以满足人民日益增长的优美生态环境需要。围绕建设美丽中国，报告提出了4个方面的重点任务：推动绿色发展，着力解决突出环境问题，加大生态系统保护力度，改革生态环境监管体制。报告强调，必须坚持节约优先、保护优先、自然恢复为主的方针，形成节约资源和保护环境的空间格局、产业结构、生产方式、生活方式；要着力解决突出环境问题，坚持全民共治、源头防治，构建政府为主导、企业为主体、社会组织和公众共同参与的环境治理体系；加强对生态文明建设的总体设计和组织领导，设立国有自然资源资产管理和自然生态监管机构，这是党的十九大报告明确设立的第二个机构，目的是改革目前资源和生态环境领域"九龙治水"的管理体制，推进资源和生态环保领域国家治理体系和治理能力现代化。吉林省有长白山国家级自然保护区，对于生物多样性保护等方面具有极为重要的意义。我们要深刻吸取甘肃祁连山国家自然保护区保护工作不力、造成环境损害的沉痛教训，切实引以为戒，树立绿水青山就是金山银山理念，加强对长白山的保护，为全国人民和子孙后代提供优质而丰富的生态产品。

党的十九大报告还对国防和军队建设、港澳台工作、外交工作提出大政方针，作出重要部署。报告强调，要坚持走中国特色强军之路、全面推进国防和军队现代化，报告提出组建退役军人管理保障机构，这是党的十九大报告明确要设立的第三个机构。目前美国、欧洲等一些发达国家都设有退役军人部，专门负责为退役军人提供服务管理，维护军人及军属的合法权益。我国每年有几十万退役军人，设立专门服务管理机构很有必要。报告强调，解决港澳问题，"一国两制"是最佳方案、最佳制度，要全面准确贯彻"一国两制"、"港人治港"、"澳人治澳"、高度自治的方针，严格依照宪法和基本法办事，保持香港、澳门长期繁荣稳定。要继续坚持"和平统一、一国两制"方针，推动两岸关系和平发展，推进祖国和平统一进程。要坚持和平发展道路，推动构建人类命运共同体，建设持久和平、普遍安全、共同繁荣、开放包容、清洁美丽的世界。

七、推动全面从严治党向纵深发展

办好中国的事情，关键在党。党政军民学，东西南北中，党是领导一切的。伟大斗争，伟大工程，伟大事业，伟大梦想，这"四个伟大"紧密联系、相互贯通、相互作用，其中起决定性作用的是党的建设新的伟大工程。打铁必须自身硬。中国共产党是拥有8900万党员的大党，总书记强调大党要有大党的样子。实践证明，中国共产党不仅能够领导全国人民进行伟大的社会革命，也能进行伟大的自我革命。党的十九大报告对全面从严治党作出新的重大部署。

第一，要清醒认识党的建设面临的形势。我们党面临的执政环境是复杂的，影响党的先进性、弱化党的纯洁性的因素也是复杂的，党内存在的思想不纯、组织不纯、作风不纯等突出问题尚未得到根本解决，还出现了一些新情况新问题。比如，尽管理论武装、理想信念和党性教育取得明显成效，但一些党员、干部对共产主义远大理想和中国特色社会主义共同理想还存在不少模糊认识，"总开关"问题还没有完全解决，"四个自信"和"四个意识"不强的问题仍然比较突出；尽管从严治吏取得重大进展，但不敢担当、懒政怠政、"为官不为"现象仍然存在，不少干部素质能力和精神状态不适应新时代要求；尽管全面从严治党不断向基层延伸，但一些领域基层党建工作还比较薄弱，一些基层党组织软弱涣散，一些党员发挥先锋模范作用不充分；尽管"四风"问题得到有效遏制，但不良作风树倒根还在、反弹回潮的隐患和压力犹存，新的隐形变异问题时有发生；尽管反腐败斗争压倒性态势已经形成，但反腐败斗争形势依然严峻复杂，党员违纪问题仍然频发，"小官大贪""微腐败"问题比较严重。习近平总书记指出，全面从严治党永远在路上。在全面从严治党这个问题上，我们不能有差不多了，该松口气、歇歇脚的想法，不能有打好一仗就一劳永逸的想法，不能有初见成效见好就收的想法。要深刻认识党面临的"四大考验"即执政考验、改革开放考验、市场经济考验、外部环境考验的长期性和复杂性，深刻认识党面临的"四种危险"即精神懈怠危险、能力不足危险、脱离群众危险、消极腐败危险的尖锐性和严峻性，坚持问题导向，保持战略定力，持之以恒、善作善成，把管党治党的螺丝拧得更紧，把全面从严治党的思路举措搞得更加科学、更加严密、更加有效，推动全面从严治党向纵深发展。

第二，要把握新时代党的建设总要求。党的十九大报告明确提出了新时代党的建设总要求，确定了"2个坚持"的根本方针、"5+2"的总体布局、"5句话"的工作目标，就是：坚持和加强党的全面领导，坚持党要管党、全面从严治党，以加强党的长期执政能力建设、先进性和纯洁性建设为主线，以党的政治建设为统领，以坚定理想信念宗旨为根基，以调动全党积极性、主动性、创造性为着力点，全面推进党的政治建设、思想建设、组织建设、作风建设、纪律建设（"五大建设"），把制度建设贯穿其中，深入推进反腐败斗争，不断提高党的建设质量，把党建设成为始终走在时代前列、人民衷心拥护、勇于自我革命、经得起各种风浪考验、朝气蓬勃的马克思主义执政党。这个总要求，抓住了当前和今后一个时期全面从严治党的关键，是管党治党的根本遵循。

第三，要把握新形势下全面从严治党的重点任务。要把党的政治建设摆在首位，坚定执行党的政治路线，严格遵守党的政治纪律和政治规矩，牢固树立政治意识、大局意识、核心意识、看齐意识，在政治立场、政治方向、政治原则、政治道路上同以习近平同志为核心的党中央保持高度一致，自觉维护以习近平同志为核心的党中央权威和集中统一领导，坚定自觉地把党中央决策部署落到实处。在全党开展"不忘初心、牢记使命"主题教育，用习近平新时代中国特色社会主义思想武装全党、指导实践、推动工作。建设高素质专业化干部队伍，加强党的基层组织建设，持之以恒正风肃纪。坚持无禁区、全覆盖、零容忍，夺取反腐败斗争压倒性胜利。健全党和国家监督体系，深化国家监察体制改革，将试点工作在全国推开，组建国家、省、市、县监察委员会，同党的纪律检查机关合署办公，实现对所有行使公权力的公职人员监察全覆盖，这是党的十九大报告明确设立的第四个重要机构。党的十九大报告强调，我们党既要政治过硬，也要本领高强。要增强"八大本领"，即增强学习本领、政治领导本领、改革创新本领、科学发展本领、依法执政本领、群众工作本领、狠抓落实本领、驾驭风险本领，全面增强党的执政本领，为党和国家事业从胜利走向新的更大胜利提供有力保证。

蓝图已经绘就，前景无比光明。今后几年我们有一些重要的时间节点，2018年改革开放40周年，2019年中华人民共和国成立70周年，2020年全面建成小康社会，2021年中国共产党成立100周年，2022年党的二十大。一分部署，九分落实。我们要深入学习、深刻领会，让党的十九大精神入脑入心；发扬钉钉子精神，抓铁有痕、踏石留印，把党的十九大精神转化为生动实践、显著实效，把新时代中国特色社会主义不断推向前进，为实现"两个一百年"奋斗目标、实现人民对美好生活的向往做出新的更大贡献！

决胜全面建成小康社会*

回头看：本文解读了如何决胜全面建成小康社会，指出实现这一目标表明自古以来中华民族孜孜以求的"小康"社会理想在当代中国变为现实，这在中华民族发展史上是浓墨重彩的一个篇章。实现这一宏伟目标，必须打好防范化解重大风险、精准脱贫、污染防治三大攻坚战。这正是目前到2020年经济工作的重中之重。

习近平总书记在党的十九大报告中指出："从现在到2020年，是全面建成小康社会决胜期"。我们要充分认识全面建成小康社会、如期实现第一个百年奋斗目标在中华民族伟大复兴征程中的重大意义，在今后几年采取力度更大、针对性更强的举措，决胜全面建成小康社会，为开启全面建设社会主义现代化国家新征程奠定坚实的基础。

一、全面建成小康社会是社会主义现代化进程中一座重要里程碑

全面建成小康社会标志着我们跨过了实现现代化建设第三步战略目标必经的承上启下的重要发展阶段。改革开放后，我们党确立了现代化建设"三步走"战略目标，第一步目标是解决人民的温饱问题，这在20世纪80年代末已经实现；第二步目标是使人民生活总体达到小康，这在20世纪末也已经实现；第三步目标是到新中国成立100年时基本实现

　　* 本文原载2017年11月8日《经济日报》，收录于《党的十九大报告辅导读本》（人民出版社，2017年）。

现代化。党的十六大提出，21世纪头20年，要全面建设惠及十几亿人口的更高水平的小康社会，经过这个阶段的建设，再继续奋斗几十年，到本世纪中叶基本实现现代化。这表明，全面建成小康社会与基本实现现代化之间，在时间上紧密衔接，在各项事业发展上全面对接，是继往开来的关系。确保全面建成小康社会目标如期实现，对于顺利开启全面建设社会主义现代化国家新征程意义十分重大。

全面建成小康社会标志着我们党实现了对人民、对历史作出的庄严承诺。在我国古代，小康代表了人民安居乐业、生活比较宽裕的理想社会状态。《诗经》中说："民亦劳止，汔可小康"，《礼记》中描绘的"小康"是一种仅次于"大同"的美好社会。改革开放之初，邓小平同志结合我国古代社会对美好生活的千年期盼和改革开放后现代化建设的客观要求，借鉴国际经验，创造性地提出建设小康社会和现代化建设"三步走"战略构想。全面小康和总体小康同属小康范畴，但全面小康有更高的标准、更丰富的内涵、更全面的要求，即经济更加发展、民主更加健全、科教更加进步、文化更加繁荣、社会更加和谐、人民生活更加殷实。全面建成小康社会，表明自古以来中华民族孜孜以求的"小康"社会理想在当代中国变为现实，这在中华民族发展史上是浓墨重彩的一个篇章。

全面建成小康社会标志着我国从中等收入国家向高收入国家发展迈出坚实步伐。小康是中国式现代化的话语范畴。按照国际标准，我国在1999年由低收入国家进入中等收入国家，目前人均国民总收入超过8000美元，属于中等偏上收入国家，与高收入国家门槛（2016年划分标准为人均12475美元）还有约34%的差距。近年来我国经济保持中高速增长，到2020年全面建成小康社会时，我国人均国民收入有望达到或超过1万美元，更加接近高收入国家标准。这表明，我国全面建成小康社会进程与国际上现代化发展阶段是衔接的。

二、全面建成小康社会的重大进展和短板弱项

全面建成小康社会的规定时限为新世纪头20年，现在已经过去17年。进入新世纪以来，特别是党的十八大以来，在以习近平同志为核心

的党中央坚强领导下，在新中国成立特别是改革开放以来我国发展取得的重大成就基础上，党和国家事业发生历史性变革，全面建成小康社会取得重大进展。

一是经济持续健康发展，主要经济指标可望如期实现目标要求。经过多年的持续较快增长，我国经济总量在2017年将达到80万亿元，并稳居全球第二位。2016年与2010年相比，国内生产总值累计增长56%，全国居民人均可支配收入实际增长62.6%。在此基础上，今后几年国内生产总值仅需年均增长6.3%、居民收入年均增长5.3%以上，就可以实现党的十八大确定的2020年国内生产总值和居民人均收入比2010年翻一番目标。同时，经济结构持续优化，发展质量和效益明显提高。服务业比重由2010年的44.1%提高到2016年的51.6%，消费对经济增长的贡献率由44.9%提高到64.6%，常住人口城镇化率由49.9%上升到57.4%，科技进步对经济增长的贡献率由50.9%提升到56.2%，全球创新指数排名由第43位上升到第22位，区域发展协调性增强。"一带一路"建设成效显著，全方位对外开放格局基本形成。

二是人民民主不断扩大，民主制度更加完善、民主形式更加丰富。坚持党的领导、人民当家作主、依法治国有机统一，人民民主更加广泛和充分，人民积极性、主动性、创造性得到进一步发挥。依法治国基本方略全面落实，法治国家、法治政府、法治社会一体建设深入推进。严格规范公正文明执法，司法公信力不断提高，人民群众合法权益得到更好保障。

三是文化强国建设基础更加坚实，国家文化软实力明显增强。中国特色社会主义和中国梦深入人心，国民素质和社会文明程度得到提高。文化产品丰富多彩，公共文化服务体系不断健全。文化产业快速发展，文化及相关产业增加值占国内生产总值比重由2010年的2.75%提高到2016年的4.14%，正在成为国民经济支柱性产业。中外文化交流成果丰硕，孔子学院、中国文化中心等平台建设得到加强，国家文化软实力和中华文化影响力大幅提升。

四是人民生活水平持续提高，社会治理体制机制不断健全。坚持以人民为中心的发展思想，群众获得感明显增强。近几年城镇新增就业保持在每年1300万人以上，失业率稳定在较低水平。高等教育毛入学率由2010年的26.5%提高到2016年的42.7%，加快进入人才强国和人力资源强国行列。收入分配差距逐步缩小，基尼系数由2010年的0.481降低到2016年的0.465，中等收入群体逐步扩大。农村贫困人口由2010年的16567万人减少到2016年的4335万人，贫困发生率由17.2%下降到4.5%。社会保障实现全民覆盖，基本养老金等标准逐步提高。人均预期寿命由2010年的74.83岁提高到2015年的76.34岁，婴儿死亡率从2010年的13.1‰下降到2016年的7.5‰，居民主要健康指标总体优于中高收入国家平均水平。基本公共服务均等化扎实推进，过去8年棚户区改造等保障性住房建设使8000万住房困难群众迁入新居。社会治理更加完善，社会大局保持稳定。

五是生态文明建设成效显著，资源节约型、环境友好型社会建设取得重要进展。主体功能区制度逐步健全，资源节约集约循环利用体系初步建立。2010年到2016年，单位国内生产总值能源消耗累计下降22.5%，单位国内生产总值二氧化碳排放累计下降25.3%，主要污染物排放总量明显减少。74个重点城市细颗粒物（$PM_{2.5}$）平均浓度由2013年的72微克/立方米下降至2016年的50微克/立方米，累计下降30.6%。森林覆盖率由2010年的20.36%上升到2016年的21.63%。生态文明制度体系加快形成，生态环境恶化的状况得到明显遏制。

经过17年的艰苦奋斗，我们已经非常接近实现全面建成小康社会的目标，可以说，"它是站在海岸遥望海中已经看得见桅杆尖头了的一只航船，它是立于高山之巅远看东方已见光芒四射喷薄欲出的一轮朝日，它是躁动于母腹中的快要成熟了的一个婴儿。"我们完全有把握如期实现全面建成小康社会目标。

同时也要清醒地看到，全面建成小康社会仍面临一些短板弱项，需要克服许多困难挑战。一是经济社会领域的重大风险隐患较多。金融风险仍在积累，非法集资等大案要案时有发生，地方政府债务风险特别是隐性债务风险不容忽视，信息安全风险和社会不稳定因素较多。如果重大风险隐患不能得到有效化解，甚至在特定环境下由隐性转为显性，就有可能影响全面建成小康社会进程，影响第一个百年奋斗目标顺利实现。二是脱贫攻坚任务艰巨。2016年全国还有4335万农村贫困人口，其中相当一部分居住在艰苦边远地区，处于深度贫困状态，属于脱贫攻坚要啃的硬骨头，剩余的脱贫任务量虽变小，但难度增大。三是生态环境保护任重道远。大气、水、土壤等污染问题仍较突出，垃圾围城、垃圾围村现象仍较普遍，人民日益增长的优美生态环境需要还不能得到有效满足。四是发展质量和效益还不够高。创新能力还不够强，新旧发展动能转换难度较大，经济发展方式转变还不到位，实体经济水平有待提高。城乡区域发展和居民收入分配差距依然较大，群众在就业、教育、医疗、居住、养老等方面面临不少难题。同时，国民素质和社会文明水平尚需提高，国家治理体系和治理能力有待加强，等等。必须按照全面建成小康社会的要求，认真查找差距，切实对症下药，为全面建成小康社会画上圆满句号。

三、夺取全面建成小康社会的伟大胜利

从现在到2020年，是全面建成小康社会决胜期，也是最后冲刺期，3年时间虽短，但收官之战十分重要。我们要深入贯彻习近平新时代中国特色社会主义思想和基本方略，紧扣社会主要矛盾的变化，综合施策、精准发力，突出抓重点、补短板、强弱项，赢得全面建成小康社会的最后胜利。

一要坚决打好防范化解重大风险攻坚战。要增强忧患意识和底线思维，把防控风险放在更加突出的位置。要加强风险隐患排查，摸清风险底数，既要掌控地方政府显性债务风险，又要掌控隐性债务风险；既要掌控银行不良贷款变化情况，又要掌控影子银行、非法集资等隐性金融风险。既要严格控制增量风险，严防风险持续累积和发散；又要有效处置化解存量风险，努力使各类风险趋向收敛。要坚持标本兼治，注重以完善体制机制来防范化解风险。要加强风险监测、预警、应急处置能力，有效防范"黑天鹅"事件、"蝴蝶效应"和"灰犀牛"冲击，防止外部风险演化为内部风险，防止经济金融风险演化为政治社会风险，防止个体风险演化为系统性风险。

二要坚决打好精准脱贫攻坚战。要坚持精准扶贫、精准脱贫基本方略，坚持专项扶贫、行业扶贫、社会扶贫等"三位一体"大扶贫格局。加大对贫困地区和贫困人口的投入，健全公共服务、建设基础设施、发展特色优势产业，改善他们的生产生活条件。要发挥集中力量办大事的制度优势，重点解决好深度贫困问题，加强东西部扶贫协作和对口支援，做好中央单位定点帮扶。结合实际实施好"五个一批"工程，即发展生产脱贫一批、易地搬迁脱贫一批、生态补偿脱贫一批、发展教育脱贫一批、社会保障兜底一批。坚持中央统筹、省负总责、市县抓落实的工作机制，强化党政一把手负总责的责任制。注重把扶贫同扶志、扶智结合起来，提高贫困地区和贫困群众的自我发展能力和脱贫致富内在动力。实行最严格的考核评估，让脱贫成效真实可信，做到脱真贫、真脱贫。

三要坚决打好污染防治攻坚战。要坚持绿水青山就是金山银山，牢固树立和全面贯彻绿色发展理念，坚持节约优先、保护优先、自然恢复为主，加快形成节约资源和保护环境的空间格局、产业结构、生产和生活方式。要加快产业结构优化升级，推动能源生产和消费革命，推进绿色低碳循环发展，转变资源利用方式，提高资源利用效率，从源头上降低污染排放。实施好主体功能区战略，优化国土空间开发格局，设定严格的生态保护红线，将各类开发活动限制在资源环境承载范围之内。强化大气、水、土壤等污染防治，着力解决损害群众健康、社会反映强烈的突出环境问题。深化生态文明体制改革，完善生态环境保护制度。加强环保督察，落实环保主体责任，健全环境损害赔偿和责任追究制度，形成全社会齐抓共管的生态环境保护格局和氛围。

四要确保经济社会持续健康发展。坚持稳中求进工作总基调，深化供给侧结构性改革，促进"三去一降一补"重点任务取得更大成效，强化创新驱动，持续开展大众创业、万众创新，加快新旧发展动能转换，加快经济发展方式转变，提高发展质量和效益。保持宏观政策连续性稳定性，实施好积极的财政政策和稳健的货币政策，适时适度预调微调，确保经济运行处在合理区间，推动经济保持中高速增长、产业迈向中高端水平，在发展平衡性、协调性、可持续性明显增强的基础上，实现国内生产总值和城乡居民人均收入比2010年翻一番等目标要求。

决胜全面建成小康社会任务艰巨繁重。我们要紧密团结在以习近平同志为核心的党中央周围，深入贯彻习近平新时代中国特色社会主义思想，统筹推进经济建设、政治建设、文化建设、社会建设、生态文明建设，坚定实施科教兴国战略、人才强国战略、创新驱动发展战略、乡村振兴战略、区域协调发展战略、可持续发展战略、军民融合发展战略，使全面建成小康社会得到人民认可、经得起历史检验，在此基础上开启全面建设社会主义现代化国家新的伟大征程。

供给侧结构性改革的关键领域和举措*

回头看： 本文对供给侧结构性改革的阶段性进展进行了全面总结，提出了下一步推进供给侧结构性改革的目标任务，主要包括"三去一降一补"，同时提出简政放权、创新驱动、公平竞争也是供给侧结构性改革的题中应有之义。供给侧结构性改革正未有穷期。

推进供给侧结构性改革是习近平总书记提出的中国适应和引领经济发展新常态的重要战略举措。供给侧结构性改革的重点任务是"三去一降一补"，即去产能、去库存、去杠杆、降成本和补短板，目的是提高供给质量、更好满足需求。2016年供给侧结构性改革取得积极进展，并将在今后一个时期继续作为经济工作的主线向纵深推进。

一、供给侧结构性改革取得初步成效

2016年，按照党中央、国务院部署，供给侧结构性改革重点任务有力有序推进，供给结构和部分行业市场供求状况出现积极变化。

（一）去产能任务超额完成。2016年去产能的重点是钢铁、煤炭行业。年初，国务院印发了《关于钢铁行业化解过剩产能实现脱困发展的意见》和《关于煤炭行业化解过剩产能实现脱困发展的意见》。各地区和有关部门制定专项配套政策，细化分解目标任务，全年退出钢铁产能超过6500万吨、煤炭产能超过2.9亿吨，超额完成年度目标任务。在去产能的背景下，钢铁、煤炭市场供求形势发生变化，价格持续回升，行

＊ 本文是作者为2017年3月举办的中国发展高层论坛撰写的背景论文。

184

业盈利明显好转，部分企业扭亏为盈。2016年，钢铁工业协会会员企业利润由2015年亏损847亿元转为盈利350亿元左右，规模以上煤炭企业实现利润950亿元，约为2015年的2.1倍。

表1　钢铁、煤炭行业去产能目标和任务完成情况

行业	未来5年目标	2016年度		2017年度目标
		目标	完成情况	
钢铁	用5年时间再压减粗钢产能1亿—1.5亿吨	化解产能4500万吨	全年退出钢铁产能超过6500万吨	压减钢铁产能5000万吨左右
煤炭	用3至5年的时间，再退出产能5亿吨左右、减量重组5亿吨左右	化解产能2.5亿吨	全年退出煤炭产能超过2.9亿吨	退出煤炭产能1.5亿吨以上

（二）去库存取得积极成效。国家有关部门和地方制定了房地产去库存工作方案，明确了目标任务，重点是推进三四线城市和县城房地产去库存。主要措施是：支持农民工和农民等在城镇购房，落实1亿农业转移人口市民化的目标；用好用足住房公积金等。 2016年全国商品房待售面积从3月至11月连续9个月下降，全年比2015年年底累计减少2314万平方米，其中商品住宅库存累计减少4991万平方米，下降了11%。易居研究院监测的一、二、三线城市新建商品住宅存销比，2016年底与上年同期相比，分别下降1.6、3和6.6个月，表明三线城市去库存效果更为明显。

表2　商品房销售面积和待售面积情况　　　单位：万平方米

年度	商品房销售面积				商品房待售面积			
	总量	同比	住宅	同比	总量	同比	住宅	同比
2010年	104810	10.1%	93388	—	21565	—	12448	—
2011年	109946	4.9%	97030	3.9%	27194	26.1%	16904	35.8%
2012年	111304	1.8%	98468	2.0%	36460	27.0%	23619	30.6%
2013年	130551	17.3%	115723	17.5%	49295	35.2%	32403	37.2%
2014年	120649	−7.6%	105182	−9.1%	62169	26.1%	40684	25.6%
2015年	128495	6.5%	112406	6.9%	71853	15.6%	45248	11.2%
2016年	157349	22.5%	137540	22.4%	69539	−3.2%	40257	−11.0%

数据来源：国家统计局官方网站。

（三）去杠杆任务有序推进。2016年9月，国务院印发《关于积极稳妥降低企业杠杆率的意见》，要求按照市场化法治化的原则，运用七个途径去杠杆，包括：推进企业兼并重组，完善现代企业制度强化自我约束，多措并举盘活企业存量资产，多方式优化企业债务结构，有序开展市场化银行债权转股权，依法依规实施企业破产，积极发展股权融资等。全年处置了一批"僵尸企业"，其中央企下属企业171家。实现宝钢和武钢联合重组。多家商业银行依托实施机构，选择资产负债率偏高但具有发展前景的煤炭、钢铁、有色、建筑工程、交通运输等行业龙头企业20家，通过自主协商，达成债转股框架协议金额超过2500亿元。2016年底，规模以上工业企业资产负债率为55.8%，同比下降0.4个百分点。

（四）企业成本明显降低。2016年9月，国务院印发《降低实体经济企业成本工作方案》。通过多方面采取措施，全年降低企业成本超过1万亿元。一是全面推开"营改增"试点，全年减税规模5736亿元；二是开展涉企收费政策落实大督查，全面清理规范进出口环节收费，完善银行卡刷卡收费定价机制，降低征信服务收费标准，累计减少涉企收费560亿元；三是实施煤电价格联动机制、输配电价改革，鼓励电力市场化交易，促进降低电价，落实降低非居民天然气价格政策，企业用能成本减少超过2000亿元；四是降低基本养老保险费率、失业保险费率，规范和阶段性适当降低住房公积金缴存比例，"五险一金"总费率由49.25%降至47.25%（住房公积金按10%），企业人工成本降低833亿元；五是通过发行债券等直接融资，降低企业利息支出，清理退还建筑业企业保证金，累计减少企业资金成本超过2183亿元；六是组织实施公路甩挂运输试点，减免鲜活农产品高速公路通行费，清理规范港口、班轮运输企业收费，节约物流成本365亿元。2016年底，全国规模以上工业企业每百元主营收入中的成本同比下降0.16元，主营业务收入利润率同比提高0.21个百分点。

表3 降低实体经济成本情况

	措施1	措施2	措施3	累计
减税降费	全面推开营改增试点，减税超过5736亿元	全面清理规范进出口环节收费，减轻企业负担460亿元	完善银行卡刷卡收费定价机制，降低征信服务收费标准，减轻用户负担100亿元	6296亿元
用能成本	实施煤电价格联动机制、输配电价改革，鼓励电力市场化交易，完善基本电价执行方式等，减少工商业企业用电支出1000亿元以上	落实降低非居民天然气价格政策，加强地方天然气输配价格监管，减轻企业用气负担1000亿元	——	2000亿元
人工成本	降低基本养老保险费率、失业保险费率，分别降低企业成本380亿元和300亿元	规范和阶段性适当降低住房公积金缴存比例，减少企业缴存金额153亿元	——	833亿元
资金成本	通过发行债券等直接融资，减少企业融资成本超过900亿元	前11个月规模以上工业企业利息支出同比下降787亿元	清理退还建筑业企业各类保证金496亿元	2183亿元
物流成本	组织实施公路甩挂运输试点，节约物流成本约60亿元	减免鲜活农产品高速公路通行费，节约物流成本约290亿元	清理规范港口、班轮运输企业收费，节约物流成本约15亿元	365亿元
累计降低企业成本				11677亿元

同时，通过简政放权降低了制度性交易成本。2016年底，国务院部门各类审批事项已经取消了620项左右，本届政府承诺的取消1/3审批事项已提前完成。中央政府层面核准的企业投资项目削减了90%，市场形成的商品和服务价格比例已超过97%。深化商事制度改革，实施"五证合一、一照一码"，开展证照分离的改革试点，优化营商环境，方便了企业和群众办事，激发了市场活力。

（五）补短板力度加大。国家发展改革委制定了在关键领域和薄弱环节加大补短板力度工作方案，重点任务包括七个方面：脱贫攻坚、水利薄弱环节和城市排水防涝建设、软硬基础设施建设、农业可持续发展、服务业优质高效发展、新产业新动能培育、企业技术改造和设备更新等。2016年，1240万农村贫困人口实现脱贫，完成249万人易地扶贫搬迁，贫困发生率由2015年的5.7%降到2016年的4.5%。新产业新动能发展势头强劲，全年新登记企业增长24.5%，平均每天新增1.5万户，新能源汽车生产和销售同比分别增长51.7%和53%，包括风能、太阳能等在内的非化石能源消费比重达到13.3%，同比提高1.3个百分点。深入推进"互联网+"行动，大力发展先进制造业。新设6个国家自主创新示范区。国内有效发明专利拥有量突破100万件，技术合同成交金额超过1万亿元，科技进步贡献率上升到56.2%，创新对发展的支撑作用明显增强。

二、存在的问题和制约因素

当前供给侧结构性改革取得的成效是初步的，下一步深入推进供给侧结构性改革需要解决好存在的问题，克服存在的制约因素。

一是重点任务进展不平衡。钢铁、煤炭去产能超额完成年度任务。房地产去库存成效总体较为明显，但不同城市不同地区差异较大。去杠杆方面进展较慢，如以全社会债务总额与GDP之比来衡量杠杆率，近年来杠杆率持续上升，2015年底达到249%，预计2016年仍然延续上升态势，去杠杆任重道远。降成本方面采取的措施很多，下的功夫很大，取得的效果也比较明显，但企业感受还不够有力。补短板在脱贫方面抓得实，投入大、效果好，其他方面补短板的重视程度、投入力度有待加强。

二是去产能等重点任务深入推进面临更多困难和制约。去产能涉及下岗分流人员安置问题，2016年已安置职工72.6万人，今后还有较大数量需要安置。去产能还涉及规模庞大而又十分复杂的债权债务关系。只有把人和债的问题都解决好，去产能才算画上句号。另外，随着供求形势和市场预期有所好转，企业和地方去产能的意愿下降，有的淘汰产能存在死灰复燃风险。

三是市场化办法有待加强。钢铁、煤炭去产能中，都提出要严格执行环保、能耗、质量、安全等法律法规和标准，但在落实任务方面，还是靠层层分解指标、签责任书的方式比较有效、习惯，可以说在去产能中政府的作用大于市场。

四是重点任务推进过程中也出现一些负面连带效应。钢铁、煤炭去产能导致市场供求关系出现积极变化，需要充分肯定，但钢材、煤炭价格陡然大幅上涨，也有不合理成分。2016年末，中国钢材价格指数为99.51点，同比上涨76.53%，中国煤炭价格指数160点，比2015年末上涨44.1点，秦皇岛港5500大卡煤炭价格为639元/吨，同比上涨72.7%，上游产品价格上涨势必加大下游产业特别是加工制造业的成本。在国内煤炭产量减少3.4亿吨的同时，煤炭进口高达2.56亿吨，同比增长25.2%。在去库存过程中部分热点城市房价快速上涨，资产泡沫扩大。2016年12月，北京、上海、广州、深圳、合肥、南京新建商品住宅价格同比上涨25.9%、26.5%、24.1%、23.5%、46.3%、38.8%，明显抬高了生产生活和创新创业成本。同时，资金过多向房地产领域集中，2016年居民中长期贷款增加5.68万亿元，比2015年增长86%，占全部新增贷款比重的45%，债券、保险、理财等资金流向房地产领域也较多，增加了潜在风险隐患。

五是供给侧结构性改革及重点任务的内涵和范围有待拓展。从去产能看，除钢铁、煤炭行业外，其他一些行业产能过剩形势也相当严峻。例如：电力，2016年底我国全口径发电装机容量已达16.5亿千瓦，同比增长8.2%，6000千瓦及以上电厂发电设备累计平均利用小时由2012年的4572小时降至2016年的3785小时，是1964年以来的最低水平，清洁能源不能满负荷运行，弃风、弃光、弃水现象在一些地区相当突出。水泥，2016年产量24亿吨，产能利用率约为68%，考虑到在建、拟建产能，今后产能利用率还将下降。平板玻璃，2015年产量7.39亿重量箱，而平板玻璃总产能达到10.87亿重量箱，产能利用率为68%，行业停窑率从2014年的16.3%上升至2015年的30.5%。造船，2015年我国产能利用率不足70%，低于同期全球造船平均产能利用率6个百分点，多数中小型船厂开工率不足30%。汽车，2016年整车产量为2811万辆，已有大量产能闲置，商用车产能利用率更低，随着在建项目陆续投产，今后几年汽车产能过剩加重的风险上升。因此，去产能应统筹拓展行业范围，体现全局性、前瞻性。去库存方面，除房地产库存外，目前粮食库存规模偏大，负担沉重，难以持续，需采取措施进一步化解。

从结构性改革的内涵看，国内外不同机构和专家有不同的理解。借鉴国际经验，结合中国实际，我国的结构性改革应在扎实推进"三去一降一补"重点任务基础上，强调简政放权、科技创新、公平竞争三个途径，形成"5+3"的结构性改革丰富内涵。

表4 结构性改革内涵之要素

	具 体 要 素
中国官方	重点任务：去产能、去库存、去杠杆、降成本、补短板。
国际货币基金组织	加强财经纪律、控制政府支出和赤字、开展税制改革、实施利率市场化、采用具有竞争力的汇率制度、实施贸易自由化、放松对外资的管制、国有企业民营化、放松政府管制、保护私人财产权等。（此二机构的定义大体一致）
世界银行	
亚太经合组织	包括竞争政策、监管改革、提高财政透明度、加强基础设施和法制、公共部门治理和公司治理等六大支柱。
经合组织	主要涉及产品与劳动市场监管、教育与培训、税收与福利制度、贸易与投资规则以及创新政策五大领域。
G20 杭州峰会	九大优先领域：促进贸易和投资开放、推进劳动力市场改革及获取教育与技能、鼓励创新、改善基础设施、促进财政改革、促进竞争并改善商业环境、改善并强化金融体系、增强环境可持续性、促进包容性增长。

三、下一步推进的举措

2017年是实施"十三五"规划的重要一年和推进供给侧结构性改革的深化之年。要坚持稳中求进工作总基调，把改善供给侧结构作为主攻方向。在巩固已有成果基础上，针对新情况新问题，用改革的办法深入推进"三去一降一补"五大任务，完善体制机制和政策措施，更加重视发挥市场在资源配置中的决定性作用，更好发挥政府作用，推动供给侧结构性改革取得更大成效。

（一）扎实有效去产能。继续深入推进钢铁、煤炭行业去产能，同时适当拓展去产能的重点行业范围。全年计划压减钢铁产能5000万吨左右，退出煤炭产能1.5亿吨以上。同时，启动煤电去产能工作，淘汰、停建、缓建煤电产能5000万千瓦以上。严格执行环保、能耗、质量、安全等相关法律法规和标准，更多运用市场化法治化手段，有效处置"僵尸企业"，推动企业兼并重组。防止已压减产能死灰复燃，严控产能过剩行业新上产能。深入细致做好职工安置，督促地方使用好中央奖补资金，筹集好配套资金，做好职工转岗培训和社保费用衔接，努力使去产能分流人员生活有保障、就业有门路。制定措施方案，妥善处置企业债务。同时，其他产能过剩行业也要积极主动运用市场化办法去产能，促进优胜劣汰，改善市场供求，防止市场和价格出现大起大落。

（二）因城施策去库存。房地产市场调控要把握好去库存和稳房价的平衡。一方面，目前三四线城市房地产库存仍然较多，要继续落实和完善去库存举措，支持居民自住和进城人员购房需求。围绕促进1亿农业转移人口市民化的目标，深化户籍制度改革，努力实现全年城镇外来人口落户1300万人以上。在减少住宅库存的同时，积极消化非住宅房地产库存。另一方面，房价水平高、上涨压力大的城市要合理增加住宅用地，加强住房市场监管，规范开发、销售、中介等行为。要准确把握住房的居住属性，落实地方政府主体责任，加快建立符合国情、适应市场规律的基础性制度和长效机制，构建购租并举的住房制度，以市场为主满足多层次需求，以政府为主提供基本保障，促进房地产市场平稳健康发展。同时，推进农业供给侧结构性改革，多措并重消化粮食库存，调整农业种植结构，扩大粮食加工转化，到2020年减少玉米种植面积5000万亩，生物燃料乙醇年利用量400万吨，逐步缓解粮食库存过高压力。

（三）稳妥有序去杠杆。我国债务结构不平衡，主要是非金融企业杠杆率较高，这与我国储蓄率高、以信贷为主的融资结构有关。去杠杆要把降低企业特别是国有企业杠杆率作为重中之重。要综合施策，促进企业盘活存量资产，推进资产证券化，支持市场化法治化债转股，加大股权融资力度，强化企业特别是国有企业财务杠杆约束，逐步将企业的负债水平降下来。同时，要规范政府举债行为，控制地方融资平台债务过快增长，防范地方政府违规变相举债和隐性债务风险。我国居民家庭负债水平总体不高，但增长偏快，2016年居民中长期贷款余额同比增长31.39%，居民债务率由2015年的39.43%上升到2016年的44.85%。我国居民负债有上升空间,但要合理确定住房贷款首付比例和多套房贷款比例、利率政策,防止居民家庭贷款在短期内过快增长和向房地产领域过多集中。总之,高杠杆率是多年形成的,去杠杆也需要一个过程,要把握好去杠杆的力度、节奏,既要防止陡然去杠杆而使经济失血、潜在风险暴露,也要防止杠杆率在高水平上进一步过多攀升。

(四)多措并举降成本。2017年要在继续减税的同时,加大降费力度,让企业休养生息、固本培元,在降成本上有实实在在的获得感和认同感。主要包括几个方面:一是继续实施减税政策,完善全面推开营改增试点,扩大享受减半征收企业所得税优惠的小微企业范围,年应纳税所得额上限由30万元提高到50万元。科技型中小企业研发费用加计扣除比例,由50%提高到75%。继续实施物流企业大宗商品仓储设施城镇土地使用税等6项税收减免政策。预计全年减税3500亿元左右。二是全面清理规范政府性基金,取消城市公用事业附加等一批基金,授权地方政府自主减免部分基金。取消或停征35项涉企行政事业性收费,中央涉企收费项目再减少一半以上,降低一批收费标准。三是减少政府定价的涉企经营性收费,全面取消行政审批前置中介服务违规收费,降低金融、铁路货运等重点领域和环节涉企经营性收费,加强对市场调节类经营服务性收费监管。四是在去年降低"五险一金"基础上,再适当降低有关缴费比例。五是进一步采取措施,降低企业用能成本、物流成本和制度性交易成本。六是推进网络提速降费,加强网络设施建设,年内全部取消手机国内长途和漫游费,降低中小企业宽带接入专线价格,推动降低国际长途电话费,促进"互联网+"深入发展,助推数字经济腾飞。

(五)精准加力补短板。要针对严重制约经济社会发展和民生改善的突出问题,结合推进"十三五"规划确定的165个重大工程和重点项目,加大补短板力度。继续深入实施精准扶贫精准脱贫,今年要再减少农村贫困人口1000万人以上,完成异地扶贫搬迁340万人。中央财政专项扶贫资金增长30%以上。加强集中连片特困地区、革命老区开发,加快改善基础设施和基本公共服务,实施贫困村整体提升工程。完善东西部扶贫协作机制,支持社会力量参与扶贫。除了消除贫困这一最大短板外,还要加强薄弱基础设施建设,加快社会领域改革和发展,培育壮大新产业新动能等，对经济社会发展中的各项短板，都要继续研究梳理，采取措施补上短板。

落实好"三去一降一补"重点任务，提高供给体系的质量、效率和对需求变化的适应性，根本途径是改革创新，其中的关键是深化简政放权、强化创新驱动、促进公平竞争，这也是推进供给侧结构性改革的题中应有之义。

一是深化简政放权。要全面实施清单管理制度，制定国务院部门权力和责任清单，扩大市场准入负面清单试点。清理取消一批生产和服务许可证。深化商事制度改革，实行"多证合一"，扩大"证照分离"改革试点。完善事中事后监管制度，实施"双随机、一公开"监管全覆盖，推进综合行政执法。加快国务院部门和地方政府信息系统互联互通，形成全国统一政务服务平台。

二是强化创新驱动。要深入实施创新驱动发展战略，提升科技创新能力，完善对基础研究和原创性研究的长期稳定支持机制。全面实施战略性新兴产业发展规划，支持和引导分享经济发展，制定新兴产业监管规则。加快大数据、云计算、物联网应用，把发展智能制造作为主攻方向，推动中国制造向中高端迈进。持续推进大众创业、万众创新，推动新旧动能转换和经济结构升级。

三是促进公平竞争。建立公平竞争审查制度，努力消除地方保护、区域封锁、行业壁垒、企业垄断、违法给予优惠政策等现象，完善统一开放、竞争有序的市场体系。有效落实产权保护制度，依法保障各种所有制经济组织和公民财产权，激发和保护企业家精神。对于侵害企业产权的行为，要严肃查处、有错必纠。同时，加快推进国有企业改革，完善现代制度，推动混合所有制改革在电力、石油、天然气、铁路、民航、电信、军工等领域迈出实质性步伐。抓好电力和石油天然气体制改革，开放竞争性业务。加快构建新型政商关系。坚持权利平等、机会平等、规则平等，进一步放宽非公有制经济市场准入，鼓励非公有制企业参与国有企业改革，充分激发各类供给侧市场主体的活力。

参考文献

1. 习近平：关于供给侧结构性改革的重要论述，参见2015年11月11日《人民日报》第1版《习近平主持召开中央财经领导小组第十一次会议强调 全面贯彻党的十八届五中全会精神 落实发展理念推进经济结构性改革》；2015年12月22日《人民日报》第1版《中央经济工作会议在北京举行》；2016年1月19日《人民日报》第1版《习近平在省部级主要领导干部学习贯彻十八届五中全会精神专题研讨班开班式上发表重要讲话强调 聚焦发力贯彻五中全会精神 确保如期全面建成小康社会》；2016年12月17日《人民日报》第1版《中央经济工作会议在北京举行》。

2. 李克强：《政府工作报告》，2017年3月5日。

3. 国家发展改革委：《关于2016年国民经济和社会发展计划执行情况与2017年国民经济和社会发展计划草案的报告》。

4. 财政部：《关于2016年中央和地方预算执行情况与2017年中央和地方预算草案的报告》。

5. 中国人民银行：《2016年第四季度中国货币政策执行报告》。

6. 国家统计局：《中华人民共和国2016年国民经济和社会发展统计公报》。

7.《人民日报》：《七问供给侧结构性改革（权威访谈）——权威人士谈当前经济怎么看怎么干》，2016年1月4日第2版。

8. 吴敬琏：《什么是结构性改革？它为何如此重要？》，《中国经济新方位》，中信出版集团，2017年2月。

去杠杆的路径模式*

回头看： 本文指出去杠杆是一门高难度艺术，如有不慎，就可能事与愿违，带来后遗症或并发症，去杠杆的难点在于把握好控债务与稳增长的平衡。要避免两种极端情形：一是急刹车，二是只顾眼前保增长而导致杠杆率持续攀升。去杠杆可能是一个螺旋式下楼梯的过程，在此过程中要控制杠杆水平、优化杠杆结构、改善杠杆质量，多管齐下去杠杆。当前去杠杆正应如此。

去杠杆是党中央确定的供给侧结构性改革五项重点任务之一。在当前杠杆率高、经济下行压力大的情况下，去杠杆有如走钢丝，如何积极稳妥、有序有效去杠杆，关系到当前和长远的发展，对宏观调控艺术是一个重大考验。主要谈三点看法。

一、去杠杆的难点在于把握好
控债务与稳增长的平衡

当前中国经济运行总体平稳，但下行压力之大，超出市场预期，这成为影响风险、就业、稳定的重要根源，也是国际社会议论、担忧的一个焦点。在现行增长模式下，某种程度上，增长是靠债务"堆"起来的。问题是这一模式由来已久，形成了很强的路径依赖。由此推论，在不考虑其他因素如新旧动力青黄不接、股权融资难以填补债务融资所留空挡的情况下，去杠杆必然以降速度为代价。我们决不能片面追求经济增长

---

* 本文是作者在中国经济50人论坛2016年6月14日内部研讨会上的发言。

195

速度，同时要看到，速度有一个合理区间，包括底线和上限。理论上讲，速度比目前水平如2016年一季度6.7%再低一些也不是大问题，但前提是各地宜大体均衡，如各省都是6.7%则皆大欢喜。现实是，区域分化、发展很不平衡。东北地区增长3.5%，辽宁甚至负增长，而深圳、重庆等地增速在8%以上，我们对速度偏低的地区难以拔苗助长，对速度快的地区又不能削足适履。全国平均下来，还是有一个现实的速度底线，滑出此线，许多潜伏的矛盾和风险就可能以非线性的方式"水落石出"。因此，去杠杆应作为一个兼顾短期和长期的艰巨任务，要坚定不移、坚持不懈，力争"十三五"时期实现由升而降的转折，同时在短期内的力度节奏上应避免经济增速滑出底线。

二、去杠杆的风险在于太急或
不降反升两种极端情形

去杠杆是一门高难度艺术，如有不慎，可能事与愿违或产生后遗症并发症。实证研究表明，快速去杠杆和快速加杠杆都容易引发系统性风险。去杠杆应避免两种极端情形。一是急刹车，或类似于休克疗法。比如要求银行停止放款甚至抽贷、让债券市场停摆，或许杠杆一下子就会降下来，但经济就会停滞，企业就会死掉，这并非去杠杆的目的所在。要动态地去杠杆，不是静态地去杠杆；要在发展中去杠杆，不是停下来去杠杆；要以市场化法治化方式去杠杆，不是行政命令运动式去杠杆。二是只顾眼前保增长而导致杠杆率在高水平上继续大幅攀升。这只会饮鸩止渴，日后付出更大的代价。要深刻认识杠杆过高的危害，一方面企业收入中越来越大的比例被迫用于偿还债务，而能够用于研发投入和生产建设的部分受到限制，地方政府也是如此，另一方面，以加杠杆方式刺激经济的边际效益递减，对信用评级和营商环境也带来负面影响。

理智而可取的方式是坚定而渐进地去杠杆，把去杠杆既作为坚定的目标，又作为长期的过程。同时，去杠杆可能不是一个直线匀速下降的过程，而是一个螺旋式下楼梯的过程，有时候步伐会大些，有时候步伐小一些，不排除个别时候还会出现临时短暂加杠杆的情形。正如罗马不是一天

建成的，当初加杠杆也曾经历了一个过程，去杠杆也不是一日之功。

三、综合施策去杠杆

我国的杠杆率有水平问题、结构问题、质量问题，去杠杆应多管齐下，努力使杠杆的总水平降低、结构优化、质量提高。

首先要控制杠杆或债务水平。有测算表明，目前我国全社会杠杆率高达249%，达到改革开放以来最高，在国际上也位居前列。应当逐步控制债务增速，使其与名义GDP增速接近，在可承受的情况下使其略低于GDP增速，从而首先减小杠杆上升的速率，然后使杠杆率大体稳定下来，最后逐步降低杠杆率的绝对水平。要研究杠杆率的合理区间特别是高限，采取措施使杠杆率逐步回归合理区间。需要注意的是，受国内储蓄率高及融资结构等因素影响，正如存在"高货币之谜"一样，我国可承受的杠杆率高限可能和其他国家有所不同,结构不合理问题更为突出。

其次要优化杠杆或债务结构。可以从四个层面入手。一是企业、政府、居民债务水平可有增有减、有升有降。目前的突出问题和主要风险点是企业和地方政府债务水平偏高，应当降低或加以控制，重点搞好负债率高的行业和国有企业去杠杆,而中央政府和居民部门的债务水平还有适当提高的空间，应加以利用。二是内债和外债关系上，应继续坚持以内债为主体，防止外债比例过高或过快增加。这也是多年来日本债务水平高而风险相对低的启示。三是从融资结构看，应在保持社会融资总规模适度增长，满足企业融资需求的前提下，增加股权融资比例，降低债务融资比例。股权融资上升越快，杠杆率降低的空间就越大。这意味着，发展多层次资本市场特别是股本融资具有重大战略意义和全局影响。四是通过适度开展债转股、兼并重组优胜劣汰等，减少存量债务。债转股是一个选项，要有政策支持，但要坚持法治化原则，多用市场化方式，允许地方资产管理公司探索。同时要重视防范道德风险，避免带来副作用，坚决打击逃废债行为，强化债务的预算约束和投资人、经理人的责任担当。

再次要改善杠杆或债务质量。2008年国际金融危机爆发与美国次贷比重过大有关，因为无论怎么包装或倒手，次贷终究还是次贷。我国企业和政府等的债务也有质量高下之分。近年来一些地方政府债务多但风险不大，一定程度上是因为债务对应着有稳定现金流的优质资产如收费公路等。今后我们要更加重视提高信贷质量，通过收回再贷和新增贷款，逐步提高优质债务比重、降低劣质债务比重，那样的话就能减轻高负债的脆弱性，杠杆率稍高一些也无大碍。同时，要把握好行业（包括房地产等）、地区、企业的债务集中度，合理分散风险。从根本上讲，科学发展是最硬的道理，深化改革是治本的方略，要通过提高经济发展质量来改善债务质量，从宏观和微观两方面推动经济金融实现良性循环。

新五年规划时期的中国经济改革路线图*

回头看:本文对党的十八届三中全会后的中国经济体制改革进行了较为系统地回顾和展望,文中提出实行智慧型改革,处理好改革、稳定的关系,强化约束机制和完善激励机制的关系,改革数量和改革质量的关系,顶层设计和基层首创的关系,推改革和抓落实的关系等,这些对当下的改革工作仍有启示。

近年来,特别是2013年党的十八届三中全会作出关于全面深化改革的决定以来,中国推进改革的步伐加快、领域拓宽、成效明显。本文主要对经济体制及生态文明体制改革的进展、下一步推进改革的重点领域、如何提高改革成效等问题,作初步的背景分析。

一、近几年改革取得的重要进展

近几年改革的进展主要体现在两方面:一是基本形成改革的顶层设计,二是有序推进重点领域的改革。

顶层设计可以分为两个层次。一个层次是,从三中全会到五中全会,中央三个全会对改革进行了全面部署。其中,党的十八届三中全会对全面深化改革作出系统部署,提出了经济、政治、文化、社会、生态文明等体制改革到2020年的主要目标和任务。党的十八届四中全会关于全面推进依法治国的决定,进一步明确了法治建设领域的改革任务。十八届五中全会关于制定国民经济和社会发展"十三五"规划的建议和据此而

---

* 本文是作者为2016年3月举办的中国发展高层论坛撰写的背景论文。

编制的"十三五"规划纲要，规划了今后五年经济社会领域的改革目标和任务。在改革的领导、协调、推进上，成立中央全面深化改革领导小组并下设6个专项小组，出台了中央有关部门贯彻落实《中共中央关于全面深化改革若干重大问题的决定》重要举措分工方案和实施规划。以上可以说是最高层次的顶层设计。另一个层次是，对重点领域的改革陆续制定出台了总体方案，明确了这些领域改革的路线图和时间表。主要包括：深化财税体制改革总体方案，关于深化国有企业改革的指导意见和系列配套方案，关于深化体制机制改革、加快实施创新驱动发展战略的若干意见，深化科技体制改革实施方案，关于构建开放型经济新体制的若干意见，关于加快推进生态文明建设的意见和生态文明体制改革总体方案，等等。这些是今后一个时期推进相关领域重点改革的指南。

在加强改革顶层设计的同时，近年来一些重要领域改革有序推进。主要如下。

（一）以简政放权为主要内容的行政体制改革迈出重要步伐。首先，大幅削减行政审批事项。从2013年到2015年，国务院共取消和下放600多项行政审批事项，本届政府提出的总共减少1/3行政审批事项的目标已经提前实现。其次，推进投资审批制度改革，精简前置审批，对属于企业经营自主权的事项，包括银行贷款承诺等18项前置条件，一律不再作为企业投资项目核准的前置条件。大幅缩减政府投资项目核准范围，中央层面的核准项目数量比改革前减少约76%，建立企业投资项目网上并联核准制度和在线审批监管平台。再次，改革商事制度，工商登记注册制度由先证后照改为先照后证，注册资本由实缴制改为认缴制，实行"三证合一""一照一码"，即企业注册申请时，将工商、质检、税务分别核发证照改为由工商部门一次性核发营业执照，企业实行统一的社会信用代码。以上改革，与原有体制相比，许多属于重大突破。

（二）财税体制改革取得积极进展。实施新预算法，预算更加公开透明，除法定涉密信息外，预算支出都予以公开。对地方政府债务实行限额管理，明确地方政府债券是地方政府唯一的融资模式，预算约束明显强化。同时，编制3年滚动财政规划。调整专项转移支付和一般性转移支付比例，压减专项转移支付的数量和规模，增加一般性转移支付的数量和比重。推进营业税改增值税试点。出台国税、地税征管体制改革方案。在财税体制改革方面，预算管理制度改革取得突破性进展。

（三）金融改革办成几件大事。利率市场化改革迈出实质性步伐，取消了存款利率浮动上限，利率管制基本放开。人民币汇率市场化形成机制改革持续推进，完善人民币兑美元汇率中间价报价机制，推出对一篮子外国货币的人民币汇率指数（CFETS）。酝酿多年的存款保险制度平稳出台。人民币加入国际货币基金组织特别提款权货币篮子，标志着人民币国际化迈出重要步伐。促进民营银行发展，批准首批5家民营银行开业。

（四）价格改革迈出重要步伐。促进建立主要由市场形成价格的机制，大幅缩减政府定价范围，全面修订政府定价目录，从2013年到2015年，中央定价项目从约100项精简到20项，减幅达80%，地方定价项目平均缩减55%，居民用电、用气、用水阶梯价格除个别省份外普遍推行，既保障了居民基本生活，又利于更好发挥价格调节作用。

（五）科技创新体制改革积极推进。增设国家自主创新示范区，开展对科研人员股权激励等方面试点，将部分自主创新示范区试点政策向全国推广。对财政资金支持形成但不涉及国家安全等的科技成果的使用权、处置权、收益权下放给符合条件的项目承担单位，对科研人员进行成果转移转化的奖励可从现行不低于20%提高到不低于50%，允许科研人员在企业兼职、离岗创新。扶持培育各种类型的众创空间和孵化器，构建大众创业、万众创新支撑平台。

（六）涉外经济体制改革不断深化。修订外商投资产业指导目录，将外商投资限制类条目减少50%，有股比要求的条目减少40%，着力扩大服务业和一般制造业开放。推进区域通关一体化改革，形成京津冀、长江经济带、泛珠四省、丝绸之路经济带、东北地区等5大区域通关一体化改革板块，提高了贸易便利化水平。促进跨境电子商务加快发展，开展监管创新等试点。建设上海、广东、天津、福建四个自由贸易试验区，探索对外资实行准入前国民待遇加负面清单管理模式。签署和启动实施中韩自贸协定、中澳自贸协定，完成中国—东盟自贸区升级谈判，推进与有关国家的自贸区谈判。

（七）社会保障制度进一步健全。一方面扩大社会保险覆盖面，将城乡居民纳入到社保制度体系，启动机关事业单位养老保险制度改革。一方面补上社保制度的短板，建立大病保险制度，实施医疗救助制度。深入推进医药卫生体制改革，加快县级和城市公立医院改革试点，努力解决看病难看病贵这一世界性难题。

（八）新型城镇化和城乡一体化改革不断进行新的探索。着力推进农业转移人口市民化。改革户籍制度，放宽进城落户条件，除极少数超大城市外，对农村学生升学和参军进入城镇的人口、在城镇就业居住5年以上的农业转移人口和新生代农民工等，优先解决其落户问题。同时，对未在城镇落户的常住人口实行居住证制度。开展农村土地征收、集体经营性建设用地入市、宅基地制度改革试点，开展农村承包土地的经营权和农民住房财产权抵押贷款试点。

（九）生态文明体制改革进行了多方面积极探索。在生态文明体制改革总体方案框架内，开展了一系列试点。一是试点编制自然资源资产负债表。确定先在内蒙古呼伦贝尔等5个市进行试点，然后再编制全国自然资源资产负债表。这在国际上也是一项新探索。二是试点生态环境损害赔偿制度改革。树立环境有价理念，对因污染环境、破坏生态而造成大气、水、土壤等环境要素和植物、动物、微生物等生物要素的不利改变及生态功能退化的，要进行损害鉴定和赔偿。三是试行党政领导干部生态环境责任追究办法。对贯彻落实中央关于生态文明建设的决策部署不力、致使本地区生态环境和资源问题突出或生态环境状况明显恶化等情形，追究党政主要领导成员责任，并实行损害责任终身追究制。同时，开展环境污染第三方治理，制定和实施了大气、水污染防治行动计划。

在政治、文化等领域，也推出了一系列重要改革举措。

推进改革在完善体制、促进发展方面取得了许多积极成效。一是市场在资源配置中的决定性作用得到更好发挥，政府对微观经济主体活动的干预有了明显减少、约束和规范。二是激发了市场和社会活力，全社会创业创新热情明显高涨。在经济增速下行的情况下就业不降反升，实现了比较充分的就业。2014年、2015年全国新登记注册企业分别增长

45.9%和21.6%。三是促进了创新发展。中国专利申请量连续5年居世界第一，全社会研发支出占GDP比重上升到2.1%，科技进步对经济增长的贡献率在过去5年由50.9%提高到55.1%。四是经济结构发生具有转折意义的积极变化。2015年，消费对经济增长的贡献率达66.4%，比上年提高15.4个百分点。服务业在GDP中的比重上升到50.5%，常住人口城镇化率达到56.1%。五是节能减排取得明显成效。2015年中国单位GDP能源消耗下降5.6%，单位GDP二氧化碳排放下降6.68%。中国先后与美国、法国等国签署应对全球气候变化联合声明，及时提出中国国家自主贡献，为联合国气候变化巴黎大会达成协议做出了积极贡献。

同时也要看到，改革推进中还需要解决好一些困难和问题。第一，改革形成的发展动力还不够强劲。一方面改革举措多、力度大，另一方面经济下行压力大，且持续存在。这表明，改革的成效有一个逐步显现的过程，改革带来的发展动力有一个逐步积累的过程。第二，改革中存在一些不平衡不配套不系统的地方。通过改革，有的约束机制强化了，但激励机制没有相应跟上。有的改革，长远看十分重要，但也可能对短期经济平稳运行带来一定影响。第三，改革与立法需要更好地衔接。从实践看，改革先于立法、立法滞后于改革，具有一定的普遍性。改革往往时不我待，但立法往往需要一个较长的过程，甚至需要实践经验为基础或前提。第四，改革措施的落实有待加强。有的改革没有及时见到成效，或者群众反映感受不明显，很大程度上在于改革没有落实到位。不少改革涉及利益关系的调整、部门权力的削减，触动一些人的"奶酪"，改革落实中可能遇到主观上的不情愿和隐性的不配合。同时，随着改革的复杂性系统性上升，对改革落实者的能力水平也提出了更高要求。第五，基层首创精神有待于进一步激发。目前的改革多为自上而下进行顶层设计和部署，基层首创的不多，地方改革探索的自主权有限，有待于充分调动地方和基层推进改革的积极性创造性。

二、今后一个时期深化改革的重点领域

全面深化改革的总目标是，完善和发展中国特色社会主义制度，推

进国家治理体系和治理能力现代化。在经济体制方面，就是要进一步完善社会主义市场经济体制，健全使市场在资源配置中起决定性作用和更好发挥政府作用的制度体系，坚持和完善基本经济制度，加快完善现代市场体系、宏观调控体系，基本形成开放型经济新体制，加快形成引领经济发展新常态的体制机制和发展方式。在社会体制方面，主要是推进基本公共服务均等化，促进共同富裕和社会公平正义，更好保障和改善民生。在生态文明体制方面，主要是健全国土空间开发、资源节约利用、生态环境保护的体制机制，推动形成人与自然和谐发展现代化建设新格局。要通过深化改革、完善体制，使创新、协调、绿色、开放、共享的发展理念全面贯彻落实到经济社会发展的全过程和各领域。

今后一个时期，要推动重点领域取得新的更大进展。

（一）推进供给侧结构性改革，提高供给体系的质量和效率。"十三五"时期经济社会发展要以供给侧结构性改革为主线，努力减少无效供给和低端供给，增加有效供给和中高端供给，增强供给结构对需求变化的适应性和灵活性。供给侧结构性改革主要有五项任务，即"三去一降一补"：去产能、去库存、去杠杆、降成本、补短板。去产能，近期要以钢铁、煤炭等行业为重点，积极有效化解过剩产能，清理"僵尸企业"。化解过剩产能要注重采用经济、法律手段和技术、安全标准，鼓励企业多兼并重组、少破产清算，积极而稳妥地推进。去库存，主要是逐步降低房地产库存，要完善住房消费政策，有效释放住房刚性需求和改善性需求，以满足新市民需求为主要出发点，建立租购并举的住房制度，把符合条件的外来人口逐步纳入城镇公租房供应范围。粮食也有一个艰难的去库存问题。去杠杆，就是要降低国民经济整体特别是企业的负债率。在保持社会融资总规模合理增长的情况下，要逐步调整融资结构，逐步降低债务融资比重，提高股本融资比重，这方面受多种因素影响，也许会经历暂时加杠杆、停止加杠杆、逐步去杠杆的过程。降低企业成本，要从多方面入手，包括完善价格形成机制降低企业用能（包括用电、用气等）成本，清理规范涉企收费，研究归并和降低社会保险和公积金费率（即"五险一金"）。补短板，就是要加强经济社会发展的薄弱环节，如加强农村和中西部地区基础设施，促进基本公共服务均等化等，这方面任务很重，要梳理出短板何在，提出补齐短板的方案。总之，推进供给侧结构性改革既是当务之急，也是长期任务，要远近结合；既要做减法，又要做加法，减法和加法之间应保持一定的平衡。既要强调供给侧结构性改革作为主线和重点，又要把握好供给与需求之间的联系及其在宏观调控中的不同功能作用，在适度扩大总需求的同时，着力加强供给侧结构性改革。

（二）深入推进简政放权、放管结合、优化服务改革，进一步理顺政府与市场的关系。在继续减少行政审批事项的同时，更加重视规范权力、科学监管、优化服务。要用好"清单制度"和"互联网+"两大法宝。一是制定和实施科学的清单制度，约束和规范政府的权力和责任。包括实行政府权力和责任清单、市场准入负面清单、行政事业性收费清单、政府定价或收费清单等，使政府行为受到各类清单的明确规范和约束，一旦出现越位、错位，通过清单制度可以方便地识别和监督。二是全面推进各领域各类型的"互联网+政府服务（监管）"，包括实施企业信用信息统一归集、依法公示、联合惩戒、社会监督，对企业投资项目实行在线并联审批核准，实现部门间数据共享，创新事中事后监管方式，提高政府监管和服务的效能。深化价格改革，在资金、劳动力、大宗商品、服务等领域完善主要由市场形成价格的机制。总之，深化行政体制改革，既要使市场在资源配置中真正起到决定性作用，又要更好发挥政府作用。

（三）深化财税体制改革，加快形成有利于转变发展方式、建设统一公平市场、促进基本公共服务均等化的现代财税制度。改革主要包括预算制度、税收制度和中央地方财力事权划分三大块内容。目前预算管理制度改革已取得明显进展，还要进一步深化细化，如清理规范重点支出与财政收支增幅或GDP挂钩机制，主要涉及教育、科技、农业等领域，改革既要保证重点支出，又要防止财政支出结构因挂钩机制而固化僵化。税制改革方面，下一步要全面实施"营改增"，将试点范围扩大到建筑业、房地产业、金融业、生活服务业，合理确定增值税中央和地方分享比例。还要全面推开资源税从价计征改革，推动环境保护费改税。继续做好房产税改革和立法的论证、设计等工作。健全地方主体税种。

财税改革中最具基础性的是合理划分中央地方事权和支出责任,这也是下一步改革的重头戏,总的方向是适度加强中央事权,将维护全国政令统一、市场统一、促进区域协调发展、确保国家安全等重大事务集中到中央,减少委托事务。同时,明确地方事权、中央与地方共同事权。在此基础上,调整中央和地方支出责任,理顺中央和地方收入划分。改革要保持宏观税负稳定,中央和地方财力格局总体稳定。

(四)深化金融体制改革,形成既利于服务实体经济又利于防范化解风险的现代金融体制。在健全金融机构体系方面,要继续深化国有商业银行和开发性、政策性金融机构改革,并加强两头:一是培育具有国际竞争力和跨境金融资源配置能力的金融机构;二是大力发展服务于小微企业等的民营银行,鼓励民间资本依法平等进入银行业。在金融市场体系方面,重点是发展多层次资本市场,提高直接融资特别是股权融资比重。在金融产品和服务方面,要大力发展绿色金融和普惠金融产品,包括发展绿色信贷、绿色债券、绿色基金等,加强对小微企业、"三农"特别是贫困地区的金融服务。在金融宏观调控方面,要继续推进利率和汇率市场化,培育央行政策利率体系,完善货币政策传导机制,提高货币政策有效性。在金融对外开放方面,要适应经济双向开放的新形势,形成金融双向开放的新格局,一方面要有序拓展境外机构参与国内金融市场,一方面要逐步提升境内机构跨境经营能力。要有序推进人民币资本项目可兑换,同时要加强对跨境资本流动的监测预警,完善防范短期资本大规模跨境无序流动的体制机制。在改革完善金融监管体制方面,要认真研究国际金融危机以来一些国家的做法和经验,充分考虑我国国情,既提高金融服务实体经济效率,又实现金融风险监管全覆盖。要加强宏观审慎管理、微观审慎监管,加强行为监管和消费者权益保护,形成权责明确、配合协调、覆盖全面、监管有效的体制机制。

(五)深化国有企业改革,建立健全新型政商关系,形成各类企业公平竞争、共同发展的体制环境。经过多年改革,国有企业与市场经济的结合、适应上有了明显进展,当前和今后一个时期,国企改革面临"再出发"。新一轮国企改革的顶层设计已经形成,要分类(分为商业类和公益类)推进国有企业改革,完善现代企业制度。健全国有资本合理流动机制，通过重组整合、创新发展、清理推出等方式，优化国有资本布局。以管资本为主完善国有资产监管，建立健全对各类国有资产的监管体系。加强和改进党对国有企业的领导。近期正选择若干企业进行多项试点，包括落实董事会职权，市场化选聘经营管理者，推行职业经理人制度，企业薪酬分配差异化改革，国有资本投资、运营公司，中央企业兼并重组，部分重要领域混合所有制改革，混合所有制企业员工持股，国有企业信息公开工作，剥离企业办社会职能和解决历史遗留问题等试点。要通过试点取得突破，完善方案后全面推开。这两年，国企效益能否明显好转，将是对国企改革成效的重要检验。

要消除各种体制机制弊端和隐形壁垒，更好激发非公有制经济活力和创造力。大幅放宽市场准入，在电力、电信、交通、石油天然气、市政公用等领域，鼓励民营企业扩大投资，参与国有企业改革。在项目核准、融资服务、财税政策、土地使用权等方面，实行一视同仁的政策，保证各种所有制经济依法平等使用生产要素、公开公平公正参与市场竞争、同等受到法律保护。深化投融资体制改革，完善并推行政府和社会资本合作（PPP）模式，激发社会资本参与的积极性。要健全归属清晰、权责明确、保护严格、流转顺畅的现代产权制度，依法平等保护各种所有制经济产权。要完善知识产权制度，加强知识产权保护和运用，依法打击侵犯知识产权和制售假冒伪劣产品行为。要打破区域分割和行业垄断，加快形成全国统一开放、竞争有序的市场体系，促进生产要素自由流动高效配置，弘扬企业家精神，让企业家在科技创新和社会财富创造中充分施展自己的才能。

（六）稳步提高社会保障统筹层次和水平，建立更加公平、更可持续的社会保障制度。要实施全民参保计划，继续提高参保覆盖率，并最终实现法定人员全覆盖。要推进职工基础养老金全国统筹，这是解决各地区养老资金盈亏不均、部分省市收不抵支矛盾的根本之策，在目前省统筹尚未完全做到的情况下，实现全国统筹需要精心设计方案，下很大的决心，同时也需要一个过程。建立健全养老金多缴多得激励机制，实行基本养老金标准合理调整机制。为促进社会保险基金平衡，要拓宽社保基金投资渠道，提高国有资本收益上缴公共财政比例，划转部分国有资本充实社保基金，并出台渐进式延迟退休年龄政策。建立灵活的社会保险转移接续机制，适应人口流动性提高的要求。医疗保险也要建立稳定可持续的筹资机制和报销比例调整机制，全面实施城乡居民大病保险制度，改革医保支付方式，发挥医保的控费作用。无论养老保险还是医疗保险，都要鼓励发展补充保险和商业保险，建立参保基础数据库，推动全国联网和动态更新，方便群众异地支付结算。

（七）健全城乡发展一体化体制机制，推进新型城镇化和城乡协调发展。工业化、城镇化、现代化在很大程度上是三位一体的事情。推进以人为核心的新型城镇化，必须有相应的体制机制保障。一是落实户籍制度政策。除超大特大城市外，放开城市落户限制，促进有能力在城镇稳定就业和生活的农业转移人口举家进城落户，一旦具有市民身份也就具有了同等的权利和义务。二是落实居住证制度。对未落户的城镇常住人口实行居住证制度，并赋予居住证持有人在居住地享有义务教育、就业服务等基本公共服务和办理有关证件的便利，鼓励地方逐步增加居住证所含的公共服务项目，提高含金量。为促进农业转移人口市民化，将户籍人口城镇化率由2014年的36%提高到2020年的45%，需要增强城市的容纳能力、解除转移人口的后顾之忧。为此，在城市一侧，要完善农业转移人口市民化分担机制，建立激励机制，实行财政转移支付、城镇建设用地增加规模与农业转移人口市民化挂钩政策，中央预算内投资安排向吸纳农业转移人口数量较多的城镇倾斜。在转移人口一侧，维护进城落户农民在农村的三项权利，即土地承包权、宅基地使用权、集体收益分配权，并支持引导其依法自愿有偿转让，这后一条十分重要，但尚未普遍推开。推进城乡一体化发展，主要是建立健全城乡要素自由流动、平等交换的机制，包括建立城乡统一的人力资源市场和建设用地市场，通过完善转移支付等制度，促进城乡公共资源均衡配置和基本公共服务均等化。

（八）构建开放型经济新体制，完善法治化、国际化、便利化的营商环境。对外开放体制主要涉及外贸、外资和对外投资三方面。在外贸方面，包括实施单一窗口和通关一体化，建立适应跨境电子商务等新型贸易方式的体制机制。今后一个时期，服务贸易有望保持较快发展势头，在外贸中的比重将继续上升，要健全服务贸易促进体系和体制机制。在利用外资方面，最为重要的是要全面实行准入前国民待遇加负面清单管理模式，使内外资企业公平竞争。在此之前，要继续放宽外资准入，扩大服务业和一般制造业对外开放，简化外商投资企业设立程序，减少外商投资限制类条目。建立完善外商投资国家安全审查制度，完善外资备案和信息报告制度。在对外投资方面，主要是完善"一带一路"和国际产能合作机制，提高便利化水平，实行以备案为主、核准为辅的对外投资管理体制，建立合格境内个人投资者制度，扩大对外投资主体。同时，完善外汇管理和使用方式，由正面清单转变为负面清单，促进对外投资和双向开放。

（九）深化生态文明体制改革，促进生态环境质量总体改善。我们正在探索形成一个比较完善的生态文明制度体系，许多方面已经有了基本思路或顶层设计，下一步主要是细化、试点、推开、落实。一是在国土空间方面，要落实主体功能区规划，完善相应的配套政策。二是在发展方面，建立有利于节约、低碳、循环发展的体制机制。实行能源消费总量和强度双控制。支持发展风能、太阳能等新能源，推行节能低碳电力调度，提高建筑节能标准、推广绿色建筑和绿色建材。实行最严格的水资源管理制度和节约用地制度，提高节能、节水、节地、节材、节矿标准。建立健全排污权、碳排放权等的初始分配制度，培育和发展排污权、碳排放权交易市场。三是在污染治理方面，实行最严格的环境保护制度。对超排偷排者要严厉打击，对姑息纵容者要严肃追究，对生态环境损害，要通过明确的制度安排，让企业（或个人）承担应有的赔偿责任，让党政领导干部承担应有的领导责任。要建立健全相关的基础性制度，包括企业污染排放许可制，全国统一的实时在线环境监控系统，省以下环保机构监测监察执法垂直管理制度，环境信息公布制度，开展环保督察等。四是在生态保护方面，要实行生态补偿制度，包括国家通过财政转移支付方式购买生态产品，推动地区间建立横向生态补偿制度等，使生态产品物有所值，使生态保护有利可图。

今后一个时期，还要全面深化政治、文化、社会等领域改革，使国家治理体系和治理能力现代化取得重大进展，各领域基础性制度体系基本形成。

三、完善有利于解决短期困难和
实现长期愿景双赢的改革策略

从短期看，我国面临经济下行压力较大的挑战。从中长期看，我国面临跨越中等收入陷阱的挑战。短期最紧迫的改革措施是有利于稳定经济增长、防范化解风险的改革。中长期最关键的改革举措是有利于持续增强创新能力和先发优势、有利于持续改善收入分配结构和社会公平正义的改革。要看到，当前稳增长、防风险、保民生的任务很重，同时推改革、调结构又是解决矛盾问题的根本途径，需要统筹考虑克服短期困难和实现长期目标。有的改革措施能够对效率和发展起到直接促进作用，但无助于公平，有的改革措施能够促进社会公平，但对效率和发展没有直接促进作用，甚至在短期内还可能减弱投资、消费的动力。房产税、遗产税改革可能就是如此。以往的改革往往使所有人都受益，只是利益增加的多少不同，而现阶段的许多改革，往往带来不同社会人群的利益调整，有的受益，有的则要让出利益，因此推进改革遇到的摩擦系数明显增大，改革对经济增长带来的效应也明显不同。这就需要统筹谋划、精心设计，实施"智慧型"（smart）改革。

一要处理好改革、发展、稳定的关系。这既是老生常谈，也很有现实意义。要把握好改革力度、发展速度和社会可承受程度，形成三者之间互为依托、相互促进的关系。为有效应对经济下行压力，保持经济运行在合理区间，应精心把握改革措施推出的节奏和力度，优先推出那些能够激发创新创造活力、刺激有效投资、合理消费的改革举措。对改革措施的经济社会影响要预先评估，对条件不够成熟或短期内需求抑制效应明显的改革举措，可以在综合权衡利弊得失的基础上选择更好的时机推进。

二是处理好强化约束机制和完善激励机制的关系。这与前面的意思有相通之处。改革要规范和约束政府、企业、个人等各类经济主体的行为，使其按照法律法规规则办事，决不能违法乱纪胡来，不能任意闯黄灯、闯红灯。要把负面清单和禁区明示出来、强化起来。同时，要建立完善正面清单，明确鼓励人们干事创业的领域和方向，并建立健全足够强大的激励机制,让人们在规范化法治化的轨道上施展才华、造福社会。

三是处理好改革数量和改革质量的关系。改革任务要保质保量完成,以保证改革质量为前提来推出改革举措。年度改革的计划和时间表可以有一定的弹性,坚持实事求是,不为完成数量目标而硬推改革措施。从中长期的跨度来规划改革的进度,当客观环境和条件发生变化后原来的改革方案也要相应修改完善。改革举措要具有可操作性,对症下药,药到病除,又要防止副作用、后遗症,要把握好轻和重、缓和急,突出谋划好、落实好具有结构支撑作用,牵一发动全身的重大改革。

四是处理好顶层设计和基层首创的关系。在顶层设计过程中要进行深入细致的调查研究,充分考虑基层的实际,体现和提炼基层首创的新鲜经验,推动顶层设计和基层首创良性互动、有机结合。同时,在自上而下推进改革过程中,一方面要鼓励基层在符合改革大方向的情况下创造性地落实方案,求得更好的改革成效;一方面要认识到基层首创有时能够产生异军突起的引领作用,鼓励地方和基层在一些领域和范围内大胆探索,如联产承包责任制那样,使基层首创在推进改革中发挥更加重要的作用。

五是处理好推改革和抓落实的关系。随着改革顶层设计基本形成、改革举措批量推出,抓落实成为与设计改革方案同等重要的事情。通过抓落实,使改革及早见到成效,让人民群众从改革中有更多获得感;通过抓落实,也可以检验改革举措是否切合实际,是否需要修改完善。因此,要以抓铁有痕、踏石留印的精神抓好改革落实,加强对改革落实的督察,使改革及时落地生根、开花结果。

打造"双创" 2.0*

回头看：本文指出"双创"具有"三位一体"的功能定位，即培育发展动能、扩大就业和促进社会纵向流动。打造"双创" 2.0的基本要求是扩大"双创"参与度、提高"双创"成功率、推动"双创"上水平，使"双创"成为"草根"创业创新与"精英"创业创新的交响曲。目前"双创"仍然在路上。

大众创业、万众创新正在中国大地上蓬勃兴起，从城市到农村，从北方到南方，"双创"已经深入人心。

一、"双创"具有三位一体的功能定位

中央"十三五"规划《建议》强调，创新是引领发展的第一动力。《建议》把"创新发展"放在五大发展理念的首位。实施创新驱动发展战略、推动大众创业万众创新，是坚持创新发展、实现创新发展的必然要求。推动大众创业万众创新，是实施创新驱动发展战略的重要抓手和组成部分。

所谓"双创"，就是让所有有意愿有能力的人，尤其是普通民众，都能够充分发挥自己的潜力，施展自己的才华，实现创业创新的梦想。推动"双创"，有独特的意义和影响。可概括为"三位一体"功能。

（一）培育经济发展新动力和国际竞争新优势。当前，我国传统比较优势明显弱化，经济发展处于新旧动力转换青黄不接的特殊困难时

---

* 本文摘自作者2015年11月7日在国家信息中心"中国行业发展报告会"上的发言。

期。与过去的低成本格局相比，我们似乎正在演变成一个高成本经济，表现在：1. 用工成本明显上升，高于周边许多国家；2. 社保成本高，"五险一金"加起来相当于工资的40%以上；3. 土地成本高；4. 资金成本高，贷款难贷款贵；5. 物流成本高；6. 交易成本高；7. 工业电价高于一些发达国家，如美国。在经济下行的情况下，企业对高成本负担的感受尤为明显。目前不同企业和区域发展分化态势明显，凡是结构调整起步早、创新能力强的地方和企业，现在的发展态势就健康、日子就好过，最典型的是深圳。鲁迅曾对红军长征胜利有一句话：在你们身上，寄托着中国和人类的希望。套用此话，可以说，在深圳身上，寄托着中国经济未来发展的希望。因此，应对困难和压力，治本之道是：创新、创新、再创新。"双创"肩负着重大使命，就是通过培育新动力、新优势，对冲经济下行压力，促进中国经济保持中高速增长、迈向中高端水平，实现长期持续健康发展。

（二）扩大就业和调整收入分配结构。"双创"活动直接对应着就业和收入，"双创"开展的规模越大、越深入、越成功，则创造的就业岗位、就业机会越多，创业创新者的收入也会增加，特别是草根创业、草根创新，容易使广大草根阶层的收入明显增加，从而自主地改善自己的收入状况，优化收入分配结构。

（三）促进社会纵向流动和人生价值追求的实现。创业创新既创造物质财富，又创造精神财富。创业创新的成功，往往能够产生乌鸡变凤凰的惊变，产生灰姑娘的故事。从微软、苹果到百度、阿里、大疆无人机等，中外都有许多创业创新的典范，他们通过创业创新，从普通的大学毕业生或在校生，一跃而上升到社会的顶层甚至世界的云端。在创业创新过程中，人们能够感受到，社会阶层是流动、变化的，不是僵化、凝固化的。同时，创业创新的任何成功，都会让人获得超越金钱的成就感、实现感、满足感，人们都可以通过自己的努力和奋斗来实现自己的认识价值和理想梦想，这样的社会就有活力、就有希望。

二、打造"双创"2.0的基本要求

目前"双创"势头不错，但处于初创阶段，下一步需要升级，姑且称之为"双创"2.0。其内涵主要是三方面：

（一）扩大"双创"参与度。创业创新已有燎原之势，呈现主体多元、层次多样的特点。今后要进一步增加和丰富"双创"主体，并使不同的"双创"主体融合发展。1. 把大企业引入"双创"。创业创新应成为各类市场主体的自觉行动，这并不是要把大企业拆分成众多小企业，而是让大企业与中小微企业及个体在"双创"中优势互补、分工协作，实现有效对接、有机结合。具体来说，大企业可以在三方面主动作为：一是建设创新平台、容纳各类创客；二是鼓励在企业内部不同团队、不同模块、不同环节，形成各具特色的创客空间；三是把大企业的巨大发展需求特别是对创新创意的需求与创客分散的创新创意成果供给有效对接起来，形成大、中、小、微、个（体）在良性互动中协同推进"双创"。2. 让科技工作者成为"双创"主力军。广大科技工作者是创新的骨干和中坚，代表着国家的创新能力和创新水平。实施创新驱动发展战略，推动"双创"，科技工作者责无旁贷、责任重大。要加快落实高校、科研院所等专业技术人员离岗创业政策，建立健全科研人员双向流动机制。进一步完善创新型中小企业上市股权激励和员工持股计划制度。鼓励符合条件的企业按照有关规定，通过股权、期权、分红等激励方式，调动科研人员创业积极性。支持鼓励学会、协会、研究会等科技社团为科技人员和创业企业提供咨询服务。3. 让大学生成为"双创"生力军。我国每年大学毕业生700多万，其中一半是理工科，这是世界上其他任何国家都难以比拟的。大学生既掌握较多知识，又思维活跃，具有较高创业创新热情。要加强高校创业创新教育，深入实施大学生创业引领计划，落实大学生创业指导服务机构、人员、经费等，引导和鼓励成功创业者、知名企业家、天使和创业投资人、专家学者等担任兼职创业导师。提高大学生创业率，建立健全弹性学制管理办法，支持大学生保留学籍休学创业。在校大学生创业毕竟只占少数，关键是让大学生毕业后拥有持续创业创新的激情和能力。

（二）提高"双创"成功率。目前我国大学生创业成功率平均2%左右，大学生创业成功率最高地区浙江也只有4%左右，远低于欧洲和美国大学生创业成功率。不光是大学生，而且那千千万万投入"双创"活动的人们，都应当在一定时期内实现或达到适当的成活率和成长率。创业创新活动，有生有死是正常的，但如果成活率太低、成长性太差，就可能影响到"双创"的声势和持续性。提高"双创"成功率，是关系"双创"成效和前景的重要因素。我国已经并将继续出台一系列鼓励和扶持"双创"的政策措施，并不断完善与"双创"相关的体制机制，希望并相信"双创"成功率和魅力将不断提升。

（三）推动"双创"上水平。"双创"应是"草根"创业创新与"精英"创业创新的交响曲。"双创"的参与者不仅是普通科技人员、高校毕业生、农民工、退役军人、失业人员等市场主体，更包括大型企业、科研机构、社会团体和企业家、科学家、高级知识分子等精英人士。各类人员在"双创"中应各得其所、各显其能、各展其才，这是核心要义。同时，"双创"不能满足于自主就业、小康小富小老板，而应当有相当一批人如乔布斯那样追求完美、追求极致，拥有远大的抱负和矢志不渝的情怀。要推进原始创新，加强基础研究，研发高精尖技术，瞄准国际科技发展前沿，紧扣国家战略需求，推动"双创"向更高层次跃升，力争形成具有原创性、前沿性、国际性的成果。要打通创业创新成果转化通道，推进多学科融合、科教融合、产学融合、军民融合，使创新链与产业链有效对接，促进科技与经济深度融合，用高质量高效益的"双创"成果推动实现创新驱动发展，打造发展新引擎。

只有尽快打造"双创"2.0，才能加快培育形成经济发展的新动力，使新动力增强的能量超过旧动力减退的影响，从而使经济发展进入平稳增长、良性循环的轨道。

三、"双创"需要优化政策和环境

目前支持"双创"的政策措施已经不少，今后还要进一步完善政策措施，加大支持力度。

（一）继续简政放权。充分发挥市场在创新资源配置中的决定性作用，政府坚持有所为有所不为，加快推进行政体制改革，提高政府服务效能，用权力清单、责任清单、负面清单约束和规范政府行为，严格依法行政，加快建设法治政府、创新政府、廉洁政府和服务型政府，消除不利于创业创新的体制机制障碍，为"双创"松绑，让各类市场主体轻装上阵。

（二）实施减税让利。完善普惠性税收措施。落实扶持小微企业发展的各项税收优惠政策。落实科技企业孵化器、大学科技园、研发费用加计扣除、固定资产加速折旧等税收优惠政策，根据需要加大力度。落实促进高校毕业生、残疾人、退役军人、登记失业人员等创业就业税收政策。

（三）加大融资支持。各级财政统筹安排各类支持小微企业和创业创新的资金，支持有条件的地方政府设立创业基金。创新银行支持方式，鼓励银行提高针对创业创新企业的金融服务专业化水平，不断创新组织架构、管理方式和金融产品。支持符合条件的创业企业上市或发行票据融资，并鼓励创业企业通过债券市场筹集资金。积极研究尚未盈利的互联网和高新技术企业到创业板发行上市制度，推动在上海证券交易所建立战略新兴产业板。加快推进全国中小企业股份转让系统向创业板转板试点。

（四）打造服务平台。政府和大企业要发展适应不同需要的国际化机构和创客空间，重点为中小微企业及个体创客提供创新服务。打造品牌活动宣传平台，办好"双创活动周"。建立"双创"权威信息平台。构建"双创"政策推进平台，尽快使国家新兴产业创业投资引导基金投入运营，鼓励地方设立相应基金。

（五）强化人才激励。健全创业人才培养与流动机制，把创业创新教育纳入国民教育体系，加强创业创新知识普及教育，使大众创业、万众创新更加深入人心，加快推进社会保障制度改革，破除人才自由流动制度障碍，消除后顾之忧。落实好中关村国家自主创新示范区企业转增股本分期缴纳个人所得税政策、股权奖励分期缴纳个人所得税试点政策。加快建立创业创新绩效评价机制，让一批又一批富有创业精神、勇于承担风险的人才脱颖而出。

（六）保护知识产权。我国已进入新的发展阶段，加强知识产权保护已成为国内创新型企业的内在要求、实施创新驱动发展战略的重要保障。要打击侵权盗版行为，让知识产权创造者成为财富的拥有者。研究商业模式等新形态创新成果的知识产权保护办法。积极推进知识产权交易，加快建立全国知识产权运营公共服务平台。完善知识产权快速维权与维权援助机制，缩短确权审查、侵权处理周期。同时，要加强对知识产权的应用，充分发挥知识产权的价值，防止为保护而保护，避免宝贵的知识产权被长期束之高阁。

（七）插上互联网翅膀。"触网"是推动"双创"的一把金钥匙。要加快发展"互联网+"创业网络体系，建设一批小微企业创业创新基地，促进创业与创新、创业与就业、线上与线下相结合，降低全社会创业门槛和成本。加强政府数据开放共享，推动大型互联网企业和基础电信企业向创业者开放计算、存储和数据资源。积极推广众包、用户参与设计、云设计等新型研发组织模式和创业创新模式。同时，加强信息基础设施建设，大幅提高网速、降低费用。

（八）优化人文环境。应当认识到，相较于按部就班的职员工作和规范的企业生产经营活动，"双创"的风险系数更高，不确定性更大。要消除一些对"双创"的两个误解，一是急于求成、急功近利，二是只见成功、不见失败。要引导社会理性认识，正确把握"双创"独特的行为和结果特征。完善养老、失业、医疗、低保等制度，搞好心理辅导和再就业培训，打通创业和就业的通道。要大力营造敢为人先、宽容失败的创新精神和社会环境，宣传先进典型和创业事迹，厚植创新文化，使创业创新成为全社会共同的价值追求和行为习惯。

（九）加强国际合作。要创造条件吸引国外优秀人才来华创业创新，主动融入全球创新网络。我们不仅要在13亿人中发现和使用优秀人才，而且要作出必要的制度安排和政策设计，努力在全球60亿人中发现高端人才，聚天下英才而用之。要落实《中共中央关于制定国民经济和社会发展第十三个五年规划的建议》要求，积极提出并牵头组织实施国际大科学计划和大科学工程。

　　中央"十三五"规划《建议》提出了发挥先发优势的重要思想。我国以往主要靠后发优势，实现追赶式发展。今后我们还要继续发挥后发优势，但要注重增创先发优势。培育先发优势，关键要靠创新特别是原始创新，源源不断地创造出一些人无我有、引领发展的新技术、新产品、新产业、新业态、新模式。总之，中国经济发展的"双创"模式已经启动，内生动力正在生成，只要坚持不懈、久久为功，我们一定能够实现更多依靠创新驱动、更多发挥先发优势的引领型发展。

改革落地生根要除"四障"*

回头看：本文着重从落实改革举措的角度提出要打通"肠梗阻"，防止"急就章"，力戒"一团麻"，避免"大呼隆"，以提升改革的效果。方法论往往具有生命力。

推动改革的关键在落实。当前，能否打通"肠梗阻"、防止"急就章"，能否力戒"一团麻"、避免"大呼隆"，关系改革的直接效果。

日前，习近平总书记在中央全面深化改革领导小组第十一次会议上强调，拿出勇气和魄力，自觉运用改革思维谋划和推动工作，不断提高领导、谋划、推动、落实改革的能力和水平。推动改革的关键在落实，如何细化实化、呼应民意，如何落地生根、开花结果，检验着推进改革的能力和本领。党的十八届三中全会确定了各项改革任务，过去一年多也有了良好开局，啃下了不少硬骨头，但还有不少硬骨头要啃。如何进一步落实中央要求，深入有效地推进改革？在中国发展高层论坛2015年会议上，专家们对此纷纷建言献策。依笔者见，需要妥善处理好一些问题，把握好4个路径。

打通"肠梗阻"，进一步加强改革的统筹协调。全面深化改革是一项宏大的系统工程，如何有条不紊、紧密衔接地推进改革，不简单。改革涉及的部门越多、环节越多，需要协调的频次和难度越大。地方要在中央的指导下推进改革，不能"抢跑""跑偏"，也不能"滞后""掉队"。既要给地方应有的改革自主权，又要让地方把握好方向和尺度。换句话说，如何同时发挥好顶层设计的指导作用和基层探索的探路作用，如

＊ 本文原载《人民日报》2015年4月10日05版。

何同时做好改革的规定动作和自选动作，需要较高的统筹协调能力和水平。

防止"急就章"，进一步提高改革方案的质量。改革，改的是体制，动的是利益，往往涉及既得利益的调整，包括社会不同群体既得利益和部门利益的调整。如果想让各方面各部门都满意，改革的力度和深度可能就小，甚至根本达不到改革目的。改革面临着理想性和现实性如何权衡、"此岸"和"彼岸"如何搭桥、阶段性目标和最终目标如何衔接的问题。因此，如果具体的改革方案质量不高却贸然出台，则会浪费改革的机会，或者造成与改革预期不符的结果。同时，要区分改革措施和发展措施，不能把发展措施当作改革举措，不能把政策调整当作改革措施，而要把改革真正聚焦到体制机制的变革上。

力戒"一团麻"，进一步攻坚改革的重点难点。已经确定的改革任务有几百项，但有大有小、有轻有重。应当抓好牵一发而动全身的重要改革，以此带动其他改革。但重要改革往往难度更大，涉及的利益格局调整更深。改革措施不能光看数量，还要看质量；不能光在形式上改，还要有实质上的变化，尤其是看那些制约经济发展方式转变、影响国家治理体系和治理能力现代化的重大深层体制障碍是否得到破除。同时，改革要防止碎片化，不能单兵作战、孤军深入，要充分考虑改革的系统性、整体性、协同性。

避免"大呼隆"，进一步增强改革的实效性。改革不是方案一出台就万事大吉了，就可以从台账中销号了，而是首先要确保改革举措在地方、部门、基层、企业、社会等领域落地生根，还要跟踪观察改革的成效是否符合原来方案的预期，是否得到社会的认可，进行必要的"回头看"，包括通过改革的效果来检验改革方案是否科学、措施是否协调，乃至对改革方案和措施及时作出适当的整改完善。对改革进程要进行督促检查，对改革成效要进行评估，包括委托第三方评估。

党的十八届三中全会后中国改革回顾*

回头看:本文指出改革开放要讲求策略方法,改革力度越大越彻底,就越可能面临利益格局调整的强大阻力,改革往往面临理想性和现实性如何权衡、"此岸"和"彼岸"如何搭桥、阶段性目标和最终目标如何衔接问题。要处理好改革数量和质量的关系,更加重视改革质量。如果改革方案质量不高而又贸然出台,则会浪费改革机会或事与愿违,同时,不要把政策措施当作改革措施,不要用非改革措施为改革凑数,要使改革真正聚焦到体制机制的变革上,特别是组织好牵一发而动全身的重大改革。这类方法论思辨对当下的改革实践仍有启示。

自2013年11月党的十八届三中全会作出"关于全面深化改革若干重大问题的决定"以来,中国的改革再次提速,一系列重大改革举措接连推出。本文对一年多来改革的进展和成效作一梳理,对改革面临的挑战和下一步改革举措进行分析展望。

一、改革的进展和成效

过去一年多的改革,在推进上具有几个特点:一是改革涉及的领域具有全面性。党的十八届三中全会强调要全面深化改革。近来推出的改革举措,不仅有经济体制方面,而且在政治体制、文化体制、社会体制、生态文明体制和党的建设制度等方面,都有改革行动。二是改革出台的频率具有密集性。2014年是党的十八届三中全会之后全面深化改革的元

---

* 本文是作者为2015年3月举办的中国发展高层论坛撰写的背景论文。

年，中央全面深化改革领导小组确定的80个年度重点改革任务基本完成，中央有关部门还完成了108个改革任务，共出台370条改革成果。这相当于每2天完成一项改革任务，每天收获1条改革成果。三是经济体制改革对全面改革具有牵引性。多年来经济体制改革一直是改革的主战场，去年经济领域出台的改革举措较多，步子较大，对其他领域的改革发挥了支撑和引领作用。同时，地方推进改革的积极性高涨，推出了一些具有本地特点的改革措施。

一年多来，改革取得了明显的进展和成效。主要表现在五个方面。

第一，通过改革激发了市场活力，形成了就业创业热潮。新一届政府把简政放权当作改革的"当头炮""先手棋""重头戏"，加快转变政府职能。改革的主要举措：一是大幅取消和下放行政审批事项。2014年共取消和下放行政审批事项246项，取消非行政审批事项100多项。到2014年底，新一届政府计划取消和下放700多项行政审批等事项的任务已提前完成。对涉及企业的收费目录建立清单制度。二是围绕投融资领域深化改革。修订出台了2014年版政府核准的投资项目目录，需中央政府核准的投资项目累计减少了76%。创新投融资机制，推广政府和社会资本合作模式（PPP），鼓励民间资本进入铁路、水利等重点建设领域。三是推进商事制度改革。对新开办企业由先证后照改为先照后证，注册资本由实缴登记制改为认缴登记制（银行等金融行业暂不实行）。

这些改革措施大大简化了市场主体经商办企业和投资的程序，减轻了负担，放宽了领域，放开了手脚。2014年全国新登记市场主体1293万户，其中新登记企业365万户，增长45.9%。在经济增速由2013年的7.8%减缓至2014年7.4%的情况下，城镇新增就业则由1310万人增加到1322万人，城镇登记失业率保持在4.09%的较低水平。

第二，通过改革推动了经济结构优化升级，提高了发展质量。针对发展中不平衡、不协调、不可持续的问题，改革实现了多点探索和突破。（1）推进财税体制改革，将铁路、邮政、电信纳入营业税改征增值税试点，实施煤炭资源税从价计征改革，中央财政专项转移支付项目较上年压缩1/3以上。财政预算公开的力度加大。实施新预算法，出台地方政府举债融资新机制。（2）推进利率市场化，金融机构存款利率浮动区间扩大为基准利率的1.3倍。完善人民币汇率市场化形成机制，外汇市场人民币兑换美元交易价浮动幅度由1%扩大至2%。完善上市公司退市制度，开展沪港股票市场交易互联互通试点。（3）推进价格改革，大幅缩小政府定价范围，放开低价药品、电信资费、非公立医疗机构服务等50项商品和服务价格。启动大豆、棉花目标价格改革试点。（4）推进户籍制度改革，放开中小城市落户限制，同时在2个省和62个城市（镇）开展新型城镇化综合试点。（5）推进农村改革，包括引导农村土地经营权有序流转，发展农业适度规模经营，审慎稳妥推动农村土地征收等改革试点。（6）推进科技体制改革，开展科技成果使用、处置和收益管理改革，将中关村自主创新示范区6项试点政策推广到全国。改进和完善院士制度。（7）推进环保体制改革，出台碳排放权交易管理办法，推进排污权有偿使用和交易试点，推行环境污染第三方治理。

改革优化了经济结构，增强了发展的均衡性协调性可持续性。2014年，服务业在国民经济中的比重达到48.2%，比上年提高2.1个百分点；国内需求对经济的拉动力增强，消费对经济增长的贡献达到51.2%，提高1.2个百分点；中西部地区经济增长速度继续快于东部地区；农民收入实际增长9.2%，快于城镇居民，城乡居民收入差距继续缩小，全国居民收入基尼系数由上年的0.473降至0.469。单位国内生产总值能源消耗下降4.8%，是近年来最高的，单位国内生产总值二氧化碳排放量下降6.2%。2014年环渤海、长三角、珠三角地区$PM_{2.5}$平均浓度较上年明显下降，其中北京下降4%，上海下降16.1%，广东9城市下降10.6%。新技术、新产业、新商业模式不断涌现。这些经济结构、质量方面的积极变化，固然不能全部归结为改革之功，但确实与体制机制创新密切相关。

第三，通过改革提高了开放型经济水平，增进了与世界各国的互利共赢。在利用外资方面，对外商投资项目实行备案制为主，备案管理的在95%以上；在境外投资上，除极少数项目外，也实行以备案制为主，核准项目占比不到2%。推进上海自由贸易试验区改革试点，实行以准入前国民待遇加负面清单的管理模式，其中2014年版负面清单中特别管理措施由190条缩减为139条。在全国推广部分改革试点经验，并在广东、天津、福建增设3个自由贸易试验园区，扩大上海自贸试验区区域范围。

推进通关便利化改革，在全国范围内推广关检合作"一次申报、一次查验、一次放行"。

在改革的推动下，我国对外开放的广度和深度进一步拓展。2014年实际使用外资1196亿美元，居世界首位；对外直接投资1029亿美元，增长14.1%，形成了双向投资并驾齐驱的格局。我国出境旅游超过1亿人次，增长19.5%，国内居民境外消费达1649亿美元，为世界各国带来了巨大的市场机遇。

第四，通过改革保障和改善了民生，促进了社会公正。统一了城乡居民基本养老保险制度，全面建立临时救助制度，推行城乡居民大病保险制度。实行机关事业单位养老保险制度并轨改革。扩大县级公立医院综合改革试点，覆盖50%以上的县。深化考试招生制度改革，扩大高校办学自主权。推进公务用车制度改革。推进中央管理企业负责人薪酬制度改革。同时，推进文化体制改革，构建现代公共文化服务体系，支持文化企业改革发展和对外文化开放。这些改革，有利于更好保障人民群众特别是低收入群体的基本生活，有利于改善收入分配结构，提高居民生活质量，促进人的全面发展。

第五，通过改革强化了对权力运行的规范、制约、监督，推进了依法治国、依法行政。深化司法制度改革，建立完善国家司法救助制度，废除劳教制度，完善人权司法保障，实行诉讼与信访分离制度，最高人民法院设立巡回法庭。成立北京等几家知识产权法院。提出了加强社会主义协商民主建设的意见，制定了加强中国特色新型智库建设的意见，推进决策科学化民主化。出台政府购买服务管理办法，提高财政资金使用效率，为社会组织和市场主体参与公共服务提供开辟了空间。这些改革与其他改革一道，共同推进了国家治理体系和治理能力现代化。

关于改革成效，需要说明的是：（1）有的改革措施意义重大、影响深远，但却平稳实施、波澜不惊。这主要是大的形势变化所致。如单独两孩政策实施以来，新出生人口的增加态势和单独两孩家庭的生育愿望均在预期范围之内，没有出现超出预期的陡然变化，这与人们的生育观念变化和育幼成本上升有关。再如，户籍制度改革促进了农业转移人口市民化，但没有出现农民进城转户口急不可待、蜂拥而入的情形，甚至存在一些农民不愿放弃农村户口的现象。（2）不是所有改革措施都能收到立竿见影之效，有的改革措施见效需要一个过程，改革红利将持续释放。有的改革已出台总体方案，但从实施的角度看还需要细化、实化，需要落地生根、然后开花结果。（3）党的十八届三中全会确定的改革任务繁多，时间跨度到2020年，过去一年多全面深化改革形成了良好开局，但对不少改革而言，硬骨头还在里面，好戏还在后面，更多的收获还在后面。

二、推进改革面临的挑战和需要妥善处理的问题

一年多来改革有序有力推进，总体上是顺利的。下一步推进改革的任务仍很艰巨繁重，任重道远。从一年多的改革实践和当前改革面临的形势看，深入有效地推进改革面临不少挑战，需要妥善处理好一些问题。

（一）关于推进改革的方式方法路径。

1. 改革的统筹协调需要进一步加强和改进。党的十八届三中全会确定的改革措施很多，领域很广，全面深化改革是一项宏大的系统工程。如何有条不紊、紧密衔接地推进改革，是很不简单的事。中央成立了全面深化改革领导小组及其办公室，并设立了具有相对独立性的几个专项改革小组（包括经济体制和生态文明体制改革、民主法制领域改革、文化体制改革、社会体制改革、党的建设制度改革、纪律检查体制改革），国家发改委原本已设有经济体制综合改革司，并具有组织协调政府部门改革的职能。同时，各地方均成立了全面深化改革领导小组及其办公室。这种架构，既体现了对改革的重视，也对改革的统筹协调提出了较高的要求。一是横向协调，包括对不同领域的改革，如何有机衔接、整体推进。而每一个领域，如财税改革或金融改革，也要对所涉及的相关部门进行协调。二是纵向协调，包括中央改革办与各专项小组之间，各专项小组与各职能部门之间，需要统筹协调。改革涉及的部门越多、环节越多，需要协调的频次和难度越大。三是中央与地方的协调，主要是地方如何在中央的指导下推进改革，既要防止一些地方"抢跑"、"跑偏"，又要避免一些地方"滞后"，既要给地方应有的改革自主权，又要让地

方把握好方向和尺度，如在国企国资改革等方面。换句话说，如何同时发挥好顶层设计的指导作用和基层首创的探路作用，如何同时做好改革的规定动作和自选动作，这都需要较高的统筹协调能力和水平。

2. 改革方案的质量需要进一步提高。改革，改的是体制，触动的是利益，往往触及既得利益的调整，包括社会不同群体既得利益和部门利益的调整。同时，改革的环境和条件也在变化，人们对改革的主张及推进方式、途径、节奏等也有不同的认识，有的部门既是改革对象又是改革的方案制定者和推动者，多种角色纠结在一起，因此，在改革方案制定中就面临许多困难的抉择。如果想让各方面各部门都尽量满意，那么改革的力度深度可能就小，甚至达不到改革的目的。如果让改革方案更彻底些、力度更大些，那就难免遇到个别部门或某些方面的强烈抵触，这时就需要作出决断，究竟是减轻改革力度还是冒着一定风险推进改革。因此，改革面临着理想性和现实性如何权衡、"此岸"和"彼岸"如何搭桥、阶段性目标和最终目标如何衔接的问题。如果改革方案质量不高而又贸然出台，则会浪费改革的机会或造成与改革预期不符的结果。同时，要区分改革措施和发展措施，不把发展措施当作改革举措，不把政策调整当作改革措施，不用非改革措施为改革凑数，而要把改革真正聚焦到体制机制的变革上。

3. 改革的重点难点需要进一步突出和攻坚。已经确定的改革任务有几百项，但有大有小、有轻有重。应当抓好牵一发而动全身的重要改革，以此来带动其他改革。但重要改革往往难度更大，触及的利益格局调整更深，如果重要改革不到位，其他改革就难以联动，或意义不大。改革措施不能光看数量，还要看质量，不能光在形式上改，还要有实质上的变化，尤其是看那些制约经济发展方式转变、影响国家治理体系和治理能力现代化的重大深层体制障碍是否得到破除。同时，改革要防止碎片化，不能单兵作战、孤军深入，要充分考虑改革的系统性、整体性、协同性。如财税体制改革是一个系统工程，要整体设计和推进，单独的某项税制改革要与整体改革方案衔接配套。

4. 改革的实效性需要进一步增强。改革不是方案一出台就万事大吉了，就可以从台账中销号了，而是首先要确保改革举措在地方、部门、基层、企业、社会等领域落地生根，然后还要跟踪观察改革的成效是否符合原来方案的预期，是否得到社会的认可，进行必要的"回头看"，包括通过改革的效果来检验改革方案是否科学、措施是否协调，乃至对改革方案和措施及时作出适当的整改完善。对改革进程要进行督促检查，对改革成效要进行评估，包括委托第三方评估。

（二）推进改革还要处理好几方面关系。

一是推进改革与稳定增长的关系。改革是发展的动力，推进改革根本上都有利于发展。但在特定的经济运行环境下，某些改革措施可能会对经济增长带来暂时的减缓效应。如当前房地产市场正在调整，而房产税又属于党的十八届三中全会确定的改革举措之一，房产税的出台有可能刺激存量房上市供应，抑制投机投资性需求，客观上使房地产市场调整加深，从而影响到当期的房地产市场和经济增长。因此，对房产税的方案要精心设计，出台时机要稳妥把握。从应对经济下行压力的角度看，应优先推进那些有利于释放市场活力、激发创新动力、扩大民间投资、稳定和促进经济增长的改革举措。当然，也要深入研究改革预期对经济增长的影响，有的改革一旦推出，一次性影响很快消失，如果长期悬在那里如"第二只鞋子"或头上的达摩克利斯剑，则不如下决心推出社会期待已久的改革。但这的确需要权衡利弊得失。

二是推进改革与调整结构的关系。调整经济结构，转变经济发展方式，推动产业转型升级，是经济工作的主线，改革要为这一主线服务。要着力消除制约服务业发展的体制障碍，推动服务业规模扩大、比重上升；消除制约清洁能源发展和环境保护、污染治理的体制障碍，促进绿色循环低碳发展，有效应对气候变化；消除制约消费持续扩大和进口合理增加的体制障碍，促进贸易平衡发展，提高消费对经济增长的贡献。这方面，关键是找准体制难题症结和突破口，把推进改革和优化结构有效地对接起来，通过消除体制的结构性缺陷来促进经济的结构性调整。

三是推进改革与扩大开放的关系。开放也是改革，开放倒逼改革。要通过更高水平、更深层次、更宽领域的开放，推动全面深化改革，完善营商环境，提高开放型经济水平，为发展提供强大的外源动力，更好实现与世界各国的互利共赢。但高水平开放也要符合国情，如推动建设高标准自贸区，推进中美、中欧投资协定谈判，都有一个相互要价问题，这方面把握好，就能够以此倒逼国内一系列体制机制的改革调整，使改革、开放携手并进。

四是推进改革与防范风险的关系。通过改革完善体制机制，从根本上有利于防范各类风险。但从短期看，也可能存在一些特殊情况，即在原有的不合理体制下积累了潜在风险隐患，一旦推进改革，实行新的体制，也可能会揭开潜藏风险的盖子，使风险显性化。有时改革的力度和节奏把握不准，也可能带来一定风险。这在财政、金融等改革中容易遇到这样的挑战，如在规范地方举债融资机制过程中如何防范地方债务风险，在推进资本项目可兑换过程中如何防范短期资本大进大出的冲击，在农村土地制度改革中也存在诸多不确定性风险，都需要审慎把握。

五是推进改革与加强法治的关系。改革要以法治思维、法治方式加以推进，重大改革要于法有据。真正做到这些并不简单。通常而言，改革强调变动性，法治强调稳定性。改革涉及的法律调整要分为"破"和"立"两类，当改革需要冲破原有法律规定的约束时，可以即刻宣布原来的法律规定不再适用，如上海自贸区和农村土地制度改革试点等均是如此。这相对容易些。但改革措施上升为法律则需要一个较长的过程，需要认识的统一、实践的检验。需要做好改革进度与修法进度之间的衔接，既不能脱离法治化的轨道来推进改革，也不能因为立法修法的缓慢而延迟改革，从而努力使改革的进程成为法律制度不断完善的过程，使完善法治为推进改革提供更加有力的保障。

三、2015年推进改革的重点领域和方向

党的十八届三中全会确定的改革任务很多，多数要在头几年完成。2015年是全面深化改革的关键之年，除了要着力落实好上年已推出的改革措施外，还要着力推出一系列新的重大改革举措，为促进经济持续健康发展和社会和谐稳定提供更加健全有效的体制保障。这里提出一些重点领域和方向。

（一）深化财税体制改革，促进经济发展方式转变。财税体制在国

家治理体系中是一项基础性制度，牵一发而动全身。要落实好已出台的总体方案。实行全面规范、公开透明的预算管理制度，中央和地方所有部门预决算都要公开。提高国有资本经营预算调入一般公共预算的比例。推行中期财政规划管理。制定盘活财政存量资金的有效办法。力争全面完成"营改增"，调整完善消费税政策，扩大资源税从价计征范围。修订税收征管法。尤为重要的是，要深入研究设计，完善中央和地方的事权与支出责任，合理调整中央和地方收入划分，这是深入推进财税体制改革的难点和重点。

（二）深化金融改革，增强为实体经济服务的能力和水平。在金融机构、产品、服务、监管等方面，都需要改革和创新。推动具备条件的民间资本依法发起设立中小型银行等金融机构，成熟一家、批准一家，不设限额。深化农村信用社改革，稳定其县域法人地位。深化开发性金融、政策性金融机构改革，增强其在金融服务上的特色和优势。经过多年准备，推出存款保险制度的时机已经成熟。持续推进利率市场化改革，健全中央银行利率调控框架。增强人民币汇率双向浮动弹性。稳步实现人民币资本项目可兑换，扩大人民币国际使用，加快建设人民币跨境支付系统，完善人民币全球清算服务体系，开展个人投资者境外投资试点，适时启动"深港通"试点。加强多层次资本市场体系建设，实施股票发行注册制改革，发展服务中小企业的区域性股权市场，推进信贷资产证券化，扩大企业债券发行规模，发展金融衍生品市场。推出巨灾保险、个人税收递延型商业养老保险。大力发展普惠金融。创新金融监管，防范和化解金融风险。

（三）深化行政体制改革，进一步转变政府职能。继续简政放权，今年再取消和下放一批行政审批事项，全部取消非行政许可审批，建立规范行政审批的管理制度。深化商事制度改革，进一步简化注册资本登记，逐步实现"三证合一"（工商营业执照、组织机构代码证和税务登记证合并成一个），清理规范中介服务。制定市场准入负面清单，公布省级政府权力清单、责任清单，切实做到法无授权不可为、法定职责必须为。推进社会信用体系建设，建立全国统一的社会信用代码制度和信用信息共享交换平台，依法保护企业和个人信息安全。

（四）深化投融资体制改革，拓宽社会投资的渠道和范围。大幅缩减政府核准投资项目范围，下放核准权限。减少投资项目前置审批，实行项目核准网上并联办理。放宽民间投资市场准入，鼓励社会资本发起设立股权投资基金。政府采取投资补助、资本金注入、设立基金等办法，引导社会资本投入重点项目。在基础设施、公用事业等领域，推广政府和社会资本合作模式。

（五）深化价格改革，发挥市场在资源配置中的决定性作用。大幅缩减政府定价种类和项目，具备竞争条件的商品和服务价格原则上都要放开。取消绝大部分药品政府定价，下放一批基本公共服务收费定价权。扩大输配电价改革试点，推进农业水价改革，健全节能环保价格政策。完善资源性产品价格，实行居民用电、用水、用气阶梯价格制度。

（六）深化国有企业改革，创造各类所有制经济公平竞争的环境。准确界定不同国有企业功能，分类推进国有企业改革。加快国有资本投资公司、运营公司试点，打造市场化运作平台。有序实施国有企业混合所有制改革，鼓励和规范投资项目引入非国有资本参股。加快电力、油气等体制改革。完善现代企业制度，改革和健全企业经营者激励约束机制。加强和改进国有资产监管。同时，继续鼓励、支持、引导非公有制经济发展，加强产权保护，增强各类企业家创业创新创富的长远信心。

（七）深化对外经济体制改革，完善营商环境。在外贸、外资、自贸区建设和多双边贸易体制等方面，都要有新举措。发展外贸综合服务平台和市场采购贸易，扩大跨境电子商务综合试点，提高服务贸易比重。实施更加积极的进口政策，扩大先进技术、关键设备、重要零部件等进口。更加积极有效利用外资。修订外商投资产业指导目录，重点扩大服务业和一般制造业开放，把外商投资限制类条目缩减一半。全面推行普遍备案、有限核准的管理制度，大幅下放鼓励类项目核准权，积极探索准入前国民待遇加负面清单管理模式。修订外商投资相关法律，打造稳定公平透明可预期的营商环境。对外投资实行以备案制为主的管理方式。积极推动上海、广东、天津、福建自贸试验区建设。维护多边贸易体制，推动信息技术协定扩围，积极参与环境产品、政府采购等国际谈判。加快实施自贸区战略，尽早签署中韩、中澳自贸协定，加快中日韩自贸区谈判，推动与海合会、以色列等自贸区谈判，力争完成中国—东盟自贸区升级谈判和区域全面经济伙伴关系协定谈判，建设亚太自贸区。推进中美、中欧投资协定谈判。

（八）深化生态文明体制改革，促进绿色低碳发展。推进绿色低碳发展，保护生态环境，有效应对气候变化，既是中国可持续发展的内在需要，也是作为负责任大国应尽的责任和义务。要加强对生态文明体制的顶层设计，以完善的制度来保障绿色低碳发展。要完善区域间生态补偿机制，完善节能降耗标准，提高车用汽柴油标准和质量，扩大碳排放权交易试点，推动燃煤电厂超低排放标准，推行环境污染第三方治理。推动环境保护税立法。控制能源消费总量。搞好国家公园体制试点和顶层设计。

（九）深化社会体制改革，加强和创新社会治理。鼓励社会力量兴办教育，加强高校的创新创业教育，推进世界一流大学和一流学科建设。深化收入分配体制改革，完善最低工资标准调整机制，落实机关事业单位养老保险制度改革，并同步完善工资制度。推进城镇职工基础养老金全面统筹，降低失业保险、工伤保险缴费率，完善社保制度。深化医药卫生体制改革，全面推开县级公立医院综合改革，扩大城市公立医院改革试点，破除以药补医，合理调整提高医疗服务价格，通过医保支付等方式来平衡费用。鼓励社会资本办医。改进住房公积金管理办法，研究制定促进房地产市场健康发展的长效机制。加快行业协会商会与行政机关脱钩，鼓励社会力量兴办养老设施，完善政府购买服务的相关实施办法。

同时，要深化文化体制改革，推动传统媒体和新兴媒体融合发展，促进文化繁荣发展。深化司法体制、反腐倡廉相关体制和党的建设制度改革，努力形成各领域改革全面深化、相互衔接，各方面体制机制不断完善的局面。另外，还有一些受到各方关注、令人刮目相看的改革，如足球改革，建立全国和地方统一的GDP核算制度等，也将加快进度。总之，就像战斗已经打开突破口、进入主战场那样，2015年的改革将好戏连台，值得期待。

完善主要由市场决定价格的机制*

回头看：本文解读了主要由市场决定价格是市场经济的普遍要求，是使市场在资源配置中起决定性作用的重要途径，指出了今后完善主要由市场决定价格的机制的基本思路和重点举措，目前这方面改革仍是进行时。

党的十八届三中全会指出，要完善主要由市场决定价格的机制。这指明了今后价格改革的方向，是深化经济体制改革、加快完善现代市场体系的一项重要任务。我们要深刻领会，认真贯彻落实。

一、完善主要由市场决定价格的机制是发挥市场配置资源决定性作用的一个关键举措

（一）主要由市场决定价格是市场经济的普遍要求和市场配置资源的基本途径。《中共中央关于全面深化改革若干重大问题的决定》指出，使市场在资源配置中起决定性作用。这是我们对社会主义市场经济规律认识的一个新的重大突破，无论在理论上、实践上都有重大意义。将这一重大判断和基本要求落到实处，必须完善主要由市场决定价格的机制。这是因为，使市场在资源配置中起决定性作用，不是空洞的、一般的要求，而是要通过市场价格和市场竞争以及由此引起的市场优胜劣汰等具体途径来实现。在市场经济条件下，如果价格是扭曲的，资源配置

---

* 本文2013年11月19日原载《经济日报》，收录于《〈中共中央关于全面深化改革若干重大问题的决定〉辅导读本》（人民出版社，2013年）。

就会失去正确的导向，资源配置的结构就不合理，资源配置的效率就不高。只有当价格是合理、有效、灵敏的，才会引致资源配置的结构优化和效率提高。多年来，我国经济结构不合理，经济发展方式粗放，经济发展所付出的资源环境成本较高，价格扭曲是重要原因之一。面对新形势新任务，我们迫切需要进一步理顺重大价格关系，推进资源性产品和其他要素价格改革，疏导多年积累的价格矛盾，更好地利用价格杠杆促进经济发展方式转变和经济结构调整。理顺价格关系，使价格能够经常地、动态地反映供求关系，充分发挥价格杠杆的调节作用，最根本的是要有一个由市场起决定作用的价格形成机制。价值规律的作用要通过价格变化来实现。因此，完善主要由市场决定价格的机制是理顺并保持合理价格关系、优化资源配置的题中应有之义，是深化经济体制改革、完善社会主义市场经济体制的重大举措。

（二）主要由市场形成价格的机制已基本确立。30多年来，价格改革贯穿于我国经济体制改革的全过程。在不同时期和不同阶段上，根据价格改革所面对的不同形势和问题，我们曾实行"调放结合、以调为主"和"放调结合、以放为主"等不同的价格改革策略和方式，经过多年坚持不懈的努力，价格改革取得了具有决定意义的重大进展，基本建立起国家宏观调控下主要由市场形成价格的机制。早在2008年，社会商品零售总额、农副产品收购总额和生产资料销售总额中市场调节价的比重已经分别达到95.6%、97.1%和96.5%，近年来市场调节价的比重继续稳中有升。我们在改革和发展实践中越来越深刻地认识到，在市场经济中，价格是具有高度灵敏性和灵活性的市场调节手段，价格上升时刺激供给、抑制需求，价格下降时刺激需求、抑制供给，这往往比政府直接配置资源能够更加及时有效地促进市场供求动态平衡，促进资源向更有效率的领域集中。我国的价格改革持续深化，价格变化更好地反映了市场供求，这反过来又调节市场供求，从而极大地活跃了城乡市场，促进了生产流通，提高了资源配置效率，改善了人民生活，并推动了国际经济交流合作与竞争，充分利用国内国际两个市场两种资源。可以说，新的价格形成机制已成为社会主义市场经济充满生机和活力的一个不可或缺的要件。

（三）现行价格形成机制还不完善。与市场在资源配置中起决定性作用这一更高要求相比，目前的价格形成机制还有一些不适应、不完善之处。主要表现在：市场决定价格的机制在某些领域的作用发挥得还不充分、不平衡，特别是资源性产品价格改革相对滞后，价格的市场化程度不高，难以完全真实反映市场供求关系、资源稀缺程度和环境损害成本，一些外部成本没有内部化，因此难以对资源的有效开发利用和合理消费形成有力有效的激励、约束作用；同时，不同资源性产品的比价关系不合理，有的已与国际市场接轨、随行就市，有的还受到较多限制，如天然气价格偏低，对于稳定增加国内外供应渠道和资源合理高效利用带来一定的制约影响；公用事业、公益性服务、环境领域和垄断行业的价格改革仍不适应形势发展需要和社会期待，资金、土地等要素价格形成机制还不健全；政府定价范围经过多轮改革已大为缩减，但仍有减少余地，政府定价规则需要继续完善，科学性需要进一步提高，价格监管还需不断加强和改进。总的看，完善主要由市场决定价格的机制还有大量工作要做。

二、完善主要由市场决定价格的机制的基本思路

《决定》提出，"凡是能由市场形成价格的都交给市场，政府不进行不当干预"。这为今后价格形成机制改革明确了前进方向，提出了基本要求。贯彻这一精神，要把握好以下几点。

（一）坚持把市场决定价格作为价格形成的常态机制、普遍机制。改革开放以来，我国市场体系不断健全，市场发现价格、形成价格的功能不断增强。我们要坚持社会主义市场经济的改革方向，更加尊重价值规律、市场经济规律，健全反映市场供求关系、资源稀缺程度、环境损害成本的价格形成机制。原则上讲，使市场在价格形成中起决定性作用，应当贯穿于价格形成的全过程、各领域。这就要求我们正确处理政府与市场的关系，凡是能够通过市场竞争形成价格的，都要放开价格管制，放手由市场形成价格，政府不进行不当干预。对那些暂不具备条件的，要积极探索建立符合市场导向的价格动态调整机制，并创造条件加快形

成主要由市场决定价格的机制。

（二）坚持把政府定价严格限定在必要范围内。根据价格法，政府定价或政府指导价的范围主要是，与国民经济发展和人民生活关系重大的极少数商品价格，资源稀缺的少数商品价格，自然垄断经营的商品价格，重要的公用事业价格，重要的公益性服务价格。按照价格法的要求，中央和地方都制定了相应的定价目录。这次《决定》提出，"政府定价范围主要限定在重要公用事业、公益性服务、网络型自然垄断环节，提高透明度，接受社会监督"。贯彻《决定》精神，政府定价要注重在"减"、"放"、"改"方面下功夫。"减"，就是在科学论证的基础上进一步减少政府定价的范围和具体品种，包括对自然垄断行业也要加以细分，使政府定价限定在网络型自然垄断环节。要深化垄断行业改革，引入竞争机制，为减少政府定价创造条件。"放"，就是按照简政放权的要求，对于部分可以由地方政府价格部门制定价格的商品和服务价格，进一步下放给地方政府价格部门，以就近管理，更好地反映当地实际。"改"，就是进一步改进政府定价方法，规范政府定价行为，提高政府定价的科学性、公正性和透明度。为此，要制定和完善政府定价制度与规则，减少自由裁量权；健全反映市场供求的动态调整机制，完善和落实已有的各类价格联动机制；完善专家评审、专家论证及价格听证制度，广泛听取社会意见，提高政府定价的科学民主决策水平；推进价格政务信息公开，包括定价目录、程序、方式、依据、结果等，应当公开的都要向社会公开，以更好地接受社会监督。应当强调的是，政府定价也要遵循价值规律，合理考虑成本和社会承受能力等因素，从而使政府定价既体现政府稳定市场、保障民生等的意图，又内在地反映价值规律的要求。要进一步转变政府职能，从过去直接定价、直接管理为主向定规则、当裁判为主转变，从过去注重价格调整向注重价格行为规范转变，加强价格法制建设，完善价格法律法规，对那些不适应形势发展要求的规定要及时加以修订，从而为主要由市场决定价格的机制发挥作用提供更加有力的法律保障。

（三）坚持不断改进政府价格管理和监督。我们强调对市场形成价格政府不得进行不当干预，并不意味着政府只能被动接受或无所作为。

政府在价格形成上既要克服"越位""错位"，也要弥补"缺位"。实际上，社会主义市场经济条件下政府在价格管理和监督上任务很重，需要转变观念、改进方法、开阔视野、拓展思路，提高价格管理和监督水平。要加强价格监测与预警，丰富价格调控手段，健全调控预案，防范和应对市场价格异常波动。要加强民生价格管理，区分基本需求和非基本需求，按照"保基本"的要求，完善阶梯价格制度，对满足居民基本生活需求的价格保持相对稳定，对非基本需求部分的价格更多由市场调节。要协调处理好整体和局部、长远和当前、中央和地方、城市和农村等利益关系，加快财税等方面配套改革，保障价格改革顺利推进，充分发挥价格手段对优化资源配置结构、调节利益分配结构的作用。要加强和改进价格监管，规范市场价格行为，引导市场主体依法合理行使定价自主权，约束经营者利用自身拥有的信息或市场地位优势侵害消费者利益的价格行为，严厉查处哄抬价格、串通涨价等操纵价格行为，加强价格反垄断工作，依法严厉处罚违法行为，切实保障市场决定价格机制的有效发挥，维护正常的市场和价格秩序。

三、深化重点领域价格形成机制改革

完善主要由市场决定价格的机制，必须深化资源性产品、垄断行业及农产品等重点领域的价格形成机制改革，真正使市场在资源配置中起决定性作用，真正通过更加合理有效灵活的价格杠杆，优化全社会资源配置，促进经济发展方式转变和长期持续健康发展。

（一）推进资源性产品价格形成机制改革。这是促进资源节约和高效利用的需要，是建设资源节约型、环境友好型社会的需要，是推动经济发展方式转变、实现经济社会可持续发展的需要。深化资源性产品价格形成机制改革，要坚持市场化方向，提高市场化程度，凡是能够通过市场竞争形成的价格，都要放开由市场决定和调节；暂不具备条件完全放开的，也要积极建立符合市场导向的价格动态调整机制。

深化成品油价格改革。经过多轮改革，我国成品油价格已与国际市场原油价格间接接轨，2013年3月又将调价周期由原来的22个工作日缩短至10个工作日，并取消调整幅度限制，新机制更好地反映了国际市场油价变化，有利于更好保障国内市场供应。今后要实施好新的成品油价格调整机制，及时总结实践经验，逐步向最终放开价格、完全由市场决定过渡。

深化天然气价格改革。我们已经建立了天然气价格与可替代能源价格挂钩的动态调整机制，使天然气价格的市场化程度和合理性明显提高，今后要落实和完善这一机制，加快理顺存量气价格。对居民用气价格形成机制可借鉴居民用电阶梯价格的做法加以创新。长远看，天然气气源价格应完全放开由市场决定，政府只监管具有自然垄断性质的管道运输价格和配气价格。

深化电价改革。近年来电力价格市场化改革逐步推进，但还不到位。要结合电力体制改革，继续完善电价形成机制，逐步建立起发电售电价格主要由市场决定、输配电价格实行政府定价的机制。要落实和完善上网标杆电价政策和煤电价格联动机制，促进发电行业公平竞争。完善环保电价政策，包括建立健全可再生能源（风能、光伏等）电价、超标能耗加价（惩罚性电价）、脱硫脱硝加价等政策，促进节能减排和绿色发展。完善居民阶梯电价政策，逐步放开除居民用电、农业用电等之外的销售电价，提高销售电价的市场化程度。

深化水价改革。近年来水价改革逐步推进，但水价仍然偏低，甚至难以弥补成本。面对当前水资源短缺、水污染严重的形势，必须下更大决心，进一步深化水价改革，建立合理反映成本、有利于节约用水的价格体系，逐步提高工程供水价格和水资源费征收标准，加大落实力度，全面推行和逐步完善城镇居民生活用水阶梯价格制度。

（二）推进交通运输价格和电信资费改革。要坚持铁路运价改革市场化取向，结合铁路投融资体制改革，有利于吸引社会资本参与铁路建设运营，按照铁路与公路保持合理比价关系的原则制定国铁货运价格，分步理顺价格水平，并建立铁路货运价格随公路货运价格变化的动态调整机制。同时，要创造条件，将铁路货运价格由政府定价改为政府指导价，增加运价弹性。依据运行速度和服务质量等因素确定铁路客运价格形成机制。目前民航客运价格主要实行政府指导价，多数航线实现浮动幅度上下限管理,随着航空企业之间以及不同运输方式之间的竞争日趋激烈,要逐步扩大民航实行市场调节价范围,进一步提高民航价格的市场化程度。

深化电信资费改革。目前电信资费按不同业务品种既有政府定价和政府指导价,也有市场调节价,比较复杂。要按照扩大市场准入、促进公平竞争、提高服务质量的要求,规范电信资费行为,对电信增值业务资费实行市场调节价,加强对电信资费套餐和互联网接入资费行为的监管。

(三)完善农产品价格形成机制。近年来,我国对稻谷、小麦、玉米等实行最低收购价、临时收储政策,实行包括粮食直补、农资综合补贴、农作物良种补贴、农机具购置补贴等在内的农业补贴政策,加强农产品进出口调控,有力地促进了农业生产和农产品市场供应。目前国内农产品价格已普遍高于国际市场,农产品进口增多,政府储备顺价销售难度加大,新增仓容不足,带来一系列矛盾。完善农产品价格形成机制势在必行,但又涉及多方面因素,十分复杂,需要科学论证、慎重决策、稳步实施。要注重发挥市场形成价格作用,统筹兼顾国内与国际、中央与地方、产区与销区、农民与消费者等多重因素和利益关系,建立健全适应形势发展要求的农产品价格形成机制,以利于促进农业生产发展、市场供求基本平衡、保障国家粮食安全、保护农民和消费者利益。

同时,要进一步完善土地、劳动力、资金等要素的价格形成机制,在更广范围、更大程度上发挥市场形成价格的作用,促进各类要素资源配置优化,提高国民经济的整体效率和竞争力。

从大部门制到超大部门制

——深圳、顺德机构改革调研*

回头看：大部门制说易行难，局部试点难免遇到一些特殊困难，本文结合深圳、顺德的实践所提出的思考可能在今后的实践中还会再思考。

在2009年7月和9月，深圳和顺德先后推出大部门制改革，引起社会广泛关注和高度评价。一年多来，深圳和顺德的大部门制总体上运转平稳顺利，促进了政府职能转变和行政效率提高，推动了经济社会发展和转型升级。同时，实践的发展要求认真总结经验，继续深化行政管理体制改革。最近我们对有关情况进行了调研，形成几点初步看法。

一、深圳和顺德大部门制改革的特色和成效

深圳和顺德的大部门制改革各具特色、异同并存。相同之处在于：

（一）对机构职能进行"同类项合并"。努力形成大规划、大经济、大建设、大监管、大文化、大保障等大部门格局。深圳的机构改革，一是经济管理方面，在充实发展改革委职能（如定价职责和统计分析、信息发布职能）的同时，在原有五个产业职能部门的基础上组建科技工贸和信息化委员会，形成了类似多年前"国家计委"和"国家经委"那样的两大超级经济管理部门。二是城市建设方面，将城市规划和国土规划职能整合起来，将所有交通运输职能归口交通运输委员会，将林业职能

* 本文完成于2011年3月，参与调研的有刘光大、陈江帆、郑伟。

（实际上是园林绿化）划入城市管理局。三是人居环境方面，将原环境保护、建设、水务等相关职能划入新设立的人居环境委员会。四是市场监管方面，将工商局、质监局、知识产权局合并为市场监督管理局。五是社会管理方面，将文化、体育、旅游等职能归并到文体旅游局，将应急指挥中心、安监局、民防办等整合组建应急指挥办公室，等等。顺德的机构改革涉及面很广，在经济管理方面，把城市规划、土地利用规划、产业发展规划、环境保护规划的职责均划入发展规划和统计局，实现经济社会发展规划与城市规划、土地利用规划的统一，有助于"多规统筹"甚至"多规合一"。同时，将一、二、三产业和科技职能整合到经济促进局，实际上也形成了类似过去"计委""经委"的两大超级经济管理部门。其他部门也最大限度"合并同类项"，如将原卫生局、民政局、残联、工会的部分职能划入人力资源和社会保障局，并对城市建设、城市管理两类职能和机构分别作了整合。

（二）减少机构部门和领导职数。改革后，深圳的政府部门从46个精简为31个，精简幅度达到1/3。除教育、民政等7个部门外，其他机构均有调整，共减少机构（含内设、下设、派出机构）15个，其中副局级5个、处级90个、科级56个，相应减少领导职数394名，其中局级56名、处级139名、科级199名；还减少事业单位60个。与此同时，对一些职能需要加强的部门适当增加机构编制，共增加处级机构11个、处级领导职数43名。在大部门制下实行大处制，许多综合处室和性质相同相近的业务处室（如办公室、综合处）被整合归并。改革后，顺德党政部门从原有的41个压缩为16个，其中6个党委机构、10个政府机构，机构精简幅度达60%。

（三）把大部门制改革和减少行政审批事项结合起来。深圳在改革中共取消和调整与市场准入、企业经营相关的行政审批事项194项，占现有623项的31%，其中60多项被精简，其余调整为服务项目。顺德在容桂街道推进简政强镇事权改革试点，区属部门向容桂街道下放第一批316项经济社会管理权限。

（四）把推进机构改革和加强社会建设结合起来。主要在两方面进行：一是加强社会管理机构，二是加强社会自治功能，既有"收"也有

"放"。在机构方面，深圳将民族宗教侨务等职能进一步整合到统战部，顺德将统战部和农村工作部、外事侨务局、民政局、工、青、妇、残联、工商联等整合设立区委社会工作部。在社会自治方面，深圳将职业培训认证、行业评定等100多个事项交由社会组织承担，充分发挥其在社会公共事务管理中的作用。顺德在华口社区建立市民服务中心，统一负责计划生育、城管、治安、征兵等行政事务，居委会回归自治职能，还成立街道公共决策和事务咨询委员会，请部分党代表、人大代表、政协委员和社会各界杰出人士进行决策咨询。

（五）探索建立决策权、执行权、监督权既相互制约又相互协调的运行机制。深圳构建了委、局、办框架，按照设想，"委"主要承担制定政策、规划、标准等职能，并监督执行；"局"主要承担执行和监管职能；"办"主要协助市长办理专门事项，不具有独立的行政管理职能。同时，建立一种"联系机制"，将一部分主要承担执行和监管职能的局，由承担制定政策规划的委来归口联系，将一部分职能办公室由市政府办公室归口联系，目的是加强部门之间的工作关系，加强决策和执行之间的制约和协调。为理顺运作机制、避免部门间相互扯皮互不买账的情况，明确了"局"在规划、政策、标准、重大事项方面的"拟订"职责，"委"在这些方面的"审核上报"职责。顺德实行决策权上移、执行权集中、监督权外移。区重大决策由"四位一体"（党委、人大、政府、政协）的区联席会议作出，并由规划和政策研究部门（这次把党委政策研究室"做实"，负责审核区范围内拟订的所有政策）统筹。执行权集中在各大部门。区纪委通过派驻纪检监察组或专职监察人员的方式对各部门进行独立监督。

在以上这些方面，深圳和顺德的大部门制改革都取得了积极的效果，引起了良好的社会反响。

深圳和顺德的大部门制改革也有不同之处，主要是：第一，深圳的机构改革主要在政府内部进行，顺德的机构改革是党政联动。顺德的大部门制改革将党政所有机构通盘考虑，按照职能加以重新整合。在此次改革前已经将区委办公室、区政府办公室合二为一，监察局并入纪检委，这次将纪律检查委员会和审计署整合，将宣传部和文体广电新闻出版局整合,将政法委和司法局整合,改革后的党委机构均与相关政府机构合署办公。第二,深圳的机构改革基本未涉及垂直管理机构,顺德的机构改革触及垂直管理机构。顺德将工商、质检等垂直管理部门与其他涉及市场监管的8个机构(包括农业市场管理、文化综合执法、食品安全、药品安全、旅游市场管理、安全生产监管)一并整合到新设置的市场安全监管局。第三,深圳的领导层次保持了原来格局,顺德的领导体制更趋扁平化。改革后,顺德区领导兼任部门一把手,除了区委书记、区长外,区委常委、副区长、政务委员均担任大部门首长,主管一方面工作,与原来区领导分管某方面工作并由相应的秘书长协助有明显的区别。其中,政务委员(3名)是这次机构改革中的"新生事物",相当于在减少了部门领导职数的同时,增加了区级领导职数。第四,深圳在政府决策权、执行权、监督权三者关系上通过赋予委、局、办不同的职责来实现,顺德强调集中统一决策、强化外部监督。深圳和顺德大部门制改革的做法、力度有所不同,这与深圳为副省级城市、顺德为地级市下设区的行政级别、管理范围、国内外影响等客观因素差异有一定关系,但正因为二者各有特色,就能更好地通过他们的先行先试,为全省乃至全国的行政管理体制改革提供更加丰富的新鲜经验。

二、深圳和顺德大部门制改革中遇到的若干问题

深圳和顺德的大部门制改革在扎实推进、平稳运行的同时,也遇到一些困难和问题,归结起来有三类:一是由客观条件局限性特别是下改上不改所带来的问题,二是方案设计时没有完全预料到的问题,三是新机构运转不久、有待进一步磨合的问题。具体来看,包括以下几个方面。

(一)上下对口问题。深圳和顺德的大部门制改革均遇到上下不对口问题。被合并部门的上级单位可能会认为,这样改革表明下级地方对自己这一部门(系统)不重视,改革后本部门在下级地方缺了腿,因此上级部门的有些专项资金(如科技)不愿意再给、一些奖项(如计划生育)也不愿意再授。上级开会要求下级地方相关部门主要负责人参加时,大部门的一把手往往难以分身、应接不暇,如派副手则上级领导不高兴

或不接受。机构改革在地方局部试点、缺乏上下联动的情况下，这一问题的产生具有客观必然性。

（二）党政联动问题。处理好党政关系、搞好党政分工是加强和改善党的领导的重要内容，也是多年来一直在探索的重大课题。顺德的改革提供了极为新鲜、宝贵的经验，它突破了现有党政分工框架，是一些人想做而没有做或不敢做的试验。当然，作为局部和基层的区县一级党政联动机构改革，如果成功，并不意味着必然适合在更大范围内、更高层次上推广；即使不成功，也不会引起太大问题，况且现在看还相当成功。深圳和顺德大部门制改革的不同模式带来的启发是，是否实行党政联动、多大程度上党政联动，在不同行政层级（国家、省、市、县、乡）可能有不同的最佳选择。

（三）垂直管理问题。近年来垂直管理单位逐步增多，其积极作用有目共睹，但社会议论也不少，一些地方对所在地垂直管理单位时有意见，但又无奈。顺德将承担市场监管职责的垂直管理机构（如质检、工商）实行属地化，是大部门制改革的一项重大突破，符合大市场、大监管理念，也是破解近来频频遇到的食品安全监管困惑的一个有益探索。在实施过程中不免遇到一些政策法规或技术问题，如执法着装、程序、文书、证件等方面的上下统一问题。长远看，如果全国的垂直管理体制没有变化，如何在局部搞好相关机构的属地化管理和纵向横向衔接，需要在实践中完善。

（四）精简机构与公务员队伍积极性问题。大部门制改革是政府的一次自我革命。与其他改革不同，机构改革往往是改革者"吃亏"：从近期看，虽然现有的干部均得到安置、没有减员下岗，但不少干部从实职变成了虚职，从原来的部门一把手变成了副手；从长远看，由于领导职数大为减少，干部升迁之路明显堵塞，干部从上到下的金字塔底座变宽了、塔尖变细了。如何通过改革来保护和提高广大公务员积极性、把那些富有聪明才智的人吸引到公务员队伍中来，这对于党和国家的事业十分重要。

（五）精简机构与社会组织发育问题。深圳和顺德在改革中都提出加强社会自治、放权社会组织，这方面都有进展，但还不够突出。这里有个鸡生蛋、蛋生鸡的悖论问题，即政府本想把许多社会管理权限交给社会组织，但现在各类社会组织普遍发育不足，政府不得不继续把权揽在手里，以防出现管理真空，而这样做又难免抑制了社会组织发育。另一方面，也会担心社会组织做大后政府管理失效甚至失控。

（六）大部门的适度规模问题。大部门制是改革的大方向，但大部门是相对而言的，不能简单地说越大越好。有的大部门整合了原来五六个甚至更多部门的职能，容易造成主要领导不堪重负，日常事务应接不暇，没有足够时间进行长远战略思考。大部门的职责范围明显扩大后，对部门主要领导特别是一把手的素质能力、工作方法、监督制约提出了更高的要求。另外，如果一个局下设几十个处室，开会时每个处室讲几分钟也会花费很长时间。因此，不同层级的政府在进行大部门制改革时要根据实际来考虑管理半径、适度规模。

此外，大部门制实施在短期内难免存在一些不够顺畅、与原来设想效果存在差距的地方，如深圳的部门归口联系机制约束性还不够强，人居环境委员会作为全新设立机构在有效运转上还要进一步磨合，城市规划、建设等原有强势部门对新的职能调整还要加强相互支持相互配合。顺德大部门制实施中也遇到许多上下左右的衔接问题，包括多个规划合一后国土资源管理部门感到职能履行不够顺畅等。

三、对深化大部门制改革的几点思考

大部门制是今后机构改革的方向，实施好深圳、顺德和其他市县的大部门制改革试点，对于全省乃至全国的机构改革具有重要的示范借鉴意义。要认真总结评估改革的成效和经验，凡实践证明成功者要发扬光大，有缺陷者要及时加以调整修正，不断完善体制机制，努力使大部门制成为既好看、又好用、各地趋之若鹜争相仿效的典范。

（一）着力理顺并规范大部门制对应的上下左右关系。现实中有两类关系：一是省内的关系，二是与中央有关部门的关系，前一方面省内有较大自主权，后一方面省内缺乏自主权。理顺与中央有关部门的关系，关键是省内试点市县要积极主动做好报告、沟通、衔接工作，争取中央部门的理解、支持,特别要清晰解释和界定大部门中与上级部门相对应、对口的职能和机构,还可在大部门机构名称上加挂牌子,如社会工作部可以加挂统战部、民族宗教事务局、外事侨务局、民政局的牌子,要使上级部门确信,尽管机构不再独立,但在新的大部门内,对口的人员可以找到、对口的事务可以办妥,而且效率更高、效果更好。对省内有关部门与大部门制改革试点市县的关系,似可以省级文件或地方法规的形式加以规范化,要求上级部门对实施大部门制的市县做好上下级之间的职能对接、支持、服务,不得有任何歧视或怠慢。

(二)着力把大部门制改革转化为转变政府职能、提高行政效率的强大动力。改革不仅要有物理反应,更要有化学反应。大部门制是形式、手段、途经,根本目的还是转变政府职能、提高行政效率。政府职能包括经济调节、市场监管、社会管理、公共服务等,通过实施大部门制改革,要在机构设置和人员配备上切实加强政府在市场监管、社会管理、公共服务方面的职责。对经济调节职能也要加以改进,进一步减少对微观经济活动的直接干预,更加注重运用经济和法律手段来加强宏观调控。审批是一种管理,也是一种服务,审批事项不是越少越好,但总的趋势是继续减少审批事项,规范审批行为。要增强审批的透明度,降低审批的吸引力,严格审批的责任制。要把审批事项的前置条件和时限等明确无误地告知公众,凡符合条件的必然通过审批,凡不符合条件的一律没有通融余地,凡审批出现失误的要追究审批者的责任。减少什么审批事项,要听取被审批者、下级政府、专家学者和社会公众的意见。

(三)着力加强大部门首长的素质能力和监督制约机制建设。实行大部门制后,对广大干部的要求更高了,工作任务更重了,特别是部门一把手的责任更大了。同时,大部门业务范围宽了,管的事多了,尤其是部门负责人的权力更大了。因此,对广大干部特别是大部门负责人,在素质能力建设和监督制约机制建设上要两手抓两手都要硬。要建立与大部门制相适应的干部学习、培训、交流制度,提高干部的综合素质和领导能力。要形成人大监督、政协监督、舆论监督、群众监督、上级监督等相结合的监督制约体系,完善以大部门首长为重点对象的行政问责制度。

（四）探索与大部门制相适应的干部人事和薪酬制度。从客观需要看，行政机构的编制和领导职数与所管理的经济社会事务范围、体量应有一个合理的比例关系。目前珠三角地区存在经济社会活动规模大而机构编制相对不足的矛盾，为此，要用足现有的编制和职数，并从大部门制的特点出发优化配置。同时，根据现实需要，积极争取上级部门支持，适当增加编制和职数，或以灵活变通的方式充实编制和职数。另一方面，要探索在行政职务升迁之外建立一个公务员待遇随着资历和业绩而稳定提高的机制和通道，包括技术职称、住房保障等形式，使得在大部门制下尽管干部晋升空间变小，但待遇激励加大，让公务员队伍更有尊严感、荣誉感、责任感、积极性和战斗力。

（五）探索在市级进行适度的党政联动改革试点。例如，在下辖各区均已实行大部门制改革的基础上，可考虑在佛山市级进行党政联动改革试点，但联动的范围和程度，根据实际需要确定，不必和下辖区完全一致。这样就可以形成从上到下规模不同、层次分明、各具特色、相互贯通的大部门制改革试点体系。

（六）探索社会管理体制改革的新经验。要围绕"建设幸福广东"和中央关于事业单位分类改革的要求，认真研究社会领域的新现象、新趋势，突出社会治理理念，加强社会组织的培育和管理，努力在社会管理体制改革探索上继续走在全国前列，创造新鲜经验，使党委领导、政府负责、社会协同、公众参与的社会管理工作格局真正得到落实，为推动科学发展、促进社会和谐提供更加有力的支撑。

改革煤炭订货会*

回头看：如何理顺煤、电关系，本文主张在煤价放开的情况下电价
要合理调整，重点合同煤价应与市场煤价逐步靠拢接轨，符合供求关系
和价值规律，否则就会形成死结。近年来这一问题仍在困扰着我们，需
要得到有效解决。

电煤供应紧张，煤、电之间不协调、矛盾大，症结何在？不在订货
会，主要在煤、电价格不协调，在于煤炭价格放开，而电价管死。2003
年以来煤炭价格大幅度上涨，恰值国家电力公司重组为五大发电公司，
电力企业对煤价上涨的消化和承受能力明显弱化，不得不由政府出面协
调确定一个低于市场的重点订货电煤价格，以保障电力企业不发生全面
的经营困难乃至亏损。既然重点订货价格明显低于市场价格，煤炭企业
自然不愿意履行合同。煤、电之争由此而生，而且必然产生。

我曾经提出建议：走出困境有两种选择，或者临时恢复电煤政府指
导价，与电价的政府定价性质相配套；或者根据电力供求状况大幅度提
高电价，特别是提高发电企业的上网电价。前者是走回头路，后者来得
似乎晚了点。如果在去年底提高电价2分以上，并且都给发电企业，那
么煤、电之争绝不会像现实中发生的那样。

在煤炭资源紧张、运力资源紧张的情况下，对电煤供应不妨提出这
样的假设：假如电煤重点订货价格不是低于市场价格三五十元，而是高
于市场三五十元，甚至更高，假如煤矿和电厂付给运输部门的运费总水
平（包括规定的运费和没有规定的点装费之类）远远高于冶金等其他行

---

* 本文完成于2004年6月，是作者参与全国煤炭订货会协调工作的思考。

业，那么，不用开煤炭订货会，也不用运行局天天协调，煤炭资源自然会源源不断地流向电厂，所谓库存下降、缺煤停机的现象将很少发生。相反，假如现在的电煤价格比市场价低得更多，假如电厂和煤矿付给运输企业的总运费比现有水平更低（例如国家规定的运费标准比现在更低），那么可以相信，任你开三个月的煤炭订货会也无济于事，纵有十个运行局每天24小时协调也无济于事。现实就是如此：煤炭产量增加了这么多（史无前例），但煤炭企业优先卖给了钢铁厂、化肥厂，优先卖给了外资、合资电厂，而不是直供电厂；煤炭运量也增加这么多（史无前例），但运输企业把煤炭运到了钢铁厂、化肥厂，运到了外资、合资电厂，而不是直供电厂。这就是价值规律，价值规律就是这样冷漠无情。重点合同煤价应向市场煤价靠拢甚至最终并轨。

为什么没有及早大幅度提高电价？2003年是电力体制改革的第一年。领导要求保持电价稳定，不能造成一改革就涨价的社会影响。2003年1月订货会上，在电价不动的情况下，协调确定重点订货价格为每吨上涨5元。会后几个月又决定上网电价提高2厘，结果煤、电双方对订货会上协调的结果和签订的合同都有意见，尽管综合司为此专门发文对电煤重点合同和价格等事项予以明确，但双方争执不断；2004年1月订货会上，已经明确上网电价上调7厘，这十分有利于煤、电衔接，重点订货价格协调确定为每吨上涨12元（原来设想只涨8—10元），但煤炭企业抱怨电价上调太多，除消化煤价成本上涨外还有富余。后来的经济运行实际表明，市场煤价上升远超出预期，当初的电价上调幅度也不够。总的感觉是，电价始而不调，后来调价不到位、时间晚，均不适应煤、电形势的变化，不利于煤炭产运需衔接和电力供应。

在煤、电之争中，煤、电双方应各打一板。目前煤炭和电力在一定程度上已经形成了既互相依存、又互相矛盾，并具有明显行政干预或垄断性质的两个共同联盟。煤、电之争主要在上层，不在基层（企业）；主要在电方，不在煤方。山西、陕西等省都曾经对本省煤炭价格特别是出省价格进行干预，几大国有电力公司总部也对电厂煤炭价格进行限制。有时出现这样的现象：一个煤炭企业和一个电厂自愿达成了电煤价格协议，但产煤省主管部门不认账，要求进一步提高煤炭价格，发电公司总部也不认账，要求降低煤炭价格，否则不能签订合同，结果造成煤矿和电厂都无所适从。

电力方面有句话：有煤发电，无煤发文（指向国家发改委发文请求紧急协调电煤供应）。常言说："会哭的孩子有奶吃。"多数人认为，电力方面在上层的影响大，动不动就可以向国家部委或中央反映情况和意见，在煤、电"博弈"中电力处于优势和主动地位。电力又是特殊的最终产品，影响到千家万户、各行各业，是社会关注的焦点。在已经开足马力生产、效益很好的情况下，电力恐怕并不在乎能否发更多的电。缺煤停机、缺电拉闸，更加着急的往往是各级政府，而不是电力企业。

哪些电厂缺煤嗷嗷叫？多是国有五大发电公司的电厂，不是合资电厂（或原国电公司以外的电厂）。为什么？一是国有企业依然像过去那样习惯于躺在国家身上，有困难先找国家，似乎电厂缺煤不是电厂厂长的责任，而是政府的责任，是发改委的责任。缺煤就停机，在一定程度上是电厂对政府的要挟。而政府有求必应，有时比电厂还着急，结果电厂尝到了甜头，政府则背上了包袱，惯坏了企业。二是一些国有电厂的上网电价的确较低，消化能力较弱。形成对照的是，合资电厂很少叫喊缺煤，即使缺煤也是自己想办法解决，不会找政府。原因也很简单：一方面政府没有义务为这些企业紧急协调调运几车煤，企业也没有形成等靠要的观念和现实的依赖关系。另一方面，合资电厂的上网电价明显高，消化煤价成本上升的能力确实更大一些，很少缺煤停机。

产煤省对煤炭的不合理干预主要表现在两方面：一是要求煤炭企业统一提价，二是在煤炭紧张时限制出省。多年来山西省政府下面设有一个煤炭销售办公室，简称销办，煤炭销售特别是出省都需要加盖销办的公章。发改委在2003年以来下发的几个文件中均三令五申，要求地方政府停止对煤炭市场的不合理干预，但收效并不明显。

煤炭重点合同兑现率为87%左右，偏低还是较高？在目前重点合同煤炭价格明显低于市场价、重点合同并不具有普通商业合同的法律约束力的情况下，兑现率达到这样的水平是不容易的。其实，在煤炭市场疲软时期，也存在部分重点合同不兑现的问题，原因是电力企业不愿意买大煤矿重点合同的高价煤，纷纷去找小煤窑拉低价煤，反正市场上煤炭富余。只不过那时国有重点煤矿吃了哑巴亏，但合同兑现问题客观上没有影响到发电、因而没有产生重大社会影响罢了。

煤、电企业是患难兄弟，但多年来矛盾甚多、积"怨"甚深。煤、电形势变化往往是30年河东、30年河西，电力企业曾经强势，近年来转为弱势，但煤炭企业也不会永远处于强势。因此，煤、电之间在主观上应互谅互让，在机制上应打造形成利益共同体，这才是互利共赢的长久之计。假如能够提高重点合同兑现率、使电煤供应得到100%的保证，效果会更好吗？不见得。恐怕是好心办错事。首先，当前火电机组的利用小时已经明显超过合理安全水平，如果电煤供应得到充分保障从而使得火电能力利用率更大幅度地超过合理安全水平，结果固然会一时增加更多的电力供应，但同时也必然不断积累更大的安全隐患，迟早会出问题。其次，投资增长已经过快，过热现象已很明显，增加电力供应只会加剧过热。因此，从客观效果上讲，停机限电有助于抑制过热加剧，而不由分说地保电煤、保电力则会助长过热。刻薄点说，对煤电运行协调力度越大，电力供应保障程度越高，越可能产生"助纣为虐"的负面效果。

煤炭订货会过去是计划经济的产物，现在是计划经济的残余。订货会是一个过于陈旧的瓶子，虽有一点新酒，但太少。在行政许可法即将实施、加入世界贸易组织和初步建立社会主义市场经济体制的新形势下，不改革煤炭订货会，就有悖于依法行政，有悖于国民待遇原则，有悖于发挥市场在资源配置中基础性调节作用的要求。煤炭订货会非改不可，而且应当做到洗心革面。

国家计委（综合司）从1983年开始牵头负责煤炭产运需订货衔接。这次机构改革确定的综合司职能包括："研究提出全社会煤炭产、运、需衔接和综合平衡的调控措施"，"制定煤炭资源、运力配置方案"。最近几年，综合司与运行局以及有关部门之间在订货会方面保持着良好的工作关系。职责分工可以概括为：综合司负责总体安排（确定订货总盘子），运行局负责日常的监督执行。我一直认为，为了更好地完成委领导交给的中心工作，综合司的职能需要虚实结合。所谓实，并不是承担多少事务性工作，而是要能够真正置身于经济运行的某个关键环节，亲身感触到经济生活的呼吸和脉搏，而不是游离于经济运行之外。

关于煤炭订货会改革的设想有两个方案可供考虑：

方案一：取消煤炭订货会

1. 不再召开全国煤炭订货会。由企业双方自主协商确定煤炭供需数量和价格，政府有关部门适当协调运力配置。主要是：（1）煤炭供方和需方企业在每年10月协商提出下一年的煤炭合同数量，由各省汇总后报国家发改委，并抄送铁路和交通部门。中央企业或国家计划单列企业可直接报送。煤炭供方企业的年发运量应在40万吨以上（本方案称为大中型煤炭企业）。（2）国家发改委会同铁路、交通等部门协调确定下一年度的运力配置总体方案。原则是按照当年实际完成煤炭运输量的90%，作为下一年度的基本需求量，给予运输保证。各地和主要企业一般均按此比例配置运力，并适时公布运力配置方案。此项工作在每年11月完成。（3）其余部分煤炭合同量，包括年发运量40万吨以上煤炭企业的另10%运量、下一年新增部分以及发运量40万吨以下企业的煤炭合同，其运力安排，由铁路、交通部门根据运输能力和运输结构调整的需要，与煤炭供需双方在年度运行中通过协商确定。

2. 取消重点订货合同。不再区分重点合同和非重点合同，消除"计划内"和"计划外"的概念和做法，废除原有的重点订货基数。今后所有的煤炭供货合同均为同样性质的合同。

3. 不再协调煤炭价格。煤炭价格，包括电煤价格，一律由供需双方协商确定。但政府可以依据价格法规对煤炭价格的异常波动进行适当干预。同时，明确要求地方政府和有关企业，一律不得非法干预煤炭价格，不得形成垄断性质的同盟以影响价格。对违规违法的地方政府和企业，依法予以批评和处罚。

4. 推动供需双方企业签订长期供货协议。长期协议期限可定为三年左右，双方企业可按照实际供货量的一定比例确定长期供货协议数量，每年或每半年协商确定一次价格。为鼓励供需双方建立长期稳定的合作关系，铁路、交通部门对长期供货协议做出运输承诺。

5．由煤炭供需企业签订真正的商业合同。目前的煤炭合同实际上是供货协议，不是真正意义上的商业合同，不具备法律约束力。主要是在运输得不到保证的情况下，仅供需双方签订合同无法保证执行。可首先使大中型煤炭企业当年90%的煤炭外运部分（根据本方案已经得到运力保证）签订真正的商业合同，具有法律效力。其余部分煤炭交易在获得铁路、交通等部门运输承诺的情况下，也要签订真正的商业合同。凡因运输问题而使合同得不到执行时，不追究煤炭供需双方的责任。对作出运输承诺但未完成运输任务致使煤炭供需合同得不到执行的情况，国家宏观调控部门会同运输部门进行监控和处理。

6．优先保证电煤供应。在基本同等的条件下，煤炭企业要优先向电力企业供货，运输企业要优先安排电煤运输。国家宏观调控部门对此进行监督。

7．鼓励探索网上交易和建立有形煤炭市场。在现有中国煤炭市场网（中国煤炭工业协会主办）的基础上，进一步增强和完善网上交易系统，吸收主要的煤炭产、运、需企业参股，并成立网上交易系统监管委员会，监督网上交易及其执行。运输部门要定期对网上交易合同的运输保障进行合理的评估和安排，并通过网上交易系统对每一笔煤炭供需合同是否能够承运限期做出明确的答复，凡得到运输承诺的合同即可执行。网上交易每笔合同的交易数量不得低于规定的额度。鼓励企业和地方建立规范的有形煤炭交易市场。

8．召开中国煤炭论坛。目前该论坛由中国煤炭工业协会为主组织，在订货会期间套开，主要研讨煤炭供需形势。可充实改造中国煤炭论坛，以国家发展改革委名义主办，中国煤炭工业协会承办，用户部门、运输部门、产煤大省等协办，每年举行一次，一般在12月初召开。主要任务是：国家宏观调控部门介绍宏观经济形势和调控政策取向，并与煤炭产、运、需三方共同研讨煤炭产、运、需形势，促进煤炭产、运、需衔接和煤炭产业健康发展。论坛原则上只务虚、不务实，通过务虚达到务实的目的。鉴于该论坛内容涉及煤炭行业、运输部门、煤炭用户，其中煤炭用户又包括电力、冶金、化工、出口等，还要阐释国家宏观调控政策，以引导煤炭和相关行业的发展，建议由委内综合司局会同有关司局负责论坛事宜。

方案二：改革煤炭订货会

1．简化程序。会前做好充分的准备工作，先由煤炭供方（年发运量应在30万吨以上）和需方企业协商提出下一年的煤炭合同数量，由各省汇总后报国家发改委，并抄送铁路和交通部门。中央企业或国家计划单列企业可直接报送。国家发改委会同铁路、交通等部门协调确定下一年度的运力配置总体方案。对汇总的合同总量，原则上按照当年实际完成运输量的90%给予运输保证。会上政府部门宣布运力配置方案（也可在会前宣布），但供需数量和价格的衔接完全由企业自主进行，政府不做协调。

2．缩短时间。会议开始当天，政府有关部门做好两件事：一是明确国家的宏观调控意图和主要政策取向，二是宣布运力配置方案。剩余时间由企业根据国家运力配置方案和其他条件对已经形成意向的煤炭供需合同进行进一步衔接，并与运输部门办理承运手续。会议时间三天，大体为1＋2模式，即政府部门明确宏观事项1天，煤炭产运需企业衔接和办手续2天。会议不延期，过时未完成合同手续的企业，在会下另行自主解决。

3．缩小规模。除电力外，其他行业原则上不再参加订货会。电力方面，主要是中能公司、五大发电公司和两个电网公司参加，电厂不参加。煤炭方面，主要是山西等产煤大省和煤炭发运量在40万吨以上的大煤炭企业参加。这样安排，估计会议代表大约200人，比原来减少2/3左右。通过缩小参会范围，为最终取消订货会铺路。

4．降低规格。会议作为工作层会议，不再请省部级领导参加。会上所有事项均由会上有关部门司处级干部负责处理。

国家物资储备系统改革、
调整、发展的思考*

回头看：本文对在社会主义市场经济条件下搞好国家物资储备系统的改革、调整、发展进行了思考，所提基本思路已经并正在继续接受实践的检验。

一、清理债权债务

目前国家物资储备仍有历史遗留的大量借贷物资尚未收回。由于所欠时间长，收回难度大，涉及责任和损失承担问题，有的欠账原因和背景也较为复杂，因此都不愿意主动触及这一问题。但问题迟早要暴露，需要找到妥善的处理办法。收回欠账也是补充储备资金的一个途径。应当将所有的欠账事项登记造册，说明来龙去脉，提出分类处理的办法：一部分欠账要继续追讨；一部分欠账可建议转为国家对欠账企业（债务人）的补充资本金，国家物资储备资产相应核减；一部分作为损失报国务院同意后核销。财政部对此也很重视。另外，储备局与所属公司脱钩工作要继续推进和完成，并妥善处理相关的债权债务关系。

二、适当收缩战线

目前国家物资储备系统在全国有22个地方分局和3个办事处，大量

---

　　* 本文完成于2003年5月，作者韩文秀、宋红旭，是作者参与国家物资储备管理工作的思考。

储备库点，在职和退休职工约3万人，是一个庞大的系统，日常维持成本相当高，仅工资发放就是一个让人头疼的问题。其症结之一是严重的"规模不经济"。因此，国家物资储备系统需要像1998年政府机构改革那样，下大决心进行机构和人员的精简。由于现在的运输和通信条件已经大大改善，储备管理的效率应当提高、半径可以扩大。可考虑将机构和人员缩减1/4到1/3，撤并相应的储备库点，使储备系统更加集中、紧凑和精干。这是储备系统减轻负担、焕发生机的一个必要条件。

三、理顺管理体制

物资储备是政府行为，需要有行政管理。同时，储备物资的出、入库和日常管理是一个具体的操作或运营问题。两者属于不同的层面。过去的做法是合二而一，弊端较多。合理的调整方向是行政管理与运营操作分开。长远看，应当在更好地保障行政管理经费、减少行政管理人员的前提下，进一步明确：1. 储备局的职责是行政管理，主要负责拟定储备计划、规章制度和监督检查，不直接进入市场。储备物资的轮入轮出，可以利用两个渠道加以实施：（1）由储备调节中心承担；（2）通过招标方式由具备资格的企业承担。调节中心或企业作为储备物资进出市场的中介，按交易规模的一定比例收取费用。2. 国家与基层仓库之间是委托与被委托关系，是国家与企业的关系。国家委托基层仓库存储和管理储备物资，并核定和支付存储管理费。基层仓库转变为真正的企业（同时也是特定目的企业）需要一个过程，但要坚定不移地向这个方向推进，这样才能改变目前业务萎缩、人员无法流动、效率不高、缺乏活力的局面。

四、规范资金渠道

目前由于资金渠道不畅，来源不足，特别是国家预算内资金没有充分保证，给储备管理带来困难，也在一定程度上造成"坐吃山空"，即通过卖储备物资来弥补日常运转经费缺口。财政部下达的2003年物资储备系统支出总预算中，近一半要从储备资金中列支，即动用储备物资。在这部分列支资金中，约74%用于基本支出，也就是维持系统的运转。这样做，对于储备系统来讲是一种恶性循环，路会越走越窄，但不这样做有时连眼前的日子都过不去。从长远看，应当在精简机构和人员的前提下，由财政预算对国家物资储备系统的行政管理经费给予足额安排，同时，储备物资轮出变价款要严格管理，专款专用，不得与储备系统的日常费用有任何交叉。储备调节中心实行企业化管理，其维持运转的费用主要靠承担储备物资轮入、轮出任务所规定的手续费获得。在预算内资金短期内难以一次到位的情况下，可以在储备物资结构调整过程中，抓住市场机遇，把出卖储备物资的价值增值部分，用于弥补储备管理上的资金缺口。

五、明确功能定位

50年代以来国家物资储备的功能定位一直是"三防"，即"防备战争、防备灾荒、防备生产脱节（或国民经济重大比例关系失调）"。多年来形势已经发生了许多变化：许多战备物资的储备职能实际上已经逐步转到总后和部队系统；国内已经形成比较完整的救灾抗灾体系；市场机制对于生产脱节（或国民经济重大比例关系失调）的反应和自动弥补能力不断增强，政府宏观调控也主要靠财政货币等政策，而不是对物资的计划调配。可以说，从战备和救灾的角度讲，如果说过去国家物资储备在一定程度上曾经唱主角、起主导作用，那么现在则是唱配角、起辅助作用，或者是"兼职"作用。适应新的形势，国家物资储备的功能应当重点转向维护国家经济安全上来，特别是应对突发事件、发挥类似于"保险"的作用，同时要依托现有基础，在维护国防安全方面发挥必要的作用。因此，今后一段时期国家物资储备的中心工作似应围绕维护国家经济安全做文章，同时兼顾维护国防安全的需要。

六、调整储备结构

调整储备结构要充分考虑维护国家经济安全和国防安全的需要，考虑各方面的条件和因素。（1）增加储备的品种：包括我国资源短缺、进口依存度高、存在明显价格风险的重要资源或原材料，如石油（包括可军民兼用的成品油）、铜和镍等重要有色金属、天然橡胶、纸浆等；可以军民兼用，特别是用于高技术发展需要、涉及国家安全并受国际公约限制进出口的稀贵金属。（2）维持一定规模储备的品种：包括一些国防战略品种等。（3）适当减少储备规模的品种：包括国内资源丰富、出口量大，对国际市场有重要影响的资源产品，如铝、锌等。（4）不再储备的品种：包括国内生产能力很大、市场可充分发挥调节作用的一般竞争性产品，如钢材等。储备品种的增加或调减，要有一个总体规划和实施方案，通过市场的办法，抓住市场机会，在一定时期内逐步到位。

七、用好市场机会

国家储备物资的轮入、轮出，都应以维护国家经济安全和国防安全为根本出发点。除了国防需要等特殊情况外，在社会主义市场经济的大背景下，储备系统也要密切关注市场状况，合理利用市场机会和市场方式进行具体的操作，以更好地服务于国家宏观调控和维护国家经济安全的目的。在这一过程中，也有可能积累一部分储备资金，从而减轻财政的负担。从这几年的实践看，市场机会时而出现，在不扭曲市场而且有利于市场趋向平衡的情况下，储备物资可以入市进行适当的操作。但市场机会稍纵即逝，我们抓住的不多，用好的更少，这实际上也无助于国家宏观调控。今后要下大力气建立和完善国家储备进入市场的机制、渠道和具体操作办法，既要有专门的机构（如调节中心）或有资格的企业，也要赋予其必要的权限和责任，使得储备物资动用或收储的决策真正落到实处，而不至于像过去那样时而被悬在空中。

八、重组现有资源

目前储备系统有相当规模的土地资源和房产资源。一方面，结合机构和人员精简，可将一部分土地和房产资源出售，所收回的资金用于弥补储备资金不足。一方面，对一些过去占有、目前看来位置好、市场价值高的土地和房产资源，可以以市场价值出售，同时在其他地方以较低的价格重新购置土地和设施，用于储备之用。价差部分可以弥补储备资金不足等方面。

深化收入分配体制改革的思路和措施*

回头看：本文对收入分配问题的分析判断和对策建议，在10多年后的今天仍有参考意义。

一、对当前收入分配状况的总体判断

（一）我国收入分配体制和格局的变化及其影响。在邓小平同志允许和鼓励一部分人通过诚实劳动和合法经营先富起来重要思想的指引下，改革开放以来我国收入分配体制发生了很大变化。改革初期，首先在农村普遍推行家庭联产承包责任制，80年代中期起改革的重点转向城市，扩大了国有企业和城镇集体企业的分配自主权，恢复和建立了以奖金为主的分配激励机制。收入分配的理论和实践不断取得重大突破。党的十四大提出要"以按劳分配为主体，其他分配方式为补充，兼顾效率与公平"。党的十四届三中全会进一步提出"个人收入分配坚持以按劳分配为主体、多种分配方式并存的制度，体现效率优先、兼顾公平的原则"。党的十五大明确提出要"把按劳分配与按生产要素分配结合起来"，"允许和鼓励资本、技术等生产要素参与收益分配"。这既是对我国收入分配体制的不断完善，也是对马克思主义收入分配理论的重要发展。

总的来看，我国收入分配制度改革朝着与社会主义市场经济相适应的方向迈出了重要步伐，市场机制在初次分配领域日益发挥重要的调节作用。居民收入的形式和来源渠道日益多元化。与此同时，我们逐步建

* 本文完成于2001年12月，是一项课题研究报告，课题负责人王春正，参加人员包括李铁军、白和金、尹艳林、金贤东、王如驷、赵忻，本书作者是报告主要执笔人之一。

立了个人所得税制度、财政转移支付制度和社会保障制度，采取了农村扶贫开发的政策措施，开始实施西部大开发战略，这些都为促进社会公平并最终实现共同富裕奠定了初步的体制和政策基础。

在经济持续发展和分配体制不断变革过程中，居民收入保持较快增长，国民收入总体分配格局不断趋向合理。这对国民经济产生了广泛而深刻的影响。一是极大地激发了劳动者的积极性，有力地促进了经济发展。分配体制和格局的调整从根本上改变了传统体制下分配过于集中、忽视微观主体利益的弊端，更好地贯彻了按劳分配原则，适当拉开收入差距，发挥了分配对生产的激励和促进作用。二是促进了人民生活水平的提高。分配格局调整改变了过去那种重生产、轻消费，严重忽视人民生活的倾向。改革开放以来的22年间，城乡居民实际收入年均分别增长6.3%和7.4%，是新中国成立以来增长最快的时期，也是广大人民群众得到实惠最多的时期。目前人民生活总体上已达到小康水平。三是促进了经济结构的调整。随着收入水平提高，居民的消费结构不断调整升级，消费需求更加多样化，消费领域不断拓宽，形成强有力的需求导向，为经济结构调整创造了市场需求条件，使经济发展逐步进入以消费引导生产，以生产促进消费的良性循环。

（二）当前收入分配领域存在的突出问题。收入分配制度的改革和分配格局的变化，总体上有利于经济发展和社会进步，但也要看到，当前收入分配领域还存在着一些相当突出的矛盾和问题。主要表现是：（1）收入差距明显扩大。在改革开放20多年的较短时期内，我国已经从一个收入比较均等的国家转变成为一个收入差距较大的国家。2000年我国基尼系数达到 0.417，这一水平与美国相当，并超过许多发达国家和发展中国家；如果考虑到统计调查中对高收入户和非法收入存在遗漏等因素，基尼系数还会更大。城乡之间、地区之间、行业之间、个人之间的收入差距问题都较为突出。2000年城镇居民人均可支配收入和农村居民人均纯收入之比为2.79∶1，明显高于改革开放初期的水平。以中部地区城镇居民收入为1，东、中、西三大地带的收入比例由1978年的1.10∶1∶1.01扩大到2000年的1.49∶1∶1.06。16个大行业中最高收入行业职工平均工资与最低收入行业职工平均工资之比由1979年的2.2倍扩大为

1999年的2.5倍。2000年城镇10%最高收入户人均收入是10%最低收入户人均收入的5倍。（2）分配秩序相当混乱。个人收入方面，收入渠道来源复杂、名目繁多，特别是国有单位职工的工资外收入接近甚至超过规范的工资收入；国有企业的约束机制不健全，财务管理混乱，账实不符，两本账，设立小金库等现象比较普遍，一些企业在实行股份制改造过程中，通过低估国有资产等方式损公肥私；金融、保险、电力、电信、铁路、民航等行业凭借其垄断地位获得额外收入，并通过各种形式转化为个人收入，形成不合理的高收入；政府部门的收入来源复杂，不仅有预算内收入和预算外收入，还有制度外收入，乱收费、乱摊派、乱集资现象在一些地区相当普遍。（3）违法和腐败现象增多。偷税漏税、贪污受贿、走私贩私、制售假冒伪劣、骗取出口退税、非法交易等现象大量存在，非法收入成为导致社会公众强烈不满的重要因素，并影响到社会稳定。（4）低收入居民的基本生活尚未得到有力保障。近年来，城镇下岗失业人员增多，而社会保障制度建设相对滞后，低收入群体逐步扩大，部分居民的生活出现困难。农民收入增长连年放缓，粮食主产区和灾区部分农民的收入和生活水平甚至有所下降。此外，目前全国还有3000万农村贫困人口尚未解决温饱问题。（5）国有单位内部分配的平均主义仍相当严重，国有企业经营者与普通职工、国家机关高级干部与普通公务员、科技骨干与一般科技人员之间的工资收入差距过小，特别是福利平均分配的现象比较普遍。

收入分配问题对经济和社会发展正在产生越来越明显的不利影响。一是农民收入增长缓慢和城镇低收入群体扩大，严重制约了城乡市场开拓和消费需求持续增长，影响国民经济的良性循环。二是垄断和其他不公平竞争现象的存在，以及不合理收入差距的扩大，使得人民群众的积极性、创造性受到挫折，这必然不利于效率的提高。三是群众对分配不公和腐败现象的不满情绪增加，影响社会稳定。四是平均主义分配现象不利于调动国有单位广大职工的积极性，也造成人才大量流失。

（三）收入分配问题产生的原因。

1. 经济发展不平衡。这是导致收入差距拉大的重要因素。我国本来就是一个经济发展很不平衡的国家。由于自然条件、历史基础、人口素质、思想观念等方面存在差异，加上改革之初我国首先实行了沿海开放战略，使得沿海与内地、东部与中、西部之间的经济发展差距逐步扩大。同时，不同所有制、不同行业的发展速度和效益状况也不同。特别是与城市经济相比，农业劳动生产率过低，农民收入水平的提高受到很大限制，导致城乡差距较大，这是造成我国整体收入差距较大的主要原因。据统计分析，1999年我国城镇和农村内部基尼系数分别是0.32和0.3536，城乡合并计算的基尼系数大大增加，达到0.397。在市场经济条件下，经济发展的不平衡必然导致居民收入差距的存在，城乡、地区、行业之间经济发展越不平衡，收入差距也就越大。

2. 经济体制不完善。长期形成的城乡二元结构，特别是现行户籍制度和城乡劳动力市场分割的状况，阻碍了城乡之间生产要素的合理流动，制约了农村居民增收渠道的拓宽，扩大了城乡居民的收入差距。一些行业或部门凭借垄断地位获得高额收入的行为，还没有得到有效约束和规范。过多的行政审批导致设租和寻租行为较为普遍。国有资产管理体制不完善，资本市场很不规范，厂务、村务、政务不够公开透明，致使腐败现象滋生蔓延，造成分配不公问题突出。

3. 市场机制对收入分配的影响不断增强。目前个体私营企业和外资企业的收入直接由市场决定，国有和集体企业的收入也在相当程度上受市场调节。市场竞争中企业优胜劣汰，必然导致个人收入有高有低。复杂劳动与简单劳动之间的差别更加明显，知识和管理参与分配，实际上使按劳分配中"劳"的内涵得以扩大。同时，资本、技术等生产要素开始参与分配，也使居民收入分配差距进一步扩大。这些都是市场机制作用的结果。

4. 再分配调节力度不够。由于目前我国还缺乏健全的居民收入监控体系，个人收入不透明，给个人所得税的征管带来了不少实际困难，偷漏税现象相当普遍，特别是对高收入者的收入调节不到位。在对居民收入分配的再调节中还有一些不合理的因素。一是目前的个人所得税对工薪收入的调节作用比较明显，而对收入差距扩大起主导作用的资产收入等其他收入，则明显调节不力。二是利息所得税采取比例征收办法，不利于低收入者。三是农民收入水平较低，但税费负担较重，城镇居民收入水平较高,同时还通过各种福利和公共服务等再分配形式增加了实际收入。四是在城镇职工福利制度改革过程中存在一些新的不合理因素。比如公有住房制度的改革,由于一些地方房改方案存在缺陷,实物分配与货币补偿不平衡,导致无房户和未达标户的利益受损。另一方面,对低收入阶层缺乏有效保障。尽管我们已初步建立农村扶贫、城市居民最低生活保障、最低工资以及下岗再就业等方面的制度,但由于国家财力不足、财政转移支付规模小等原因,对低收入者基本生活的保障力度仍然不够。

总的来看,我国当前收入分配领域存在的问题是发展中的问题,是体制转轨中的问题,也是社会主义市场经济体制尚不完善的体现,具有一定的必然性。如果把收入差距作为一个整体来看,可以说,合理的收入差距大于不合理的收入差距。收入差距扩大的过程,既是居民收入总水平不断提高的过程,也是经济效率不断提高的过程,总体上有利于经济发展和社会进步。但也必须清醒地认识到,近年来一些改革和发展措施对居民收入的影响与过去相比发生了重要变化,过去居民从改革和收入分配中总体上普遍受益,区别只是得多得少,现在则往往是有得有失,涉及更大的既得利益调整。收入差距的扩大和分配不公的存在,正在对经济和社会发展产生越来越明显的负面效果,特别是腐败等现象已造成恶劣的社会影响。同时,国有单位内部的平均主义和激励机制缺乏问题也已经对进一步提高效率造成了损害。对此,必须下大的决心,采取切实有效的措施努力加以解决。

(四)"十五"时期收入差距的变化趋势。"十五"期间,我国收入分配差距仍然存在扩大的趋势。主要是因为:第一,市场机制对收入分配的调节作用将更为增强,国有单位内部存在的平均主义将进一步打破,按劳分配将得到更好的贯彻,按劳分配中"劳"的内涵将更加丰富,各种生产要素将更加广泛而深入地参与分配过程,要素收入在居民收入中的比重将会逐渐提高,这些都会导致居民收入差距的扩大;第二,地区之间、城乡之间发展不平衡的问题还将继续存在,甚至会进一步有所发展,由此导致的城乡差距、地区差距还不可能在短期内得到消除;第三,随着改革深化和法制建设的加强,不合理的高收入和非法收入虽会得到一定程度的抑制，但完全消除还需要一个过程。

二、解决收入分配问题的总体思路

我国收入分配领域出现的问题，是在改革和发展过程中逐渐产生和积累的。要解决这些问题，最终还是要靠加快发展和深化改革。按照社会主义市场经济的要求，在收入分配制度改革和分配格局调整中，必须坚持以下原则：（1）坚持按劳分配，反对平均主义。我国目前及今后相当长的一个时期内仍处于社会主义初级阶段，最根本的任务就是发展生产力。发展生产力，就要坚持效率优先，贯彻按劳分配原则，合理拉开收入差距，打破平均主义，调动劳动者的积极性，实行多劳多得、少劳少得、不劳不得的政策。如果不坚持效率优先，就会导致共同贫穷，这是由改革开放以前几十年的历史经验所证明的。（2）兼顾社会公平，防止两极分化。兼顾公平就是要使全体人民能够共享生产力发展的成果，这是由社会主义的本质决定的。社会主义的根本任务是解放生产力，发展生产力，消灭剥削，消除两极分化，最终达到共同富裕。如果不兼顾公平，那么生产力发展带来的富裕也只会是少数人的富裕，这不符合社会主义的本质。坚持社会主义，就不会产生贫富过大的差距，分配政策上也不能够导致社会出现两极分化。（3）继续鼓励一部分人、一部分地区先富起来，逐步实现共同富裕。在政策上，要允许一部分人通过辛勤劳动、合法经营先富起来，生活先好起来，通过示范效应，激发大部分人的积极性和创造性。这是加快发展、达到共同富裕的捷径。在地区发展上，要顾全两个大局：一是允许和鼓励一部分条件较好的地区发展快一点，先富起来，从而带动其他地区更好地发展；二是发展到一定的时候，先发展起来的地区要拿出更多的力量来帮助相对落后地区加快发展。（4）坚持在发展生产的基础上不断改善人民生活。不断提高城乡居民的物质和文化生活是社会主义的本质要求和发展经济的根本目的。经济发展了，人民生活一定要有所改善，只有这样，才能调动人民群众的积极性，促进生产力的发展；否则，人民生活改善不了，积极性也调动不起来，社会生产力也很难发展。但也必须看到，我国是一个发展中的大国，经济发展的整体水平还不高，改善人民生活必须建立在生产发展的基础之上；否则，不靠努力发展生产，而靠减少国家必不可少的建设资金来提高人民生活水平，最终将损害人民的根本利益和长远利益。

从长远看，我国收入分配调整的基本目标是：逐步形成一个高收入群体与低收入群体都相对较小、中等收入群体占大多数的体现共同富裕的分配格局。从近期看，"十五"计划建议已明确提出，要规范收入分配秩序，强化国家税收对收入分配的调节功能，保护合法收入，整顿不合理收入，调节过高收入，取缔非法收入，防止收入差距的过分扩大。根据《建议》的要求，我国调整收入分配的近期目标是：（1）总体收入差距扩大的趋势得到初步抑制，在合理收入差距有所扩大的同时，不合理的收入差距趋于缩小；（2）高收入得到比较有效的调节，城乡低收入者的基本生活得到较好的保障；（3）分配秩序趋于规范，效率进一步提高，分配更加公平。

为了实现上述目标，解决收入分配问题的总体思路是：

（一）立足于发展。改革开放20多年的一条重要经验，就是坚持用发展的办法解决前进中的问题。中国解决所有问题的关键要靠自身的发展。当前我国收入分配中存在的种种问题，总的来说是在发展过程中产生的，是发展不够、发展不平衡的结果。只有经济发展了、综合国力提高了，居民才有更多的就业机会，提高收入水平，国家才有更加雄厚的物质基础，建立健全社会保障体系，逐步解决部分居民收入水平过低及生活困难的问题。发展是解决收入分配差距，实现共同富裕的根本途径。用发展的办法解决收入分配中的问题，要注意把握几点：首先，努力保持一个较快的经济增长速度，在经济发展的基础上增加城乡居民的收入；其次，在继续保持东部地区良好发展势头的同时，加快中西部地区的发展，大力推进西部大开发战略，实现地区经济的协调发展；第三，在继续发挥城市经济带动作用的同时，加快农村经济发展的步伐，积极稳妥地推进城镇化战略，努力实现城乡经济的协调发展；第四，在积极发展高新技术产业的同时，大力发展第三产业等劳动密集型产业，通过发展扩大就业，力争在5年内新增城镇就业4000万人，转移农村劳动力4000万人。在不断扩大就业的基础上，增加居民收入。

（二）立足于改革。经过20多年的探索和创新，我国已经初步建立了与社会主义市场经济体制相适应的收入分配制度。但也必须看到，这种分配制度还很不完善，国有企业收入分配的激励和约束机制建设滞后，按生产要素分配的机制还没有真正建立起来。在初次分配领域，市场机制还没有充分发挥基础性调节作用；在再分配领域，政府调节机制还很不健全。解决当前收入分配中的突出问题，重点仍在于进一步深化收入分配制度及配套制度的改革，清除体制障碍，为解决收入分配问题创造必要的体制基础。首先，要坚持市场化的改革方向，充分发挥市场机制对初次分配的基础性调节作用。特别是要加快生产要素的市场化改革进程，包括建立统一、规范、有序的劳动力市场，打破城乡劳动力市场分割的状况，健全劳动力价格的市场形成机制；加快金融体制改革，促进资本市场的形成，规范资金要素的流动；加快垄断行业的改革步伐，打破某些行业、某些部门对一些重要社会资源的垄断。其次，按照市场经济的要求，继续深化政府机构改革，切实转变政府职能，改变政府对经济的管理方式，加快行政审批制度的改革。第三，继续深化国有资产管理和国有企业改革步伐，在继续大力推进实物分配、福利分配和集团消费等项改革的同时，加快配套的工资制度改革，实现劳动报酬的工资化、货币化、透明化、规范化。改革和完善国有经济单位的内部分配制度。

（三）规范初次分配。初次分配是整个收入分配的基础和源头。当前的收入分配问题主要并首先产生于初次分配。解决收入分配问题必须从规范初次分配入手，努力实现收入分配的起点公平，更好地体现效率优先的原则。规范初次分配要坚持"两手抓、两手都要硬"。一手是坚决鼓励和保护合法收入。继续鼓励一部分人通过诚实劳动和合法经营先富起来，在公有制经济单位内部进一步消除平均主义现象，合理拉开收入差距，使劳动者报酬与其贡献相适应，允许和鼓励管理、技术和资本等生产要素参与分配。一手是严肃整顿不合理收入、坚决取缔不合法收入。对垄断行业的垄断收入以及其他不合理收入，要采取有力措施加以调节和规范管理。对侵吞公有财产、偷税漏税、走私贩私、贪污受贿以及制假售假等违法犯罪行为要严厉打击，对其非法所得要坚决取缔。

（四）强化再分配调节。社会主义的收入分配，既要强调效率优先，也要通过再分配调节等手段，努力实现社会公平。强化对收入分配的再调节，同样需要"两手抓、两手都要硬"。一手是对高收入进行有效的调节，通过完善税制和加强税收征管，努力将工薪收入和其他收入都纳入调节范围，对个人财产进行适当的税收调节。同时，通过税收免抵扣政策，鼓励高收入者捐助社会慈善与公益事业。一手是对低收入者的基本生活进行必要的保障。坚持"一要吃饭、二要建设"的方针，继续适当提高财政收入占国内生产总值的比重，逐步建立公共财政框架，提高政府再分配和提供公共服务的能力。通过进一步完善社会保障制度，切实保障低收入者的基本生活。加大反贫困力度，努力消除城乡贫困现象。

三、调整收入分配的主要措施

（一）加强对高收入的税收调节。1. 完善个人收入所得税制，实行综合征收与分类征收相结合，在条件成熟时向综合征收过渡。先对工资薪金所得、劳务报酬所得、个体工商户的生产经营所得、对企事业单位的承包经营和承租经营所得、利息股息红利所得等五种高收入项目综合征收个人所得税。2. 加快个人信用体系建设，促进个人收入透明化，逐步建立全面的个人收入申报制度。实行纳税人和支付单位"双向纳税申报制度"，建立个人收入、财产登记和储蓄存款"统一编码制"；推广信用证和个人支票制度，建立对个人应税所得信息搜集和交叉税务稽核系统。3. 进一步强化对高收入者的个人所得税征管。落实个人独资、合伙企业经营者征收个人所得税的规定；对金融保险等垄断行业、律师事务所等中介机构、足球俱乐部、高新技术企业、外商投资及外国企业、股份制企业、承包经营的建筑安装企业、规模较大的私营企业等高收入行业，率先建立纳税信息档案，探索建立银行等关联单位提供第三方信息义务的体系和纳税奖惩制度。严格禁止越权减免税行为。4. 尽快开征遗产税，适时出台调节个人资产存量的其他税种，通过运用个人所得税税收抵免等优惠政策，鼓励高收入者兴办或资助社会慈善、公益事业。5. 适当扩大消费税征收范围。将服务领域的享乐型消费，如美容、桑拿、按摩、保龄球、高尔夫球等纳入到消费税课征范围。对于奢侈品、高档消费品（不包括商品房和普通型个人小汽车）和高档消费服务，课以高税率。

（二）加强对垄断行业收入分配的调节和监督。这是当前消除分配不公的一个重要方面。1. 进一步推进政企分开，消除垄断的体制基础。进一步转变政府职能，全面推进政务公开，强化对政务活动的各种监督，切断某些行业和企业与政府部门事实上存在的特殊内部联系。清理一些行业或企业所具有的不合理的行政职能，将其转交有关政府部门或行业协会。对现有的各种政府性基金和收费进行全面彻底的清理。2. 全面引入市场竞争，消除垄断。对非自然垄断行业，要尽快清除各种市场准入壁垒，允许各种所有制企业公平地进入、退出和开展竞争。对自然垄断行业要最大限度地引入竞争，将不具有自然垄断特点的经营活动分离出来，鼓励劳动力的竞争与自由流动。推进电力和铁路体制改革，实行"厂网分开、竞价上网"、"政企分开、网运分离"。电信和民航等部门也要进一步调整重组，以促进和规范竞争。3. 建立健全垄断性企业内部分配约束机制和外部调控机制。一是大力推进股权多元化，逐步引入非国有股东，完善企业的内部治理结构，形成所有者与经营者之间互相制衡的机制。二是通过适当的方式将企业的垄断利润收归国家财政。三是对自然垄断行业的产品及服务定价，按照一定的规则和程序，严格实行价格听证制度。四是对自然垄断行业企业的工资总额和工资水平，由政府有关部门统一核定，实行分级分类管理。同时，加强对这类企业财务和收入分配的审计和监督检查。

（三）改革行政审批制度。这是从根本上防止设租、寻租行为，抑制非法收入，并有助于提高政府效率的重要措施。1. 大幅度减少行政审批事项。要加快改革投融资管理体制、进出口管理体制、价格管理体制，全面推行土地使用权出让和工程的招标投标制以及政府采购制度等。凡是能够通过法律、法规、政策和经济办法解决的问题，都要尽量避免或少用行政手段来解决。政府要进一步转变管理经济的方式，集中力量抓好宏观规划、政策指导、执法监督、组织协调，为企业和公众提供公共产品，建立与维护良好的市场经济秩序。2. 提高行政审批的透明度。确需保留的审批事项，必须向社会公开审批的程序、办事机构和时间要求等，要明确部门分工，理顺相互关系，避免职责交叉和相互推诿、扯皮。建立政策及相关信息的公共查询和定期披露制度。在审批部门内部要广泛实行"窗口式办文"制度，并积极推行社会听证制度和专家审查咨询制度；对确需两个以上部门和单位审批的事项，要积极推行联审制或定期会签制。3. 实行行政审批责任追究制度。对不按章办事和科学决策，造成重大经济损失和不良社会影响的，要追究审批责任人的责任，给予党纪政纪处分。对在行政审批过程中以权谋私、权钱交易的行为，要依法严肃惩处。

（四）建立健全社会保障体系。1. 加快形成独立于企事业单位之外的社会保障体系。将社会保障覆盖面逐步扩大到城镇各类人员，尽可能实行管理和服务的社会化。2. 建立稳定的社会保障资金筹措机制。通过减持部分国有股，将收益划转为社保基金；发行社会保障债券；发行社会保障彩票；提高各级财政支出中社保支出比例；开征社会保障税等，增加社会保障资金。建立除企业负担以外，个人适当负担，政府承担最后责任的资金供应机制。3. 建立有效运营、严格管理的机制。对社会保障基金进行专户管理，专款专用，加强监督。适时建立社会保障预算。4. 适当调整基本养老保险社会统筹和个人账户的比例，降低替代率，减轻企业负担。鼓励有条件的企业为职工交纳补充养老保险、有条件的个人投资商业性养老保险。适时改革并完善机关事业单位职工基本养老保险制度。全面推进城镇职工基本医疗保险制度、医疗卫生体制和药品生产流通体制三项改革。进一步完善失业保险制度，逐步把国有企业下岗职工基本生活保障纳入失业保险。逐步将城市家庭人均收入低于当地最低生活保障标准的居民，全部纳入城市居民最低生活保障范围。5. 积极研究探索农村养老、医疗和最低生活保障的有效途径，妥善解决农转非人口和农民工社会保障问题。

（五）加大财政转移支付力度，提高政府提供公共服务的能力和水平。要通过坚持不懈的努力，逐步实现人人享有基本公共服务。当前最为紧迫的是：1. 政府要切实承担起农村义务教育的职责。要建立与农村财税体制和税费改革相适应的义务教育投入新体制，各级财政依法增加对义务教育的投入，确保义务教育经费，真正做到义务教育不收费。加大对基础教育设施的投资，保证基本办学条件，实施"贫困地区义务教育工程"。2. 加强农村基本卫生保健。建立多种形式的农民健康保健制度，提高农民对卫生服务设施的利用效率。充分利用财政转移支付手段，支持贫困地区建立合作医疗保障制度。加强政府对农村卫生和预防保健的投入，特别是要努力使贫困地区、贫困人口达到最低的医疗保障和公共卫生服务标准。

（六）加大城乡反贫困力度。1. 继续搞好农村扶贫开发工作。把扶贫开发与实施西部大开发战略结合起来，与农业和农村经济结构调整结合起来，与生态环境建设结合起来。把少数民族地区、革命老区、边境地区和特困地区作为国家扶持的重点。研究制定"老、少、边、穷"地区的整体发展规划，继续坚持开发式扶贫方针，扩大以工代赈规模，加大对贫困地区的扶贫力度。加强贫困地区水、电、路、通讯等基础设施建设，改善其生产生活条件。大力发展贫困地区的教育、科技、文化和卫生事业，提高贫困人口素质。对一些自然条件极其恶劣的贫困地区，要有计划、有步骤地实施易地扶贫开发。2. 建立城市扶贫机制，做好城市低收入者的基本生活保障工作。要采取更加有效的政策和资金扶持措施，加大对老工业基地和资源衰竭独立工矿区的改造和结构调整力度，避免出现大规模的城市群体性贫困现象。继续有计划有针对性地对下岗失业人员进行科技知识和劳动技能培训，落实促进下岗失业人员再就业的各项优惠政策，鼓励从事社区服务，促进城市弱势群体的就业和再就业，增加收入。建立城镇廉租住房供应体系，保障低收入家庭的基本生活。完善助学贷款，保障低收入家庭子女受教育的权利。研究探索城市以工代赈等新的扶贫方式。

（七）建立公务员工资正常增长的机制。近年来，公务员工资逐年有所增长，但尚未建立一个正常增长的机制，没有一个明确的参照标准，调整工资仍有一定的随意性。考虑到公务员住房和养老、医疗保险等方面改革的影响，公务员的总体待遇并未像名义工资那样增长。因此，需要对公务员收入分配问题进行总体的考虑和设计。1. 建立社会平均收入水平调查制度，作为制定和调整公务员工资水平的参照。目前虽有工资统计，但由于工资外收入比例相当大，因此，单看工资水平不能准确反映总体收入状况。可以借鉴美国等发达国家的做法，建立定期（每年）的社会平均收入水平调查制度，并考虑所有收入因素，以获得真实的社会平均收入水平。2. 按照社会平均收入的一定倍数确定公务员工资标准，并逐年或隔年进行动态调整。一般来讲，公务员工资水平要高于社会平均水平。3. 考虑到我国地区差距较大，公务员工资实行属地化。包括工资标准属地化和管理属地化。为鼓励公务员在不发达地区工作，不发达地区的公务员工资相当于当地平均工资的倍数可以高于发达地区的相应倍数。例如，发达地区公务员工资可相当于当地平均工资的1.2倍，不发达地区相当于1.3倍。发达地区的公务员工资由当地财政负担，不发达地区公务员工资高于当地平均水平的部分可以由上级财政予以补助。4. 建立独特而规范的公务员工资外待遇标准体系。总的取向是，公务员享有特殊的工资外优惠待遇。这主要包括，特殊的公务员住房待遇标准、特殊的公务员社会保障待遇（包括养老保险和医疗保险等），并通过立法将其固定下来。5. 改革公务用车制度。总的方向是基本取消公务用车，将节省下来的费用作为"车补"按不同标准发给各级公务员，并最终改为公务员工资的一部分。现有各单位的公务车实行社会化、公司化。省部级干部用车可以实行"新人新办法、老人老办法"，也可以暂时不改。

（八）在完善公司治理结构的基础上深化国有企业收入分配体制改革。收入分配体制是整个企业经营管理体制的一个组成部分，没有完善的公司治理结构，期望单纯在收入分配体制上得到突破或完善，几乎是不可能的。因此，完善国有企业收入分配体制关键在于首先完善公司治理结构。同时，在国有企业收入分配体制改革上，要摆正政府和企业的位置，解决"越位""缺位"问题。政府的作用不是为国有企业收入分配设计方案，而是：1. 使国有资产所有者真正到位，合理确定其职责，建立国有资产保值增值的机制，防止在收入分配改革中出现国有资产流失；2. 建立并监督落实最低工资制度。在此前提下，企业的收入分配问题应当由企业根据自身的情况、参照其他企业包括国外企业的做法，自己决定，包括：一是经营管理人员和技术人员的工资待遇标准和报酬形式，例如年薪制、股票期权、技术入股等方式，均由企业自己决定；二是职工工资报酬标准和形式，包括职工持股等，也均由企业自己决定。可以相信，在公司治理结构健全的前提下，企业完全可以建立其更加灵活适用的激励和约束机制，相反，如果政府代替企业设计并强制推行特定的收入分配方式，其效果往往并不理想。

（九）既从农业本身、更从农业之外寻找增加农民收入的途径。在当前人多地少、主要农产品供过于求、国内农产品价格高于国际市场的情况下，靠农业本身增收的潜力比较有限，这从近几年农民收入增长因素的结构分析中可以得到证实。今后增加农民收入，要注意两个"两手抓、两手都要硬"：一是从农业本身和农业之外"两手抓、两手都要硬"，二是在增收和减负上"两手抓、两手都要硬"。具体看，最终解决农民收入问题要加快实现"四化""三减""两保"。

所谓"四化"是指：1. 推进农业产业化经营；2. 实行土地规模化经营。农民人均土地经营面积最终应达到目前的5倍以上；3. 提高集约化程度。即大力提高农业生产的技术含量、质量和附加值；4. 坚持不懈地推进城市化，今后一段时期城市化率平均每年应提高1个百分点以上。

所谓"三减"是指：1. 实行不收费的义务教育，减免农民的义务教育费用负担。可首先在农村实行义务教育完全不收费，或者先在中西部地区立即首先实行义务教育完全不收费。为此，要大幅度提高财政对农村义务教育的支出比例，相应减少财政对高等教育的支出，将来高校主要依靠自身和社会捐助来发展；2. 全面推进农村税费改革，减轻农民的税费负担；3. 按照人口比例等因素合理确定县、乡机构编制，大幅度精简县、乡机构和人员。

所谓"两保"是指：1. 保证农村的基本公共服务和条件，包括水、电、道路、通信、医疗卫生保健等基础设施，政府要持续加大有关的投入；2. 建立保障水平低、覆盖面广的农村初级社会保障体系，首先是农村独生子女户的基本养老问题，以及困难户的基本生活保障和大病医疗保险问题，这件事难度极大，但意义也极大，非下决心研究和解决不可。

国民收入分配研究中的难点和误区*

回头看：本文从完善基本方法、基础统计的角度提出如何搞好国民收入分配格局的研究。

本文的目的不在于具体地勾画我国国民收入分配的图景，而是指出在我国国民收入分配研究中经常遇到的困难和容易陷入的误区，并试图从理论和原则上探讨克服困难、走出误区的途径。

一、收入总量基础问题

国民收入分配问题本质上是国民收入分配结构或格局问题，要澄清国民收入分配格局，首先需要确定以何种国民收入总量作为描述国民收入分配格局的基础。

由于目前世界上主要存在物质产品平衡表体系（System of Material Product Balance，简写为MPS）和国民账户体系（System of National Accounts，简写为SNA）两大国民经济核算体系，实际上国民收入概念有分别符合上述两种核算体系要求的两种含义。对比上述两种国民收入概念，容易发现它们之间的明显不同：MPS中的国民收入概念只涉及物质生产领域，SNA中的国民收入概念既涉及物质生产领域，也涉及非物质生产领域。据此，也有人把上述两种国民收入分别视为狭义国民收入和广义国民收入。那么在研究国民收入分配结构时应该以哪种国民收入为收入总量基础呢？或者说使用哪种国民收入为收入总量基础更合理

---

* 本文原载《经济科学》1991年第3期。

呢？显然，我国经济界一直使用MPS中的国民收入（即狭义国民收入）概念来研究国民收入分配问题。我们认为，这种已被人们所广泛接受、并且似乎带有常识性的说法（或提法）却是不恰当的，换言之，探讨收入分配结构问题应当从国民生产总值这一总量基础出发。为什么呢？

首先，MPS中的国民收入是只涉及物质生产领域的收入总量指标，但在现实生活中，收入却从未被局限于、也不可能被局限于物质生产领域：无论政府、企业或个人，这些收入主体的收入来源既存在于物质生产领域也存在于非物质生产领域。

其次，MPS体系所隐含的一个基本思想是，非物质生产部门的收入完全由物质生产部门转移过来，这种观点与现实并不符合。诚然，通过财政、税收等途径，物质生产部门创造的部分收入确实可能转移到非物质生产部门，但不可否认的是，通过同样的途径，非物质生产部门的部分收入也可能转移到物质生产领域。实际上，现实中物质生产部门与非物质生产部门之间的收入转移时时刻刻都在发生着，问题只在于净转移收入（转移收入与转移支出之差）是正值还是负值而已。退一步说，如果承认非物质生产部门的收入全部由物质生产部门转移过来，那么非物质生产部门的收入获得与物质生产部门相比，必然存在一个时间差，但现实中物质生产部门的收入获得与非物质生产部门的收入获得却总是同时发生、互不矛盾的。另外，如果非物质生产部门的收入全部由物质生产部门转移过来，那么当非物质生产部门的规模小于物质生产部门时，可以说物质生产部门将其部分收入转移到了非物质生产部门，当非物质生产部门的规模与物质生产部门相当时，能否说物质生产部门将其全部收入转移到了非物质生产部门呢？当非物质生产部门的规模大于物质生产部门时，又如何解释呢？因此，应当承认非物质生产部门也在提供产品、创造收入。

既然经济生活中实际发生、存在的各种收入同时涉及物质生产领域和非物质生产领域，那么就应当以广义国民收入即国民生产总值作为研究国民收入分配结构的总量基础，只有广义国民收入才是与现实中各收入主体的收入之和相对应的。

在上述分析的基础上，我们不妨进一步考察一下以狭义国民收入为总量基础来研究国民收入分配问题时可能走入怎样的误区。目前经济界关于我国国民收入分配格局演变特征的一个普遍的甚至标准的说法是：财政收入占国民收入的比重下降，今后的任务之一即是调整国民收入分配格局，提高财政收入在国民收入中的比重。然而，我们认为，这种提法首先是不严谨的，因为财政收入与这里所说的狭义国民收入并不完全对应，财政收入的来源渠道遍及物质生产领域和非物质生产领域，而国民收入却仅由物质生产部门创造出来，财政收入的一部分确实属于国民收入，但国民收入并没有包容全部财政收入。如果将上述说法改为"财政收入相当于国民收入的比例"倒是合乎逻辑的。其次，上述说法在有些情况下可能没有意义。例如，假设某国的价格体系极不合理，非物质产品价格偏高，物质产品价格偏低，于是仅涉及物质生产领域的国民收入将显得偏小，而财政收入虽然可能在量上不大，但相当于国民收入的比例却不小，由此能否说明国民收入分配结构合理呢？显然不能。问题的症结在于：财政收入的扩张或收缩有时可能与物质生产领域完全无关，例如财政收入由于服务部门的原因而突然扩张或突然收缩了，但国民收入可能仍处于正常增长状态中，这时将财政收入与国民收入相比较又有多大的价值呢？

二、分配层次问题

国民收入分配在现实中是一个连续不断的过程，对这一过程可以从不同的侧面加以分析研究。国民收入初次分配、再分配正是既相互联系又相互区别的关于统一的收入分配过程的不同侧面。但应当明确：初次分配和再分配概念与其说表示分配过程中的先后次序，不如说表示分配的层次问题更加确当。

任何一国的国民收入分配过程实际上都包含三个基本层次，即初次分配、再分配和最终分配，其中再分配过程还可以进一步细分为若干步骤、方面或层次。相应地，国民收入分配格局实际上包含了初次分配格局、再分配格局和最终分配格局三种类型，其中最终分配格局既受到初次分配的影响，也受到再分配的影响。

那么，什么是国民收入的初次分配、再分配和最终分配呢？国民收入初次分配是与国民收入的来源、生产或创造相联系的一个分配层次，原则上，初次分配中收入的承受者即是国民收入的原始生产者或创造者。在这一定义下，还应当区别两种类型的初次分配，即不同收入总量基础上的初次分配：（一）在我国经济理论界和政治经济学教科书中所谈到的国民收入初次分配，仅指发生在物质生产领域里的分配，其结果是反映了物质生产领域里国家、企业（集体）和个人之间的分配关系。应当说，澄清物质生产领域里的分配关系是很有意义的，但是，这种以狭义国民收入为总量基础的初次分配研究方法存在着难以克服的局限性：一是物质生产领域里的收入初次分配结构并不能反映包括非物质生产领域在内的全社会收入初次分配全貌；二是难以从初次分配结构出发来进一步澄清狭义国民收入的再分配状况（例如物质生产领域的收入通过什么渠道、在怎样程度上转移到了非物质生产领域）。（二）以国民生产总值为总量基础的国民收入初次分配。根据SNA要求，如果把社会收入主体分为政府、企业、个人三个部门的话，政府部门的初次分配收入是间接税净额和其固定资产折旧，企业部门的初次分配收入是营业盈余和其固定资产折旧，个人部门的初次分配收入是个人直接劳动报酬和私人固定资产折旧。国民收入初次分配格局对于最终分配格局而言，只是一个有限的基础，在不少情况下，国民收入初次分配格局与国民收入最终分配格局之间存在很大的甚至实质性的区别，这种区别是再分配作用的结果。

国民收入再分配是以间接分配手段实现的分配，是一个极其复杂的过程，在这一过程中，各收入主体将通过多种形式、多个环节从其他收入主体那里转移过来部分收入，作为其初次分配收入的增加，同时，各收入主体也可通过多种形式、多个环节将初次分配收入的一部分转移出去，成为其他收入主体初次分配收入的增加。这里的关键在于：在再分配过程中不同收入主体的转移收入净值是正还是负，换言之，转移收入多于还是少于转移支出。在再分配过程中，一方收入的增加必然意味着另一方收入的减少，再分配过程不改变国民收入总量，但却改变不同收入主体在全部国民收入中所占有的份额。因此，只有转移收入净值状况才会对国民收入最终分配格局产生实质影响。当然，再分配仍然可以分为MPS中的再分配和 SNA中的再分配，目前，前者仅具有理论意义，现实中还没有人尝试澄清狭义国民收入的再分配状况（无论关于中国的或其他国家的），因此我们这里所谈的再分配是后者，即SNA中的国民收入再分配。

从我国的实际出发，我国国民收入再分配的主要渠道、形式及其影响主要表现在如下几方面。其一，直接税。如各种所得税等，由企业和个人向政府上交，结果是企业和个人收入减少，政府收入增加。其二，企业上缴利润、能交基金、预算调节基金和其他收入。结果是企业收入减少，政府收入增加。其三，预算外收入。政府预算外收入的增加意味着企业、个人部门收入的减少。其四，透支。财政向银行透支造成政府收入增加，企业和个人收入减少，因为透支往往引起货币的财政发行及银行信贷资金短缺。财政向银行长期借款的影响也一样。其五，企业亏损补贴。结果是政府收入减少，企业和个人收入增加。亏损补贴作为企业转移收入增加，不难理解，怎么理解其还会带来个人收入增加呢？这是由于：亏损所以发生，因为这些企业的产品价格被国家政策限制，这些产品属于个人生活消费品，如果取消补贴，这些企业为维持正常生产就要提高产品价格，使居民个人在消费时多支付货币，因而补贴的最终受益者是居民个人。其六，价格补贴。结果是政府收入减少，个人收入增加。其七，财政挖潜改造资金支出、新产品试制资金支出、支农资金支出、拨付流动资金，这些项目都导致政府收入减少，企业部门收入增加。其八，职工福利。职工福利由政府和企业举办，结果是企业和政府收入减少，个人收入增加。其九，奖金。结果是企业和政府收入减少，个人收入增加。其十，公有住房房租低价补贴。结果是企业部门收入减少，个人收入增加等等。上述项目均属于转移分配或再分配的范畴，这些分配形式并不改变国民收入总量，但改变不同收入主体（如政府、企业、个人）的收入份额。

国民收入最终分配是初次分配和再分配过程共同作用的结果，同时，国民收入最终分配与国民收入最终使用密切相关，换言之，国民收入最终分配格局本质上也是国民收入最终使用格局。具体说来，国民收入（指国民生产总值）包括折旧和国民生产净值两项，折旧的用途是弥补固定资本消耗，国民生产净值的用途又分为消费和储蓄（应特别注意，这里的"储蓄"指国民生产净值用于消费后的余额包括投资等，决非人们通常所理解的居民储蓄存款）。因此，政府部门收入的最终用途是弥补政府固定资产消耗、政府消费和政府储蓄，这三项之和在量上恰等于政府部门最终分配收入；企业部门收入的最终用途是弥补企业固定资产消耗、企业消费（在我国如企业办社会等）和企业储蓄，这三项之和在量上恰等于企业部门最终分配收入；个人部门收入的最终用途也是弥补个人固定资产消耗、个人消费和个人储蓄，这三项之和在量上恰等于个人部门最终分配收入。

我国理论界关于近年来的国民收入分配问题，有一种被广泛认同的观点，即放权让利措施使企业收入扩张，国民收入分配向企业部门严重倾斜，其重要依据是企业留利占实现利润的比例由1979年的12.3%上升到1987年的50.7%（指国营企业），目前更高。其实，这种判断是不够全面、不够准确的。因为，企业留利仅是企业初次分配的一部分，企业留利中的相当一部分通过奖金、福利等转移分配形式流入到了职工个人手中，据有关部门测算，1979—1988年，我国企业部门最终分配收入虽然在绝对量上增加了，但在全部国民收入中的份额却有轻微下降。因此，如何纠正企业滥发奖金实物和不合理地增加职工福利的做法，消除企业短期化行为、建立企业自我约束机制，增强企业长远发展的意识和能力，已成为今后改革中的一个重要方面。

三、收入主体问题

收入主体问题即哪些人（或机构、单位、部门）参与国民收入分配问题。这一问题的重要性在于：既然对国民收入分配的研究本质上是对国民收入分配结构的研究，那么，只有确定了全部收入主体并明确其收入范围，才能够全面地勾画出国民收入分配结构演变的图景，即：在一定时期内，哪些收入主体的收入比重上升了，在多大程度上上升了，哪些收入主体的收入比重下降了，在多大程度上下降了。如果收入主体不全，那么这些收入主体所拥有的全部收入之和必然不等于全部国民收入，据此而得到的国民收入分配结构将是片面的和不够真实的；同样，如果各收入主体的概念界定不清晰，那么即使在分析中收入主体没有被遗漏，也可能出现下述情况，即某一类或某几类收入主体因概念含混而使其收入水平被夸大或缩小了。如公车私用、单位食堂伙食补贴，钱由单位出，但算不算作个人实际收入？

在西方国家的国民经济核算中，根据SNA要求，收入主体有两种分类。（一）按经济活动性质分类。包括：1. 产业部门，指法人或准法人组织的私人工商企业、金融机构，政府产业部门如铁路、邮政等，各种贸易协会、商会，农、林、牧等自给性生产部门；2. 政府服务生产者，包括立法、行政、治安、文教卫生等政府机构以及政府控制的社会保险机构等；3. 为居民户的私人非营利服务生产者，如工会、政党、宗教团体等；4. 居民户。（二）按机构部门分类。包括：法人和准法人非金融企业、金融机构、一般政府、私人非营利机构、居民户。

根据我国的实际，我国国民收入分配中的收入主体可以划分为政府、企业、个人三类。所谓政府，应当包括立法、行政、国防、科技、教育、文化、体育等社会和公共服务机构；所谓企业，应当包括国营企业、集体企业、中外合资企业等各种类型的企业，同时，农村集体经济组织也应划入企业部门；所谓个人，专指居民，其中可以包括个体劳动者，这意味着个体劳动者的经营收入和自有经营资金也构成个人部门收入的一个组成部分。

四、我国国民生产总值的统计问题

正确地把握国民收入分配结构，应当以准确的国民收入统计为依据。遗憾的是，我国现行广义国民收入（即国民生产总值）的统计还存在这样那样的问题。例如，关于1978年的国民生产总值在1988年《中国统计年鉴》上公布为3482亿元，在1989年《中国统计年鉴》上调整为3588亿元；而1988年的国民生产总值在1989年《中国统计年鉴》上公布为14015亿元，在1990年《中国统计年鉴》上调整为13984.2亿元。诸如这类调整自1985年我国引入国民生产总值指标以来经常发生。这说明，由于国民生产总值指标属于SNA，而我国长期以来采用的国民经济核算体系却基本上属于MPS，MPS与SNA之间存在着许多重大的、具有根本性质的区别，要以适应于MPS的统计条件和统计手段来完成属于SNA的国民生产总值统计，必然会遇到许许多多困难和问题，特别是我国引入国民生产总值的统计时间短、经验少，难免在实际统计工作中出现疏漏。

我们认为，要得到更加准确、更加接近实际的国民生产总值指标，应当对我国现行统计的国民生产总值做一些起码的调整。首先，政府部门固定资产折旧应调整增加。因为我国在实际统计中估算政府部门固定资产折旧时使用的折旧率偏低（2%左右），且以固定资产原值而非固定资产重置价值为计量基础。其次，公有住宅租金应调整增加。因为，公有住宅应按住宅出租的市场价格计算，而我国的公有住宅实际房租非常之低，这不足以抵补住宅维修费，因此在实际中少计了部分租金。再次，自有住宅虚拟租金应调整增加。根据SNA要求，私人自有住宅虚拟租金应计入国民生产总值，并且同样应当按照市场租金计量，而我国在实际统计中对自有住宅租金是比照公有住房租金水平估算的，后者低估前者也低估了。第四，个人投资费用应调整增加。这是因为，我国经济中的非货币化因素还较多，因而个人投资费用在实际统计中容易少计，例如农村居民建房以相互帮工的形式完成，不计劳动费用。另外农村搞农业基本建设如修滩造地、扩大林区、培育种畜等，都应算作个人投资，但在目前实行承包经营责任制的条件下，农民的许多生产性投资活动都以十分分散的方式进行，不容易完整地统计上来，往往加以估算，低估和漏计的情况比较普遍，等等。只有将现行统计的国民生产总值加以合理地调整，才可以作为正确地描述我国国民收入分配格局及其演变的合适的收入总量基础。

政府的经济职能*

回头看：本文把政府的经济职能归结为四个方面，在论述上带有当时的时代痕迹和不够准确之处，但从大的方面讲，这四项职能仍适用于当代中国乃至于其他多数国家，文中提出国防工业也可以引入国内私人资本来办等观点，具有超前性。

历史的经验表明，政府的经济职能表现为四个方面：一、经营国有企业（经济）；二、调控国民经济运行，即政府运用经济的、法律的、行政的等手段来调控国民经济运行，以达到经济稳定和增长的目的；三、充当国际经济的代表；四、选择经济体制。

本文试图运用比较的方法，通过对一些国家的政府在行使其经济职能的过程中具有代表性的做法的探讨，总结其经验教训，并找出对商品经济社会具有普遍适用的一些原则或结论。

一、经营国有企业

政府直接经营企业具有悠久的传统。但国有企业的大规模出现、国有企业在全球范围的普遍推广以及国有企业被赋予新的含义，则是第一次世界大战之后的事。如果说1917年十月革命后的苏联把私人企业收归国有是有史以来第一次大规模的国有化实践的话，那么在西方，通过和平、改良的方式实行国有化的思想也已经产生了，这就是英国费边社的理论。

---

* 本文原载《经济科学》1989年第5期，在本书作者的硕士论文基础上改写而成。

英国的国有化作为一项政策，是二次大战结束时工党内阁制定的。工党取代保守党执政后，从1945年起，通过一系列国有化法令，把一批煤炭，电力、铁路、航空、银行、钢铁等企业收归国有。英国的这次国有化运动，有两方面的意图。首先是实行社会改革。国有化作为一项"社会主义试验"，目的是为了保证充分就业和物价稳定，增进人民幸福。其次是实行经济改革。二次大战使英国经济遭受了严重的损失，为了恢复英国的经济活力、提高经济效率，必须进行大规模的，涉及一系列重要工业部门的经济与技术改革，在当时英国资本不足、外汇缺乏、技术水平落后于世界先进水平的条件下，单靠私人资本的力量是不够的，应当由国家提供资本和技术，国有化正是适应这种需要的一种办法。

实行国有化的结果，的确在一定程度上推动了动力、交通运输、电信等部门的技术进步，促进了英国经济的增长，也有利于提高英国商品在国际市场上的竞争能力。但是，国有化也给国家带来了沉重的财政负担，使英国的财政赤字越来越大。因为国有化企业往往在经营管理上反应不灵，决策迟钝，效率减弱，经营出现亏损。最重要的是，国有化并没有使英国经济出现奇迹，没有治愈"英国病"。60年代后，英国工党执政时采取了一些变通的做法：在社会改革的目标即实现"社会主义"方面，不是通过国有化即"生产资料社会化"，而是通过收入再分配即高额累进所得税制度来达到；在经济改革方面，则实行"公私联合经营"，即把国家投资和私人资本结合起来，共同经营企业。北海油田的开发就是一个成功的例子。不过，政府的资本毕竟是有限的，不可能参与到所有的行业中。事实上实践已经证明："公私联合经营"也没能根治英国经济的病症。可以说，无论国有化还是"公私联合经营"，都已快走到山穷水尽的地步了。

鉴于上面的情况，80年代初保守党执政后，首相撒切尔夫人立即开始实施私有化计划，到1987年5月，已出售的国有企业约23个，包括宇航、航空，电信、天然气和飞机制造等公司。应该说，是撒切尔夫人揭开了目前席卷西方和许多发展中国家的私有化运动的帷幕。

法国在现代西方世界的国有化运动中也是最有特色的国家之一，这或许是因为法国历史上具有官办手工工场的传统。迄今，法国进行过三次国有化运动。第一次是在1936—1937年的人民阵线政府时期为了应付日益紧迫的战争形势而对铁路等与军备有关的一些企业实行了国有化。第二次发生在1945—1946年戴高乐临时政府时期，为了恢复遭受战争破坏的经济在一些关键部门实行国有化。第三次是1981年密特朗总统为保障法国经济的稳定和增长而发起的国有化运动，根据这次国有化计划，由国家直接间接控制的企业将达4000家，国家控制了90%的银行存款，85%的信贷业务，90%的电力工业，85%的航空工业，80%的钢铁工业。毫无疑问，法国于80年代所发起的第三次国有化运动无论在广度和深度上都是前两次所不能比拟的，也是其他西方国家所不能比拟的。

西方国家中在经营和管理国营企业方面，法国拥有最长的历史和最丰富的经验，法国的做法最具有代表性，因而最值得评价。

法国的国营企业按法律分为三类：第一类是从事工商企业活动的行政机构性质的公共事业机构，如邮电局、商会等。它们按类似于行政机构的管理规则进行管理；第二类是国营企业和具有工商业性质的公共事业机构，前者如雷诺汽车公司，几乎按私营企业的经营规则管理，后者如国营森林管理处等，采取介于第一类企业和国营企业之间的管理规则；第三类是政府占有一定股份的公司，按私营企业方式经营，政府凭股份至少拥有经营决策的否决权。

政府参股50%以上的企业，仍然享有比较广泛的自主权：在生产、销售和库存管理方面，企业原则上拥有完全的自主权，企业领导对企业内部的人事变动如晋升或解雇、奖励或惩罚等也拥有自主权。国家对国营企业的领导和监督表现在：任命董事长、总经理和部分董事；决定企业投资的计划，决定税率和利润的分配；决定价格的调整；通过计划合同约束企业，检查国营企业账目，甚至向国营企业派驻监督员。另外，法律上国家对亏损企业没有补助的义务，因此对于国营企业的经营性亏损不予补助，对于政策性亏损也只给予部分补助。简单地说，法国的国营企业处于这样一种地位：企业怎样发展不由企业自己决定，但企业在经营中出了问题则免不了接受检查和惩罚。

可见，即使在拥有丰富经验的法国，也并没有总结出一套完善的经营国营企业的办法来，因而法国的国营企业同样存在着低效率和亏损问题。当80年代国营企业私有化浪潮开始以后，法国也加入了这一行列。

发展中国家的情况怎样呢？争得民族独立的广大发展中国家，也都拥有规模大小不等的国有企业。发展中国家建立国营企业的经济目的和政治目的是同样重要的，甚至应该说，政治目的比经济目的更重要，因为发展中国家只有取得经济上的独立才能维护政治上的独立，而取得经济独立的重要途径就是建立国有企业，并且国有企业在能够决定国家经济命脉的关键性部门中应该占据主导地位。这就是多数发展中国家国有企业的最大特点。

应该承认，国有企业的建立对发展中国家发展民族经济和争取经济独立起到了应有的作用。但是，发展中国家在经营国有企业方面同样存在着较严重的问题，即效率低下，亏损严重，给国家带来沉重的财政负担。

导致发展中国家国营企业效率低下、亏损严重的原因是多方面的。首先，是过分集中的企业管理体制。由于发展中国家建立国有企业的时候，只有社会主义国家在管理国有企业方面拥有广泛的经验，而且发展中国家在感情上亲近于社会主义国家，甚至还有些建立了自己的"社会主义制度"，所以发展中国家一般都采用了社会主义国家对国营企业的传统管理方法，这种过分集中的管理方法的弊端已经越来越明显地暴露出来。其次，发展中国家的资产阶级革命往往不彻底，封建残余继续存在，许多管理制度不健全，在经营国有企业中时常发生官僚主义、贪污受贿、损公肥私等腐败现象。不少情况下，国营企业成为某些官僚谋取私利的工具。第三，发展中国家存在一些先天的不足，如商品经济不发达，国内市场狭小，交通运输不便，科技、工程和管理人员数量少、质量差，工人的文化水平低等，与此相对照的是，发展中国家的国有企业的规模却很大，这自然是与国内生产力发展水平和经营管理能力不相适应的。

上述情况说明，政府经营企业的能力是相当有限的，因而才出现全球性的国有企业私有化浪潮，那么，私有化会发展到怎样的程度呢？从而国有企业将在怎样的范围内存在呢？对发展中国家来说，更有意义的是确定在哪些行业里必须建立国营企业，或者说国营企业存在的起码范围。理论上讲，这个起码范围包括：1. 非国营企业没有力量举办或因利微而不愿经营但对全国经济的正常运行又很有意义的企事业，这些企事业可能是交通、通讯等基础行业或部门；2. 在主导产业，新兴产业中应建立国有企业，目的是利用国家的力量使这些产业得到迅速发展，从而带动其他产业的技术改造，使全国的产业结构不至于陈旧落后。上述之外的所有企业原则上都可以是非国营的。需要指出的是：第一，国防工业企业和影响国家经济命脉的企业，只要不是掌握在外国资本手中，那么即使被国内私人资本拥有，也可以保证国家的安全和经济的独立，因此，对上述方面的企业是否实行国有化，就要看具体的国情和政府的偏好了；第二，国营企业在全国经济中所占的比例可以是有弹性的，政府既可以将已有的国有企业卖出，也可以将非国有企业买进，这同样是根据形势需要的具体情况具体对待的事情。

二、调控经济运行

纵观几十年来西方发达资本主义国家、发展中国家和社会主义国家的政府在调控国民经济运行过程中的成功经验和失败教训，可以认为，政府对国民经济的调控，应该具有如下两方面的特征。

（一）政府作用强度的阶段性特征。这里所说的政府作用，指政府对客观经济的调节。政府作用强度的阶段性特征，指政府在经济中的作用强度呈现一个由强而弱的过程，在这一过程的开始阶段，政府的作用应该是强有力的；在这一过程的后面阶段，政府的作用应该弱化，但一定程度的常规性的政府干预仍然存在。

联邦德国和日本是体现这一特征的西方国家的范例。联邦德国经济是在第二次世界大战的废墟上恢复和发展起来的，战后初期，联邦德国地区的经济极度紊乱，生产水平低下，不得不实行统制经济，但实施了三年的统制经济并没有使恶劣的经济形势发生根本改变，于是在美国支持下，联邦德国进行了一次以社会市场经济为理论依据的彻底的经济改革。此后十多年，按照社会市场经济的思想，联邦德国充分发挥市场经济的作用，政府只在保护竞争、稳定通货、发展教育、兴建基础设施、减少经济波动，提供社会保障方面对经济生活实施有限的干预，以创造一个良好的经济环境。因而从1951年到1966年，出现了所谓"西德经济的奇迹"，这期间国民生产总值增长2倍，年平均增长率为7.1%。

考察联邦德国政府在经济中的作用，可以说，政府只不过是采取强有力的措施把国家经济推上合理的运行轨道而已，此后，就急流勇退（但并不是说政府脱离了与经济运行的关系）。

日本和联邦德国的情况有些类似。第二次世界大战结束时的日本也是一片废墟。战后初期，日本仍沿袭战争中统制经济的做法，对物质资料生产过程和流通过程实行全面干预。在经济稍获喘息之后，政府于1949年抛出体制改革方案（道奇路线），其指导思想是充分发挥市场的调节作用，缩小政府对经济的干预面。当时，在美国占领军支持下，日本对旧体制实施了类似外科手术的"一次平衡"，取消商品配给制，全面放开各种价格，减少明暗补贴，建立单一汇率制等。结果，经济关系基本理顺，资源分配逐渐合理，企业之间竞争激烈，整个经济走上正轨。此后十多年时间，日本经济高速增长，在西方资本主义国家"独占鳌头"，创造了所谓"日本经济的奇迹"。

考察日本政府在经济发展过程中的作用，同样可以说，最重要的是政府通过强有力的措施将国民经济推上正常轨道，使其高效率地运行。完成这项工作后，政府对经济生活的作用强度趋于弱化，作用方式也发生了变化，即采取诱导性的计划和其他手段引导经济发展的方向。

韩国和新加坡是体现政府在经济中作用强度的阶段性特征的发展中国家和地区的典型。韩国和新加坡的情形有许多相似之处：它们面积小、人口少、市场狭窄、资源有限。第二次世界大战后都逐渐明确了出口导向的经济发展战略，而这一战略的贯彻实施又都是以"政府主导型"的体制作保证的，即专制的或强有力的政府一方面保证了国家政治形势的长期稳定，另一方面政府还采取措施推动经济发展战略付诸实践。持续、全面、强烈的政府干预是韩国和新加坡出现经济奇迹，成为"亚洲小龙"的重要原因。但是，最近几年韩国和新加坡由于经济形势所迫而不得不减少政府干预、给私人企业以更多的自由和责任的情况，也表明：政府对经济的作用强度是有阶段性的，先强后弱，只不过在韩国和新加坡政府对经济作用程度强的这一阶段所持续的时间比联邦德国和日本更长罢了。

另一方面，阶段性只不过是周期性的一种表现而已。就是说，政府对经济的作用强度还具有周期性特征，尽管这种周期性特征在各国经济中表现得还不明显或有待于呈现出一个完成的形式。

联邦德国的情况给我们提供了一个较好的例证。50年代初当政府通过强有力的措施建立起社会市场经济制度后，政府的作用就只表现为提供社会安定、社会保障等经济运行的良好环境。到1966年，联邦德国爆发了战后第一次全面的经济危机，导致政府又加强了对经济的调节，进入80年代后，由于经济中新自由主义盛行，并追随西方其他国家的私有化浪潮，西德政府又通过各种方式减轻了对经济的干预。

英国和法国也在一定程度上表现出上述周期性的某种迹象。

在西方，政府在经济中作用强度的周期性特征由下面两方面因素决定：一是不同政党的经济哲学不同，经济政策倾向不同，所以当不同的政党轮流执政时，政府对经济的干预程度就有不同表现，如英国的保守党和工党，法国的社会党和右翼政党，其经济政策主张之间的分歧是显而易见的；二是西方的政治、经济危机是具有周期性的，为应付预见中的危机和消除已经发生的危机，政府对经济生活的干预必然加强，而在政治和经济生活转入正轨的时候，政府在经济中作用的强度也相应地减弱，如法国在第二次世界大战前和战后的国有化政策就是为了预防和治理政治经济危机的缘故。

（二）政府作用方式的层次性特征。经验表明，调节手段的合理运用应该体现出政府对经济调节的层次性特征。就是说，政府对经济的调节表现为基础性调节、指导性调节、常规性调节、强制性调节这样四个层次，每一层次的调节所要求的环境、手段、方式是不同的。

所谓基础性调节，即通过立法的方式使国家经济的运转方式（尤其是企业）和国家经济的基本发展方向规范化。众所周知，经济法作为法的一种，具有稳定性，规范性、权威性。在经济生活中，企业、个人允许怎样活动，不允许怎样活动，有怎样的权利，有怎样的义务，都能够通过"基本法"等立法形式加以明确，这意味着，通过立法，政府建立了经济运行的基础性框架。如果说建立框架本身是政府对经济的一种调节的话，那么，一旦这一框架建立起来，政府就免去了这些方面的非规范性调节。正因为这样，才说通过法律手段的政府调节具有基础性调节的意义。

所谓诱导性调节，主要是指计划形式的调节。国家计划实际上有两种含义：一是指国家给国营企业下达的具有指令性的计划，这种计划在国营企业数量不大的时候是可行的；二是指作为政府调节手段的计划，即对国家经济生活只起指导作用的计划。法国和日本的计划正是上述两方面结合起来的计划。其中，对国营企业下达的计划虽是指令性的，但国营企业是作为政府政策的率先体现者，故对国营企业的计划对全国经济来说具有的是指导意义而不是指令意义。

所谓常规性调节，即政府运用各种经济杠杆对经济生活出现的一般性波动或失误进行调节。"一般"是指政府所使用的常规性调节手段主要有财政手段、货币金融手段、税收手段等。

所谓强制性调节，这里特指政府通过对工资、物价的冻结或管制对经济生活进行的临时的强制性调节。这种手段只在特殊的紧急情况下才被采用，而且还有持续时间的限制。例如美国为解决通货膨胀问题，尼克松总统从1971年8月15日到1974年4月底就采取了严格的分阶段的对工资、物价的管理措施。强制性调节往往与经济系统的严重紊乱有关，特别与战争有关。因此，滥用强制性调节手段或者把这种手段长期化、固定化，只能给经济生活带来损失。

三、国际经济代表

今日世界，任何一国的经济都不过是世界经济系统中的一个组成部分，任何一国的经济活动都会直接间接地、程度不同地影响其他国家的经济，一国的经济也都会直接间接地、程度不同地受其他国家的经济活动的影响。世界经济的这种相互依赖性是由这样一些因素造成的：（1）各国的科技和经济发展是不平衡的，因而造成科技上的相互引进和经济发展上的相互依赖；（2）各国自然条件千差万别，当一国经济发展到一定水平时，必然要求突破本国资源条件对其经济发展的限制，通过交换，利用他国资源促进经济的进一步发展，达到资源的有效利用；（3）闭关自守和自给自足状态必然被商品经济的发展所打破，商品经济从本质上说是开放的经济；（4）国际分工的必然结果是世界经济的相互依存性越来越强；（5）国际垄断资本主义的作用。

当前，世界经济中不同国家和国家集团之间的相互依存性具有这样的特点：（1）发达国家之间的相互依存水平最高，并且日益加深，就是说，发达国家之间在生产、商品、市场、技术、资金、投资场所、人才和国际经济协调等方面的相互交流已达到空前的水平并在继续向前发展，南南贸易突飞猛进；（2）新兴工业国家和地区、石油输出国组织与发达国家之间的相互依存或经济交流发展十分迅速；（3）最不发达国家与发达国家之间的相互依存或经济交流发展非常缓慢。适度的经济结构差异导致新兴的工业国与初级产品生产国之间在商品和市场方面的相互依存和交流有较大发展；而过度的经济结构差异则使工业相当发达的国家与初级产品生产国之间在商品和市场的相互依存和交流方面发展缓慢，甚至倒退。

结论是：对不发达国家来说，为了顺应世界趋势，增加与其他国家的经济交往，政府不仅要清醒地意识到自己的国际经济职能，而且必须行使好。

政府的国际经济职能包括哪些内容呢？

制定对外经济政策，包括外贸政策和引进外资、对外投资等政策。这些政策应随着形势的变化而有所调整，如在外贸政策方面，美国曾是自由贸易的鼓吹者，近几年来，由于外贸逆差的增加，也开始奉行越来越严厉的贸易保护主义政策。

参加国际经济组织。据国际协会联合会统计，1909年时国际政府间组织只有37个，1951年即增加到123个，1976年达到308个，约为20世纪初时的10倍。国际政府间经济组织的发展状况同样如此。目前世界上存在的国际经济组织，虽然缘起于社会制度、经济水平、地理位置、宗教信仰、原料品种等各种因素的相同或接近，但最终目的都是为了促进国际经济组织成员国之间或成员国与非成员国之间的经济往来，从中获得好处。欧洲经济共同体和经互会是两个典型。

参加国际经济组织，利用它来促进本国经济的发展，已成为当今世界的一个普遍趋势，各国政府必须树立强烈的参与意识。

协调国际经济关系。各国政府可以在许多场合，通过许多方式对其他国家或国际社会施加影响，以协调国际经济关系。西方七国首脑会议就是西方发达国家协调其经济关系的一种重要方式。自1975年以来，一年一度的西方七国首脑会议在联合协调宏观经济运转、缓和各国矛盾冲突方面日益显得重要。

目前的国际经济秩序对发展中国家来说显然是不合理的、不利的，因而需要发展中国家政府联合起来，采取行动，建立国际经济新秩序。实际上，国与国之间或几个国家之间的经济关系不合理的情况是经常出现的，因此各国政府协调国际经济关系的职能也是一个经常性的职能。这一职能行使得好，才能促进国与国之间经济交流的顺利进行。

四、选择经济体制

这里仅对政府在如何选择经济体制方面必然面临的几个问题作些原则性说明。

一是目标模式的明确性。对旧体制进行修补性改革时，目标模式可以是不甚明确的，但对旧体制进行彻底的改革或重建时，目标模式必须是明确的。前一种改革，往往发生在旧体制比较有效率或政府自以为有效率的情况下，因而可以基本保持旧体制，改革只是为了达到最优，而何为最优总是难以确定的，所以这时改革的目标模式可以不甚明确；后一种改革，则发生在旧体制严重缺乏效率并被政府当局所深刻认识的情况下，旧体制将被彻底改革或重建，这时，目标模式必须应是明确的，否则，结果不是改革进程的夭折，就是长期吃"夹生饭"，要想摸索着达到一个优化的目标是难乎其难的。

二是改革或重建经济体制的步骤。联系上面的看法，那么对经济体制的修补性改革，可以是一个长期的过程，也可以是一个时断时续的过程，这要视体制缺陷的具体情况而定。而彻底地改革或重建经济体制，因为应该有一个明确的目标模式,更因为这一新的目标模式的各要素之间具有不可分的有机联系,所以步骤上应该"毕其功于一役"。需要说明的是,"毕其功于一役"不等于一下子建立一个完善的经济运行机制,而是说在"一役"中建立起新的经济体制的基本框架,至于对新体制的修补性工作,则是"一役"后的事了。修补性工作是必要的,但不是重要的。西德在战后恢复经济,建立社会市场经济制度就是在很短时间内基本完成的、日本战后由统制经济向市场经济过渡也一样,中国完成社会主义改造、建立社会主义计划经济制度同样如此。有人说,中国社会主义改造的步伐慢点将会更好,其实,那样的话,所形成的经济体制就可能不是以后的集中统一的计划经济体制了。况且,改造步伐所以快或许还有点必然性呢,就像苏联农业集体化过程中所发生的那样。

三是改革或重建过程中的社会动荡问题。对旧体制进行彻底的改革或重建而不引起社会动荡才是奇怪的事,应该把社会动荡当作意料中的事。因此,彻底的改革必然需要一个强有力的政府。韩国和中国台湾在经济起飞时期都是处在中央高度集权统治下的情况,从侧面说明,发展中国家在经济起飞时期的经济战略特别是经济体制改革战略的实施,没有一个强有力的政府是不行的。如果说由于改革而引起社会动荡导致改革进程的倒退是一种悲剧的话,那么由于担心引起社会动荡而不敢抛出彻底的改革方案,同样是可悲的,那将形成一种"死不了、活不好"的局面。关键在于,政府应把改革可能引起的社会动荡当作正常的事,并作出充分的应付准备。当然,强有力的政府决不等于专制政府。

四是改革进程的连续性。在"毕其功于一役"的改革设计中,似乎不存在改革进程的连续性问题,那是"一次成型"的事。改革的连续性是在东欧国家改革进程中得出的教训,在东欧国家,由于国内国外等方面的原因,改革进程曾经被中断,因而深受其害。一些东欧经济学者曾向中国提出忠告:改革不能停。这对中国应该是有用的,因为十年来的改革并没有采取"毕其功于一役"的做法,今后的改革可能仍然如此。显然,改总比不改强,改就意味着选择,意味着成功的机会。强有力的政府和具有强烈改革意向的政府领导人的结合,差不多成了发展中国家的社会主义国家改革连续性的一种保证,这种情况有不尽如人意的地方，但毕竟是现实。正在进行改革的国家是否能保持改革的连续性就要看这个国家是否幸运存在上述类型的政府和政府领导人以及该国以后的政治体制改革情况了。就是说，当政治体制比较完善的时候，是否进行持续的改革就主要地取决于人民的选择而不是由政府领导人替人民做出选择。

联产承包责任制调查报告*

回头看：本文被选为1982年大学生"百村调查"材料之十九。作者当时是不到20岁、尚未入党的大学二年级学生，文中调查总结了河北农村联产承包责任制实行初期的利和弊及原因，强调干部队伍的极端重要性，特别是提出"党风问题是党的生死存亡问题"。

一、责任制的利弊

（一）利点——粮食增产：两年多来，通过实行大包干，本村发生了很大变化。责任制最主要的甚至唯一的利点就是：粮食单位面积产量的提高以及随之而来的总产量的提高，使得社员已能填饱肚子和部分社员有少量剩余。吃饱肚子，对其他村、社来说，也许是不足为奇的事，但于本村，则是极可喜的。因为第一，从历史上讲（仅限于最近十多年），本村是县里挂了号的穷村。责任制前，不仅不交公粮，而且还吃国家的返销粮，几"代"的工作组蹲点都未能彻底解决吃饭问题。然而实行大包干不到两年，社员居然自足有余了，这当然是责任制之优越性的表现。第二，从自然条件上说，本村山多平地少，山为黄沙石山，光秃秃一片。目前使社员富足的最可见效的奋斗方向不在于靠山吃山，而在于开掘地力，增产粮食。这一点也是在大包干后才基本上实现的。况且在本村连续两年受到严重旱灾的情况下取得如此大的成绩，当然更是值得庆幸的。

（二）群众生活：随着粮食产量的提高和粮食品种的增多，社员生

＊ 本文完成于1982年2月。

活也得到了相应的改善。责任制前，在当时的六个生产队中，夏收小麦人均达100斤者就是被人羡慕的富队了，分六七十斤麦子不算太少，甚至个别穷队每人只能分三四十斤。当时如果谁家每天能吃上一顿白面，那就是富裕户了。几乎每户（不论干部或群众）社员都得从市场上买高价粮。有的社员用麦子多换几斤玉米来维持更长时间的生活。粮食品种单调（夏秋麦子玉米），造成社员饭食的单调，除了窝头还是窝头，逢年过节想吃粽子、蒸糕，还得从市场上买米买豆。往事艰难困苦，实在不忍回首。现在大变了，粮食不仅够吃，而且饭菜的味道也香甜可口了。从穿衣上说，以前穿的确良之类料子的衣服，是一般人不敢想象的。现在年轻人中人皆有之。过去社员的粮食还不够吃，猪狗鸡鸭更要靠边站，现在好多社员用玉米喂肥猪。

（三）弊点——众多的问题：我们村责任制的弊点，多是由干部队伍的不景气而带来的不良后果。主要有：集体财产未得到应有的保护；集体提留不能完成；农田基本建设停止；集体体制名存实亡；生产过程中个人冲突增多；生产不能大规模、高速度地发展；农民对形势认识不清，思想混乱；社会治安不如以前；封建迷信活动抬头；计划生育很难搞，几乎不能搞；党、团组织涣散，活动停滞，党、团员所作所为不符合党团组织的要求；青年无组织和随之而来的无所事事，或无事生非；赌博不绝；等等。

二、集体名存实亡

以前生产队没有发挥其应有的作用，但毕竟有个架子。那时队里有队长、会计、保管。晚上队长（两三个）商议事情，清早敲钟上工，有事时开个生产队社员大会，甚至还念过《红旗》杂志上的文章。关心集体，人人有责。现在，对于大队这一名称，社员略提一二。生产队没有队长、会计。社员如一盘散沙。

从集体财产上说，本村没有什么大的生产农具和多的机器设备。在这种情况下，机器设备应该很充分地加以利用，但事实上机器设备不仅没有能够充分利用，而且连应有的保护也很难得到：①大牲口不卖即分给社员，三五户一头，其实分给社员也有出卖的可能。一则因为社员不能很好地喂养牲口。社员轮流喂养，人人得当几天饲养员，当轮到自己喂牲口时，或推推躲躲，或支应差事，或因私事而忘记喂牲口，或不喂好饲料，至于科学喂养方法更是提不到了。二则因为社员之间难免有意见，一有意见常常是"赶快把牲口卖掉算了。"②电动机、柴油机等机器受到的待遇也很坏，不关心机器是平常的事，无意和有意的破坏。机器坏了无人过问，不用机器时肯定没人修机器。如果偶尔有个关心照顾集体财产的人，那就真是难能可贵了。③生产队的房屋任其风吹日晒，摇摇欲坠，难免倒塌。④"前人栽树，后人伐光"，昔日山前山后绿茵茵，今日山上山下光秃秃，悲乎!去年本村仅有的树木遭到了一次毁灭性的砍伐——集体提留从社员手中"提"不上来，大队只好以伐树卖钱来应付。

修田造地得到的几乎是永恒的利益，本村非常适应。但现在的大队干部没有想过或不敢想再搞农田基本建设。召开社员大会，干部千遍万遍地在喇叭上喊，即使声嘶力竭，到会的仍只有几个老实的老头、老太太。于是干部也变得"聪明"了，想开会就放一场电影，在电影开始前的很短时间里向社员说一下事情，真是一大"发明"。开会尚如此之难，组织社员搞农田基本建设就更是干部所不敢想象的事了。而且在全国，现在农田基本建设不是"时髦"的事情了，干部当然多数是随波逐流。

集体长此下去，后果不堪设想。

三、治安及其他

目前本村的社会秩序不如以前。过去没有的或不明显的非光彩事，现在则出现了或明显化了。本村是集镇，每逢集日小偷出没；小商小贩无处不在，无时不有；挂羊头卖狗肉者难免；拦路抢劫的传闻使人心惊；赌博，曾一度甚嚣尘上；"风流"电影、电视教坏了个别年轻人，他们穿着时髦，打扮"入时"，人鬼不像，整天摇头摆脑，因无知而显得可怜，因丑态而显得可恶，人人见了，畏而远之。

迷信活动重新抬头。拜年成了春节的"时髦"礼节，人不为之，则谓无礼。多年没有的庙宇新盖起来了，盖庙的费用分摊全村各户，巫婆登门讨钱，人人敬而献之。祈雨也如此。实际上，算卦、问卜在农村根本没有断过，如今更是有增无减。

为什么社会治安会不如过去？究其原因，第一，因为公安人员造成冤假错案者要受法律制裁（过去已有，现在更强调）。于是多数治安人员谨小慎微，不求有功，但求无过。第二，社队干部权力缩小和没有实权。有个别人制止坏人坏事，得到的是四面八方的冷嘲热讽和打击报复，于是他们"闲事少管，睡觉养眼"，"事不关己，置之不理"。做坏事者也不知道羞惭，明目张胆起来。要搞好治安，就要给典型的坏人以打击，给执法人员以保护。要在全社会全民众中造成一种严肃纪律，遵守法纪的气氛。在这种气氛下，就能够做到"老鼠过街，人人喊打"。

四、计划生育和学校教育

（一）计划生育。计划生育基本上没有抓。因为没有好的措施。以前规定超生者（第三胎）罚款、扣粮，但社员提出极尖锐的问题："如果超生的以罚款了事，那么没钱的就不能多生孩子，而有钱的就允许多出钱多生孩子吗？"这是农村基层干部难以回答的问题。责任制本身对计划生育是不利的。大包干后，社员对计划生育更是置之不理，声言"自己生儿自己养，不吃集体一粒粮"。不能罚款扣粮，干部毫无办法。计划生育本身有其不好实行的特点。在农民看来，似乎生儿育女是其天职，尤其是生儿子"续香火"（即传宗接代）的愿望更强烈。甚至威胁干部说："你敢让我绝后？拼了命我也要生"。这种思想非通过思想教育不可。干部不能以身作则。实际上，干部问题是计划生育的重要问题，干部问题解决了，他不仅可作为群众的榜样，而且还便于开展宣传、教育、组织、领导工作。命令和惩罚则是消极的措施。

（二）学校教育。本村有小学五个年级，目前师资较好，正式人员占半数以上，民办教师也是原来教高、初中的较有经验的老师。一直没有英语课是个问题，因为学生成绩直接关系到老师的奖金多少和名声好坏，所以老师还是很认真地教课。与前相比，老师有一定的积极性，但和农民一样，这种积极性是在强制下发挥的，因而必然是有限的。要让教育质量有大的和持久的提高，必须提高老师的思想水平和业务水平。

五、可惜的事——青年问题

本村青年虽非暮气沉沉，但也决非"好像早晨八、九点钟的太阳"，其关键问题在于无组织。本村青年工作一直搞得不活跃，以前的团员活动很少，有则是读报，于青年聊聊无味。虽然如此，当时的青年在农田基本建设中仍做出了可观的成绩，因为有形式上的组织和强制。但在今天，青年连这种形式上的活动也没有了，党员尚且不过组织生活，团员更是清静得很，多数青年除了干活就想结婚，结了婚还是干活，除了小家庭，内心空空。没有知识，却又不想学知识（个别想学者也无条件），表面上又装腔作势。不少青年无所事事，而无事则有生非的可能。当我发现个别青年长期坚持写作（诗、小说）、自己订阅报刊（《中国青年报》等）、自发组织文体活动时，简直使我热泪盈眶。在死气沉沉的青年世界里，这是多么难能可贵的啊！这说明青年正在倍受无组织之苦，强忍不住时就自发地行动，在这个时候，如果有人来领导、来组织，青年该有多少热情、该有多少力量、该发挥多么巨大的作用啊！

六、原因——干部和群众

（一）农民对目前形势认识不清，心理上多处于一种矛盾状态。既想增产增收，多修地造粪，又怕明天合队（取消责任制）。当谈起是否要合队时，某些社员说："咱这辈子他甭想合队了！""要合队，哼，没门！"但真要合队，他们也无力抗拒。所以，社员不改土修田，甚至连粪肥也不愿往地里多施。一旦粮食够吃（本村因穷而不交公粮），生活水平稍有提高，他求富的心理就不强烈了。"人活着还不是吃和穿？有吃有穿，还想怎么样？"

（二）干部处于一种思想涣散、软弱无力，甚至作风不正的状态。第一，干部没有彻底改变落后面貌的雄心，甘居落后，更没有农村发展的远景规划。他们没法向群众解释责任制是长期实行还是暂时实行，这样，干部很难组织群众把其他各方面的工作做好。第二，身为农民的干部，处理问题大多以小生产者的姿态出现，表现出软弱性。对待上级的指示，或者没有头脑地机械执行，或者即使看出错误也勉强执行，如责任制中的"一刀切"。这种情况的出现，基层干部不能没有责任。对待社员群众中出现的问题（包括生产和生活方面），干部也怕得罪人，很难坚持真理，公正处理，或干脆听之任之。干部极少开会，当一天和尚撞一天钟，而身为"和尚"能撞响"钟"者则为上了。个别干部作风不正，不是一心一意为社员服务，而是损公肥私，这样群众不相信干部，甚至故意与干部作对。

为什么在实行责任制过程中，还出现了那么多问题？责任制的具体实行方法是有明文规定的，但为什么不能严格地执行？原因是多方面的，但干部问题却是最重要最关键的方面。只要你冷静地想一想，你就会承认：一切的一切（包括成绩和损失），都是直接或间接地由干部带来的。以上各种问题无不与干部有联系。群众需要干部去组织，干部不行，群众固然组织不起来。党风问题是党的生死存亡问题。某些干部实在需要整顿学习，党风实在需要有一个大的转变。

第三篇

调结构

"四个陷阱"的历史经验与
中国发展面临的长期挑战*

回头看：本文把中等收入陷阱、修昔底德陷阱、金德尔伯格陷阱、塔西佗陷阱同时摆在面前，分析其来龙去脉和历史经验教训，对我国发展面临的长期挑战作出警示。本文的分析判断是，我国可以跨越中等收入陷阱，但中国发展奇迹还不能画上句号，还要防止"高收入陷阱"。我们不会陷入典型的修昔底德陷阱，但非典型或软性的修昔底德陷阱可能始终存在，即崛起和遏制的矛盾斗争始终存在。今后一个时期可能出现国际公共产品缺位、全球治理失序的情况，即金德尔伯格陷阱会在一定程度上存在。这些观点正在并将继续经受实践的检验。

现代化是一个漫长的历史过程。谈到中国作为大国的崛起之路如何不平坦，人们通常会提到历史上著名的若干"陷阱"，包括中等收入陷阱、修昔底德陷阱、金德尔伯格陷阱和塔西佗陷阱等。这些陷阱，都是借鉴历史经验或假历史学家之名概括出来的，时间跨度从古希腊到20世纪。其中每一个"陷阱"，都有若干厚厚的著作，都是一门很大的学问。这里，我们把主要的"四个陷阱"集中串联在一起，着重从经济学视角，浓缩剖析一下其渊源、表现、原理和现代启示录，以期有助于跨越这样那样的"陷阱"，顺利推进我国的社会主义现代化进程。

---

* 本文是作者2017年6月8日在清华大学经管学院中国经济50人论坛长安讲坛上的演讲。

300

一、"四个陷阱"的历史经验

（一）"四个陷阱"的渊源和内涵。

1. 中等收入陷阱。"中等收入陷阱"概念是世界银行在2007年《东亚复兴——关于经济增长的观点》报告中最早提出的，报告认为，"在缺少规模经济的情况下，东亚中等收入国家将很难维持其历史上令人印象深刻的增长。由于资本的边际生产率自然下降，基于要素积累的策略可能会带来持续恶化的结果。拉丁美洲和中东是中等收入地区的典型，几十年来他们一直无法摆脱中等收入陷阱。"（《东亚复兴——关于经济增长的观点》第17—18页）其内涵主要是指：某些国家在人均国民收入达到中等收入水平以后便陷入经济增长停滞期，在相当长时间内无法成功跻身高收入国家行列。

从一个较长时间段来看，中等收入国家分化为两类：跨越中等收入陷阱的国家和掉入中等收入陷阱的国家。

按照世界银行的标准，1950年以来新出现的52个中等收入国家中，35个已落入中等收入陷阱，占67.3%，似乎是一个大概率事件。在这35个国家中，13个为拉美国家，11个为中东北非国家，6个为撒哈拉以南非洲国家，3个为亚洲国家（马来西亚、菲律宾和斯里兰卡），2个为欧洲国家（阿尔巴尼亚和罗马尼亚）。其中，一些国家在"中等收入陷阱"中已经陷了相当长时间，如秘鲁、哥伦比亚和南非（南非2016年人均GDP为5276美元）等已在"中低收入陷阱"中受困长达60余年，委内瑞拉在"中高收入陷阱"中也已超过60年。"中等收入陷阱"实质是持续增长的动力机制问题，增长停滞的经济体只能被迫进行存量调整，陷入"增长停滞—社会动荡—经济失序—复苏无力"的恶性循环。伊朗和马来西亚人均GDP分别于1983年和1992年达到3000美元，但至今仍未跨过中等收入上限（2015年分别为5038美元和9768美元）。整个拉美地区20世纪80年代经济年均增速1.2%，人均GDP增长为-1.9%，其中1963—2008年的45年间，阿根廷还出现了16年负增长。阿根廷、墨西哥、哥斯达黎加、巴拿马四国分别于1986年、1990年、1994年、1996年人均GDP达到3000美元，但之后这些国家经济增速放缓、失业率攀升、社会矛盾激化、群众抗争此起彼伏，沦为长期徘徊在中等收入陷阱的典型国家。

表 1　世界银行不同国家人均 GNI 划分标准　　　单位：美元

年　份	低收入国家	中等偏下收入国家	中等偏上收入国家	高收入国家
1987	≤480	481—1940	1941—6000	＞6000
1988	≤545	546—2200	2201—6000	＞6000
1989	≤580	581—2335	2336—6000	＞6000
1990	≤610	611—2465	2466—7620	＞7620
1991	≤635	636—2555	2556—7910	＞7910
1992	≤675	676—2695	2696—8355	＞8355
1993	≤695	696—2785	2786—8625	＞8625
1994	≤725	726—2895	2896—8955	＞8955
1995	≤765	766—3035	3036—9385	＞9385
1996	≤785	786—3115	3116—9645	＞9645
1997	≤785	786—3125	3126— 9655	＞9655
1998	≤760	761—3030	3031—9360	＞9360
1999	≤755	756—2995	2996—9265	＞9265
2000	≤755	756—2995	2996—9265	＞9265
2001	≤745	746—2975	2976—9205	＞9205
2002	≤735	736—2935	2936—9075	＞9075
2003	≤765	766—3035	3036—9385	＞9385
2004	≤825	826—3255	3256—10065	＞10065
2005	≤875	876—3465	3466—10725	＞10725
2006	≤905	906—3595	3596—11115	＞11115
2007	≤935	936—3705	3706—11455	＞11455
2008	≤975	976—3855	3856—11905	＞11905
2009	≤995	996—3945	3946—12195	＞12195
2010	≤1005	1006—3975	3976—12275	＞12275
2011	≤1025	1026—4035	4036—12475	＞12475
2012	≤1035	1036—4085	4086—12615	＞12615
2013	≤1045	1046—4125	4126—12745	＞12745
2014	≤1045	1046—4125	4126—12735	＞12735
2015	≤1025	1026—4035	4036—12475	＞12475

成功跨越中等收入陷阱的国家不多。1950年至2008年，只有13个中等收入经济体进入高收入，去除8个西欧周边国家，只剩下日本和"亚洲四小龙"（韩国、中国台湾、中国香港、新加坡）。这些东亚新兴经济体有的只用了不到10年时间就完成了由中等收入向高收入的跨越，日本的发展水平较早已位居世界前列。世界银行用"东亚奇迹"的概念予以肯定。按照世界银行的标准，韩国成功跨越"中等收入陷阱"用了23年左右时间。韩国1970年人均GNI为260美元（1978年中等收入标准人均GNP为260美元，韩国1976年人均GNP为670美元），进入中等收入国家；1981年达到2070美元（1987年标准为1941美元），进入中等偏上收入水平；1993年达到8980美元，越过了8625美元的高收入门槛；2015年为27450美元，2016年约为27533美元。从历史上看，成功跨越中等收入陷阱是一个小概率事件。

2. 修昔底德陷阱。修昔底德（约公元前460至公元前400/396年）是古希腊历史学家、文学家和雅典"十将军"之一，他曾参加伯罗奔尼撒战争，因被上级指责贻误战机且有通敌之嫌，被革职流放。在此期间写下了著名的《伯罗奔尼撒战争史》，因这本书而有了著名的"修昔底德陷阱"一说。他指出，"使战争不可避免的真正原因是雅典势力的增长和因而引起斯巴达的恐惧。"（《伯罗奔尼撒战争史》第一卷第一章第21页）他认为，新兴力量雅典的日益强大引起了老牌霸权斯巴达的恐惧，斯巴达必须回应这种威胁，因此引发了这场战争。这种守成大国与新崛起大国之间必有一战的逻辑，被后人概括为"修昔底德陷阱"。但修昔底德本人从未用过这个词。

在能查找到的资料中"修昔底德陷阱"这个概念最早出现在美国作家赫尔曼·沃克（Herman Wouk）1980年的一次演讲中，他当时用来警告美苏之间的冷战。美国哈佛大学教授政治学家格拉汉姆·艾利森教授（Graham Allison）曾担任过美国国防部长特别顾问，是"修昔底德陷阱"的鼓吹者。他在2015年9月24日发表于《大西洋月刊》的《修昔底德陷阱：美国和中国正在走向战争吗？》（Destined for War: Can China and the United States Escape Thucydides's Trap?）一文中，研究了世界近代历史（16世纪以后的世界史）中的16个案例，发现其中12个最终走向了战争。

表 2　《大西洋月刊》世界近代历史 16 个案例

序号	时期	主导力量	崛起力量	结果
1	16 世纪上半叶	法国	哈布斯堡王朝	战争
2	16—17 世纪	哈布斯堡王朝	奥斯曼帝国	战争
3	17 世纪	哈布斯堡王朝	瑞典	战争
4	17 世纪	荷兰共和国	英格兰	战争
5	17 世纪末—18 世纪初	法国	大不列颠	战争
6	18 世纪末—19 世纪初	英国	法国	战争
7	19 世纪中期	英国，法国	俄罗斯	战争
8	19 世纪	法国	德国	战争
9	19 世纪末—20 世纪初	俄罗斯，中国	日本	战争
10	20 世纪初	英国	美国	没有战争
11	20 世纪初	俄罗斯，英国，法国	德国	战争
12	20 世纪中期	苏联，英国，法国	德国	战争
13	20 世纪中期	美国	日本	战争
14	20 世纪 70 年代—20 世纪 80 年代	苏联	日本	没有战争
15	20 世纪 40 年代—20 世纪 80 年代	美国	苏联	没有战争
16	20 世纪 90 年代至今	英国，法国	德国	没有战争

　　根据其他一些西方学者统计，在1495—1975年间，欧洲共发生了119次大国战争，其中崛起大国与霸权国同时参加对立双方作战的战争有64次，占全部大国战争的54%。这些西方学者从历史考察中得出了"新兴崛起大国与现存霸权大国之间战略冲突不可避免"的结论。

　　近代以来德国和日本很典型。1871年，普鲁士王国统一德国各邦建立德意志帝国后，德国迅速崛起，取代了英国成为欧洲最大的经济体。在1914年和1939年，德国的侵略行为和英国的反应导致了两次世界大战。在亚洲，日本经过明治维新而崛起之后，就想在亚洲确立以日本为中心的亚洲秩序，发动了侵略亚洲其他国家的战争。

　　3. 金德尔伯格陷阱。金德尔伯格（1910—2003）是美国国际经济金融历史学家，是第二次世界大战后马歇尔计划的主要构建者之一。主要著作有《西欧金融史》《疯狂、惊恐和崩溃：金融危机史》《国际经济学》《1851—1950年法国和英国的经济增长》《经济反响:贸易、金融及增长的比较研究》《1929—1939年世界经济萧条》《经济霸权1500—1990》等。

在《1929—1939年世界经济萧条》一书(第12—13页)中,金德尔伯格提出,如果原有大国已经无力领导世界,而新兴大国又不愿或者无力领导世界,那么世界会陷入无序。例如,20世纪30年代大萧条与二战的爆发原因在于,大英帝国已经无力领导世界,但是美国又不愿领导世界,由此导致世界秩序的崩溃,使得整个20世纪30年代世界经济始终处于大萧条之中,并进一步导致了强调国家主义、经济民族主义和种族主义的法西斯主义的兴盛。他认为,一个开放和自由的世界需要有一个居霸权或者主宰地位的强国来维持秩序。

4. 塔西佗陷阱。所谓"塔西佗陷阱",通俗地讲,就是"当一个政府或部门失去公信力时,无论说真话还是假话,做好事还是坏事,都会被认为是说假话、做坏事。"塔西佗(约公元55—117年)是古罗马帝国执政官、元老院元老、著名历史学家,主要著作是《历史》和《罗马帝国编年史》。历史背景是:罗马皇帝尼禄死后,被选为下一任皇帝的迦尔巴下令杀了一个造成叛乱的将领,以及另一个可能发动叛乱的将领卡皮托,而且命令未到达之前他就已经被处决了。有些人认为卡皮托没有这样的野心,对迦尔巴的做法产生了不满,《历史》一书对此评论道:"不过外界对这两次的处决的反应很不好,而且一旦皇帝成了人们憎恨的对象,他做的好事和坏事就同样会引起人们对他的厌恶。"这就是"塔西佗陷阱"的渊源。英国思想家培根在《培根论说文集》"论谋叛与变乱"一章中,在论述国家虽有良好的举措,但由于谣言的恶意解释而遭受诽谤时也说过:"如同泰西塔斯所说的一样:当政府不受欢迎的时候,好的举措和坏的举措同样地触怒人民。"

但塔西佗陷阱这一概念却出自中国学者。南京大学新闻传播学院潘知常教授在2007年8月一篇讲稿中说:"在这种情况下,中国就出现了一个我把它称之为'塔西佗陷阱'的怪现状,'塔西佗陷阱'是什么意思呢?古罗马的执政官塔西佗说过一句话,他说:当政府不受欢迎时,好的政策和坏的政策同样会得罪人民。"

（二）中文表述统称"陷阱"，原文其实不然。中等收入陷阱的英文原文是：Middle Income Trap，无论英文还是中文翻译，都是最符合作者本意的。

修昔底德陷阱的英文表述为：Thucydides's Trap，同样使用了 Trap 一词，这也许符合、也许不符合修昔底德的本意，但总体上表达了后人概括者的思想。

金德尔伯格陷阱的英文表述是：Kindleberger Conundrum，原意是难题、谜题，不是陷阱，但引申为陷阱亦无不可。

塔西佗陷阱只有中文表述，外文中没有对应的概念。中国学者作出这种概括有其道理，可以说具有原创性，开了风气之先，如果在国际上被广泛接受，则可以看作中国学者对社会科学世界话语体系的一个贡献。

以上几个"陷阱"，其实是历史现象和难题，不是必然，更不是宿命。

（三）我们为什么要重视"四个陷阱"？

1. 历史是最好的教科书。几千年来，许多历史教训被不断重复。例如，战争与和平交替发生，和平的时间更长，但战争的次数很多。据统计，到1982年，在有文字记载的5560年中，世界上共发生过14531次战争，平均每年2.6次。又如经济和金融危机，1825年以来世界已经经历过20多次，1929年以来共发生过6次大的危机。就大的金融危机而言，似有10年一次的周期，如1998年爆发亚洲金融危机，2008年爆发国际金融危机。当前我们正处于中华民族伟大复兴的历史进程中，吸取历史上的经验教训，避免重蹈覆辙，十分重要。

2. 习近平总书记对相关问题高度重视并作出重要论述。习近平总书记特别重视把历史作为一面镜子，以史为鉴，对这四个陷阱都作过一系列重要论述。

关于中等收入陷阱。2013年11月，习近平主席在会见21世纪理事会（该理事会是由法国前总统萨科奇、德国前总理施罗德和美国投资家贝格鲁恩等一批全球著名政治家、战略家和企业家于2011年发起的非政府论坛，每年定期聚会，就如何改善全球治理向各国政府建言献策。理事会以推动二十国集团在全球治理中发挥积极作用为当前主要使命，被誉为"影子G20"。）北京会议外方代表时表示，"我们对中国经济保持持续健康发展抱有信心。中国不会落入所谓中等收入国家陷阱。"2014年11月10日，习近平主席在北京出席亚太经合组织领导人同工商咨询理事会代表对话会时表示，"对中国而言，'中等收入陷阱'过是肯定要过去的，关键是什么时候迈过去、迈过去以后如何更好向前发展。"

关于修昔底德陷阱。2014年1月22日，美国《赫芬顿邮报》旗下《世界邮报》创刊号在达沃斯世界经济论坛会议上发布，习近平主席在接受该报专访时指出："我们都应该努力避免陷入'修昔底德陷阱'，强国只能追求霸权的主张不适用于中国，中国没有实施这种行动的基因。"2015年9月22日，习近平主席在美国华盛顿州当地政府和美国友好团体联合举行的欢迎宴会上发表演讲时指出，"世界上本无'修昔底德陷阱'，但大国之间一再发生战略误判，就可能自己给自己造成'修昔底德陷阱'。"

关于金德尔伯格陷阱。金德尔伯格陷阱讲的是国际公共产品问题。习近平总书记没有直接提到金德尔伯格陷阱，但对国际公共产品问题有过多次重要论述。2015年9月22日，在对美国进行国事访问前夕，习近平主席接受《华尔街日报》书面采访时说："全球治理体系是由全球共建共享的，不可能由哪一个国家独自掌握。中国没有这种想法，也不会这样做。""中美在全球治理领域有着广泛共同利益，应该共同推动完善全球治理体系。这不仅有利于双方发挥各自优势、加强合作，也有利于双方合作推动解决人类面临的重大挑战。"2016年9月，习近平主席在杭州出席二十国集团工商峰会开幕式并发表主旨演讲时指出，"中国的发展得益于国际社会，也愿为国际社会提供更多公共产品。""中国倡导的新机制新倡议，不是为了另起炉灶，更不是为了针对谁，而是对现有国际机制的有益补充和完善，目标是实现合作共赢、共同发展。"2017年5月，习近平主席在"一带一路"国际合作高峰论坛开幕式上的演讲中指出，"我们欢迎各国结合自身国情，积极发展开放型经济，参与全球治理和公共产品供给，携手构建广泛的利益共同体。"

关于塔西佗陷阱。2014年3月18日，习近平总书记在河南省兰考县委常委扩大会议上的讲话中指出："如果群众观点丢掉了，群众立场站歪了，群众路线走偏了，群众眼里就没有你。古罗马历史学家塔西佗提出了一个理论，说当公权力失去公信力时，无论发表什么言论、无论做什么事，社会都会给以负面评价。这就是'塔西佗陷阱'。"

二、跨越中等收入陷阱

（一）中国正处于从中等收入向高收入跨越的关键阶段。按照世界银行标准，中国当前属于中等收入国家，处于中上收入水平。2016年，我国GDP约合11.2万亿美元，人均GDP为8127美元，人均国民收入（GNI）估计为8106美元，与高收入门槛（人均12736美元）差距为36%。

对于今后一个时期跨越中等收入阶段，迈入高收入国家行列，我们是很有把握、充满信心的。但也有质疑的声音。例如，有人表示，中国在未来的5年或10年有50%以上的可能性会滑入中等收入陷阱，这是因为中国太快进入老龄化社会而引起的，同时最大的难题是去杠杆化，不能再积累杠杆率，否则高杠杆风险爆发之时无法收拾。也有人表示，中国目前的资本边际收益接近于0了，已经掉入了中等收入陷阱了，人均收入停留在大概1万美元左右的魔障中。一旦到资本收益等于0的时候，就是中等收入陷阱。中等收入陷阱意味着宏观政策失灵，"脱实向虚"只不过是宏观政策另外的一个反映，宏观政策这个时候没有用了。我们对其结论不认同，但其个别观点应关注。换言之，从问题导向角度看，这些质疑提醒我们增强忧患意识，高度重视解决发展中的重点难点问题。

（二）跨越中等收入陷阱需要三大关键举措。

1. 实施创新驱动发展战略，推动经济结构持续转型升级。可以从两个维度来观察经济结构转型升级对一个国家现代化进程的必要性和重要性。

一个维度是，特定传统产业在不同国家经济结构中历史地位的变迁。这里以纺织业为例，从历史的角度看，在不同国家经历了昨是今非的穿越之旅。英国是工业革命的发源地，靠纺织业起家，1785—1850年，英国棉织品产量从4000万码（码，yard，英美制长度计量单位，1码=3英尺=0.9144米）骤增到20亿码，增长了大约49倍。1800年，棉织品出口额占据全英国出口总值的25%；1828年棉织品出口额高达英国出口总值的一半。一次世界大战前英国的棉纺工业发展到一个高峰，纺织工业出口额占世界纺织贸易总额的58%以上，几乎垄断了全球的棉纺织产品市场。而今天，纺织业在英国产业结构中几乎不见踪迹。美国的纺织业也曾经具有较大规模，在经济中占有重要地位。50年代美国纺织品生产技术和纺织机械水平处于世界领先地位，凭着棉花资源的优势，大力发展棉纺业，棉纺锭数最高达3600万锭，并开启了化纤工业化生产的先河，美国东南部曾经遍地都是纺织厂。但自20世纪60年代以来，中国、印度、巴西等国家的劳动力成本低廉，以及新工业产能使得美国的纺织品生产业成为一个亏本的行业，从1994年到2005年间美国有超过90万从事纺织服装类的工人失业，那时大多数美国纺织公司选择停业或将业务迁移到国外。而今，在美国产业结构中谁都不会拿纺织业说事。然后是日本，二战前后，日本纺织业影响很大，1947年日本开始出口纺织品，1955年纺织品出口额占到整个出口总额的37.13%，居第一位，1957年日本成为当时世界上纺织品出口量最大的国家，并取代美国成为世界纺织制造中心，我们看的许多日本影视剧，如电影《啊，野麦岭》、电视剧《阿信》等，都反映了日本纺织业工人的生活。而今，日本已经完成了从主要纺织品和服装出口国到主要进口国的蜕变，成为继欧盟、美国以及香港地区之后的世界第四大进口市场，同时也是世界第三大消费市场。接下来是中国香港地区、韩国等亚洲四小龙时代。1947—1958年这段时期内，香港地区纺织业迅速崛起。1958—1980年是香港地区纺织业的全盛时期，也是快速发展时期。但20世纪80年代后特别是90年代，伴随中国内地改革开放以及香港经济的转型，香港地区纺织服装制造业迅速滑落。

接下来是中国。改革开放后纺织业不断扩大，特别是加入WTO以后，中国在全球纺织品产品出口方面增加了8倍，成为世界上最大的纺织品出口国。中国是全球纺织产业规模最大的国家，也是产业链最完整、门类最齐全的国家。2015年，中国纤维加工量达到5300万吨，占世界比重超过50%。（类似于钢铁产量，中国世界第一，河北第二，唐山第三）目前中国经济发展进入新常态，中国的纺织业也正在遇到劳动力资源紧张、成本上升等挑战。可以预见，在中国产业结构中纺织业的重要性下降是必然趋势。纺织业在不同国家、不同发展阶段的地位兴衰变化，折射出产业结构必须与时俱进转型升级的基本道理。做不到这一点，就可能落入中等收入陷阱。

另一个维度是，一个国家不同发展阶段的产业结构和主导产业变化。例如美国，1860年以前，产业结构中轻纺产业占主要地位；1860—1900年钢铁、煤炭快速增长，并出现电子、化工和汽车产业；1900—1950年重化工业产值超过轻纺产值，钢铁、机械制造和化工产业迅速发展；二战后，美国重点发展资本密集型产业，把钢铁、汽车、机电作为工业发展的支柱产业；1970年以后，大力发展技术密集型产业，如航空航天、IC、计算机和新材料等高新技术产业；1990年以后，大力发展信息产业，加强了信息产业与其他产业的融合；进入新世纪后，生物科技、人工智能、智能制造、3D打印等高新技术产业蓬勃发展。这表明，对一个国家来说，确实存在朝阳产业和夕阳产业，任何产业都不能成为永久的主导产业，如果说有什么灵丹妙药，那就是创新和升级。

科技进步和创新是产业结构调整升级的关键支撑。从历史的角度讲，我们错过了前几次工业革命，国家民族陷入了一百多年被动挨打的落后地位。当前，新一轮科技革命和产业变革正在蓬勃兴起，我们一定要实施好创新驱动发展战略，推动大众创业万众创新，抓住难得的历史性机遇，搭上新一轮产业革命的快车，推动中国经济保持中高速增长、迈向中高端水平。这是跨越中等收入陷阱的关键。

2. 正确处理公平与效率的关系，确保社会有公平的分配结构和发展机会。在中等收入发展阶段，特别是向高收入国家迈进过程中，保持收入分配结构合理而稳定十分重要。凡跨越中等收入陷阱的国家总体上都保持了这一特征。在多年的发展过程中，日本初次分配基尼系数往往超过0.4，但通过收入再分配后，基尼系数降低到0.3左右，而且保持长期稳定，韩国也介于0.30—0.35之间，收入分配差距比较小。而拉美国家基尼系数持续偏高，通常在0.5左右，且多年如此。2013年巴西基尼基数为0.547，智利0.521，哥斯达黎加0.507，秘鲁0.481，墨西哥0.472，委内瑞拉0.448，阿根廷0.445。收入差距过大容易引起社会矛盾，损害效率和增长。也正因为如此，中等收入陷阱又被称为拉美陷阱。

我国的基尼系数呈现一种倒U型轨迹。改革开放之初，1981年我国基尼系数为0.29（1979年城镇居民和农村居民基尼系数分别为0.16和0.24），后来在经济快速发展中明显上升，最高时达到0.491（2008年），近几年逐步收敛，但2016年仍达0.465。尤其需要重视的是，社会财富分配差距迅速扩大，有学者测算财富分配基尼系数达到0.52。据世界银行（2010）一项研究表明，中国1%家庭占有全国41.4%的财富。有的科研机构（西南财经大学，2014年2月）调查，中国10%最高资产家庭拥有60.6%的资产。这些数据可能不准确，但所反映的财富分配差距应当重视。中国仍是一个发展中国家，但在福布斯2017年全球亿万富豪榜中（共2043名，1940个排名，有并列），中国富豪已有较大的数量和比重。其中，中国大陆富豪有319名，占15.6%；前100名中，中国大陆富豪有7名，占7%，前200名中，中国大陆富豪有14名，仍占7%。

处理好公平与效率的关系、合理调节收入分配和财富分布结构，是跨越中等收入阶段的一项重要课题和挑战。要认识到，财富会产生收入，财富差距会带来收入差距，产生马太效应。党的十八大报告指出，初次分配和再分配都要兼顾效率与公平，再分配要更加注重公平。这是十分正确的方向，关键在于具体落实。同时，要持续推进教育公平、就业公平，既促进人们在区域间横向流动，又促进人们在社会层次间纵向流动，使社会始终充满活力而又规范有序。

3. 反对民粹主义，努力保持"两个同步"。民粹主义的重要表现之一是，过于迎合民众的非理性诉求，超越发展阶段和国家财力提供过高福利，吊高胃口，结果是导致财政赤字、债务危机、金融危机、增长停滞等一系列的不良后果。拉美国家民粹主义较为盛行，掉入中等收入陷阱的国家较多。例如，1970—1994年，巴西财政赤字水平达到GDP的8.08%。

改革开放以来，我国在处理发展经济与改善民生的关系上探索形成了一系列有效的方法途径和原则。一是坚持尽力而为和量力而行相结合，不做过多的承诺和过头的事情。二是既要锦上添花，更要雪中送炭，把资金用在刀刃上，重点帮扶低收入群体特别是贫困家庭。三是努力实现"两个同步",即居民收入增长和经济发展同步、劳动报酬增长和劳动生产率提高同步。这"两个同步",提供了一个很好的坐标系,使我们能够在经济发展、提高效率的基础上增加居民收入、改善民生福祉。实践中对这"两个同步"应当细化量化,可以容易地进行比较、参照和监督,例如把偏离度定在10%之内,从而确保既不向一个方向偏离过多,也不向另一个方向偏离过多,从而沿着正确轨道行稳致远。

（三）前景展望:我们有把握跨越中等收入阶段、进入高收入国家行列,同时又要防止所谓高收入陷阱。当前我国经济发展进入新常态,从高速增长转为中高速增长。回顾历史,1978—2000年,我国GDP平均增长速度为9.78%;2001—2010年,平均增长速度为10.5%;2011—2016年,平均增长速度为7.68%;目前的经济增长速度在6%—7%之间。多数专家学者测算,现阶段中国的潜在增长率也在6%—7%之间。

对中国何时迈入高收入国家门槛,可以做一个简单的预测推算。不考虑汇率因素,在2016年中国人均GDP 8127美元基础上,按2016—2020年平均增长6.5%推算,2020年中国人均GDP将达到或略超过1万美元。按2021—2030年平均增长5.0%推算,2025年中国人均GDP将达到1.3万美元左右,2030年达到1.6万美元以上。即使考虑到高收入国家的最低标准随着经济发展而有所上调,我们也可以有把握地讲,中国将在2025年至2030年期间跨越中等收入阶段,迈进高收入国家行列。可以高枕无忧?不。

还要防止掉入高收入国家陷阱。所谓"高收入陷阱",是指有的国家虽然进入高收入国家行列,但由于缺乏创新和持续发展动力,长期在高收入国家的底部徘徊,属于二线水平,没有能够持续上升到如美、日、德那样的一线高收入国家水平。比如希腊,2005年人均国民收入（GNI）为2.14万美元,十年后的2015年为2.03万美元;葡萄牙2005年人均国民收入（GNI）为1.81万美元,十年后的2015年为2.05万美元。而美、德等国本来已是一流高收入国家,却仍在持续增长。如美国人均国民收入（GNI）2005年为4.47万美元,到2015年增加到5.5万美元;德国由3.48万美元增加到4.58万美元。展望未来,我们要动态地赶上美、德等国的人均收入水平,恐怕需要极为漫长的过程,而且有较大的不确定性。正因为如此，我们才强调要防止掉入高收入国家陷阱，因为中国的发展奇迹还不能画上句号，不能止步于跨过中等收入阶段。

三、避免修昔底德陷阱

（一）中美之间修昔底德陷阱何以成为热议话题。自从中国成为全球第二大经济体后（按照购买力平价即PPP法，世界银行测算中国经济总量已于2014年10月10日成为世界第一大经济体；国际货币基金组织测算，2014年中国GDP达到17.6万亿美元，首次超过美国的17.4万亿美元），在讨论中美关系时，修昔底德陷阱就成为一个高频词汇。国际上相当多的有识之士认为，中美之间可以避免掉入修昔底德陷阱。例如，刚刚去世的美国前国家安全顾问布热津斯基，曾称赞习近平主席对修昔底德陷阱的看法"负责任和有水平，欧美大都会认同"。领导哈佛大学"修昔底德陷阱"案例研究的格拉汉姆·阿里森教授自己也对中美关系的未来发展持乐观态度。2015年3月，他在清华大学的一次讲座中表示，"陷阱"并非铁律，更不必迷信，中美有足够的智慧和能力避免陷入修昔底德陷阱。当然，不同声音和担忧也是存在的。可以相信，在今后相当长时期内，这一话题仍将被反复讨论。

二战之后，俄罗斯（苏联）和日本曾经是美国的重要竞争对手，但都是局部和暂时的。在许多人看来，日本已成为过去时，中国是未来时。而中国的特殊之处在于，中国拥有持续增强的经济实力和综合国力，如果说中美客观上存在竞争的话，中国是全方位、持久强劲的竞争者。而今后一个时期，中美之间综合国力此消彼长的过程尚在动态演变之中，中美大国关系尚未定型。因此，这是一个没有讲完的故事，一盘没有下完的棋。

（二）中美修昔底德陷阱在多大程度上是真命题或伪命题。

一方面，时代和世界格局变化使中美掉入经典修昔底德陷阱（硬陷阱）的可能性微乎其微，甚至不存在。所谓经典修昔底德陷阱，就是战争或热战，这在中美之间是不可想象的。原因在于如下。1.中美之间不存在势不两立的根本矛盾。目前不存在以中美为首的意识形态对立的两个国家集团（回想战后丘吉尔的铁幕之说及其后的美苏冷战）。2. 中美之间距离遥远。历史上，战争往往发生在邻国或相邻地区之间。3. 现代高科技和核条件下的大国大战，可能导致相互摧毁甚至毁灭地球的后果，人类的集体理智将占上风，不允许发生。4. 美国的相对衰落趋势将继续发展，爆发热战的胜算越来越小，时间在中方一边。5. 在经济全球化背景下，中美共同应对全球性挑战的相互合作需要，越来越超越彼此争霸的竞争需要，可以实现互利共赢。

另一方面，非经典修昔底德陷阱（或软陷阱）始终存在。历史经验表明，守成大国与新兴大国之间遏制与反遏制的斗争始终存在，从未停止或消失。这包括经济博弈和政治博弈等。20世纪80年代美日之间出现经济博弈。1979年曾有一本名噪一时的书《日本第一》，由美国哈佛学者傅高义教授所著。曾几何时，日本经济似有超越美国之势，日本的汽车大量出口到美国，美国的三大汽车公司难以招架，日本的外汇储备遥居世界第一（1979年，日本外汇储备达到319.26亿美元，而那时中国只有87.08亿美元），1990年日本银行在全球前10大银行中占据7席，并垄断前6位。然后好景不长。1985年美国通过七国集团会议，达成广场协议等，迫使日元大幅升值，日本政府应对失当，股市、楼市泡沫破灭，日本经济陷入失去的十年、失去的N年，对美国的竞争优势和经济威胁基本解除。从政治博弈看，持续几十年的冷战以苏联解体、东欧剧变而告终，但美俄之间新的政治角力并未停止，今后还将延续。而现在，中国则是一个综合性全方位的竞争对手。因此，美国试图对中国崛起进行遏制、迟滞、消解是必然的、长期的，有时在表现形式和手段上还是比较激烈的。从这个意义上讲，中美之间非典型修昔底德陷阱是存在的，甚至是常态，对此要始终保持清醒的头脑。

（三）避开修昔底德陷阱之策。需要从经济角度和非经济角度综合施策。

一是在经济总量成为世界第一大国并且对届时第二大国具有压倒性优势（例如1.5倍）之前，都要坚持优先办好自己的事情。换言之，今后很长时期内，仍要坚持以经济建设为中心，不断提升国家的经济实力和综合国力。经济基础决定上层建筑，国际关系上也是如此。一个国家，如果没有强大的经济基础，全球事务中也没有多大发言权。美国在1913年二战之前（1890年）经济总量已是世界第一位，但在二战之前的几十年，国际上的发言权很有限。1939年美国已是第二大经济体英国GDP的3倍左右，这时美国才准备真正步入国际舞台的中心。当前，我国经济总量74.4亿元，折合11.2万亿美元，相当于美国的60%左右。我们还是要把主要精力用于国内经济建设，发展壮大自己。据预测，到2025—2030年我国经济总量将赶上美国，即使那时，我国经济仍存在大而不强的问题，人均水平只不过是美国的1/3左右。而英国、美国等在当年成为经济大国的同时，也都同时是科技、军事领先的经济强国和综合实力强国。因此，办好自己的事，发展壮大自己仍是今后相当长时期内全部工作的重心所在。

二是努力在双边关系中扩大最大公约数，构建中美之间犬牙交错合作共赢的全方位利益共同体。要加强相互贸易，2016年中美贸易额达到5243亿美元，其中对美贸易顺差3470.4亿美元，占美国对外贸易逆差的47.2%，要积极采取措施在扩大贸易规模的同时促进贸易平衡发展。要加强相互投资，改革开放以来美国对中国投资累计798.6亿美元，中国对美国投资499.9亿美元。近年来中国对外投资迅猛增长，2016年中国企业在美非金融类直接投资195亿美元，同比增长132.4%，今后还要继续扩大相互投资。要加强人文交流，包括互派留学生，扩大教育、科技、文化、旅游等合作。两国利益越是交织融合，就越不容易撕破脸皮、兵戎相见。

三是努力在多边关系中扩大最大公约数，加强中美之间在应对全球性挑战方面的合作。解决全球性问题需要国际社会携手努力，尤其是需要大国之间合作。从应对气候变化等全球性议题看，中美之间相向而行、加强合作，许多事情就可能办成；如果中美之间背道而驰、相互拆台，则许多事情基本上办不成。

四是研究借鉴二战前后美国与英国在全球治理合作方面的经验，努力实现全球治理话语权主导权的和平过渡转移。两次世界大战之间的20年中，国际货币体系分裂成几个相互竞争的货币集团，各国货币竞相贬值，动荡不定。在第二次世界大战后期，美英两国政府出于本国利益的考虑，构思和设计战后国际经济和货币体系，分别提出了"怀特计划"和"凯恩斯计划"。"怀特计划"和"凯恩斯计划"同是以设立国际金融机构、稳定汇率、扩大国际贸易、促进世界经济发展为目的，但运营方式不同。由于当时美国具有无可匹敌的经济实力和综合国力，例如，美国拥有全球3/4黄金储备，因此，尽管凯恩斯是经济学大师，他设计的方案不无合理之处，但由于美国的超强实力和地位，建立新的国际经济秩序框架包括成立国际货币基金组织和世界银行等，仍采用了美国方案，更加符合美国的意志，对此，凯恩斯曾耿耿于怀，但无济于事。这是全球治理主导权和平转移的一个范例。

五是坚持走和平发展道路，以柔克刚。无论对方如何咄咄逼人，引诱你过早亮剑，然后置于死地，都要保持战略定力、不为所动，善于用打太极的方式化解对方的硬挑战，避免掉入硬陷阱。

四、避开金德尔伯格陷阱

（一）金德尔伯格陷阱提示我们要加强对国际公共产品理论的研究。公共产品概念最早由美国经济学家萨缪尔森提出，他于1954年在《公共支出的纯理论》一文中将公共产品定义为这样一种产品：每一个人对这种产品的消费并不减少任何他人也对这种产品的消费，这一描述成为经济学关于纯粹的公共产品的经典定义。美国经济学家奥尔森于1971年在《集体行动的逻辑》一书中，将公共产品概念引入国际关系领域，提出了"国际公共产品"概念。国际公共产品是指在全球范围内具有消费和生产的非排他性和非竞争性的产品，具体包括国际秩序、全球经济治理、应对气候变化等。国际公共产品与国内公共产品在提供方面存在相同的问题，即搭便车和供给不足，这一特征甚至更为严重。这是因为，国内公共产品和国际公共产品的提供主体不同，前者是一国政府，后者是国际社会，一国政府在提供国内公共产品方面是自主掌控的，国内公共产品的供给状况与政府的财力、供给效率等相关。例如，中国制定了"十三五"基本公共服务均等化规划，既有目标、又有举措，是可预期的。而国际公共产品的提供，在较大程度上缺乏约束力，很难由哪个国家或国际组织完全掌控，供给赤字时常存在。

表3　国内公共产品和国际公共产品分类表

序号	国内公共产品	国际公共产品		
	中国（8个领域）	联合国（10类）	斯蒂格利茨（5类）	其他（3类）
1	公共教育	基本人权	国际经济稳定	纯全球公共产品
2	就业创业	对国家主权的尊重		
3	社会保险	全球公共卫生	国际安全（政治稳定）	
4	医疗卫生	全球安全		
5	社会服务	全球和平	国际环境	准全球公共产品
6	住房保障	跨越国界的通信与运输体系		
7	公共文化体育	协调跨国界的制度基础设施	国际人道主义救援	
8	残疾人服务	知识的集中管理		俱乐部产品
9	（环境保护）	全球公地的集中管理	知识	
10	（公共安全）	多边谈判国际论坛的有效性		

注：1. 我国的国内公共产品分类依据《"十三五"推进基本公共服务均等化规划》，联合国的国际公共产品分类依据联合国《执行联合国千年宣言的行进图》报告。

2. 依照非竞争性和非排他性这两个标准，全球公共产品可以分为：一是纯全球公共产品，同时满足消费上的非竞争性和受益上的非排他性这两个标准，如和平与安全、冲突、金融稳定、额外财政支持、经济稳定、防止全球经济衰退、设高效市场、提高无效市场、创造可持续发展的环境、传染病控制或消除、防止扩散等。二是准全球公共产品，是指那些只满足消费上的非竞争性和受益上的非排他性这两个标准之一，或只在一定程度上满足消费上的非竞争性和受益上的非排他性的产品，如国际交通运输系统规范与标准、尊重人权与国家主权、多边贸易协定（如WTO）、语言的融合、生活方式及其他社会标准规则的协调等。三是俱乐部产品，它的特征是具有部分的竞争性，即在非拥挤的情况下对该产品或服务的消费是非竞争的，但是当消费者过于拥挤之后便出现了竞争性，同时，可以较为方便地将非付费者排除在外，如臭氧层保护、减少消耗臭氧物质释放量、大气净化、减少二氧化碳排放量、公海、基础教育与消除贫困等。

随着经济全球化深入发展，全球性问题和挑战越来越多，对国际公共产品的需求明显增加，而国际公共产品的供给严重不足，可以说供求缺口正在扩大，国际公共产品赤字和债务正在积累。例如，原有的国际政治经济治理架构是六七十年前形成的，在不少方面越来越不适应世界发展格局的新形势，需要更新改造，但是没有成熟的方案。世界贸易组织谈判几乎陷入停滞，不能适应经济全球化迅速发展的要求。气候变暖日益明显，但应对气候变化协定达成不易、执行更难。《巴黎协定》刚刚签署，墨迹未干，美国就宣布退出。令全世界大跌眼镜，甚至美国国内有人说美国也成了无赖国家。恐怖主义袭击不断发生，国际社会缺乏有效对策。国际网络攻击时有发生，信息安全没有保障。全球化条件下各国贫富差距扩大，出现数字鸿沟，部分国家和人民被边缘化。一些国际组织成为耗时费力的论坛，没有足够的执行力。一定程度上可以说，这个世界是一个失序的、缺乏应有规则的世界。

（二）中国在国际公共产品提供上宜坚持量力而行、与时俱进、增量优化。世界是全体地球人的世界，国际公共产品提供应当由国际社会成员共同负责。同时，各国大小、贫富不同，在国际公共产品提供方面的责任大小也有明显不同。习近平主席在世界经济论坛上说过，中国是经济全球化的受益者，更是贡献者。换言之，我们既是国际公共产品的消费者，也是国际公共产品的提供者。我们在提供国际公共产品上，要把握好三点：一是量力而行，即与国力相适应，既不超越国力勉为其难，如在20世纪60年代我们勒紧裤腰带自己省吃俭用援助越南、阿尔巴尼亚等国，也不逃避国际义务。二是与时俱进，即国力越强，提供的国际公共产品越多，同时要增强针对性，根据国际社会的急需，优先提供相应的国际公共产品。三是增量优化，即在不触动国际公共产品供给的基本存量格局的情况下，优化国际公共产品供给的增量结构，提高供给质量，一定意义上就是推动国际公共产品的供给侧结构性改革。国际上有人曾批评我国搭便车多、做贡献少，这不符合事实。从实践看，我国积极参与二十国集团全球经济治理（这是2008年国际金融危机后的新生事物），成功举办G20杭州峰会，提供全球经济治理的中国方案；提出"一带一路"国际合作倡议，主导成立亚洲基础设施投资银行、金砖国家开发银行，设立丝路基金等，为国际经济金融合作提供新平台，这些并不是取代原有合作机制，而是一种补充。习近平主席提出构建人类命运共同体，推动建设开放、包容、普惠、平衡、共赢的经济全球化，这种理念和愿景也是国际公共产品的重要组成部分，有助于我们占领国际道义制高点。可以说，中国已经成为国际公共产品的积极提供者，相信随着综合国力的不断壮大，中国必将在提供国际公共产品方面做出更大的贡献。

（三）金德尔伯格陷阱恐怕在一定程度上仍将存在。金德尔伯格陷阱所言，不是一般意义的国际公共产品，而是世界领导力，这不仅是极为稀缺的，需要能力和愿望的同时具备，而且培育这种能力需要假以时日。从理论上讲，这类国家的综合实力与这类国际公共产品的关系发展演变，可以分成几个阶段，构成一个由兴到衰的过程：第一阶段，一国综合实力和国际地位明显增强，但国际公共产品（世界领导力）供给明显不足，二者之间不匹配，因为原有的公共产品存在，既不需要也不欢迎新的公共产品（新的世界领导力）出现。第二阶段，一国综合国力强大与其国际公共产品提供（世界领导力强大）基本匹配，同时二者之间相得益彰。第三阶段，国家实力下降但国际公共产品提供责任仍然巨大，二者之间出现新的不匹配，这时国家在提供国际公共产品方面已经力不从心，而且收益与付出不对等，但没有合适的继任者，而且主观上也不愿意把世界领导力拱手让位于可能的继任者。第四阶段，国家实力衰落与国际公共产品责任卸载同时发生，形成新的匹配关系。国家世界领导力的重要标志是，有多少重要国际组织设在该国。现实中，一国世界领导力的形成是一个漫长的过程，它既包括硬实力，也包括软实力，要有足够的智慧，为全球性问题提供能够得到国际社会普遍认同、协力有效实施（即集众智、汇众力）的解决方案。无论是缺乏能力还是缺乏意愿，都会使世界陷入特定公共产品空白或世界领导力缺位，因而出现不同程度的金德尔伯格陷阱。当前和今后几年，应对气候变化就可能出现新的变数，美国主动放弃领导权，国际社会对中国期待很高，但我们的能力和意愿如何呢？欧盟等国期望中国举起大旗，我们如何选择关系重大。全球主导性国际货币的演变史（如20世纪20—30年代），也显示了同样的道理和困境。从这个意义上讲，今后一段时期内全球治理的某种失序恐难以避免，我们要有清醒的认识和足够的准备。

五、避开塔西佗陷阱

塔西佗陷阱在塔西佗的著作中并没有明确的概念表述，在国际学术界也很难找到这个词，研讨会上提这个词可能会让老外一头雾水，但这种现象确实存在，值得深入研究和有效应对。

（一）现实生活中塔西佗陷阱例子或政府失信现象有增多之势。

这里举几个例子：

一是房地产调控。在过去十多年中每次调控都要求稳定房价，但每次调控之后房价都明显反弹，甚至报复性上涨，因此社会对房地产调控普遍缺乏信心。2003年8月12日，国务院发布《关于促进房地产市场持续健康发展的通知》（简称18号文），提出"房地产业已经成为国民经济的支柱产业"，还提出要"促进房地产市场持续健康发展"，调控后房地产投资和供给下降，新开工面积增长率由2003年的27.82%下降到2004年的10.43%，但房地产价格上涨势头并未控制住，反而加快了上升速度，全国新建商品房价格上涨4.84%，2004年上涨17.76%；2006年5月29日，国务院办公厅转发建设部等九部门《关于调整住房供应结构稳定住房价格的意见》（国六条），新一轮调控大幕开启，陆续出台了一系列房地产调控政策，但2007年频现天价"地王"，稳房价的目标实现并不理想；2008年12月，为应对国际金融危机和国内房地产销量下降的情况，国务院发布《关于促进房地产市场健康发展的若干意见》（新国六条），地方政府纷纷出台救市措施，大量资金流向房地产，房地产市场触底复苏，2009年房价大幅上涨，全国房价平均上涨23.3%；2016年9月30日以来，各地房地产调控政策密集出台，特别是实行严厉的限购限贷限售政策，一二线城市房价和销量迅速降温，但这一轮房地产调控还没有结束，特别是长效机制仍有待破题。

二是公检法执法。前不久一名男子谭某给陕西咸阳兴平市公安局交警大队赠送了一面"胡乱作为以权谋私"的锦旗，由于谭某妻子的车被电动车擦伤，虽然交警大队已经做出了交通事故认定，骑电动车的贾某负事故全部责任，但当事人双方却因赔偿问题始终未能达成一致，其急于获得赔偿才送出了"胡乱作为"锦旗，虽然其中有些许误会，但也折射出交警大队一定程度上的"不作为"。现实生活中很普遍的一个现象是，对法院判决，许多人不管结果如何，总是先入为主地认为判决不公，因而不服、不执行，甚至还要上访，造成信访不信法的怪现象。

三是环境项目中的"邻避现象"。近年来我国许多重大化工项目和污染处理项目，都因为部分群众反对、引发群体性事件而受阻。2016年6月下旬，湖北省仙桃市、湖南省长沙市宁乡县先后出现反对垃圾焚烧发电事件，7月2日至3日，广东省肇庆市高要区禄步镇部分群众在镇政府门前聚集，反对垃圾焚烧发电项目落在当地。结果是，广东肇庆、湖北仙桃紧急宣布垃圾焚烧发电项目停止征地或停建。仙桃市垃圾焚烧发电厂已开建两年，计划投资2.09亿元。而仙桃日均产生生活垃圾750吨，目前只有一座规范的垃圾填埋场，日处理量仅为500吨，剩余容量仅可坚持三年。厦门PX项目计划投资108亿，2004年2月获得国务院批准立项，2006年11月开工，原计划2008年投产。项目开工后便受广泛质疑，2007年3月全国"两会"期间，105名政协委员联名提案建议项目迁址，厦门PX事件由此进入公众视野，即使5月30日厦门市政府宣布暂停工程，6月1日当地市民还是爆发大规模集体抵制活动，国家环保总局重新组织环评后，项目最终迁址漳州。宁波镇海炼化年产1500万吨炼油、120万吨乙烯扩建工程，总投资估算约558.73亿元。从2012年10月初开始，附近部分村民多次就该项目落户后的相关环保及村庄搬迁问题到镇海区政府信访。2012年10月28日18时50分，宁波市政府新闻办公室官方微博发布消息称，宁波市经与项目投资方研究决定：坚决不上PX项目；炼化一体化项目前期工作停止推进，再作科学论证。造成邻避效应的原因是多方面的，其中之一是政府缺乏公信力，你再说确保安全无污染无危害，群众就是不相信。就如同凯恩斯所讲的流动性陷阱一样，当利率降至不能再低时，再增加多少货币都没有意义，不会对需求产生刺激作用。

（二）塔西佗陷阱是政府失信行为不断积累、由量变到质变的结果。政府失信如果只是偶尔发生，事后尽快补正，通常不会产生严重后果。如果政府失信现象接连发生，而且主观宣示与客观效果截然相反，那么就容易被人贴上政府没有公信力的标签，一旦标签化、妖魔化，则恢复原来形象、重拾社会信任就非常之难。而且，在现代信息网络社会中，"好事不出门、坏事传千里"的特征很明显，少数地方政府的失信行为可能被反复炒作，使各地政府都蒙受失信恶名和实际代价。政府公信力关乎政策执行力，一旦政府失去公信力，则政策再好也难以达到预期效果。造成政府失灵。

（三）避免塔西佗陷阱之策。建立高效、善为、廉洁的现代政府十分重要。一要科学决策。如果决策不科学，则实际效果势必出现偏差，人们对决策者的能力和信誉就会产生怀疑。二要政务公开。积极主动向社会公众解疑释惑，重大决策和重大项目越是涉及群众直接的利益得失，越要公开透明，不遮遮掩掩闪烁其词，以取得社会的理解、支持和配合。三要防止民粹主义。如果事事都迎合大众，作出过多不切实际的承诺，到头来还是自食其言、自食其果，丧失公信力。四要多做少说。新加坡前总理李光耀说："受欢迎的政府不意味着执政时必须时时讨好人民，要紧的是，任满时，政府已经执行了所有不受欢迎而必要的政策，使国家和人民朝着正确的方向前进。"他还说，"我总是少说我要做的，而争取比预期更好的成绩。"五要加强预期管理。宏观调控本质上也是预期调控，无论好的预期还是坏的预期，都有可能自我实现。要科学有效引导管理预期，使社会期望和政策取向尽可能形成耦合共振效应。

要说明的是，塔西佗陷阱所说的政府公信力，不是狭义政府，而是包括公检法等在内的宏观政府及其领导人员，凡具有公权力的机构和领导人员，都责无旁贷，应当力避塔西佗陷阱。

总之，中国的现代化之路既是伟大的，也是崎岖不平的，我们还需要爬许多坡，过许多坎，跨越许多陷阱，但我们已经积累形成了一个强大的现代化势能，我们相信，中国已经创造了持续近40年的大国经济增长奇迹，也一定能够创造出14亿人口的大国现代化奇迹！

做好"十三五"经济社会发展工作
须着力把握好三个关键点*
——关于2016年政府工作报告主要精神的理解

回头看: 本文强调坚持发展第一要务必须贯彻新发展理念,坚持创新发展、协调发展、绿色发展、开放发展、共享发展,深入推进供给侧结构性改革,加快新旧发展动能接续转换。这是当前和今后一个时期经济工作持续努力的方向。

"十三五"时期是全面建成小康社会的决胜阶段。李克强总理在《政府工作报告》中指出,做好"十三五"时期经济社会发展工作,实现全面建成小康社会目标,必须牢牢抓住发展第一要务不放松,必须大力推进结构性改革,必须加快新旧发展动能接续转换。把握好这三个关键点,对于我国经济保持中高速增长、迈向中高端水平、确保如期实现全面建成小康社会目标,具有很强的现实针对性和重要的指导意义。

一、牢牢抓住发展第一要务不放松

我国的基本国情决定了必须抓好发展这个第一要务。改革开放以来,经过30多年的持续快速发展,我国经济社会面貌发生了翻天覆地的历史性变化。经济总量从1978年的3650亿元扩大到2015年的67.67万亿

---

* 本文主要内容在《人民日报》2016年6月21日07版发表,题目改为《"十三五"时期发展仍是第一要务》。

元，农村贫困人口从2.5亿人减少到5575万人，贫困发生率由30.7%下降到5.7%，10多亿人口的大国解决了温饱，总体上达到了小康，正在向全面小康水平迈进。这些巨大变化，是多年来集中精力抓好发展第一要务的结果。当前，我国仍然是世界上最大的发展中国家，仍然处于社会主义初级阶段，仍然面临人民日益增长的物质文化需要同落后的社会生产之间的矛盾。同时，我国发展不平衡，城乡之间、区域之间仍然存在较大差距。无论是进一步提高总体发展水平，还是进一步缩小各类发展差距，都必须抓好发展这个党执政兴国的第一要务。

跨越中等收入陷阱要求我们必须紧紧抓住发展第一要务不放松。中等收入国家在国际上有一个比较宽泛且动态调整提高的区间标准，目前为人均国民收入在1046美元到12735美元之间。目前我国人均国民收入折合近8000美元，国际上属于中等收入国家，处在中等收入国家行列的中等偏上水平。过去几十年的世界经济史显示，有百余个国家实现了从低收入国家向中等收入国家的转变，但只有极少数国家实现了从中等收入国家到高收入国家的跨越，绝大多数国家仍在中等收入的范围内起伏徘徊，有如一个难以逾越的"陷阱"，而"富国俱乐部"始终只是一小部分成员且相对稳定。无论原因多么复杂、多么不同，但从结果来看，是否成功跨越中等收入阶段，进入高收入国家行列，衡量标准就是人均国民收入在当下是否超过12736美元，在将来是否达到或接近那时的标准。例如，根据以往动态调整情况2020年高收入国家标准可能提高到约1.4万美元。随着我国经济持续发展，今后几年我国将进一步拉近乃至迈进高收入门槛，但在前进道路上我们不能有任何懈怠和大的闪失。如果在未来一个时期，我国经济发展速度继续明显高于世界平均水平，且汇率保持基本稳定，那么我国的人均国民收入就会继续以加速方式接近高收入国家的门槛，否则就要用更长时间达到高收入国家标准，或者长时间保持与高收入标准的差距，甚至可能重新拉大与高收入标准的差距。这表明，对于跨越中等收入陷阱而言，发展同样是硬道理。

抓好发展第一要务要坚持以经济建设为中心、保持合理的经济增长。在社会主义现代化建设"五位一体"总体布局中，经济建设是中心，摆在首位，这是全面建成小康社会和实现"两个一百年"奋斗目标的必然要求。当前我国经济发展进入新常态,由以往的高速增长转为中高速增长,符合世界经济发展规律。我们决不能不顾成本代价而追求一时的高增长,同时,现阶段保持合理的经济增长仍十分必要、且现实可行,这也是坚持以经济建设为中心的题中应有之义。按照"十三五"规划,到2020年国内生产总值和城乡居民人均收入比2020年翻一番,今后五年年均经济增长速度应保持在6.5%以上。在世界经济复苏艰难、国内经济下行压力加大的情况下,稳增长关系全局。如果经济增速过低,滑出合理区间,就业、收入等民生保障问题和财政、金融等风险隐患问题都可能以非线性方式显露出来。但中高速增长不是天上掉馅饼、不是信手拈来之物,而是要经过艰苦努力才能实现。短期宏观调控要高度重视稳增长,综合运用多种政策手段,确保经济运行处在合理区间。

抓好发展第一要务必须坚持以提高发展质量和效益为中心,把创新、协调、绿色、开放、共享的发展理念贯穿到发展的全过程和各领域。发展是量和质的统一,我们所追求的发展,是在提高质量和效益基础上保持合理的增长速度。实现速度和质量效益相统一的发展,根本之道在于贯彻落实新发展理念。要坚持创新发展,深入实施创新驱动发展战略,发挥科技创新在全面创新中的引领作用,增强原始创新、集成创新和引进消化吸收再创新能力,加快创新成果向现实生产力转化,在继续发挥后发优势、实现追赶式发展的同时,塑造更多依靠创新驱动、更多发挥先发优势的引领型发展。要坚持协调发展,深入推进新型城镇化和农业现代化,实施好新"三大战略",即"一带一路"建设、京津冀协同发展和长江经济带发展战略,持续推进东、中、西、东北地区"四大板块"协调发展,在缩小差距、促进协调中用好发展潜力、增强发展动力。要坚持绿色发展,推动形成绿色发展方式和生活方式,对能源资源消耗、主要污染物排放的总量和强度实行双重有效控制,把节能环保产业培育发展成为国民经济的重要支柱产业,为人民群众提供更多优质生态产品,在生态环境不破坏为底线、有改善为标准的前提下最大限度激发地方和企业推动经济发展的积极性创造性,努力走出一条发展经济和保护环境的双赢之路。要坚持开放发展,完善法治化、国际化、便利化的营商环境,促进国内国际要素有序流动、资源高效配置、市场深度融合,打造我国参与国际合作和竞争的新优势，以新一轮高水平对外开放推动国内深化改革和产业结构优化升级。要坚持共享发展，推进基本公共服务均等化，打赢脱贫攻坚战，缩小收入差距，完善社会保障体系，在持续提高总体发展水平、总体收入水平、总体生活水平的同时，持续改善发展的公平性、普惠性、包容性，使人民群众有更多实实在在的获得感。

二、大力推进结构性改革

供给侧结构性改革是中国经济的治本之策、转型升级的必由之路。当前我国经济面临多重困难和挑战，集中体现为经济下行压力加大、企业生产经营困难、财政收支矛盾突出、金融风险隐患增多，这是总量问题和结构问题共同作用的结果。总量问题表现为需求不足，结构问题主要是供给方面存在缺陷，总量问题和结构问题在经济运行的每个时点总是交织在一起，并相互影响。需求不足直接导致经济下行，但总量问题的背后有结构矛盾的影响。从消费需求和出口需求的角度看，由于供给结构不能很好适应消费升级的需要，近年来国内升级的部分消费需求转而在海外购物中实现，通过供给创新来创造新消费需求的比例更小。出口下降既受国际贸易萎缩的大环境影响，很大程度上也是劳动力等要素成本上升导致供给侧传统竞争优势明显弱化的结果。而投资需求，则是为消费和出口服务的，并受到消费和出口需求状况的制约，在部分行业生产能力严重过剩这一典型供给侧问题明显存在的情况下，投资需求必然受到抑制。2015年我国投资增速明显回落充分证明了这一点。目前在我国经济的总量问题和结构问题中，结构问题是主要矛盾，供给侧结构性问题是矛盾的主要方面和最大症结所在。因此，在适度扩大总需求的同时，着力加强供给侧结构性改革，是中国经济从根本上克服困难、行稳致远的必然要求。供给侧结构性改革本质上就是调整结构，减少无效和低端供给，扩大有效和中高端供给，增加公共产品和公共服务供给，增强供给结构对需求变化的适应性和灵活性，使供给和需求协同促进经济发展。

供给侧结构性改革的主要任务是"三去一降一补"，即去产能、去库存、去杠杆、降成本、补短板。去产能是一项艰巨任务,近期要以钢铁、煤炭等行业为重点,积极有效化解过剩产能,清理"僵尸企业"。要注重运用经济、法律等手段和技术、安全等标准,鼓励企业多兼并重组、少破产清算,积极而稳妥地推进。去库存主要是逐步降低房地产库存,要完善住房消费政策,有效释放住房刚性需求和改善性需求,在城镇棚户区改造中提高货币化安置比例,以满足新市民需求为主要出发点建立购租并举的住房制度,把符合条件的外来人口逐步纳入城镇公租房供应范围。要看到,我国一二三四线城市供需形势差异很大,要因地制宜、因城施策化解房地产库存、完善房地产调控。此外,粮食也有一个繁重的去库存问题。去杠杆就是要降低国民经济整体特别是企业的负债率。在保持社会融资总规模合理增长的情况下,要推动发展多层次资本市场,调整融资结构,逐步降低债务融资比重,提高股本融资比重,这方面受多种因素影响,可能会经历暂时加杠杆、停止加杠杆、逐步去杠杆的过程。要做好地方政府存量债务置换工作,对债务总量实行限额管理。加强全方位金融监管,防范和化解金融风险。降成本要从多方面入手,包括防止工资上涨超过劳动生产率提高,完善价格形成机制降低企业用能(用电、用气等)成本,清理规范各种涉企收费,研究精简归并降低社会保险和公积金费率等。补短板就是要加强经济社会发展的薄弱环节,支持企业技术改造和设备更新,培育发展新产业,加强农村和中西部地区基础设施等,促进基本公共服务均等化,特别是要打好脱贫攻坚战,这方面任务很重,要认真梳理出短板何在,做好补齐短板这篇大文章。

推进供给侧结构性改革要坚定不移、迎难而上,又要把握好"加法"和"减法"、力度和节奏、主要矛盾和次要矛盾。各地区各行业和相关企业都要坚决贯彻中央的方针政策,结合自身实际,处理好当前和长远的关系,创造性地开展工作,制定科学可行的规划和年度进度安排。特别是在做"减法"时,要注重解决好"人"和"债"的问题,确保职工妥善安置、社会大局稳定,处理好债权债务关系,确保不发生系统性区域性金融风险。

推进结构性改革有丰富的内涵和举措。在做好"三去一降一补"工作的同时，还要采取更多措施加力增效。要强化创新驱动，释放全社会创业创新潜能，使供给侧结构性改革获得科技创新的有力支撑；要深入推进简政放权、放管结合、优化服务，使市场在资源配置中起决定性作用和更好发挥政府作用，充分激发市场活力和社会创造力；要完善基本经济制度，深化国有企业改革，建立以"亲""清"为主要特征的新型政商关系，更好激发非公有制经济活力，形成各类所有制经济平等竞争、共同发展的局面。这样就能提高全要素生产率，不断解放和发展社会生产力。

推进供给侧结构性改革与完善需求侧管理相辅相成。供给和需求是市场经济中对立统一的两个基本方面，没有需求，供给就无从实现；没有供给，需求就无法满足。新需求可以催生新供给，新供给可以创造新需求。供给管理和需求管理是调控经济的两个基本手段。当前和今后一个时期，要针对主要矛盾和矛盾的主要方面，突出抓好供给侧结构性改革。同时，要搞好以需求管理为主要内容的短期调控，解决好总量问题，保持经济平稳运行。

三、加快新旧发展动能接续转换

经济发展是一个连续不断的过程，需要源源不断的动力。当原有的动能减弱时，需要培育和壮大新动能，这样才能使经济以符合预期的合理速度持续向前发展，否则就会出现增长动力青黄不接，导致经济失速。这如同火箭由多级动力接续推动而进入预定轨道，生物由新陈代谢而不断成长，经济的发展循环也是如此，具有客观规律性。

实现新旧动能转换关键要加快发展新动能。孕育催生壮大"无中生有"的新技术、新产业、新业态、新商业模式，做大做强高技术产业、战略性新兴产业和现代服务业。比如，支持发展和规范分享经济，把全国乃至全球处于闲散或低效利用状态的各类资源有效地激活、组织起来，让更多的人参与、让更多的人受益；支持研究和开发虚拟现实技术和产品，以供给创新来创造激发出新的需求。新动能的成长往往需要一个从无到有、从小到大、从弱到强的过程，要善于识别新动能，精心呵护新动能,大力培育新动能,使新动能尽快进入加速度成长的轨道,尽可能多地弥补旧动能减弱带来的影响,并逐步成为未来经济发展的主动力。

实现新旧动能转换还要着力改造提升传统动能。大力运用现代科学技术和现代生产经营模式改造传统制造业、传统服务业和传统农业,推动生产模式、管理模式、营销模式发生革命性变革,推动产业链、供应链、价值链实现重大提升,使传统产业脱胎换骨,焕发新的生机与活力,形成新的竞争优势,持续带动经济发展。

无论发展新动能还是改造提升传统动能,都要注重在两方面下功夫:

一是充分运用新一轮科技革命和产业变革带来的历史性机遇。过去300多年,世界上发生过至少两次工业革命,但我国都失之交臂、擦肩而过,结果长期陷入落后、被动的地位。当前,全球新一轮科技革命和产业变革正在蓬勃兴起,在信息网络、生物科技、人工智能、清洁能源、新材料与先进制造等领域,正在孕育形成一批颠覆性技术,将催生产业重大变革。智能制造、绿色制造的兴起,将推动制造业由大批量集中式生产向定制化分布式生产转变,更好地满足人们不断增长的个性化多样化需求。特别是"互联网+"迅猛发展,云计算、物联网、工业互联网、能源互联网、车联网等新的网络形态不断涌现,智慧城市、智慧交通、智能家居、智能生活等新的应用技术不断拓展,将全方位改变人类的生产和生活方式。新一轮科技革命和产业变革所带来的商机和对经济社会的影响,可能超出许多人的想象。近年来我国研发投入明显增加,科技创新能力持续增强,在基础科学、前沿科学和战略高技术领域取得一批具有国际影响力的重大研究成果,在某些领域与发达国家大体处在同一起跑线上。尤其是我国拥有全球最多的互联网用户、覆盖最广的宽带网络、增长最快的信息消费市场,互联网技术和应用迅猛发展,在某些方面走在世界前列。面对新的形势,我们一定要抓住历史性机遇,搭上新一轮工业革命的快车。要加强新一代网络基础设施建设,推动现代信息技术在各行业广泛应用和深度融合,使"互联网+"成为新旧动能转换的加速器,给经济社会发展插上互联网的翅膀。

二是充分发挥大众创业万众创新集众智汇众力的乘数效应。我国有

13亿人、9亿劳动力、1.5亿各类专业技术人才，每年毕业大学生700多万，其中约一半是理工科学生，这是世界上任何国家都难以比拟的宏大人力资源，是我们发展的最大本钱。当前，大众创业万众创新正在全国蓬勃兴起。推动"双创"，有利于培育经济发展新动力和国际竞争新优势，有利于扩大就业和调整收入分配结构，也有利于促进社会纵向流动和人生价值追求的实现。要进一步完善政策，继续简政放权，实施减税让利，加大融资支持，强化人才激励，保护知识产权，优化创业创新服务，打造众创、众包、众扶、众筹平台及各类众创空间，营造敢为人先、宽容失败的创新环境，加强创业创新国际合作，使亿万高素质人才的创业创新创造潜力充分迸发出来，汇聚成为推动发展的强大力量。

实现新旧动能转换和经济转型升级，既是一个伴随阵痛的过程，也是一个充满希望的过程。机遇和挑战都前所未有。我们要深入贯彻习近平总书记系列重要讲话精神，坚持改革开放，坚持以新发展理念引领发展，坚持稳中求进工作总基调，主动适应和积极引领经济发展新常态，用坚韧不拔的精神和攻坚克难的勇气，爬坡过坎，奋发进取，开拓中国经济发展的新境界，夺取全面建成小康社会决胜阶段的伟大胜利。

坚持统筹国内国际两个大局*

回头看：本文提出统筹国内国际两个大局需要处理好四个关系，强调首先要把自己的事情办好，同时要遵循国际规则、履行国际责任，在推动自身发展中与世界共同发展。我国已走向国际舞台的中央和全球治理的前台，要在参与全球治理和提供国际公共产品中统筹国内国际两个大局。这在当前和今后都是我们面对的一个重大课题。

《中共中央关于制定国民经济和社会发展第十三个五年规划的建议》（以下简称《建议》），把坚持统筹国内国际两个大局，作为"十三五"时期如期实现全面建成小康社会奋斗目标、推动经济社会持续健康发展必须遵循的原则之一。《建议》指出："全方位对外开放是发展的必然要求。必须坚持打开国门搞建设，既立足国内，充分运用我国资源、市场、制度等优势，又重视国内国际经济联动效应，积极应对外部环境变化，更好利用两个市场、两种资源，推动互利共赢、共同发展。"这既是对过去30多年我国发展经验的总结，也为今后一个时期统筹国内国际两个大局指明了方向、提出了要求。

一、统筹国内国际两个大局是促进经济持续健康发展的必然要求

（一）统筹两个大局是适应经济全球化新趋势的需要。当前，经济

---

　　* 本文原载2015年11月27日《光明日报》，收录于《〈中共中央关于制定国民经济和社会发展第十三个五年规划的建议〉辅导读本》（人民出版社，2015年）。

全球化在曲折中深入发展，各国经济相互联系、相互影响达到前所未有的程度。同时，以自由贸易区为代表的各种优惠贸易安排方兴未艾，区域经济一体化快速发展；贸易和投资自由化由以往的重点削减边境措施壁垒转向更加注重削减边境后措施壁垒，竞争中立、环境保护、劳工标准、知识产权保护等成为焦点，准入前国民待遇加负面清单的外资管理模式为越来越多国家接受。这种情况下，全球经济既有相互依存加深的一面，也有因区域优惠贸易安排而相互割裂的一面。特别是跨太平洋战略经济伙伴关系协议（TPP）等高水平自贸区加快建设，将深刻影响全球经贸规则走向。我们要深刻认识、正确把握经济全球化的新特征，把外部环境变化当作谋划国内发展不可忽视的变量，努力实现最佳政策设计和最优发展结果。

（二）统筹两个大局是适应经济发展新常态的需要。中国经济发展进入新常态，传统低成本比较优势明显弱化，出口增速明显放缓，进出口更趋平衡发展；利用外资结构优化，对外投资势头强劲，出现双向投资并驾齐驱的新格局。中国经济增长正在转向更多依靠国内需求特别是消费需求，有利于全球经济平衡发展。同时，中国经济增长的原有动力明显减弱，亟待把进口和出口、利用外资和对外投资统筹协调起来，把全方位对外开放和国内产业转型升级、空间结构优化布局有机结合起来，打造中国经济发展的新动力。新常态下，中国的发展更加离不开世界，世界的发展更加离不开中国，更加需要中国与世界良性互动。

（三）统筹两个大局是适应国际社会新期待的需要。中国是世界第二大经济体，与第一大经济体的总量差距还在缩小。中国是第一大货物出口国和重要的原油等能矿产品进口国，外汇储备居全球首位，对外投资跻身世界前列。这样的块头，使中国对世界经济的影响达到前所未有的程度，国际社会对中国的期待也达到前所未有的程度。发展中国家希望中国增加投资和经济援助，在国际事务中为发展中国家争取更多正当权益。发达国家希望中国承担更多国际责任，在全球事务中发挥更大作用。中国需要适应新角色，找准新定位，拓展国际视野，增强战略思维，把满足自身发展需要和适应国际社会期待更好地结合起来。

二、统筹国内国际两个大局需要处理好的关系

国内国际两个大局既相互紧密联系，又相对独立存在。统筹两个大局，就是要充分认识这两个大局的发展趋势和基本特征，立足国内，放眼国际，把两个大局兼顾起来、结合起来、统一起来，形成两个大局之间相互借助、相互配合、良性互动的格局。为此，要妥善处理几方面关系。

（一）妥善处理国内发展与对外开放的关系。国内发展和对外开放有一个循序渐进、由低到高、相互推动的过程。开放是手段，目的是促进国内发展。同时，国内发展进入新阶段、面对新形势，也会对开放提出更高要求。开放是双刃剑，既带来机遇也带来风险。当前，我国加入世贸组织的开放红利正在消退，国内发展需要注入新的动力，我们要积极实施新一轮高水平全方位对外开放，倒逼和推动深层次改革，加快培育参与和引领国际经济合作竞争新优势。同时，要把握好开放的节奏、力度、范围，在扩大开放中维护国家安全。

（二）妥善处理发挥自身优势与利用外部条件的关系。推动发展需要认清和发挥自身优势，找准和挖掘自身潜力。我们拥有国内市场潜力大的优势，13亿多人的消费结构升级，必将形成巨大的市场需求，这是经济持续健康发展的可靠依托。我国劳动力素质不断提高，正在实现由人口红利向人才红利的转换跃升。我国拥有中国特色社会主义制度优势，经受住了国际金融危机等多方面考验，显示出强大的生命力。统筹两个大局，就要在扩大开放中取长补短，做好自身优势与国外市场、资源、要素的对接，使自身优势得到充分发挥，国外资源得到有效利用。

（三）妥善处理立足自身国情办好自己事情与遵循国际规则履行国际责任的关系。我们推动发展，必须立足社会主义初级阶段的基本国情，从实际出发，首先把自己的事情办好。同时也要认识到，我国是最大的发展中国家，是世界第二大经济体，我国的发展态势和政策举措势必产生日益增大的国际外溢效应。比如，我们搞好扶贫攻坚，也将为国际减贫事业作出贡献；我们加强节能减排，也将为应对全球气候变化作出贡献。我们在开展对外经济合作中要按国际规则办事，在调整国内政

策和法规制度时也要考虑外部性或溢出效应。为了维护世界和平与发展的共同利益,我们要积极承担与我国发展水平和承受能力相适应的国际责任。

（四）妥善处理中国自身发展与世界共同发展的关系。现实世界是由不同国家组成的,客观上存在中国与外部世界的利益关系问题。从全人类的角度讲,中国利益与世界利益是统一的。统筹国内国际两个大局,就要坚持正确的义利观,在国际交往中坚持"己所不欲,勿施于人""以和为贵""和而不同",义字当头,同时要坚持原则,切实维护国家的核心利益和根本利益。我们不搞零和思维,而是倡导"各美其美、美美与共",努力实现互利共赢,构建和谐世界。

三、统筹国内国际两个大局需要着力做好重点领域各项工作

统筹国内国际两个大局,贯穿于改革发展稳定的各领域和社会主义现代化建设的全过程,体现在重点领域的工作之中。

（一）在推进"一带一路"建设中统筹国内国际两个大局。推动共建丝绸之路经济带和21世纪海上丝绸之路,既是对外开放大战略,也是国内区域发展大战略。要坚持共商共建共享原则,与沿线相关国家共商建设大计,共推建设项目,共享建设成果。"一带一路"建设的主要内容是"五通",即政策沟通、设施联通、贸易畅通、资金融通、民心相通。政策沟通,就是与相关国家加强政府间协商交流,就各自的发展战略和政策进行对接,共同制定推进区域合作的规划和措施,为务实合作和项目实施提供政策支持。设施联通,就是与相关国家加强交通、能源、通信等基础设施建设规划、技术标准体系的对接,共同推进国际骨干通道建设,逐步形成亚洲内部和亚欧非的基础设施网络。贸易畅通,就是与相关国家共同推进贸易投资便利化,商签优惠贸易安排,提高经贸合作水平。资金融通,就是与相关国家深化金融合作,扩大双边本币互换、结算,共同筹建运营亚投行等开发金融机构,通过多种方式为合作项目提供融资。民心相通,就是与相关国家开展丰富多样的人文交流,增强

共建"一带一路"的社会民意基础。"一带一路"建设将使我国西北、西南、东北等沿边地区变为对外开放的前沿和核心区，也有利于内陆地区的交通、产业等优势向四面八方延伸，有利于充分发挥沿海地区经济实力强、辐射带动作用大、作为改革创新排头兵的作用，有利于形成海陆统筹、东西互济的对外开放新格局。国内国际两个大局越是统筹兼顾得好，"一带一路"建设就越能够顺利推进。

（二）在加强国际产能合作中统筹国内国际两个大局。当前全球产业结构快速调整，许多发展中国家大力推进工业化、城镇化进程，为推进国际产能合作提供了重要机遇。我国工业生产能力很大，企业的工程承包能力强，通常还有融资支持，这为开展国际产能合作带来了机遇，提供了条件。国际产能合作是统筹国内国际两个大局的重要抓手和契合点。推进国际产能合作，要把适应国内外两方面需要结合起来：一是适应国内产业转型升级的需要。通过国际产能合作，要把国内过大的存量产能降下来，促进国内产业结构调整，带动性价比高的装备出口，优化提升我国在国际产业分工中的地位。二是适应发展中国家完善基础设施和健全产业体系的需要，推动其工业化进程，同时要避免把高污染高排放的产能向外转移。还可开展三方合作，共同开发第三方市场，在国际产能合作中实现双赢多赢共赢。

（三）在协调推进内外贸易和双向投资中统筹国内国际两个大局。当前国内市场与国际市场已紧密地连通在一起，相互之间的影响既很快捷，也很直接。目前我国不少农产品的国内生产成本和市场价格高于国际市场，进口压力较大，对国内农业生产和农民利益产生影响。一些进口依存度高的商品，如大豆、能源矿产等，如果进口大起大落，也会对国内外市场稳定带来风险。必须树立国内国际市场一体化的意识，通过合理调节进出口，保障国内市场稳健运行，促进国内市场与国际市场趋向均衡。要着眼于国内产业结构调整和优化升级，营造良好投资环境，放宽市场准入，坚持内外资企业一视同仁、公平竞争，积极有效利用外资。要顺应我国对外投资快速发展的趋势，加快中国装备、技术、标准、服务走出去，培育一批国际竞争力强的跨国企业。既要防止产业空心化，又要促进产业高端化。总之，要更加重视国内国际经济联动效应，坚持内外需协调、进出口平衡、引进来和走出去并重、引资和引技引智并举，努力形成中国经济与世界经济深度融合的互利合作格局。

（四）在推进自贸区建设中统筹国内国际两个大局。自贸区是当前国际贸易投资自由化便利化的重要载体。面对各类自贸区建设如火如荼的态势，我们要加快实施自由贸易区战略，落实好已生效的自贸协定，在条件成熟时推出已有自贸协定的升级版。抓紧打造新的自贸区，推进区域全面经济伙伴关系协定（RCEP）谈判，推进亚太自由贸易区建设，致力于形成面向全球的高标准自由贸易区网络。在国内，要建设好运营好自由贸易试验区，完善法治化、国际化、便利化的营商环境，在试验区内探索实行与高标准国际贸易投资规则相适应的体制机制。及时总结上海、广东、天津、福建等自贸试验区的新鲜经验和有效做法，条件成熟时在更大范围内推广复制，使国内自贸试验区探索与国际自贸区建设之间形成良性互动。

（五）在参与全球治理和提供国际公共产品中统筹国内国际两个大局。当前经济全球化深入发展，超越国界的全球性问题明显增多。随着我国综合国力增强、国际影响力上升，我国已走向国际舞台的中央和全球治理的前台。我们要积极参与全球经济治理和规则制定，提高制度性话语权，构建广泛的利益共同体。要坚持共同但有区别的责任原则、公平原则、各自能力原则，积极参与应对全球气候变化谈判，落实减排承诺。主动参与2030年可持续发展议程。加强与主要经济体宏观经济政策对话协调，巩固二十国集团作为全球经济治理重要平台的地位。推动多边贸易谈判进程，促进国际货币体系和国际金融监管改革。积极参与网络、深海、极地、空天等新领域国际规则制定。增加对外援助，扩大科技教育、医疗卫生、防灾减灾、环境治理、野生动植物保护、减贫等领域对外合作和援助。加强反恐、防扩散等国际合作，维护全球网络安全。总之，世情国情的发展变化，都使我们既有必要也有可能积极参与国际公共产品供给，主动塑造有利于我国和世界共同繁荣发展的外部环境。

中国经济中的存量和流量*

回头看：本文较早对存量和流量关系作了全面分析，特别是对经济存量问题进行了系统梳理，其中提出中国财富存量与美国之差远大于GDP差距，即使未来一个时期中国GDP总量赶上美国，但国民财富总量与美国相比仍有较大差距，即使财富总量差不多了，但财富质量仍有可能存在差距。因此，要通过提高发展质量来高效地积累国民财富、提高财富质量等，与当前推动高质量发展是高度一致的。

今天讨论的问题是：中国经济中的存量和流量，重点是存量，也可以叫作中国的存量经济学。这可能是一个大家既熟悉又陌生，既新鲜又古老的题目。经济理论和政策实践中，对这一问题还没有一个完整、成熟的体系，这里试图作一全方位梳理。

一、存量和流量的基本关系

为什么要研究存量问题？当一个人家徒四壁的时候，他想的多是如何靠自己的劳动获得收入；当一个人家财万贯时，他可能就要想如何以财生财；当债务工具十分丰富和发达时，他可能会想到如何更好发挥有限资本的杠杆作用以小博大，甚至"空手套白狼"。这些都涉及存量和流量问题。在当代中国，流量问题依然重要，与此同时，我们的家底越来越厚，各类存量问题日趋凸显，加强对存量演变规律的研究势在必行。

什么是存量，什么是流量？流量和存量是经济分析中的两个重要概

---

* 本文是作者2014年3月27日在清华大学中国经济50人论坛长安讲坛上的演讲。

念。流量是指一定时间跨度内的变量，好比通过一个河段的水流量。存量则指在某一个时点上某一变量的量值，如同湖中所盛的水。流量是一个与时间区间相对应的概念，存量则是与时点相对应的概念。在经济指标中，产值类、产量类、需求和供给类指标一般都是流量，资产负债类指标、保有量、人口数等是存量。具体来说，国内生产总值是流量，国民财富是存量；一个人的工资或收入是流量，家庭财产是存量。按照联合国、世界银行等编制的2008年版《国民经济核算体系》，经济存量是指某一个时点的资产和负债的头寸或持有，经济流量则反映经济价值的产生、转换、交换、转移或消失，涉及机构单位之资产和负债在物量、构成或价值方面的变化。

从行为的角度，英国经济学家希克斯（Hicks，1946）把现期的生产和消费活动称为"流量活动"，把资产持有活动称为"存量活动"。《新帕尔格雷夫经济学大辞典》还从市场供求的角度，认为那些目的是为现期内消费而购买的，是流量需求，那些目的是为现期期末作为资产持有而购买的，是存量需求；与此类似，从现期的生产中供给的货物是流量供给，而从过去的生产中即库存中供给的货物是存量供给。由此，可以对流量需求与流量供给之间的均衡、存量需求与存量供给之间的均衡，以及流量加存量需求与流量加存量供给之间的均衡问题，展开一系列的分析，建立复杂的模型。今天讨论的重点不是这类均衡问题，而是存量与流量的关系，特别是存量问题。

存量和流量之间相互联系，在一定情况下可以相互转化。一方面，存量来源于流量的积累。存量是资产或负债在持有期内伴随某些物量或价值的变化而连续增加或减少的结果。例如，每年借款不断累加，形成某个时点上的债务余额。另一方面，存量也会产生流量，例如债务会形成利息，每年需要偿还的利息多少是一个流量；相应地，股票、基金等资产也会带来红利，而红利和工资一样，都是收入流量。

关于存量，可以从不同角度来考察其特征。

1. 物质形态的存量和价值形态的存量。我国2014年钢铁生产能力在8亿吨左右，全国城市住房面积大约230亿平方米，这些都是物质形态的存量。2013年地方政府性债务累计17.9万亿元（含或有债务），广义货币M$_2$达到110.65万亿元，这些都是价值形态的存量。

2. 积极的存量和消极的存量。各种资产、财富可以视为积极的存量，而负债、水和土壤的污染程度等可以视为消极的存量。

3. 存量的质量。两个国家，可能都有10亿平方米住房，但二者在质量上有较大差异，如棚户区、贫民窟就不能和高楼、别墅相比。两个国家，可能都有5000万辆汽车，但二者在质量上也会有较大不同。甚至两个银行都有5万亿元贷款资产，但其质量（不良贷款率）也可能有所不同。或者两个城市，都有500亿元的债务，但二者对应的资产质量和风险程度也是不同的。如何用统一的标准来衡量存量的质量，是一个很难的问题。

4. 存量的结构。流量有结构问题，如收入分配结构，存量也有结构问题，如财产分布结构。同样是政府债务，但结构上可能有很大差异，如两个城市之间，一个可能主要对应着高速公路等资产，有良好的现金流，另一个可能主要对应着学校等纯公益性资产，缺乏现金流。再如，日本政府债务的持有者约90%是国内投资者，而危机爆发前希腊政府债务的持有者近80%是外国投资者。通常来说，如果存量结构不合理，则调整起来的难度比流量结构调整更大。

5. 存量的升值和贬值。物质形态的存量（如房屋、设备）通常有生命周期，从而有折旧。在现实生活中，原来价值量相同但物质形态不同的存量，可能在升值、贬值上存在惊人的差异。随着时间的推移，有的存量可能越来越值钱，有的存量则越来越贬值。例如建筑，埃菲尔铁塔、巴黎圣母院、美国国会山可能越来越有价值，而一些粗制滥造的建筑可能在几十年后越看越不顺眼，人们急欲拆除而后快。再如，一个人10多年前花钱买了一大堆高档家用电器，现在几乎一文不值；另一个人用同样的钱买了几件红木家具，现在可能增值很多，甚至翻番。

6. 存量的临界点和警戒线。按照某个收益率来计算，当一个人拥有的金融资产达到一定规模时，他的年收益额就可以达到当地的人均收入水平，意味着他不用从事其他职业就可以享受当地的平均收入或生活水平（所谓"食利者阶层"），如果他的金融资产规模更大，则他凭此得来的收入就与其他人的平均数拉开了距离。从负债来说，某个债务余额必然对应着一定规模的还本付息需要，而这一还本付息额又与财政（或企业、家庭）的偿债能力相联系，如果明显超过偿债能力，就可能导致债务危机。因此，马斯特里赫特条约规定欧元区国家60%的债务率和3%的赤字率标准，前者是存量警戒线，后者是流量警戒线。

以上表明，存量有不少独有特征，应深入研究存量经济学。

二、存量和流量的若干实证分析

（一）国民财富和国内生产总值。根据世界银行的定义，国民财富是指一国所拥有的生产资产、自然资产、人力资本和社会资本的总和。生产资产，应称为人造资产，是由人类生产活动所创造的物质财富，包括各种房屋、基础设施（如供水系统、公路、铁路、桥梁、机场、港口等）、机器设备等等。自然资产又称自然遗产，被视之为大自然所赋予的财富，是天然生成的，或具有明显的自然生长过程，包括土地、空气、森林、水、地下矿产等。人力资本是指人类通过自身教育、健康、营养等方面的投资而形成的为自己创造福利的能力。社会资本被视之为联系生产资产、自然资产和人力资本的纽带，是促使整个社会以有效方式运用上述资源的社会体制和文化基础。

17世纪英国经济学家威廉·配第曾说，劳动是财富之父，土地是财富之母。可以说，经济生产活动是物质财富的来源，国内生产总值（GDP）就是当年经济活动的结果。从GDP与财富积累的关系看，我国既存在独特的有利因素，也存在独特的不利因素。我国经济增长速度快，过去30多年经济增速平均达到近10%，同时，投资率、储蓄率高，长期在40%以上，这些都有利于加速财富积累。但另一方面，我国GDP质量低，其中有比别国更大的比例不能有效形成财富积累，甚至还会造成财富损失。广东省的一位领导同志曾说，建大桥，这是GDP，让大桥塌了、拆了又是GDP，再建一次大桥还是GDP，这样干了三次GDP，浪费大量成本，但真正形成的财富就那一笔。这类现象在我国屡见不鲜。1998年，云南省投资3.8亿元修建的昆禄公路，正式通车18天，就出现路基沉陷、路面开裂；1999年，重庆綦江彩虹桥建成仅3年突然整体坍塌，造成40

人死亡；2006年，主体工程刚完工的广东石岗嘴大桥尚未装修即坍塌；2007年，湖南沱江大桥竣工前倒塌；2009年上海闵行区在建的13层住宅楼倒塌；2011年，云南新三公路通车第二天出现坍塌；耗资11亿元的武汉白沙洲长江大桥通车10余年间大修了近30次。2007年2月，沈阳五里河体育场"夭折"在18岁；2006年10月，"坚固得像碉堡一样"的山东青岛市著名地标建筑青岛大酒店被整体爆破，建成仅20年；2010年2月，江西南昌著名地标五湖大酒店被整体爆破，建成仅13年。有人很深刻地指出，我们有5000年的历史，却少有50年的建筑。我国是世界上每年新建建筑量最大的国家，每年新建面积达20亿平方米，使用了世界上40%的水泥、钢筋，建筑的平均使用寿命却只能维持25—30年。而根据我国《民用建筑设计通则》，重要建筑和高层建筑主体结构的耐久年限为100年，一般性建筑为50—100年。另一组数据显示，英国、法国、美国的建筑平均使用寿命分别为132年、85年和80年。

因此，GDP和财富不一定同步增加。多年来我国GDP增长很快，但国民财富增速却明显不及GDP增速，从人均的角度看也是如此，说明我国国内生产总值流量转化到国民财富存量的效率较低，需要打的折扣较多，存在明显的"跑冒滴漏"问题。从2000年到2005年，我国人均GDP（按美元不变价计算）增长54.4%，而人均国民财富增长34.4%；同期，美国人均GDP增长8.1%，人均国民财富增长10%；日本人均GDP增长5.6%，人均国民财富增长7.8%。日本在人均GDP增速较低的情形下，依然能实现人均财富的较高增长，美国、英国的人均国民财富增速也高于人均GDP增速，说明这三个国家从GDP流量积累国民财富存量的效率较高。这种高效率可能来自于：单位GDP的能源资源消耗低，用于人力资本的投入大，注重自然资源的保护。

表1 人均国内生产总值　　　单位：美元/人，不变价格

国家/年份		1995	2000	2005
中国	数额	1838	2657	4102
	增速	—	44.6%	54.4%
日本	数额	28026	28898	30446
	增速	—	3.1%	5.6%

续表

国家/年份		1995	2000	2005
美国	数额	35071	40931	44242
	增速	—	16.7%	8.1%
英国	数额	24872	29448	33318
	增速	—	18.4%	13.1%

资料来源：根据OECD数据整理。

表2 人均国民财富 　　　　　单位：美元/人

国家/年份		1995	2000	2005
中国	数额	9845	14310	19234
	增速	—	45.4%	34.4%
日本	数额	470797	509112	548751
	增速	—	8.1%	7.8%
美国	数额	585347	667626	734195
	增速	—	14.1%	10.0%
英国	数额	502395	575979	662624
	增速	—	14.6%	15.0%

资料来源：The wealth of nations dataset，World Bank.

表3 全部国民财富 　　　　　单位：万亿美元

国家/年份		1995	2000	2005
中国	数额	11.9	18.1	25.1
	增速	—	52.3%	38.9%
日本	数额	59.1	64.6	70.1
	增速	—	9.4%	8.6%
美国	数额	155.9	188.4	217.6
	增速	—	20.9%	15.5%
英国	数额	29.3	34.4	39.9
	增速	—	17.6%	16.0%

资料来源：The wealth of nations dataset，World Bank.

诺贝尔经济学奖得主阿罗等人2010年估算，中国总财富2000—2005年间增长率为3.86%，美国和印度分别为1.39%和2.60%；中国人均财富增长率为2.92%，美国和印度分别为0.22%和0.86%。这也表明我国国民财富增长大大低于GDP增长。由此我们需要思考一个问题：为什么日本高速增长只有不到20年，却成为一个发达国家，而中国高速增长已持续30多年，却仍是一个中等收入国家？这里可能既有起点问题，也有增长质量差异，大家可以研究。

下面，对中美之间的财富和相关的存量、流量作一对比。

首先，我们的财富存量与美国之差远大于GDP的差距。道理很简单，财富是多年积累的结果，而多年来美国的年度产出持续大于我国。2005年，美国GDP为13.09万亿美元，中国为2.26万亿美元，美国相当于中国的5.8倍。按照世界银行的计算，2005年美国全部国民财富为217.6万亿美元，中国为25.1万亿美元，美国国民财富相当于中国的8.7倍，而在1995年则为13.1倍。（2005年，日本、英国GDP分别为4.57万亿美元、2.32万亿美元，相当于中国2倍、1倍左右，日本、英国全部国民财富分别为70.1万亿美元、39.9万亿美元，相当于中国2.8倍、1.6倍。）如按人均来算，2005年美国人均GDP为44242美元，中国为4102美元，美国是中国的10.8倍；从人均财富来看，美国为734195美元，中国为19234美元，美国是中国的38倍。（日本、英国人均GDP是中国7.4倍、8.1倍，人均财富是中国28.5倍、34.5倍。）但一个不争的事实是：中国的GDP增长速度和国民财富积累速度都更快，表明我们正在持续追赶、缩小差距。

其次，即使未来一个时期中国的GDP总量赶上美国，那时我们的国民财富总量与美国相比仍有较大差距。2013年，中国的GDP为56.89万亿元，折合9.18万亿美元，相当于美国的55.5%。1996年我在法国进行访问研究期间曾经预测中国经济规模可能在2025年前后赶上或超过美国，近来一些机构和人士的预测也大体如此。但流量与存量不同。如果说国民财富更接近于衡量一个国家的综合实力，那么就要承认，在我国年度GDP赶上乃至超过美国之时，我们与美国在综合实力上仍会存在差距。

第三，即使财富总量差不多，但在质量上也可能存在差距。举一个形象但可能不够准确的例子。航母既是财富的一个具体形式，也是军事实力的重要标志。现在世界上共有20艘航母，其中美国10艘，其他国家

（包括我国的辽宁舰）加起来共10艘。美国航母排水量每艘均在10万吨以上，加起来有100万吨以上，其他国家加起来只有35万吨，相当于美国的1/3，而从单个航母看，其技术水平和战斗力也是美国遥遥领先。这样讲，并非要"长他人志气、灭自己威风"，而是正视现实，看到中华民族伟大复兴将是一个长期艰巨的奋斗过程。要增强忧患意识，急起直追，既要在总量上，也要在质量上提升我国的GDP和国民财富水平。

第四，唯有中美之间可以类比的另一个财富现象。美国和中国都曾经历长期持续的贸易顺差，因而积累了一大笔财富，只不过在美国是黄金，在中国是外汇。二战后美国的黄金储备最多时达到20663吨（1952年），相当于全世界的65.5%，至今美国仍是全球第一大黄金储备国（2013年有8133吨，占全球25.5%）。我国的外汇储备到2013年底已经达到3.82万亿美元，可谓天文数字。那么，存黄金好还是存外汇好？这个问题很难回答，现实中也很难选择。历史上，黄金的价格曾经跌宕起伏，从最高点的一盎司1813.5美元（2011年8月）跌至1192美元（2013年6月），美国多年来也没有把那么多黄金都打造成金项链，而是放在仓库里。中国的外汇储备倒是有投资收益，但美国国债收益率不算高，如何用好规模庞大的外汇储备，一直是人们热议的一个存量问题。

（二）财富效应和负财富效应。所谓财富效应，通常是指由于资产价格上涨，导致资产持有人的财富价值增大，进而使其边际消费倾向和消费信心提高，促进了消费，最终带动了经济增长。股市飘红，饭馆吃饭的人就多了。与此相反，当资产价格下跌，导致资产持有人的财富价值明显缩水，就会降低其消费信心和边际消费倾向，抑制消费需求，最终减缓经济增长，这可以看作负财富效应。当财富规模足够大，资产价格变动也足够大的时候，财富效应或负财富效应就成为影响宏观经济运行和微观主体行为的一个重要因素。

我国已处于需要对财富效应更加关注的阶段。比较典型的财富效应有股市财富效应和房地产财富效应。有学者（Luding&Slok，IMF，2002）对19个发达国家的实证研究表明，房价上涨产生的财富效应大于股价上升带来的财富效应。有学者（John D.Benjamin，American University，2004）以美国数据为样本研究发现，不动产增长1美元，消费增加0.08

美元，房地产的边际消费倾向高于金融资产的边际消费倾向。从美国的经验看，股市上涨的正财富效应为0.04，即股市财富每增长1美元，消费支出增长0.04美元，而股市下跌的负财富效应为0.07（刘建江，"股市对经济增长的贡献：美国案例"，《世界经济》2000年6月）。研究发现，我国确实存在股票财富效应和住房财富效应，但总体上比较微弱（金融资产财富效应约为0.002，住房资产财富效应约为0.003），其中住房财富效应大于股票财富效应，原因可能是人们认为住房财富更具有永久性，而股票财富则更具有暂时性。但也有学者提出与住房财富效应相反的"房奴效应"，因为房价不可能持续上涨，家庭为了购房和偿还房贷而节衣缩食，造成"房奴效应"，这实际上也属于负财富效应。要看到，我国房价在过去多年持续上涨，目前不同城市已出现分化，今后的走势有不确定性。当前我国经济下行压力较大，在这种情况下，要十分关注"房奴效应"和潜在的负财富效应。

（三）财富管理、财富调节和收入调节。一个国家越富裕，财富管理越重要。在改革开放初期，我们多数人不知何谓财富管理，也没有这个需求，而现在，财富管理在我国已成为一个蒸蒸日上的行业。财富分配差距通常远大于收入分配差距，因为财富分配差距在很大程度上是收入分配差距多年积累的结果。而财富管理有助于以钱生钱，从而使财富拥有者以更有效的方式和途径生成更大的收入，积累更多的财富，导致所谓马太效应。例如，银行对财富管理客户的某些基本服务是免费的，对某些稀缺投资机会如购买收益率较高的国债可以优先提供，还有一些高收益投资产品的门槛较高，专门为巨额财富拥有者设计。其次，财富就是资本、就是生产资料，生产资料占有的不平衡必然导致收入分配的不平衡，而这种不平衡的程度可能远远大于人的劳动收入差距。据国家统计局计算，近几年我国居民收入差距的基尼系数多在0.47—0.48之间，应当说收入差距已经比较大，但处于高位相对稳定状态。另一方面，家庭财富分配差距更大，而且还在扩大。这方面没有权威的数据。据世界银行（2010）一项研究表明，中国1%家庭占有全国41.4%的财富。有的科研机构（西南财经大学，2014年2月）调查，中国10%最高资产家庭拥有60.6%的资产。据福布斯全球富豪榜，中国内地上榜富豪由2005年的2个上升到2014年的152个，占全球比例由0.3%上升到9.7%（见下表）。我国是一个发展中国家、中等收入国家，中国人在全球富豪榜上的排名迅速蹿升，表明我们在收入分配结构矛盾尚未得到有效缓解的同时，财富分配差距可能正以加速度的方式在演变。

通常来说，人们对比尔·盖茨、巴菲特、扎克伯格的财富不嫉恨，因为他们的财富是由创业奋斗而来。但如果一个社会的收入和财富分配差距过大，无论由什么原因引起，都可能引起社会不满；收入差距过大，还可能妨碍消费持续扩大，因为低收入者有消费意愿而无购买能力，高收入者购买能力强但消费倾向低。因此，收入和财富分配问题如不妥善处理，将既影响公平，也影响效率，进而影响经济持续健康发展和社会和谐稳定，这也是导致中等收入陷阱的一大因素。

表4 福布斯全球富豪榜中国人变化情况 （入榜门槛10亿美元）

年 份	中国内地入榜人数	占全球比例	美国入榜人数	全球入榜人数	全球富豪总资产（美元）
2014	152	9.7%	492	1565	6.4万亿
2013	122	8.6%	442	1426	5.4万亿
2012	96	7.8%	420	1226	4.6万亿
2011	115	9.5%	413	1210	4.5万亿
2010	64	6.3%	403	1011	3.6万亿
2009	28	3.5%	357	793	2.4万亿
2008	42	3.7%	467	1125	4.4万亿
2007	20	2.1%	415	946	3.5万亿
2006	8	1.0%	371	793	2.6万亿
2005	2	0.3%	341	691	2.2万亿

资料来源：根据福布斯全球富豪榜数据整理。

（四）资产、负债和杠杆。历史上许多金融危机都表现为资不抵债，无论内债或外债，短债或长债，政府债、企业债或家庭债。因此，弄清资产、负债这笔账很有意义。英国在17世纪就有经济学家估算过英国的国民财富（还是那位著名的威廉·配第），目前美、日、欧等许多发达国家都在定期编制和发布国家资产负债表，我国在这方面多年来是空白。近两年，由于国内外对我国地方融资平台和国家债务状况的热议，三个研究团队（中国社科院李扬、复旦研究小组马骏、中国银行研究小组曹远征分别牵头）不约而同地开展了对中国国家资产负债表的开拓性研究，他们得出的结论有相似之处，也有一定差异。

资产负债表给了我们一个有用的分析框架，但现实中有些问题仍然似是而非，需要深入研究。一是社会负债率（或杠杆率）上升还有多大空间？社科院报告认为2012年我国全社会杠杆率（全社会负债与GDP的比率）为215%，已经很高，去杠杆化在所难免。与此相关，现在我国货币存量已经很大（2013年M_2为110.65万亿元，相当于GDP的194.5%），因此有观点认为货币供应量扩大的余地也已有限，应当节制。问题在于，从宏观调控的角度看，当前的杠杆率究竟应当适度上升、保持稳定还是去杠杆化？这涉及我们在应对经济下行压力、稳定经济增长方面还有多大的政策操作空间，关系到宏观调控中货币供应量等重要指标的设定。二是分部门来看的杠杆率阈值或警戒线如何界定？社科院报告认为2012年末中国的企业部门杠杆率（企业债务占GDP比例）已达113%，超过OECD国家90%的阈值，在有统计的国家中高居榜首，需高度警惕。另一方面，政府杠杆率在不同国家则有很大的差异，如日本政府债务率多年前已超过200%，但很少有人担忧其发生危机，这可能与其债务90%以上是国内投资者持有有关，同时日本政府也拥有大量资产。而希腊、意大利等国政府债务率与日本相似（有的略低），却发生危机或暴露出巨大风险。三是2008年国际金融危机是资产负债表危机还是现金流量表危机？这可能与债务所对应的资产结构有联系，当资产是优质的，能够产生稳定而充足的现金流时，那么债务违约的风险就小，如果资产属于纯公益性的，不能直接产生现金流，那么债务积累的风险就会增大。这也说明，对我国地方政府性债务风险的分析，既要看总量，也要看债务所对应的资产的结构和质量。

在物质形态上，也有负债或负财富。例如，滇池本来是一笔财富，如果人们继续向滇池排污，滇池就有可能成为一笔负财富；一些重金属加工企业四周的土地本来都是财富，但如果企业任意排污，可能会导致土壤重金属超标、地下水污染，从而转化为负资产。这在工业化进程中有不断重复的前车之鉴，我们也是亡羊补牢啊。

（五）生产能力和物质存量：以钢铁为例。产品生产能力是年度投资不断积累的结果，是一个存量。产能的变化可能经历两个不同的阶段：第一个阶段是产能扩大的过程，这往往是投资和经济增长加速的过程；在出现产能过剩矛盾之后，可能迎来第二个阶段，即去产能化的过程，这往往是投资和经济增长减缓的过程。

钢铁是一个典型的例子。从2000年到2010年，我国粗钢产量由1.27亿吨扩大到6.39亿吨，年均增长17.7%，这一时期工业增加值平均增长11.3%，GDP年均增长10.5%。随着产能过剩矛盾的加剧，化解产能过剩措施的推进，2012年和2013年粗钢产量增速分别减慢到2.1%和8.7%，工业增速相应减缓至7.7%和7.6%，GDP增速同样减慢至7.7%（两年均为7.7%）。更为典型的是河北省，过去多年靠钢铁工业扩张推动了经济快速增长，2012年全省钢铁产能达到2.86亿吨，占全国近1/3，这恐怕还打了埋伏。但"成也萧何，败也萧何"，"欠债终归是要还的"。现在河北省去产能的压力很大，一旦动真格的，则经济增长速度也立竿见影地反映出来。近来媒体不时报道河北省炸掉一些钢铁厂、水泥厂的消息。今年1—2月，河北省工业增加值增速陡然跌落至3.6%，为全国各省第二低（黑龙江最低，增长0.3%），比去年同期回落8.6个百分点，可见去产能的"威力"之大。由此联想到全国，一方面要化解产能过剩矛盾，一方面要面对经济下行压力来稳定经济增长，宏观调控的难度之大可想而知。去产能将是一个长期的过程，无论自我消化还是转移到境外，都会对经济增速产生影响，可以说，这也是我们判断中国经济由高速转入中高速增长的一个重要依据。

与此相关的另一个存量问题是，在我们的国土上堆积多少吨钢铁就算饱和了？工业化完成的程度是否也与一国人均拥有的钢铁存量有一定关系？据中国行业研究网研究报告测算，截至2005年，美国累计消费了75亿吨钢，人均20—40吨，而自新中国成立以来我国累计消费了31亿吨钢，人均2吨。另据世界钢铁协会数据测算，1980年至2013年，美国累计消费35.6亿吨粗钢，中国累计消费69.1亿吨粗钢。估计目前中国人均拥有钢铁存量不到10吨，而美国应为40吨左右。中美之间钢铁拥有存量尤其是人均拥有存量上的差距，有助于解释许多问题。一是为什么我国钢铁生产和消费连续多年居世界第一，现在这种态势仍在持续。2013年粗钢产量7.79亿吨，占全球产量的48.5%，是美、日、英、俄等八国集团的208.5%。因为我国处于工业化中后期，有对钢铁消费的客观需求。美国也曾在历史上是世界第一钢铁生产和消费国。二是为什么我们对铁矿石的需求那么大，因为这既与钢铁生产规模大有关，也与我国钢铁存量小、用废钢比例小有关。据世界钢铁协会数据测算，1990年至2013年，在钢铁生产中利用废钢的比例，美国为55%，英国为26.9%，日本为26.3%，而中国仅为4.4%。我国现在还没有那么多的废钢可以回炉。今后相当一个时期，我国还可能大量消费和积累钢铁，并大量进口铁矿石。三是钢铁质量在一定程度上可以替代钢铁数量，我国钢材的质量总体偏低，同样的建筑工程需要更多的钢材数量，而美欧日等发达国家钢材质量总体较高，因此在用钢数量上少些也可以达到同样的功能。其他金属如铜等，可能也有与钢铁类似的存量、流量问题。

表5　美国、日本、中国炼钢用废钢比例　　　　单位：千吨

年份	美　国			日　本			中　国		
	总产量	废钢	废钢比例	总产量	废钢	废钢比例	总产量	废钢	废钢比例
1990	89726	40054	44.64%	110339	60110	54.48%	66349	3976	5.99%
1991	79738	35615	44.67%	109649	29664	27.05%	71000	3346	4.71%
1992	84322	36945	43.81%	98132	24988	25.46%	80935	5042	6.23%
1993	88793	40634	45.76%	99623	25885	25.98%	89539	2162	2.41%
1994	91244	41870	45.89%	98295	24519	24.94%	92613	−4796	−5.18%
1995	95191	44297	46.53%	101640	26735	26.30%	95360	−9926	−10.41%
1996	95535	46107	48.26%	98801	24204	24.50%	101237	−5973	−5.90%
1997	98485	48881	49.63%	104545	26026	24.89%	108911	−6203	−5.70%
1998	98658	50428	51.11%	93548	18567	19.85%	114588	−3933	−3.43%
1999	97427	51159	52.51%	94192	19672	20.89%	123954	−1376	−1.11%
2000	101803	53925	52.97%	106444	25373	23.84%	127236	−3779	−2.97%
2001	90104	47997	53.27%	102866	24030	23.36%	151634	−3909	−2.58%
2002	91587	51362	56.08%	107745	26766	24.84%	182249	11457	6.29%
2003	93677	53033	56.61%	110511	28420	25.72%	222336	8669	3.90%

续表

年份	美　国			日　本			中　国		
	总产量	废钢	废钢比例	总产量	废钢	废钢比例	总产量	废钢	废钢比例
2004	99681	57390	57.57%	112718	29744	26.39%	272798	20947	7.68%
2005	94897	57675	60.78%	112471	29413	26.15%	355790	11058	3.11%
2006	98557	60654	61.54%	116226	31956	27.49%	421024	7383	1.75%
2007	98102	61765	62.96%	120203	33432	27.81%	489712	13108	2.68%
2008	91350	57621	63.08%	118739	32568	27.43%	512339	29113	5.68%
2009	58196	39178	67.32%	87534	20591	23.52%	577070	8436	1.46%
2010	80495	53652	66.65%	109599	27316	24.92%	638743	43142	6.75%
2011	86398	56171	65.01%	107601	26573	24.70%	701968	56539	8.05%
2012	88695	56633	63.85%	107232	25827	24.09%	716542	58637	8.18%
2013	86955	56574	65.06%	110570	26721	24.17%	779040	70070	8.99%
平均值			55.04%			26.35%			4.42%

资料来源：世界钢铁协会。平均值百分比系根据废钢数量和总产量测算得出。

（六）住房存量、住房投资和资产泡沫。这里所讲的住房存量是指作为国民财富的全部已建成的住房，不仅是指已建成而未卖出的库存。一些发达国家住房价格长期比较稳定，其中一个重要原因是经过多年的投资建设，住房存量很大，而人口总量稳定，人均住房面积较大，甚至达到某个饱和水平。目前我国城镇全部住房存量约为230亿平方米，人均32.9平方米，虽不能说饱和，但水平已经不低，可以设想，中国的人均住房面积也有一个饱和度问题，不能认为越大越好，一旦达到这一饱和度，对住房的需求将明显放缓，出现转折性变化。今后一个时期，我国人均住房面积还有扩大的趋势，城镇化率提高对应着城镇人口增加，这两方面因素决定了我国住房需求还有很大的潜力。另一方面，近年来超常规的需求增长（包括消费需求和投机投资性需求，而消费需求中又包含了家庭几代人共同出资为子女买房而放大的有购买能力的刚性需求），房价越调越涨的"经验"导致人们对房价只涨不跌的预期强化，共同为房地产市场注入了泡沫，使房地产价格已明显脱离了普通家庭的购买力，价格飞涨反过来又刺激供给猛增。资产价格泡沫是一个存量，从国内外历史经验看，泡沫一旦形成，终归是要破灭的。在不完善的体制机制下，资产价格一旦进入飞涨通道，上涨趋势就很难挡住，而在房地产市场供求形势出现转折、进入下行通道后，资产价格的下降趋势同样也很难控制。如果人们对股市指数从6000点跌落到2000点记忆犹新的话，恐怕也要思考一些城市特别是一些三四线城市的住房存量是否太大了，去库存或去泡沫可能是一个痛苦而漫长的过程。

而在这一调整过程中，房地产投资等流量就只好成为慢变量甚至零增长了，这反过来又成为制约国民经济稳定增长的阻力因素。2005年鄂尔多斯房地产投资增速为169.2%，现在则进入去库存的调整期，房地产投资增速大幅回落，2012年曾出现58.8%的负增长。鄂尔多斯就曾提出，在测算和监控住房需求、推进保障性住房及旧城拆迁改造等项目的基础上，暂停新建商品房土地供应，中心城区从2012年开始三年内禁止批建新的商品房开发项目、集中消化存量，提高参与中心城区商品房开发和旧城改造房地产企业的进入门槛。另一种更为激烈的表现形式就是房地产债务违约，这在开发商和购房者当中已有个案出现，今后的走势如何，需要高度重视。总之，上亿人的住房需求对中国经济而言是一个巨大的金矿，但不能够乱采滥挖，而应当悉心呵护，细水长流，在开发中保护，在保护中开发，这样才能为经济长期持续健康发展提供源源不断的动力支撑。

（七）还有更多的存量问题。存量问题无处不在。随着我国发展水平提高，一些存量问题越来越凸显、越来越急迫。这里再举几个例子。一是城镇化率达到多高将会趋于稳定或饱和？今后的城镇化速度应当加快还是放缓或保持目前的节奏？国家新型城镇化规划的目标是，到2020年城镇化率达到60%、户籍城镇化率达到45%，这意味着未来几年城镇化率为每年提高大约1个百分点。实践将会如何演变呢？二是财政国库资金余额常年在3万亿元以上，个别月份达到4万亿元，有人认为这是资金趴在账上睡大觉，能否降低这一余额水平，使更多的死钱变成活钱呢？财政部门在这方面已经采取了一些激励约束措施，效果如何人们拭目以待。三是僵尸企业，即一些企业半死不活，但压占了大量信贷资金，如何才能激活僵尸企业，从而提高金融服务实体经济的效率呢？四是气候变化在某些意义上也涉及存量问题，即大气中的温室气体（包括二氧化碳等）浓度上升，导致气候变暖。对我国而言，如何降低二氧化碳排放强度、有效应对全球气候变化，而又确保作为发展中国家、中等收入国家的发展权益呢？这其中也有一个平衡点问题，这方面的国际博弈十分激烈。五是土壤污染、地下水抽采等，包含了存量与流量的关系问题。严重的土壤污染是多年违规排污、超量施用化肥农药等的结果，而土壤污染到了一定程度就不再具有"财富之母"的功能，而是生产出毒大米，要想治理和恢复土壤的健康状况，往往要付出更大的代价、更长的时间。地下水的回补也是如此。六是既得利益格局。不合理的既得利益格局一旦形成，就有自我维护、自我强化的功能，这对于推进改革来说，将是极大的阻力，这就是为什么2014年《政府工作报告》强调要以壮士断腕的决心、背水一战的气概，冲破思想观念的束缚，突破利益固化的藩篱，来推进改革。如果没有足够的勇气和智慧，改革在既得利益格局面前受阻的情景也是有可能的，古今中外不乏这样的先例。因此，我们既要勇于改革，又要善于改革，推进精明的改革（smart reform）。

三、存量和流量分析的政策启示

（一）通过提高发展质量来高效地积累国民财富、提高财富质量。粗放的GDP增长，名义上快，但在财富积累上要打很大的折扣。要提高投资质量、出口质量、消费质量、工业质量、服务业质量、农业质量、GDP质量，形成转化率高、质量也高的国民财富。

（二）工程建设要建立在科学规划基础上，不得无缘无故赶工期、改规划。过去许多项目为了政治原因而赶工期，提前建成投产，今后应严格限制这类情况，越是提前建成，越要严格验收。因为提前建成的事实可能表明，不是设计有误，就是施工有误。外国教堂中豆腐渣工程不多。德国科隆大教堂被誉为哥特式教堂建筑中最完美的典范，始建于1248年，耗时超过600年至1880年才宣告完工。世界第一大教堂梵蒂冈圣彼得大教堂于公元326—333年初建，又于1506年重建，直到1626年才正式落成。位于法国巴黎市中心的巴黎圣母院始建于1163年，在1345年全部建成，历时180多年。设计和建造教堂的绝大多数人在有生之年是看不到竣工典礼的，这是什么政绩工程和政绩观啊？他们好像比我们的干部还更不计较生前名利。要提高规划设计包括城市规划的科学性、严肃性、权威性，决不能出现十年前规划是绿化用地，十年后发现崛起一片高楼大厦的情形。

（三）加大调整和优化存量结构的力度。这里只举一个例子，就是今后要下决心引入财产税，包括房产税、遗产和赠与税等，这既关系公平，也关系效率。年轻人总会一代一代地成长起来，他们应当靠自己的创业、创新、创造而生产和获得财富，这样的话，别说富过三代，富过十代都是应当激励的。需要说明，财产类税收在征收方面不存在任何不可逾越的技术障碍，发达国家几百年前就已经征收了（例如荷兰于1598年开征遗产税）。同时，财产类税收并不必然会明显加剧财富的海外转移，别的国家也有财产税，甚至税率更高。如果说财产税有可能在遥远的将来或某些国家退出历史舞台，那么在财富分配差距很大的特定发展阶段上，运用财产税进行调节也是十分必要的。

（四）加强对与存量相关的警戒线、临界点、转折点、饱和度等问题的研究和掌控，防止某些存量问题积重难返。在经济预测中很难把握的一个问题是，经济走势的拐点或转折点（turning point）将会何时何地何种斜率出现，一些存量问题的变化或影响也有相似之处。那些带来负面影响的存量，如债务问题，水、土壤、大气污染问题等，往往有警戒线或临界点问题。这类问题往往在理论上有高难度，但政策上有大益处，希望经济学人能在这些高端问题、前沿问题上多下功夫。

（五）把优化增量与盘活存量结合起来。一些存量资源如果能够用活，则可以激发出更多的正能量。如资产证券化，可以盘活信贷资产，提高银行资金的配置效率。当然，凡事都有度，资产证券化在实践中既有不少经验，也有深刻教训。

（六）更加注重人力资本等软实力存量的积累。联合国下属机构计算的2008年中、美人力资本分别为8.73万亿美元和88.87万亿美元，相差10倍，远大于物质资本和自然资本存量的差距。同时，我国产品和企业的品牌价值也远低于美国、日本等发达国家。在未来的国际竞争和国家综合实力构成中，软实力的作用将更加凸显，这也是我们的弱项、短板。我们要加强人力资本、社会资本方面的投入和积累，这样才能提高核心竞争力，占据国际竞争制高点。

总之，随着改革开放持续推进和经济持续快速发展，中国的家底越来越厚，我们正在进入财富时代、资产负债时代。从国际比较看，如果说过去30年主要是流量赶超的话，那么现在已进入存量赶超的时代。我们的GDP规模已从改革开放初期的10多位上升至第2位，我国的经济增长已从高速转入中高速。今后，我们要在努力保持中高速增长的同时，更加重视资产负债等各类存量管理，更加重视国民财富的高效积累，实现国家综合实力和竞争力的有效提升，为实现中国梦提供坚实的支撑。

参考文献：

1. 联合国，等. 国民经济核算体系2008[M]. 北京：中国统计出版社，2010.

2. Hicks. Value and Capital[M]. 2nd edn, Oxford:Clarendon Press,1946.

3. 世界银行环境局，J.迪克逊，等. 扩展衡量财富的手段：环境可持续发展指标[M]. 北京：中国环境科学出版社，1998.

4. Ludwing&Slok. The Impact of Stock Prices and House Prices on Consumption in OECD Countries[J]. IMF Working Paper Research Department, 2002.

5. Benjamin J D, Chinloy P, Jud G D. Real estate versus financial wealth in consumption[J]. The Journal of Real Estate Finance and Economics, 2004.

6. 刘建江. 股市对经济增长的贡献：美国案例[J]. 世界经济，2000（6）.

7. 西南财经大学中国家庭金融调查与研究中心. 2014中国财富报告：展望与策略[R]. 2014-02.

8. 李扬. 中国国家资产负债表2013[M]. 北京：中国社会科学出版社，2013.

9. 马骏. 中国国家资产负债表研究[M]. 北京：社会科学文献出版社，2012.

10. 融入循环经济 永葆钢铁产业青春[EB/OL]. 中国行业研究网，2005-07.

搭上"第三次工业革命"快车*

回头看：本文指出我国曾错失前两次工业革命，付出了历史性代价，当前新一轮工业革命正在兴起，这一次我们一定要搭上第三次工业革命的快车。东部许多地区已经到了只有调整、转型、创新才能实现又好又快发展的新阶段，调整转型越快，发展的空间才能越大，发展的速度才能越快。转型升级的方向是产业高端化、绿色化、智能化、轻型化、国际化。这些观点与近年来的发展实践是吻合的。

历史上发生过两次大的工业革命，但中国都错失良机，被甩在了发达国家和世界潮流的后面，结果是落后挨打上百年。当前，第三次工业革命的呼声和浪潮日渐高涨。俗话说，"事不过三"。我们必须努力搭上第三次工业革命快车，这对沿海地区更是义不容辞的历史使命。

一、错失"工业革命"的历史性代价

第一次工业革命发生在18世纪60年代到19世纪末，其主要标志是机器取代手工劳动。当工业革命首先在英国兴起，进而带动整个欧美时，中国正处在所谓的"康乾盛世"，由于闭关锁国，错失机遇，中国经济占世界GDP的比例从1820年大约1/3下降至1900年大约11%，在此期间饱受列强欺凌，沦为殖民地半殖民地社会。

第二次工业革命从19世纪70年代开始到20世纪初，以电气革命和大规模流水线生产为重要标志。这一时期及此后几十年中国仍处于战乱和

---

* 本文是2012年6月16日在中国经济50人论坛（青岛）研讨会上的发言。

社会动荡之中，再次错失机遇，结果是中国经济占世界经济的比例从1900年的11%下降至新中国成立之初的5%（以上数据参见OECD专家麦迪逊的《世界经济千年史》）。到改革开放之初的1978年，中国经济占世界的比重（按汇率法折算）只有1.8%。可见，错失工业革命的代价是极为沉重的。

当前，第三次工业革命正在向我们招手。从"革命"的角度而言，它是一种可能，还不完全是活生生的现实；是一种萌芽，还不完全是成熟的果实；是一种未来式，还不完全是现在式。但不容否认，目前是"山雨欲来风满楼"，新一轮科技和工业革命的条件正在加速形成。一方面，全球200多年的工业化使少数国家大约10亿人实现了现代化，目前已带来资源环境、气候变化、人口老龄化等诸多问题，当前新的现代化是30亿人的现代化，这迫切要求人类开发新的能源资源，创建新的生产方式和生活方式。另一方面，为摆脱金融危机阴影，各国加大研发投入，发展信息、生物、数字技术等高端技术，开发应用可再生能源，探索绿色发展模式，为第三次工业革命提供了技术支撑。

欧洲向来是重大理念、模式、技术创新的发源地。在迎接第三次工业革命的过程中，欧洲似乎比美国、日本及其他国家走得更快，但都处在起步阶段，萌芽已经出现，变革正在酝酿。

关于第三次工业革命的基本特征，美国著名趋势学家、宾夕法尼亚大学教授杰里米·里夫金（Jeremy Rifkin）在《第三次工业革命》一书中预言，这是一种建立在互联网和新能源相结合基础上的新经济，今后半个世纪里，前两次工业革命具有的集中生产经营方式将被第三次工业革命的分散生产经营方式取代。英国《经济学家》杂志2012年4月21日刊登保罗·麦基里（Paul Markillie）的文章认为，第三次工业革命建立在互联网和新材料、新能源相结合的基础之上，以"制造业数字化"为核心，并将使全球技术要素和市场要素配置方式发生革命性变化，从大规模制造模式转向更加个性化的少量灵活生产模式。历史的车轮似将重回原点。归结起来看，第三次工业革命将包含两大特征：一是绿色化发展，二是数字化制造。这对于全球产业分工、转移、布局都将产生深远的影响，对于我国传统比较优势和战略机遇期的内涵也将带来深刻影响。可以说，第三次工业革命将是一场带领我们进入可持续发展时代和智慧竞争时代的革命。

二、中国经济到了转型升级的关键时刻

当前我国所处的发展阶段，是正在全面建设小康社会并准备向基本实现现代化迈进的阶段，是正在跨越中等收入并准备向高收入国家迈进的阶段，是正在快速实现工业化并准备向后工业化社会迈进的阶段。考虑到我国区域发展不平衡，从东部沿海地区和内陆欠发达地区来讲，可谓一头一尾，东部地区正在为基本实现现代化、达到高收入水平、迈向后工业社会作准备，而内陆许多地区则在加快实现全面小康、中等收入和工业化的步伐。

展望未来，中国人均国民收入从目前的5000美元上升到1万美元并不太难，但此后向更高收入水平跃升，可能会面临明显增大的困难。在这一过程中，关键是解决好两大问题：一是经济建设上，实现产业转型升级；二是社会建设上，保障收入公平分配。

要看到，我国的发展环境和传统比较优势正在发生深刻变化，推进经济发展方式转变和经济结构调整势在必行、刻不容缓。从国内看，人口红利持续衰减，劳动力、土地等要素成本持续上升，已经并将继续超过周边一些国家，节能降耗、环境保护的要求将持续提高，人民币持续升值，导致传统比较优势弱化，这是不可逆转的趋势。传统比较优势弱化的结果是，原有传统产业（特别是一般加工制造业）向综合成本低的内陆地区或周边国家转移。目前这一势头已相当明显。这种情况下，东部地区务必实现产业结构转型升级，否则可能出现产业空心化和经济减速。从国际产业分工角度看，过去中国的产业以中低端为主，现在则加快向高端延伸，过去与发达国家产业之间互补的特性明显，以分工合作为主基调，今后我与发达国家在产业层次上趋同、竞争的一面将更趋明显，因此，有可能出现我国与发达国家和发展中国家经贸摩擦同时并存、更趋严重的局面。

新的国内外环境，使东部地区过去那种以高度消耗资源、高度依赖

出口市场、处于产业链低端，以低工资、低成本、低价格为主要竞争优势的传统发展模式受到严峻挑战。最近北京、上海、浙江、广东的工业和投资指标常常只有一位数增长，这不是偶然现象。主观上讲，这些地区并不是不想让速度更快些，而是有心无力，发展阶段使然。东部许多地区已经到了只有调整、转型、创新才能实现又好又快发展的新阶段，调整转型越快，发展的空间才能越大，发展的速度才能越快。正如奥运会口号"更快更高更强"那样，东部地区只有首先做到产业层次更高、竞争力更强，才能达到速度更快。

三、转型升级的方向和举措

（一）方向。未来产业转型升级的方向似可以用"五化"来描述。

一是高端化。既要大力发展高新技术产业，使之在国民经济中的比重持续上升，又要运用高新技术对传统产业进行全面改造升级，推动产业向产业链高端演进，逐步提升中国产业在国际产业分工和价值链中的地位。中国作为发展不平衡的大国，今后产业链仍将是完整的、全方位的，但技术水平则是不断提高的。

二是绿色化。要发展节能环保等绿色产业、创新绿色科技、开发绿色产品、应用绿色能源、倡导绿色消费，大力发展绿色经济，实现绿色、低碳、可持续发展。

三是智能化。即运用现代信息技术全面覆盖、改造、提升经济社会各领域，大力发展物联网、云计算、移动互联网等，使信息化转化为先进生产力，形成智慧、灵巧、高效、绿色生产方式和消费模式。

四是轻型化。提高服务业在三次产业中的比重，尤其要大力发展现代服务业，推动现代服务业与高端制造业相辅相成、共同提高。东部地区要形成以高端制造和服务经济为主的经济结构。这种趋势反映在物流上，表现为运输周转的物量或吨位下降，而价值上升；反映在能效上，表现为能耗下降而产出价值提高。换言之，新经济的特征是，投入和产出的实物量越来越轻，价值量越来越重。

五是国际化。在更深程度上统筹兼顾两个市场两种资源，既不是单纯扩大进口也不是单纯扩大出口，既不是单纯吸引外资也不是单纯对外投资，而是通过双向贸易、双向投资更好地解决国内急需的资源、技术问题和生产能力过剩问题，构建全球产业链、营销网络和服务体系，实现全球范围内的资源优化配置。

（二）举措。在推动产业转型升级的众多政策措施中，创新和人才是两大关键要素。要走中国特色的自主创新道路，推动企业成为技术创新主体，促进科技与经济紧密结合。要坚持开放式创新、协同创新，增强原始创新、集成创新、引进消化吸收再创新能力。进一步讲，现阶段的中国式创新主要体现为末端创新、应用创新、产业化创新，努力做到全球凡出现什么新技术新工艺，那么就可以结合中国国情，迅速在中国实现产业化、规模化、大众化进而全球化。在人才上，需要形成层次不同但都不可或缺的两支大军：一是富于创造性的高端人才、创新人才队伍，二是具有高技能的产业工人、新型农民大军。这对我们的教育、培训体系提出了新的更高要求。

（三）建议。多年来，沿海地区经济保持又好又快发展，涌现出一批在国内外知名、全球布局、跨国经营的大企业大集团，可以说是发展实体经济和先进制造的典范，近年来在发展蓝色经济、绿色经济上也走在全国前列。在新的国内外环境下，发展中也面临新的机遇和挑战。中国有句老话：自古华山一条路。对于沿海地区特别是沿海城市（包括青岛）来说，转型升级是唯一出路。建议研究德国、借鉴德国、学习德国，因为德国经济在这次国际金融危机中经受住了考验，成为应对欧债危机、支撑欧洲经济的中流砥柱。沿海城市应当拿出壮士断腕的决心，就像德国毅然决然放弃核能、发展其他可再生能源那样，转型升级不留后路、不抱幻想，率先走上经济转型升级之路。举例来讲，一是在节能减排方面，能否下决心让本地企业在能效和排放标准上率先与国际接轨，成为全国节能减排的领跑者和标兵。二是沿海城市往往是守着大海但很缺水，那么在海水淡化方面，能否下决心提高本地水价，大幅增加海水淡化能力和实际规模，逐步做到凡是可用海水淡化的行业都积极争取使用海水淡化而主动放弃使用天然淡水。三是在新能源利用上，能否下决心使本地非化石能源占能源消费总量的比重率先实现国家规定的目标

（国家目标是2015年达到11.4%，2020年达到15%）。四是在海洋等资源的开发和保护上，能否下决心做到单位海域面积的产出比别人高，本区域的海水又总是比别人蓝。船行过来光看海水就知道到了青岛。这些都是自加压力、自我倒逼，而且短期内必然要付出一定的经济增长速度代价，但如果能够痛下决心推动转型，那么5年、8年后本地的产业层次和竞争力或许能够达到泰山那样"一览众山小"的境界。我希望并相信，大家有这个雄心壮志和远见卓识。

中国经济结构调整的现状和展望*

回头看：本文对中国经济的结构问题作了全面分析和趋势展望，其中指出随着人口结构变化，原来储蓄率高、消费倾向低的状况可能会发生明显变化，并提出未来的发展方向是推动协调发展、绿色发展、创新发展、包容发展，对地方GDP实行全国统一核算等，这些观点具有前瞻性，与新发展理念（2015年党的十八届五中全会提出）是高度符合的。

本文对当前中国经济结构调整的现状、成效和未来演变趋势作一背景介绍，鉴于调整结构是转变经济发展方式的主攻方向、主体内容，本文也可以看作是关于中国转变发展方式的一个背景介绍。

一、具有转折意义的局部结构性变化

2011年是中国经济结构调整取得积极成效的重要一年，经济结构变化中呈现不少具有转折意义的亮点。

（一）国内需求持续扩大，对经济增长的贡献明显上升。多年来，消费率偏低、经济增长过多依靠投资和出口是中国经济结构和发展方式中的一个弱点，也是饱受批评之处。2011年这方面情况出现积极变化，消费和投资持续较快增长，弥补了外需相对萎缩的影响，对经济增长的拉动作用明显增强。据核算，2011年内需对经济增长的贡献率为105.8%，比上年提高11.5个百分点。其中，最终消费对经济增长的贡献率大幅提高，达到51.6%，比上年提高10.1个百分点，拉动经济增长4.7个百分点；

＊ 本文是作者为2012年3月举办的中国发展高层论坛撰写的背景论文。

资本形成总额对经济增长的贡献率为54.2%，比上年提高1.4个百分点，拉动经济增长5.0个百分点。货物和服务净出口对经济增长的贡献率由正转负，为-5.8%，同比下降11.5个百分点，拉动经济增长-0.5个百分点[①]。需要说明的是，第一，从总需求结构看，中国（以及世界上绝大多数国家）经济一直以国内需求为主体，内需对经济增长的贡献多数年份在80%以上，外需则在20%以下，个别年份是负值。第二，2011年消费和投资对经济增长的贡献旗鼓相当，特别是消费的贡献率显著上升，达到50%以上，具有极为积极的意义。同时，这几年居民消费结构明显升级，中国的汽车产销量已达1800多万辆，超过美国居世界首位，人均住房面积也持续扩大。

表1　内外需对国内生产总值增长的贡献率和拉动

年份	内　需						外　需	
	最终消费支出		资本形成总额		合　计			
	贡献率（%）	拉动（百分点）	贡献率（%）	拉动（百分点）	贡献率（%）	拉动（百分点）	贡献率（%）	拉动（百分点）
2003	35.8	3.6	63.2	6.3	99	9.9	1.0	0.1
2004	39.5	4.0	54.5	5.5	94	9.5	6.0	0.6
2005	37.9	4.3	39.0	4.4	76.9	8.7	23.1	2.6
2006	40.0	5.1	43.9	5.6	83.9	10.7	16.1	2.0
2007	39.2	5.6	42.7	6.1	81.9	11.7	18.1	2.5
2008	43.5	4.2	47.5	4.6	91	8.8	9.0	0.8
2009	47.6	4.4	91.3	8.4	138.9	12.8	-38.9	-3.6
2010	36.8	3.8	54.0	5.6	90.8	9.4	9.2	0.9
2011	51.6	4.7	54.2	5.0	105.8	9.7	-5.8	-0.5

资料来源：《中国统计年鉴（2011）》、国家统计局数据。

（二）国际收支趋于平衡，经常项目顺差与GDP的比例降至合理区间。多年来，中国贸易顺差过大，国际收支不平衡一直是国际社会关注的一个热点问题。这几年中国的国际收支状况逐步改善，到2011年实现了由量变到质变的重要转折，在一定程度上进入了一个较为合理的区

[①] 国家统计局：《2011统计公报评读》，国家统计局网站。

间。统计表明，2007年是中国贸易和经常项目顺差水平最高的一年，其中，贸易顺差与GDP的比例为8.8%，经常项目顺差与GDP的比例为10.1%。此后，形势出现转变。2008年、2009年、2010年经常项目顺差占GDP的比例分别为9.1%、5.2%、5.1%，呈逐年下降态势。2011年全年贸易顺差占GDP的比例为2.1%，经常项目顺差占GDP的比例为2.8%，降至合理区间。这几年的实践表明，中国不仅对世界经济增长做出重大贡献，而且为世界经济平衡做出了扎实的、积极的贡献。

表2　贸易顺差、经常项目顺差占GDP比例

年份	贸易顺差 （亿美元）	贸易顺差/GDP（%）	经常项目顺差 （亿美元）	经常项目顺差/GDP（%）
2003	360.8	2.1	458.7	2.8
2004	492.8	2.6	686.6	3.6
2005	1248	5.5	1341	5.9
2006	2089	7.7	2327	8.6
2007	3075	8.8	3540	10.1
2008	3489	7.7	4124	9.1
2009	2201	4.4	2611	5.2
2010	2321	3.9	3054	5.1
2011	1551	2.1	2011	2.8

资料来源：根据国家统计局、外汇局公布数据整理。

（三）资本流入与流出结构出现新变化，利用外资和对外投资趋向均衡发展。资本流动是国际收支的重要内容。近期资本流动结构的变化可能出乎许多人的预料。2011年末，我国外汇储备达3.18万亿美元，较2011年三季度末净减少206亿美元，这是外汇储备自1998年以来首次出现季度负增长[1]。2011年四季度，资本和金融项目逆差474亿美元[2]，改变了以往经常项目和资本项目双顺差的格局。考虑到当季直接投资净流入491亿美元，证券和其他投资净流出规模相当可观。与此相对应，人民币汇率在总体保持升值趋势的情况下，在四季度出现双向浮动态势，

---

[1] 中国人民银行：《2011年货币统计概览》，中国人民银行网站。

[2] 国家外汇管理局：《2011年中国跨境资金流动监测报告》，国家外汇管理局网站。

与以往持续单边升值态势也明显不同。以上变化在目前阶段具有暂时性而非趋势性，但这些新现象的"偶然"出现也有一定的客观必然性。

利用外资与对外投资之间的关系也正在持续演变，朝着并驾齐驱的方向发展。2011年，我国实际使用外商直接投资金额1160.11亿美元，同比增长9.72%[①]；境内投资者共对全球132个国家和地区的3391家境外企业进行了非金融类对外直接投资，累计实现直接投资600.7亿美元，同比增长1.8%[②]。2011年对外投资增速放缓是暂时现象。2012年1月对外投资增速反弹到59.9%[③]。从近年来的趋势看，对外直接投资规模迅速扩大，相当于利用外资规模的比例呈上升态势，例如2003年对外直接投资只相当于当年利用外资的5.3%，2009年以来则上升到50%以上。对外投资与利用外资趋向均衡发展，未来两者规模很可能越来越接近，意味着中国不仅是利用外资大国，也将成为对外投资大国。

表3　对外直接投资和实际使用外资的比较

年　份	对外直接投资（A）		实际使用外资（B）		金额之比
	金额（亿美元）	增速（%）	金额（亿美元）	增速（%）	A/B（%）
2003	28.5	5.6	535.1	1.4	5.33
2004	55.0	93.0	606.3	13.3	9.07
2005	122.6	122.9	603.2	−0.5	20.3
2006	176.3	43.8	658.2	9.1	26.8
2007	248.4	40.9	747.7	13.6	33.2
2008	418.6	68.5	923.9	23.6	45.3
2009	478.0	14.2	900.3	−2.6	53.1
2010	601.8	25.9	1057.4	17.4	56.9
2011	600.7	1.8	1160.1	9.7	51.8

注：2003—2010年数据为公报数据，2011年数据为快报数据。

资料来源：《中国对外直接投资统计公报》（2003—2010），商务部数据。

（四）中西部发展加快，区域发展的协调性持续提高。近年来，中

[①] 商务部：《2011年1—12月全国吸收外商直接投资情况》，商务部网站。

[②] 商务部：《2011年我国非金融类对外直接投资简明统计》，商务部网站。

[③] 商务部：《商务部召开例行新闻发布会（2012年2月16日）》，商务部网站。

西部地区经济增长全面提速，区域间经济发展不平衡状况正在明显改变。2011年，全国共有23个省份GDP总量超过万亿元，其中中西部地区12个，多数是最近几年新增，尤其是中部六省全部跻身GDP"万亿元俱乐部"，辽宁、四川、湖南经济总量已超过上海跃居第七、第八和第九位。重庆以16.4%的增速，成为全国经济增长最快的地区[①]。与此同时，中西部地区城乡居民收入增幅明显，陕西、甘肃、四川、新疆、湖北等省份居民收入增幅超过GDP增速[②]。

中西部地区工业和投资增速均明显快于东部。2011年，东部地区规模以上工业增加值比上年增长11.7%，中部地区增长18.2%，西部地区增长16.8%。从投资看，东部地区固定资产投资比上年增长21.3%，中部地区增长28.8%，西部地区增长29.2%[③]。中西部地区对外贸易发展同样强劲。2011年重庆市外贸进出口总额同比增长140%，河南省进出口总额同比增长83.1%。从出口看，中西部地区增速明显高于全国总体出口增速，其中河南、江西、贵州出口增速分别为82.7%、63.1%和55.5%[④]。

从人均生产总值看，最高的五个地区（上海、天津、北京、江苏、浙江）与最低的五个地区（安徽、西藏、甘肃、云南、贵州）的比例明显下降，从2005年的4.89∶1降至2010年的3.83∶1。从生产总值比重看，2010年中西部地区占全国比重比2005年提高了2.7个百分点，达到38.4%，东部地区下降了2.6个百分点[⑤]。与此相对应，全国产业转移、资本流动、就业流向的空间结构也在发生积极变化，区域发展的协调性逐步上升。

（五）城市化率首次超过50%，社会人口结构出现历史性变化。在工业化推动和支撑下，中国的城市化持续较快推进。进入21世纪以来城镇人口比重平均每年提高约1个百分点。2011年，我国城镇人口69079万人，比2010年末增加2100万人；乡村人口65656万人，减少1456万人；城镇人口占总人口比重首次超过50%，达到51.27%，比2010年末提高

---

① 根据中国经济网数据整理。
②《2011年中西部地区经济发展提速》，中国经济网。
③ 国家统计局：《2011年国民经济和社会发展统计公报》，国家统计局网站。
④《2012年出口增速或继续放缓》，《国际商报》，2012年1月30日。
⑤《我国地区经济发展协调性增强》，《中国信息报》，2011年7月22日。

1.32个百分点^①。这标志着中国社会在很大程度上已成为城市社会。

（六）城乡居民收入结构出现积极变化，农民收入增速连续两年超过城镇居民。2010年农民收入增速多年来首次超过城镇居民，当年农民人均纯收入同比增长14.9%，扣除价格因素实际增长10.9%，超过了城镇居民人均可支配收入11.3%的名义增长幅度和7.8%的实际增长幅度。2011年农民人均纯收入6977元，比2010年名义增长17.9%，扣除价格因素实际增长11.4%。城镇居民人均可支配收入21810元，比2010年名义增长14.1%，扣除价格因素实际增长8.4%。城、乡居民收入之比也有所下降，2010年为3.23∶1，2011年缩小为3.13∶1^②。关于城乡居民收入差距的衡量，在考虑更多因素之后可能会有新的评估意见，如是否考虑城乡居民所享受的公共福利待遇差别，把1.6亿外出务工农民工算在城市还是农村等。仅就常规统计的城乡居民收入指标而言，这两年的变化值得肯定。

（七）先进生产能力比重上升，国民经济特别是工业的技术水平和产业层次有所提高。高新技术产业和战略性新兴产业快速发展，落后生产能力继续大量淘汰。2011年，全国研究与试验发展（R&D）经费支出比上年增长21.9%，占GDP的1.83%。高技术制造业增加值增长16.5%，明显高于全国工业10.7%的增幅^③。2010年全国18个工业行业淘汰落后产能炼铁4100万吨、炼钢1186万吨、水泥14031万吨，淘汰电力落后产能1690万千瓦，涉及企业225户，淘汰煤炭落后产能2.31亿吨，关闭小煤矿2173处^④。"十一五"期间累计淘汰落后炼铁产能12172万吨、炼钢产能6969万吨、水泥产能3.3亿吨，圆满完成了"十一五"确定的目标^⑤。预计2011年全国淘汰落后产能目标任务仍然可以全面甚至超额完成。近几年连续淘汰大量落后产能，使得经济中先进生产能力的比重明显提高。

① 国家统计局：《2011年我国人口总量及结构变化情况》，国家统计局网站。
② 国家统计局：《2011年城乡居民收入增长情况》，国家统计局网站。
③ 国家统计局：《2011年国民经济和社会发展统计公报》，国家统计局网站。
④ 工信部：《2010年全国淘汰落后产能目标任务完成情况》，工信部网站。
⑤ 国家发改委：《淘汰落后产能成效显著——"十一五"节能减排回顾之二》，国家发改委网站。

二、当前中国经济结构矛盾仍很突出

中国经济中的结构性矛盾是长期积累形成的，目前发展中不平衡、不协调、不可持续的问题继续存在，有的甚至有所加深。

（一）从需求结构看，经济增长对投资的依赖程度偏高，尚未形成以消费拉动为主的良性循环。2011年，全国固定资产投资名义增长23.8%，剔除价格因素后实际增长约16.1%。而社会消费品零售总额名义增长17.1%，扣除价格因素后实际增长11.6%[①]。与以往相比，消费增幅与投资增幅的差距呈现改观现象，但仍然低于投资。可以说，中国经济增长本质上是投资带动型的。特别是有的省份，如安徽、江西，2011年固定资产投资规模相当于GDP总量的80.3%和95.1%[②]。而投资的结果必然是扩大生产能力，当国内市场相对不足时，不是出现生产能力过剩或闲置，就是到国际市场寻找出路，结果是出口和贸易顺差扩大。现阶段，投资驱动的经济循环仍在进行，实现以消费为主、三大需求协调拉动经济增长的局面，还有一个较长的过程。

（二）从产业结构看，服务业比重偏低，产业结构偏重。2011年，我国第二产业增加值占GDP的比重为46.8%，与上年持平；第三产业比重为43.1%，同比降低0.1个百分点[③]。从工业内部结构看，轻工业增长13%，重工业增长14.3%，延续了近年来重工业快、轻工业慢的增长格局。总体来看，产业结构偏重、服务业比重偏低的状况尚未得到有效改善。发达国家经济发展史表明，一个经济体在进入工业化中后期，产业结构将由"二三一"向"三二一"转变，第三产业比重越来越大，国民经济将向以服务业为主体的方向发展。目前服务业占GDP的比重世界平均为60%，发达国家在75%以上。当前中国的产业结构特征表明，中国仍处于工业化快速推进的过程，一些地区可能已处于工业化中后期。

（三）从投入结构看，经济增长很大程度上仍然靠大量物质消耗支撑，经济社会发展面临的资源环境约束还在加深。据初步核算，2011

---

① 国家统计局：《2011年国民经济和社会发展统计公报》，国家统计局网站。
② 根据安徽、江西公布数据计算。
③ 国家统计局：《2011年国民经济和社会发展统计公报》，国家统计局网站。

年我国能源消耗总量接近35亿吨标准煤，比2010年增长7%以上。单位国内生产总值能源消耗下降2%[①]，与全年下降3.5%的预期目标有较大差距。2011年煤炭生产35.2亿吨[②]，还进口1.8亿吨[③]，我国煤炭消费总量大致相当于其他国家煤炭消耗的总和[④]。煤炭本是我国的优势能源，但从2009年开始已经呈现净进口的局面，进口规模不断扩大。电力消费增长11.7%[⑤]，远高于GDP 9.2%的增幅，电力消费弹性系数（与经济增长速度之比）达到1.27。我国石油消费量已超过4亿吨，2011年进口原油2.54亿吨[⑥]，国内生产2亿吨，对外依存度快速上升，已接近60%。

与能源资源消耗大量增加相对应，主要污染物减排的难度增大。2011年初确定的年度减排目标是，四种主要污染物（包括化学需氧量、二氧化硫、氨氮和氮氧化物）的排放量比2010年下降1.5%。从2011年上半年的情况看，全国化学需氧量排放总量1255万吨，同比减少1.63%；二氧化硫排放总量1114.1万吨，同比减少1.74%。与此同时，氨氮排放总量131.2万吨，同比仅减少0.73%；氮氧化物排放总量1206.7万吨，同比增长6.17%。2011年前三季度，氨氮排放总量仅下降0.9%，氮氧化物排放总量上升7.2%[⑦]，估计这两项指标难以如期完成年初确定的目标，甚至有较大差距。

（四）从收入分配结构看，宏观、微观层面的不少矛盾还在积累。从主要方面看，一是国民收入分配格局仍不合理。多年来，居民收入在国民收入中的比重、劳动报酬在初次分配中的比重逐步下降。2000—2009年，居民收入在国民收入中的比重从65.5%下降到58%，政府所占比重从18.9%上升到21.4%，企业所占比重从15.6%上升到20.6%[⑧]。近两年的情况还有待统计部门核算，但从一些相关数据来看，国民收入分配

---

① 国家统计局：《2011年国民经济和社会发展统计公报》，国家统计局网站。
② 国家统计局：《2011年国民经济和社会发展统计公报》，国家统计局网站。
③ 海关总署：《全国进口重点商品量值表》，海关总署网站。
④ 李克强：《在第七次全国环保大会上的讲话》，2011年12月20日。
⑤《2011年中国用电增长11.7%》，人民网，2012年1月16日。
⑥ 海关总署：《全国进口重点商品量值表》，海关总署网站。
⑦《2012年中国三大减排任务确定》，新华网，2011年12月21日。
⑧ 国家统计局国民经济核算司数据。

结构难以有多大改观。例如，2011年城乡居民收入名义增速分别为14.1%和17.9%①，而财政收入增长24.8%②，工业企业利润增长25.4%③。这在很大程度上表明，国民收入中居民收入的份额可能还在下降。二是居民收入分配差距还在扩大。2000年，城镇20%高收入家庭人均收入是20%低收入家庭人均收入的2.1倍，2010年扩大到5.4倍，农村由6.5倍扩大到7.5倍④。2011年恐怕仍在延续同样的趋势。

如何认识中国经济的结构问题呢？中国现阶段的经济结构问题是多种因素综合作用的结果，既有发展阶段、资源禀赋、国际环境等客观原因，也有体制机制安排、政策激励效应等内源因素，一定程度上具有客观必然性或曰结构黏性。

首先，中国的不少结构问题具有内在的相互关联性。例如消费率偏低、经济增长对投资和出口依赖程度偏高问题，追根寻源，与收入分配结构不合理密切相关。一方面，由于农村剩余劳动力大量存在，过去多年劳动力近于无限供给，因此在劳动与资本的分配关系中，劳动处于劣势，劳动报酬和居民收入在整个国民收入中的份额持续下降，这成为消费率持续下降的收入基础。另一方面，由于分配秩序混乱，税收调节不力，居民收入差距拉大，也是导致消费相对收缩的重要因素或微观基础。目前10%的低收入者的消费倾向高达92%，而2001—2010年这部分低收入者的年均收入只增长112%；10%的高收入者的消费倾向只有62%，而2001—2010年这部分高收入者的年均收入却增长240%⑤。因此，提高消费率、降低投资率和出口率，有赖于劳动力市场结构和宏观收入分配格局、微观收入分配结构的有效调整。

其次，中国的结构问题在很大程度上是经济全球化及国际产业分工调整的客观反映。跨国公司根据成本收益在全球范围内进行生产布局。多年来中国的最大优势是，具有劳动力、土地、能源资源价格低的综合

①　国家统计局：《2011年国民经济和社会发展统计公报》，国家统计局网站。

②　财政部：《2011年公共财政收支情况》，财政部网站。

③　国家统计局：《2011年全国规模以上工业企业实现利润同比增长25.4%》，国家统计局网站。

④　根据《中国统计年鉴（2011）》数据计算。

⑤　根据《中国统计年鉴（2011）》《中国统计年鉴（2002）》有关数据计算。

成本优势和比较完整的产业配套能力，这既吸引外国投资，也激发本土投资，从而使中国成为全球加工制造中心或世界工厂。与此同时，中东、澳大利亚、巴西等国拥有能源资源优势，而美国等发达国家则放弃或被迫退出了许多传统制造业，但又凭借美元地位等优势而具有强大的消费能力。这样，在生产国、消费国、资源国之间形成了一种全球性的经济三角循环[①]。这在一定意义上是各自比较优势得到发挥的格局。这个三角循环得以形成、维持和发展，原动力似应在消费一方，然后是生产一方，而资源一方处于较为被动的位置。因为在市场上，人们不能强迫购买者必须买，而购买者一旦胃口很大，甚至借贷消费，生产者必然加大供应。至于汇率在经济结构不平衡中的作用，则不应被夸大。汇率的本质和基本功能应当是国家间经贸关系的"锚"，而不应当是投机工具和政治工具。千百年来，各国都主张汇率基本稳定，而不是鼓励和放任汇率剧烈大幅波动。中国的出口扩大是在汇率基本稳定甚至逐步升值的情况下其他方面竞争力提升的结果，而不是靠汇率贬值。

最后，对中国经济结构矛盾所带来的全球福利分配需要辩证地评估。中国在自身快速发展的同时，对世界经济增长做出了重要贡献。特别是国际金融危机爆发以来，中国对世界经济增长的贡献率进一步提高，2009年世界经济收缩0.86%，而中国经济增长9.2%，相当于为世界经济增长贡献1.07个百分点。如果没有中国的积极贡献，世界经济下降幅度将明显加大。2010年中国经济对世界经济的贡献率为26.6%，2011年达到32.6%[②]。根据估算，通过提供廉价商品和购买美国国债，中国每年相当于向美国提供约200亿美元的补贴，对美国等消费国（消费者）也做出了很大贡献。一直以来，欧洲、北美是绿色产品的主要消费市场，中国每年大约95%的光伏组件都出口到国外，支持了德国等绿色产品消费国（如太阳能）的绿色发展。澳大利亚等资源生产国能够在国际金融危机中摆脱衰退的命运，除了政府一系列经济刺激计划外，很大程度上得益于中国的持续强劲需求。与此同时，中国则承担了与出口相关的国

---

① 刘鹤：《中国经济中长期风险和对策——三角循环和两极》，《经济研究参考》2010年第1期。

② 根据美国高盛公司Erwin数据库有关数据计算。

内能源消耗、环境污染等诸多外部成本。温室气体排放也应当从经济全球化的角度重新加以核算。客观地讲，相当一部分温室气体排放发生在中国，但其根源是发达国家，国外学者对此已经有比较系统公正的研究。美国卡内基梅隆大学学者韦伯等的研究表明，2005年中国温室气体排放中约1/3与出口有关，且主要与发达国家有关，而1987年这一比例仅为12%[①]。这类似于国内生产总值与国民生产总值在核算上的差异，如日本国内生产总值相对较小，许多生产活动（包括能耗和排放）在海外进行，国民生产总值或国民收入规模则很大。总之，在经济全球化背景下，对贸易顺差、能源消耗、污染排放的国别情况，需要从表面上发生国、本质上所有国的不同角度进行核算，这样才能更全面客观地分析判断责任承担和福利流向问题。

当然，中国经济体制还有待完善，有的经济政策带有一定的逆向激励效应，也都导致或加深了结构矛盾，或迟滞了矛盾的解决。

三、中国经济结构调整面临的国内外环境和压力

国内外环境的变化，使中国经济结构调整面临与日俱增的外部压力和内生动力，被迫调整和自觉调整两种力量正在汇集，形成强大而持久的倒逼机制和正逼机制。

（一）劳动力、土地等要素成本上升导致传统比较优势逐步弱化。我国人口结构正在发生具有深远影响的变化，人口红利持续衰减，劳动力供求总量压力和结构性矛盾并存，其中结构性矛盾逐步上升，就业难、用工荒并存现象长期化。随着廉价劳动力的减少、最低工资标准和农民工工资的大幅提高，与周边一些国家相比，我国劳动力成本低的传统比较优势正在逐步消退。从最低工资看，2011年北京、上海、深圳、河南最低工资标准分别为1160元、1280元、1320元、1080元，比2005年分别提高100%、85.5%、91.3%、125%[②]。根据英国经济学人智库（EIU）的

① Weber，C.L.，et al.，The contribution of Chinese exports to climate change，Energy Policy（2008），doi：10.1016/j.enpol.2008.06.009.

② 根据人力资源社会保障部公布数据计算。

数据，十多年来，中国的劳动力成本大幅增长近4倍，单位小时劳动成本由2000年的0.6美元增加至2011年的2.9美元。与东南亚国家相比，中国劳动力成本已由10年前的偏低转变为偏高，目前相当于泰国的1.5倍、菲律宾的2.5倍、印尼的3.5倍。

从土地价格看，2011年末，全国主要监测城市地价总水平为3049元/平方米，是2005年末的2.4倍，其中，商业服务、住宅、工业地价分别比2005年上涨174%、267%、32.5%[①]。

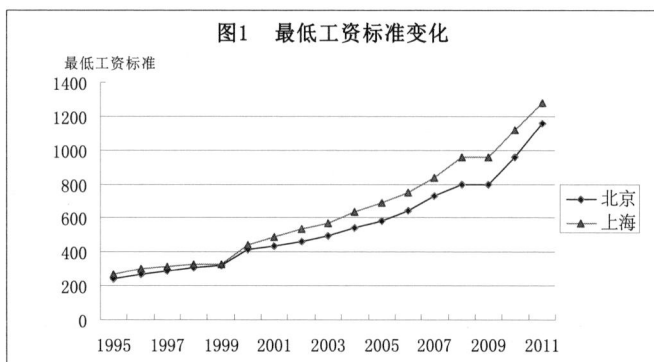

图1　最低工资标准变化

资料来源：根据北京市、上海市劳动和社会保障部门历年发布数据整理。

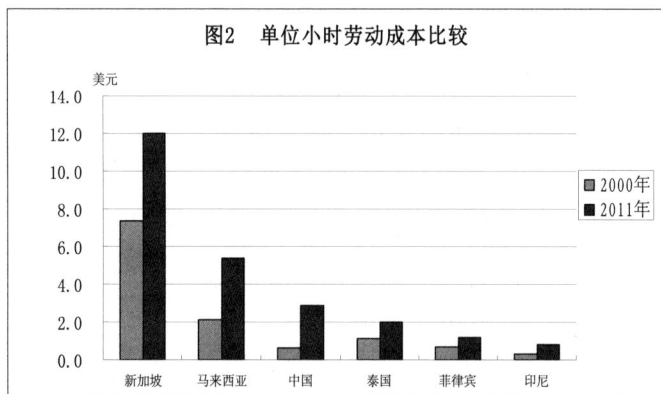

图2　单位小时劳动成本比较

资料来源：EIU。

传统比较优势弱化的结果是，原有传统产业（特别是一般加工制造业）向综合成本低的内陆地区或周边国家转移。目前这一势头已相当明

①　根据国土资源部公布数据计算。

显，如重庆、安徽等地的许多产业是从东部沿海地区转移过来。耐克等国际品牌逐步把制造工厂更多迁至越南等国（见表4）。美国寇兹（Coach）公司宣布今后5年中国工厂的订单份额将由85%降至45%，日本无印良品（MUJI）公司计划3年内把中国合作工厂从229家减至86家。这种情况将驱使珠三角、长三角一些地方的产业结构转型升级，否则可能出现产业空心化和经济减速。

表4　2001—2010年耐克鞋加工订单分布

年份\国别	越南	中国	印尼	泰国	其他
2001年	13%	40%	31%	13%	3%
2005年	26%	36%	22%	15%	1%
2010年	37%	34%	23%	2%	4%

资料来源：美国耐克集团

（二）人民群众对环境质量的要求空前提高。近年来，环境问题日益成为广泛关注的社会民生问题。一方面，中国用几十年时间走过了发达国家过去上百年甚至几百年走过的工业化历程，环境问题也快速积累，并集中爆发出来。可以说，目前中国正进入各类环境与健康事件的高发期。另一方面，随着居民收入水平和受教育程度提高，人民群众对生活品质有了更高要求，消费结构升级相应地要求产业结构升级[①]。尤其是公众环保意识和维权意识逐渐加强，公众对污染问题的敏感程度提高，环境危机较易演化成社会危机。同时，由于环境管理体系和信息公开制度日渐完备，特别是媒体监督报道力度加大，环境问题对公众心理的影响更为直接和迅捷。近年来接连发生的一些环境事件，如大连PX项目，康菲渤海漏油事件，北京雾霾天气和PM$_{2.5}$空气质量标准，广西龙江镉污染，河南、陕西、湖南、浙江等地血铅超标事件等，既反映了环境保护形势的严峻性，也作为反面教材和倒逼机制，推动了环境问题的治理、经济结构的调整、发展方式的转变，可谓"危机倒逼型"路径。

（三）社会对公平正义的追求明显上升。公平正义是人类社会的共同追求，是衡量社会文明进步的重要尺度，也是建设和谐社会的内在要

---

① 王梦奎：《关于我国中长期发展问题》，《中国井冈山干部学院学报》2012年第1期。

求。邓小平同志在南方谈话中指出,社会主义的本质是解放生产力,发展生产力,消灭剥削,消除两极分化,最终达到共同富裕。这里,小平同志是把解放和发展生产力同实现共同富裕,作为社会主义本质两个最重要的方面,既强调做大蛋糕,也强调分好蛋糕。邓小平同志还说,"十二亿人口怎样实现富裕,富裕起来以后财富怎样分配,这都是大问题。题目已经出来了,解决这个问题比解决发展起来的问题还困难。"①当前,中国的经济总量已经较大,2011年GDP达到47万亿元,按美元折算人均国民收入达到5000美元,进入中等收入国家行列。我们比以往任何时候都更有必要、更有物质基础来促进社会公平正义。追求公平正义就是要促进人人平等获得发展机会,建立以权利公平、机会公平、规则公平、分配公平为主要内容的社会公平保障体系和机制,消除人民参与经济发展、分享发展成果的障碍,形成人人参与、共建共享的良好局面。从经济层面讲,就是要合理调整收入分配关系,促进城乡、区域协调发展,推进基本公共服务均等化。显然,这正是结构调整的重要内容。

(四)代际的消费倾向正在发生显著变化。新生代市民和农民工可能会使全社会消费倾向逐步提高。凯恩斯在1923年《货币改革论》中曾说,从长期来看,我们都将死去②。如果说当代中国人的消费倾向高,那么这一代人随着时间的推移总会退出历史舞台。目前在城市中出现的所谓"月光族"和"啃老族",前者指工资月月花光,后者指自己的收入不足,消费花钱还要靠老人补助,这都是新一代年轻人消费倾向高的表现。新一代农民工也是如此,与老一代农民工相比大相径庭。据国家统计局调查数据,上一代农民工平均寄回带回老家的金额为8218元,占外出从业总收入的51.1%,而2009年新生代农民工平均寄回带回的金额为5564元,占外出从业总收入的37.2%③。新生代农民工在外的平均消费倾向会更高一些。在消费结构上,新生代农民工正在从温饱型转向享受和发展型。根据深圳市总工会的调查报告,新生代农民工在吃饭、房

① 中共中央文献研究室:《邓小平年谱》下卷第1364页。
② 凯恩斯(Keynes):《货币改革论》(A Tract on Monetary Reform),1923年版,第56页。
③ 国家统计局住户调查办公室:《新生代农民工的数量、结构和特点》,国家统计局网站。

租水电、医疗费用上要低于老一代，而个人培训、上网、日用品开支等项目上要高于老一代[1]。在消费模式上，网上银行、刷卡消费、信用消费等先进的消费理念已经被新生代农民工所接受。据调查，近一半的在沪新生代农民工使用信用卡消费，而老一代农民工中只有三成使用信用卡。常言道：形势比人强。人口新老交替这一自然规律可能会使中国储蓄率高、消费倾向低的状况有明显改观。

（五）东部沿海地区遭遇增长困惑和转型压力。在改革开放后相当长一段时间内，中国地区经济呈现不平衡增长格局，全国经济活动持续向东部地区集中，东部地区经济一直保持着高速增长的态势，尤其是珠三角、长三角等地区成为国民经济重要的增长极。近年来，由于要素成本全面上涨、人民币持续升值、金融危机严重影响等，东部地区过去那种以高度消耗资源、高度依赖出口市场、处于产业链低端，以低工资、低成本、低价格为主要竞争优势的传统发展模式受到严峻挑战。例如，2011年上海和北京规模以上工业增加值增速分别为7.4%和7.3%，固定资产投资增速分别为0.3%和13.3%[2]，明显低于中部地区18.2%的工业增速和28.8%的投资增速。主观上讲，这些地区并不是不想让速度更快些，而是有心无力，发展阶段使然。据美国美世咨询公司2011年7月发布的全球214个城市生活成本调查报告，中国的北京、上海、广州分别列第20、21、38位，而美国纽约仅排在第32位（见表5）。高水平的生活成本需要有高水平的产业结构来支撑。当前东部沿海许多地区正在基本完成工业化，需要向后工业化阶段迈进，形成以服务经济为主的经济结构。现实是，一些城市房价上去了，但产业结构没上去。许多东部地区已经到了只有调整、转型、创新才能实现又好又快发展的新阶段，调整转型越快，发展的空间才能越大，发展的速度才能越快。就全国而言，有学者指出，中国经济将从高增长时代进入中速增长时代[3]。更准确地讲，我们可能正从以往两位数为常态的高增长时代转入一位数高增长时代。以往粗放式高增长的宏观环境越来越不再具备。

---

[1] 深圳市总工会：《深圳新生代农民工生存状况调查报告》，2010年7月。

[2] 上海统计网、北京统计信息网公布数据。

[3] 刘世锦：《应对中国经济增长阶段变化带来的挑战》，《中国经济时报》2011年11月18日。

表5 2011年全球城市生活成本排名（部分）

排　名	城　市	排　名	城　市
1	罗安达	14	悉尼
2	东京	18	伦敦
3	恩贾梅纳	20	北京
4	莫斯科	21	上海
5	日内瓦	27	巴黎
6	大阪	32	纽约
7	苏黎世	38	广州
8	新加坡	52	台北
9	香港	81	迪拜
10	圣保罗	84	柏林

注：生活成本包括住房租赁成本。

资料来源：《2011年全球214个大型城市生活成本调查报告》，美世咨询公司，2011年7月。

（六）人口老龄化趋势明显加快。2011年末全国60岁及以上人口达到18499万人，占总人口的13.7%，比上年末增加0.47个百分点；65岁及以上人口达到12288万人，占总人口的9.1%，比上年末增加0.25个百分点[1]。与2000年相比，我国60岁以上人口比重上升3.38个百分点，65岁以上人口比重上升2.14个百分点[2]，人口老龄化呈现加速趋势。由于生育率持续保持较低水平和老龄化速度加快，15—64岁劳动年龄人口的比重自2002年以来首次出现下降，2011年为74.4%，比上年微降0.10个百分点[3]。从更长时期的角度看，1990—2010年，中国人口的年龄中位数从25岁上升到35岁，而同期美国从33岁上升到37岁，日本从37岁上升到45岁。在过去40年中，中国的老龄化速度比日本之外的任何国家都快[4]（见表6）。未富先老的人口结构将对经济社会发展带来广泛而深远的影响。

[1] 国家统计局：《2011年我国人口总量及结构变化情况》，国家统计局网站。
[2] 根据国家统计局有关数据、《中国统计年鉴（2011）》有关数据计算。
[3] 国家统计局：《2011年我国人口总量及结构变化情况》，国家统计局网站。
[4] 《乐观的中国消费者》，麦肯锡季刊，2011年第3期。

表6　部分国家人口年龄中位数

序号	国家\年份	1950	1970	1990	2010
1	美国	30	28	33	37
2	英国	35	34	36	40
3	法国	35	34	38	44
4	德国	35	34	38	44
5	日本	22	29	37	45
6	东欧和中亚	26	29	32	37
7	中国	34	20	25	35
8	巴西	19	19	23	29
9	印度	21	19	21	25
10	中东和北非	20	17	19	26
11	撒哈拉以南非洲	19	18	17	19

注：1—5为发达国家，6—9为发展中国家，10—11为最不发达国家。

资料来源：《乐观的中国消费者》，麦肯锡季刊，2011年第3期，第57页。

（七）来自国际社会的多重压力上升。应对气候变化的压力。目前我国温室气体排放总量已居世界前列。由于我国仍处于工业化、城市化快速推进阶段，而能源以煤为主的结构难以在短期内出现根本性变化，因此温室气体排放总量在今后相当长时期内还会增加，与其他国家的差距可能进一步拉大。在这一过程中，我们所面临的国际压力将持续存在，且有增无减。这在客观上会促使我们加快经济结构和能源结构调整，在为应对气候变化作出积极贡献的同时赢得自身的发展权利和发展空间。

确保能源资源供应安全的压力。中国能源资源禀赋不高，人均占有量远低于世界平均水平。近年来，能源资源对外依存度不断上升。维护13亿人口能源资源永续利用，是一个永恒的课题。我们需要在"节流"和"开源"方面下更大功夫，取得更大成效。一方面，要加强节能减排，提高能源资源利用效率，这必然要求调整产业结构和工业内部结构，提高经济和产业的技术水平。同时，要调整进出口结构，更加坚决地抑制高耗能高污染行业出口，防止出现能耗和污染留在国内，绿色产品出口国外，而一些外国人士不理解不领情反而指责批评的现象。另一方面，要加强国内能源资源的开发利用，防止对外依存度过高和过快上升，确保处于安全范围。要加大风能、太阳能等新能源开发利用，尤其要学习借鉴美国等国经验，努力攻克页岩气、油砂等非常规能源开发难关，提高能源自给率。如果我们不能在能源利用效率和结构上有一个大的提高，如果不能在能源资源消耗强度和总量上得到有效控制，那么就可能像前些年国际上有人提出"谁来养活中国"那样，说不定还会有人提出"谁来满足中国能源资源需求"问题。来自能源资源方面的国际压力将会推动中国的经济结构调整。

世界经济再平衡的压力。这次国际金融危机表明，原有的世界经济循环模式被打破，全球经济结构失衡亟待解决，再平衡是客观需要，也是一个长期过程。从非均衡发展到均衡发展对各国经济都将产生较大影响，非均衡发展的过程通常是一个加速发展的过程，再平衡的过程往往是一个减速发展的过程，对我国经济增长不可避免会带来影响。世界经济再平衡的过程也必然是各国经济结构调整的过程，特别是像中国这样与世界经济紧密联系而又举足轻重的大国经济，需要像参加一场新的大型舞会一样找到自己新的定位和节奏。推动经济结构调整是我们适应和推动世界经济再平衡的题中应有之义。当然，也要防止一些国家借再平衡名义推行贸易和投资保护主义，那样只会延缓世界经济复苏进程，得不偿失。

避免中等收入陷阱、逐步迈入高收入国家的压力。从国际经验教训看，能否成功避免中等收入陷阱，关键是能否处理好收入分配和科技创新两大问题。日本通过20世纪60年代开始的国民收入倍增计划，已经成为一个发达而均富的社会，基尼系数长期低于0.3[①]。韩国经济从20世纪60年代开始起飞，1965年时基尼系数为0.34，1980年达到最高值0.39，随后逐步下降，1995年时为0.28[②]。从技术创新看，日本、韩国都经历了从国外引进、学习借鉴的过程，后来高铁、核电、液晶显示等技术进步表明，日本和韩国都具备了世界领先的自主创新能力。而部分拉美国家则提供了反面教材。正反两方面的案例表明，在迈向高收入国家的过程中要把握好两大要害问题：收入分配要公平，而不能出现贫富悬殊；自主创新能力要增强，而不是总处于技术追赶、重复引进状态。中国正

---

① 刘戈：《中国应向日本学习"均富"策略》，《环球时报》2011年1月21日。

② 陈范红：《韩国跨越"中等收入陷阱"的收入分配政策》，《经济研究导刊》2011年第32期。

处于中等收入国家的发展阶段，未来一段时期人均国民收入达到1万美元并不太难，但此后向更高收入水平迈进的困难可能会明显加大。我们需要应对多重挑战，其中十分关键的是，合理调整收入分配关系，实现共同富裕；大力增强自主创新能力，建成创新型国家。这正是未来结构调整的要义所在。

四、今后经济结构调整的方向和举措

结构调整是经济发展进程中的永恒主题。面对新的国内外发展环境，我们要加快结构调整步伐，以期实现更长时期、更高水平、更好质量的发展[①]。

（一）未来经济结构演变的基本方向和内在要求。根据中国的"十二五"规划（2011—2015年）和当前中国经济运行的实际情况，我们把中国经济结构演变的未来方向和内在要求描述为"四个发展"和"四化"。

协调发展。努力实现城乡协调发展，区域协调发展，经济社会协调发展，内需和外需协调发展。促进经济增长由主要依靠投资、出口拉动向依靠消费、投资、出口协调拉动转变，由主要依靠第二产业带动向依靠第一、第二、第三产业协同带动转变，由主要依靠增加物质消耗向主要依靠科技进步、劳动者素质提高和管理创新转变。努力把缩小城乡差距、区域差距、改变经济与社会发展不平衡状况的过程，转化为新的发展动力和活力。

绿色发展。努力走出一条生产发展、生活富裕、生态良好的绿色发展道路，建设资源节约型、环境友好型社会，形成节约能源资源和保护生态环境的产业结构、增长方式、消费模式，促进人与自然和谐相处。弘扬生态文明理念和环保意识，使绿色发展、绿色消费和绿色生活方式成为每个社会成员的自觉行动。正在孕育的科技和产业革命为中国提供了跨越式发展的新机遇，中国不仅是绿色发展的积极参与者、忠实实践者，而且可能成为全球绿色发展道路上的重要引领者。

---

① 温家宝：《实现更长时期、更高水平、更好质量的发展——在2011年夏季达沃斯论坛上的致辞》，2011年9月14日。

创新发展。实施创新驱动战略，准确把握世界科技革命和技术发展趋势，加快提升自主创新能力，突破一批关键核心技术，以科技创新为支撑，大幅提升重点产业核心竞争力，创造更多自主知识产权和自主品牌，加快培育战略性新兴产业，抢占新一轮经济和科技发展的制高点，实现由制造大国向制造与创造大国的转变。

包容发展。从国内来讲，主要是在经济发展的全过程和各领域都要践行以人为本理念，改变见物不见人、重物轻人的做法，处理好效率与公平的关系，使发展过程由全体社会成员更好地参与，发展成果由全体社会成员更好地共享。从中国与世界联系的角度看，就是要坚持互利共赢的开放战略，在中国自身的快速发展中为世界各国提供更多的发展机遇，在与各国相互尊重、平等协商中为中国的进一步发展创造良好的环境和更大的空间，推动建立持久和平、共同繁荣的和谐世界。

高端化。既要大力发展高技术产业，使之在国民经济中的比重持续上升，又要运用高新技术对传统产业进行全面改造升级，推动产业向产业链高端演进，逐步提升中国产业在国际产业分工中的地位。还应明确，与那些均衡发展的小国不同，中国作为发展不平衡的经济大国，各类产业都有需要、都要发展，对纺织、服装、食品等传统产业不是放弃，而是提升技术水平、生产效率和产品质量。传统产业结构调整要实行增量调整和存量调整并举。中国应当拥有全方位、高水平的实体经济产业链。

轻型化。大力发展现代服务业，提高服务业在三次产业中的比重，尤其要重视发展生产性服务业，推动现代服务业与高端制造业相辅相成、共同提高。要注重发展面向民生的服务业，增加服务业就业占全部就业的比重。中国的产业转型不是简单地由劳动密集型向资本密集型转变，更多应是从传统的劳动密集型向劳动—知识密集型转变，实现扩大就业与转型升级的有机统一、推动增长与节能减排的有机统一。

信息化。实践表明，现代信息技术的应用具有巨大的潜力和广阔的空间。要紧跟世界科技和产业发展前沿，大力发展物联网、云计算、移动互联网等，充分运用现代信息技术，充分开发利用信息资源，改造提升生产方式和生活水平，维护信息安全，深度推进国民经济和社会信息化，使信息化转化为先进生产力。

一体化。正如全球化不可阻挡一样，一体化也是国内经济社会发展的大趋势，一定程度上可以视为全球化在国内的反映。要顺应这种趋势，从多方面多层次上推进国内发展的一体化进程。主要包括：城乡经济社会发展的一体化，区域经济社会发展一体化，基本公共服务均等化，农民工市民化，外来人口与本地人口融合发展。

（二）若干政策举措。当前国际金融危机尚未结束，欧洲债务危机还在蔓延，世界经济复苏乏力，中国需要处理好稳增长与调结构的关系，既要在保持经济平稳较快增长中推动结构优化升级，又要通过经济结构调整促进经济增长质量提高。

1. 完善扩大内需的政策措施。保持经济平稳较快发展，扩大消费是基础，稳定投资是关键。中国消费需求潜力巨大，有待深度挖掘。要提升居民消费能力，着力增加消费倾向高的中低收入者收入。完善居民消费政策，鼓励发展社会化养老、家政、医疗保健等服务业，拓展新的消费空间，积极发展网络购物等新兴消费业态，扩大消费信贷。改善城乡消费环境，努力降低商贸物流成本和居民出行费用，确保消费品质量安全，维护消费者权益，让群众放心消费，也让那些高端消费更多在国内而不是海外实现。

要保持投资稳定增长，着力优化投资结构。投资仍然是经济增长的重要拉动力，要继续发挥投资对扩大内需的重要作用，促进投资和消费良性互动。扩大投资的最大潜力和活力在民间。要认真落实关于鼓励和引导民间投资健康发展的"新36条"意见。加强对战略性新兴产业发展的引导和规范，促进其持续快速健康发展。有序推进"十二五"规划确定的重大项目开工建设，保持投资的合理规模和稳定增长。

2. 在稳定出口的同时增加进口。由于国际金融危机的深化，中国企业出口面临的国际市场环境重又明显恶化，困难重又明显增加。要稳定和完善各项出口政策，实施科技兴贸、以质取胜和市场多元化战略，保持出口稳定增长，巩固和扩大国际市场份额。同时，坚定不移鼓励增加进口，改变奖出限进、宽出严进的工作思路和政策体系，完善进口政策，搭建更多进口促进平台。增加能源原材料、先进技术设备和关键零部件等的进口，积极争取发达国家承认我完全市场经济地位，敦促部分发达国家放宽对我高新技术产品的出口管制措施,避免一边抱怨中国顺差多,一边限制本国企业对中国出口的情形,促进进出口贸易平衡发展。

3. 坚持利用外资和对外投资并重。中国仍然是世界上最具吸引力的投资目的国。我们既要继续扩大利用外资规模,更要注重改善利用外资结构,提高利用外资质量,使外资与中国调整经济结构、转变发展方式、提升发展质量的总体战略更加有机地结合起来。在继续吸引外资的同时,要注重发挥外汇资金比较充裕的优势,用好国际经济环境所提供的机会和条件,扩大对外投资,在信贷、保险、出入境管理和宏观协调指导等方面完善措施,加大对企业"走出去"的支持。同时,注重维护境外投资企业的资产和人员安全,鼓励对外投资企业与当地融合发展,实现互利共赢。

4. 坚持不懈地推动节能减排。近来我们在稳定经济增长方面的压力有所上升,实现"十二五"规划节能减排目标压力加大,但节能减排工作决不能放松。要严格目标责任和管理,完善工作机制、评价考核机制和奖惩制度,强化政策引导,加强重点领域节能减排和生态保护。加快建立节能减排市场机制,推行合同能源管理,规范有序开展节能量、排污权、碳排放权交易试点。合理控制能源消费总量。加快实施重点企业和各类园区循环经济改造,全面推行清洁生产,加快发展绿色产业和绿色消费。总之,要处理好稳定经济增长与推进节能减排的关系,使国民经济中"绿色"的成分更多更浓。

5. 加强社会保障体系建设。近年来,覆盖城乡的社会保障体系正在加快建立健全。在已经取得成效的基础上,要继续扩大社会保障覆盖面。按照"十二五"规划的要求,实现新型农村社会养老保险和城镇居民社会保障制度全覆盖,将国有、集体企业"老工伤"人员全部纳入工伤保险范围。完成未参保集体企业退休人员纳入基本养老保险工作,继续推进事业单位养老保险制度改革试点,落实基本养老、基本医疗保险关系转移接续政策,稳步推进基础养老金全国统筹。要根据经济发展水平和物价上涨状况,逐步提高各项保障标准。同时,要吸取一些发达国家的经验教训,注重"广覆盖、保基本",防止"养懒"和加重负担,确保社会保障体系的长期可持续性。

6. 加强科技创新和人才队伍建设。结构调整需要有强大的科技支撑和高素质的人才队伍。要加大全社会科技投入，加强国家创新体系建设，深化科技体制改革，推动企业成为技术创新主体，促进科技与经济紧密结合。要坚持开放式创新和协同创新，坚定不移地实施知识产权战略，增强原始创新、集成创新、引进消化吸收再创新能力。要加强高端人才、创新人才的培养、选拔和激励，并对各类劳动者特别是农民工进行培训、再培训，形成适应结构调整需要的多层次人才结构体系。

（三）若干关系长远的重大改革举措。过去30多年中国经济发展取得辉煌成就，根本上靠的是改革开放，今后，推动经济结构调整和发展方式转变，实现又好又快发展，也必须深化改革开放。要善于加强顶层设计、总结基层经验，有重点、有步骤地推进各项体制改革。

1. 深化财税体制改革。目的是合理调整利益关系和地方政府、企业的行为，推动各类经济主体自觉转入科学发展轨道。一是研究完善分税制。理顺中央与地方之间的财税关系，建立财力与事权相匹配的财税体制。明确界定各级政府事权，完善分税制和转移支付制度，改变上级点菜、下级埋单的做法，使地方有足够的财力落实其支出责任，降低其过分追求GDP和税收的冲动。二是研究全面推开资源税。将资源税改革逐步推广到全国，适时扩大征税范围，提高税率，充分发挥资源税对节能降耗、绿色消费、收入分配调节的积极作用。三是研究开征环境税，加快现有税种的"绿化"，构建适合我国国情的绿色税制。四是研究完善财产税制度。推进房产税改革，加大房产保有、交易环节税收调节力度，抑制投机炒作。研究征收遗产和赠与税、资本利得税，合理调节社会财富分布悬殊矛盾。

2. 深化价格形成机制改革。加快建立反映资源稀缺程度、市场供求状况和环境治理成本的资源性产品价格形成机制。稳妥推进电价改革，实施居民阶梯电价方案，完善水电、核电定价机制。完善煤电价格联动机制，理顺煤电价格关系。完善成品油、天然气价格形成机制。合理制定和调整城市居民用水、工业用水、农业用水（包括地下水）价格。更加充分发挥价格在节约资源能源、控制污染排放和调整经济结构中的杠杆作用，促进节能、节地、节水、节材。

3. 深化收入分配体制改革。初次分配和再分配都要处理好效率和公平的关系，都要注重和体现公平。在初次分配方面，要加大对劳动报酬的保护，真正落实按劳分配为主原则，规范资本、技术、管理等要素参与分配的制度。尤其要下决心治理凭借垄断地位或不合理占有自然资源、公共资源而获得暴利的现象。在再分配方面，要加大税收、社会保障、转移支付等再分配调节力度，努力缩小城乡、区域和社会成员之间的收入差距。

4. 深化户籍制度改革和推进农民工市民化。农民工已成为我国产业工人的重要组成部分，甚至是主体。新生代农民工绝大部分不可能再回到农村，农民工在城乡之间、不同城市之间过于频繁流动对农民工本人及其家庭（留守儿童等）、城市用工企业、交通运输系统等都带来不利影响。做实城市化，让农民工在城市安居乐业是大势所趋、人心所向。需要说明，对北京、上海等超大城市和其他城市要区别对待。一些超大城市要下决心调整产业结构，促进中低端产业和劳动力向外双转移，严格控制人口规模。同时，其他城市要放宽落户条件，把在城镇稳定就业和居住的农民工有序转变为完全意义上的城镇居民。

5. 深化政府自身改革。政府有四项主要职能即经济调节、市场监管、社会管理、公共服务。从转变政府职能角度看，应把顺序调过来，着力加强公共服务、社会管理、市场监管，并注重改进经济调节方式，主要运用经济手段来实施宏观调控和经济管理。宏观调控本质上是全国性、全局性的，企业生产也日益全国一体化甚至全球化，要适当弱化地方政府在经济调控方面的职能，充分赋予和发挥企业的经营决策自主权，更好地实现"全国一盘棋"国家战略和企业生产在全国乃至全球的合理化布局。要完善干部绩效考评和选拔任用制度，对那些经济增长过快和过慢的地方，都应要求其作出合理性解释，既不鼓励过分追求GDP，也不鼓励落后。同时，可借鉴德国等的做法，改革GDP核算办法，实行地方GDP由上级统计部门统一核算（如各省GDP由国家统计局核算）。探索建立类似绿色GDP、幸福指数等核算或评价体系，作为衡量地方发展成果的重要参考依据。总之，要让各级干部的行为取向紧跟科学发展观这一指挥棒来转。

从"变"与"不变"看主题和主线

——谈"十二五"规划的核心和灵魂*

回头看：本文是学习"十二五"规划主题、主线的体会，讨论了规划所体现的历史延续性和时代新特征。

以科学发展为主题、以加快转变经济发展方式为主线，是"十二五"规划的核心和灵魂所在。这一主题主线，既有历史的延续性，也有与时俱进的特点。主题主线的确定，反映了时代背景中既有"变"又有"不变"的特征；主题主线的内涵，体现了经济社会发展战略既有"变"又有"不变"的要求；主题主线所衍生的任务举措，包含着既有"变"又有"不变"的成分。

发展环境的"变"与"不变"

首先，从国内环境来看。要充分认识"四个没有变"和"四个深刻变化"。"四个没有变"是：我国仍处于并将长期处于社会主义初级阶段的基本国情没有变；人民日益增长的物质文化需要同落后的社会生产之间的矛盾这一社会主要矛盾没有变；我国仍是世界上最大的发展中国家的基本属性没有变；工业化、信息化、城镇化、市场化、国际化的大趋势没有变。"四个深刻变化"是：经济体制深刻变革，社会结构深刻变动，利益格局深刻调整，思想观念深刻变化。同时，还要看到，我国经济在总量和人均产值方面都出现了重要的转折性变化。总量方面，2010

* 本文原载《宏观经济管理》2011 年第 3 期。

年我国经济超过日本跃居世界第二位；人均产值方面，2010年我国人均GDP超过了4000美元。按照世界银行统计数据，我国正在进入中等偏上收入国家行列。事实上，世行的最新统计，把人均国民收入976—1.19万美元列为中等收入国家，其中，976—3855美元列为中等偏下收入国家，3856—1.19万美元为中等偏上收入国家，1.19万美元以上为高收入国家。按此推断，21世纪初，我国已进入中等收入国家行列，标志着我国经济发展跃上了新台阶。同时，从国际经验看，也意味着我国经济社会发展会遇到许多与以往不同的风险和挑战，将面对许多全新的课题。如果应对得当，就能从中等收入国家顺利跨入高收入国家行列，应对不当，就有可能陷入"中等收入陷阱"。这方面各国既有成功经验也有惨痛教训。20世纪六七十年代，就有一些国家曾达到中等收入水平，如阿根廷、巴西等，但由于政策失误，此后其经济发展波折起伏，一直没有突破人均收入1万美元。而日本、韩国则在中等收入的基础上不断实现新的跨越。国际经验表明，对我国来说，今后既是战略机遇期、黄金发展期，也是矛盾凸现期。

其次，从国际环境来看。国际上的"变"与"不变"：尽管发生了国际金融危机，但经济全球化的基本趋势并没有变，世界和平、发展、合作的时代潮流没有变，发达国家在经济科技上占优势的总体格局没有变，美元在国际货币体系中的主导地位没有变；与此同时，世界正处于大发展、大调整、大变革之中。2010年中央经济工作会议分析了世界经济发展的中长期趋势特征：一是世界经济结构进入调整期。例如美国储蓄率上升、过度消费的模式有所改变，试图推行再工业化，提出5年出口倍增计划，各种形式的贸易保护主义抬头，贸易摩擦增多，人民币升值的压力加大等。对此，要有长期而充分的应对准备，创造参与国际竞争与合作的新优势。二是科技创新和产业转型处于孕育期。国际金融危机催生了新的科技革命和产业升级，全球范围内绿色经济、低碳技术等正在兴起，抢占未来发展制高点的竞争日趋激烈。因此，要利用我国与发达国家差距缩小、起跑点相当的优势，努力实现跨越式发展。三是全球经济治理机制进入变革期。随着经济全球化深入发展，加强各国经济政策协调的必要性明显上升。二十国集团机制化任重道远。美元储备货币的地位和声誉受到质疑，但国际货币金融体系改革非一日之功。世贸组织多哈回合谈判步履艰难。因此，要增强参与和引导全球治理机制改革的能力。四是新兴市场国家力量步入上升期。世界主要经济体正在重塑国家实力，特别是我国等新兴经济体的国际地位明显上升。一场新的全方位综合国力竞争正在全球展开。西方国家的现代化是几亿人的现代化，而当今包括中国在内的新兴国家的现代化则是几十亿人的现代化。面对资源、环境、技术、人才、市场等方面的国际竞争和挑战，将超过以往任何时期。崛起与遏制之间的矛盾和斗争必将是一个长期现象。综合来看，当前和今后一个时期，世情、国情将继续发生深刻变化，我国经济社会发展将呈现新的阶段性特征。我国发展仍处于可以大有作为的重要战略机遇期，既面临难得的历史机遇，也面对诸多可以预见和难以预见的风险挑战。"十二五"规划的主题主线，正是在这种"变"与"不变"的国内外环境和时代背景下确定的。

主题主线内涵要求的"变"与"不变"

主题和主线的确定，是制定中长期规划的关键所在。10年前的中央"十五"计划建议提出，要以发展为主题、以结构调整为主线。10年后的"十二五"规划提出以科学发展为主题、以加快转变经济发展方式为主线。同为主题主线，其内涵和要求则既有继承、又有发展。

从主题来看，"十二五"规划强调发展和科学发展的内在统一。一方面，发展仍是解决我国所有问题的关键，是党执政兴国的第一要务。《中共中央关于制定国民经济和社会发展第十二个五年规划的建议》如此强调发展问题，原因在于，尽管我国经济总量较大，但从人均角度看，我国发展水平还很低。2008年，我国人均国民收入在世界210个国家和地区中排在第127位。目前，高收入国家（主要是发达国家）的实际人均国民收入接近4万美元，而我国只有约4000美元，相差近10倍，我国追赶发达国家的水平还有很长的路要走。从国内看，解决许多矛盾和问题必须靠发展。一是解决就业靠发展。2009年，我国有921万城镇登记失业人员，每年有1000多万新增劳动力，其中，大学毕业生有700万，还有农村转移劳动力,都需要就业岗位。只有达到一定的经济发展速度,才能创造足够的就业岗位,保持就业形势的基本稳定。二是消除贫困靠发展。30多年来,我国减少贫困人口2亿多人。令世人瞩目,靠的是发展而不是救济。2009年,我国农村贫困人口还有3597万,城市最低生活保障人口还有2347万,扶贫任务还很艰巨。还要看到,我国的贫困标准即使经过调整提高后,仍远低于国际标准。目前,农村贫困线为人均年收入1196元以下,按照现行汇率折算,相当于180美元,即每天0.5美元,而世界银行的标准(国际通行标准)是每天1.25美元,即我国的贫困标准只相当于国际标准的40%。美国也有贫困人口,美国的贫困线是4口之家2.2万美元,相当于每人5500美元,由于国际金融危机,2009年美国贫困人口有4360万人,贫困率14.3%,为历史上少见的较高比率。但美国的贫困标准很高,2009年我国城镇居民年均收入1.72万元,折合2514美元,相当于美国贫困标准的45%。考虑到购买力平价因素,这种对比不尽科学,但也反映出我国发展的任务很重。事实上,消除贫困需要采取多种办法,但最根本的还是要靠发展。三是缩小差距也要发展。我国城乡之间、区域之间发展差距较大,特别是一些农村和边远地区的经济社会面貌还很落后。2009年,贵州的人均GDP为1.03万元,上海为7.9万元,浙江4.46万元,江苏4.47万元,即上海的发展水平相当于贵州的8倍,江苏、浙江的发展水平相当于贵州的四五倍。这在欧洲、北美和世界其他地方都是极为少见的现象。瑞典的一个省人均GDP比其他省高出30%就很显眼、需要多缴税费了。2008年美国人均GDP最高的特拉华州为5.64万美元,最低的密西西比州为2.44万美元,前者是后者的2.3倍。就我国的情况看,不可能让城市和发达地区停下来等待农村和欠发达地区发展,也不可能将已有的发展成果在城乡、区域间平均分配,而是要通过加快农村和落后地区的发展来缩小差距。总之,今后我国发展的任务仍然十分繁重。因此,必须坚持发展这个党执政兴国的第一要务、坚持以经济建设为中心,推动发展再上新的台阶。

从主题看,发展必须是科学发展。当前,我国发展中不平衡、不协调、不可持续的问题还较突出,照此下去,发展中的困难会越来越大、路子会越走越窄。一是过高的出口依赖难以持续。2007年,我国进出口总值占GDP的比例为60%以上，目前仍在50%左右，许多生产能力就是为了出口，这在大国经济中比较少见。世界经济增速减缓和结构调整必然对这种需求结构带来深刻影响。二是过多的资源消耗难以持续。2009年，我国消费的铁矿石、粗钢、氧化铝和水泥分别达到8.7亿吨、5.67亿吨、2600万吨和16亿吨，约占世界消费总量的54%、43%、34%和52%。单位国内生产总值能耗是美国的2.9倍、日本的4.9倍、欧盟的4.3倍、世界平均水平的2.3倍。由于国内资源拥有量小，能源资源进口越来越多，对外依存度越来越高。自20世纪60年代发现大庆油田以来，我国曾在很长一段时期是石油净出口国，随着经济的发展和需求的扩大，自1993年起我国成为石油净进口国，进口规模也持续扩大，2009年进口原油2.04亿吨，成品油3696万吨（出口分别为507万吨和2504万吨，国内原油产量1.9亿吨），石油、铁矿石等资源的进口依存度都超过了50%，能源资源供应风险明显增加。我国煤炭资源相对丰富，目前是世界第一煤炭生产大国和消费大国，过去多年我国煤炭净出口，近年来这一格局也发生了引人注目的变化。2008年，煤炭出口4543万吨，进口4040万吨，有500万吨净出口。2009年，煤炭出口2240万吨，进口1.26亿吨，出现1亿吨的煤炭净进口。2010年，煤炭出口1900万吨，进口1.67亿吨，净进口接近1.5亿吨，明显增大了资源供应和经济安全的风险。三是过重的环境污染难以持续。近年来，我国环境治理和生态保护取得积极成效，但总体环境恶化的趋势没有得到根本扭转。水、大气、土壤等污染仍然严重，固体废物、汽车尾气、持久性有机物、重金属等污染持续增加，生态系统更加脆弱，水土流失加重，天然森林减少，草原退化。发达国家200多年工业化进程中分阶段出现的环境问题，在我国现阶段集中凸显。四是过大的收入差距难以持续。2009年，城镇居民人均收入是农村居民的3.3倍，城镇居民最高收入户（占总户数的10%）人均收入4.68万元，是最低收入户（人均5253元）的8.9倍，农村高收入户（占总户数的20%）人均收入1.23万元，是低收入户的8倍，均为多年来最大差距，由此引发的社会矛盾不断积累。因此，要更加注重以人为本，坚持发展为了人民，发展依靠人民，发展成果由人民共享，走共同富裕道路，促进人的全面发展，促进社会公平正义——这是发展的本质要求。要更加注重全面、协调、可持续发展，坚持走生产发展、生活富裕、生态良好的文明发展道路，实现速度和结构质量效益相统一、经济发展与人口资源环境相协调，实现经济社会永续发展——这是发展的质量要求。《建议》特别强调，在当代中国，坚持发展是硬道理的本质要求就是坚持科学发展。

从主线来看，"五个坚持"的基本要求包含了以往关于转变经济发展方式的已有内容，也体现了近年来的新探索。所谓主线，就是一部交响乐曲中的主旋律，就是把社会各方面的思想和行动连接到一起的红线、召唤到一起的号角。中央《建议》提出了"五个坚持"的基本要求：一是坚持把经济结构战略性调整作为加快转变经济发展方式的主攻方向；二是坚持把科技进步和创新作为加快转变经济发展方式的重要支撑；三是坚持把保障和改善民生作为加快转变经济发展方式的根本出发点和落脚点；四是坚持把建设资源节约型、环境友好型社会作为加快转变经济发展方式的重要着力点；五是坚持把改革开放作为加快转变经济发展方式的强大动力。"五个坚持"的基本要求，指明了加快转变经济发展方式的努力方向和工作重点，是相互联系和相互促进的。需要强调的是，必须把加快转变经济发展方式这一主线贯穿到经济社会发展的全过程和各领域。

主题主线涉及发展、科学发展、转变发展方式三者关系，这三者是内在统一的，甚至是三位一体的关系。发展是第一要务，但发展必须是科学发展，而转变发展方式又是实现科学发展的必由之路。特别要认识到，发展和转变不是相互矛盾的关系，而是辩证统一的关系。从直接的统一来看，我国发展战略性新兴产业、节能环保产业、现代服务业等，既是推动发展的举措，也是转变方式的体现，一举多得，在这方面可以做到转变越快、发展越快。从间接的统一来看，无论从国家、地区还是企业的角度看，只有加快转变经济发展方式，才能在资源环境约束强化、国际竞争更趋激烈的环境下立于主动地位，才能真正抓住和用好战略机遇期，实现更好的发展、更大的发展、更长远的发展。因此，不能把发展和转变对立起来，而是要按照中央的要求，坚持在发展中促转变、在转变中谋发展，实现又好又快发展。

目标任务中体现的"变"与"不变"

"十二五"规划的目标、任务、举措都是围绕主题主线来确定，为主题主线服务的，其中也有"变"与"不变"的成分，既要与以往相衔接，又要有所调整。

一是关于规划目标的设定。"十二五"时期，既是继续应对国际金融危机的重要时期，也是全面建设小康社会的关键时期。因此，"十二五"规划的各项目标任务要与应对国际金融危机冲击的重大阶段性目标紧密衔接，与2020年全面建设小康社会的奋斗目标紧密衔接，为全面建成小康社会打下具有决定性意义的基础。这是因为全面建设小康社会是新世纪头20年的目标，现在还剩10年时间，"十二五"是今后10年两个五年规划中的头一个五年规划，具有承上启下的重要地位。对照全面建设小康社会的目标，特别是党的十七大提出的新要求，可以发现，总量性指标（如GDP或人均GDP翻两番等）不难实现，甚至可以超过，但结构性指标还有较大差距，例如中等收入者占多数，服务业比重提高，缩小城乡差距、区域差距、贫富差距，进入创新型国家行列等，最终目标的全面实现，很大程度上取决于这个五年规划的实施情况。在具体目标的设定上，也体现了连续性和发展性的统一。例如提出城乡居民收入普遍较快增加，努力实现居民收入增长和经济发展同步、劳动报酬增长和劳动生产率提高同步，这与以往关于提高两个比重、调整收入分配结构的要求是一致的，且更加具有可监测性、可考核性。再如节能减排目标，作为约束性指标，除了继续采用单位GDP能耗指标外，增加了单位GDP二氧化碳排放，除了二氧化硫和化学需氧量之外，增加了氨氮、氮氧化物指标等。

二是关于扩大内需战略。扩大内需是应对国际金融危机的有效举措，我国成功应对1998年和2008年以来两次大的国际金融危机，靠的都是扩大内需。作为大国经济，扩大内需不仅是应急之策，而且是一项长期战略方针。扩大内需已经讲了不少年，"十二五"扩大内需是既定战略方针的延续，也赋予了新的内涵。扩大内需的重点是扩大消费需求，要进一步释放城乡居民消费潜力，逐步使我国国内市场总体规模位居世界前列。市场规模可以用两个指标来衡量：一是进口，二是消费。2009年主要国家货物进口规模是：美国1.6万亿美元，中国1万亿美元，德国0.9万亿美元，日本0.55万亿美元。我国进口额已居世界第二，但与美国相比还有一定差距。从国内消费看，美国消费率86%，日本75%，德国75%，巴西81%，中国2009年为48%。从总消费规模看，美国约为12万亿美元，日本3.8万亿美元，中国2.4万亿美元。从未来世界经济发展看，短缺的不是生产能力，而是市场需求，而潜力最大的市场在中国。与此同时，鼓励扩大消费，并不是鼓励挥霍、炫耀性消费，更不是鼓励浪费，而是要合理引导消费行为，发展节能环保型消费品，倡导与我国国情相适应的文明、节约、绿色、低碳消费模式。

三是关于对外开放战略。我国对外开放面临新的形势，呈现新的特征。因此，必须实行更加积极主动的开放战略，加快转变对外经济发展方式，不断拓展新的开放领域和空间，统筹国内国际两个大局，把握好在全球经济分工中的新定位，积极创造参与国际经济合作和竞争的新优势。具体来说，在巩固和提升制造业大国地位的同时，将逐步成为市场大国和对外投资大国。从历史演进的过程看：首先，过去注重扩大出口，是发挥我国比较优势的必然选择，今后在继续稳定和提升国际市场份额的同时，要更加重视进口的战略意义，坚持内需和外需双轮驱动，促进国际收支在更高水平上的基本平衡。其次，过去积极吸引外资，主要是为了弥补国内资金、技术、管理的不足，随着国内资金更加充裕、部分行业产能过剩和比较优势的变化，今后在继续提高利用外资质量和水平的同时，要扩大对外投资，推动"引进来"和"走出去"相互协调、共同发展。再次，过去加强和改善宏观调控，主要是适应国际环境的变化，着眼于促进国内经济健康运行，今后要进一步增强应对外部环境变化的能力。同时，要认识到外部环境既是外生变量又是内生变量的新特性，注重宏观政策的国际影响和协调，坚持以我为主，积极参与全球经济治理，主动塑造于我有利的外部环境和国际经济秩序，推动形成互利共赢、共同发展的新格局。

如何认识和对待节能降耗减排的全年目标*

　　回头看：2006年是完成"十一五"节能减排约束性目标的第一年，本文提出各方面特别是政府应如何对待和努力实现这一目标。其中一个想法是：要实事求是，不要弄虚作假；对贯彻科学发展观者要奖，对违背科学发展观者要罚。

　　节能降耗和污染减排作为约束性指标，在2006年半年没有完成目标的情况下，全年完成目标的前景和实际情况如何，将在直到2007年三月全国人大召开的一段时间内，一直成为社会上下关注和讨论的热点问题。这一问题关系到"十一五"规划目标的实现，关系到科学发展观的落实，关系到政府的信誉和形象，需要认真对待。

一、当前节能降耗减排的成效和差距都十分明显

　　2006年以来，有关部门和各地在节能降耗减排上采取的措施之多、工作的力度之大，是前所未有的，取得的成效也是相当明显的。2006年上半年，单位国内生产总值能源消耗同比上升0.8%，化学需氧量增长3.7%，二氧化硫排放量增长4.2%，这与年初确定的目标确实存在很大的差距，但从另一个角度来分析，一是明确这些约束性指标是在2006年三月，至今时间还很短，许多措施未及见效，经济运行基本上还在按照原来的模式进行。二是2006年以来产业结构仍在朝不利于节能降耗减排的方向发展变化。主要是在三次产业中工业增长最快，特别是能耗高、

---

　　* 本文完成于2006年11月，载于人民日报《内参》2006年12月7日。

污染大的重工业增长更快。前三季度，GDP增长10.7%，而第二产业增长13%，其中规模以上重工业增长18.2%，比轻工业高3.3个百分点。而能耗低、污染轻的服务业增长9.5%，低于国民经济增长速度，更低于工业增长。这种产业增长结构，加上技术和管理的抵消作用毕竟有限，能耗上升、污染增加是很难避免的。三是如果2006年以来各地和有关部门没有采取新的措施、不把节能降耗减排作为约束性指标，那么实际的能耗水平必然还会更高，污染排放必然还会更多。

但必须承认，完成节能降耗减排的2006年全年目标几乎是不可能的。按照简单粗略的计算，在上半年单位GDP能耗上升和主要污染物排放总量增加较多的情况下，完成全年单位GDP能耗下降4%、化学需氧量和二氧化硫排放量下降2%的目标，需要在下半年达到单位能耗下降8%以上，化学需氧量和二氧化硫排放量下降8%左右，这是极其困难的。

二、全年完成节能降耗减排目标的三种可能性

在2006上半年完成进度很不理想的基础上，全年节能降耗减排目标任务的完成程度存在三种可能性：一是全国和多数地方均未完成。考虑到三、四季度的情况逐步有所好转，全国单位GDP的能耗水平有可能做到比上年不再上升而是略有降低，但与下降4%的要求相比仍有较大差距，主要污染物排放的增幅下半年可望比上半年有较多回落，但全年可能还达不到绝对减少，更达不到下降2%的目标要求。从各地情况看，可能只有少数省份能够真正完成节能降耗减排的年度目标，多数省份完不成，个别省份的指标还可能有所恶化。二是多数省份完成，但全国指标未完成。这可能是由于，地方GDP数据（规模和速度）简单汇总与全国数据仍有一定差距，在能耗既定的情况下，地方做大GDP数据也会使得单位GDP能耗下降更多。目前，虽然地方GDP数据要经国家统计局核定后公布，但总体上仍是基本认可地方统计，而地方数据汇总与全国数据不一致的问题迄未解决。另外，地方能耗和排放数据在统计上也有一定的难度和"弹性"。三是各地（或绝大多数省份）和全国均完成指标。

对这一结果，表面上大家都皆大欢喜，但不免作假之嫌。

三、注意防止在对待节能降耗减排目标上的四种倾向

围绕如何认识和完成节能降耗减排目标，人们（特别是地方）在认识上、行为上开始出现一些倾向性的苗头。

一是作假。主要是做数字游戏。一方面，有意识抬高GDP的规模和增长速度，另一方面，有意识压低能耗和污染排放的规模和增长速度。鉴于能耗和污染物排放统计的薄弱性，可能不少人将试图在这方面做更多文章。对于GDP增长速度也会更加斤斤计较。统计数据的权威性、公正性将受到更大的压力和挑战。

二是怀疑。认为节能降耗减排的目标定高了，不符合当前的实际，因为我国正处于重化工业加快发展阶段，居民用电等能源消费也处于高涨时期，这些都是合理正常的，也都必然带来能耗上升和污染物排放的增加。既然目标过高，完不成也就无可厚非了。

三是轻视。主要是仍然没有真正把节能降耗减排当作约束性指标，不知道约束性何在，不知道完成和完不成的后果和影响何在。有的地方对签订节能降耗减排目标责任状的心态是，既然你让我签，我就只好签，一定程度上是糊里糊涂地签，反正也没有太当回事，更没有当成军令状。

四是退缩。认为完成节能降耗减排的目标太难，不如适当调整、降低标准。例如，有的提出对资源省份、落后省份可否高抬贵手，有的提出指标任务可只针对工业、不以GDP来衡量。当然，最好是调整降低总的节能减排目标要求。

今后时期，这些倾向可能还会继续存在，甚至有所发展。

四、政府在节能降耗减排目标上面临两种风险

2006年是实施"十一五"规划的第一年，节能降耗减排又是明确的约束性指标，但完成节能降耗减排目标的确十分困难，当前社会各界和

国际社会对于我国节能降耗减排的状况十分关注。在这种情况下，政府将面临两类信誉风险：

一是完不成目标，如何向人大和社会交代。人们自然会提出，完不成目标的原因，不是目标定得不合理，就是采取措施不力，政府都难逃其责。

二是完成了目标，但普遍认为作假。这也会影响政府的信誉，同时也会使科学分析节能降耗减排的实际进展和差距缺乏可靠的依据，并容易助长其他方面的作假和数字游戏，带来诸多间接负面影响。

问题还在于，这两类风险是难以回避的。

五、怎样对待节能降耗减排目标

如何妥善对待节能降耗减排目标及其完成情况，关系到责任问题，关系到社会影响问题。基本态度应当是：不作假，不怀疑，不轻视、不退缩。具体来看，似应把握几点：

一是宁可完不成，也不出假数。在差距很大的情况下，数据作假只会是欲盖弥彰，效果和影响更差。要叮嘱和要求统计部门和地方政府，务必在工作上求真务实，统计上真实可靠。凡作假者，给予严肃处理。

二是及早向人大和社会作解释工作。要客观地说明完成情况，存在的差距和困难，表明今后要进一步加大工作力度、更好地完成目标任务的决心和打算，求得人大和社会的理解和支持。在当前的环境下，实事求是、扎实谦虚的态度和工作作风可能会赢得更好的社会反响。

三是认真总结经验教训。科学地分析和查找客观因素和主观原因，制定扎实可行的改进措施，以利于今后的工作。

四是将2006年任务未完成的部分结转到以后年份捆绑完成。节能降耗减排任务在年度间的完成情况可能不会均衡，这是难免的，但"十一五"的总体目标不能动摇。前面没完成的任务，要在后面加倍完成。这一点特别要向人大和社会公众说清楚。

五是努力使约束性指标应有的约束性具体化。完成硬约束任务尤其需要奖罚分明。对于完成节能降耗减排任务好的地方和企业，要予以表彰。对完成任务特别差的地方和企业，要通报批评，同时对当地有关领导干部的政绩考核和提拔任用、对当地的国债资金和投资项目安排、财政转移支付等方面，采取明确的约束性、惩罚性措施。

总之，为了深入贯彻落实科学发展观，当前既需要对符合科学发展要求的行为予以表彰和弘扬，更需要对违背科学发展要求的行为予以批评和纠正。

新的历史起点通向科学发展*

——学习"十一五"规划《建议》

回头看："十一五"规划是提出科学发展观之后制定的第一个五年规划，本文对"十一五"规划的精神实质和关键节点进行了解读。

新的历史起点

经济发展总是一个连续不断的过程，一个时期的经济运行结果，客观上总是下一个时期继续发展的起点。"十五"时期的经济社会发展为未来的发展奠定了良好的基础，使我们站在了一个新的、更高的历史起点上。主要表现在：

第一，物质基础的新起点。"十五"时期我国经济平稳较快增长，综合国力显著增强。2004年国内生产总值达到13.69万亿元，按照汇率折算超过1.6万亿美元，居世界第七位。特别是基础设施条件有了很大改善。能源交通建设得到加强，2004年公路通车里程达到187万公里，比2000年增加47万公里，其中高速公路3.43万公里，增加1.8万公里。铁路营运里程7.4万公里，增加5500公里。西气东输管道全线贯通并投入商业运营。2004年发电装机容量达到4.4亿千瓦，比2000年增加1.25亿千瓦，已居世界第二位。一些重要原材料的生产规模也明显扩大。信息基础设施建设取得显著进展，国民经济和社会信息化步伐加快，全国互联

＊根据《党的十六届五中全会〈建议〉学习辅导百问》（党建读物出版社、学习出版社2005年出版）作者撰写的相关材料整理而成。本文所称《建议》是指《中共中央关于制定国民经济和社会发展第十一个五年规划的建议》。

网上网人数达到1亿人。同时,国家外汇储备规模在"十五"期末可达到或超过8000亿美元。这些都是未来发展的重要有利条件,依托这更加强大的物质技术基础,今后我国必将获得更大的发展。

第二,发展观念的新起点。"十五"期间我们不仅获得了巨大的物质成果,而且获得了巨大的思想成果。通过抗击非典、推动发展的伟大实践,通过认真总结我国社会主义现代化建设的历史经验,通过借鉴吸取国外发展过程中的有益做法,我们党提出了科学发展观这一重大战略思想。科学发展观是我们党对社会主义市场经济条件下经济社会发展规律在认识上的深化和升华,是关于发展的本质、目的、内涵和要求的总体看法和根本观点,是指导发展的世界观和方法论的集中体现。科学发展观是贯穿于全面建设小康社会和社会主义现代化建设过程的指导思想,具有很强的现实针对性。在未来的发展进程中,科学发展观是一面镜子,对照科学发展观的要求,可以找出我们的差距;科学发展观是一个灯塔,按照科学发展观指引的航向,我们就能够到达胜利的彼岸;科学发展观是一个强大的思想武器,只要坚定不移地贯彻落实科学发展观,我们就能够破解前进道路上的困难和障碍。

第三,对外开放的新起点。"十五"时期我国对外开放跨上了一个新台阶。对外经济规模明显扩大。从2000年到2004年,外贸进出口总额从4743亿美元增加到1.15万亿美元,实际利用外商直接投资从407亿美元增加到606亿美元,国家外汇储备从1656亿美元增加到6099亿美元,目前外贸进出口总额居世界第三位,外商直接投资和国家外汇储备居第二位。外贸进出口总额相当于国内生产总值的比例已经达到70%。我国的境外投资虽然总体规模还小,但呈现明显扩大态势。我国已经正式加入世界贸易组织,并正在顺利度过过渡期,标志着我国的对外开放进入了一个新阶段,正在更大程度、更广范围、更深层次上对外开放。我国经济快速发展成为世界经济持续增长的重要带动力量,特别是对一些与我国经贸关系密切的国家和地区的经济增长产生了十分明显的影响,我国经济与世界经济的相互联系和相互影响不断加深,受到国际社会的广泛关注。在未来的发展中,我们务必要有广阔的全球视野,要充分估计国际环境变化对我国经济的影响,同时也要考虑我国经济的发展变化和政策调整对国际社会的影响，更好地统筹国内发展和对外开放，努力达到互利共赢的目标。

新的起点蕴含着新的机遇，也带来更高的要求、更大的挑战。我们必须增强忧患意识，居安思危，全面贯彻落实科学发展观，只有这样才能从更高的起点出发，实现更大的发展。

24字总要求

中央《建议》提出"十一五"时期要"立足科学发展，着力自主创新，完善体制机制，促进社会和谐"，这24个字实际上是对《建议》主要精神的集中概括。

立足科学发展，就是要转变发展观念、创新发展模式、提高发展质量，切实把经济社会发展转入以人为本、全面协调可持续发展的轨道。要坚持发展是硬道理，坚持以经济建设为中心，坚持抓好发展这个党执政兴国的第一要务，在不断提高质量和效益的前提下保持经济平稳较快发展，避免发生大的起伏。要采取更加有力的措施，务必在转变经济增长方式上取得实质性进展，真正走上新型工业化道路，实现又快又好的发展。要更加注重统筹协调，加快建设社会主义新农村，加快中西部地区的发展和东北等老工业基地的振兴，促进城乡区域协调发展，使全国人民逐步走上共同富裕的道路。

着力自主创新，就是要深入实施科教兴国战略和人才强国战略，把提高自主创新能力作为促进增长方式转变和产业结构优化升级的中心环节，作为科学技术发展的战略基点，大力提高原始创新能力、集成创新能力和引进消化吸收再创新能力，使自主创新成为持续发展的原动力，尽快改变在一些重要领域和关键技术上受制于人的状况，提高国民经济的整体技术水平。要加快建立以企业为主体、市场为导向、产学研相结合的技术创新体系。鼓励应用技术研发机构进入企业，大型骨干企业应在行业技术进步中发挥带头作用，积极支持小企业开展技术研发，增强创新活力。要改善技术创新的市场环境，加快发展创业风险投资，加强技术咨询、技术转让等中介服务。要实行支持自主创新的财税、金融和政府采购等政策，完善自主创新的激励机制。要充分利用全球科技资源提高科技创新能力，继续引进国外先进技术，加大消化吸收和创新提高的投入，积极参与国际科技交流与合作。要加强知识产权保护，优化科技创新环境。

完善体制机制，就是要不断推进完善社会主义市场经济体制的各项改革，不断提高对外开放的水平，形成更具活力、更加开放的体制环境，为贯彻落实科学发展观提供有力的保障。要着力推进行政管理体制改革，健全适应社会主义市场经济要求的宏观调控体系，切实把政府职能转到经济调节、市场监管、社会管理、公共服务上来。推进财政税收体制改革，形成有利于转变经济增长方式、提高自主创新能力、节约能源资源、实现城乡区域协调发展的财税制度。深化金融体制改革，建立符合社会主义市场经济要求的现代金融体制，促进资源优化配置，推动经济发展，保障国家经济和金融安全。要坚持和完善公有制为主体、各种所有制经济共同发展的基本经济制度。要继续扩大对外开放，加快转变对外贸易增长方式，进一步提高利用外资质量，鼓励有条件的企业"走出去"，着力提高对外开放水平，更好地统筹国内发展和对外开放，努力实现互利共赢。

促进社会和谐，就是要按照以人为本的要求，把维护好、实现好、发展好人民群众的根本利益作为发展的出发点和落脚点，切实保障人民群众的政治、经济和文化权益，促进社会安定团结，为经济社会长期发展创造良好的环境。要从当前和"十一五"时期的实际出发，着重从解决人民群众最关心、最直接、最现实的利益问题入手，把就业作为民生之本，把扩大就业放在经济社会发展更加突出的位置，努力把失业率控制在较低的水平；要把社会保障作为民安所在，不断完善社会保障体系，扩大社会保障的覆盖范围，为社会稳定、社会和谐提供有力的支撑；要逐步理顺分配关系，更加注重社会公平，使人民群众共同分享改革发展的成果；要加快发展各项社会事业，努力解决经济、社会发展"一条腿长、一条腿短"的问题，促进经济社会协调发展。

"立足科学发展，着力自主创新，完善体制机制，促进社会和谐"，这四句话是一个有机的整体。立足科学发展是对"十一五"时期发展方向的总体要求，着力自主创新是推动科学发展的一个关键环节，完善体制机制是实现科学发展的重要保障，促进社会和谐既是科学发展的重要组成部分，也是科学发展的环境条件。可以说把这四点联系起来，就是《建议》的主要精神。

科学发展观是指导发展的世界观
和方法论的集中体现

中央《建议》中有一句极为精辟、带有哲理性的话：科学发展观是指导发展的世界观和方法论。

所谓世界观，是人们对整个世界包括自然界、社会和人的精神世界的总体看法和根本观点。所谓方法论，是人们认识世界、改造世界的一切活动的一般的、普遍的方法。哲学是世界观和方法论的统一，是世界观和方法论的理论表现形式。世界观和方法论可以从不同的层次上理解，既有很抽象的层次，也有相对具体的层次。

在我国全面建设小康社会、推进社会主义现代化建设的伟大进程中，关于要不要发展的问题，可以说已经得到解决，在此基础上需要进一步解决为什么发展和怎样发展得更好的问题，而科学发展观系统地、高屋建瓴地回答了这两个问题。因此，从指导经济社会发展来说，科学发展观具有世界观和方法论的意义和高度；科学发展观是指导发展的世界观的集中体现。科学发展观是我们党根据马克思主义的基本原理，深刻总结国内外经济发展的经验教训，吸收人类文明进步的新成果，站在历史和时代的高度，提出的关于发展的一般看法和根本观点。科学发展观是对党的三代中央领导集体关于发展的思想的继承和发展，是对马克思主义发展理论的继承和发展，具有重大的理论意义和实践意义。科学发展观强调要以人为本，充分发挥人民群众的积极性和创造力，充分依靠人民群众作为推动发展的主体和基本力量，同时又把满足人民群众不断增长的物质和文化需要，作为发展的根本出发点和落脚点，体现了历史唯物主义关于人民群众历史主体地位的思想，体现了人民群众是历史的创造者，也丰富和发展了马克思主义关于人的发展的理论。科学发展观强调全面发展，协调推进经济建设、政治建设、文化建设和社会建设，推动物质文明与政治文明、精神文明共同进步；科学发展观强调协调发展，特别是促进城乡之间、区域之间、经济社会之间协调发展，努力实现国民经济良性循环，体现并丰富发展了事物之间普遍联系、辩证统一的基本原理。科学发展观强调可持续发展，保护自然资源和生态环境，促进人与自然和谐相处，体现了科学的自然观，是关于人与客观世界之间关系的基本观点。

科学发展观是指导发展的方法论的集中体现。我们提出"五个统筹"，即统筹城乡发展，统筹区域发展，统筹经济社会发展，统筹人与自然和谐发展，统筹国内发展和对外开放。这是深化改革和扩大开放的重要战略方针，是党和国家领导经济社会发展工作的基本政策取向和行为导向。在每一个"统筹"中，都有一系列相应的政策措施。真正做到这"五个统筹"，最大限度地兼顾各个方面，其结果必然就是全面、协调、可持续发展，就是社会和谐，就是人与自然的和谐相处。因此可以说，科学发展观集中体现了经济社会发展的基本途径和一般方法。

总之，科学发展观是包含了关于发展的本质、目的、内涵、途径和要求的总体看法和根本观点，是关于经济社会发展一般规律的认识，可以说是指导发展的世界观和方法论。科学发展观不是管一时的、一般的、局部的，而是管长远的、根本的、全局的，是统揽经济社会发展的总纲，是全面建设小康社会和现代化建设过程的根本指导原则。

贯彻落实科学发展观需有四大保障

科学发展观的形成经过了一个不断实践、不断探索、不断总结的过程，科学发展观的全面贯彻落实也需要一个过程。从当前和今后一个时期我国经济社会发展面临的环境和任务看，必须加快贯彻落实科学发展观，全面贯彻落实科学发展观，这样才能实现又快又好的发展。科学发展观具有丰富、深刻、系统的内涵，贯彻落实科学发展观是一个宏大的系统工程，必须从思想上、组织上、作风上和制度上形成更加有力的保障。

第一，形成贯彻落实科学发展观的思想保障。广大党员干部首先要加强学习。要认真学习邓小平理论和"三个代表"重要思想，全面系统准确地把握科学发展观的精神实质、主要内涵和基本要求，深刻领会科学发展观对经济社会发展的重大指导意义。要正确把握时代的要求，深刻认识我国的国情，善于运用宽广的世界眼光来观察事物，坚持按照客观规律办事，努力提高贯彻落实科学发展观的自觉性和坚定性。要正确处理关系全局的一些重大问题、重大关系。要兼顾当前和长远，既要重视当前的发展和眼前的利益，也要重视长远发展和长远利益，不能以牺牲长远发展为代价而急功近利，过分追求当前发展。要处理好局部与全局的关系，局部要服从全局，全局要照顾局部，充分发挥中央和地方两个积极性，特别是要树立全国一盘棋的思想，注重维护和服从国家的整体利益。要正确处理社会主义物质文明、政治文明和精神文明的关系，协调推进经济建设、政治建设、文化建设和社会建设。要妥善处理经济建设与保护生态环境的关系，充分认识保护生态环境就是保护生产力，就是保护可持续发展的能力。要正确处理政府与市场的关系，更大程度地发挥市场在资源配置中的基础性作用，合理有效地行使政府职能，提高依法行政水平。总之，只有思想认识真正提高了、统一了，科学发展观才能成为各地区各部门和广大干部群众的自觉行动，才能真正落到实处。

第二，形成贯彻落实科学发展观的组织保障。要树立正确的政绩观，形成正确的用人导向，真正使符合科学发展观的人和事得到褒奖，违背科学发展观的人和事受到惩戒。要用全面的、实践的、群众的观点看待政绩，既要看经济增长的速度，也要看人文和社会指标；既要看城市面貌改变了多少，也要看农村的面貌改变了多少；既要看当前的发展态势，也要看发展是否具有可持续性；既要看"蛋糕"是否做大，也要看广大群众是否得到实惠，是否共同分享改革发展的成果。衡量政绩，不是看表面文章做得如何，不是看花架子和形式主义的东西，而是看是否办实事、求实效，看是否能够经得起实践和历史的检验，是否得到广大群众的赞成和拥护。

第三，形成贯彻落实科学发展观的作风保障。要大兴求真务实之风，无论想问题、作决策，都要从国情出发，从实际出发，从社会主义初级阶段的特点出发，既要积极进取，也要量力而行，不能追求脱离实际的高指标，不能盲目攀比。要讲求实效，珍惜民力，不搞形式主义和劳民伤财的"形象工程"。要坚持权为民所用、情为民所系、利为民所谋，始终保持党同人民群众的血肉联系，努力维护好、实现好、发展好广大人民的根本利益。要牢记"两个务必"，保持艰苦奋斗、勤俭建国的优良传统和作风。

第四，形成贯彻落实科学发展观的制度保障。要深化改革，加快形成与贯彻落实科学发展观相适应的体制机制和制度。特别是要着力推进行政管理体制改革，转变政府职能，深化财政税收体制改革，加快金融体制改革，继续推进投资体制改革，不断完善社会主义市场经济体制。要建立科学的经济社会综合评价体系，全面客观地衡量经济社会发展所取得的成果和付出的代价，为科学决策提供依据。要建立健全政绩评价、考核和奖惩制度，人才选拔、任用和奖惩制度，将符合科学发展观要求的政绩导向、用人导向加以规范化、制度化。

两个关键数量指标

（一）人均国内生产总值翻一番。《建议》根据未来五年我国经济社会发展的趋势和条件，提出了"十一五"时期的主要发展目标。其中一个重要的总量目标是："在优化结构、提高效益和降低消耗的基础上，实现2010年人均国内生产总值比2000年翻一番。"这一目标有多方面的考虑和特点。

第一，这一目标是一个新的目标。《中共中央关于制定国民经济和社会发展"九五"计划和二〇一〇年远景目标的建议》提出，2010年国民经济和社会发展的主要奋斗目标是"实现国民生产总值比2000年翻一番"。《中共中央关于制定国民经济和社会发展第十个五年计划的建议》提出，"十五"计划的主要目标是："国民经济保持较快发展速度，经济结构战略性调整取得明显成效，经济增长质量和效益显著提高，为到2010年国内生产总值比2000年翻一番奠定坚实基础"，这里仍然是讲经济总量在21世纪头10年翻一番。这次《建议》提出人均国内生产总值在2000年到2010年期间翻一番，这在中央文件中还是第一次，是一个新目标。

第二，这一目标体现了实事求是、与时俱进的精神。按照国内生产总值10年翻一番测算，平均每年的经济增长速度是7.2%。"十五"时期，我国国民经济持续快速增长，前四年年均增长速度达到8.7%，预计整个"十五"时期平均增长约8.8%。照此测算，实现2010年国内生产总值翻一番的目标，只需要"十一五"时期年均经济增长率达到5.6%即可。显然，以此作为未来五年的增长目标偏低，不符合我国经济发展的客观趋势，也缺乏鼓舞作用。从实际出发，《建议》提出到2010年人均国内生产总值比2000年翻一番的新要求，主要测算依据是：据有关部门预测，2010年我国人口总量将达到约13.7亿，考虑到人口增长这一因素，实现2010年人均国内生产总值比2000年翻一番的目标，则"十一五"时期国内生产总值年均增长速度要达到约7.4%。这是有可能的。

第三，这一目标是积极稳妥的。之所以积极，是因为在充分考虑21世纪头五年经济增长速度明显高于预期的客观现实的情况下这一目标比尚待完成的原有目标更高一些，也更加鼓舞人心。之所以稳妥，是因为考虑到"十一五"时期我国具有经济持续较快增长的市场空间、物质基础、体制保障和较为有利的国际环境。同时，如果与"十五"时期实际增长约8.8%的速度比，这一增长目标要低一些，与过去20多年平均增长约9.4%的速度相比更低，是留有余地的。

第四，这一目标与全面建设小康社会的总目标是衔接的。根据全面建设小康社会的总体要求，21世纪头20年要实现国内生产总值翻两番。鉴于我国经济的规模越来越大，2004年已经超过13万亿元，在这样大的基数上，进一步快速增长的难度会越来越大。因此，如果头10年经济总量翻一番多一些，后10年就会更主动一些，压力会更小一些。按照新的增长目标，在21世纪头10年就可以达到国内生产总值翻一番多一些，从而使得实现2000年至2020年国内生产总值翻两番的目标更有保证。

第五，这一目标不仅有量的要求，也有质的要求。为避免单纯追求速度的倾向，《建议》特别强调，要"在优化结构、提高效益和降低消耗的基础上"来实现2010年人均国内生产总值比2000年翻一番的目标，有了这个重要前提，就使经济增长的数量要求和质量要求结合起来，形成正确的速度目标导向，促进实现又快又好的发展。

（二）单位国内生产总值能源消耗比"十五"期末降低20%左右。在中央《建议》仅有的两个数量指标中，就包括能源消耗指标，充分说明这一目标在"十一五"发展中的重要性。

第一，明确提出降低能源消耗的目标，是建设资源节约型社会、实现可持续发展的需要。近年来我国经济持续较快增长，同时能源资源消耗也明显扩大，甚至超过了经济增长速度。2001—2004年，我国国内生产总值年均增长8.7%，而能源消费年均增长10.9%，能源消费弹性系数（能源消费增长速度与国内生产总值增长速度之比）达到1.3，这是改革开放以来能源弹性系数最高的时期。在进入21世纪之前的20多年能源弹性系数都低于1。电力弹性系数也是如此。1978年至2000年，我国国内生产总值增长6.4倍，平均每年增长9.5%，同期发电量从2566亿千瓦时增加到13556亿千瓦时，平均每年增长7.9%；2001年至2004年国内生产总值平均增长8.7%，到2004年发电量增加到21870亿千瓦时，2001年至2004年平均增长12.7%。据此，1979年至2000年的电力弹性系数为0.83，而2001年至2004年的电力弹性系数达到1.46，比过去20多年平均值上升了76%。由于能源消耗过大，造成市场供应紧张，进口大量增加，污染明显加剧，制约了经济社会的可持续发展。2003年、2004年连续两年全国有20多个省（区、市）出现拉闸限电，既影响了生产，也影响了广大群众的生活。电力紧张导致煤炭需求上升，一些地方乱采滥挖、无证开采现象增多，造成煤矿重大安全事故频繁发生，人民的生命财产受到损失，有限的资源也大量浪费。自1993年我国再次成为石油净进口国以来，石油进口持续增加，特别是近几年增势十分明显，石油消费对外依存度不断上升。能源资源消耗过大也产生大量的污染排放，危害人民群众的健康和环境。如果今后能源资源消耗的增长速度继续超越经济增长速度，那么能源资源的供给条件是难以支撑的，经济增长的目标是难以实现的，社会是难以承受的。只有下决心降低能源资源消耗，加快建设资源节约型社会，才能保障经济的可持续发展。

第二，降低能源消耗的任务很艰巨，潜力也很大。改革开放以来我国能源利用效率有所提高，但还不够明显。2003年、2004年我国能源消费增长速度均高于15%，而经济增长速度均为9.5%，单位国内生产总值能耗呈现上升趋势。2005年的能耗增长速度也高于经济增长速度。在这种情况下，提出能源消耗五年降低20%左右的目标，确实会带来很大的压力。但另一方面，恰恰因为我国能源消耗偏高，降低能源消耗的潜力才大。例如，我国单位产出能源消耗大大高于发达国家和世界平均水平。据计算，2003年，我国单位国内生产总值的能源消耗比世界平均水平高2.2倍，比美国高2.3倍，比欧盟高4.5倍，比日本高8倍，比印度还高0.3倍。目前我国的一次能源消费相当于美国的60%，但经济总量相当于美国的比例不到15%。理论上讲，如果我国的能源利用效率达到世界平均水平，那么在现有基础上不用再增加能源消耗，也可以实现经济总量翻番。同时，这几年由于电力等能源供应紧张，一些企业开始主动引进节能技术、加强节能管理，有的企业一年就可以实现节能10%左右，实践证明节能大有潜力可挖。按照五年能耗降低20%计算，平均每年降低约4%，在现有偏高的能源消耗基础上，经过努力，这一能耗降低目标是有可能达到的。

第三，降低能源消耗的主要途径是加快科技进步、优化经济结构和加强节能管理。要坚持开源与节流并举、节约优先的方针，综合运用经济、法律、技术和必要的行政手段，促进节能降耗。要大力推广应用节能技术，重点加强高耗能行业和企业的节能工作，加快高耗能设备技术改造。要大力发展循环经济，加强能源资源的综合利用和高效利用。要加快经济结构调整，不断提高服务业的比重和水平，抑制高耗能行业的不合理扩张。要强化科学管理，严格节能制度，形成有利于节约的能源价格，建立健全能源节约激励和惩戒机制，减少能源生产、流通、消费等各个环节的损失和浪费。大力开展节能宣传，使能源资源节约成为全社会共同的自觉的行动。

绿色 GDP 是什么*

回头看： 绿色GDP的讨论曾出现较高"热度"，本文的观点总体上较为冷静、客观，提出了探索绿色GDP核算的构想。

一、国外绿色 GDP 核算情况

20世纪80年代，发达国家已开始着手对资源与环境进行核算，逐步建立资源核算账户。挪威是最早开始进行自然资源核算的国家，1981年挪威政府首次公布并出版了"自然资源核算"数据、报告和刊物。1987年公布了"挪威自然资源核算"研究报告。自然资源核算的目的是，提供最新的和质量较好的数据和信息，将自然资源开发计划与经济计划联系起来，促进资源管理部门和经济管理部门之间的配合和协调。在挪威的自然资源账户中，将自然资源划分为实物资源和环境资源两大类，构建了包括森林、土地、水资源、石油、天然气等一系列的完整的实物资源核算体系。芬兰按照挪威自然资源核算模式，建立了自己的自然资源核算框架。法国的自然资源账户是一个范围很广的账户。这些账户描述并度量了环境资产的经济、社会和生态功能，其实物账户类似于挪威的实物账户。

其次是资源—经济—环境综合核算（SEEA）。1987年联合国环境规划署与世界银行共同领导的研究项目：即《把环境与资源问题纳入发展战略之中》。该研究的中心议题是探索如何实行环境核算，以促进可持续发展，初步确定了环境核算与国民经济体系之间的关系。

---

　* 本文系作者在贵阳召开的全国发展改革系统综合处长会上的讲课材料。2004年5月由国家发改委综合司课题组完成，本书作者是课题组负责人，成员包括丛亮、郝磊。

1989年由联合国环境规划署（UNEP）及世界银行组建联合工作组，开始致力于自然环境、资源实物、货币核算可行性的检验，并设计出了一些替代性的宏观指标，以反映收入与生产的环境调节性和持续性（Ahmad E.L.Serafyandlutz 1989）。

为了推动SEEA走向实践，SEEA的各部分作为专题在墨西哥、巴布亚新几内亚、菲律宾等国家进行试点。而以美国为代表的发达国家基于这一基本思路，对本国资源进行了核算（1991）。日本从1993年起对本国的SEEA进行了系统的构造性研究，估计出较为完整的SEEA实例体系，给出了1985—1990年日本的"绿色GDP"。印尼也于1996年完成了本国1990—1993年的自然资源环境账户核算，并初步完成了核算矩阵的构造及1990—1993年的实例估算。欧盟结合自身特点和各国已有的理论与实践，研制出了环境经济综合核算欧盟统一模式。

1990年，在联合国支持下，墨西哥将石油、各种用地、水、空气、土壤和森林列入环境经济核算范围，再将这些自然资产及其变化编制成实物指标数据，最后通过估价将各种自然资产的实物量数据转化为货币数据。这便在传统国内生产净产出（NDP）基础上，得出了石油、木材、地下水的耗减成本和土地转移引起的损失成本。然后，又进一步得出了环境退化成本。与此同时，在资本形成概念基础上还产生了两个净积累概念：经济资产净积累和环境资产净积累。这些方法，印尼、泰国、巴布亚新几内亚等国纷纷仿效，并也立即开始实施。发展中国家的经验对我国而言，参考价值更大。

二、国内绿色 GDP 核算情况

2001年，国家统计局《国家统计制度方法改革三年滚动计划》确定，在重庆市开展资源环境核算试点。重庆市结合本市实际情况，收集了11个行业、1415家企事业单位的数据进行试点研究，进行了工业污染与经济综合核算、水资源与经济综合核算两个方面的试点研究，以全面、客观地反映重庆市经济增长与工业污染、水资源耗减成本之间的相互关系，反映重庆市可持续发展的程度。经过近三年的核算试点研究，完成了工业污染和水资源核算的试点工作，已经取得了初步成果，为绿色GDP核算探索出了初步的、可实际操作的核算框架和办法。核算结果显示，2002年重庆市EDP2工业污染（扣除工业污染环境降级总成本的绿色净增加值）为1655.74亿元，由于工业污染造成的环境降级总成本占当期GDP的3.9%；2002年重庆市绿色GDP水资源为1940.71亿元，占GDP的比重为98.4%。

2002年9月到2003年6月，国家统计局核算司、海南省统计局和海南省林业厅联合进行了海南省森林资源核算工作。课题组研究、制定了海南省森林资源与经济综合核算试行方案，对海南省森林资源的实物量、价值量进行了核算，在核算中突出森林资源资产因素，以体现森林资源与经济增长的直接有机联系。森林环境主要体现生态使用效能，体现森林生物资源对经济的潜在支撑力和生态环境的容纳度。经课题组专家的初步核算，从1995年至2000年的5年间，海南森林资源按实物量的市价计算增长了28.64%；按市场价格估价，全省热带森林资源每年吸收二氧化碳的大气净化价值15.55亿元，加上改良土壤、固土保肥、水源涵养、生态旅游效益等方面的价值，合计为29.71亿元，是木材市场价值的5.14倍。

此外，国家统计局与挪威统计局合作，编制了1987、1995、1997年中国能源生产与使用账户，测算了我国8种大气污染物（二氧化碳CO_2、甲烷CH_4、氧化亚氮N_2O、二氧化硫SO_2、氮氧化物NO_x、非甲烷挥发性有机化合物NMVOC、颗粒物PM_{10}、铅Pb）的排放量，并利用可计算的一般均衡模型分析并预测未来20年中国能源使用、大气排放趋势。

国家统计局在最近出版的《中国国民经济核算体系》（2002年文本）中新设置了附属账户——自然资源实物量核算表，制定了核算方案，试编了2000年全国土地、森林、矿产、水资源实物量表；目前国家统计局已经与国家林业局、林业科学研究院、北京林业大学合作，正式启动了我国森林资源核算及纳入绿色GDP核算的研究工作；国家统计局已商定与国家环保总局合作，正式启动了"将环境污染损失核算纳入绿色GDP研究"的工作。

三、国内外学者的代表性观点

1971年美国麻省理工学院首先提出了"生态需求指标"（ERI），试图利用该指标定量测算与反映经济增长对于资源环境的压力之间的对应关系。此指标被国外一些学者认为是1986年布伦特兰报告的思想先锋（Goldsmith，1972）；

1972年托宾（James Tobin）和诺德豪斯（William Nordhaus）提出净经济福利指标（Net Economic Welfare）。他们主张应该把都市中的污染等经济行为所产生的社会成本从GDP中扣除；同时，加进去被忽略的家政活动、社会义务等经济活动。按此计算，美国从1940年到1968年，每年净经济福利所得，几乎只有当年GDP核算的一半。1968年以后，二者差距越来越大，每年净经济福利所得不及GDP的一半。

1973年日本政府提出净国民福利指标（Net National Welfare）。主要是将环境污染列入考虑之中。国家制定出每一项污染的允许标准，超过污染标准的，列出改善所需经费。这些改善经费必须从GDP中扣除。按此计算，日本政府当时虽然GDP年增长8.5%，但是扣除治污费用后，事实上只有5.8%的增长率。

1988年世界银行资深专家埃尔·塞阿弗（E.L.Serafy）发表《合理计算从消耗自然资源中获取的收入》，提出收入的持续增长很大一部分是来自于对自然资源的掠夺式的开发与利用，只有扣除自然资源的损耗，才能真正体现财富增加的质和量。

1989年卢佩托（Rober Repetoo）等提出净国内生产指标（Net Domestic Product）。他们重点考虑了自然资源的耗损与经济增长之间的关系。他们选择自然资源非常丰富的印度尼西亚为研究对象，按他们设计的指标进行计算，印尼从1971年到1984年间，虽然GDP的平均增长率为7.1%，但是扣除由于因石油耗损、木材减少，以及由于伐木引起的水土流失所造成的损失后，实际增长只是4.8%。

1990年世界银行资深经济学家戴利（Herman Daly）和科布（John B.Cobb）提出可持续经济福利指标（Index of Sustainable Economic Welfare）。该指标考虑了社会因素所造成的成本损失，如财富分配不公，失业率、犯罪率对社会带来的危害；更加明晰地区分经济活动中的成本与效益，如医疗支出等社会成本，不能算作是对经济的贡献。按此计算，澳大利亚从1950年到1996年间，实际增长率只有官方公布GDP增长率的70%。

1996年Wackernagel 等人提出了"生态印迹"度量指标（Ecological Footprint）。主要用来计算在一定的人口和经济规模条件下，维持资源消费和废弃物吸收所必需的生产土地面积。世界按60亿人口计算，人均生态足迹仅为2.3公顷；地球承载能力1.8公顷。如果按照世界环境与发展委员会建议，留出12%的生物生产土地面积以保护地球上其他3000万个物种的话，则人均生态足迹是2公顷。从全球范围来看，人类的生态足迹已超过了全球承载力的30%，人类在耗竭自然资产存量。

值得重视的是，联合国和世界银行等国际组织在绿色GDP核算的研究和推广方面做了大量的工作。1973—1982年，联合国开始研究环境统计的方法与模式，并编写了《环境统计资料编制纲要》。1983—1988年，联合国统计署与世界银行环境局、美国环保局合作，正式开展了环境与资源核算的研究工作，初步讨论了资源与环境核算同国民经济核算体系的关系问题。1989年以后，联合国统计署、环境署与世界银行合作，研究界定环境资源核算的概念，并于1994年正式出版了《综合环境与经济核算手册（SEEA）》，其2000年版正式手册已在2001年6月份出版。

1995年9月，世界银行首次向全球公布了用"扩展的财富"指标作为衡量全球或区域发展的新指标，从而使"财富"概念超越了传统范式所赋予的内涵。"扩展的财富"由"自然资本"、"生产资本"、"人力资本"和"社会资本"四大组要素构成，专家们公认"扩展的财富"比较客观、公正、科学地反映了世界各地区发展的真实情况，为国家拥有的真实"财富"及其发展随时间的动态变化，提供了一种可比的统一尺度。

特别指出的是，世界银行所提出的"真实储蓄率"指标 ，它为评价一个国家或地区财富与发展水平的动态变化提供了更加有力的判据。世界银行副行长塞拉杰尔汀说："真实储蓄率既抓住了财富现实衡量的本质内涵，也着眼于用真实储蓄率的动态变化去衡量财富影响的长远后果。"

最近几年，世界银行定期发布各国绿色统计数据，2003年版的"绿

色数据手册"（The Little Green Data Book 2003）已于2003年4月份出版
（见附件）。

　　此外，国际货币基金组织、欧洲经济委员会等国际组织也在绿色
GDP核算方面开展了大量的研究工作。

　　各国政府也日益重视环境与资源问题，并着手进行有关绿色GDP
核算的研究。目前，已经有美国、日本、法国、英国、挪威、印度尼西
亚、巴西等20多个国家的政府和研究机构开展了相关的研究。

　　总之，20世纪70年代以来，一些国际组织和发达国家都在绿色GDP
核算方面进行了有益的探索，在对国民经济账户进行调整的基础上，尝
试提出了绿色GDP核算方法。但目前尚未形成国际社会公认并采纳的绿
色GDP核算制度。一些机构和学者测算得到的绿色GDP核算结果，也只
是作为参考，并未得到各国官方的承认。

　　目前，国内从事绿色GDP相关问题研究的单位主要有国务院发展研
究中心、中国科学院、国家环保总局、北京大学、中国人民大学、中国
社科院等。研究领域与方向主要集中在以下几个方面：（1）自然资源环
境核算与国民经济体系的相互关系研究；（2）将自然资源环境核算纳入
国民资产负债（国民财富）核算的方式及核算途径的研究；（3）将资源
环境因素纳入"生产账户"（GDP）的生产方式方法及核算途径的研究；
（4）关于"中国综合经济与环境核算体系"的核算模式、核算理论、原
则与方法的研究。这些研究都取得了一些阶段性成果。同时，国家统计
局和一些省市统计局也在绿色GDP核算的实践方面进行了初步的探索。

　　1988年，国务院发展研究中心牵头，与美国世界资源研究所合作，
进行了《自然资源核算及其纳入国民经济核算体系》的课题研究，该
项目主要侧重于探索将自然资源环境核算纳入国民经济体系的理论与
方法。

　　1996—1999年北京大学先后应用"投入产出表"基本原理，提出可
持续发展下的"绿色"核算，即对中国资源—经济—环境的综合核算，
并且对1992年中国的国内生产净值（EDP）、绿色GDP（GGDP）进行
计算。该研究侧重于对"中国综合经济与环境核算体系"的核算模式、
理论与方法的探索。

国家环保局（1998），以及中国科学院可持续发展战略研究组（2001），依据世界银行的"扩展的财富"，即把财富扩展为四大资本：自然资本、生产资本、人力资本和社会资本，运用世界银行的这套思想、概念和计算方法，分别对中国1978年以来的国民储蓄率进行了计算与分析。该研究主要侧重于将自然资源环境核算纳入国民资产负债（国民财富）核算的方式、核算途径、以及实际操作的研究与实践。

2000年，北京市社会科学院研究专家设计了以绿色GDP为核心指标的核算体系，并以北京市为对象，系统地进行了1997年的环境质量和资源资产的经济价值和绿色GDP测算，得出结论是：北京市的绿色GDP为当年核算GDP的74.9%，即由于环境污染和资源消耗，北京市的GDP要损失约1/4。

国家统计局核算司目前内设资产负债处，其职责之一是研究有关绿色GDP核算的问题。今年8月，国家统计局、中国林业科学院和海南省统计局、海南省林业局经联合研究，初步建立了海南省森林资源与经济综合核算的基本框架，以科学、全面、真实地反映森林环境资源的生态效能价值，为绿色GDP核算积累经验。

总体上看，我国绿色GDP核算尚处于研究探索阶段。

四、我国绿色 GDP 核算的进程设想

具体设想和建议：

建立科学实用、简明易行的绿色GDP核算指标体系。绿色GDP指标相对独立于现行GDP核算体系，并对现行GDP进行扣减计算。思路是，先有少量指标，后有指标体系；先全国、局部试算，后地方、全面推开；先内部参考，后公开试用，有重点地逐步推进绿色GDP核算工作。当前可考虑参照世界银行的方法，采用6项指标，即（1）能源损耗；（2）矿产损耗；（3）森林资源净损耗；（4）二氧化碳损害；（5）颗粒物排放损害；（6）教育支出。其中前5项作为减项，教育支出作为加项。各项指标均为价值量占GDP的比例。据此，可以得到资源环境损害相当于GDP的比例。从GDP中扣减这一部分后的剩余，可视为绿色GDP；从国民储

蓄中扣减这一部分，就得到真实的国民储蓄率。在地方数据计算方法上，可进行重要改革，即不由地方统计部门计算本地总的资源环境损害，而是由当地有关主管部门和统计部门分别向国家统计局提供基础数据，由国家统计局负责汇总得到各地的资源环境损害总价值及其占GDP的比例，并研究考虑根据各地不同情况的平衡调整方法。

在这一过程中，可逐步丰富资源环境统计和绿色GDP统计，从而形成更为科学、完善的体系。例如，根据已有的研究基础、实际工作难度和各地具体情况，有步骤、有重点、有区别地在全国、各省（自治区、直辖市）建立土地、生物、水、矿产、海洋五种资源的损耗和环境保护支出的核算帐户，扣减资源损耗和环保支出，可首先完成实物量核算，并进而完成其价值量核算，最终建立所有五种资源的核算体系，并在全国推广实施。

建立绿色GDP核算研究的组织结构。推进绿色GDP核算是一项系统工程，需要多个部门共同协作，建议成立一个跨部门的研究小组。发改委主要提出有关工作的要求，共同确定绿色GDP核算的框架包括指标体系，绿色GDP的应用，以及有关的协调。国家统计局会同环保总局等部门，负责研究提出各类资源耗减和环境污染成本测算的具体方案和方法，并组织实施。

五、绿色 GDP 核算的应用

建立完善绿色核算数据的发布制度。大致需要经过三个阶段：第一阶段，将全国和地方的资源环境损害及绿色GDP试算结果作为统计研究成果，在内部发表和交流；第二阶段，以国家发展和改革委员会和国家统计局的名义，向全国各地通报；第三阶段，定期公开发布统计计算结果。不断扩大绿色GDP的宣传力度，真正使绿色GDP与科学发展观的观念深入人心，使全社会普遍树立资源环境意识，促进环境的根本改善。

将绿色GDP数据用于对地方经济活动的考评和引导。主要是看三个指标：一是资源环境损害的价值量及占GDP的比例；二是扣减资源环境损害后的绿色GDP和净储蓄率情况；三是资源环境损害占GDP 的比例。

据此确定各地区经济发展成绩的评价标准，比较各地区经济发展所付出的资源消耗和环境污染代价，考察各地区在经济可持续发展方面的能力。将绿色GDP用于引导地方政府、企业和居民的经济活动。

六、对绿色 GDP 的争议

绿色GDP在国际上还没有全面实施，不具备GDP那样的通用性，不利于进行国际比较。绿色GDP虽然考虑了自然资源和环境因素，反映了经济与环境之间的部分影响，但是没有反映经济与社会、环境与社会之间的相互影响，有很多重要的社会发展指标，如就业率、居民收入增长、人民生活水平及社会事业发展等，也没有考虑进去，也并不是一个真正全面的指标。

目前，开展绿色GDP核算还存在很大的难度和相当的复杂性，核算的方法并不成熟，主要是在定价的方法上还不成熟，虽然国际标准SEEA体系给我们提供一些可供参考的依据，但是还没有一种大家公认的、特别可行的方法。有些方法只能在实践中比较、选择，这样也就带来不同国家之间数据可能存在不可比的问题。

绿色GDP用于考核还有比较大的局限性。绿色GDP核算与政绩考核是两回事，核算不一定能代表考核，对于利用绿色GDP作为考核指标要慎重。从目前实际情况看，如果有了绿色GDP统计，既有利于环境保护，也有不利于环境保护的因素。因为一旦使用其作为考核指标，地方可能不会积极进行环境保护，因为要从GDP中减去环保成本。而且这种考核对于各地也不一定公平，例如对于大气环境指标，大连等海边城市空气质量容易变好，而北京、太原等内陆城市即使治理了也不容易变好。

关于国内人民币资金、外汇资金和利用外资的协调问题*

回头看： 本文从全社会资金的角度提出应协调利用人民币资金、国内外汇资金和外资，分析了外汇储备规模大小的三个衡量标准即一般经济标准、特殊经济标准和非经济标准，认为应优先用好用活国内资金，这一分析仍具有现实意义。

近年来我国经济运行中一个突出的不协调现象是：一方面银行存差（银行存款多于贷款的差额）和外汇储备急剧扩大，另一方面外资大量流入。一般而言，利用外资的必要性首先在于国内资金之不足，而银行存差和外汇储备的扩大则分明意味着国内资金充裕甚至有余。这种矛盾现象可能意味着双重损失，即在国内资金大量闲置的情况下以高昂的代价大量引进外资。由此引出的一个问题是：我们是否需要一个外资替代政策？从更广泛和深层的意义上讲，就是：我们如何协调利用国内人民币资金、外汇资金和外资，从而实现全社会资金的合理配置？

一、宏观上国内资金处于充裕乃至盈余状态

对于宏观上我国资金供求状况的判断，可以在如下三个层面上进行：

（一）近年来我国国民收入（国内生产总值）使用结构方面储蓄大于投资以及净出口情况的存在，表明我国处于资源（和相应的资金）流出状态。宏观意义上判断国内资金供应状况，很重要的一方面是看国内

---

* 本文原载《管理世界》1997年第5期。

储蓄率的高低和储蓄率与投资率之间的差别。这里所谓国内储蓄率，是指国内生产总值中用于消费以外的部分与国内生产总值（支出额）之比，投资率指总投资（固定资产投资与存货投资之和）与国内生产总值之比。高储蓄率是改革以来我国经济中持续存在的一个重要特征。据计算，"八五"时期我国国内储蓄率平均高达40.1%，投资率为38.8%，储蓄率比投资率平均高出1.2个百分点。具体来看，1991—1995年的五年中，国内储蓄率分别为38.2%，38.3%，41.5%，41.4%和41.2%，投资率分别为34.8%，36.2%，43.3%，39.9%和40.5%，两者之差分别为3.4、2.1、−1.8、1.5和0.7个百分点（《中国统计年鉴（1996）》）。除1993年以外，"八五"时期的其他年份储蓄率均高于投资率，表明国内高储蓄除满足国内高投资之外，还有盈余。另据世界银行估算，1994年中国资金剩余相当于国内生产总值的2%，其依据也是储蓄率与投资率的比较（请参阅世界银行《1996年世界发展报告》）。

（二）金融机构存差的急剧扩大，从一个侧面表明我国国内信贷资金来源处于相对过剩状态。目前我国各经济主体的外部资金来源中，银行信贷资金居主导地位。银行等金融机构的资金来源和使用状况反映了我国总体资金状况的一个重要侧面。据统计，1991—1995年我国金融机构信贷资金来源余额平均增长26.4%，高于经济（这里指现价国内生产总值）增长速度0.7个百分点。其中，各项存款平均增长30.9%，高于经济增长速度4.5个百分点；作为信贷资金主要来源的城乡居民储蓄存款平均增长33%，高于经济增长速度6.6个百分点。存款与贷款之间的关系，已经由过去的大量贷差转变为目前的大量存差。从存款增量与贷款增量方面看，1991年以来的六年中，除1993年以外，其余五个年份均出现存差，特别是最近三年，存差额相当于当年全部存款增加额的28%左右；即使从存款余额和贷款余额方面看，1994年以前我国许多年份存在3000亿元以上的贷差，到1995年则转变为3468亿元存差，1996年存差余额已超过7000亿元，相当于全部存款余额的10.8%（参见《中国金融年鉴（1996）》）。金融机构存差的急剧扩大，表明我国国内信贷资金来源是相当充裕的。

为了更好地理解上述判断，有两个问题需要加以说明：

1. 在金融机构信贷收支平衡表上，资金来源与资金运用总是平衡的，但这只是会计或统计意义上的平衡，不能据此得出资金供应充裕或不足的结论。相反，在适当分类基础上，通过对信贷资金来源和运用的内部结构进行分析，可以作出合理的判断。例如，各项存款和各项贷款是信贷资金来源和运用的主要组成部分，两者之间可以进行比较，上面对存差变化趋势的分析就是如此。另一种办法是：一方面，在信贷资金来源总额中剔除流通中货币、对国际金融机构负债和其他项目，把各项存款、发行债券和自有资金作为国内经济运行中内生的、真正意义上的信贷资金来源；另一方面，在信贷资金运用总额中剔除黄金和外汇占款以及在国际金融机构资产等项目，而把各项贷款、购买债券和财政借款等项目作为为国内经济循环服务的、真正意义上的信贷资金运用，并与相应的资金来源进行比较。计算结果表明，"八五"时期除1993年外，上述意义上的资金来源当年增加额均大于资金运用当年增加额，特别是在1994、1995年，该差额达到3000亿元之巨；从资金来源和运用余额的角度看，可以说1994年以前一直存在巨额资金缺口，但从1994年起，信贷资金来源余额开始超过信贷资金运用余额。

2. 是否存在微观上企业资金紧张与宏观上资金充裕的矛盾。近年来许多企业资金紧张是客观事实。但是，全面、客观地评价企业资金状况，需要进一步考虑如下三方面因素：一是要把不同行业、不同地区、不同类型企业的资金状况与全社会资金状况区分开来。目前企业资金状况在行业、地区和企业分布上有明显的结构性差异，一些企业资金紧张与另一些企业资金宽裕两种现象同时并存，决不能一概而论。例如电信、民航、电力等行业、某些出口企业、多数效益好的企业，不仅自有资金较多，从银行等渠道获得资金也十分容易。据调查，即使在困难很大的纺织行业，广东、浙江等发达地区的一些企业也是既不愁资金，也不愁销路。二是应把企业不合理的、超常的资金需求与对合理、正常的资金需求的满足情况区分开来。目前企业预算软约束弊端依然存在，企业对资金的需求往往偏大，其中相当一部分资金需求属于超常需求、不合理需求。特别是在固定资产投资资金需求方面，不顾市场前景盲目投资，认为资金和项目多多益善的现象仍很普遍。应当承认，近年来我国实际完成的投资，无论从投资规模、投资增长速度还是投资率等方面看，都十分可观；而从投资资金需求方面看，可能仍是一个无底洞。三是要把有效率的、高效率的资金使用与低效率的甚至无效率的资金占压区分开来。目前我国许多商品供求基本平衡，相当一部分商品处于买方市场，在这种情况下许多企业仍盲目生产，结果造成大量产品积压。据统计，我国存货投资率由1993年的5.8%下降到1994年的3.7%后，近两年转为上升，其中1994年恢复到5.1%。1996年超过6.5%；相应地，存货增加额也由1994年的1736亿元增加到1995年的3032.6亿元（见《中国统计年鉴（1996）》）和1996年的4600亿元，即1995年和1996年存货投资分别比上年增长74.6%和50%左右。这种趋势充分反映了近年来我国资金大量占压、无效使用的严重性。可以算一笔账：如果存货投资率保持1993年的水平，那么1996年可以从存货占压中节约出约2000亿元资金，如果我国的存货投资率降至许多发达国家的水平（例如1%以内，甚至个别年份为负数），那么1996年可以节约出4000亿元左右的资金。果真如此的话，我国企业的资金状况也就完全是另外一种情形了。

（三）按照一般经济标准，我国外汇储备规模偏大，国内外汇资金处于过剩状态。1994、1995和1996年我国国家外汇储备分别达到516亿美元、736亿美元和1050亿美元，分别比上年增加304亿美元、220亿美元和314亿美元。1997年一季度外汇储备已经超过1100亿美元。我国外汇储备规模仅次于日本，居世界第二位。按照目前的外贸形势和外资进入情况，1997年底我国外汇储备可能达到甚至超过1300亿美元。

对于我国外汇储备规模是否偏大这一问题，存在很多不同的意见，关键是看以什么标准来衡量。我们认为。现实中可以有三类标准，即一般经济标准、特殊经济标准和非经济标准或政治标准。所谓一般经济标准，即国家外汇储备对于正常进口和外债偿还的保证程度或适当比例关系。在进口方面，国际上通行的标准是外汇储备应维持在相当于3个月正常进口的水平上。我国1995和1996年的这一比例分别为6.7个月和9.1个月；在外债偿还方面，国际警戒线是一国外汇储备不低于其短期债务的80%，1994年和1995年我国这一比例分别为496%和618%。可见，从一般经济标准即上述两项指标看，我国外汇储备规模已经远高于必要的、正常的水平。

所谓特殊经济标准，我们这里是指外汇储备作为预防和应付金融危机的重要手段是否充裕。这可能是一个非常容易引起争议的标准，而且只有在特殊情况下这一标准才具有现实意义。可以肯定的是，任何一国的外汇储备都不会无限扩大，预防金融危机也并非外汇储备多多益善，没有一个底线。这里有两个问题非常有必要加以澄清：一是金融危机的根源究竟是什么，二是一旦金融危机爆发外汇储备的多寡对于消除金融危机究竟有多大意义。我们认为，金融危机可以因为外债偿还的困难或外资在短期内的大量流出而爆发，但这只是直接原因、表层原因，其实最根本的、深层次的原因是人们对于一国经济发展前景的信心。如果人们对一国经济发展前景有信心，则一时的债务困难或国际收支不平衡可以因为新的资本流入或借入新债而得到化解；如果人们对一国经济发展前景失去信心，则轻微的债务困难或国际收支失衡可能因此而加重并最终演化成金融危机。近年来，美元对日元、英镑对美元、意大利里拉对德国马克的汇率都曾出现过比较剧烈的、明显偏离有关国家政府所确立的合理波动范围的变化倾向，有关国家政府或中央银行也曾联手对外汇市场进行干预，结果基本上都是徒劳无功，外汇储备花出去了，外汇市场上的汇率变化却并不依各国政府的意志为转移。因此，我们的基本意见是：当人们对一国经济失去信心、严重金融危机真正爆发的时候，该国有限的外汇储备往往总是于事无补，即使他国政府愿意伸出援手，也很难扭转乾坤。因此，确定正常的外汇储备规模不应以预防具有特殊性的严重金融危机为出发点。当然，我们并不否认，对于预防金融危机而言，外汇储备扩大具有一定的作为物质基础的实际意义，但它在更大程度上可能只是一种精神力量。

或许人们内心深处总有一种担心或挥不去的阴影，即迟早有一天我国会再现80年代的一幕：外汇入不敷出、外汇储备急剧下降、人民币汇率贬到10元以上兑1美元。应当说，在可以预见的将来，这种前景并不存在，这种担心并不必要。当然，鉴于我国利用外资规模如此之大，加强对资本流动特别是短期资本流动和国际收支平衡状况的监控，永远是一项重要工作。

所谓非经济标准或政治标准，或许可以在下面几种意义上理解：首先，鉴于台湾（省）的外汇储备高达900亿美元，大陆外汇储备规模超过台湾具有某种象征意义；其次，为保持香港的繁荣和稳定，预防其在金融和贸易等领域出现紧急情况，高额外汇储备既有实际意义，也有象征意义；再次，高额外汇储备是我国对外经济交往中国家信誉的一个基础和保证；最后，高额外汇储备是我国综合国力增强的重要体现。

总的来看，我们的意见是：按照一般经济标准即满足正常进口和偿还外债的要求判断，我国外汇储备水平偏高；按照预防严重金融危机这种特殊经济标准衡量，一国的高额外汇储备其实没有多大实际意义；按照非经济标准或政治标准，那么外汇储备应有一个最佳规模问题，外汇储备超过某个限度会发生边际效益递减，同时外汇储备增加所具有的意义完全可以由其他指标如GDP总量扩大来代替。换言之，用多重标准进行综合判断，我国外汇储备水平也是很高的。

需要说明的是，我国外汇储备规模与其他国家有不可比之处。按照目前的规定，我国企业不能自留外汇，从事外贸活动的企业要到指定银行结售（买）汇，商业银行除必要的外汇周转金外，多余外汇必须卖给中央银行。外汇供给多了中央银行不能不买进，外汇需求多了中央银行不能不卖出。因此，出（进）口—结（售）汇—外汇储备增加（减少）实际上是一个自动机制。而在发达国家，企业和商业银行可以自由持有外汇，中央银行外汇储备的增减通过外汇市场的自由买卖来实现。一般来说，这些国家企业和商业银行持有的外汇比例高于我国，相应地，国家外汇储备在全部外汇资金中的比例小于我国。但是，体制或机制上的这种差别不足以改变上述判断，即目前我国外汇储备规模偏高。

二、间接的外资替代政策与三种资金
的平衡和优化配置途径

前面的分析表明，我国国内人民币资金和外汇资金都是充裕的，甚至处于相对过剩状态。与此同时，外资大量进入。由此造成三种资金在配置上的错位和双重损失：一方面是国内资金的大量闲置，另一方面是

高成本地引进外资。具体来看，人民币资金闲置或相对过剩的主要形式和不良影响主要表现在三方面：一是银行储备资产和居民手持现金大量增加。例如，1994、1995年，包括准备金、在中央银行存款和库存现金等在内的存款货币银行储备资产分别比上年增长30%和33%，而贷款等其他资产仅分别增长28.3%和25.6%。二是商业银行将大量资金存入中央银行，中央银行中很大一块人民币资金则被外汇占压。1995年外汇占款相当于当年中央银行总资产的近1/3。三是银行往往通过账外账、绕规模等不规范方式将大量资金拆借和转贷出去。外汇资金闲置的说法似乎并不恰当，因为我们并不库存那么多外币现钞，大量外汇储备以国外银行存款或政府债券等形式存在，处于经营过程之中，是有收益的。但问题在于，经营储备外汇的直接收益与将外汇资金用于国内经济建设所得到的收益（应当包括直接收益和间接收益）相比，究竟哪个更高。我们认为，目前在国内继续大量借用外债、引进外资的时候，将大量国内外汇资金存入外国银行或购买外国政府债券恐怕也算是一种形式的闲置，或者至少可以说是大材小用、好钢没有用到刀刃上。

利用外资的需要根本上在于国内某些经济资源不足，需要利用外国资金购买外国资源（原料、技术、设备等），用于国内经济建设。我国近年来的现实却是，出口大于进口，资源净流出。国内许多生产建设活动，名义上是利用外资，实际上所使用的经济资源都出自国内，外资的作用只是"推动"一下国内资源，使之进入生产投资过程。

目前我国国内人民币资金、外汇资金与外资之间的关系就像笼子里的鸟与天空中的鸟之间的关系一样，笼中鸟被捆住了手脚，活动空间十分有限，天空中的鸟则自由自在，展翅翱翔。利用外资的不断扩大甚至可能反过来造成这样一个假象，即我国国内资金奇缺，而且资金短缺状况日益加剧，因此利用外资多多益善，须臾不可或缺。其实不然。

归结起来，我国目前至少存在三类经济资源闲置：一是资金闲置，包括人民币资金和外汇资金，这在前面已经做了分析。二是生产能力闲置。据第三次工业普查资料，我国生产能力闲置一半和一半以上的产品约占37%，生产能力利用80%以上的仅占35%。另据有关资料，目前我国包括一般工业消费品和投资品在内的许多重要产品的生产能力利用率都很低，其中钢56.2%，磷肥60.3%，水泥80.2%，化工原料37.4%，汽车制造44.3%，电视机78.2%，空调机33.5%，等等。三是劳动力闲置。1996年城镇登记失业人数553万，失业率3%，下岗职工892万人，两者合计1445万人，相当于劳动适龄人口的7.8%，此外，农业剩余劳动力可能高达1.5亿—2.0亿人。换言之，在生产三要素中，除了土地这种自然资源短缺外，其他两要素我国都有大量剩余或闲置。

从资金方面讲，根据上述分析，我们面临的问题的实质是：如何协调利用国内人民币资金、外汇资金和外资。或者说，既然国内资金充裕，我们是否需要一个外资替代政策。解决这个问题有两种思路：（1）以国内资金替代外资，即有意识地限制利用外资，同时鼓励和扩大对国内资金的挖掘利用，一抑一扬，通过减少利用外资而使国内资金潜力的挖掘成为必要和可能，这可以叫作直接的外资替代政策。（2）着重于激活和充分利用国内资金，但并不排斥或限制利用外资，而是继续保持和完善鼓励利用外资政策，最终目的是通过国内闲置资金的充分利用在客观上起到适当抑制外资或相对地缩小其影响的作用，这可以称为间接的外资替代政策。我们认为，外资对于我国来说仍然是十分宝贵的资源，环顾全球，许多发展中国家和苏联国家极力吸引外资而求之不得，我们应当珍惜目前外资踊跃进入我国这样一种有利的环境和机遇，继续鼓励利用外资，同时更加注意引导外资投向，提高利用外资的质量和效益，在这种前提下，进一步疏通国内资金渠道，充分挖掘国内资金潜力。也就是说，我们主张实行间接的外资替代政策。

间接的外资替代政策的主要着眼点，在于化解和激活处于相对过剩或闲置状态的国内资金。调动、激活闲置的国内人民币资金的途径主要是：（1）在银行实行资产负债比例管理的基础上，弱化并逐步取消信贷规模控制，适当扩大信贷规模，特别是适当增加中长期贷款。目前信贷规模控制与账外账、绕规模、短期贷款长期使用等现象同时并存。弱化或取消规模控制的影响，很大程度上可能只是一个"暗转明"的问题，即现存的暗地里的信贷活动变为明面上的信贷活动，不规范的信贷行为变为规范的信贷行为，短贷长用变为长贷长用，实际信贷总规模不见得会急剧增加甚至失控。而这样做，银行在信贷活动中的自主性将大大增加，信贷资金的利用将更为充分。（2）发展资本市场，特别是扩大企业债券的发行，发展投资基金，培育机构投资者。这样一方面进一步吸引社会闲散资金用于经济建设，另一方面可以减轻银行在企业外部资金供应上的压力，逐步使间接融资与直接融资保持一个适当的比例关系，相互补充，相得益彰。

化解并有效利用过多的外汇储备资金的途径可以有如下选择：（1）适当增加进口，特别是增加国内短缺的原料和设备进口。目前进口不振，主要与国内市场需求不旺有关，也受到某些产品走私的冲击。通过采取一些措施，适当增加进口既是可能的，也是必要的。（2）适当增加安排一些国内外汇资金贷款。目前我们一方面在国外发债，一方面有大量外汇储备资金存在外国银行或购买外国政府债券，是不合理的。（3）适当增加商业银行外汇周转资金定额。可以设想，商业银行的外汇周转资金，可以在目前的基础上按一定比例再增加一个额度。商业银行对其所有的外汇资金进行自主经营。如果国家外汇储备出现急转直下的形势，可以对商业银行留存外汇周转资金的比例做临时的、应急的调整。（4）适当发展对外直接投资。"亚洲四小龙"等发展中国家和地区的经验表明，那些快速、健康发展的发展中国家在资本流动方面往往经历三个阶段，即由资金净流入到流入流出的基本平衡，最后发展到资金净流出，出现大规模的对外投资。即使在资金净流入阶段，少量的对外投资活动就已经开始。例如，在60年代到70年代中期，进入台湾的海外投资大量增加，同时台湾的对外投资项目年年都有，也呈增加趋势。其中，1959年台湾对外投资案件1起，10万美元；1974年13起，共计737万美元。从长期发展趋势看，这样一种发展轨迹我国大陆也不例外。特别是，由于我国是一个人均资源相当缺乏的大国，经济又保持着高速增长，能源、原材料等战略物资的短缺现象可能很快就会到来。因此，适当发展对国外能源、原材料等领域的投资，为国内能源、原材料等的供应提供稳定的补充和必要的保证，对于我国经济的持续发展而言可能是一个具有重要战略意义的事情。（5）中央银行可以在外汇市场上进行外汇调期操作或同国内金融机构进行回购交易，从而达到调控外汇储备水平和国内货币供应量的目的。

三、三种资金共同激活的寓意和可行性分析

目前在我国经济活动中外资是最积极活跃的,部分人民币资金和国内外汇资金则在某种程度上处于闲置或过剩状态。在继续坚持鼓励利用外资基本政策的同时,激活这些处于闲置或过剩状态的国内资金,意味着在目前基础上经济规模将进一步有所扩大,经济增长速度将进一步有所提高。这是因为,所谓激活处于闲置或半闲置状态的资金,就是要将其用于具体的、现实的经济活动。没有经济活动的扩大,经济增长速度的提高,所谓激活闲置资金只能是一句空话,或者助长泡沫经济的滋生,这后一种结果更糟。

那么,在目前许多产品供求基本平衡、甚至出现买方市场的情况下,上述主张有多大的可行性呢?或者说,目前什么领域存在加快发展的潜力、何种经济活动具有进一步扩大的前景呢?我们认为:首先,固定资产投资增长速度可以适当有所提高,投资规模可以进一步有所扩大。例如,结构调整是目前经济工作的一项重要任务,结构调整应当在存量与增量上同时展开,无论存量结构调整还是增量结构调整,都需要通过适当增加固定资产投资来实现。具体而言,目前在高新技术产业、某些基础设施基础产业(如城市地铁)和居民普通住宅建设等领域,仍然存在良好的投资前景。农田水利基本建设,大江大河的治理,还有许多工作要做。其次,在消费方面,教育和其他形式的人力资本支出还应当大量增加。此外,居民购买住房和家庭轿车也应该通过发展长期消费信贷而得到适当的鼓励,以便为支柱产业的发展提供必要的国内需求基础。将建筑业和汽车工业培育成为支柱产业的关键,可能在于消费信贷的引入和发展。发达国家居民收入再高,购房、购车如我国目前这样一次付清款项的,也为数极少。再次,进出口贸易可以获得更大的发展。目前我国外贸总额排名世界第11位,不算落后,但在世界贸易总额中的份额仍然很小(3%左右),进一步发展的余地很大。近年来我国外贸盈余较多,应当把握的一点是,外贸和国际收支的平衡最好不是建立在对进口或出口中某一方的严格限制之上,而是"就高不就低",追求高水平的、积极的平衡。

　　人们最为担心的是，加快经济增长速度、扩大投资规模是否会导致严重通货膨胀。我们认为，这种担心可以理解，但过分担心也没有必要。有关分析表明，我国近年来的通货膨胀带有明显的结构性特征，即主要是以农副产品为主的食品价格剧烈上涨带动了价格总水平的上升，而不是总供求失衡的结果。例如，1993、1994和1995年，全国商品零售价格指数分别上涨13.2%、21.75%和14.8%，其中食品价格分别上涨14.3%、35.2%和24.7%，对零售价格总指数的影响分别约为6个百分点、14个百分点和10个百分点（测算）。如果食品价格不上涨那么高，而是与其他产品价格上涨幅度大体相当，那么1993和1994年的价格总水平上涨幅度将为7%多一点，1995年将仅上升5%左右。形成对照的是，在零售价格指数涨幅较低的1991、1992和1996年（分别上涨2.9%、5.4%和6.1%），相应的食品价格涨幅也相当低（分别为3.3%、7.7%和7.7%），这不是偶然的。经验表明，农副产品供给出问题，既可能出在国内生产方面，也可能同时出在流通领域特别是进出口调节方面。1994年粮价飞涨就是一个典型的例证。

　　过去我国经济发展中的一个现象是，在经济增长速度加快的时候，往往容易忽视农业，从而造成农业生产的下降、农产品供应的紧张和农副产品价格的急剧上涨，恐怕这才是能把经济增长与通货膨胀在一定程度上联系起来的真正原因所在。已有的研究成果表明，经济增长和固定资产投资增长速度快慢对于通货膨胀的影响是有的，但不那么明显、直接和稳定，与农副产品供给和价格的影响不可同日而语。据测算，1981—1996年零售价格指数上涨的经济增长（GDP）弹性平均为0.44，固定资产投资弹性为0.36（均按现价），即经济增长1%，零售价格上升0.44%，投资增长1%，零售价格上升0.36%，两个弹性都是比较低的，而且在不同年份的分布无规律可言。有关的计量经济分析也表明，经济增长和投资增长与通货膨胀之间不存在明显、稳定的相关关系。

　　这里需要强调的有两点：(1)如果我们时刻注意把农业放在经济工作的首位，保持农业生产的稳定提高，有效调控农产品的进出口，那么，经济增长速度的适当提高，就不会对农副产品价格进而通货膨胀形势造成明显不利的影响。人多地少是个长期问题，今后我们仍然可能经常面临农副产品供给不足或不稳及由此带来的通货膨胀压力,重视这个问题是必要的,把这一问题与投资和国民经济增长问题区分开来也是必要的。(2)在控制通货膨胀方面,要充分、客观地估价已经明显改善了的主客观条件:目前我国市场上多数商品供求基本平衡甚至供过于求,大量生产能力闲置,企业生产对市场变化的适应性明显提高(一旦某种商品成为热门,许多厂家很快可以纷纷跟进,例如VCD机),基础产业的瓶颈约束已经大为缓解,铁路、煤炭等行业正在出现买方市场,外汇储备的急剧增加使得我们利用国际市场调节国内余缺的能力提高,回旋余地扩大。此外,中央政府调控通货膨胀、驾驭宏观经济的经验得到丰富,艺术趋于成熟。凡此种种,都使我们相信,只要能够保证农业不出大的问题,进一步挖掘国内资金潜力,适当加快经济增长速度就既是必要的,也是可行的。

计划与执行结果之间的偏差分析*

回头看:本文全面系统分析了新中国成立以来经济社会发展计划与执行结果之间的偏差,指出了偏差出现的不规律性,原因既有计划编制方面,也有计划执行方面,提出了完善计划指导的建议。

从1953年起我国开始编制和执行年度计划和五年计划。在1953—1995年的43年中,我国共编制和执行了41个年度计划和8个五年计划。随着改革开放和社会主义市场经济体制的建立,计划也面临着新的挑战。无论计划的内容和形式,还是编制程序和方法,都需要改进和完善,以提高计划的科学性。本文试图从计划(年度计划和五年计划)与执行结果之间的偏差的角度,来评价过去40多年中计划的科学性问题,并简单分析其中的经验教训,进而探讨如何在社会主义市场经济体制下提高计划的科学性,恰如其分地发挥计划在经济和社会发展中的作用。

一、过去四十年:计划与执行结果
之间的偏差既大又无规则

为观察计划与执行结果之间的偏差,我们选取在国民经济运行中具有重要意义的四个指标,即工农业总产值(1988年后用GNP指标)、工业总产值、投资和钢产量,并分别从总量(绝对量)和增长速度两方面对计划与执行结果之间的偏差进行分析和比较,以期得到较为全面的认识。

---

* 本文原载《经济研究参考》1996年第14期。

（一）年度计划与执行结果的偏差分析。1953年以来，除1967年、1968年外，我国历年均编制和执行了年度计划，尽管在不同年份计划的详略程度、计划指标的多少有所不同。将历年工农业总产值、工业总产值、投资和钢产量的实际完成数与当年计划数相比较，可以发现，在多数年份，计划与执行结果之间存在着较大的偏差，年度间偏差呈无规则状态分布。

1. 工农业总产值。这里先做两点技术性说明：一是我们将计划与执行结果之间的偏差幅度定义为：偏差幅度=（实际值-计划值）/计划值；二是过去一些年份计划指标在执行过程中进行过一次或多次修改，我们一般以年中以前的最后计划值为准。

计算结果显示，1953—1984年工农业总产值总量计划偏离实际执行结果的幅度平均为11%（将正负偏差均考虑在内，按绝对值计算）。其中"一五"、"四五"、"五五"时期年度平均的工农业总产值实际完成额比计划要求分别高出3.7%、3.4%和3.0%，偏离程度较小；"二五"、"三五"、1963—1965年和"六五"时期年度平均的偏离度分别为26.3%、12.7%、17.1%和13.0%，偏离程度较大。共有22个年份的工农业总产值实际完成额超过原计划的10%以上，1963年超过计划的24.6%，为偏差幅度最大的一年。另有7个年份的工农业总产值实际完成额低于计划的要求，平均低于计划的20%，其中1961年仅完成计划的54.7%，即比原计划少45.3%。

再来看工农业总产值增长速度计划与实际完成情况的偏差。1953—1984年工农业总产值计划增长速度与实际增长速度之偏差幅度平均为70.5%。其中"二五"、1963—1965年和"六五"时期工农业总产值计划增长速度与实际增长速度之偏差幅度平均分别为142%、89.7%和130.7%，令人吃惊。"一五"、"四五"和"五五"时期年均分别为23.1%、33.2%和37.9%，仍然引人注目，只是与前述三个时期比相对小些。在上述时期有20个年份工农业总产值实际增长速度超过计划，尤以1958年和1984年为甚，实际增长速度相当于计划增长速度的3倍还多。此外，还有8个年份的实际增长速度低于计划增长速度，其中1961年计划增长23%，实际为下降31%，偏离幅度最大。1988—1994年GNP实际增长速度与计划相比偏差率也在50%以上。

2. 工业总产值。1953—1984年工业总产值计划与实际完成额之间的偏差幅度年均为15.2%，其中"一五"、"二五"、1963—1965年和"三五"时期年均分别为30%、29.8%、15%和17.5%，"四五"、"五五"、"六五"时期年均分别为6.6%、3.5%和4.8%，即"四五"以来工业总产值计划与实际完成额之间的偏差率总体上讲处于较小的范围内。1953—1984年期间，共有20个年份的工业产值实际完成额超过计划指标，其中1953年超出幅度最大，为36.8%。此外，有8个年份工业产值未完成计划，其中1961年仅完成计划的37.7%。

1953—1990年工业产值计划增长速度与实际增长速度之间的偏离幅度平均为89.4%，其中"一五"48.9%、"二五"190%、1963—1965年100%、"三五"98%、"四五"34.3%、"五五"38.4%、"六五"142.4%、"七五"76.4%、"八五"103%，即"一五"、"四五"、"五五"时期偏差幅度相对小些。1953—1990年，工业总产值实际增长速度超过计划增长速度的年份共有27个，其中1958年工业总产值增长速度相当于原计划的5.3倍，偏差幅度最大，1987年、1988年的工业增长速度也比原计划超出1.5倍还多。另外，1953—1990年期间还有7个年份工业增长速度计划没有完成，其中1961年计划增长23%，实际下降38.2%，偏差幅度极大，1974年计划增长8.3%，实际仅增长0.7%，仅完成计划的7%。

3. 固定资产投资。1953—1984年固定资产投资计划与实际完成额之间的偏差幅度平均为26.8%，其中"一五"时期为8.8%、"二五"为35.8%、1963—1965年为20.7%、"三五"25.3%、"四五"15%、"五五"48.4%、"六五"35%、"七五"22.8%、"八五"31.6%。在这40多年中，实际投资完成额超过计划的有34个年份，其中1980年投资完成额相当于计划的2.2倍，1993年投资完成额超出原计划的56%。此外，有7个年份的实际投资完成额低于计划要求，其中1961年投资仅完成计划的46%。改革开放以来，我国投资实际完成额均不同程度地超出计划。

4. 钢产量。钢产量计划在很长时期内曾被视为最重要的实物量产品计划之一。1953—1982年钢产量计划与实际钢产量之间的偏差平均为10.7%，其中"一五"12.7%、"二五"23.5%、1963—1965年15.4%、"三五"21.3%、"四五"7.8%、"五五"11.1%。在上述30年中，有20个年份的钢产量超过计划，其中1957年、1958年分别超出计划的37%和28%。此外，有7个年份的钢产量未完成计划，其中1981年仅完成计划的45.8%，1967年仅完成计划的60.5%。

（二）五年计划。

1. 工业。"一五"计划要求工业年均增长14.7%，实际增长18%，实际增长速度与原计划的偏离程度为22.5%；"二五"工业年均增长速度计划为53%左右，实际速度仅为3.8%，实际速度仅相当于计划速度的7%，相差甚远；"三五"工业计划增长速度年均为8%，实际为12%，超出计划达50%；"四五"所要求的1970年工业总产值达到3800亿—4000亿元的计划未实现，实际仅完成84%左右；"五五"工业增长速度计划要求年均达到10%，实际为9.6%，完成计划的96%；"六五"工业增长速度计划为年均4%，实际达到12%，相当于计划的3倍；"七五"工业增长速度计划为7.5%，实际达到13.2%，为计划的1.76倍；"八五"工业速度计划为年均6.5%，实际约为20%，相当于计划的3倍还多。可以看出，除"五五"以外，其他七个五年计划的工业增长速度实际执行结果均与原计划有较大的偏差。

2. 投资。"一五"计划投资412.4亿元，实际完成588.5亿元，超出计划37.7%；"二五"投资计划为3850亿元，实际仅完成1206.1亿元，相当于计划的31.3%；"三五"投资计划850亿元，实际完成976亿元，超出计划14.8%；"四五"计划投资1200亿—1300亿元，实际完成1746亿元，超过计划37%；"五五"计划安排投资2400亿元，实际完成2342亿元，相当于计划的97.6%；"六五"安排投资2200亿元，实际完成3410亿元，超出计划55%；"七五"全社会投资计划12960亿元，实际完成19744亿元，超出计划52.3%；"八五"投资计划26000亿元（1990年价格），实际完成约38900亿元，超出计划50%左右。可以看出，"六五"、"七五"、"八五"连续三个五年计划的实际投资完成额均比计划高出50%左右。

3. 国民收入或国民生产总值。"六五"计划国民收入年均增长4%，实际为10%，相当于计划的2.5倍；"七五"计划GNP增长年均7.5%，实际为7.7%，计划与执行结果基本一致；"八五"计划GNP年均递增6%，实际执行结果超过11%，即比原计划高出近1倍。

4. 钢产量。"一五"计划到期末（1957年）钢产量达到412万吨，实际完成535万吨，超出计划约30%；"二五"计划钢产量期末（1962年）达到8000万吨，实际为667万吨，仅达到计划要求的8.3%；"三五"计划到期末（1970年）钢产量达到1600万吨，实际完成1779万吨，完成计划的约111%；"四五"计划设想到1975年钢产量达到3500万—3800万吨，实际完成2390万吨，为计划的63%—68%；"五五"计划到期末（1980年）生产钢4000万吨，实际完成3712万吨，完成计划的92.8%；"六五"设想钢产量于1985年达到6000万吨，实际为4679万吨，相当于计划的78%。

从上述分析可以看出，过去40年我国计划与执行结果之间的偏差状况具有如下特征：（1）总体而言，计划与实际执行结果之间偏差较大，且无规律。（2）如以10%作为计划与执行结果之间偏差的合理范围，则在多数年份计划与实际执行结果之间的偏差超出了合理范围。具体来说，工农业总产值计划与执行结果之间的偏差，40%的年份超出合理范围；工农业总产值（或GNP）增长速度计划与执行结果之间的偏差，86%的年份超出合理范围；工业产值计划与执行结果之间的偏差，53%的年份超出合理范围；工业产值增长速度计划与执行结果之间的偏差，97%的年份超出合理范围；投资规模计划与执行结果之间的偏差，76%的年份超出合理范围；钢产量计划与执行结果之间的偏差，54%的年份超出合理范围。（3）在上述几项指标中，投资计划与执行结果之间的偏差最大，其次是工业，相对而言，工农业总产值与钢产量的计划与执行结果之间的偏差要小些。（4）速度计划与执行结果之间的偏差幅度远大于总量（绝对量）计划与执行结果之间的偏差。（5）从不同时期看，"二五"、1963—1965年和"六五"时期计划与执行结果之间的偏差幅度较大，其他时期相对小些。（6）改革开放十多年来计划与执行结果之间的偏差状况无明显改善，甚至在某些方面还有所扩大。例如投资计划与执行结果之间的较大偏差依然存在，同时工业和国民经济计划速度与执行结果之间的偏差之大依然引人注目。

总之，计划与执行结果之间出现明显偏差是一个长期现象，迄今仍然存在。这表明，我国计划的科学性仍然有待于进一步提高，计划工作在社会主义条件下仍然面临着挑战。

二、计划与执行结果之间出现明显偏差具有必然性

那么，为什么计划与执行结果之间常常会出现偏差，而且这些偏差既大又无规律呢？恐怕应从计划的制定、计划的执行和计划自身的性质这样三个层面来加以分析。

（一）计划的制定。从计划制定的角度看，计划的科学性取决于计划应遵循什么指导思想（或基本准则）、体现何种政策或战略目标要求、计划的编制要经过哪些程序、运用什么方法。

归结起来，我国计划编制工作的指导思想主要有三条：一是积极而又可靠，留有余地、不留缺口；二是综合平衡、相互衔接，同时适当突出重点；三是年度计划与中长期计划要密切结合、瞻前顾后。在各个时期，计划都应体现当时国家工业化、现代化建设事业总的方针、战略意图和部署。计划编制一般采取"两上两下"（或"两下一上"）的程序，即先由地方和部门提出主要指标的建议数字，国家计委经过研究平衡后由上而下颁发计划控制数字，地方和部门结合本地区和本部门情况对控制数字进行研究后提出各自的计划草案，报送国家计委，国家计委在各地区、部门计划草案基础上进行全国综合平衡，编制国民经济和社会发展计划，经国务院审定报请全国人民代表大会审议批准，然后逐级下达（目前往往采取"两下一上"程序，即第一阶段由国家计委经过调查研究和征询专家意见后直接提出并下达计划控制数字，用以指导地方和部门计划草案的编制）。计划编制的方法主要是综合平衡、专项规划、自下而上、自上而下、上下结合，近年来也开始试用经济数学模型来进行一些测算。

抽象地讲，上述计划制定的指导思想（或基本准则）、计划与不同时期国家经济建设总方针的关系、计划编制程序和方法都是合理的、无可厚非的。然而，在过去40年的实际工作中，计划的编制往往受到种种因素的制约或掣肘，面对这样那样难以克服的困难，合理的计划编制原

则未能得到很好的遵循，从而在计划的制定阶段上便为计划与执行结果之间出现偏差埋下了种子。

其一，在过去相当长的时期里，经济的政治化色彩十分浓厚，经济发展的战略目标首先是作为政治任务来对待，即使发展战略明显不切合实际，不符合经济规律，计划也必须服从它、体现它，这便从根本上决定了，计划与执行结果之间出现偏差不可避免。非常具有典型性的是"大跃进"时期，当时提出"超英赶美""以钢为纲""多快好省"地建设社会主义。结果是，1958年初确定的工农业产值、工业产值和投资的计划指标可能比较适中，但执行结果都大大超过计划，其中工农业产值速度相当于计划的3倍、工业速度则相当于计划的5倍多、投资和钢产量也分别超额64%和28%完成计划。到1959年计划指标一下子"过热"起来，计划"留有余地"的基本准则完全被抛到九霄云外去了。结果当年工农业产值和工业指标都未完成计划，其中工农业产值速度仅完成计划的49%。1958与1959年的计划执行情况形成了巨大的反差。此后两年，"大跃进"观念仍然贯穿于计划制定中，计划指标仍然偏高，结果仍然是明显完不成计划。

其二，在政治挂帅、经济工作被严重忽视的时期，作为经济工作一个方面的计划编制工作也必然受到冲击或削弱，这种环境下形成的计划与执行结果之间出现偏差似乎势所必然。即使某些年份计划与执行结果之间偏差不大，也并不表明计划的科学性高，只不过是计划的缺陷与经济的扭曲二者相互抵消罢了。

其三，计划的平衡原则与突出重点的要求很难协调一致起来，平衡缺乏合理、现实的支点，不是从客观条件和经济规律出发，而是从愿望出发，因而计划本身往往本质上就是不平衡的。例如在实行"以钢为纲"的时候，整个经济计划特别是工业计划几乎成了钢产量保证计划，经济中的其他比例关系和综合平衡便无从谈起了。

其四，由于过去40多年中我国的国民经济统计核算体系沿用原苏联的MPS体系，只核算物质生产领域，不核算非物质生产领域，相应地，我国的计划其实只是一个物质生产领域的计划，一个不能反映全部经济活动的计划，这样的计划与执行结果之间出现偏差就不足为奇了。

其五，在计划编制过程中，中长期计划与年度计划之间并未很好地相互照应和结合。实际情况可能是，中长期计划或规划的编制往往受到编制年份经济状况和其他条件的影响，对未来长远的发展趋势和主客观条件变化分析预测不够。例如编制"八五"计划时正处于"治理整顿"时期，受压缩投资、抑制通胀、防止过热和随后的市场疲软气氛的影响，对"八五"经济增长的期望值普遍较低，结果"八五"计划指标虽然中间做了调整，实际执行结果仍然大大超出计划。另一方面，年度计划的编制主要考虑上一年特别是上一年的后半年的经济运行情况，很少参照长期规划对不同年份经济发展指标的设想和要求，特别是当长期规划在执行两年后明显成了过时的"老黄历"的情况下，年度计划的制定更无法以长期规划作为主要依据。长期计划与年度计划的不协调成为计划特别是中长期计划与执行结果之间出现偏差的重要原因。

其六，计划，特别是中长期计划，似乎并未尽可能广泛地动员社会各界开展深入的讨论，以献计献策，即使已有的意见、建议也未能最大限度地吸收，很大程度上计划仅只成了计划工作者的事情，甚至仅只是计划起草小组若干人的事情。

（二）计划的执行。计划执行过程中暴露出来的问题进一步加大了计划与执行结果之间出现偏差的可能性。

其一，计划几本账与层层加码。计划本应具有统一性，只有一本账，不得层层加码，但过去政府曾公开倡导要有两本账，一本"必成"的，一本"期成"的，中央计划有两本，地方、部门计划也有两本，加起来至少三本账，因此实际执行结果与最初计划的第一本账不一致也就是很正常的事情了。后来计划几本账的做法不再提倡，要求"上下左右"都是一本账，但实际上地方、部门在计划中层层加码的现象比比皆是，即使现在这种现象仍很普遍。既然大家并非真心实意地执行统一的计划，那么计划与执行结果之间出现偏差便在意料之中了。另一方面，由于层层加码现象的存在，计划制定者有时便有意识地制定不平衡的计划或放任不平衡计划的出台，期望通过计划执行中的层层加码来"以偏纠偏"，最终实现平衡。这样做的出发点是好的，但往往事与愿违。

其二，也曾出现过计划要得急、订得粗、下得快、变得多等情形，不利于计划的贯彻执行。例如，不少意见认为"一五"时期计划的制定和执行情况都是比较好的，实际上"一五"多数年份的年度计划都是在当年3月份以后甚至年中才下达的。在过去40年中，约有10个年份出现过计划中途修改的情形，个别指标一年修改两次以上。

其三，当计划完成情况成为考核成绩的主要标准时，又容易发生计划执行过程中重数量轻质量，注重生产忽视成本和效益，甚至虚报成绩的情况，这时即使计划与执行结果表面上偏差不大，也没有多大意义。

其四，在改革开放和社会主义市场经济条件下，经济增长速度、投资等计划都一如既往地还是全国性计划，但政府通过计划或其他手段能够直接影响和控制的经济活动的范围已十分有限，与过去不可同日而语，目前社会经济主体的绝大部分并非为了完成国家计划任务而从事经济活动，而是根据各自所处的环境和条件自主地从事经济活动，这样，宏观经济计划与微观经济基础之间的距离就更远了，计划与执行结果之间出现偏差的可能性就增加了。

（三）计划的性质。从计划本身的性质这样更深、更抽象的层次来看，在过去的多数年份中，我国的计划几乎等于是一种行政命令，分解得也很细，企业等经济主体必须遵照执行。同时，国家也保证了完成计划任务的各种条件，包括物质、资金和人力，而且实行统购包销，生产单位不必为销路操心，企业只是单纯地组织生产而已。理论上，似乎可以设想，一旦国家可以支配一切经济资源，那它就可以编制一个详尽、系统、正确的庞大计划，使生产、分配、交换和消费都有计划按比例地进行。然而，经济运动是有机的运动过程。尽管从事后统计的角度看，国民经济总量是各个分量之和，但在事前的计划方面，如果简单地把计划总量分解为许许多多的分量，并让许许多多的微观经济主体遵照执行，最终事实上很难取得预想的总量结果。因为，计划总量与各计划分量之间的关系在执行过程中并不是简单的加减关系，而是一种极为复杂的有机的联系，这种复杂的有机联系无法通过加减法或其他什么公式精确地计算出来。因此，那种事无巨细面面俱到试图将全部国民经济活动都纳入其中的计划迄今仍属"乌托邦"。

改革开放以来，计划体制发生了重大变化。指令性计划大大收缩，指导性预测性成为计划的主要特征。年度计划得到简化，五年计划的地位更加突出。但计划的指导意义在现实经济生活中似乎没有很好地体现出来，或者说计划的指导性缺乏付诸实践的支持手段和形式。只有极个别的计划一如既往地对经济产生明显的影响，如信贷计划，其他许多计划似乎只是作为完整计划的装饰。计划与实际似乎有两张皮之嫌，你订你的计划，我干我的事情，你不影响我，我也不关心你。计划或规划中提出的一些战略对策或部署往往带有设想性质，显得有些空泛。经济运动的实际结果与其说是计划或规划的结果，不如说是短期政策变化或宏观调控的结果。因此，如何真正发挥计划的总体指导性，还有待于作进一步的探索。

三、探索社会主义市场经济条件下
合理的计划框架结构

当然，计划与执行结果之间的偏差大小只能从一个侧面来反映计划的科学性，并不能全面、准确地衡量计划的科学程度。既有不合理的计划，也有不合理的执行，当计划合理而执行不合理或计划不合理而执行情况合理时，都会出现计划与执行结果之间的偏差。只有当计划与执行情况都合理时，偏差才会缩小。因此，提高计划的科学性应当从多方面入手，其中十分重要的一方面，可能是探索建立社会主义市场经济条件下合理的计划框架结构。

社会主义市场经济条件下，计划和市场都是经济手段，市场机制应对资源配置起基础性调节作用，但计划也是必要的，应当能够起到指导经济发展、弥补市场缺陷、描绘发展蓝图等作用。应当对社会主义市场经济体制下计划的地位、作用有一个恰如其分的认识。目前计划的作用既不应当进一步削弱，也不可能通过恢复过去的做法来加强计划的地位，而是要通过改革和完善，建立适应社会主义市场经济体制的市场经济体制的计划的基本框架结构，在社会主义市场经济体制中寻找计划的恰当位置。

初步设想，社会主义市场经济条件下的计划应当包括四个层次、四方面内容：（1）经济和社会发展的总体构想与基本战略方针、部署和对策。这部分计划或规划设想建立在对各种主客观条件的分析和发展趋势的预测上，体现宏观性、战略性、政策性。（2）政府部门直接计划。这部分计划或规划将明确政府为实现上述总体战略目标应当在基础设施建设、教育和科技发展、社会保障制度建设、劳动力培训和再就业工程、扶贫等方面具体要做些什么，这部分计划对于政府部门来说具有较强的约束性，是一定要努力实现的。（3）政府引导计划。通过对贴息、政策性金融机构优先贷款、国家储备、国家订货、税收优惠等制定计划或规划，引导产业结构和经济结构的转变和优化。这部分计划也应当比较具体，但其约束性是单方面的，即政府必须按计划办事，但企业则完全根据自愿原则。（4）非政府部门的预测性计划。这部分计划对完全受市场机制调节的所有微观经济主体在现有条件和政策环境下计划期内经济活动的可能结果作出总体的趋势判断和数量预测，既作为政府制定其他计划和政策的参考，也可作为企业的参考。

或许可以设想，这样一种层次分明的计划结构框架将有利于在充分尊重市场对资源配置的基础性调节作用的前提下，更好地发挥计划的总体指导和协调作用。在这种计划结构框架中，为实现总体战略目标或计划，至少政府自己的直接责任是十分明确的，有很强约束力的。政府既规划全社会，也规划自己，一旦政府做好了计划规定自己该做的那部分事情，也就对社会起到了示范、引导作用。也就是说，当政府对于自身的计划定得合理又切实执行的时候，全社会计划也就会逐渐受到全社会的重视，计划的指导作用就不言而喻了。

改革以来若干重大经济结构演变的
基本特征和"九五"寓意*

回头看： 本文分析了改革以来几方面经济结构演变的基本特征，认为在所有制结构上必将出现国有、集体、其他经济三足鼎立的格局，我国在较长时期内仍将保持较高投资率和储蓄率。

一、国有经济与非国有经济对 GDP 的贡献

改革以来我国经济生活中的一大趋势是，在国有经济不断壮大的同时，非国有经济以更快的速度向前发展，形成了多种所有制并存的局面。据统计，1978—1994年在全国工业总产值中国有工业所占比重已由77.6%下降到40.2%，集体工业比重由22.4%上升到40.9%，其他经济类型工业从无到有，1994年所占比重为18.9%；在全国商品零售总额中国有商业所占比重已由54.6%下降到35%，集体商业所占比重由43.3%下降到25.4%，其他经济类型商业由2.1%上升到38.6%。根据在工业、建筑业、商业、运输邮电业、其他服务业和农业等行业总产值（或增加值、零售额）和劳动力利用中不同经济成分所占份额情况进行综合分析测算得到的结果显示，国有经济、集体经济和其他经济类型对GDP总量的贡献率变化具有如下特征：（1）国有经济对GDP总量的贡献率逐渐下降，即由1978年的54.2%持续降至1994年的约36%。（2）集体经济对GDP的贡献率一直维持在近1/2的水平，但年度间有小幅波动。具体而言，1978—1984年集体经济对GDP的贡献率由44.6%升至50.8%，1985—1990年继

＊ 本文原载《经济研究参考》1996年第59期，收入本书时题目作了修改。

续维持在50%左右的水平，1991—1994年则降至近48%。（3）其他经济类型对GDP的贡献率持续上升，即由1978年微不足道的1.2%上升到1994年的16.2%，与国有经济相对收缩的趋势恰恰相反。目前其他经济类型仍然呈现明显扩张趋势。

据预测，到本世纪末国有经济在GDP中的份额将进一步降至30%—33%，集体经济所占份额约为45%—47%，其他经济类型所占份额为20%—25%，三足鼎立局面必将出现。

国有经济、集体经济和其他经济类型三分天下局面的形成有多重意义：（1）国民经济增长速度的快慢在很大程度上已不再取决于国有企业的状况，未来几年内即使国有企业改革不能取得明显成效，国民经济仍有可能保持较快的增长速度，因为集体企业和其他非国有企业将依然富有生机和活力，非国有经济的高速增长将带动或支撑整个国民经济的较快增长。据分析，在1993年GDP增量（或增长）中，国有经济、集体经济和其他非国有经济的贡献率分别为29%、38%和33%，1994年GDP增量中国有经济、集体经济和其他非国有经济的贡献率分别为18%、60%和22%。（2）国有经济、集体经济和其他非国有经济之间相互竞争的机制得以激发和形成，有利于资源配置的优化和经济效率的提高。（3）将国有经济与集体经济加总起来看，公有制经济在我国仍占据绝对主体地位。另一方面，如果把农村家庭联产承包视为个体经济形式，则集体经济的份额将明显下降，例如1994年集体经济在GDP中的份额可能已降至1/3左右，即国有经济、集体经济和其他非国有经济三分天下的局面已经形成。（4）有意识地收缩国有企业阵地应当成为国有企业改革的一个重要战略。过去十多年国有企业在国民经济中的份额不断下降其实是一个被动的退缩过程。既然不可能通过内部改革或完善来搞活所有国有企业，不妨更加积极主动地利用兼并、出卖和破产等形式来缩减国有企业的范围和总体规模，将那些已陷入恶性循环中的国有资产融入非国有经济中，使其摆脱困境，获得新生，同时也减轻国家负担。应当允许和鼓励国内非国有企业（而不仅是外资）对国有企业的收购、兼并。出卖国有资产的资金可以作为专项资金，用于购置新的国有资产。实际上只要在关系国计民生的重要行业中保持住国有经济的主导地位、特别是能培育出一批具有国际竞争力的国有大型企业集团,就可以了。

二、GDP中的三次产业结构

改革以来三次产业变动的基本特征是,在全部GDP中第一产业所占比重总体上呈下降趋势,第三产业总体上呈上升趋势,第二产业则相对稳定地保持在40%—50%,其中80年代第二产业比重有所下降,90年代以来又有所回升。具体来看,GDP中第一产业所占比重由1978年的28.1%上升到1982年的33.3%,此后逐步下降至1993年的19.9%和1994年的21%。第二产业在GDP中的比重由1978年的48.2%下降至1990年的41.6%,到1994年转而回升至47.2%。第三产业所占比重由1979年的21.4%逐步上升到1992年的34.3%,最近两年又有所下降,1994年为31.8%。在1979—1994年的15年中,第一产业比重下降了约10个百分点,第三产业比重上升了约10个百分点,第二产业比重基本没有变化。

与发达国家相比,我国第一、二产业所占比重偏高,第三产业所占比重偏低。发达国家三次产业结构变化的主要特点是:(1)早在五六十年代多数发达国家的第一产业(这里指农业)在GDP中的比重就已降至10%以下。例如1960年美国、英国和联邦德国农业占GDP的比重分别为4%、4%和6%,到1993年这一比重均为3%。日本农业在GDP中的比重1952年为23%,1960年下降至13%,1993年进一步降至6%。(2)过去几十年发达国家工业占GDP的比重也经历了一个轻微下降的过程,目前多在1/3左右。据统计,1960—1993年美国工业在GDP中的比重由33%下降到30%左右,英国工业比重由37%下降到33%,联邦德国工业比重由47%下降到38%,日本工业比重由38%上升到41%,是唯一的例外。(3)第三产业比重明显上升,目前多在60%以上。据统计,1966—1993年英国服务业等占GDP的比重由51%上升到65%,联邦德国的服务业比重由43%上升到61%,日本服务业比重由46%上升到57%。

第一产业比重偏高、第三产业比重偏低是我国三次产业结构区别于发达国家最明显的特征。我国产业结构变化的长远趋势必然是:第一、二产业比重下降,第三产业比重上升。但需要指出的是:(1)第一产业比重的下降并不意味着忽视农业，相反，我们要坚持不懈地重视和加强农业，农业总量规模的扩大与比重下降可以同时并存，在农业比重不断下降过程中我国将依然是一个农业大国，主要依靠自己解决吃饭问题。美国农业在GDP中的比重只有4%，但却是世界农业生产大国和农产品出口大国。（2）我国工业化尚未完成，以后若干年第二产业在GDP中继续保持较高的水平，甚至个别年份第二产业比重出现上升趋势，都是正常的。目前的问题不在于第二产业比重的高低，而在于工业整体经济技术水平的高低和内部结构的合理与否。（3）我国第三产业比重低有明显的统计遗漏问题，1994年进行的第三产业普查对此给予了证实和纠正，目前还不能说这一问题已得到彻底解决。当然，我国第三产业发展不足也是无可争辩的事实。加快第三产业发展，特别是注重发展那些技术含量高、符合时代潮流的新兴第三产业，是我国实现产业结构升级、赶超发达国家的必由之路。

三、国民收入（GNP）分配结构

改革以来我国国民收入（GNP）分配结构演变的基本特征是：收入分配向居民倾斜，居民收入比重持续扩大；政府收入比重不断下降，财政困难日益加重；企业收入比重在低水平上波动（关于居民收入比重扩大的定量测算，曾有过几种结果，其所反映的变化趋势是基本一致的，但在绝对水平上存在不小的差距。根据国家统计局在《1995年中国统计年鉴》中第一次公布的"居民总消费"数据和城乡居民个人投资及金融资产增加情况，可以测算出更加准确、可靠的居民收入比重）。具体来看，1978—1994年我国居民收入在GNP中的比重由53.2%上升到68.7%，上升了15.5个百分点；政府收入比重由28.1%下降到10%，下降了18.1个百分点；企业收入比重由18.7%上升到21.3%。事实上过去十多年中企业收入比重一直在16%—21%之间波动，与居民收入比重持续上升、政府收入比重持续下降的趋势有本质区别。

应当说明的是，这里所说的GNP分配结构是最终分配结构，即对居民、政府和企业等收入分配主体之间的收入转移已经做了处理。政府收入比重与财政收入比重(通常所说的两个比重之一)是两个概念,但从变化趋势上看二者是相当一致的。例如国家财政收入相当于GNP的比例由1978年的31.2%剧烈下降到1994年的11.8%,下降了19.4个百分点,平均每年下降1.2个百分点;即使将地方财政和行政事业单位预算外资金收入算作财政收入,这种大财政收入相当于GNP的比例也由1978年的33.5%降至1994年的16.8%,下降了16.7个百分点,平均每年下降1个百分点。

外国特别是发达国家国民收入分配的特点是:(1)不同国家个人收入占GNP的比例差异较大,但同一国家在不同时期的个人收入比重相对稳定,既没有大幅波动,也极少出现持续上升或持续下降的现象。例如美国居民可支配收入占GNP的比例在1950、1960和1970年分别为72.6%、69.5%和70.8%,联邦德国雇员报酬占GDP的比例在1970、1980和1985年分别为53.2%、56.8%和54.2%,英国雇员报酬占GDP的比例1970、1980和1985年分别为59.8%、60.2%和56.6%。(2)政府收入比重较高,长期来看也比较稳定。1980和1990年,政府财政收入占GDP的比例美国分别为20.9%和19.9%,联邦德国分别为28.5%和28.8%,英国分别为35.1%和36.8%,各国财政收入比重年度间变化都很小。当然也有一些国家财政收入占GDP的比重较低,如日本为13%左右,韩国在18%左右,但年度间波动不大是其共同特征。

我国国民收入分配结构变化具有十分广泛和深远的影响:(1)居民储蓄已成为国民总储蓄和银行资金的主要来源(目前居民储蓄占总储蓄的80%左右),多数情况下企业和政府储蓄不足,甚至是负值储蓄,面临严重的资金紧张问题,需要通过银行等金融中介来利用居民储蓄资金进行生产、投资、建设,使用居民储蓄资金必须是有偿的,因此造成了企业负债率上升、成本增加,但另一方面在改革之初对企业资金成本意识提高和近年来国有商业银行转变经营机制、用好信贷资金客观上也有一定的促进作用。目前最具有挑战性的是,国有企业经营状况普遍不佳,国有商业银行不良贷款日益增加,居民储蓄继续扩大其在总储蓄中的份额,而居民储蓄有偿使用仍然具有无可置疑的硬性约束,长期下来,将是否出现经济危机甚至社会危机现象。(2)政府收入比重的不断降低严重削弱了政府宏观调控的物质基础，不利于政府在缩小地区经济差距，保障低收入者的基本生活，消除贫困，扶植支柱产业和高新技术产业，保护环境，促进经济与社会的协调发展，抑制通货膨胀，保持经济的持续、快速、健康发展等方面实施有效的宏观调控。

四、消费与投资

GDP的最终使用或支出方向包括消费和储蓄，储蓄是GDP中用于消费以外的部分。储蓄包括总投资和净出口，总投资又包括固定资产投资和存货投资。一般而言，消费和固定资产投资之和占GDP的比例在90%以上，消费率和固定资产投资率呈反向变化。

总体上讲，过去十多年我国消费率（GDP中消费所占比重）呈下降趋势，投资率呈上升趋势。具体来看，1978—1994年我国消费率变化可以分为两个阶段：一是1978—1981年，消费率由62.2%上升到67.4%，上升了5个百分点，这可以视为改革开放之初对过去长时期里重生产轻生活的纠正或补偿；二是1981—1994年，消费率由67.4%下降到57.3%，下降了10个百分点，消费率下降并不妨碍居民消费水平得到前所未有的提高，消费率的下降与消费规模的扩大完全可以同时并存。

总投资率包括固定资产投资率和流动资产投资率（或存货投资率）。1978年以来我国固定资产投资率变化可以分为三个阶段：一是1978—1981年，固定资产投资率由29.9%下降到25.6%，与同期消费率的上升趋势正好相反，这一时期GDP年均增长6.9%；二是1982—1988年，固定资产投资率由27.3%上升到31.6%，这一时期GDP年均增长11.4%；三是1989—1991年，固定资产投资率平均为26%左右，比前几年下降3—4个百分点，这是治理整顿措施的影响，同期GDP年均增长5.7%；四是1992—1994年，固定资产投资率由32.1%急剧上升到37.4%，同期GDP年均增长13.2%。显然，在改革之初和治理整顿时期，与固定资产投资率的下降或徘徊相对应的是GDP的低速增长；在其他各年，与固定资产投资率的上升趋势相对应的是GDP的高速增长。固定资产投资率上升意味着固定资产投资增长速度高于GDP增长速度。因此，上述事实表明，投资的高增长是过去十多年我国经济高增长的主要推动力量。

经济高速增长时期多数国家都经历了固定资产投资率由持续上升和在高水平上保持一定时期相对稳定的过程。1955—1960年日本经济增长率平均约为8.6%，同期固定资产投资率由20.7%上升到32.6%，1961—1973年日本经济增长率平均约为10%，同期固定资产投资率平均约为33%；1964—1972年新加坡固定资产投资率由20.1%上升到37.4%，同期经济增长率约为12.2%，此后10年中新加坡的固定资产投资率一直维持在接近40%，甚至超过40%的水平上，经济增长率平均在8%以上。美国、英国等发达国家的固定资产投资率往往在20%以下，而且长期保持稳定，另一方面这些国家的经济增长率也比较低。国外国内的实践均表明，投资率由低到高不断上升的过程和在高水平上保持相对稳定的过程，往往就是经济高增长的过程，而投资率由高到低不断下降的过程和在低水平上保持相对稳定的过程往往就是经济低增长的过程。

反观我国，1978—1994年投资率净上升约12个百分点，目前已达到37%的高水平，可以说已经基本走完了投资率由低到高持续上升的过程。今后我国投资率变化有三种可能：一是投资率进一步持续大幅度上升，这种情况下恐怕难免再次出现经济过热；二是投资率明显而持续地回落，这种情况下很可能引起经济增长速度的明显下降；三是投资率在高水平上保持相对稳定，例如32%—37%之间，这是在较低通货膨胀条件下保持国民经济持续高增长的基本要求和正确选择。

五、投资与储蓄

改革以来我国投资与储蓄之间相互关系变化的特征是：在固定资产投资率和总投资率不断上升的同时，国内储蓄率也不断上升。1978—1994年历年国内储蓄率均高于固定资产投资率，平均储蓄率与平均总投资率基本持平，表明我国具有雄厚的国内资金来源基础，完全可以依靠国内储蓄来保持高投资率和高经济增长率。具体来看，1978—1994年我国固定资产投资率平均为30%，总投资率平均为36.6%，国内储蓄率平均为36.3%。改革以来投资率和储蓄率的变化可以分为两个阶段：一是

1978—1981年固定资产投资率由29.9%降至25.6%，总投资率由38.7%降至32.3%，国内储蓄率由37.8%降至32.6%；二是1982—1994年，固定资产投资率由27.3%升至37.4%，总投资率由32.1%升至40.8%，国内储蓄率由33.6%升至42.7%。我国目前所达到的高投资率和高储蓄率在国际上是少有的。

长期以来，低投资、低储蓄是发达国家的基本特征。1964—1989年美国总投资率和国内储蓄率基本上维持在18%—20%之间，英国总投资率和国内储蓄率则多在16%—20%之间。经济增长率较快的日本，1960—1980年总投资率和国内储蓄率均在30%以上，最高年份（1970年）达40%左右。新加坡和韩国等新兴工业国的特点是，经济起飞之初投资率和储蓄率都由低到高迅速上升，但投资率绝对水平明显高于储蓄率。例如1964—1970年新加坡总投资率由20%上升到38.7%，同期国内储蓄率由7.2%上升到22.1%，储蓄率比投资率低10个百分点以上。1964—1970年韩国总投资率由14.1%上升到25.4%，国内储蓄率由8.1%上升到15.6%，储蓄率比投资率低6—10个百分点。这表明，新加坡和韩国在经济起飞时期依靠大量利用国外储蓄实现了经济高增长。但进入80年代以来，新加坡和韩国的国内储蓄率已上升到30%—40%，个别年份甚至更高，与总投资率基本相当。

今后相当长的时期内我国继续保持较高的国内储蓄率（如35%—40%）是完全有可能的，意味着继续保持较高的投资率有充分的国内储蓄资金来源保证。特别是目前我国存货投资率仍然较高，如果能够进一步降低存货投资率，就可以相对地提高固定资产投资率。例如在未来几年国内储蓄率保持35%—40%的情况下，如果将存货投资率降至3%左右，固定资产投资率可以达到32%—37%。因此，今后我国经济建设中应当注意把握这样两个原则：（1）我国拥有庞大的国内储蓄资金来源基础，坚持以利用国内资金为主，完全可以实现较高的投资率和经济增长率；（2）关键在于完善金融中介组织，疏通资金融通渠道，将庞大的国内储蓄特别是居民储蓄高效、顺畅地转移到经济建设之中。

六、固定资产投资与存货投资

库存增加也是一种投资行为，可以称之为流动资产投资，与固定资产投资相对应。通常固定资产投资属于意愿投资，存货投资是非意愿投资，因为存货投资增加将导致成本上升，盈利减少。

我国固定资产投资与存货投资之间相互关系的特点是：（1）固定资产投资率与存货投资率往往呈反向变化，即当固定资产投资率上升时存货投资率下降，当固定资产投资率下降时存货投资率上升。1989—1991年我国固定资产投资率平均为26.7%，比1987—1988年降低5个百分点，而存货投资率则由1987—1988年的5%上升到创纪录的9%（三年平均），上升了4个百分点。1992—1994年平均固定资产投资率重又上升到35.6%，比1989—1991年提高9个百分点，存货投资率则下降至4.7%，比前三年平均下降4个百分点以上。（2）存货投资率偏高，波动幅度偏大。1978—1995年我国存货投资率平均为6.6%，个别年份之间存货投资率高低相差5个百分点。发达国家的存货投资率一般在1%左右，个别年份为0甚至是负值，即存货不增加甚至减少。发展中国家存货投资率普遍比发达国家高，但也多在5%以下。因此，通过降低存货投资率来提高经济效益、在总投资率和国内储蓄率不变的情况下保持甚至提高固定资产投资率，大有潜力可挖。

七、国内经济与国际交换

衡量国内经济在多大程度上与国际经济相联系、相交换，可以从净交换率与总交换率两个角度加以考察，前者是指产品和服务出口净额（出口减进口）占GDP的比率，反映的是利用国外储蓄或国内储蓄被国外利用的程度，后者是指进出口总额相当于GDP的比率，即通常所说的外贸依存度。

据统计，1978—1994年我国净出口占GDP的比例平均为-0.37%，表明我国在经济建设中利用了部分国外储蓄，这对一个发展中国家来说是正常和必要的。具体来看，过去17年中共有10个年份出现净进口，7

个年份出现净出口。经济高涨时期往往出现净进口，即利用国外储蓄，如1984—1988年和1993年，而在经济调整时期往往出现净出口，即部分国内储蓄被国外利用，如1981—1983年和1990—1991年。

国外无论发达国家还是发展中国家，净出口或净进口在GDP中所占比重都不大（一般在1%以内），而且不同年份净出口和净进口相间，很少出现持续多年大量净出口或持续多年大量净进口的情形。但新加坡和韩国的情况特殊。1964—1984年新加坡净进口即净利用国外储蓄占GDP的比例平均约为10%左右，1964—1980年韩国净进口即净利用国外储蓄占GDP的比例多在8%—10%，表明这两个国家的经济起飞和高增长很大程度上与大量而持续地利用国外储蓄有关。这两个国家大量而持续地利用国外储蓄的必要性由其经济起飞时期的低储蓄率所决定，另一方面较好的国内投资环境和经济增长前景使得大量利用外资和外国储蓄成为现实。

我国国内储蓄率已经相当高，不必像新加坡和韩国那样大量依赖国外储蓄。但过多的净出口对我国长期发展也不利。相反，今后一段时期我国仍应进一步利用国外储蓄，基本保持净进口态势，净进口占GDP的比例似应在0.5%左右，净出口局面似应作为21世纪初而非当前的政策目标。

我国进出口贸易总额相当于GDP的比例（外贸依存度）呈持续上升之势。1978—1994年这一比例由9.8%上升到45.3%，上升了35.5个百分点。形成鲜明对比的是，多数发达国家的进出口贸易总额相当于GDP的比例远低于我国。例如1993年美国进出口贸易总额相当于GDP的比例为16.8%，日本为14.3%，英国为41.2%，即作为贸易超级大国的美国和日本的"外贸依存度"仅相当于我国的1/3左右，似乎很难解释得通，因为我国的经济开放度绝不可能比美国和日本更高。其实，造成这种假象的原因在于，贸易依存度概念很不准确，难以作为国内经济对国外经济依存程度或交换程度的可靠依据。首先，加工贸易与一般贸易性质不同，特别是不同贸易方式、不同产品的进出口附加值高低差别甚大。同样100亿美元的出口产品，发达国家出口或一般贸易出口附加值可能占60%左右，因为这些最终出口产品的生产加工主要是在国内完成的，且技术含量高,而发展中国家出口或加工贸易出口附加值可能仅占10%左右,因为只有有限的生产加工程序在国内完成,且技术含量低。由于加工贸易进出口周转速度快,周转量大,因此加工贸易出口或发展中国家出口贸易规模可以很大,其相当于GDP的比例名义上可以很高,但却并不能真正反映国内经济对国际经济的依存度或交换水平。一个似乎令人迷惑不解的例子是,1993年新加坡进出口贸易总额相当于GDP的2.88倍,难道可以说新加坡的经济对外依存度已经远远超过100%了吗?达到甚至超过100%的"外贸依存度"又是何种概念呢?其次,进出口是总值概念,包含了中间投入,GDP是增加值概念或净值概念,剔除了中间投入,进出口贸易总值与GDP不具有直接可比性;三是我国GDP统计存在可观的遗漏因素,作为分母的GDP的相对缩小意味着进出口贸易总额相当于 GDP比率的人为扩大;四是改革以来人民币不断贬值,造成以人民币计算的进出口贸易额急剧扩大,相当于GDP的比率迅速上升,其实如按同一汇率计算,这一比率的上升幅度要小得多。

总之,进出口贸易总额相当于GDP的比例多高多低意义并不大,不存在一个适度"外贸依存度"标准,关键在于提高出口产品的技术含量和附加值,使外贸进出口与国内经济在更深的层次上联系起来,带动产业结构升级和经济发展。

八、经济结构变化与"九五"计划若干指标的确定

经济计划指标的确定必须考虑到不同指标之间的相互关系,特别是总量指标与构成总量或影响总量的分量指标之间的相互平衡关系,否则计划与实际执行结果之间就可能出现较大的偏差,计划本身的意义就会大打折扣。

(一)"九五"计划投资率等指标问题探讨。"九五"计划拟定 GDP平均增长8%,这一增长速度从三次产业的角度讲,必然是第一、二、三产业各自增长速度加权平均的结果;从GDP最终使用或需求的角度讲,必然是消费、投资、储备和净出口各自增长速度加权平均的结果。

改革以来我国经济运行中的一个基本特征是,消费增长慢于GDP

和投资的增长，尽管消费、投资和GDP都保持了较快的增长。据计算，1981—1994年我国GDP年均增长率按不变价为10.1%，现价为17.8%，投资增长率按不变价约为12.0%，不变价约为22.9%，消费增长率按不变价约为8%，现价为17%，即无论按不变价还是现价计算，消费增长都低于GDP增长和投资的增长。"八五"时期按不变价计算，预计GDP平均增长11.8%，投资增长约17%，消费增长约10%，即消费增长依然慢于GDP增长和投资的增长。显然，80年代以来包括"八五"时期，投资一直是我国经济增长的火车头。估计"九五"时期消费仍会保持平稳快速增长，但上述增长速度格局恐难以出现根本逆转，即消费增长不会高于GDP增长和投资的增长（果真出现这种情形的话，也并不合理）。而如果"九五"投资率拟定为30%，则多数情况下投资增长将既慢于GDP增长也慢于消费增长。在客观上消费增长仍将慢于GDP增长的情况下，只有大幅度地增加库存和净出口才能保持GDP的较快增长。今后几年大幅度增加净出口困难很大，而且由于净出口在GDP中所占比例极小，无论增长多快对GDP的影响都不大。剩下的唯一出路就是大幅度增加库存了，这是一条绝路而不是使国民经济通向持续、快速、健康发展之路。

从另一角度看，改革以来我国国内储蓄率是持续上升的。1991—1994年平均储蓄率为40.2%，估计"九五"时期我国国内储蓄率仍可保持在40%左右。国内储蓄的使用方向有三：一是固定资产投资，二是流动资产投资即库存增加，三是净出口。净出口占GDP的比例一般都在±0.5%以内，因此当"九五"固定资产投资率拟定为30%时，流动资产投资率（存货投资率）必然急剧上升到9%左右，与市场疲软的1990—1991年库存水平相当，比1978—1994年平均存货投资率（6.6%）高出约3个百分点，这是十分不合理的。

按照目前的发展趋势，"九五"时期的正常情况应当是：GDP和消费、投资的实际增长率均为8%—9%，国内消费率60%左右，国内储蓄率40%左右，其中固定资产投资率35%左右，存货投资率4%—5%，净出口率在-1%和1%之间。就是说，投资增长率不再像过去那样远高于GDP增长率，储蓄率和投资率也不再像过去那样持续大幅度上升，而是在较高水平上保持相对稳定,这是既避免经济过热和高通胀又保持经济高增长的基本要求。

(二)1996年计划投资率等指标探讨。1996年GDP计划增长8%,投资规模20700亿元,名义投资增长7%左右,扣除价格因素后为零增长或负增长,投资率32%。这显然是一个极度不平衡的计划。在投资零增长或负增长的情况下,只有消费、库存和净出口增长远远超过8%,才能实现8%的GDP增长。然而,消费是难于调控的,政策上也不宜刺激消费,因此1996年消费可能继续保持8%左右的平稳快速增长;净出口一方面不可能增长太快,另一方面即使增长很快对GDP影响也不大;最后只有大幅度增加库存一条出路,这条路最终也走不通。从另一个角度看,1993—1994年我国国内储蓄率已达到40%以上,估计今后几年包括1996年国内储蓄率仍可保持在40%左右,在固定资产投资率拟定为32%、净出口拟定为零的情况下,存货投资率将为8%,与1989—1991年水平相当,比1994年存货投资率高出近5个百分点,显然很不合理。

从目前情况看,如果1996年投资、消费和GDP实际增长率都达到8%—9%,在40%左右的储蓄率下,投资率在35%左右,净出口率为0%左右,存货投资率在5%左右,将是相当令人满意的。

全社会资金：分析框架、运行现状和合理配置要求*

回头看：这是国家计委财金司组织开展的系列研究中的一篇，文中提出多个层次的全社会资金概念，其中的外部融资总额与人民银行正式计算、应用的社会融资规模指标可以说本质相通。

一、分析框架

（一）五个层次的全社会资金。现代市场经济的运作是实物运动与价值运动的有机结合。资金是反映和媒介消费、投资及其他经济活动的独立货币形态，全社会资金是反映和媒介全社会经济活动的所有独立货币形态。从分析的角度看，对应于社会经济运行，至少可以有四个层次的全社会资金：（1）国民生产总值范围内的部门间融资总额，即资金流量表中的金融交易总额。在各经济主体的收入分配格局和投资、消费行为既定的情况下，部门间融资总额就是可供进行余缺调剂的全社会资金。这就有一个如何对社会资金进行余缺调剂和合理配置的问题。（2）把国民生产总值作为全社会资金流量总额。在这种定义下，全社会资金分析侧重于三方面问题：一是全社会资金的分配，二是全社会资金的使用，三是资金在不同部门间的余缺调剂，即部门融资。（3）把对应于投入产出分析中总投入或总产出流量的资金视为全社会资金。其合理性在于，从宏观上讲，国内生产总值并不能涵盖全部经济活动。从投入

　　* 本文原载《经济改革与发展》1996年第9期、《现代企业导刊》1997年第3期、《经济研究参考》1997年第7期。

的角度看，国内生产总值只是最初投入，在总投入中还包括中间投入；从产出的角度看，国内生产总值只是一种净产出或最终使用，在总产出中还应包括中间使用。既然经济活动的范围比国民生产总值所涵盖的范围宽泛得多，那么对应于全部经济活动的全社会资金概念就可以比国内生产总值大得多。（4）把资金存量或金融资产存量作为全社会资金。毫无疑问，存款余额、贷款余额、现金流通量余额和证券余额等都是不同形式的存量资金（甚至固定资产和流动资产也可以用货币形态表现，从而有固定资金和流动资金概念），这些存量资金也有一个结构和配置的合理化问题，而且，流量资金的规划、配置也需要考虑存量资金的结构现状和未来目标要求。因此，存量资金分析的独立意义及其与流量资金分析相结合的特殊意义都不容忽视。

上述四个层次的全社会资金，即资金流量分析中的金融交易、国民生产总值、投入产出分析中的总投入（或总产出）和资产负债分析，都是现存的、国际上公认的、具有特定含义的统计分析概念，它们在范围上逐步扩大，在分析上各有短长，只不过我们在某种意义上称其为全社会资金罢了。问题在于，我们期望做的全社会资金分析、规划和调控似乎既与上述全社会资金有关，又不完全是一回事。

其实，对资金概念存在着两种不同的理解。一是把用货币形态表现的实物经济运动看作资金运动，从而把用价值形式表现的实物看作资金，例如把国民生产总值看作一种资金总量，把固定资产和流动资产看作固定资金和流动资金。二是把资金定义为可用于消费和投资等经济活动的独立货币形态，例如现金、贷款、财政资金、信贷资金等。政府资金规划所指资金恐怕主要是后者而不是前者。

这里，我们试图界定另外一个全社会资金概念。从简单而实用的角度出发，我们看到，全社会各经济主体进行经济活动所需资金的来源，无非是自有资金和外部资金两类，自有资金即可支配收入；外部资金可以分成国内外部资金和利用外资，国内外部资金又有间接金融和直接金融两种融资方式。我们把全社会各经济主体的所有内部资金和外部资金来源之和称为全社会可支配资金。可以认为，全社会可支配资金对应或媒介着全部经济活动。

上述五个层次的全社会资金概念各有其相对独立的含义，以这些概念为中心所展开的分析，都可以在不同程度上揭示全社会资金运动的一个侧面。如果能够将所有这些侧面的资金问题弄清楚，也就可以对全社会资金运动有一个比较完整、透彻的理解。不过，从资金作为相对独立货币形态的角度看，对资金运动的分析，重点应围绕部门间金融交易状况、金融资产和负债状况以及全社会可支配资金三个重点展开。

（二）两个分析框架。在上述全社会资金概念的基础上，可以建立关于全社会资金总量和结构分析的两个基本框架。

1. 以国内生产总值为出发点，以国民收入分配和使用分析为基础，以金融资产与负债分析为背景，以储蓄资金总量、储蓄与投资关系、不同部门间的资金余缺调剂和融资方式的分析为中心。

2. 以全社会可支配资金概念为中心，着重分析全社会资金总量及其变化趋势，全社会可支配资金与国内生产总值之间的关系，全社会可支配资金的构成，包括各经济主体的自有资金和外部资金状况等。

（三）若干可能存在的分析误区。

1. 把国内（或国民）生产总值分配和使用结构当作全社会资金分析本身或分析重点。国民生产总值可以视为广义国民收入，国民收入在居民、企业和政府等部门间的分配结构和在消费、投资等方面的使用结构是国民经济核算的内容。在市场经济条件下既然几乎所有的经济活动都离不开货币、资金，那么把国民经济核算当作全社会资金分析未尝不可，但应当意识到，这只是全社会资金分析的基础，仅仅停留在这一步，或以此为重点，则有可能使全社会资金分析失去其应有的独立意义。

2. 把对具体资金形式的"微观"分析当成全社会资金分析的重点。例如，人们可能热衷于对财政两个比重或某类企业利润（资金效益）状况等问题做尽可能详细、深入的分析，但如果这种分析的详尽程度过了头，客观上妨碍或冲淡了对全社会资金总量和不同资金形式相互关系的分析，那就本末倒置了。

3. 把全社会资金分析和规划的最终目的理解为政府试图对全社会资金进行直接控制和调配。我国对资金的管理和调控经历了两个阶段：一是计划经济时期政府对绝大部分资金实行直接计划管理或控制；二是改革以来政府能够直接调控、调配的资金份额越来越小，越来越多的资金处于"情况不明、调控不灵"的状态。目前改进对全社会资金的规划、管理有两种选择：一是试图把尽可能多的社会资金纳入政府的直接管理范围之内；二是在适当界定和保持政府直接控制的资金范围和规模的前提下，对全社会资金进行全面、有效的监控，即一方面对全社会资金"心中有数"，另一方面主要运用间接手段对全社会资金总量、结构、用途进行调控。显然，现实的选择是后者而非前者。

4. 把居民储蓄存款当成国民核算中的总储蓄概念。实际上，总储蓄概念比储蓄存款概念宽泛得多，储蓄存款增加额是总储蓄的一个组成部分和一种表现形式，此外总储蓄还可以体现为实物投资和手存现金、购买有价证券增加额等。简言之，收入中用于消费之外的部分就是储蓄。

二、运行现状

（一）全社会资金总量与结构分析。全社会资金总量和结构的分析可以前述两个分析框架为基础展开。

1. 总储蓄和部门间资金余缺状况分析。

（1）80年代以来我国国内储蓄率的变化表现为高水平上的上升趋势，进入90年代后储蓄率高达40%左右。高储蓄率是高投资的基础，而高投资则是我国经济高增长的重要推动力量。

1981—1985年我国国内储蓄率（把国内生产总值视为国内总收入）由32.5%上升到42.2%，上升近10个百分点。"六五"时期国内储蓄率平均约为33%，国内生产总值增长率平均10.8%；"八五"时期国内储蓄率平均约为40%，国内生产总值增长率平均达到12%。高储蓄率对经济高增长的意义非同一般。反观英美等发达国家，长期以来其储蓄率多在20%左右，经济增长率则在4%以下。目前我国40%的高储蓄率在国际上是十分罕见的（80年代新加坡曾经出现过40%的高储蓄率），应当加以珍惜和有效利用。高储蓄将成为今后我国经济继续保持高增长的重要保证之一。

（2）90年代以来多数年份我国国内储蓄率高于国内投资率，表明我国国内储蓄资金潜力十分庞大，可以满足高投资而有余。同时，国内储蓄率高于国内投资率意味着，我国有相当一部分国内储蓄被国外所利用，这对一个发展中国家来说是不正常的。一般而言，在经济起飞初期，发展中国家应适当（净）利用国外储蓄资源来促进国内经济发展，同时以资本净流入来保持国际收支平衡。从长远看，随着我国经济实力和国际竞争力的增强，我国也应当或必将出现国内储蓄率高于国内投资率（表现为净出口）的稳定趋势，但目前这一趋势可能来得偏早了些。另一个与国内高储蓄率不够协调的现象是，近年来我国大量利用外资，目前利用外商直接投资居世界第二，发展中国家之首。这表明，国内资金潜力虽大，但国内资金渠道不够畅通，大量储蓄资金不能高效、顺畅地转移到投资建设之中，出现了国内高储蓄率与国内资金紧张并存的局面，外资便成了大家极力追求的对象。可以说，外资的大量利用客观上排挤了国内资金。当然，与利用外资相伴随的优惠政策，先进管理经验和企业经营机制的转变，是国内资金所没有的。换言之，国内资金不可能完全替代利用外资。

（3）储蓄主体与投资主体明显错位。改革以来居民储蓄规模迅速扩大，在国内总储蓄中的份额已由改革之初的12%上升到目前的55%，成为国内储蓄的主要提供者。政府部门储蓄在总储蓄中的份额，70年代末80年代初达1/4至1/3，过去10多年中这一份额一直下降，目前已降至微不足道的4%以下。企业储蓄在国内总储蓄中的份额在改革之初占1/2强，目前降至43%左右的水平，下降约10个百分点。

值得注意的是，由于现行统计中将社会消费全部归于政府消费，造成了政府储蓄的缩小和企业储蓄的扩大，实际上我国相当一部分社会消费支出是由企业承担的，所谓"企业办社会"即是表现之一，但遗憾的是统计上尚未将企业社会消费区分开来。

无论如何，储蓄主体由政府和企业向居民个人的转移，是我国经济生活的一个重要趋势。这一趋势无论在近期还是远期都将产生多重影响：一是储蓄主体（居民）与投资主体（企业、政府）的不对称将使资金成本上升，因为企业和政府的投资活动将在更大程度上依赖外部筹资，外部资金的成本一般较高；二是对金融市场尤其是资本市场的发展提出了越来越迫切的要求；三是由于使用居民储蓄资金必然是有偿的，这对于消除我国国有企业惯有的"软约束"弊端有一定的促进作用，相当于从企业外部施加了一种无可回避的压力；四是同样由于居民储蓄资金有偿使用的硬约束以及居民储蓄所具有的主体地位，金融体系的风险也潜在地甚至现实地加大了。鉴于金融风险所可能产生的广泛的不良影响，保障金融产业安全已成为今后经济发展中的一个重要课题。

（4）在储蓄和实物投资相抵后，各经济主体的净金融投资状况具有如下特点：一是居民净金融投资一直表现为正值，而且金融投资规模急剧扩大。据初步测算，居民年度净金融投资额已由改革之初的不足100亿元增加到目前的超过1万亿元。二是政府部门和企业部门净金融投资均表现为负值，即金融负债增加。据初步测算，80年代初政府和企业部门的年度金融负债增加均在100亿元左右，目前政府年度金融负债净增加额已达到近1000亿元的水平，而企业年度金融负债净增加额更达到8000多亿元的水平。三是居民部门的金融投资增加与政府、企业部门的金融负债增加是相互对应的，即政府、企业部门的资金不足正好由居民部门的资金盈余来填补。

2. 社会可支配资金总量及其结构状况。

（1）过去十多年全社会可支配资金总量迅速增长。全社会可支配资金总量与GDP之间存在较高程度的相关性，全社会可支配资金总量的变化有一定的规律可循，有一定的可预测性和可规划性。

这里把全社会经济主体的自有资金与外部筹资之和视为全社会可支配资金总量，其中自有资金指各经济主体的可支配收入。据初步测算，1978—1995年全社会可支配资金由约3700亿元扩大到71200多亿元，增长18倍，年均递增近20%。另据回归分析，全社会可支配资金总量与GDP（现价，支出法数据）之间存在明显的对数相关关系（回归分析结果：常数和系数的t检验值分别为-2.95，35.1，$R^2=0.99$，DW=1.8，GDP为解释变量，样本期1978—1995年）。因此，可以根据GDP总量计划指标来测算全社会可支配资金总量，进而推导出所需外部资金来源总量和资金结构目标，作为政府对全社会资金调控的参考。

（2）全社会各经济主体的外部资金来源总额同样迅速扩张，其与

GDP之间也存在一定的相关性,这种相关关系可以为外部资金来源规划提供某种依据。

据初步测算,各经济主体的年度外部融资总额已由1978年的不足100亿元增加到1995年的约13000多亿元,年均增长约38%。这表明,从总体上看,外部资金来源(或需求)的增长远远超过内部资金来源和全社会可支配资金总量的增长,相应地,金融的影响日益扩大,金融政策、金融制度和金融市场在宏观调控和经济发展中的地位不断加强。另据回归分析,外部资金需求量与GDP(现价,支出法数据)之间存在较明显的对数相关关系(回归结果是: 常数和系数的t检验值分别为−7.56和12.83,R^2=0.91,DW=1.75,GDP为解释变量,样本期为1978—1994年),据此,在GDP计划目标确定的情况下,可以对外部资金需求总量作出预测,作为制定全社会资金规划的一种参考。

(3)不同经济主体的内部资金与外部资金结构变化具有如下特征:一是居民部门基本上不依赖外部资金来源,其经济活动几乎100%都是运用自有资金。这一方面表明收入分配向居民部门倾斜,居民部门自有资金充裕,另一方面也表明我国住房信贷等消费者信贷很不发达。因为当消费信贷发达的时候,尽管居民部门总体上仍将是资金净盈余部门,但居民金融负债仍将有一定的规模,而不会是一片空白。二是企业部门在改革之初约有90%左右的资金是内部资金,目前内部资金比例已降至40%左右,外部资金则成为企业资金供应的主要渠道,占据60%左右的份额。三是在政府部门所需资金总量中,内部资金份额已由过去的90%左右(个别年份甚至更高),降至目前的3/4强,外部资金来源占近1/4的份额。总的趋势是,企业和政府部门单靠内部资金越来越难以为继,对外部资金的依赖性越来越高。

(4)企业部门外部资金来源的构成状况是:改革前主要是银行贷款,占90%以上;目前则呈现出一定的多元化特征,如1994年企业外部资金来源中银行贷款约占56%,利用外资约占34%,其他方式包括集资、发债等约占10%。

政府外部筹资也经历了筹资渠道拓宽和筹资方式多元化的过程。在过去相当长的时期里,政府外部资金来源主要是银行透支或银行借款,目前的基本格局和趋势是：国债为主，外资居于重要地位，银行透支（或银行借款）受到限制，外资占55%左右，对银行借款等其他方式则为负值。

（5）企业和政府部门外部资金来源渠道的多元化是一个合理的发展趋势。在总体趋势合理的同时，也存在一些明显的问题：一是企业外部融资对银行信贷的依赖度偏高；二是直接融资方式即金融市场发育严重不足；三是企业和政府部门对外资的依赖性可能也偏大了些。

（二）资金运行机制和效益问题。

1. 资金运行机制问题突出表现为：总体上资金运行不规范，相当一部分资金极不规范，以及不同性质的资金功能混乱。具体来看，主要是：

（1）财政资金除了预算内资金外，还有预算外乃至体制外但具有财政资金性质的资金。其中预算外资金（原来口径）在规模上已可与预算内资金等量齐观。而体制外资金（即预算之外的资金）的情况谁都说不清楚，其收支无规则可言。

（2）信贷资金既有规模内贷款，也有规模外贷款或绕规模贷款，以及其他具有信贷资金性质但没有名目也不反映在金融机构账目上的资金。有些信贷活动通过不合法的金融中介进行，如"互助会"或民间高利贷，个别地方规模甚大。据有关估计，目前规模外贷款大约有2700亿元。另外，不同信贷资金在投入规模和结构上大相径庭，有的受到过分严格的限制，有的则基本上处于放任自流状态。

（3）规范化的金融市场发育不足，不规范的直接融资有禁不止，一有机会便冒出头来，如各种形式的非法集资活动或其他直接融资方式。

（4）居民收入来源除了正常的工资、奖金外，其他不规范收入形式已成为重要的收入来源形式，特别是对高收入阶层来说更是如此。

（5）财政资金信用化。例如拨改贷等。一旦财政资金的无偿性质有了改变，资金的配置原则和效果也将受到影响。

（6）信用资金财政化。如"安定团结"贷款。为防止企业破产而被迫发放的贷款总体上都具有财政资金的某种性质，因为这种贷款所遵循的不是正常的信贷原则。

（7）农产品收购资金被挪用于其他用途，流动资金贷款转用于固定资产投资等种种偷梁换柱现象。

（8）拖欠的大量存在，使市场经济下最基本的结算规则得不到遵守。

（9）资金价格扭曲、混乱。官方利率与市场利率存在明显差距，造成容易得到贷款的国有企业通过转贷进行套利。同时，安全性最高的国债利率高于普通存款利率，筹资成本本应低的国债，筹资成本反而高。

（10）政策性金融领域有时存在政策性资金来源与商业化贷款取向的不协调现象。

（11）非国有经济对GDP的贡献已超过一半，但非国有经济在资金供应上仍处于"不平等"地位。其所占有的信贷资金存量和增量都远少于国有经济，目前非国有经济获得规范的外部资金的渠道仍不够多，困难仍然较大。

（12）宏观上可能最为关键的问题有两个：一是还没有建立起一个真正的使计划、财政、金融相互配合、相互制约的制度基础和相应的协调机制。例如，"计划挖坑、银行栽树"，同时二者之间不够协调等现象仍在一定程度上存在。二是大量的社会资金游离于国家的宏观调控之外，政府既不清楚其真实规模，也没有有效的直接手段或间接手段来加以调控。

2. 资金效益。资金效益可以有微观、中观、宏观三个层次，例如企业效益、行业或部门效益和全社会资金效益。国有企业资金效益可以从一个角度来说明资金效益问题，如国有企业资金利税率已由改革之初的20%左右下降至目前的10%以下，效益下降十分明显。要更全面地考察国有企业效益（特别是当与其他企业进行比较时），可能需要综合考虑更多的因素或运用其他效益指标，如考虑国有企业的负担（冗员等）状况，或用净产出比率这样的指标。因为从财会角度讲，多提折旧或把收入向个人转移都会使企业利税效益下降，但实际总产出可能并未变化。另一方面，即使弄清了国有企业效益问题，也不等于把握了全社会资金效益或国民经济总体效益。

在衡量全社会资金或国民经济宏观效益方面，投入产出分析中的净产出（最初投入）与总产出（总投入）之比指标似乎更全面、恰当些。

资料表明：1987、1990、1992年我国净产出（GDP）与总产出（或总投入）之比分别为44.5%、41.5%和38.9%，表明每产出一个单位的GDP所需要的总投入明显增加了，全社会资金（宏观经济）效益的确下降了。从国际比较来看，国民经济净产出与总产出之比，美国为54%（1977年），新加坡49%（1972年），表明我国的宏观经济效益比这两个国家都低。此外，全要素生产率也是一个较好的效益指标。

三、合理配置要求

全社会资金配置合理化的前提是要对全社会资金的运行现状有准确的把握，这首先对国民经济统计提出了更高的要求：一是要进一步提高统计数据的质量和时效性。正常的统计调整是经常的和可以理解的，但GDP等关键指标如存在较大误差，则以此为出发点的全社会资金分析的水平必将受到影响。二是健全国民经济核算体系，推出较详细的国民收入分配、使用统计数据，增加资金流量核算等内容。

至于如何优化全社会资金配置，这里仅提出几点思路性的建议：

（一）在目前我国存在较稳定的高储蓄率的情况下，"九五"时期我国可以、也应当保持较高的固定资产投资率。例如在国内储蓄率达到40%左右的情况下，固定资产投资率可以达到35%左右，其余5%用于存货投资，进出口保持基本平衡。即使总储蓄率低于40%，由于我国存货投资率高于发达国家3个百分点左右。通过压缩存货投资率也可以提高固定资产投资率。

（二）加快发展规范的金融市场，特别是资本市场，在推进国有银行商业化改革、继续倚重间接金融的同时，适当提高直接融资比重，减轻间接融资负担，降低金融产业风险。

（三）有意识地拓宽非国有经济外部融资渠道，其战略意义在于：在国有企业改革尚未取得明显成效、国有经济增长相对缓慢的情况下，"九五"乃至更长时期里我国国民经济的持续快速发展可能在很大程度上要靠非国有经济的高速增长来支撑。

（四）在目前的收入分配和储蓄格局下，要提高各种金融中介的效能，充分发挥其作用，以便使居民手中的大量储蓄资金高效、顺畅地转移到经济建设中。同时，从长远出发，调整国民收入分配结构，扭转国民收入分配继续向个人倾斜的趋势。国际经验表明，不同国家居民收入占国民总收入的比例可以有效大差异，但在不同时期这一比例则是基本稳定的，不会一直表现为"一边倒"的发展趋势。

（五）在资金渠道问题上，正门要"放开、放展"，否则旁门左道问题难以避免。在资金运用上，对正规的金融机构（如国有银行）过分限制将引致其他金融机构的蓬勃发展，国外已有许多经验教训，值得记取。

（六）财政资金、信用资金、政策性信用资金等的性质和功能不能混淆，否则资金配置效果必然受到损害。

（七）资金价格"多轨制"应尽量避免，要逐步形成由市场机制即资金供求状况来决定资金价格的机制。

（八）对计划、财政、金融之间的关系要做出妥善的制度安排，正确处理三者之间的关系，既不能靠不同部门间的自觉配合（有时是有意识不配合），也不能光靠国务院或有关领导人"就事论事"地进行协调。

（九）宏观调控要覆盖全社会资金，不应有漏网之鱼。对国内人民币资金、国内外汇资金和利用外资要统筹规划，综合平衡。但这绝不是要回到直接控制的老路上去，而是要靠建立有效的以间接手段为主的调控体系，完善有关的制度，包括统一国家财政等。

（十）利用外资不是多多益善，对单纯以弥补资金不足为目的的利用外资应当给予一定的限制，利用外资的出发点应是发挥外资在国内资金所不具有的、其他方面特有的功能和效益。

宏观总量平衡关系与"九五"投资率的确定*

回头看：本文结论是"九五"投资率确定为35%左右为宜，后来"九五"计划目标为30%，此后5年的实践表明本文的意见比较符合实际，具有预见性。

"九五"投资率多高合适，是长期规划中一个无可回避的问题。迄今，这一问题并未得到令人满意的解决。本文通过对近年来我国投资率变化的基本趋势、高速增长时期的国际经验和"九五"宏观总量平衡关系的分析，认为"九五"投资率以35%左右为宜。35%左右的投资率是"九五"经济适度高增长的客观需要，35%左右的投资率不会加剧通货膨胀压力，35%左右的投资率有足够的资金来源保证，因而是较为现实可行的。相反，如果"九五"安排投资率偏低（32%以下）或偏高（38%以上），则不是引起经济偏冷就是引起经济过热，相应的一系列困难和矛盾将与之俱来，国民经济将再次陷入剧烈波动之中。

一、投资率在经济分析和决策中的意义及其局限性

近年来，投资率指标日益受到经济理论界和决策层的关注，成为判断投资形势和制定经济计划的一个重要参考指标。我们认为，投资率指标对于经济分析和决策而言既有独特的价值，也有明显的局限性，投资

---

* 本文系"1996—2010年我国经济发展基本思路研究"（国家计委经济研究中心重点课题）专题报告，完成于1995年5月，作者韩文秀、邵宁。

增长速度高低比之投资率高低更具实质意义,只有将投资率与投资增长速度两个指标结合运用才能相互取长补短,全面、客观地反映现实,防止经济分析和决策工作中可能出现的失误。

(一)投资率仅表示在国民收入(GDP)使用中投资所占的比例。国内生产总值的生产和使用是一个过程的两个方面。国内生产总的使用构成包括固定资产投资、消费、储备增加和净出口四部分。固定资产投资占国内生产总值使用总额的比例称为固定资产投资率(有时简称投资率)。储备增加,即库存增加,可以视为流动资产投资或存货投资,储备增加占国内生产总值的份额称为存货投资率。广义上讲,总投资包括固定资产投资与流动资产投资,总投资率就是固定资产投资与储备增加之和在国内生产总值使用总额中所占的份额。

现实投资率究竟能够达到多高,取决于投资者的投资意愿和经济结构两方面因素。如果投资机会多、回报率高,或投资行为无硬性约束,投资者有强烈的投资冲动,投资增长就快,投资率就可能上升;同时,如果重工业在经济中的比重较大,投资品的生产供应能力较强(或者外汇储备多、进口能力大),建筑业比较发达,那么国民经济支持投资增长的能力较强,即使投资率较高或上升较快,也不致造成投资品价格的过快上涨。

投资率可以有名义投资率与实质投资率之分,分别用现价投资率与不变价投资率来表示。现价投资率即现价投资额与现价国内生产总值的比率,不变价投资率即不变价投资额与不变价国内生产总值的比率。从核算原则上讲,不变价的投资、消费、库存增加与净出口之和必然等于不变价的国内生产总值。同样,投资价格指数、消费价格指数、库存价格指数与出口价格指数的加权平均数必然等于国内生产总值缩减指数。由于投资价格指数与国内生产总值缩减指数往往不一致,有时甚至差得很多,因此现价投资率与不变价投资率有时也差得很多。例如,1993年我国现价投资率达36.5%,但在投资和国内生产总值中分别剔除价格因素后,上年价投资率仅为32.8%,比现价投资率低约4个百分点。这是因为,1993年投资价格上涨26.6%,远高于国内生产总值缩减指数(13.6%),因而从现价投资与现价国内生产总值中剔除的价格因素是很不相同的。只要投资价格指数高于国内生产总值缩减指数,不变价投资率就会低于现价投资率。

从对经济增长的影响而言,尤其是从短期角度看,增加投资与增加消费、库存或出口是一样的,它们都是社会总需求的一个组成部分,其中任何一部分的急剧扩张都会引起社会总需求的较快增加,只要社会总需求增加了,经济增长就能够实现。

改革以来我国的消费经历了一个由急剧扩张到平稳发展的变化。展望未来,不能排除在某个时期或某些年份消费进一步趋于平淡的可能性。那样的话,增加投资就成为弥补总需求不足、保持经济持续增长的必然选择。这种情况下,固定资产投资率将保持在一个相对来说较高的水平上。

(二)目前中国的投资率指标与前几年、与国外均有不可比之处。有四个影响因素需要加以澄清。

第一,价格结构不平衡因素。由于改革以来投资价格上涨幅度平均而言远高于国内生产总值缩减指数,经过十多年不断累积的结果,目前现价投资额中所包含的价格上涨因素已大大超过现价国内生产总值中所包含的价格上涨因素。据测算,1981—1994年GDP缩减指数累计上升约1.47倍,同期投资价格指数约上升2.70倍。这意味着,如按1980年不变价格计算,1994年的GDP中包含了147%的价格虚增成分,而总投资额中则包含了270%的价格虚增成分。这就不难理解,1994年的现价投资率与1980年(或1985年)相比,决不可同日而语。

第二,总投资内部构成的不平衡变化因素。总投资由建筑安装工程、设备和工器具购置、其他费用三部分构成。其中设备和工器具购置所占比例大小十分重要,日本等国常用设备投资率指标来判断投资状况。据统计,在我国全社会固定资产总投资中设备、工具购置所占比重,1985年为28.2%,1988年为27.5%,1993年为25.2%,呈逐渐下降趋势;建筑安装工程所占比重分别为65.1%、65.3%和63.1%,也稍有下降;而包括土地补偿费、青苗补偿费、管理费等在内的各种费用所占比重则由6.7%上升到7.2%和11.7%。换言之,1993年总投资中各种费用所占比重比1985年高出5个百分点,换算成投资额,即多出约623亿元。这些投资费用的急剧增加，并不形成物化固定资本，对投资品市场也不产生需求压力。

目前的投资总额中所包含的物化投资部分如设备、工具、材料等所占比重比过去有明显下降，而工资、费用等非物化投资在总投资额中的比重则显著上升。因此，目前的投资总额和投资率与前几年相比有不同的内在结构，是不能够简单对比的。

特别值得一提的是，按照统计核算原则，征地费是不应当计入固定资产投资总额的。然而在我国的实际统计中，征地费没有扣除。考虑到近年来土地价格大幅度上涨的事实，征地费的急剧增加的确夸大了固定资产投资规模。

第三，外商投资完成额的统计问题。1993年全社会固定资产投资中扣除国有单位投资、集体单位投资和城乡个人投资外，还有1092亿元投资归入其他经济类型，其中主要是外商投资部分，这些投资占全社会总投资的8.7%。但在1993年以前，外商投资完成额未被计入全社会投资中，中外合资企业投资只将中方投资部分计入国内总投资中。按照合理的统计核算原则，凡发生在国内的一切投资都应当计入全社会总投资中。照此原则，那么现行统计中1993年以后的投资率与1993年以前的投资率就不能简单对比，因为前者包括外商投资，后者不包括外商投资；甚至1993年以前的投资率也不完全可比，因为不同年份外商投资的规模和比例大小是不同的。

第四，现价GDP存在低估问题。除了第三产业增加值低估问题比较明显外，一、二产业增加值也有低估问题。例如在折旧、租金、个人投资等方面的低估。一些学者曾指出，我国80年代末期GDP低估部分相当于现行统计GDP的6%以上。近年来有关统计部门和世行等国际组织也已注意到这个问题。GDP低估意味着在计算投资率时分母小了，投资率自然会提高。

我国的投资率与国外投资率在定义上是完全一致的，因而也应当是可以进行比较的。但在对中外投资率进行比较时必须注意四点：一是国外投资价格指数与国内生产总值缩减指数之间的差别往往不如中国那样大，价格扭曲影响可能要小一些。二是国外投资总额中征地费等不属于固定资本形成的费用未计入，或者说可能比中国扣除得更彻底。在上述意义上，外国投资率可能更"实在"一些。三是国外（特别是发达国家）对不同所有制单位投资和外商投资的统计比我国可能更全面、准确一些。四是发达国家的GDP统计可能更准确，低估或遗漏因素更少，因为其国民经济核算体系历史更长，有关的经验更丰富。

（三）投资率不变的情况下经济生活可以发生巨大变化。既然投资率是投资与国内生产总值的比率，那么投资率的提高必然是投资增长速度快于国内生产总值增长速度的结果。如果投资增长速度与国内生产总值增长速度大体一致，投资率就会基本保持不变，但这并不意味着经济生活也将继续保持过去的状态。可以设想的一种情形是：投资和国内生产总值都出现高增长，一改过去的萧条趋势，但由于分子分母同幅增长，投资率可能仍然是那么高，根本反映不出经济中已发生的变化来。例如，1987年、1988年我国投资率分别为32.2%和32.0%，经济增长率分别为11.1%和11.3%，均相差无几，但通货膨胀率却分别为7.3%和18.5%，相去甚远，在其他方面这两年的经济运行也有许多明显差异，这些在投资率上都看不出来。实际上，1985—1988年的四个年份投资率均在30%左右，但各年经济增长率不同，通货膨胀率不同，经济形势的特征也不同，其中1985年、1988年是过热年，1986年、1987年则相对而言属于正常年份。

第二种可能出现的情形是，投资率下降，但经济增长却加快了。这种情况发生在经济增长由消费扩张打头的时候，即消费的过快增长引起了社会总需求的快速增长，从而带动了国民经济的较快增长。这时消费的增长超过国内生产总值的增长，投资并未收缩，只是投资增长率落后于国内生产总值的增长，结果投资率呈现下降趋势，经济增长却具有加速趋势。

第三种可能出现的情形是，投资率保持不变，但经济却出现衰退。这种情况发生在投资、消费、出口、库存都以大致相同的速率萎缩，从而引起社会总需求减少的时候。在这种情况下，既然投资、消费等与国内生产总值同幅度收缩，投资、消费等在国内生产总值中的份额就不会发生变化，即投资率、消费率就不会发生变化。

第四种可能出现的情形是，投资率上升了，但经济增长率却下降了。如果投资规模不变，但消费额、出口额等比过去明显减少了，就会出现社会总需求收缩但投资份额却相对扩大的结果。这时，从现象上看投资率提高了，但这种提高只是一种相对的结构变化，没有实质意义，不能够弥补由消费等的减少而造成的需求不足。

上述分析表明，有时投资率的变化可能毫无实质意义，而投资率的保持不变也不表明经济生活就不可能出现巨大变化。投资仅仅是社会总需求的一个组成部分，决定社会总供求平衡格局的是社会总需求整体而不是投资一个方面。

（四）不存在一个一成不变的合理投资率。理论上讲，如果在某个特定的投资率下经济能以较快速度增长、又未发生较高通货膨胀，那么这个投资率就是合理投资率。考察过去十多年的经验可以发现，不存在一个一成不变的合理投资率。1982—1984年我国经济增长都较快，平均达到11.0%，通货膨胀率平均只有2.1%，投资率则在25%左右，可以认为这一投资率是比较合理的；1986年、1987年经济增长率分别为8.5%和11.1%，通货膨胀率分别为6%和7.3%，相对而言也都比较令人满意，这两年的投资率均为32%，可以认为这也是一个合理投资率。1992年也属于经济增长较快（13.2%）、通货膨胀率较低（5.4%）的年份，当年投资率为32.2%，与1986年、1987年相当。这样便出现了25%和32%两个合理投资率，一个是80年代前半期的，一个是80年代后期和90年代初期的。如何在这两个合理投资率之间作出选择呢？如果说25%的投资率是合理的，那么1989年、1990年投资率同样为25%左右，但却出现了严重的市场疲软、生产停滞现象；如果说32%的投资率是合理的，那么1988年的投资率也差不多是32%，却出现了严重通货膨胀。而且，这两个"合理投资率"相差如此之大，竟达7个百分点。这表明，期望根据过去的经验来找出一个一成不变的合理投资率是不现实的。

然而，现实中必然有一个投资率是合理的，尽管不同时期、不同条件下合理投资率可能差别很大。概括地讲，合理投资率的确定应当考虑五个因素：（1）即期总需求状况。如果消费需求不足，出口增长乏力，就应当适当提高投资率，扩大投资规模，以保证社会总需求和经济的稳定增长。(2)后续生产能力的保证程度。即使当前消费、出口增长强劲，也应当使投资和投资率保持一定的水平，预防经济增长虎头蛇尾。(3)投资品的供应状况。如果国内投资品供应能力很弱，大量进口又缺乏外汇储备基础，那么期望通过大幅度提高投资率以弥补消费、出口之不足，只会引致投资品价格的猛烈上升，形成带有水分的高投资率，而且对消费物价上升产生滞后压力。(4)上一期投资率水平高低。曾经有人认为30%的投资率是合理的，但如果某年的投资率已达36%，那么下一年安排30%的投资率肯定将是十分不合理的，因为投资率的大幅度下降必然意味着投资规模的绝对收缩。1989年正是这种情况，当年投资率比上年下降6个百分点，投资领域出现一刀切、急刹车，现在看来恐怕不是最佳选择。(5)统计因素，包括统计口径、范围的变化等。总之，如果能对上述四方面因素加以通盘考虑，一个适应现实情况的合理投资率就可以大致形成了。

（五）投资率与投资增长速度指标在经济分析和决策中应互为补充。在任何特定的投资率背后，都隐含（或对应）着一个特定的投资增长速度，但投资率本身并未直接表明投资增长速度有多高；同样，在任何特定的投资增长速度背后，都隐含（或对应）着一个特定的投资率，但投资增长速度本身亦未直接表明投资率有多高。例如，1993、1994年我国现价投资率均为36.5%，但同样的投资率所代表的投资速度分别为58.6%和28.4%，相差30个百分点，这足以说明，单独采用投资率指标是难以全面、客观地反映投资和宏观经济变化的本质特征的。在某些特定情况下，单独考虑一个指标甚至可能使人"误入歧途"或陷入两难境地。例如，设想某年的投资率已达40%，但当年投资增长速度只有10%，那么下一步的政策选择应当是什么呢？既然投资率已很高，下一步似乎应进一步放慢投资增长速度，使投资率降下来；但另一方面，既然当年投资增长率不算高，那么下一步就应当继续保持甚至加快投资增长。这种情况下，恐怕只有对投资率和投资增长速度加以综合考虑，才能提出较为适当的政策建议。

总之，投资率与投资增长速度之间的关系可归结为：年度间投资率的变化情况反映投资增长速度的快慢（相对于GDP增长速度），投资增长速度与国内生产总值增长速度之间的相对关系引致投资率的升降(与上年比较)。具体而言，当年投资率高于上年意味着当年投资增长速度快于GDP增长速度，投资增长速度快于国内生产总值增长速度意味着投资率将上升。但投资率与投资增长速度本身之间没有直接的对应关系。

因此，在经济分析和决策中，对投资率与投资增长速度指标应结合运用，使之相互取长补短。如果将投资率指标纳入计划，一定要清楚这一投资率意味着多高的投资增长速度；另一方面，在确定投资增长计划时，也应当考虑到计划中的投资速度会使投资率出现什么变化。从根本上讲，投资增长速度高低对于经济持续稳定增长而言更具有决定意义，应当置于比投资率优先的位置，受到更多的重视。

二、改革以来我国投资率分析

通过对1980—1994年我国投资率的分析可以得出如下几点结论：（1）除三年治理整顿期间情况特殊外，我国过去十多年中的现价投资率和不变价投资率都呈不断上升趋势；（2）投资率与经济增长和通货膨胀之间有一定的相关性；（3）由于价格、投资内部构成变化等因素的影响，目前的投资率与过去不完全可比；（4）提高固定资产投资率是降低存货投资率的一个有效途径；（5）我国保持较高投资率有坚实的国内储蓄基础；（6）经济分析和决策中投资增长速度比投资率更具有实质意义。

（一）改革以来投资率演变趋势。投资率可以有现价投资率与不变价投资率之分，前者是现价投资与现价国内生产总值之比，后者是不变价投资与不变价国内生产总值之比。对于我国1980—1994年的投资率水平及其变化趋势，我们可以从现价投资率、以1980年价格为不变价的投资率、以1994年价格为不变价的投资率和上年价格投资率四个角度进行考察，以期得到较为全面的认识。

表1　1980—1994年我国投资率　　　　单位：%

年　份	投资率（现价）	投资率（1980年价）	投资率（1994年价）	投资率（上年价）
1980	20.4	20.4	30.7	20.6
1981	20.1	20.1	30.2	20.1
1982	23.7	23.4	35.2	23.3
1983	24.7	24.0	36.0	24.3
1984	26.5	25.4	38.0	26.2
1985	29.8	28.4	42.6	29.7
1986	31.2	28.3	38.5	29.7
1987	32.2	28.3	37.4	31.2
1988	32.0	27.7	41.5	31.4
1989	25.9	21.8	32.6	25.2
1990	25.2	20.3	30.4	24.2
1991	25.5	19.8	29.7	24.6
1992	29.5	21.1	31.7	27.2
1993	36.5	23.5	35.2	32.8
1994	36.5	22.7	36.5	37.9

资料来源：《中国统计年鉴》各年及表2。

　　表1显示，1980年以来我国现价投资率（如未加说明时均指固定资产投资率）呈逐渐上升趋势，到1993、1994年达到创纪录的36.5%，比1981年（最低水平）高出16.4个百分点。根据改革与发展的特征，过去的15年可以划分为四个阶段：第一阶段为1980—1984年，经济改革以农村改革为主要内容，现价投资率平均为23.1%；第二阶段为1985—1988年，是改革重心向城市转移的初期，现价投资率平均为31.3%；第三阶段为1989—1991年，是治理整顿的三年，现价投资率平均为25.5%；第四阶段为1992—1994年，是改革深化、经济恢复高速增长的时期，现价投资率平均为34.2%。显然，除了治理整顿期间情况特殊外，过去十多年（现价）投资率不断上升是一个基本趋势。

　　1. 现价投资率。然而，现价投资率究竟在多大程度上反映了真实的投资水平及其变化趋势，只有在对如下三个因素的影响加以澄清之后才能得出结论：一是投资价格变化对投资率的影响；二是投资的内部构成，即建筑安装工程、设备工具购置和其他投资费用在总投资中的比例变化造成的影响；三是外商投资增加对投资率的影响。对于前两种因素的影响，我们将在后面做进一步分析；关于第三个因素的影响，这里只指出一点：由于1993年以后的全社会总投资额统计中包含了外商投资（中外合资企业投资中的外方投资部分及港澳台等独资企业投资，但仍未计入欧美等独资企业的投资）和其他经济类型企业的投资，而1993年以前的投资额未包括这些投资，因此1993年以前的投资率被低估了。当然，在80年代这部分投资规模并不大，不足以影响对投资率水平及其变化趋势的基本判断。

撇开上述3种因素的影响，对1980—1994年现价投资率变化的意义可以这样理解：如果假定每年的价格结构都是合理的，或者不考虑价格变动因素，那么在国内生产总值使用总额中越来越大的份额用到了固定资产投资上；或者换一个角度来说，由于投资是社会总需求的一个组成部分，投资率的提高表明投资在经济增长中扮演着日益重要的角色。

2. 以1980年价格为不变价的投资率。以1980年价格为基数，可以计算出定比投资价格指数和定比GDP缩减指数，从历年现价投资和GDP中扣除相应的价格上涨因素，就得到以1980年价格为不变价的投资率（见表1）。分阶段看，以1980年价格为不变价的投资率变化特征表现为：1980—1988年投资率呈上升趋势，1989—1991年呈下降趋势，1992—1994年重又呈上升趋势。这与现价投资率的变化趋势是相似的。不过，由于剔除了价格因素（投资价格指数详见表2），不变价投资率与现价投资率的差别也是明显的。具体来说，在改革与发展的第一阶段，即1980—1984年，不变价投资率平均为22.7%，比现价投资率低0.4个百分点；第二阶段即1985—1988年，不变价投资率平均为28.2%，比现价投资率低3.1个百分点；第三阶段即1989—1991年，不变价投资率平均为20.6%，比现价投资率低4.9个百分点；第四阶段即1992—1994年，不变价投资率平均为23%，比现价投资率低11.2个百分点。随着时间的推移和价格因素的累积，现价与不变价投资率的差距越来越大。

表2 投资价格指数及 GDP 缩减指数 单位：%

年份	投 资 价 格			GDP 缩减指数		
	（上年=100）	（1980=100）	（1994=100）	（上年=100）	（1980=100）	（1994=100）
1980	102.1	100.0	27.0	103.6	100.0	40.6
1981	102.2	102.2	27.6	102.2	102.2	41.5
1982	101.7	103.9	28.1	100.0	102.5	41.5
1983	103.0	107.1	28.9	101.3	103.9	42.1
1984	105.9	113.4	30.7	104.6	108.6	44.0
1985	109.5	124.1	33.6	109.0	118.4	48.0
1986	110.0	136.6	36.9	104.7	124.0	50.2
1987	108.0	148.0	40.0	105.1	130.3	52.8
1988	113.8	168.5	45.5	111.8	145.7	59.0
1989	112.1	188.8	51.1	109.0	158.8	64.3
1990	111.0	209.6	56.7	106.4	168.9	68.4
1991	109.5	229.5	62.1	105.7	178.6	72.3
1992	115.3	264.6	71.5	106.2	189.7	76.8
1993	126.6	335.0	90.6	113.6	215.5	87.3
1994	110.4	369.8	100.0	114.6	246.9	100.0

资料来源：《中国统计年鉴》各年、国家计委经研中心《参考资料》1994年第51期及根据有关资料估算。

最可能引起争论的是：以1980年价格为不变价计算，1993—1994年的投资率分别仅为23.5%和22.7%，比1984—1988年各年投资率（24%—29%之间）低约4—5个百分点。这一结果与人们对经济生活的实际感受相距甚远，似乎是不能令人信服的。我们认为，问题出在价格上。投资价格与GDP缩减指数之间的比价关系扭曲，造成了不变价投资率的失真。那么，问题是出在投资价格的夸大上还是GDP缩减指数的低估上呢？后者的可能性更大。表2中的投资价格指数绝大部分源于统计部门的估算，虽不可能是精确的，但从反映总的变化趋势的角度及与消费价格指数之间的关系来看，是可以接受的。

根据统计原则，GDP缩减指数应当是消费价格指数、投资价格指数、库存价格指数及进出口价格指数的加权平均数。用公式表示，即GDP缩减指数=a×消费价格+b×投资价格+c×库存价格+d×净出口价格，其中，

a、b、c、d分别为权数，a+b+c+d=100%。从我国的实际来看，消费和投资往往占国内生产总值的90%以上，GDP缩减指数主要是由消费价格指数与投资价格指数决定的。然而，实际统计中的一个矛盾现象是，消费价格高，投资价格也高，但GDP缩减指数却低。例如，以1980年价格指数为100，到1994年消费价格指数上升到304.4，投资价格上升到369.8，按理说GDP缩减指数应在此二值之间，但实际统计结果为246.9。投资价格与GDP缩减指数之间关系扭曲的累积后果是，由于GDP缩减指数低估，计算不变价GDP时从现价GDP中扣除的价格因素就偏小，从而夸大了不变价GDP值，人为缩小了不变价投资率。时间越长，扭曲程度愈甚。这就是为什么会出现1993年、1994年不变价投资率低于1984—1988年各年的原因所在。

为了得到一个更加真实可信的不变价投资率，我们根据有关数据对GDP缩减指数进行了调整。具体调整方法是设定消费价格的权数在1980—1984年和1989—1991年为70%，在1985—1988年和1992—1994年为65%；投资价格权数在前两个时段为25%，后两个时段为30%，库存价格的权数各年均按5%处理，并假定进出口平衡，即净出口值为零。消费价格和投资价格均按照现行统计及有关估算（见表2），库存价格则设定与将要调整出的GDP缩减指数一致。表3给出了调整后的GDP缩减指数和以1980年价格为不变价的投资率情况：1980—1984年不变价投资率平均为22.9%，1985—1988年为29.7%，1989—1991年为25.0%，1992—1994年为30.2%，其中1993年、1994年不变价投资率分别为30.7%和33.3%，是过去15年中最高的。可以认为，调整后的不变价投资率是更加真实可信的。

表3　调整后的不变价投资率　　　　　　　　　　单位：%

年份	调整后的 GDP 缩减指数			调整后的投资率	
	（上年=100）	（1980=100）	（1994=100）	（1980 年价）	（1994 年价）
1980	5.8	100.0	29.6	20.4	22.4
1981	2.5	102.5	30.4	20.2	22.1
1982	1.9	104.4	31.0	23.8	26.1
1983	1.7	106.2	31.5	24.5	26.9

年份	调整后的 GDP 缩减指数			调整后的投资率	
	（上年=100）	（1980=100）	（1994=100）	（1980 年价）	（1994 年价）
1984	2.8	109.2	32.4	25.5	28.0
1985	9.4	119.4	35.4	28.7	31.4
1986	7.6	128.5	38.1	29.3	32.2
1987	7.7	138.3	41.0	30.1	33.0
1988	17.2	162.1	48.1	30.8	33.8
1989	16.5	188.3	60.0	25.9	30.4
1990	9.8	207.3	61.5	24.9	27.3
1991	5.0	217.7	64.5	24.2	26.5
1992	9.2	237.8	70.5	26.5	29.1
1993	18.5	281.6	83.5	30.7	33.6
1994	19.8	337.3	100.0	33.3	36.5

资料来源：根据有关资料测算，方法见正文。

特别值得注意的是，1992年、1993年、1994年不变价投资率分别比上年提高2.3、4.2和2.6个百分点，连续三年投资率大幅度上升所反映的事实是，投资增长速度持续大幅度超过GDP增长，表明过去三年达到两位数的经济增长主要是由投资带动的，这种情况在80年代是不多见的（80年代的主要特征是，投资率往往只在个别年份出现急剧跃升，此后便连续几年小幅调整）。在前两年投资率已经相当高的基础上，今后投资率的变动趋势如何，对于"九五"时期的经济增长是意味深长的。

必须指出的是，一旦我们调整了GDP缩减指数，我们是马上就会面对一个更加有争议的问题：既然GDP缩减指数调高了，是否意味着过去十多年的经济增长没有现行统计那么高呢？我们的初步意见是：调高GDP缩减指数是合理的，现行统计的经济增长速度基本上也是真实的，问题在于现价GDP统计存在遗漏、低估，例如在第三产业方面。当把这些遗漏、低估部分补上后，我们就会得到更加合理、真实的GDP总量、速度和缩减指数。

3. 以1994年价格为不变价的投资率。以1994年价格为不变价的投资率与以1980年价格为不变价的投资率在性质上是一样的，所反映的投资率变化趋势也是一样的，只不过由于价格基数不同，投资率的绝对水平不一样罢了。计算以1994年价格为不变价的投资率面临着与计算以1980年价格为不变价的投资率同样的问题，需要对GDP缩减指数进行调整。运用调整后的GDP缩减指数，可以计算出调整后的以1994年价格为不变价的投资率（如表3所示）：1980—1984年投资率平均为25.1%，1985—1988年为32.6%，1989—1991年为28.1%，1992—1994年为33.1%。其中1988年、1993年、1994年投资率是过去15年中的最高值。

4. 上年价格投资率。以上年价格为不变价的投资率与当年价格（现价）投资率进行比较，可以反映当年投资价格上升（相对于GDP缩减指数）对于现价投资率变化的影响。这种比较的优点在于：过去和将来可能存在或发生的价格扭曲现象不会严重妨碍这种比较的意义。如表1所示，在整个80年代，上年价格投资率与现价投资率之差都在1个百分点以内。进入90年代后，现价投资率与上年价格投资率之差有逐渐扩大之势。1990年、1991年上年价投资率比现价投资率低约1个百分点，1992年、1993年低2.3和3.7个百分点，1994年则转为高出1.4个百分点。无论现价投资率低于或高于上年价（或不变价）投资率，只要幅度较大，都是投资价格与其他价格之比价关系悬殊的一种反映，应当在分析和决策中给予注意。

总之，从现价投资率、1980年价投资率、1994年价投资率和上年价格投资率四个角度进行分析得出的结论是基本一致的，即除三年治理整顿时期情况特殊外，80年代以来我国投资率呈现不断上升的趋势，1994年投资率达到前所未有的高峰。投资率的不断上升，表明在过去十多年中投资对经济增长的贡献越来越大。可以说，没有投资的不断扩张，就没有过去十多年的高速增长。

（二）投资率与经济增长。投资率与经济增长之间存在某种对应关系似乎是不言而喻的。1980—1994年，我国经济增长速度平均达到9.6%，是相当高的，现价投资率平均为28%，也是相当高的；从不同年份来看，经济增长速度特别高的年份（如1984—1988、1992—1994），投资率也相对更高一些；经济增长速度比较低的年份（如1980—1982、1989—1991年），投资率也相对低一些。

我们这里要做的，只是试图运用经济计量方法来检验这种感性认识，使之精确化、数量化。对1980—1984年GDP增长率与现价投资率进行回归分析得出的最好结果是：

$$Y（t）=14.62+0.64IR（t）-0.43IR（t-1）-0.41IR（t-3）$$

$$（2.3）\quad（2.7）\quad\quad（-1.7）\quad\quad\quad（-2.2）$$

$$R^2=0.75\quad\quad D.W=2.34$$

（Y为GDP增长率，IR为固定资产投资率）

这一公式所表达的经济意义是：（1）当年经济增长速度高低与当年投资率高低之间存在较为明显的相关关系。这是比较容易理解和接受的。(2)投资率对于滞后一年和滞后三年的经济增长具有明显的负作用。这是令人感到迷惑的。一种牵强的解释是，当年投资率过高会造成经济环境恶化，促使政府采取某种程度的紧缩措施，引起以后年份投资率下降，从而对经济增长产生副作用，如1988—1989年那样。（3）式中常数项为14.62，由于过去15年中没有任何一个年份的经济增长率达到14.62%，这一公式便意味着在影响经济增长的三个因素中，当年投资率的积极影响总是小于上年投资率和前推第三年投资率的负面影响，即当年和过去年份投资率对经济增长的"净影响"是促退的，只是因为在不考虑投资率的情况下经济总会保持一个稳定的高增长，才使得各年实际经济增长率是正值。这与实际经济生活显然是相悖的。因此，我们认为，上述公式是不能令人满意和接受的。投资率与经济增长之间虽有较为明显的对应性，但并不存在简单的线性相关关系。

进一步来看，80年代以来不同年份投资率的经济增长效应是很不一致的。1984年每1%的投资率可以引起（称之为"对应着"可能更准确）0.55个百分点的经济增长，而在1990年则只能引发经济增长0.16个百分点，前者的效率（姑妄称之）是后者的3.5倍。换言之，按照1990年的投资率效果，要使经济增长率达到8%，投资率应当达到50%。固然，对经济增长率与投资率进行简单的对比并不恰当，但不同年份投资率的经济增长效果差异如此之大，如此没有规律性，也是投资率与经济增长之间不具有线性关系的一个佐证。

从我国过去十多年的经验来看，消费增长是比较平稳的，而投资增长则具有明显的波动性和跳跃性。因此，投资率与经济增长之间的关系这样来理解可能更恰当一些：经济增长的加快或放慢很大程度上可以从投资率的提高或下降上得到说明。

（三）投资率与通货膨胀。既然在过去的十多年中投资率和通货膨胀率（这里泛指物价）总体上都呈现出某种上升趋势（不是直线式的），也就不难理解，对1980—1994年我国现价投资率与零售物价指数进行回归分析可以得出如下结果：

$$RPI（t）=-27.39+1.29IR（t-1）$$

$$（-4.6）\quad（6.1）$$

$$R^2=0.76 \quad D.W=1.71$$

（RPI为零售物价指数　　　IR为固定资产投资率）

上式表明，投资率与零售物价之间存在较为明显的相关关系，投资率高低对滞后一年的零售物价有明显的影响，接近八成的零售物价变动可以从投资率的变动中得到解释。

投资率对通货膨胀产生滞后影响的作用机制可能是这样的：投资率提高表明投资扩张，投资扩张一方面引起经济过热和居民收入的过快增长，形成较大的消费需求（或消费需求压力），另一方面投资扩张面临投资品供给不足的约束，引起投资品价格上涨，进而通过直接或间接的方式转化为消费品生产和价格上涨的成本推动因素。这两种影响可能主要不是在当年，而是在投资扩张发生后的第二年才较彻底地显露出来。

应当指出，上述回归分析结果反映的只是过去15年的一个平均趋势。实际上不同年份的投资率与通货膨胀率之间的对应关系并不是简单的和整齐划一的。例如，1986年投资率为31%，次年通胀率为7.3%，1987年投资率仅提高了1个百分点，次年通胀率则猛升到18.5%。这是因为，价格上涨绝不是仅由投资（无论上年的或当期的）一个因素所能完满解释的，许多其他因素如农产品收成好坏、价格调整、工资调整与收入增加等，也发挥着十分重要的作用，甚至某些年份的价格上涨可能与投资或投资率的变化根本就没多大关系。

此外，过去十多年中任何一个特定年份的实际情况与根据上述关系式的拟合结果都有差距。例如，1992年、1993年的投资率分别为29.5%

和36.5%，根据上述公式，则1993、1994年零售物价上升率的期望值应为10.7%和19.7%，但实际结果分别为13.2%和21.7%，分别比期望值高出2.5和2个百分点。既然1994年现价投资率与1993年大体相当，那么1995年零售物价的预期值自然也是19.7%，考虑到前两年的实际值与拟合值不一致，因而对1995年的预测值就只能作为一个趋势参考而不能当成准确判断了。

总之，过去十多年的经验虽然表明投资率与通货膨胀之间存在一定的相关关系，但这种相关关系并不是简单的、直接的。在预测和决策工作中，过去的经验公式不能机械地搬用，这不仅是因为过去的经验公式尚未能完满地解释过去，而且更重要的是，经济运行的内在特征是不断发生变化的。

（四）投资率的内在构成或"质量"。投资的根本目的是形成经济得以持续发展、人民生活可以不断改善的物质技术基础。

如果投资总额中工资和其他费用比重偏大，物化固定资产部分比重偏小，那么从形成物质技术基础这一角度来看，投资总额和投资率都要打一个折扣。多年来人们一直有一个概念，认为我国投资额中40%是工资。那么十多年来我国固定资产投资的内部构成究竟发生了什么变化呢？表4显示，从1981年到1993年。建筑安装工程在总投资中的比重由71.8%下降到63.1%，下降了8.7个百分点，设备工具购置比重由23.3%上升到25.2%，上升1.9个百分点，而包括土地、青苗补偿费、管理费和搬迁安置费等在内的其他投资费用比重则由4.9%上升到11.7%，上升了6.8个百分点。特别是近年来地价猛涨，征地费用在固定资产投资费用支出中所占比例越来越大。而地价本来是既不应计入固定资产投资也不应计入国内生产总值中的。另据分析，在建筑安装工程投资中，工资、收入部分也占有相当高的比例，且有上升趋势。总的来看，在总投资构成中材料、设备等物化投资部分呈相对收缩趋势，工资、其他费用等非物化投资部分呈明显扩张趋势。撇开价格因素不说，仅从投资的内部构成变化上就可以认为，目前30%的投资率与过去30%的投资率是不可比的，目前30%的投资率所形成的投资品市场需求压力与1985、1988年比要小得多，因而也可以说，投资率的"质量"是下降的。

表4 总投资的内部构成 单位：%

年份	建筑安装工程	设备工具购置	其他投资费用	总投资
1981	71.8	23.3	4.9	100
1982	70.8	23.7	5.5	100
1983	69.5	25.1	5.5	100
1984	66.4	27.8	5.8	100
1985	65.1	28.2	6.7	100
1986	66.0	27.3	6.7	100
1987	65.3	27.4	7.3	100
1988	65.3	27.5	7.2	100
1989	67.9	25.3	6.7	100
1990	66.6	25.8	7.6	100
1991	65.2	26.1	8.7	100
1992	63.9	26.3	9.8	100
1993	63.1	25.2	11.7	100

资料来源：《中国统计年鉴》各年。

（五）固定资产投资率与存货投资率。存货投资（即库存增加）是一种非意愿投资。存货投资率高意味着资金占压多、资源闲置多，不利于经济效益的提高；存货投资率波动幅度大意味着经济中的微观主体（主要是企业）对宏观经济特别是市场形势的变化反应慢、调整慢，是企业素质低、经济不成熟的一种表现。比较理想的状态是，在不妨碍经济正常运行的情况下，存货投资率既低且稳。

我国过去十多年的存货投资率变化有三个主要特征：

1. 总体水平偏高。1980—1993年我国现价存货（以国民收入使用额中的流动资产积累代表）投资率平均为6.7%，其中有5个年份存货投资率在7%以上，特别是1989、1990年存货投资率达10%左右（见表5）。

2. 波动幅度偏大。过去14年中存货投资率最高的是1989年，达11%，最低的是1993年，为4.7%，二者相差6.3个百分点。某些相邻年度间的波动幅度也很大。如1984年到1985年，存货投资率由5%升至8.7%，上升3.7个百分点；1988年到1989年存货投资率由6.2%上升到11.0%，上升了4.8个百分点；1991年到1992年存货投资率由7.3%降至5.0%，下降了

2.3个百分点。总的来看,过去十多年中存货投资率经历了三个小周期,一是从80年代初到1984年呈下降趋势;二是1985年存货投资率急剧上升后,到1988年又出现了一个逐渐下降的过程;三是1989年存货投资率突然上升后到1993年再次经历了一个逐渐下降的过程。一个似乎带有规律性的现象是:存货投资率的上升往往是突发的,存货投资率的下降则是渐进的。

3. 存货投资率与固定资产投资率的变动方向是相反的,换言之,存货投资率的下降得益于固定资产投资率的上升,存货投资率的上升则受到固定资产投资率下降的影响。例如,1981—1984年固定资产投资率由20.1%上升到26.5%,存货投资率由6.9%下降到5.0%;1985年存货投资率的突然上升可能与当年政府试图加强宏观调控、控制投资和经济增长速度有关。如果政府不采取控制措施,投资率可能更高。政府调控措施的效果或许可以这样估价:虽然未能使投资和经济增长得到有效的控制,但原来那种自发的、强劲的投资扩张和经济增长势头毕竟有所收敛,结果是固定资产投资率比上年提高了,但并未达到任由自发力量驱使所能达到的程度,另一方面,存货投资率也上升了,但如果固定资产投资未受到控制,存货投资率本来可以是较低的。1985年以后固定资产投资率与存货投资率变化方向相反的特征就更加明显了。1985—1988年固定资产投资率由29.8%上升到32.0%。存货投资率由8.7%下降到6.2%;1989年固定资产投资率突然猛烈下降到25.9%,存货投资率则急剧上升到11.0%。此后固定资产投资率持续上升,存货投资率则持续下降。到1993年固定资产投资率达到36.5%的峰值,存货投资率则跌入4.7%的谷底。这些事实说明:在消费平稳增长的情况下,增加固定资产投资是减少库存积压、解决三角债问题的一个十分有效的途径,而人们经常担心的产品和库存结构问题其实并不是根本性障碍。

表5　投资率、储蓄率与投资增长率　　　　单位：%

年份	固定资产投资率	存货投资率	国内储蓄率	投资增长率
1980	20.4	6.1	26.1	-
1981	20.1	6.9	27.5	5.5
1982	23.7	5.2	31.0	28.0
1983	24.7	5.1	31.0	16.2
1984	26.5	5.0	31.7	28.2
1985	29.8	8.7	32.9	38.8
1986	31.2	7.7	34.7	18.7
1987	32.2	5.1	37.9	20.6
1988	32.0	6.2	35.9	23.5
1989	25.9	11.0	34.9	-8.0
1990	25.2	9.7	39.0	7.5
1991	25.5	7.3	36.8	23.8
1992	29.5	5.0	35.8	42.6
1993	36.5	4.7	40.0	58.6
1994	36.5	（5.0）	（42.0）	27.8

资料来源：《中国统计年鉴》各年及根据有关资料估算。

（六）投资率与储蓄率。从国民经济核算意义上讲，GDP中用于消费以外的部分都是储蓄。储蓄占GDP的比重称为储蓄率。固定资产投资是储蓄的主要用途或使用方式，其他还包括存货投资和净出口。当国内储蓄不足以满足国内投资等需要时，净出口一项即表现为负值，意味着利用了部分国外储蓄或国外资源。

过去十多年中，我国国内储蓄率呈现出比较明显且相对稳定的上升趋势，这与固定资产投资率的上升趋势是基本一致的。1980年我国国内储蓄率约为26%，到1993年则上升到约40%（见表5），估计1994年的储蓄率已超过40%，即在过去14年中国内储蓄率上升了约14个百分点。1988、1989年的情况有些例外，储蓄率出现了较为明显的下降。原因在于：1988年的经济过热以消费过热为主，消费的扩张导致了储蓄的相对萎缩；1989年则是有意识地大幅度压缩固定资产投资，使得消费的份额相对扩大了。从最近几年的情况看，国内储蓄率保持在37%—40%是有较大把握的，这便为固定资产投资率保持在较高水平提供了保证。值得

484

一提的是，过去约有一半的年份还利用了国外储蓄。

过去十多年中我国的固定资产投资率一直低于国内储蓄率，意味着每年不是有大量的库存增加就是有大量的净出口，或两种情况并存。其实，无论理论上还是实践中，固定资产投资率既可以低于国内储蓄率，也可以等于国内储蓄率，还可以高于国内储蓄率。我国过去一直属于第一种情况，这是我国国内储蓄率较高的一种反映；固定资产投资率与国内储蓄率持平时，进出口必然是平衡的，同时库存既不增加也不减少，或者，进出口的差额与库存的增减额之间正负相互抵消。固定资产投资率高于国内储蓄率必然意味着（在核算净值意义上）利用了国外储蓄来进行国内投资建设。60年代韩国的发展模式就具有这种特征。当然，过分依赖国外储蓄往往会带来国际收支不平衡问题，也是不容忽视的。

（七）投资率与投资增长速度。与投资率相比，过去十多年中投资增长速度的波动更加剧烈，更无规律可循。1993年现价投资增长率高达58.6%，1989年则为-8%，二者相差66.6个百分点。相邻年度的投资增长率之差绝大多数在5个百分点以上。而投资率的逐渐上升趋势（治理整顿的三年除外）则是比较明显的。实际上，投资率与投资增长速度本身之间不存在直接对应关系。1986、1988年现价投资率分别为31.2%和32.0%，基本相当，投资增长率分别为18.8%和23.5%，相差约5个百分点；1989、1991年投资率分别为25.9%和25.5%，属同一水平，但投资增长率分别为-8%和23.8%，相差31.8个百分点。可见，仅知投资率而不知其所代表的投资增长速度对于经济分析和决策而言可以是十分危险的。

投资率与投资增长速度之间必须通过第三者才能联系起来，即：只要投资增长速度高于GDP增长速度，则投资率就会提高，反之亦然。过去十多年我国投资率之所以具有总体上不断上升的趋势，就是因为投资增长速度总体上是高于GDP增长速度的；1992、1993年投资率之所以迅猛上升，是因为这两年的投资增长速度大大超过了GDP增长速度；1989年投资率之所以大幅度下降，是因为当年投资增长速度远远落后于GDP增长速度，1994年的现价投资率之所以与1993年大体相当，仍保持在36.5%的高水平，是因为1994年的投资增长率与GDP增长率大体相当。

如果期望在1995年把投资率降下来，那么必须采取措施使投资增长速度低于GDP增长速度。

从发展、决策和计划的角度看，投资增长速度高低更加重要，应当置于比投资率优先考虑的位置。如果消费能以较快速度增长，人民生活水平能以较快速度提高，同时投资增长得更快一些，因而投资率逐渐有所提高，那么这应当被看作是令人鼓舞的现象。投资率绝对水平的高低（例如也许比36%更高）其实并不特别重要，不必过于担心。一旦投资高增长的势头出现逆转，投资率自发跌落，也便预示着经济高增长即将走到尽头。

三、投资率与经济增长的国际经验

联系经济增长和发展阶段来探讨国外投资率问题有助于我们更加全面、深入地理解改革以来我国投资率变化和瞻望"九五"投资率趋势。通过对60年代以来若干发达国家和发展中国家投资率演变状况的分析，可以得如下几点带有启示性的结论：投资率高低与经济增长快慢之间有明显的相关性，但在不同国家或一个国家的不同时期其相关程度是不同的；投资率的演变必然经历上升、高水平上的持续、下降和低水平上的持续四个阶段，高投资率不能永久保持下去；存货投资率的高低升降变化与经济增长的高低升降变化具有某种一致性；高储蓄率是高投资率的基础，但国内高储蓄率不是国内高投资率的必要前提。从我国实际出发，优先利用国内高储蓄率应是一个基本立足点。

（一）就阶段的角度考察，投资率高低与经济增长快慢有明显的相关性。长期以来，不同国家的投资率（指固定资产投资率，下同）水平和经济增长水平存在着明显的差别。仔细考察可以发现，一个带有规律性的现象是，投资率高的国家，其经济增长速度往往较快，投资率低的国家，其经济增长速度往往较慢。在西方发达国家中，日本是投资率最高的国家，经济增长速度也最快。例如，1965—1973年，日本固定资产投资率平均约为33.3%，经济增长率达9.1%；同期联邦德国投资率平均约为24.6%，经济增长率为4.2%；美国投资率平均约为18.2%，经济增长率为3.8%；英国投资率平均约为18.9%，经济增长率为3.1%。在发展中国家，投资率高低与经济增长快慢之间的对应关系也比较明显。亚洲"四小"中的新加坡和韩国是高投资率与高经济增长率并存的典型。1970—1980年，新加坡投资率平均约为36.1%，经济增长率为9.5%；韩国投资率平均约为26.2%，经济增长率为8.2%。另外一个对比是，1980—1990年马来西亚投资率平均约为30.6%，经济增长率约为6.1%；巴西投资率平均为21.1%，经济增长率仅为2.2%。

投资率高低与经济增长快慢具有相关性的原因在于：从短期看，投资是社会总需求的一个重要组成部分，投资率高或者意味着投资增长快，或者意味着对消费需求不足的弥补，都会带动或保证总需求的较快增长，从而引起较高的经济增长；从长期看，投资的结果是形成经济持续增长的物质技术基础，投资率高意味着当期国民收入中有较大的份额用于为长期发展服务上，有利于增强国民经济长期持续增长的后劲。

要全面、正确地理解投资率与经济增长之间的关系，还应当注意以下几点：（1）投资率高低与经济增长快慢之间具有相关性只是一个基本判断或总体判断，但不能机械地理解这种相关性，不能认为投资率高低与经济增长快慢之间是一种简单的线性相关关系，不能认为某一个百分点的投资率必然对应着若干个百分点的经济增长率，更不能认为这种直接对应关系适用于所有国家或一个国家的各个发展时期。例如，我们可以说，二战以来，在西方发达国家中日本投资率最高，经济增长速度最快，而英、美等国的投资率和经济增长率都较低，这是有目共睹的事实。但从英、美两国之间的比较来看，1965—1990年美国投资率平均约为18.7%，英国约为18.9%，属同一水平，但同期美国经济增长率为3.0%，英国为2.2%，有一定差距。就是说，不同国家投资率相同并不必然意味着经济增长率也完全相同。此外，一个国家的不同发展时期投资率与经济增长率之间的对应关系也不一样。例如，新加坡投资率1971—1975年约为36.2%，1976—1980年约为36.2%，属同一水平，但这两个时期的经济增长率分别为9.5%和8.6%，投资率略有上升，而经济增长率却有所下降。（2）衡量投资对经济增长是否具有明显的促进作用，就短期而言，只看投资率本身是否比较高是不行的，必须考察当期投资率与上期相比是上升了还是下降了，以及上升或下降的幅度多大。例如，1985年新加坡的投资率高达42.2%，但当年经济却出现了负增长（-1.6%）。其实，个别年份出现高投资率与低增长或负增长并存的现象并不奇怪，不能因此而否认投资率高低与经济增长快慢之间具有相关性的基本判断。1985年新加坡投资率虽然很高，但与上年相比实际上剧烈下降了5.5个百分点，反映了当年投资比上年减少14%的事实，而当年私人消费仅下降2.1%，政府消费则增长28%，如果政府消费不是保持这种态势，经济负增长的幅度还会更大。在1985年经济负增长的情况下，新加坡的投资率之所以还比较高，主要是因为上年投资率基数（47.7%）偏高的缘故。

（二）投资率的演变具有阶段性，高投资率不可能永久保持。长期以来，许多发展中国家的投资率一直处于较低水平，因而这些国家从未经历过经济高速增长时期。另一方面，那些拥有高投资率的国家，其高投资率也不可能永久保持，而是必然经历一个投资率由上升到下降的过程，相应地，经济高增长时期也不可能无限持续下去。一定程度上可以说，投资率开始不断上升之日，就是经济高增长时期来临之时；高投资率消失之日，就是经济高增长终结之时。因此，撇开那些投资率低且波动幅度小的国家不论，许多国家的投资率变化要经历四个阶段：一是投资率由低到高的上升阶段，二是投资率在较高水平上处于相对稳定阶段，三是投资率逐渐下降阶段，四是投资率在较低水平上处于相对稳定阶段。在前两个阶段，经济增长速度往往比较快，在后两个阶段，经济增长速度往往比较慢。

1955—1973年是日本经济高速增长时期，这一时期的投资率变化可以分为两个阶段：第一阶段是1955—1960年，投资率由20.7%逐渐上升到32.6%，上升了近12个百分点，经济增长率平均约为8.6%；第二阶段是1961—1973年，平均投资率约为33%，且年度间变化不大，这一阶段的经济增长率平均为10.3%。1974年以来的近20年时间也可以分为两个阶段：第一阶段是1974—1986年，在小幅波动中投资率由34.8%逐渐下降到27.3%，下降7.5个百分点，经济增长率平均为3.6%；第二阶段是1987—1993年，平均投资率为30.6%，逐年投资率变化虽有波动，但没有表现为持续上升或下降的趋势，这一阶段的经济增长率平均为3.7%。总的来看，日本投资率经历了上升、高水平上的持续、下降和较低水平上的持续四个阶段，前两个阶段和后两个阶段分别对应着经济高增长和相对低增长两个时期。应当指出的是，所谓高增长时期结束后日本的投资率低只是相对而言，其实与其他发达国家比，近20年来日本的投资率还是相当高的，经济增长速度也是比较快的。

联邦德国的高增长时期为1952—1965年，经济增长率平均为7.2%。在此期间，投资率先由1952年的18.9%上升到1961年的24.1%，此后至1965年投资率一直在25%左右徘徊。1965—1969年投资率出现下降趋势，经济增长率相应下降到4%左右，1970—1972年投资率出现反弹，恢复到25%左右，但这只是昙花一现，而且并未带来经济增长率的明显回升。从1973年至今，德国的投资率一直保持在20%左右，波动不大，经济增长率平均为2.2%，远比高增长时期为低。可见，联邦德国投资率变化的阶段性特征也是存在的。

新加坡和韩国的投资率从60年代中期至70年代初均呈现为明显的上升趋势，经济高增长正是从这时启动的。具体来说，新加坡投资率由1964年的20.1%上升到1972年的37.4%，上升17.3个百分点，在此期间，经济平均增长率为12.2%；韩国投资率由1964年的11.4%上升到1969年的26.1%，上升14.7个百分点，在此期间经济增长率平均达到9.7%。此后，这两个国家的投资率一直在较高水平上波动，迄今尚未出现带有根本性的长期下降趋势。

新加坡可能是世界上投资率最高的国家，1972—1979年新加坡投资率平均为36%左右，1980—1985年则接近45%，1986—1993年仍高达37%，其中1993年投资率又超过40%。70年代以来韩国投资率与新加坡相比虽然从总体上讲低一个档次，但也具有在高水平上波动的特征。在1970—1972年投资率出现短暂下降之后，韩国投资率由1973年的23.2%逐渐上升到1979年的33.8%，1980—1987年的多数年份投资率在28%—29%之间波动。1988—1991年投资率则由29.6%上升到38.4%，平均投资率约为33%，1992、1993年投资率分别为36.6%和35.5%，虽有下降，但仍很高。

70年代以来，新加坡和韩国投资率在高水平上波动的20多年中，其经济增长在个别年份曾出现滑坡或增幅下降，但总的来看经济增长速度相当快。据统计，1971—1993年新加坡经济增长率平均约为8.6%，同期韩国经济增长率约为8.4%。可以认为，目前新加坡和韩国的投资率演变仍处于第二阶段，即高水平上的波动阶段，因此，这两个国家的经济高增长仍在持续。值得一提的是，新加坡和韩国的高投资率和经济高增长持续时间如此之长，是前所未有的（中国改革以来的投资率变化与新加坡、韩国相比，有某种相似之处）。

但是，高投资率不可能永久维持下去，最终必然会出现下降趋势，这是因为：（1）高投资率持续的过程往往同时是经济高增长的过程和居民收入不断提高的过程，随着劳动力成本不断提高，及其他方面成本的加大，投资回报率将逐渐降低，投资者的投资意愿将逐渐淡化。（2）消费作为最终需求的一个组成部分具有根本意义，投资的根本目的在于通过扩大后续生产能力来满足消费需求。经过一个居民收入不断增长和消费不断扩张的阶段后，居民消费水平普遍提高，消费热点基本消失，消费将进入平稳而缓慢增长的阶段。一旦消费需求降下来，投资必然也会相应地收缩。投资不能自我循环，不能为投资而投资。（3）通过扩大出口可以在很大程度上弥补消费需求之不足，这对于"亚洲四小龙"等经济外向型的小国（或地区）是可以做到的（这可能正是新加坡、韩国高投资率长期持续的重要原因之一），但对经济大国来说，国内消费需求的扩张或收缩往往更具实质意义。（4）投资的过程是经济结构不断改善、调整的过程，当经济结构基本趋于合理化后，一般会保持一段相对稳定时期，这时投资的机会将明显减少。（5）高投资的过程往往是技术不断进步的过程、产业结构高级化的过程，当全球主要先进技术全部引进、吸收和应用到一国经济当中后，继续增加投资、保持高投资率可能会引起同等技术水平上的过度竞争现象，而新技术的开发要比直接拿过来应用慢很多。（6）当私人投资出现下降时，政府虽可以通过增加投资来弥补私人投资之不足，但意义是十分有限的，政府投资不可能替代私人投资，不可能从根本上扭转私人投资和固定资产总投资下降的趋势。

如果一国投资率在高水平上波动一段时间后出现持续下降趋势，那便意味着该国经济高增长的潜力已接近于挖掘净尽,这时该国经济可能已变成比较成熟和发达的经济。现代德国和日本经济是成熟的、发达的经济,其投资率演变已经历了全部四个阶段。新加坡和韩国的投资率变化则都还处于第二阶段上。需要指出的是:(1)在经济变得成熟和发达以后,不同国家的投资率也还可能有较大的差别,如美、英、德、日四国近年来的投资率就很不一致。(2)对经济持续高增长而言,仅有个别年份的高投资率是没有多大意义的。(3)高投资率和相应的高经济增长是经济政策调整和体制变动的结果,是一国经济特定发展阶段上出现的现象,不可能单凭愿望而呼之即来,挥之即去。

(三)存货投资率变化意味着什么?西方对存货投资的研究往往与经济周期联系起来。西方学者早就认识到,尽管存货投资在国内生产总值中只占很小的比例,但存货投资的变动是国内生产总值变动的一大部分,尤其在衰退期是如此。两次世界大战之间在美国的五次经济周期中,紧缩时期存货投资的平均下降占国民生产总值平均下降的47%,在第二次世界大战后的衰退期,存货投资的平均下跌是国民生产总值下跌的68%。而在经济扩张时期,存货变动仅占国民生产总值变动的较小一部分。但是,存货变动并非经济波动的基本原因。

无论从微观角度还是宏观角度看,相对于特定的经济规模,都可以认为存在着一个合理存货量。存货量偏大表明资金占压多,资源闲置多,会增加成本,但如果存货量偏小,则当市场趋旺时可能出现供不应求的局面,在销售方面也是一种损失。合理存货量如何确定,受多种因素影响,没有一个统一的标准,在经济增长的不同阶段上情形也不一致。

存货量的变动必然反映到存货投资率上来,存货投资率是衡量存货变动的相对指标。从过去30余年的历史经验看,许多国家的存货投资率变动具有两个相似特征:(1)经济高速增长时期存货投资率往往比较高,当经济转入稳定增长阶段后,存货投资率也相应降低。1955—1973年日本经济高速增长时期,存货投资率平均在3%左右,其中1960年存货投资率为4%,1964—1973年平均为2.6%,而在经济高增长结束后的1975—1993年,存货投资率平均仅为0.5%,相当于前一时期的1/5。联邦德国在50年代至60年代中期经济增长较快,1950年存货投资率为4%,

1960年为3%，1965年为2.4%。进入70年代后存货投资率一直很低，个别年份还出现负值，即存货投资减少。1971—1993年存货投资率平均仅为0.22%，远比经济快速增长时期为低。60年代以来，英、美两国的经济增长速度一直比较低，其存货投资率在绝大多数年份里保持在1%和−1%之间，明显低于其他国家经济高速增长时期的存货投资率。形成鲜明对照的是：新加坡和韩国自60年代中期以来经济增长速度一直比较高，存货投资率也比较高。1965—1990年新加坡存货投资率平均约为3%，其中个别年份存货投资率达到7%以上；1965—1980年韩国存货投资率平均约为1.8%，许多年份存货投资率在2%以上。（2）对应于突然出现的经济衰退，多数情况下存货投资率会明显下降。1965、1966和1967年联邦德国经济增长率由5.3%下降到2.9%和−0.2%，相应的存货投资率由2.4%下降到1.1%和−0.1%。1973、1974、1975年德国经济增长率由4.8%下降到0.1%和−1.3%，相应的存货投资率由1.3%下降到0.4%和−0.6%；在这三年中美国经济增长率由5.2%下降到−0.6%和−0.8%，存货投资率由1.3%下降到1.0%和−0.4%；英国经济增长率由7.4%下降到−1.7%和−0.7%，存货投资率由2.1%下降到1.2%和−1.3%；新加坡在1985年出现了20多年来第一次负增长，当年存货投资率由上年的0.8%下降为0.3%；韩国于1980年出现负增长，存货投资率由上年的2.2%下降为−0.4%。这些情况表明：企业对宏观经济形势的变化是十分敏感的，并通过降低存货来减少经济衰退带来的损失。当然，也不能排除这样一种情况，即经济衰退突然发生，企业生产规模未能得到及时调整，结果存货投资率突然上升。但当企业预算约束十分严格时，这必然只是一种暂时的现象。

此外，当经济增长突然加快时，存货投资率也可能突然下降。例如，1986年韩国经济增长率由上年的6.9%上升为11.6%，加快了4.7个百分点，当年存货投资为0.5%，比上年下降了0.5个百分点。这可能也是面对市场销售形势的突然好转企业未能使生产规模及时扩大以补充库存下降的缘故。

存货投资率的波动性在经济发展的不同阶段上具有不同的特征。相对而言，经济高速增长时期存货投资率的波动更频繁、更剧烈，经济持续低增长时期存货投资率既低且稳。这从60年代以来新加坡、韩国与美国、英国的比较中可以得到一个比较清晰的结论。

至于合理的存货投资率水平如何确定，则同样因经济发展的不同阶段而异。从若干发达国家和发展中国家的经验看，高增长时期平均3%左右的存货投资率可能是适当的，而在经济持续低增长时期±1%之内的存货投资率变化恐怕都属正常范围。无论在何种发展阶段上，存货投资率偏高或许都应视为企业素质低、反应慢、经济不成熟的一种标志。

存货投资率和固定资产投资率的变化与国民经济增长态势密切相关，若干发达国家和发展中国家的经济发展实践中一个带有一定规律性的现象是：高增长时期，固定资产投资率和存货投资率都较高；低增长时期固定资产投资率和存货投资率都较低，但固定资产投资率与存货投资率之间没发现存在因果关系，这可能是因为，固定资产投资是意愿投资，存货投资是非意愿投资，它们是本质不同的。

（四）高储蓄是高投资的基础，但国内高储蓄率不是国内高投资率的必要前提。高投资是经济高增长的一个基本推动力量。投资资金源于储蓄，高储蓄是高投资的基础，这是没有疑义的。但这是就原则而言、长期而言、全球而言，其实，国内高储蓄并非国内投资的必要前提。当国内储蓄率低时，可以大量利用国外储蓄实现国内高投资。在这方面，"亚洲四小龙"经济起飞时的经验最为典型。1964年新加坡国内储蓄率仅为7.2%，而投资率（指固定资产投资率）达20.1%，意味着60%以上的投资资金源于利用国外储蓄。1965—1970年新加坡国内储蓄率由10.4%上升到20.5%，平均储蓄率约为15.6%，仍然很低，同期固定资产投资率由21.1%上升到32.5%，平均约为23.8%，总投资率（包括存货投资率）由21.9%上升到38.7%，平均约为26.4%。固定资产投资率和总投资率比国内储蓄率平均高出8.2和10.8个百分点。1971—1980年新加坡国内储蓄率由21.0%上升到38.8%的高水平，同期投资率呈水涨船高之势，固定资产投资率由36.2%上升到40.7%，总投资率由40.2%上升到46.3%，1980年固定资产投资与总投资率仍分别比国内储蓄率高1.9和7.5个百分点。但这时投资率与储蓄率之间已接近了许多，二者差别幅度大大缩小了。1984年新加坡国内储蓄率、固定资产投资和总投资率分别达到创纪录的45.3%、47.5%和47.9%，但国内储蓄率仍低于投资率。1986年是个转折点，当年国内储蓄下降为39.3%，固定资产投资率和总投资率分别为37.0%和38.5%，分别比国内储蓄率低2.3和0.8个百分点。此后多数年份中国内储蓄率都高于投资率。1986—1993年平均，新加坡国内储蓄率约为44.3%，固定资产投资率约为36.9%，总投资率约为39.0%，分别比国内储蓄率低7.4和5.3个百分点。

韩国的情形与新加坡十分相似。1965年韩国国内储蓄率仅为6.5%，固定资产投资率和总投资率分别为14.9%和15.1%，比储蓄率高8.4和8.6个百分点。1973年以前韩国国内储蓄率是不断上升的，但仍低于20%，而多数年份的固定资产投资率和总投资率则在20%以上。1973年韩国国内储蓄率达到23.3%，固定资产投资为23.2%，基本一致，但总投资率为25.5%，表明仍然利用了部分国外储蓄。从1965年算起，韩国国内储蓄率低于投资率的格局延续了近20年。1984年韩国国内储蓄率达到30.5%，既超过固定资产投资率（28.9%），也高于总投资率（29.8%）。1984—1990年韩国国内储蓄率平均约为35.5%，固定资产投资率和总投资率分别为30.5%和31.4%，低于国内储蓄率5和4.1个百分点。

从新加坡和韩国的经验可以看出，经济起飞（或经济高增长）需要投资的高增长来推动，但高投资不一定需要以国内高储蓄作为前提。大量利用国外储蓄同样可以实现高投资和高增长。

投资超过储蓄或利用国外储蓄的另一种表述即进口大于出口。持续、大量地利用国外储蓄意味着进口持续、大量地超过出口。长此以往会否引起严重的国际收支危机呢？任何人都无法排除这种可能性。但利用国外储蓄与国际收支危机之间并不存在必然联系，其中三个因素十分关键：短期内主要是看国外资本流入情况，长期内主要是看利用国外储蓄的效益，尤其是能否因此而大大增强一国的国际竞争力，以及国内储蓄率是否表现为持续上升趋势。新加坡和韩国在六七十年代将近20年的时间里一直是进口大于出口，但国际收支状况总的来说是可以令人满意和接受的，直接原因主要是外资流入量很大。但更具根本性的是，韩国和新加坡通过大量利用国外储蓄使得经济得以起飞，国际竞争力大为提高，由于投资环境好，几十年后外资不仅不撤走，而且仍在源源不断地进入，这样便自始至终不会面临严重的国际收支问题。即使有朝一日外资大量流走，过去通过利用国外储蓄而得以培育、壮大的出口能力也会在很大程度上使国际收支平衡问题化险为夷。然而，并不是所有的发展中国家都能做到这一点，拉美一些国家就有这方面的深刻教训。此外，新加坡和韩国的国内储蓄率自60年代以来具有持续上升趋势，目前已达到国内储蓄满足国内投资还有余的程度。

当然，如果国内储蓄率本来就高，那么这应视为保持国内高投资、高增长的难得的优越条件。日本正是如此。在过去30多年时间里，日本国内储蓄率平均在34%左右，成为日本经济保持较快增长的一个重要有利因素。不言而喻，当国内储蓄率较高时，优先利用国内储蓄应当成为一项基本政策。

总的来看，国外储蓄率与投资率之间关系的变化可以分为四个类型：（1）高水平上的相对平衡型。以日本最为典型，国内储蓄率与投资率均较高，但国内储蓄率与投资率之间基本平衡。我国也属这一类型。（2）高水平上的不平衡型。如新加坡、韩国，在六七十年代的相当长时期里投资率很高，国内储蓄率较低。但应当指出的是，新加坡、韩国的国内储蓄率有一个逐渐上升的过程，最后国内储蓄率与投资率在高水平上达到了平衡。这是一个正常、合理的变化轨迹。（3）低水平上的相对平衡型。英、美等西方发达国家可以归于此类。战后到80年代以前其国内储蓄率和投资率多在20%左右，没有大的变化，进入80年代后储蓄率和投资率则都进一步有所下降。（4）低水平上的不平衡型。一些发展中国家投资率和国内储蓄率都不高，其中国内储蓄率更低，非但经济增长不快，国际收支平衡反而成了问题。

正如投资率单靠愿望或人为因素不能使其升高那样，一国国内储蓄率的高低也受到国民特性、发展阶段等主客观因素的影响，有其特有的变化规律。我国目前40%左右的高储蓄率对于经济持续高增长而言是极其有利的条件，要正确处理利用国内储蓄与利用国外储蓄的关系，坚持以利用国内储蓄为基本立足点。目前只要理顺储蓄转化为投资的渠道，使国内储蓄能够得到充分、有效的挖掘、利用，我国经济的持续高增长在建设资金方面就不应该成为什么问题。

四、"九五"投资率以 35% 左右为宜

（一）改革以来的投资率变化趋势与"九五"投资率。确定"九五"投资率的一个重要出发点，是对过去十多年来的投资率变化趋势有一个正确的认识，并与"八五"投资率有必要的、合理的衔接。统计表明，除三年治理整顿时期情况特殊外，改革以来我国投资率变化表现为明显的上升趋势。如表1所示，1981—1994年我国投资率（指现价固定资产投资率，下同）由20.1%上升到36.5%，上升了16.4个百分点，平均每年上升1个百分点以上。预计1995年投资率为36%左右。分别不同时期来看，1981—1988年投资率基本上是持续上升的，1989—1991年由于治理整顿，投资率降至25%的水平，1992—1994年重新出现持续上升趋势。从五年计划角度看，"六五"平均投资率为25.0%，"七五"达到29.3%，比"六五"上升4.3个百分点，"八五"投资率预计为32.3%，比"七五"上升3个百分点。过去十多年中投资率总体上呈现上升趋势是一个无可争辩的事实。

那么，目前的投资率水平是否已经达到顶峰或极限，今后将转而表现为下降趋势呢？这对于确定合理的"九五"投资率水平是至关重要的。从"八五"时期的情况看，1991年是治理整顿的最后一年，也是"八五"第一年，投资率为25.5%，1992年经济高增长重又启动，当年投资率上升到29.5%，1993年经济出现过热和秩序混乱现象，年中16条措施出台后宏观经济形势总体上有所趋缓，但投资增长率依然特别高，当年投资率达到创纪录的36.5%。1994年"软着陆"政策在经济增长和投资方面均见到一定成效，投资率为36.4%，与上年基本持平，停止了高水平上的继续上升趋势。考虑到1995年国家将继续严格控制固定资产投资，同时消费将继续保持平稳增长，出口则以较快速度增长，预计1995年投资率为36%左右，比1994年略有降低。可以说，"八五"投资率变化的基本特征是前三年投资率急剧上升，后两年在高水平上小幅波动。一个初步结论是：我国投资率在经过十多年的持续上升后，目前已进入一个高水平上的相对稳定阶段，"九五"正处于这一阶段上。

表6 "八五"GDP使用构成 单位：%

	1990	1991	1992	1993	1994	1995
固定资产投资	25.2	25.5	29.5	36.5	36.4	(36.0)
存货投资	9.7	7.3	5.0	4.7	(5.0)	(5.0)
净出口	4.1	4.0	1.3	−2.9	0.9	(1.0)
消费	61.0	63.2	64.2	61.7	(57.7)	(58.0)
GDP	100	100	100	100	100	100
总投资率	34.9	32.8	34.5	41.2	41.4	41.0
国内储蓄率	39.0	36.8	35.8	38.3	42.3	42.0

资料来源：根据《中国统计年鉴》等计算和估算。

进一步来看GDP的内部使用结构，那么进入90年代以来，固定资产投资率是逐渐上升的，存货投资率是逐渐下降的，消费率经历了由上升到下降的转折，净出口经历了由逐渐下降到重又上升的变化。如表6所示，1990—1993年固定资产投资占GDP比重由25.2%升至36.5%，存货投资比重由9.7%降至4.7%，净出口由4.1%降至−2.9%，消费由1990年的61.0%上升到1992年的64.2%，从1993年起逐渐下降，目前在GDP中的比重在60%以下。上述变化态势总的来看是合理的。估计1994—1995年GDP的内部使用结构不会有大的变化。

从储蓄与投资的关系方面看，近年来我国国内储蓄率既高且稳。在1990—1994年的五年中有四个年份国内储蓄率高于国内投资率，近两年国内储蓄率已达到40%左右的高水平，表明"八五"期间的高投资是以国内高储蓄作为客观基础的。

具体地分析，预测"九五"投资率的变化趋势，应考虑宏观政策取向、客观的投资需求和消费、投资等增长的相对变化态势三个因素。首先，从宏观政策取向看，"九五"首先要保持经济的适度高增长，其中一个重要方面是保持投资的适度增长；此外，目前宏观调控的主要方式是微调和"软着陆"，"九五"投资的波动虽不可避免，但像1989年那样的急刹车情况很难想象会再度发生。因此，"九五"宏观政策之于投资增长将是比较温和的，既不会过分放纵，也不可能收得过紧。其次，近年来地方、企业等投资主体内在的投资需求依然十分强劲，投资主体的自我约束机制尚未很好地建立起来，这从1992、1993年连续两年高达

50%左右的投资增长中得以充分体现，1994年投资增长率回落主要是宏观调控的结果，而不是投资意愿自发下降的结果。可以说，"九五"投资问题主要不是会否继续呈现高增长势头的问题，而是能否通过宏观调控使投资保持适度高增长的问题。一旦对投资的控制力度有所放松，或者采取某种鼓励投资的政策，再度出现投资膨胀的可能性也不能完全排除。以上两方面表明，"九五"投资的快速增长具有现实的基础。但是，由于投资风险约束机制的逐步建立、投资成本的增加和投资机会的相对减少，以及政府对投资宏观调控的完善和加强，"九五"再次出现和1992、1993年那样投资超高速增长的可能性不大，更大的可能性是投资保持20%左右的适度高增长，剔除价格因素后实际增长10%左右（"八五"前四年投资平均增长率为37.5%，剔除价格因素后增长19.3%）。

关于"九五"投资率升降的判断最终要落脚于对投资与消费等的相对增长速度的判断上。过去十多年投资率之所以持续上升，是因为投资增长率持续超过GDP和消费等的增长。1991—1994年我国消费（全口径，包括产品与服务消费，居民与集团消费）平均增长率约为23.7%，剔除价格因素后约为10.0%。由于居民收入的快速增长和不断累积，住房、服务、室内装饰、保健品等消费领域的开拓和80年代形成购买和消费高潮的几大件耐用消费品更新换代时期的到来，"九五"消费仍可能保持每年约20%左右的稳定增长态势，剔除价格因素后实际平均增长8%左右。同时，"九五"时期存货投资和净出口的增长都可能出现一些波动，但二者之和在GDP中的比例十分有限（7%左右），不会对宏观总量平衡格局有大的影响。前面的分析表明，"九五"投资可能出现适度高增长，而不是如"八五"那样的超常增长，消费则可能继续保持相对稳定的快速增长，投资增长速度与消费增长速度将大体接近。这样的话，"九五"投资率将基本保持"八五"末期的水平，即35%左右。

（二）经济高速增长的国际经验与"九五"投资率。一些国家经历过经济高速增长时期，高速增长时期的投资率变化往往可以分为两个阶段：一是投资率持续上升阶段，二是投资率在高水平上的相对稳定阶段。日本1955—1973年为经济高速增长时期，这一时期经济增长率平均为9.8%。其中，1955—1960年投资率由20.7%上升到32.6%，上升了近12

个百分点，经济增长率平均约为8.6%，属于第一个阶段；1961—1973年投资率在33%左右的水平上波动，年度间变化不大，经济增长率平均为10.3%，是第二阶段。联邦德国在其经济高增长的1952—1965年，投资率变化也出现了先上升、后在高水平上相对稳定的阶段性变化特征，即投资率由1952年的18.9%上升到1961年的24.1%，此后至1965年投资率一直在25%左右徘徊。新加坡和韩国的经济高增长都是在60年代中期启动的，至今仍在持续。1964—1972年新加坡投资率由20.1%上升到37.4%，上升17.3%个百分点，经济平均增长12.2%，1972—1993年的多数年份中新加坡的投资率在37%—48%之间，经济增长也很快，平均为7.8%。韩国投资率由1964年的11.4%上升到1969年的26.1%，上升14.7个百分点，在此期间经济增长率平均达到9.7%。在70年代和80年代的多数年份中，韩国投资率在接近30%的水平上波动，进入90年代前后的几年中投资率高达35%左右。可以说，目前新加坡和韩国仍处于高投资率与高经济增长并存的阶段上。

我国目前也处于经济高速增长时期。反观我国的投资率变化，可以认为，1980—1993年是第一阶段，即投资率持续上升与经济高增长并存的阶段；从1994年开始，投资率变化进入第二阶段，即高水平上的相对稳定阶段，或持续高投资率与持续高经济增长并存的阶段。根据前几年的投资率与经济增长情况，并参照国际经验，预计"九五"投资率可能在35%左右徘徊（1993、1994年投资率分别为36.5%和36.4%，预计1995年为36.0%），经济增长率在9%上下波动。

需要指出的是，从理论上讲"九五"我国投资率的变化有三种可能性：一是投资率在"八五"末期36%的高水平上继续上升，直至达到甚至超过40%；二是投资率在"八五"末期高水平上保持相对稳定；三是投资率出现持续下降趋势。前两种可能性都有国际经验可循，但第一种可能性相对小些，因为目前我国投资率已经达到相当高水平，在此基础上，今后个别年份的投资率上升是有可能的，但作为基本趋势的继续上升似乎不大可能出现；第三种可能性，即投资率经历一段持续上升后立即表现为持续下降趋势，与一般国际经验和我国经济实际都不符合，可不予考虑。相对而言，第二种可能性，即投资率在"八五"末期较高水平上保持相对稳定的趋势,则无论从国际经验角度还是从近年来我国经济发展的实际看,都是比较顺理成章的,也是可以接受的。

（三）宏观总量平衡关系与"九五"32%投资率的不合理性。正如过去相当一部分人认为我国存在一个合理积累率那样,近年来一种意见认为30%是适合于我国的合理投资率。然而,统计表明,除三年治理整顿时期外,过去十多年我国投资率表现为持续上升趋势,很难说存在一个统一的、一成不变的合理投资率。实际上,认为不同时期存在不同的合理投资率可能更恰当些。关于"九五"投资率,一种有一定影响的意见认为32%较为合适。乍看起来,这一投资率水平一方面比所谓30%的合理投资率高,另一方面又比近几年偏高的投资率为低,是一个折中的、因而容易接受的选择。但是,32%投资率的合理性只是表面上的,深入分析其背后的经济寓意,就会发现,"九五"安排32%的投资率偏低,是不合理的。

分析"九五"投资率必须以"八五"特别是"八五"末期（1995年）的投资和经济增长情况为现实出发点。在经历了1992、1993年的高投资、高经济增长和投资率急剧上升之后,1994年（现价）投资增长27.8%,GDP增长11.8%,仍在高位上运行,但增长幅度分别比上年回落30.8和1.4个百分点,投资率也在1993年36.5%的高水平上处于徘徊状态。为抑制通货膨胀,1995年中央将继续加强对固定资产投资的控制,但消费则仍会继续保持前两年的稳定增长态势。据此,预计1995年投资将完成19450亿元,比上年增长22%,GDP达到54000亿元,投资率为36%左右。

设想"九五"期间GDP年均增长率为8%—9%,则以1995年价格为不变价计算,到2000年GDP将达到79344亿—83086亿元。如果"九五"平均投资率安排32%,我们可以设想几种可能的年度投资率分布情况来说明32%投资率的不合理性:（1）如果"九五"期间各年投资率均安排32%,则对应于8%—9%的GDP增长率,2000年投资将为25390亿—26587亿元,即"九五"投资平均增长率仅为5.5%—6.5%。这样的话,消费的实际平均增长率必须达到10%以上,即高于投资4个百分点左右,8%—9%的GDP增长率才可能实现（假定存货投资与净出口的增长与

GDP基本同步)。然而，改革以来多数年份中我国消费的实际增长率明显低于投资的实际增长，期望在"九五"期间彻底扭转长期以来消费（实际）增长落后于投资的格局，使消费增长明显而持续地高于投资增长，是不现实的。况且，如果"九五"各年投资率均安排32%，则1996年投资率将比上年急剧跌落4个百分点，引起投资规模缩小3%—4%，与1989年急刹车的情形相似，这与软着陆的政策方针背道而驰，是不可取的。（2）如果"九五"投资率在1995年36%左右（预计）的基础上逐年有所回落，如1996—2000年分别安排35%、33%、32%、31%和30%，则投资急剧收缩和经济震荡的情形虽不会发生，但这种安排意味着"九五"投资平均增长率仅为4.1%—5.1%，消费实际增长率必须达到11%—12%（即高于投资增长率7个百分点），才能实现8%—9%的GDP增长，根据"八五"及过去十多年的经验，这显然是不现实的。（3）如果期望"九五"平均投资率为32%，投资平均增长速度达到8%—9%，则2000年投资率应为36%左右，但在1996—2000年期间投资率必然经历一个由猛烈下降到猛烈上升的过程。例如，五年中分别安排32%、30%、28%、32%和36%的投资率就可以达到上述要求，但这种安排意味着"九五"前三年出现投资的负增长和零增长，后两年则出现20%以上（可比价）的超高增长，投资增长的这样一种剧烈波动，是不利于国民经济的持续、稳定发展的。

归结起来，我们认为"九五"安排32%的投资率偏低，在此投资率下相应的投资增长速度必然偏低，不利于国民经济实现8%—9%的适度高增长。如果坚持安排32%的平均投资率，又期望"九五"投资平均增长速度相当于或高于GDP增长速度，那么年度间投资的剧烈波动就不可避免，同样不可取。

（四）35%投资率与经济适度高增长。每一个特定的投资率都对应着一个特定的投资增长率。"九五"投资率多高合适，关键要看所设想的投资率代表着多快的投资增长率，而这一投资增长率是否能够保证或促进"九五"经济的适度高增长。

在"九五"平均投资率安排35%的情况下，年度投资率分布状况主要有逐渐上升、逐渐下降、先升后降、先降后升和保持不变五种可能的模式，其与经济增长的关系可以具体设想如下：（1）如果"九五"逐年投资率分别为34.0%、34.5%、35.0%、35.5%和36.0%，呈逐渐上升态势，则"九五"投资平均增长速度将与GDP增长速度相当，为8%—9%，其中1996年投资增长落后于GDP增长，但此后四年投资增长略快于GDP增长；这意味着"九五"多数年份中投资对GDP增长将起到某种加速作用，但总体上讲投资增长与GDP增长是同步的，既不推动GDP增长的加快，也不拖其后腿。（2）如果"九五"逐年投资率分别为36.0%、35.5%、35.0%、34.5%和34.0%，呈逐渐下降态势，则"九五"投资平均增长率将低于GDP增长率约1.2个百分点，其中1996年投资增长与 GDP增长同步，此后四年投资增长均略微落后于GDP增长，意味着"九五"投资增长从总体上讲稍慢于GDP增长，但投资增长放慢对于GDP增长不会产生明显的掣肘影响。（3）如果"九五"投资率逐年分别为34.5%、35.0%、36.0%、35.0%和34.5%，呈先上升后下降态势，则"九五"投资增长率将比GDP增长率低1个百分点，其中两个年份投资增长快于GDP增长，三个年份投资增长慢于GDP增长，意味着投资对 GDP增长略有掣肘影响，但无碍于GDP增长的大局。（4）如果"九五"投资率逐年分别为35.5%、35.0%、34.0%、35.0%和35.5%，呈先下降后上升的态势，则"九五"投资增长基本与GDP同步，但年度间有一定的波动，即前三年投资增长慢于GDP增长，后两年投资增长快于GDP增长；总的来看，这种情况下投资对GDP增长将既不起到促其加快的作用，也不起到促其减速的作用。（5）如果"九五"投资率逐年均为35%，一直呈现稳定态势，则除了1996年投资增长略低于GDP增长外，"九五"的其余四年投资与GDP将同步增长，意味着在GDP增长中投资既不是有力的拉动力量，也不是明显的掣肘因素。

简言之，在"九五"投资率为35%左右的情况下，投资与经济增长保持同步或投资增长略快于经济增长的可能性比较大，这意味着对于"九五"经济增长的加快或放慢而言，投资与消费等将基本上保持与过去一样的贡献率，或者投资的贡献率只是略有扩大。鉴于过去十多年的经济快速增长主要是由投资的过快增长拉动的（其中也有副作用），"九五"期间消费不可能出现超常增长，从而替代投资成为推动经济增长的主要力量,因此投资的适度高增长是经济适度高增长的必要条件;同时,考虑到"八五"末期投资率已经处于较高水平上,因此,"九五"只有安排35%左右的投资率才可能有投资的适度高增长,这就是"九五"投资率以35%左右为宜的基本依据。

或者换一个角度来推导:"九五"要实现8%—9%的经济增长,意味着投资、消费、存货和净出口增长的加权平均速度要达到8%—9%。既然根据各种因素判断"九五"消费增长不会超过8%—9%,存货投资和净出口增长不宜超过8%—9%(过大的库存和过大的出口顺差对我国经济的良性循环来说都不利),那么投资增长至少应达到8%—9%,而8%—9%的投资增长速度所对应的正是35%左右的投资率(与"九五"末期大致相当)。

(五)35%投资率与通货膨胀。过去十多年的经验显示,通货膨胀与投资率之间在一定程度上具有相关性,即投资率高的年份通货膨胀率往往也比较高,投资率低的年份,通货膨胀率往往也较低。但仔细分析可以发现,通货膨胀其实并非与投资率本身有直接对应关系,而是与投资率的升降和投资增长速度的快慢有更为直接的关系。例如1989年投资率比上年急剧下降6个百分点,1989—1991年投资增长率平均仅为7%(剔除价格因素后实际为-4.5%),结果1990—1992年零售物价上涨率年均仅为3.5%;1992年、1993年投资率分别比上年上升4和7个百分点,1992—1994年投资增长平均达到42.5%,结果1993年、1994年零售物价上涨率分别达到13%和21.7%。为什么会出现上述对应关系呢?理论上讲,投资作用于通货膨胀的机理在于:当投资扩张时,一方面投资需要大量的资金,必然引起货币供应量扩大,形成通货膨胀压力;另一方面投资扩张将导致生产资料价格上涨,加大其他产品的生产成本,最终形成物价普遍上升压力。而当投资收缩时,则会出现完全相反的情形和后果。投资扩张和收缩的直接表现形式有两个,一是投资增长速度的快慢,二是投资率的升降,它们是从不同的角度来反映同样的事实。

反观"九五",如果投资率确定在35%左右,则"九五"不变价投资增长率将为9%左右,考虑到价格因素后,现价投资增长率将为20%左右,而"八五"前四年的不变价投资平均增长率为19.3%,现价投资增长率平均为37.5%左右，即在35%左右的投资率下"九五"不变价和现价投资增长率将比"八五"前四年分别低约10和17个百分点，因此，来自投资方面的通货膨胀压力将明显小于"八五"前四年。实际上，在"九五"安排35%投资率的情况下，"九五"投资增长率比1981—1994年投资平均增长率（不变价和现价分别为11.7%和22.7%）还低，就是说，在"八五"末期较高投资率基础之上，"九五"年度间投资率分布可以是较为均衡的，投资增长速度不会过分偏离国民经济的总体增长速度，因而从投资方面不会形成"额外"的通货膨胀压力，相反，源于投资方面的通货膨胀压力将与来自消费等方面的通货膨胀压力大致相当。如果"九五"投资率偏低（例如32%以下），则在正常情况下投资增长速度必然明显落后于经济增长速度，这样的话来自投资方面的通货膨胀压力将大为减少甚至完全消失，但国民经济能否保持适度高增长必然成为一个严重的问题。如果"九五"投资率偏高（例如38%或更高），虽然经济的适度高增长将不成问题，但源于投资方面的通货膨胀压力必然显著加大，经济的波动也难以避免。比较而言，35%左右的投资率可能是"九五"期间既可保证经济适度高增长又无高通胀之忧的适度投资率。

（六）35%投资率与资金来源保证。投资资金来源是否充裕，是否有保证，有两种测算方法：一是对可用于投资的财政资金、银行资金、自筹资金和外资等不同资金渠道逐个加以分析、预测，然后加总，得出一个资金总量是否够的判断。在我国过去十多年的投资和发展中，资金紧张似乎一直是个难题，制订投资计划时总是面临资金缺口问题。然而，投资的实际增长总是远远超过计划。这说明，满足投资高增长的资金是客观存在的，只不过在计划中未得到正确反映而已。另一种方法，是以国民收入中的储蓄（GDP中未用于消费的部分）和储蓄率之高低作为判断投资资金来源是否充裕的基本依据，并将储蓄和储蓄率作为（固定资产）投资和投资率可能达到的理论极限。展望"九五"，如果投资率确定为35%左右，并从财政、银行等几种资金渠道的角度进行分析预测，则多数情况下仍会得出资金短缺的结论。但是，改革以来我国国内储蓄率基本上呈现出不断上升的趋势，近两年储蓄率已达到40%左右，有理由相信，"九五"总储蓄率仍能保持40%左右的高水平，因此而得出的一个重要的推论就是，35%左右的投资率将能够获得必要的资金来源保证。例如，可以设想"九五"期间进出口大致保持平衡，即净出口（或利用国外储蓄）占GDP比重约为0，存货投资占GDP比重约5%，则储蓄中其余的35%即可用于固定资产投资；或者可以设想，净出口占GDP比重为0——2%，表明将利用部分国外储蓄，存货投资比重为5%——7%，其余35%的储蓄仍可用于固定资产投资。如果"九五"存货投资比重可以进一步有所降低，则固定资产投资的潜在资金来源将进一步有所扩大。由于在国内总储蓄中居民储蓄占绝大部分，因而"九五"期间的一项重要任务就是如何高效、顺畅地将居民储蓄转移到生产和建设中来，做好了这方面工作，"九五"投资资金来源也就在很大程度上解决了。

关于"九五"投资率，还需要指出以下两点：（1）我们前面所谈的"九五"投资率以35%左右为宜，都是指以1995年价格为不变价的投资率而言。如果投资价格指数高于消费、出口等的价格指数，则即使在投资实际增长速度与消费等的增长速度大致相当的情况下，现价投资率也会比35%更高些；如果投资价格指数低于消费、出口等的价格指数，则即使投资、消费、出口等基本同步增长，现价投资率也会比35%低些。目前来看，由于许多投资品价格已经放开，而且在过去几年中曾出现大幅度上升，许多投资品价格已接近甚至超过国际市场价格，因此，"九五"投资价格将不会出现如"八五"某些年份那样的疯涨，而是可能与消费价格、GDP缩减指数等大体保持一致。这样的话，"九五"不变价和现价投资率可能均在35%左右。（2）投资率多高合适的问题只是一个投资规模多大的问题，"九五"期间如何改善投资结构、提高投资效益和投资的技术含量，其实更加重要。近年来对某些基础产业、基础设施的投资有所加强，是个好现象，但如何通过投资结构的调整来培育和发展新兴产业和支柱产业，目前仍是一个尚未得到圆满解决的问题。此外，虽然企业和地方的投资需求仍然十分旺盛，投资规模可以搞得很大，但目前的投资多是外延式的、粗放的、技术含量低的、没有多少风险约束的投资，而不是真正意义上的意愿投资，因此投资效益不理想。相当多的投资品特别是技术含量高的机器设备需要大量从国外进口,投资在推动国内产业结构高级化、提高产业的技术层次和技术含量方面成效不明显。如果"九五"期间仅有高投资而没有投资结构和效益的改善、投资的技术含量的提高,那么高投资的意义就会大打折扣,国民经济的持续、稳定增长和国际竞争力的提高就没有可靠的产业和技术保证。

英日苏中四国工业化比较*

回头看：本文实质上是对市场经济国家工业化、计划经济国家工业化和先行国家工业化、后起国家工业化之进程和特征的比较。

我国作为一个发展中国家，还没有彻底实现工业化。当前我国的工业结构以至整个经济结构，从某种意义上说都是过去工业化过程演变的结果。因此，通过与不同国家工业化的比较，不仅可以总结过去的经验和教训，而且对当前的经济改革也有一定意义。

一、工业化的动因

促成工业化发生的内在因素最早是在英国产生和成熟的。从社会经济结构方而看，18世纪时欧洲大陆国家的社会结构还是双层式的，而英国却具有了三层式的特征，即土地贵族——中产阶级——工资劳动者，雇佣剥削关系已成为阶级关系的主要内容。中产阶级即以后的资本家阶级对利润的追求，成为扩大生产从而成为工业化的巨大动力。从技术条件看，新型的纺纱机、织布机、蒸汽机等也相应地在英国发明出来并应用到生产中去。这些条件在英国成熟，就必然导致工业化的发生。日本和欧美各国的工业化，都带有模仿、引进、借鉴英国的性质。苏联和中国处在资本主义国家的包围之中，为了抵御外国侵略，都把工业化作为发展国民经济、增强国防力量和改善人民生活的重要途径。因此，相比较而言，英国工业化是最"自然地"发生的，而后各国的发展尤其是社

---

* 本文原载《经济科学》1987年第6期。

会主义国家，都存在不同程度的"工业化意识。"这种"工业化意识"对于借鉴别国的经验，加快工业化步伐具有重要意义。英国和其他西欧国家工业化时间较长，而日、苏等国工业化时间较短，"工业化意识"之强弱不能不是原因之一。

二、工业化的主要条件：劳动力和资金

资本主义国家，资金的积累和工业劳动力的形成是分开进行的；资金不仅来自国内，而且国外也是重要源泉，国内筹资以借债和赋税为特点，国外以掠夺和不平等交换为特点。与此不同，在社会主义国家，劳动力和资金积累问题的解决在一定程度上是结合在一起进行的，即农业中的变革或革命如农业集体化，使农业中产生了真正的或潜在的剩余劳动力，同时工业化初期所需资金的相当部分也是从农业中筹集的。早期资本主义国家工业化的资金筹集，在相当程度上是以其他落后国家人民的被掠夺为代价的。而社会主义国家不能掠夺他国，只能主要靠国内积累，因此在工业化初期必然从农业中提取相当比例的资金积累，这样就难免使本来落后的农业的发展受到影响。这是社会主义国家、也是所有发展中国家进行工业化的局限之一。

三、工业化特点的选择

工业化从重工业或轻工业开始的选择，是与一个国家工业化的目的、工业化意识的强弱程度有关的，也是同技术发展水平相联系的。英国等早期工业化国家从轻工业开始工业化，是无意识的、经济技术条件成熟的自然的结果；也是同资本家追求利润的目的相吻合的。同时，那时的技术手段也只可能用于大力发展轻工业。日本进行工业化的重要目的是为了增强国力，因此纺织业和军事工业成为重要行业。苏联和中国在工业化初期，都是为了建立完整的工业体系，增强经济实力和国防实力。因此，这种"有意识的工业化"和集中统一的计划领导，导致了以重工业为特点和重心。而且，当时世界技术发展的状况也为重工业为主

的工业化提供了可能性。这种做法虽然在政治上具有无可争辩的必要性，但在经济上却没有合理性，至多只有短期的可行性。因此，当建立了较齐全的工业体系后，对经济结构尤其是轻重工业结构作进一步的调整就是必需的。苏中两国以重工业为重心的工业化已经显露了其经济上的弊端。

四、工业化与市场

以重工业为主的工业化和以轻工业为主的工业化与市场的关系是不尽相同的。轻工业的产品多是生活资料，因而需要消费资料市场；重工业产品多是生产资料，因而相当程度上产品可以在工业内部实现。英国开始工业化后，国内市场虽然小，但这时别的国家还没开始工业化，因而可以利用其产品的廉价等优势，从容地开辟国外市场。日本进行工业化时，世界市场还没分割完毕，加上日本劳动力便宜的优势，其轻工产品仍可进入世界市场。苏联和中国进行工业化时，不仅由于世界市场已经分割完毕，国际政治环境不利，而且技术经济水平的落后也决定了其产品难以挤进国际市场。幸而，苏联、中国都是大国，国内市场广阔，而且都进行以重工业为重心的工业化，工业产品可以在工业内部得到实现，因此市场问题并不显得特别重要。原料市场亦与上述情况类似。

在工业化与市场的关系上，英日和苏中之间仍有本质的区别：英日在进行工业化时对国际市场的开拓，使其经济逐渐成为一种外向型的开放性的经济，能够很快地吸收、借鉴国外经济发展的优点，对世界经济形势的变化有较深的适应力。而苏中两国在进行工业化时，主要以国内市场为主，使其经济逐渐成为一种"内向型"的封闭性的经济，本国经济与世界经济形势关系不大，较少能利用国际分工的好处，较少吸收、借鉴国外经济发展的优点，对外贸易经验不足，对世界经济形势的变化缺乏应变能力。

五、工业化与农业

英国工业化资金的积累得自农业的比重很小。日本工业化过程中农业主要依靠改变经营方式、提高单产来满足本国需要。如果说农业是国民经济的基础，那么在一定意义上英国的这一基础逐渐移到了国外，而日本则建立在国内。总的来看，英日两国的农业基础与工业化进程基本上是相适应的。与英日不同，苏中两国工业化初期资金积累中来自农业的比例大，因而农业承受的负担重，食品和原料供应方面苏中两国都不能做到大量从外国进口，而且农业中经营方式的变革（集体化）也没有使农业劳动生产率得到持续的明显的提高，因此，工业化的结果之一是：农业与国民经济相比显得落后，人民生活水平不能得到大的提高。

六、工业化与政府作用

英国和早期资本主义国家的工业化基本上是一个自然历史过程，政府在其中的作用是微乎其微的。即使政府起到了什么作用，也是无意识的，或是与政府的其他职能相伴而产生的。后来的许多国家的工业化都是有意识的工业化，但这些国家政府在工业化中发挥作用的程度和方式仍是不同的。日本政府在工业化中的作用是资本主义国家工业化中最突出的，效果也是最明显的。不过，社会主义国家的政府在工业化中的作用使其他国家的政府的作用都黯然失色。苏中等社会主义国家政府在工业化中的作用有如下特点：通过国家计划对工业化的各个方面进行全面规划，并采取直接间接的措施来保证工业化的完成。工业化在社会主义国家不仅是经济任务，而且是政治任务；国家不仅制订计划，而且能够调动、指挥各种资源（包括人、财、物）。这就造成两种结果：一方面工业化有计划地进行，资源得到一定程度的合理配置，工业化速度远远超过以往的国家。另一方面，正因为计划的范围广、程度深，一旦计划发生失误，当计划执行得越彻底时，给经济生活带来的损失也越大。

七、工业化与战争

战争并不是工业化的不可分手的同伴,但战争的胜负甚至战争本身对处于不同工业化阶段上的国家来说影响是迥异的。19世纪和20世纪初叶的战争,对英国等早期工业化的资本主义国家的经济发展都有很大的作用。战争对日本工业化的作用也是很明显的。中日甲午战争,使日本得到了巨额赔款,为日本工业化的加速发展提供了优越的资金条件;日俄战争使日本的国力增强;对朝鲜半岛的侵略,扩大了稳定的原料来源和商品市场;第一次世界大战中对战争物资的大量需求,刺激了日本军事工业和其他重工业的发展。可见,战争一直是日本工业化的强大推动力。苏中两国工业化与战争的关系就不同了。抵御侵略战争,保卫社会主义成果,是苏中两国工业化的重要动因之一,从而工业化就以重工业为重心和特点。因此,战争对苏中的工业化施加了压力:一方面使其加速了工业化进程,另一方面成为导致其片面工业化的重要因素。

八、工业化与社会文化传统

工业化最先在欧洲兴起并不是偶然的,除了资产阶级革命创造的条件外,欧洲文化传统的特点也是适宜工业化运动的。平等自由思想在欧洲社会中曾长期孕育着,资产阶级革命中则作为响亮的口号提了出来。这种思想的深入人心,有助于彻底摧毁各种形式的封建人身依附关系,出现自由的人或自由劳动力,而自由劳动力是资本主义生产的必要条件之一。另外,功利主义以及相类似的各种追求物质利益的思想最早在欧洲产生,并形成传统,使得科学研究和试验往往带有实用的色彩,而个人对物质利益的追求则是社会道德所允许的、正当的事情,这也激发了社会对新的技术和新的生产方式的需要,从而成为工业化的推动力。日本是小国,资源贫乏,日本的政治、经济制度和文化传统、风俗习惯都曾长期受到封建时代的中国的影响,因此,有学习别国的传统。而且日本人学习外国,一般并不是生搬硬套,而是结合本国的特点加以吸收、消化,可谓创造性地学习。因此,日本能够在没有遇到太大阻力的情况下，适时地调整国策，迅速地走上工业化道路。相对而言，中国是具有悠久的封建文化传统的国家，而中国文化的传统与人格独立、功利主义是格格不入的，作为因素之一，它也导致了中国的工业化开始得晚，阻力大。而且，中国在学习借鉴外国方面明显地不如日本，因为中国是大国，历史上较长时间里走在世界历史发展的前面，对外国以"蛮夷"相称，自夸自傲。即使说新中国成立后的社会主义工业化与以前的工业发展有本质的不同，但中国文化传统对工业化的不利影响至今没有消除净尽。

九、工业化的阶段性

从发展过程的自然性来说，英日两国的工业化具有过程的完整统一性的特点。英国工业化的自然发展过程，呈现出完整的、渐进的、典型的形态。某种意义上说，其他国家的工业化过程都是英国工业化过程的变种。日本的工业化虽然可以分为速度快慢和发展重点不同的几个阶段，但各阶段之间仍是相互衔接的，性质上是相同的，方向是一致的。另一方面，从发展的重点来看，英日两国的工业化又有阶段性，即前期以轻工业为重点，后期以重工业为重点。有趣的是，苏中两国工业化过程的阶段性，在形式上似乎与英日两国正相反：一方面，从工业化发展进程的自然性来说，苏中两国的工业化都呈现出前后本质不同的两个阶段，即社会主义革命以前和以后的两个阶段。另一方面，从发展的重点看，苏中两国的工业化进程似乎又具有一贯性，即重工业一直作为发展的重点。

第四篇

惠民生

建设中国特色现代大学制度的四个问题*

回头看：本文提出建设中国特色现代大学制度，必须规范大学与政府的关系，赋予高校办学自主权；落实党委领导下的校长负责制，完善大学内部治理结构；运用好第三方机制，促进现代大学制度建设；精心制定和认真落实大学章程，推进现代大学制度法治化。这些对"双一流"建设也有启发。

我国高等教育已从数量扩张进入到内涵式发展的新阶段。必须加快推进中国特色现代大学制度建设，构建大学与政府、社会的新型关系，完善大学内部治理结构，建成一批高水平、有特色的大学，以更好履行立德树人使命，培养高素质人才，推动我国从人口大国向人力资源强国迈进。建设中国特色现代大学制度，关键要解决好四个问题。

一、以建立健全权力清单为抓手，
规范大学与政府的关系

抓好简政放权、加快转变职能，是构建高校与政府、社会新型关系和扩大高校办学自主权的关键所在。由于传统计划经济体制的长期影响，目前政府对大学"管得多"的现象仍然较为普遍存在，在大学与政府的关系方面，大学处于相对"被动"状态，可以说，简政放权的主动权、主导权在政府手里。政府应当在简政放权上主动作为，并按照十八届三中全会精神推行权力清单制度。

---

* 本文原载《中国高等教育》2014年第20期，韩文秀执笔，杜玉波等参与讨论修改。

简政放权、转变职能，需要同时在"减"和"转"上做文章。要先"减"后"转"，在"减"的基础上"转"。"简"和"减"不仅发音相同，在含义和要求上也是一致的。"减"，就是减少对学校自主办学的不合理审批和约束，原则上讲，凡有利于落实和扩大高校办学自主权、提高办学水平的，能取消的取消，该下放的下放，可以交给社会的交给社会，能由学校自主决策管理的交给学校。教育行政主管部门和发展改革、财政、人社、科技等相关政府部门都要按照这一原则为大学"松绑"，创造更加宽松的发展环境。

要深化行政审批制度改革。在已经取消和下放涉及高等教育的部分行政审批事项的基础上，还要进一步梳理和下放现有审批事项，特别是那些"含金量"高的审批事项。对于应当取消或下放哪些审批事项，除了继续采取自上而下的方式，由教育主管部门自我清理外，还可以采取自下而上的方式，请高校从他们工作的实际出发提出简政放权的意见建议，这样既可以加大力度，又增强针对性。

在"减"的同时也要"转"。这里的"转"就是转变管理方式、转变政府职能，本质上是解决好"管"的问题。基本方向是，从注重微观管理转向注重宏观管理，从注重事前管理转向注重事中事后监管，从注重自上而下的管理转向注重多元主体合作的共同治理。在"转"的同时，政府应有的作用必须"到位"、不能"缺位"：一要加强顶层设计和统筹规划。根据国家和区域经济社会发展需要，制定高等教育改革发展规划，优化高等教育布局，统筹高等教育规模与结构、质量、效益的关系，提出依法治校、规范学术组织与行政机构关系、学校与社会联系等方面的指导意见。二要保障教育投入稳定增长，优化教育经费支出方式和结构。重视发挥重大项目、财政资金的引领作用，切实把钱用在刀刃上，用在国家经济社会发展急需的人才培养、科技创新和文化传承创新领域，提高教育的宏观投入产出效益。三要完善事中事后监管。特别是要通过制定一系列高等教育标准来完善监管，通过改进对高校的学科评估和教学评估来完善监管，通过高校招生、财务、科研等重要事项的信息公开来完善监管。四要抓好改革试点。鼓励基层首创，逐步积累经验，由点到面逐步推开那些实践证明行之有效的做法。总之，作为大学发展的指导者、宏观布局的调控者、教育质量的监督者，政府要更加注重通过综合运用立法、拨款、规划、信息服务、政策指导和必要的行政措施等手段改进管理和服务。

要探索大学办学自主权的"标准版"。着重从大学管理中人、财、物维度和教学、科研维度，界定和规范大学应有的、不可或缺的自主决策管理权限，使之成为大学办学自主权的"基本口粮"。在此基础上，随着简政放权力度加大、行政审批事项继续减少，逐步形成大学办学自主权的"升级版"。《高等教育法》提出的七个方面的高校办学自主权，包括支持高校自主选拔学生、优化学科专业、开展教育教学活动、选聘人才、开展科学研究、管理使用学校财产经费、国际交流合作等，应当就是高校办学自主权的"标准版"，是必须落实的。而在此基础上的"升级版"，应当根据高校的办学实际，更好体现学校的不同特点和需求。

大学办学自主权和政府行政审批权在某种意义上具有"此消彼长"的关系，行政审批事项减少了，办学自主权就扩大了。为理清和规范大学与政府的关系，需要探索建立健全权力清单制度，其中既包括正面清单，也包括负面清单。就是说，要尽可能明确界定政府教育管理上的职责权力具体有哪些，学校办学自主权的具体事项有哪些，同时，也要划出"禁区"，明确哪些方面政府不能任意干预，哪些方面学校不能超越底线。对于清单未能涵盖的模糊地带，应允许大学进行积极的探索。

二、以落实党委领导下的校长负责制为核心，完善大学内部治理结构

完善大学内部治理结构需要处理好几组关系，其中最为核心的是书记和校长的关系，实质是落实好党委领导下的校长负责制。党委领导下的校长负责制是党对高校领导的根本制度，有利于保障高校坚持正确的政治方向，有利于科学民主决策、避免犯重大错误。实践也反复证明，在这种事实上的"双头领导体制"下，如果书记和校长关系和谐融洽、相得益彰，学校就发展得好，如果书记和校长性格理念不同、关系存在隔阂甚至矛盾尖锐，则大学发展和师生利益都会受到影响。如何协调好

党委领导和校长负责的关系,把握好各自的角色定位,发挥好体制优势,需要有更加科学、细化、可操作的制度设计。

处理好书记和校长的关系,要解决好"边界""规则""修养"三个问题。首先,要解决好"边界"问题,明确界定职责范围。党委是学校的领导核心,把握学校发展方向,决定学校重大问题,保证学校各项任务完成。对此,不能停留在原则上和模糊的规定上,要具体规定在学校的人财物和教学科研等领域哪些属于重大问题,用什么手段和方式保障任务完成,对校长的职权和行使也应在《高等教育法》第41条规定的校长职权基础上进一步加以明确,能够量化的还应当量化。常言说,细节决定成败。要建立职责权力的正面清单和负面清单,使职责分工具体化、规范化、法治化,减少在落实党委领导下的校长负责制中的主观性随意性。其次,要解决好"规则"问题,对党委领导、校长负责的相关议事决策规则要有更加清晰、具体的规定,通过完善的程序来保障职责权力的规范行使。党委领导实行的是集体领导、分工负责,决策上是集体讨论、做出决定。校长履行学校的行政管理职责,也是按照一系列规则和程序来进行的。开好会很重要。除了应规范会议本身的讨论决策程序外,党委和校长在开会决定重大事项之前的沟通协商酝酿制度,也要有所规范,以提高会议和决策的效能。在这方面,国内外都有一些好的经验,包括多年形成的《罗伯特议事规则》等意见建议都可以研究借鉴。第三,要解决好"修养"问题,即加强书记、校长的党性修养和个人修养。这是因为,书记和校长的分工合作,除了需要制度保障外,主观方面的因素也很重要。事在人为。书记和校长要自觉培育养成大局意识、团队精神、包容心态,讲团结、讲沟通、讲合作,心往一处想、劲往一处使。同时,在书记和校长的选任上,注意综合考虑各方面因素,力求最佳搭档,达到"性格相容、理念相通、坦诚相待、高度信任"。教育行政主管部门要通过谈心谈话劝诫等方式,对书记和校长在协调配合上定期提醒点拨、施加外力影响,促进学校党政领导班子团结一致,共谋学校改革发展大计。

在大学内部治理结构上,还要处理好行政机构和学术组织的关系。大学必须搞好行政管理,但在学术事务上要"去行政化",不能大包大揽，要使学校管理团队专注于提升管理效能和服务水平，使学术组织在学科建设、学术评价、学术发展中发挥更大作用，更好地体现教授治学、遵循学术发展规律。

要处理好学校和院系的关系。适应高校专业化程度高的特点，改造原有行政色彩浓厚的科层制，协调好垂直管理和扁平管理关系，实行重心下移，加强扁平化、模块化管理，充分调动院系的积极性主动性创造性，让院系能够按照学科领域的特点和规律办出特色、展现活力。

要处理好行政管理和民主参与的关系。注重运用协商民主的方式，发挥好教代会、学代会的作用，扩大教职工对学校领导和管理部门的评议权、考核权，保障大学师生员工在学校管理中的知情权、参与权、表达权、监督权，促进重大决策和改革举措的科学性民主性。要建立健全对高校行政管理中违法行为的投诉、举报机制，完善教师、学生申诉制度，畅通师生权利的救济渠道。

三、以建立完善"第三方机制"为重要补充，发挥好社会资源在现代大学制度建设中的独特作用

在国家治理体系和治理能力现代化进程中，许多领域都存在发挥好第三方机制作用的问题，建设中国特色现代大学制度同样如此。这实质上是大学与社会的关系问题，其中的"社会"是指在政府之外、与大学相关的各类社会要素、社会力量，也包含"市场"，因而是广义的"社会"概念。

完善现代大学制度建设中的第三方机制，主要涉及四个"社会"议题。

一是重视社会咨询管理。大学董事会（理事会）制度在发达国家由来已久，董事会往往还是大学的最高决策机构。我国国情不同，但在市场经济和开放条件下，也要把董事会（理事会）制度作为建立现代大学制度的一个组成部分，以充分发挥社会各界人士的作用，拓展办学视野，拓宽办学资金渠道，加强学校与地方、企事业单位合作，提升办学实力。扩大学校决策民主，保障学校的办学定位、发展目标、学科建设等方面充分听取和反映社会方面的意见，接受社会监督，提升教育质量和社会

责任意识。在一些民办高校，理事会的作用更大更实一些，但党委把握政治方向这一条必须坚持。

二是加强和用好社会评估。在高等教育管办评分离的运行机制中，应当由教育行政部门制定标准、高校按标准办学、第三方机构进行评价、有关部门进行督导。因此，在做好对大学的政府评估、大学内部评估的同时，还要建立健全具有独立性、专业化的第三方评估制度，在大学评价、教师评价、学生评价中发挥积极作用。要重视对第三方评估结果的运用，探索根据第三方综合评价结果进行生均经费的差异化拨款，真正建立起"奖优退劣"的激励机制。

三是拓宽社会资金渠道。从发展趋势看，在大学资金来源中，政府拨款的总量还要增加，但比重可能有所下降，社会资金的比重可能逐步上升，而且越是好的学校，获得的社会资源越多，更加起到锦上添花的作用。目前我国进入世界500强的企业和全球财富榜的企业家越来越多，企业和企业家捐助教育的能力和愿望都在增强。我们要完善收入分配制度，注重发挥第三次分配的作用，利用税收手段，如所得税和将来可能的财产税抵扣，以及运用现有的捐赠配比政策等，鼓励社会捐赠，支持发展教育慈善机构，增强大学的财力和活力。

四是形成社会需求导向机制。邓小平同志说，教育要面向现代化、面向世界、面向未来。这实际上指明了教育要适应现代化建设的需要、国际竞争的需要、未来发展的需要。今后，要积极探索需求导向的学科专业优化机制、就业导向的人才培养优化机制，注重利用第三方机构对高校毕业生就业质量和产业人才需求情况进行跟踪调查分析，在此基础上构建学科专业设置、预警、退出机制，加大对社会需求量大的应用型、创新型、复合型人才培养力度，有效实施校校、校企、校地、校所及中外合作的协同育人机制，形成社会需求和教育供给之间的良性互动机制，促进和保障大学教育贴近市场、贴近经济社会发展需要来出人才、出成果。

四、以大学章程为龙头，推进现代大学制度法治化

以上关于建立现代大学制度所涉及的外部环境、内部治理等诸多关系，都应当以具有约束性的、规范的方式固定下来，这就是大学章程。我们常说，大学章程是大学的"宪法"，是依法治校的重要依据。既然把大学章程提到如此之高的地位，那就要既高度重视大学章程的科学制定，又高度重视大学章程的有效执行，做到两手抓、两手硬。

一要精心制定大学章程。大学章程的内容包括"规定动作"和"自选动作"两部分。所谓规定动作，就是国家规定的要件，一个都不能少。自选动作，是能够体现各大学特有的办学理念、学科特色和水平的内容，要符合学校的自身实际，既有历史的继承性，又体现与时俱进的特征。《高等教育法》第28条规定了章程应当规定的事项，这是章程必须包含的法定内容。除此之外，高校还应当把决策机制、治理结构、民主管理、学术体制、专业评价、社会合作等建立现代大学制度所必备的制度规则作为章程内容，通过章程明确内部的权力运行规则。

大学章程要详略结合。章程从略到详，通常有一个循序渐进的过程，制定章程不可能一劳永逸。剑桥大学章程最初只有1000多字，历经800年风雨，现在已有10万多字的详细规章。目前我国大学制定章程，只是第一轮、第一步，后面还有很多的事情要做、很长的道路要走。

章程中越是特别重大的问题，越应当规定得具体些，具有可操作性。有的专门事项，如学术委员会等，可以规定另行制定专门规范，作为大学章程的配套文件。通过章程条文，使得围绕现代大学制度的各种机制形成有机统一、协调运转的整体，实现从传统管理到现代治理的转变。

章程制定首先要由学校组织起草，遵循民主、科学、公开的原则，采取开门立法的方式，通过教职工代表大会的讨论，校长办公会的审议，学校党委会的审定，最后由法定代表人签发，章程草案要在校内得到充分讨论，反映各方面意见，同时要保证学校党委对重大事项的领导权和决策权。由于章程要明确界定举办者或者主管部门与学校的关系，高校的举办者或主管部门要对章程进行核准，认可高校在章程中做出的规定，同时要监督学校依据章程自主办学，形成学校依法依章程办学，主

管部门依法依章程监督的格局。

大学章程要有较高的稳定性、连续性、权威性。修改时基本内容应当保留，新增内容可用补充条款的方式加以修订。尤其在办学理念、办学特色等重大问题上不能翻烧饼，不能新官不认前朝。大学章程是否具有稳定性连续性，也可以检验最初制定的章程是否严肃认真科学，是否经得起时间和实践的考验。当然，章程修订也要有章法，不得随意修改。

二要严格执行大学章程。章程能否起到大学"宪法"的功能作用，关键在于执行。应明确章程的法定地位，大学日常管理运行都要依据章程，学校各级管理者要形成天天翻看章程的习惯，遇到难题要依据章程来寻找解决思路，而不是撇开章程拍脑袋。要克服章程无用论，章程不能成为橡皮图章，不能成为摆设束之高阁。要在实践中让有关各方深切感到，章程不是可有可无的，而是大学日常运转中须臾不可缺少的最有用的指南。

应当成立大学章程执行监督机构。定期检查学校领导和职能部门、院系等执行大学章程的情况，建立对违反大学章程的纠错和处罚机制。当然，章程所约束的不仅是学校，也约束政府行为，这会增加章程实施的价值和难度。可以预期，提高大学章程的约束力、执行力还需要付出艰苦的努力。

还是要有一个全国房价指数*

回头看：本文主张由统计部门恢复并完善统一的房价指数。现在建设部门和有的研究机构定期发布房价指数，起到了填补空白的积极作用，但似有喧宾夺主之嫌。

从2011年1月份起，国家统计局对房价统计进行改革，实施新的住宅销售价格统计调查方案。改革后的一个重要变化是，不再计算和发布全国70个大中城市房价综合指数，故而，这几个月在介绍、分析房价变动情况时通常表述为：新建住宅价格与上月相比，##个城市环比下降，##个城市持平，##个城市上涨；从同比来看，##个城市下降，##个城市持平，##个城市上涨。二手房价格也是如此。问题是，如此介绍之后，全国房价形势究竟如何，还是不知所云。据说，不公布全国房价综合指数是怕社会公众误解，平均数不能很好反映各地差异，如海口和哈尔滨的冬季温度很难用二者的平均数来反映。这种观点是片面甚至错误的，照此推理，上证综合指数、道琼斯指数等都应取消，全国物价指数、工业和投资增速乃至GDP增速等指标，也没有必要，因为全国不同地区差异很大。实践表明，现在这样只统计单个城市的房价，效果更差，不仅社会公众不了解全国房价面貌，而且国家宏观调控缺少了一个重要依据。因此，建议继续调整完善房价统计，形成一个全国房价综合指数。

房价统计虽说不易，国际上倒也有一些可资借鉴的做法。美国联邦住房金融局自1995年以来按季度、月度计算和公布全国房价指数，包括同比指数、环比指数、定基指数；从区域上分，有50个州的房价指数，

---

* 本文完成于2011年4月。

有太平洋地区、山区、南大西洋、中大西洋等9个区域（类似我国的东北、华北、西南、东南等区域）的房价指数；还有25个都市区的房价指数。这对于了解分析全国房价态势十分方便。同时，标准普尔公司还发布Case-Shiller房价指数，包括美国20个城市，在此基础上形成10城市房价综合指数和20城市房价综合指数，有从1987年开始的月度数据。德国统计局既有各州的房价统计，也有全国的同比、环比、定基房价指数，而且在住房中还分为单个家庭、多个家庭的房屋价格，工商业建筑中还区分写字楼房价和工业房价，这些为宏观分析和决策提供了很好的支撑。

我们可以借鉴国际经验，结合中国国情，完善房价统计。从近期看：一是恢复计算和发布全国城市房价综合指数；二是在基础数据的质量和可及时获得性差异较大的情况下，可以先选择36个城市或50个城市来计算全国城市房价综合指数；三是通常的房价统计宜仅包括商品房，不包括保障房，因为政策性住房价格可能在较长时间不变或变化不大，容易使综合房价指数失真。可同时计算包含保障房价格的另一个房价综合指数，作为分析的辅助参考；四是城市房价应仅统计城市辖区的房价，不包括县；五是计算和公布单位面积房价绝对值平均数。从长远看：一是推出分省房价统计；二是计算分区域的房价指数，如东、中、西、东北地区，长三角、珠三角、环渤海等。此外，如果统计部门人手不足、条件受限，可允许和鼓励房地产协会、房屋中介组织来计算房价指数。

总之，考虑到前几年全国城市房价统计与人们的现实感受差距较大、社会上议论纷纷因而对房价统计办法进行改革是十分必要的，但大家并非不需要一个全国房价指数。可以预期，如果统计部门不出全国房价指数，协会等机构有可能编制自己的房价指数，那时统计部门将会处于被动。换言之，有一个全国房价指数是客观需要，房价统计改革要知难而进，不应因噎废食。

房地产市场调控需要正本清源*

回头看:本文提出要吸取以往的经验教训,房地产调控要有"定力":在初期防止急于求成,在后期防止虎头蛇尾。几年来,政府一直强调"坚定不移地搞好房地产市场调控"。

房地产市场调控关系到民生改善和民心向背,关系到政府公信力高下,关系到经济长期平稳较快发展。2009年房价疯涨再次成为街谈巷议的最热门话题和怨气沸腾的最重要根源。当前房地产市场调控又到了一个关键时期,确保这次调控取得成功、避免半途而废,需要有清醒的认识、坚强的决心,经历艰苦的过程,付出必要的代价。

一、房地产市场调控要有"定力"

亚洲金融危机以来我国房地产市场经历了若干次大起大落、冰火两重天的洗礼。房价在不长的时间内曾经从两位数的上涨转到两位数的下跌,这在深圳等地并不鲜见。这次国际金融危机爆发之前,房地产市场本来已经进入下行调整阶段,金融危机并不是房地产市场走低的直接原因。金融危机一来,大力刺激房地产业发展成为各地保增长的重大举措之一。客观上,金融危机成为其他行业之危,房地产行业之机。若非金融危机,房地产市场可能还会在相对低迷中运行更长时间,并自然地完成其客观上正在进行的调整周期。金融危机反转了房地产市场调控的原有步调和自然进程,房价以变本加厉的方式报复式疯涨。在众望所归之

---

* 本文完成于2010年6月。

524

下，当前这次房地产市场调控措施的力度之大、方向之正确，是前所未有的。需要强调的是，这次调控一定要沉住气，有耐心，防止出现两种情形：一是在初期防止急于求成。不能期望调控措施立竿见影，几个星期没有明显效果就又开始在已有措施之上层层加码，继而又出现摇摆反复。实际上，两个多月来调控效果已经显现，主要表现是交易量大幅收缩，市场观望情绪明显上升，价格虽未明显松动但开始打折促销，下一阶段房价跌落在所难免。二是在后期防止虎头蛇尾。此次调控，只要坚持下去，半年左右房价必然大幅下降。降多少呢？理论上讲，这次国际金融危机以来的房价上涨都是不合理的，房价水平理应退回到金融危机之前，这意味着许多城市的房价（同一地段）应下降30%左右。关于首付、二套房、外地人购房、交易税费等规定，应是现阶段我国国情下的中长期制度安排，而不是可供频繁调整的政策工具，应保持稳定性，减少反复性。考虑到以往房地产调控确曾出现房价越调越涨的情形，这次务必痛下决心、见到成效、防止反弹。我们所得到的将是挽回民心、挽回政府公信力，但要付出的代价可能是：房地产业短期内陷入低迷，钢铁水泥等相关产业受到重挫，经济增长速度受到影响，部分房地产企业面临破产倒闭危险，甚至银行呆坏账转降为升。那时，放松乃至放弃调控的各种声音势将卷土重来。这种情况下，尤其要咬定青山不放松，使这次房地产调控善始善终，在承受必要的代价、花费必要的时间、吸取必要的教训之后，迎接房地产市场的长期持续健康发展。

二、六大市场主体分属两大利益共同体

在革命年代，毛泽东同志曾说：谁是我们的敌人，谁是我们的朋友，这个问题是革命的首要问题。在市场经济和宏观调控中，我们当然不可以套用"敌人"或"朋友"的概念，但在房地产市场上，中央、地方、开发商、银行、消费者、投机者这些市场主体的利益倾向之分明，则是显而易见的。从前一阶段的实践看，可以说，中央希望房价稳，消费者希望房价稳，这两个主体之间有共同的愿望，属于一个"统一战线"。而开发商希望房价涨，涨幅越大利润越多；投机者希望房价涨，涨幅越

大暴利越丰；地方希望房价涨，涨幅越大土地出让金和税收越多；银行希望房价涨，涨幅越大利息越多、贷款越安全。一般来说，开发商、投机者、地方、银行大体属于同一利益共同体。当然，这并不是绝对的。首先是地方的态度有时具有两重性，通常情况下通过房价上涨和"打造地王"追求更多的本地财税收入，但当中央把稳定房价责任明确地放到地方头上，并以行政处分来严厉惩罚未尽责之地方领导时，地方往往会转而舍利取"义"。其次是部分比较规范、着眼长远的开发商也希望房地产市场能够相对平稳扩张、实现可持续发展。但总的来说，近几年开发商、投机者、地方、银行这四大市场主体的行为客观上都在助长房价飙升，而不是发挥稳定器、制动器的作用。

房地产市场六大主体的利益取向存在巨大差别，容易造成房地产调控措施被架空。调控政策由中央制定，但执行要靠地方、银行和企业，由于利益不同，地方、银行和企业缺乏稳定房地产市场的内在动因。因此在前一阶段，对于"90平方米"、二套房贷政策等等，地方、银行和企业均以细则不清、无法执行或有意绕开等形形色色的办法和借口，使得房地产调控措施形同虚设，效果大打折扣。而广大消费者则是房价疯涨的被动接受者、受害者和抱怨者。这次房地产调控的效果之所以可以期待，是因为与金融危机中"保增长"的调控类似，当前的房地产市场调控正成为"讲政治"的运动式调控，各部门、各地方均争先恐后地加入调控房价的"运动"之中，并期望有所表现、有所贡献，尤其是地方正在比较勉强地、被动地、也可能是暂时地脱离原来的利益共同体，站到了稳定房价的一方。但需要估计到，随着调控效果显现，房价下降、房地产投资回落，地方将面临严峻的"两难选择"：或者财力削弱、财政困难，或者房价反弹、调控落空。仅以土地出让收入来看，其绝大部分为地方收入，2009年全国土地出让收入1.4万亿元，相当于地方财政收入的43%、支出的23%。房地产调控对地方财力的影响非同小可，由此不难想象，随着调控措施的深入落实，所遇到的阻力势必会与日俱增。但无论如何，地方和各方面都应当认识到，土地出让收入年均增长40%以上是极不正常的，就像飞来的横财，终究不可持续，不应将其用于刚性支出项目，否则地方财政迟早会陷入被动和困境。总之，房地产市场调控的成功，有赖于中央和地方上下同心，企业和银行规范运行，特别是地方政府要定位于市场的调节者，而不是利益的追求者。

三、短期调控需求比调控供给更为关键

促进房地产市场供求大体均衡和价格基本稳定，无非是扩大供给和调节需求两条，这是极其简单的原理。分开来看，由于土地资源的稀缺和硬约束，决定了住房供给必然是有限的，而不是无限的。既然土地仍然实行比较严格的计划供应，可以认为房地产供给的自然状态大体上也是均衡的。这种情况下，调控房地产市场的关键环节在于调控需求而不是供给，或曰加强住房需求侧管理。住房需求可以分为消费需求、投资需求、投机需求三类，消费需求是刚性需求，投资和投机需求是弹性需求。本来的优先顺序是：首先满足当地居民的住房消费需求，再满足长期投资需求，最后满足短期投机需求。住房消费需求主要取决于城镇化进程和现有城镇人口改善住房的需求，这大体上也是均衡扩张的态势。就房地产市场的客观趋势或自然状态而言，大体均衡增长的供给，如对应于大体均衡扩张的需求，结果理应是大体稳定的市场和大体稳定的价格。但实际情况却是，在各方的利益动机之下，投机需求和投资需求得到鼓励甚至刺激，有时住房总需求有如脱缰的野马，不规则地急剧膨胀（或收缩），特别是在有的地方，投机性购房需求占30%左右，其边际效应极大地推高了住房价格，既挤占了当期的消费需求份额，也抑制了远期的消费需求扩大。

合理调控住房供求关系，从需求角度看，首先要明确一个基本理念，即在当前住房消费需求尚未得到较好满足的发展阶段上，应严格禁止投机需求，严格限制投资需求。在调控措施上，大中城市原则上应禁止外国人和外地人无真实消费目的的购房，但对有长期稳定工作的农民工和其他人口则视同当地居民。从供给角度看，在以抑制房价过快上涨为目的的调控中，不宜同时大幅减少土地供应，因为这是南辕北辙、适得其反，过去在这方面有过教训，今后应在宏观调控的整个过程都坚持大体均衡的土地供应。同时，要努力优化房地产市场供给结构，通过土地、

税费等方面的政策倾斜，切实保障增加中低价位普通住房的市场份额。总之，需求是我国房地产市场调控的牛鼻子，是矛盾的主要方面，在当前发展阶段上，要恢复和坚守住房的消费品性质，不允许住房成为金融投资（投机）产品；要将全社会的资金、资源和企业家热情引导到提高产业竞争力上，而不是热衷于房地产炒作，否则将危害房地产业和经济社会发展全局。日本"失去的十年"与房地产投机和泡沫有关，美国次贷危机与房地产投机和泡沫有关，我们已有前车之鉴，决不应重蹈覆辙。

需要指出的是，抑制投机、防止泡沫并不会阻止房地产业发展。目前我国城镇化率近47%，城市人均住房建筑面积约30平方米，未来住房刚性消费需求潜力巨大。完全有理由相信，在城镇化达到饱和状态、人均住房面积达到饱和状态之前，例如在城镇化率达到65%左右、城市人均住房面积达到45平方米左右之前，住房真实消费需求将源源不断，完全可以支撑房地产业的持续较快发展。

四、坚持租售并举、协调发展

过去的城镇住房制度改革客观上将所有城镇居民都逼上了购房之路，封堵了租房市场发展，结果是在几乎一夜之间我国城镇居民的住房自有率从几乎为零上升到80%以上，超过了美国、欧洲等许多发达国家，这是从一个极端走向另一个极端。实践证明，只有买房才有房住的制度要求，已经使得许多低收入者和新参加工作的人面临很大的住房困难。其实，住房市场化有多种实现方式，售是市场化，租也可以是市场化，关键是住房租金和售价的水平要反映市场供求、体现市场原则。近年来，在主要是自发的方式下，租房市场有所发展，但住房售、租市场一条腿长、一条腿短的现象仍十分明显。今后完善住房制度改革，要在坚持市场原则的基础上实行"租售并举"的方针，把发展房屋租赁市场放在与住房产权交易市场同等重要的地位，在继续发展房屋销售市场的同时，对住房租赁市场发展作出整体的制度性设计，最终形成租房与买房比例大体相当、租售价格关系协调、居民多样化多层次住房需求得到较好满足的房地产市场格局。

五、合理划分政府与市场的界限

住房既有商业性，也有公益性，既关系产业发展，也关系民生保障。在房地产业发展上理清政府与市场的关系，涉及多个层面。首先，政府承担多大范围的住房供应责任。在住房市场化改革之前，政府管得太多了，在住房市场化改革之后，政府管得太少了，这是一个总体判断。但我们不可能回到过去大包大揽的状态，因为这既不符合住房市场化改革的大方向，政府财力也将不胜负担。现阶段，政府住房供应上的直接责任，从对象上讲，应包括城镇享受最低生活保障的人群和政府公职人员；从方式上讲，应是租房而非售房（过去已经出售的不咎既往）。这样加以规范，政策的可操作性很强，谁有资格获得、住房标准多大，政府都可以有十分明确的规定。政府公职人员在工资、住房、社保等方面的待遇，都应是一个相对独立的系统，完全市场化是错误的和不可能的。中等偏低收入者（低保之上、富裕之下）是一个很大的群体，不易识别，政府很难承担起直接保障其住房的责任，现阶段，虽可通过适当加大经济适用房建设力度缓解矛盾，但根本上还要靠政府加大对房地产市场的调控力度，使得房价水平与大多数居民的收入水平基本适应、大体匹配。如果房价疯涨，而政府又承担过多的住房保障责任，那就难免力不从心、失信于民。对进城务工农民的住房问题，当前也应继续靠市场机制和间接宏观调控来解决，政府不能轻易开口承诺直接的住房保障责任。归结起来看，住房总供给的绝大部分还是要由市场或房地产企业来提供，但整个房地产市场都必须在政府的严格监管之下规范运行。

房地产市场监管和调控的责任当然在政府，而中央政府和地方政府的职责应当有所区别。中央政府主要负责制订大的政策和目标，房地产市场具体的、日常的监管和调控则应实行属地原则，主要以市（不是省）为单位来加以落实。其中十分重要的一点是，把稳定住房价格和保障性住房供给的任务作为硬约束，落实到市一级地方政府，定期公布各地完成情况（过去控制通货膨胀时期曾采取类似措施），明确奖罚措施。考虑到地方政府在当地经济运行中的显著作用，这样做可能是稳定房地产市场最为有效的手段。其实，对于地方经济发展来说，房价也是竞争力。

当房价畸形高涨时,当地商务成本也会急剧上升,妨碍招商引资特别是引进高端人才,这种负面效应在上海等地已经显现。房价过高也会削弱国家竞争力。从提高竞争力和投资吸引力的角度看,地方政府应当对房价问题具有长远眼光和通盘考虑,而不能只盯着眼前的土地出让金和对相关产业的短期拉动作用。

政府的另一项职责是改进房价统计,为决策提供准确可靠的依据。2009年大中城市房价涨幅仅为1.5%的统计引起公众和专家普遍质疑。为此,要对现有房价统计制度进行改进,并可考虑增加定基指数,方便查找不同时期(如2000年至2009年)的房价累计涨幅;除了相对指标,可研究设置房价绝对值指标,如某市2009年平均房价每平方米多少钱;对市中心区和郊区的房价要能够区别开来统计,以更好地反映同样地段、同样位置的房价上涨情况;还应把经济适用房和廉租房从正常房价统计中剔除,并以此作为房价的基准指标来公布,以更好地反映市场房价,而对包含政策性住房的价格指数可另行统计。

六、规范发展才能持续发展

在过去相当长时间内,我国房地产市场是很不规范的市场,甚至成为投机者的乐园。许多房地产开发商的心思主要不是用在提高建筑质量、开发优质产品上,而是通过屯地、捂盘、炒作等投机取巧方式获取暴利;许多购房者买房不是为了自住,而是等待房价上涨,倒手获利。房地产开发过程中违法违规行为禁而不止,甚至愈演愈烈,成为见怪不怪的现象。乱象频生、奖罚不明,也是房地产市场多次出现大起大落的重要根源。推动房地产市场持续健康发展,必须以极大的勇气和决心,重拳出击,规范秩序。一是要严厉打击权钱交易。这在最近查处的一些地方国土厅局长案件中已经表现得触目惊心。在房地产开发的几乎所有环节都可能存在权钱交易,都要严惩不贷。二是严厉打击偷税漏税。凡暴利行业,偷税漏税现象往往比较普遍。三是严厉处罚土地闲置。对违规长期闲置甚至有意屯地、坐等涨价的,要坚决无偿收回。对此,地方负有监督和执法的主要责任,关键在于地方不能不作为,睁一只眼闭一只眼。四是严厉处罚改变土地用途。在农村将农业用地违规转作非农用地（如建房、建厂等），在城市将绿化用地、公共用地违规转作商业开发，此类现象绝非罕见和偶然，亟须深查细究。其实，国家再三禁止、各地比比皆是的高尔夫球场和高档别墅项目，说明有令不行、有禁不止的现象已经到了何等严重的程度。五是严厉处罚违规更改建筑设计。类似北京奥运村盘古大观项目（在高楼上建四合院）等等，不仅应当对违规获利数倍处罚，而且应要求企业恢复实施原来的设计，如果只是简单地一次性罚款（并不重）了事，违规项目照常运营，则必然助长更多开发商违规追逐利润的倾向。六是严厉处罚故意炒作"地王"行为。对于"地王"该缴的土地出让金一分钱不能拖欠，对于"地王"的税收征缴情况要更加严格审计。今后一个时期房地产市场可能震荡下行，对那些挺不过去的"地王"企业，要允许市场机制发挥作用，下决心让它倒闭几个，这样才能吸取教训、惩前毖后。

国际经验表明，房地产税是防止投机炒作、促进规范发展的一个治本之策。尽管像遗产税那样，会有征收困难和某些副作用，但现阶段总体上利大于弊，都应当及早推出。

房地产市场健康发展要解决四个基本问题*

回头看：本文对曾经一段时间内房价越调越高、老百姓意见越大进行反思，认为要提高房地产市场调控的科学性有效性应解决好四个基本而关键的问题：供给和需求问题，不同利益主体的矛盾问题，租与售的关系问题，暴利与腐败问题。文中提出住房需求分为消费需求、投资需求、投机需求三类，建议对外国人、外地人购房进行限制。本轮住房限购政策自2010年9月开始在主要城市实行。

　　城镇住房价格和供给结构问题一直是社会广泛关注的一个焦点问题，也成为影响社会和谐的一个重要因素。近年来政府对调控房地产市场已经采取了诸多措施，其力度之大、频度之高，是少见的，其目的主要有两个：一是要稳定住房价格；二是要优化住房供给结构，大量增加价位低的普通商品住房。但这两个目标都还没有很好实现，与广大居民的愿望和要求相比还有较大差距。从住房价格来看，有资料显示，目前东京人均月收入与每平方米住房的价格为1∶1，而北京的这一比例为4.4∶1，全国城镇为3.2∶1（有人将这一指数称为住房痛苦指数），表明我国的住房价格与居民收入水平相比已经明显偏高。近年来城镇房屋销售价格涨幅一直高于其他价格指数，近两年统计的70个大中城市房屋销售价格平均上涨6%左右，一些城市住房价格涨幅超过10%。社会上对目前的住房价格指数是否可靠、是否真实反映了住房价格的实际变化，存在不少疑问。有资料显示，北京等大城市的住房价格在过去三四年中差不多翻一番，否则就难以解释中国的"富豪"排行榜上何以房地产业

　　＊ 本文完成于2010年初。

者那么多，难以解释房地产市场上投机资本和外资何以蜂拥而入，难以解释老百姓何以对住房问题怨声载道。从住房供给结构看，中低价位的住房供应一直明显不足，经济适用房投资在过去一段时期曾经是下降的，廉租房制度刚启动不久，而有的房地产开发商直言不讳只为富人建房、不为穷人建房。可以说，房地产市场调控在很大程度上处于力不从心、无可奈何的状态。要认真研究总结城镇住房制度改革和房地产市场调控过程中的经验和教训，进一步理清基本思路，提高房地产市场调控的科学性和有效性。分析房地产市场，应深入思考四个基本问题：

一是供给和需求问题。诺贝尔经济学奖获得者萨缪尔森在《经济学》教科书中引用一句名言：你甚至可以使鹦鹉成为一个博学的政治经济学者——它所必须学的就是"供给"和"需求"这两个名词。促进房地产市场均衡和价格稳定，无非是扩大供给和调节需求两条，这是极其简单的原理。分开来看，由于土地资源的稀缺和硬约束，决定了住房供给必然是有限的，而不是无限的。这种情况下，住房供给结构状况就十分关键。既然市场力量驱动大户型、高价位住房供给，抑制小户型、低价位住房供应，而很大一部分居民的需求是小户型、低价位住房，表明在住房市场上存在比较明显的市场失灵，政府应当填补这一空白，但实际上政府长期缺位。从住房需求看，可以分为消费需求、投资需求、投机需求三类。本来应当在首先满足当地居民的住房消费需求之后，再满足投资和投机需求，但实际情况却是在各地政府的利益动机之下，三类需求同时膨胀，导致投资需求和投机需求挤占了消费需求，并大大抬高了消费需求的成本。据此，理顺住房供给和需求关系的政策趋向是：在供给上，明确要求各地政府在一定时期内重新成为中低价位住房的直接和间接提供者，承担起相应的责任，以弥补市场不足；在需求上，优先保障消费需求，严格限制投资需求，坚决遏制投机需求。举例来说，具体措施之一是重新禁止外国人和外地人（不包括农民工等在北京工作的人）无合理消费目的而在北京购买住房。这与其说是倒退，不如说是纠偏。可以预期，在住房供给一定的情况下，如果不限制需求，如果需求是个无底洞，那么住房价格永远不可能得到有效抑制。

由于房地产市场主体的利益差异，房地产调控成为一种政策游戏，地方和银行不是积极而忠实地执行中央的调控政策,而是千方百计逃避执行。提高房地产市场调控的效能,关键在于让地方和中央"一条心",以稳定房价和稳健发展为共同目标,充分发挥中央和地方两个积极性。同时,要使银行在房地产信贷上更加审慎,严格按照监管当局的标准放贷,不能轻易地绕开监管、推波助澜。可以预期,一旦理顺了房地产市场各主体的关系和角色定位,房地产市场就有可能比较规范、理性地发展,而不是如过去那样疯狂运行、令人眼花缭乱。

二是不同利益主体的矛盾问题。房地产市场存在利益取向不同的六个主体:一方是中央政府和普通住房消费者,其主要取向是希望住房价格基本稳定,多数人的住房需求得到较好满足。另一方是地方政府、房地产开发商、银行和住房投资及投机者,其主要取向是希望房地产价格持续上涨,甚至涨得越多越好,地方政府可以从中得到更多的土地出让金和税收并加快经济增长,房地产商、银行和住房投资及投机者可以得到更多利润回报。中央政府是房地产市场调控政策的制定者,地方政府和房地产开发商是房地产调控政策的执行者,上下之间的利益差异,形成了典型的"上有政策、下有对策"的博弈,结果赢家不是以中央政府为代表的一方,而是以地方政府和房地产开发商为代表的另一方。完善房地产市场宏观调控,需要重新调整利益主体的格局,使地方政府脱离局部利益集团、完全回归到国家政策的立场上来。在措施上,除了已有的政策措施要严格执行到位外,可以让地方政府切实承担起维护当地住房价格的责任,在改进住房价格统计的基础上,在媒体上逐月公布大中城市的住房价格,对房价涨幅过高的地方以适当方式进行提醒和批评;要进一步完善土地出让金管理,可建议改由中央财政管理、地方使用(类似于乡财县管乡用模式),规定使用方向,加强监督和审计,并将地方土地出让金规模与地方财政上缴、对地方的转移支付挂起钩来。

三是租与售的关系问题。已经实施的城镇住房制度改革要求所有居民都购买原有住房,现在看来恐怕是不妥的,是从一个极端走向另一个极端。其实,住房市场化有多种实现方式,售是市场化,租也可以是市场化。关键是住房租金和售价的水平要反映市场供求、体现市场原则。只有买房才有房住的制度要求,已经使得许多低收入者和新参加工作的人面临很大的住房困难。今后完善住房市场化改革，要在坚持市场原则的基础上实行"租售并举"的方针，把发展房屋租赁市场放在与住房产权交易市场同等重要的地位，最终的市场格局可能需要发展到城镇居民租房与买房的比例大体相当，这将更好地满足住房市场多样化的需求。

四是暴利与腐败的联系问题。暴利的背后往往隐藏着腐败。房地产行业被划为近年来的暴利行业之一。已经披露的一些案例表明，房地产行业的暴利与一些腐败现象、违法违规现象并存，如土地审批中的权钱交易、土地开发中的偷税漏税等。这些都应当依法惩处。鉴于在房地产市场调控过程中存在大量有令不行、有禁不止的现象，特别是少数房地产开发商和少数地方官员在抵触国家调控措施上气焰过于嚣张，加大在房地产领域惩治腐败和违法现象的力度，开展专项整治，显得十分必要，这对于整顿规范房地产市场秩序、推动国家调控措施的贯彻落实，也将很有意义。将来在房地产市场整顿和投资项目大检查中，工作组应当包括纪检、监察部门的成员，其力度和效果将大不一样。总的看，加强和改善房地产市场调控影响重大、任重道远。

形象的现代化标志*

回头看：在党的十五大召开之前有关部门曾专题研究现代化的指标体系，本文提出除了数量指标外，还可以有一些老百姓看得见、摸得着的形象的现代化标志，所提6条在当时均可想而不可及，今天正在变成现实。

一个国家怎么才算实现现代化？许多专家学者列出了大量的指标，如人均GDP等，还对不同指标用加权办法计算出现代化程度的量化结果。其实，现代化不是一串数字一摞指标，而是看得见、摸得着的。根据国际经验，这里提出几个形象的现代化标志，似可作为现代化标准的补充。

1. 自行车成了健身工具。从吃、穿、用、住、行的角度看，我国居民特别是城市居民的吃、穿、用已经达到了相当的水平，与发达国家相比，虽仍有一定差距，但这些方面不完全可比，例如吃中餐与吃西餐、穿民族服装与穿西装之间，只是习俗不同，没有高下之分。住的方面，我国与日本类似，人多地少，不可能都住上美国人那样的大房子。而行的方面似乎更能说明问题。我国城乡有几亿人以自行车作为交通工具，而在发达国家自行车的一个主要用途是健身。什么时候，无论以私人汽车还是公共交通代替了自行车作为大众代步工具，同时自行车也主要成了健身用品，那么就可以说这个国家已经具备现代化的一个重要特征了。

2. 穷人成了胖子。在不发达的社会，许多穷人吃不饱、穿不暖，

---

* 本文完成于2002年8月。

温饱问题得不到保证，往往缺乏营养，而富人则有条件吃得好、喝得好，因此这种社会里胖子以富人居多，这种特征恰恰是社会不够发达的体现。在实现现代化以后，即使穷人都能够做到吃喝不愁，其中一部分人可能吃喝无度，希望尽情"享受"过去富人那样的生活。这时富人的生活追求则发生了新的变化，讲究科学饮食和体型优美，因此吃喝上注意节制，还加强体育锻炼。这样，胖子成了以穷人居多，而富人则多是健康但不肥胖。只有在社会发展到较高程度后，才会出现这种现象。

3. 公共厕所有卫生纸。与美、日、欧等发达国家不同的一个有趣现象是，我国的公共厕所多数不备卫生纸，而发达国家的公共厕所基本上都有卫生纸，这看起来是一个小小的区别，实际是一个重要的区别，一个能够反映社会发展程度差异的区别。当然，近年来我国公共厕所备有卫生纸的逐步多了起来，例如机场和一些高级宾馆，但多数公共厕所还是没有，即使中央国家机关的公共厕所，备有卫生纸的也少见。同时，备有卫生纸的地方，也曾经发生浪费和丢失问题。这些情况，既反映了政府提供公共产品的不足，也反映了公民素质修养的不足，而这两方面都是现代化社会不可缺少的。

4. 城里人纷纷跑到乡下居住。目前我国居住在农村的人口仍占60%以上，其中绝大多数是农民，也是收入较低的居民。而在发达国家，真正的农民只占人口的3%—5%，甚至更低，而居住在乡下的人则很多，为的是享受大的房子和优美的环境。而乡村或郊区的各种基础设施条件一应俱全，并不比城市逊色，从基础设施条件上讲，乡村是城市的缩影或切块，而其他方面则更加宜人。反观我国，农村基础设施条件与城市相比，还有很大的差距，城市居民愿意留在城市，农村居民希望进入城市，这是向现代化迈进的典型特征。当这种特征出现变化、越来越多的城里人特别是富人开始纷纷搬到乡下居住的时候，现代化恐怕就到来了。

5. 公园博物馆大多免费开放，而且还有清洁自来水任意饮用。计划经济时期，我国的许多公园博物馆免费开放，即使收费也很低，那在很大程度上是缺乏商品经济观念和体制的表现。改革开放以来，公园博物馆的收费开始向另一个极端发展，收费标准逐年攀升，而且不论是公益性的还是商业性的，国家投资的还是企业投资的，致使一些普通百姓望而却步。发达国家的情况不同，多数公园博物馆是免费的甚至开放式的，成为大众休闲娱乐或享受艺术的场所。而且，清洁的饮用水设施根据需要设置，免费供应，极大地方便了群众。

6. 厨房厕所最干净、最费钱。在吃穿等温饱问题没有解决的情况下，厨房、厕所虽也有必要，但总体上不受重视，因陋就简，在家庭支出中所占比重很小，甚至可以忽略不计。在城市，厨房、厕所有些是公用的或几家合用的；在农村，有些厕所是露天的，极其简易。但在生活水平提高之后，厨房、厕所在家庭中的地位和支出比重势必发生天翻地覆的变化，因为这两样恰是家庭成员天天要用的，因此越来越多的富裕家庭势必在厨房、厕所上创造最宜人的环境，并因此而最舍得花钱。这就是现代化的标志。

劳动力成本上升削弱竞争力的隐忧*

回头看:本文对劳动力成本上升削弱竞争力的担忧在10年后的今天正日益成为现实,同时本文提出的出路在于使劳动力素质提高的速度跟上甚至快于工资上升的速度,这是保持和增强竞争力的必然要求。

一、中国的劳动力成本优势及其内涵

中国经济发展和吸引外资有两个明显优势:一是巨大的市场潜力,一是低廉的劳动力成本。劳动力成本低的优势有两方面含义:一是劳动力价格或工资水平低于许多发展中国家,二是以这样低的价格或工资水平所获得或供给的劳动力仍具有必要的素质,能够适应基本的生产需要。过去20年中国经济快速发展和大量吸引外资即得益于此。然而,有迹象显示,近年来中国的劳动力成本有不合理上升的苗头,值得关注。

二、中国劳动力成本上升的表现

(一)90年代的职工工资上升速度快于80年代。中国的职工平均工资在剔除价格因素后,1981—1990年增长了38.4%,年均增长3.3%;而1991—2000年则增长了88%,平均每年增长6.5%。90年代的工资水平提高速度几乎是80年代的2倍。特别是最近几年增长更快,其中1999年平均工资实际增长13.1%,2000年增长11.4%,2001年增长15.2%,明显快于这几年7%—8%的经济增长速度。

---

* 本文完成于2002年6月。

（二）工资增长速度快于劳动生产率提高速度。这里用工业企业全员劳动生产率代表劳动生产率，并用工业品出厂价格指数来剔除价格因素，计算结果是：1990—2000年劳动生产率从17048元/人提高到45679元/人，考虑价格因素后实际增长63%，平均每年增长5%，低于同期6.5%的平均工资增长率。

（三）工资上升速度快于劳动力素质提高速度。这里以国民受教育年限的变化代表劳动力素质的变化。据粗略测算，1990年中国15岁以上国民受教育年限为5.8年，2000年上升到7.3年，10年提高26%，平均每年提高2.3%，这也远远慢于工资增长6.5%的速度。换言之，过去10年中每一单位工资中的劳动力素质含量下降了，或每一单位劳动力素质的工资含量提高了。

值得注意的是，在总体劳动力成本上升过程中还伴随着另外一个不合理现象，即收入差距扩大。中国的基尼系数在1988年为0.34，2000年上升到超过0.4，高于一些发达国家和发展中国家。收入差距扩大特别是某些高收入的获得，既有合理因素，也有一定的不合理因素，如凭借垄断地位、制售假冒伪劣、逃税骗税、走私贩私、侵吞国有资产等。可以说，劳动力成本上升会削弱竞争力，而过大的收入差距特别是不合理因素导致的收入差距也会对劳动者产生负的激励作用，从而影响竞争力。

三、中国劳动力成本变化趋势

今后一段时间，中国的劳动力成本有持续提高的可能。这里简要分析几个影响因素。

（一）汇率因素。从70年代末期开始改革开放到1994年，人民币汇率总体上呈现贬值趋势，例如对美元汇率1981年为1.7∶1，到1994年贬值到8.6∶1。这一时期，按照美元计算的话，中国的劳动力成本可能是不变的，甚至是下降的。而自90年代中期以来，人民币总体上呈现升值态势，特别是考虑到价格因素后，人民币的实际有效汇率升值幅度更多。今后一段时期，估计人民币将保持基本稳定或继续有所升值，这样，同样水平的劳动力成本按照美元计算可能表现为上升。也就是说，当前和今后的汇率变化态势、作用与以往相比明显不同了。

（二）价格因素。90年代中期以前中国出现过几次比较严重的通货膨胀，1986—1995年居民消费价格指数平均每年上升11.7%，通货膨胀大大抵销了名义工资上涨的价值。近几年则出现通货紧缩趋势，1998年以来消费价格指数在-1%和1%之间波动，意味着实际工资的变动相当于甚至大于名义工资的变动。目前看，短期内中国出现通货膨胀的可能性不大，价格总水平仍将处于较低水平，而提高名义工资的要求总是存在的，即实际工资有上升压力。

（三）攀比效应。改革以前中国的收入水平过于均等，因而少有攀比现象，但也不利于改善效率。改革以来收入差距扩大了，这在一定程度上可归结为效率的差别。问题是，许多时候人们并不相互比较效率和贡献，但天生具有攀比收入水平的倾向。例如，国有单位职工平均工资相当于集体以外的其他单位（主要是三资企业等）平均工资的比例，1990年和1995年均为75%左右，2001年上升到92%，其中有公务员连续加薪等因素的作用，恐怕也有攀比因素的影响。另外，对于一些与效率无关的不合理高收入，人们难免产生攀比心理和行为，而此类不合理高收入的确在一定范围内存在。

四、简短的结论

尽管中国劳动力成本有上升苗头，但总体上仍然较低，而且在今后较长时期内仍具有优势。这是因为，中国的劳动力成本基数很低，加之劳动力市场供过于求的矛盾十分突出，就业压力加大，以及在城市化和城乡劳动力流动过程中，农村富余劳动力将源源不断地进入城市，市场的力量将产生抑制劳动力成本过快上升的作用。

中国的劳动力成本优势主要是与某些发展中国家相比，不是与发达国家相比。与发达国家相比，中国的劳动力成本仍然低许多倍，但我们的劳动力素质也低。具有现实意义的是与那些发展水平近似的发展中国家比较。这方面中国的优势仍然是比较明显的。例如，2000年中国制造业雇员年平均工资大约1000美元，而泰国1999年接近2000美元，菲律宾1995年约3000美元，马来西亚1997年3700多美元。

关键在于使劳动力素质的提高跟上甚至快于工资上升速度。工资本身的上升并不必然削弱竞争力。如果我们的劳动力素质超过美国，效率和产出超过美国，那么我们的劳动力成本完全可以高于美国，同时并不削弱竞争力。然而，现实情况并非如此。根据上面的分析，我们现在要做的是，通过收入分配体制改革、政策调节和公司治理结构的完善，使工资水平的上升与劳动力素质提高以及生产效率改善密切联系起来，甚至应当使素质提高、效率改善的步伐比工资上升相对更快一些，同时避免收入的两极分化，以保持和增强竞争力。

培育、保护和挖掘住房需求的巨大潜力*

回头看：本文认为中国住房需求潜力巨大，有如一座金矿，需要在保护中开发、在开发中保护。"井喷"式释放不是好现象。这在此后几年不幸而言中。

一、房地产开发投资的地位和
作用实现了一个重要突破

这两年，房地产开发投资异军突起，持续快速增长。今年前11个月，房地产开发投资增长约30%，在各类投资中仍然遥遥领先，其对总投资增长的贡献超过30%，在商品房销售中个人购买增长36%以上，在销售总额中个人购买比例接近90%，令人刮目相看。目前房地产开发投资规模已经超过更新改造投资，首次成为仅次于基本建设的第二大类投资，实现了一个重要的历史性突破。从发展轨迹看，1990年房地产开发投资只有254亿元，仅相当于更新改造投资的30%，占全社会投资的比重仅为5.6%。到2000年，房地产开发投资规模已经达到4984亿元，与更新改造投资（5108亿元）旗鼓相当，占全社会投资的比重达到15.1%，10年中房地产开发投资比重平均每年提高约1个百分点。1990—2000年全社会固定资产投资平均增长22%，而房地产开发投资平均增长34.7%，高于全社会投资增长12.7个百分点。可以说，住房消费和房地产开发投资需求已经成为国内需求中的一个有生力量，且不可等闲视之。

---

* 本文完成于2001年12月。

二、当前与 1993 年的房地产投资热不可同日而语

当前房地产开发投资快速增长是多方面因素促成的，一定程度上具有客观必然性。

第一，城镇住房制度改革堵死了福利分房之路，为房地产开发投资开辟了巨大的空间。居民的住房需求原来都是眼睛盯着所在单位等、靠、要，现在更多的人把目光转向了市场。原有体制下房地产主要附属于政府部门或其他行业，现在则真正成为一个独立的行业。改革的效应总体上是一次性的，但仍会持续一段时间。

第二，目前城镇居民消费结构处于新一轮升级阶段。主要标志之一是住房消费支出不断扩大。同时，改革以来城镇居民收入水平不断积累和提高，目前部分居民的收入水平已经达到或越过商品房消费的临界点，形成了现实的、有购买能力的需求。据统计，我国城市居民人均住房使用面积从1990年的9.9平方米扩大到1995年的11.8平方米和2000年的14.9平方米，即前5年增加1.9平方米，后5年增加3.1平方米，扩张速度提高63%。

第三，建立和完善多层次的住房市场体系。当前在一级市场获得一定发展的情况下，住房二级市场和租赁市场的发育特别重要。完善的市场体系有助于居民实现从旧房到新房、从小房到大房的转换升级，有助于实现住房投资和消费的良性循环，把住房需求潜力最大限度地挖掘出来。上海是典型的例子。

第四，实行鼓励住房消费的政策。一方面努力增加居民购买力，包括调整机关事业单位职工工资水平，增加住房补贴，发展住房消费信贷等，一方面降低住房造价和消费成本，包括降低征地和配套费用，规范物业管理等。

反观1993年的房地产热，可以说是经济金融秩序混乱（开发区热、乱集资等）和头脑发热相结合的产物，当时在改革进展、供给能力、收入水平等方面的条件都不成熟，属于"头重脚轻根底浅"，尽管当年房地产投资增长了1倍以上，但必然是难以持续的。而目前的房地产开发投资快速增长，则各方面的客观条件更加具备，因而发展得更加健康而具有可持续性。

三、房地产投资快速增长势头还可以持续十年

据有关资料，日本、美国等发达国家90年代初的人均住房建筑面积多在30－60平方米。国际经验表明，在人均住房建筑面积20－30平方米的时期，住房需求往往比较旺盛。目前我国城市人均住房建筑面积刚达到20平方米，可以认为，今后一个时期仍可能是住房需求较旺的时期。如果搞得好，或没有大的扰动因素出现，城镇房地产开发投资快速增长的势头还可以持续10年左右。

四、培育、保护和挖掘住房需求和
投资增长的潜力大有可为

这要从多方面入手。首先要防止出现房地产投资过热。房地产投资的潜力应当逐步释放出来，"井喷"不是好现象。房地产投资增长过快，难免喜中有忧。今年以来少数城市房价涨幅达到双位数，值得关注。如果因为房价一时上涨过多而使住房消费和投资潜力受到损害，长远看将会得不偿失。其次要进一步扩大和完善住房信贷。将来住房需求最为迫切的是中低收入家庭和年轻人，而单靠他们的工资积累来买房是不现实的，发展住房信贷是增强广大普通居民特别是不断涌现的年轻人购房能力的必然要求。还要努力把住房消费真正理入工资，即在工资中包含住房消费应有的份额。这对于没有赶上"福利分房末班车"而刚参加工作或将参加工作的人来说，十分重要。相对于目前的市场价格，如果他们中的大部分人缺乏有购买能力的需求，那么目前旺盛的住房销售和投资也可能出现"断流"，那时再着手培育新的需求恐怕就有些晚了。进一步发展和完善二级市场十分重要。如果全国住房二级市场能够发展得像上海那样，则住房需求可以成倍扩大。当然，继续减少和取消不合理收费，降低造价，规范物业管理等，也都是培育和扩大住房需求的题中应有之义，而且要常抓不懈。

以工代赈宜城乡并举*

回头看：本文提出在城市也可以实行以工代赈，迄今这一建议并未大规模实行，但仍不失为一个有价值的新思路。

在我国，以工代赈是扶贫的一种重要方式，主要用于贫困地区的县乡公路、人畜用水、基本农田、农田水利、农村通信等基础设施，以及山区水土保持和小流域综合治理、林业和畜牧草场等方面的建设。当前，由于改革深化和结构调整，职工下岗和失业人员增多，居民收入差距拉大，在城镇也出现了一个贫困人群或贫困阶层，城市扶贫日益成为一项事关社会稳定的重要工作。国外经验表明，实行以工代赈，也是解决城市贫困问题的一个有效途径。以工代赈应当城乡并举。

在当前买方市场条件下，以工代赈可以直接增加国内需求，拉动经济增长。首先，以工代赈可以看作是政府主动创造需求的一种行为，以工代赈项目实施本身会形成产出。其次，无论发放现金还是实物，以工代赈都是专门用于城乡低收入群体，而低收入者的消费倾向比较高，储蓄倾向比较低，因此以工代赈会引致相应的、甚至更多的消费需求。再次，以工代赈项目往往需要地方或集体单位投入相应的配套资金，因此可能引致更多的投资需求。

实行以工代赈是加快城乡基础设施建设的需要。20世纪90年代以来，经过大规模的投资建设和大幅度提高价格，目前一般意义上的基础工业基础设施，已经得到了长足发展，供给状况有了很大改善，瓶颈基本消除，甚至出现了部分供过于求的现象。目前发展滞后的，主要是城

---

* 本文原载《人民日报》1998年9月21日。

市和农村基础设施，这些基础设施许多是公益性的，项目本身没有经济效益或没有直接经济效益，但却是改善人民生活水平和质量所必需的，而企业又难以大量进入这些领域。这就为城市以工代赈提供了发挥作用的余地。

城市以工代赈应主要用于城市环境整治等公益性项目建设，是政府的非营利性行为，与企业没有商业竞争关系，一般不产生"挤出"效应。城市以工代赈可以适用于相当广泛的领域，例如城市环境整治，自然资源保护，植树绿化，河渠疏浚，清除街头和居民区私自张贴涂画、有碍观瞻的广告，对重点污染企业废水、废气、废渣的排放情况进行监测、报告等。此外，以工代赈还可以用于城市道路、街道、排水系统、厕所、公共建筑、学校、公园等基础设施的建设和维护工作。

城市以工代赈可以组织和吸引较多的人参加。目前下岗职工达1000万，城镇登记失业人口近600万。此外，每年城市有许多一时难以找到工作的青年学生毕业。因此，可以规定：城市失业和下岗人员以自愿方式参加国家举办的以工代赈项目，新毕业的青年学生则待业超过一定期限者（例如半年）必须在国家举办的以工代赈项目中工作1—2年才可以重新就业。这样，以自愿和一定的强制相结合，使城市以工代赈总是保持一定的规模。

城市以工代赈主要以资金形式投入，也可以发放实物。个人参加以工代赈项目所得到的收入不是工资，因此其标准应低于企业的最低工资。同时，由于目前企业生产能力大，商品库存普遍较多，可以恢复运用发放实物的方式进行以工代赈。

目前我国以工代赈局限于农村特别是贫困地区，每年只有40亿元，以资金形式投入，尽管其"投入产出"效率很高，但毕竟规模很有限，所发挥的作用也有限。可以设想，如果以工代赈实行城乡并举，并尽力扩大以工代赈规模，那么就不仅能迅速而又直接地创造出大量的需求，而且对于解决城乡贫困问题、加快公益性基础设施发展、维护社会稳定，都会产生十分积极的影响。1998年洪水过后就可以立即组织较大规模的以工代赈，以帮助灾区重建家园。

最有效的战略选择

——特大城市宜加快地铁建设*

回头看：本文是在控制投资、限制地铁建设的背景下完成的，文中提出北京、上海等特大城市应在符合规划的前提下尽力加快地铁建设、缓解交通压力。现在看这一主张是符合实际的，甚至成为一些大城市的当务之急。

最近，北京市为了缓解城市交通困难，在长安街、阜外大街等主要街道开通了几条公交车专用道。由于首都的示范作用，估计其他大城市也将会采取类似措施。这些举措再次引起社会各界对如何解决我国大城市交通难题的普遍关注和思考。

改革开放以来，我国大城市，尤其是特大城市的道路、立交桥等设施建设有了长足的发展，但由于城市人口的快速膨胀，市内交通仍日趋紧张，车流不畅、交通堵塞、环境污染，造成巨大的经济和社会效益的损失。据专家估计，上海市因交通不畅每年造成的直接经济损失相当于该市国内生产总值的10%左右，即250亿元左右，全国因城市交通不畅每年造成的直接经济损失高达上千亿元。随着经济社会的发展，城市化进程的加快，我国大城市交通问题将更为严重。在这样的背景下，地铁——这个老话题，人们就不得不旧话重提了。

---

* 本文原载国务院发展研究中心《经济工作者学习资料》1997年第79期，合著者王凤云。

一、发展地铁是解决特大城市交通
难题最有效的战略选择

世界大城市交通发展的历史表明:地铁是解决大城市交通难题最有效、最理想的选择。早在1863年,世界上第一条地铁在伦敦投入运营,以后芝加哥、纽约、柏林、巴黎、东京、莫斯科等大城市相继修建地铁,地铁于20世纪六七十年代空前发展。目前,世界上已经有30多个国家和地区的80多个城市有地铁,纽约、巴黎、东京、莫斯科等大城市的地铁长度均在200公里以上(纽约地铁长达1110多公里),承担了城市60%以上的客运量。一位历史学家曾这样评价纽约的地铁:"是地铁挽救了纽约","纽约的地铁走向现代化,纽约因此也走向现代化"。我国迟至60年代才开始发展地铁。目前北京地铁投入运营线路只有两条、总长42公里,为全市公共电汽车运营线路长的1.5%,但承担的运量却达15%,日运量达150万人次,年运量约5.6亿人次,成为全市公共交通的骨干之一。如果没有这42公里地铁,目前北京交通堵塞状况将更为严重。

为什么地铁是解决大城市交通难题的最有效、最理想的选择呢?

1. 运能大。地铁编组一般4—12辆,高峰期行车间隔在2分钟以下,高峰小时单向运输能力为3—6万人,对解决时间集中、客流量特别大的市内交通运输问题特别有效。

2. 速度高。地铁全封闭或半封闭,有自己的专用车道、专用信号,不受市内道路交通的干扰,运营时速可达20—60公里,最大可达70公里以上。而目前我国大城市公共汽车的运营时速只有8—10公里。

3. 安全、舒适(在不超载条件下)、可靠。

4. 节省城市最稀缺最宝贵的土地资源,有利于防止环境污染。

因此,地铁是现代城市最有效的公共交通方式,其他任何交通方式都无法与之比拟,发展地铁是解决大城市交通难题的一剂良方。

二、发展地铁有巨大的经济社会效益

发展地铁有着巨大的经济社会效益,对大城市的发展和繁荣有着重大意义。

首先,地铁可以从根本上解决大城市令人头疼的交通堵塞难题,把地面客流引入地下,减少道路交通压力,使城市血脉流畅,避免每年上百亿元甚至更大的经济损失,而且使城市污染减少,社会人文环境改善,综合实力增强,整体素质提高,其直接和间接经济社会效益巨大。

第二,地铁建设的产业关联度高,能带动钢铁、水泥、木材、化工、玻璃、建筑、机车车辆、通信等众多相关产业的发展。目前我国钢铁、水泥、玻璃等产品严重积压,生产能力大量闲置。我国生产地铁车辆最大的企业长春客车厂,其生产能力多年处于闲置状态。地铁的发展能使这些产业的生产能力得到较充分利用,并且增加大量就业岗位。

第三,地铁建设持续时间长,世界上许多大城市地铁建设都经历了几十年上百年的时间,我国大城市的地铁要发展到一定的规模,也非要有几十年时间不可,这将带动我国相关产业长时间的持续发展。

这里着重谈一下地铁设备国产化问题。推进地铁设备的国产化有着特殊重要的意义。

一是有利于我国机车车辆等民族工业的发展。经过几十年的发展,如今我国地铁设备的生产制造技术已经成熟,形成了装备制造体系,具备了相当的生产规模。我国第一条地铁——北京地铁的车辆及相关设备就是长春客车厂自力更生制造的。北京地铁运营的高水平证明了国产设备的可靠性。而且,经过引进技术、合作生产,现今国产设备的制造技术又有了新的提高。长春客车厂前不久就中标向伊朗德黑兰地铁公司出口凸轮调阻车231辆。这充分说明我国地铁设备已具备了国产化的能力。地铁的巨额投资中,用于购置车辆等设备的投资要占总投资的40%左右。因此,推进地铁设备的国产化进程,对发展我国相关民族工业有着重要意义。

二是有利于大幅度减低地铁工程造价,节省建设投资。长春客车厂生产的地铁车辆每辆160万—200万元,而一辆进口地铁车辆的价格要高出5—6倍，甚至10多倍。据专家测算，以目前价格水平，如果地铁设备实现国产化，地铁建设成本可由每公里5亿—8亿元降到每公里4亿元左右。

三是有利于地铁设备的标准化、系列化和运营后的管理和维护。地铁设备依赖进口，往往出现"万国牌"的局面，给运营的管理和维护带来困难，零配件的更新长期依赖于人，必然使运营成本提高。只有实现国产化才能从根本上摆脱这一被动局面。

三、发展地铁的巨额投资障碍可以化解

发展地铁需要巨额投资，往往使人望而却步。现今北京、上海、广州的地铁造价已近每公里8亿元。而且随着城市建设发展，路网密度加大，地下管线愈来愈复杂，加之物价上涨，地铁造价将越来越高昂。可以说，投资额巨大是发展地铁的最大障碍。这里我们对这一问题作些初步的分析，并提出一些政策建议。

（一）"化整为零"，国力可以承受。

地铁投资额巨大，这是不争的事实。但无论建一条地铁线路还是建一个地铁网路，在其整个建设周期内的投资需求总量与年度投资需要量是两个概念，应当加以区别。一种思考方式认为，目前北京等城市的地铁综合造价接近每公里8亿元，而全国正在建设或酝酿建设的地铁有好几百公里，因此投资总需要量高达几千亿元，远远超出了国力。我们认为，如果按照这种方式来思考问题，那么地铁建设几乎永远是不可能的。例如，北京市将来可能需要再新建100公里以上的地铁，以形成网络，所需要的投资额在1000亿元以上，是目前北京年度财政收入的好几倍。照此推理，北京市根本没有能力建地铁。其实这是一种误解。假定在今后10年内全国规划新建地铁600公里，投资总需求量约6000亿元，但分解到每一年的投资需要量只是600亿元。假定北京市每两年新建一条长约15公里的地铁，那么每年的投资需要量应当是75亿元，而不是150亿元。如果5年时间才能建成一条地铁，则每年的投资需要量仅为30亿元。可见，把总投资需要量分摊到每一年，投资地铁也就不再那么令人望而却步了。

再将地铁投资与近年来实际完成的全社会投资总额加以对比，就会发现我国目前实际上完全有能力加快地铁建设。1996年全社会固定资产投资23660亿元，其中国有单位投资约12360亿元。估计1997年全社会投资规模可达到约28000亿元，其中国有单位投资可达到约15000亿元。假定1997年地铁投资600亿元，其占全社会投资的比例只有2%，占国有单位投资比例只有4%。目前的现实是，全国地铁投资规模远少于600亿元，因而其占全社会投资和国有单位投资的比例是很小的，是国力所能承受的。

（二）多渠道筹措，资金来源有保证。

近年来我国国内储蓄高达40%以上，从理论上说每年有接近3亿元的资金流量可用于投资目的。1996年金融机构各项存款余额达68596亿元，各项贷款61157亿元，存差累计7439亿元，此外还有大量的社会游资。目前国家外汇储备规模接近1200亿美元，居世界第二位。近年来我国利用外商直接投资规模居发展中国家首位，目前还有相当多的外资想进入我国而没有找到适当的机会或渠道。因此，我们认为，目前可用于投资建设（包括地铁建设）的国内人民币资金、外汇资金和外资大量存在，关键在于如何开拓、疏通资金渠道。

大体来说，以下渠道均可以为筹措地铁建设资金服务：

（1）银行贷款，包括政策性银行贷款和商业银行贷款。地铁收入率不高,但却有非常稳定的收入来源,贷款给地铁项目比其他许多风险大、市场前景不明朗的一般加工工业项目要安全得多。

（2）发行地方政府建设债券。这在我国是一个新事物，建议尽早走这一步棋。

（3）允许地铁公司向社会发行具有公益性的公司债券。

（4）划出地铁沿线部分土地给地铁公司开发，地价升值归地铁公司，用于地铁建设。

（5）在城市建设税附加、汽油销售或汽车销售中附加地铁建设费。

（6）城市财政。这部分资金不可能很多，但有胜于无。

（7）利用外资。利用外资往往要有购买外国设备等附加条件。我们主张推进地铁设备国产化，但也可以通过招标等方式，尽可能少利用或不利用附加条件高的外资，多利用附加条件低的外资。

从上述分析不难得到一个结论：我国地铁建设的筹资渠道是比较多的，资金来源是有保证的。

（三）适当提高票价，地铁投资回收率可以提高。地铁建设的再一个障碍，就是投资回收率不高，经营亏损。我们认为，看待地铁投资回收问题，应站在战略高度，而不能简单地比照其他一般投资项目。前面我们已经分析，发展地铁不仅能解决大城市的交通难题，使城市血脉流畅，而且能增强大城市的综合实力和整体素质，有着巨大的间接经济社会效益。对这样一种功在当代、荫及子孙的宏伟的公益性事业做一定的亏损补贴是很值得的。同样数额的补贴，用于地铁比之用于城市公交汽电车，其效益恐怕不知高多少倍。

同时，通过适当提高票价等增收节支措施，地铁投资的回收率可以有所提高，对地铁的补贴可以控制在一定幅度内。

人们自然会担忧，提高地铁票价老百姓能承受吗？

其实，我们对老百姓实际承受地铁票价的能力可能估计不足。目前许多大城市公共交通远不能满足社会需要，因此小公共汽车和出租车迅速发展起来。小公共汽车票价远远高于大公共汽车，但照样有客源、有生意。乘出租车在10公里以内，至少10元（北京的收费标准），但大城市的出租车生意也都不错。既然居民能够承受小公共汽车和出租车的票价，也可以相信他们能够承受较高的地铁票价。例如，15公里的距离，乘出租车至少需要20元，市内行驶可能需要半个小时；假如地铁十分发达、方便，同样的距离可能只需15分钟，如果地铁票价定为5元，也还是可以吸引乘客的。目前北京地铁票价一律2元，我们认为，应当根据距离远近制定不同票价，特别是已经有两条线路的情况下，至少应实行两种票价，即把单一线路和跨两条线路的乘客的票价区别开来，使总体票价水平比目前有明显提高。例如单线票价暂时维持现状，跨线路票价提高1倍。

人们还会提出问题，提高地铁票价岂不要引发通货膨胀吗？

地铁票价提高的局部影响可能比较大，但全局性的影响非常有限。首先，交通票价在居民消费价格指数中只占很小的权数（2%以下），而地铁票价在所有交通票价中又只是其中的一部分。据测算，即使地铁票价上涨50%，其对一个城市消费价格指数的影响大概也不会超过0.5个百分点。其次，地铁只在有数的几个大城市发展，地铁票价上涨对于全国消费价格指数的影响更是微乎其微的。因此，担心地铁票价提高对整个价格指数带来多大的影响是不必要的。

四、发展地铁必须有国家政策的引导和扶持

地铁建设投资巨大，涉及面广，工程复杂，建设周期长，一旦建成难以更改，可谓事关重大。因此，对地铁项目的确定一定要审慎，尤其要防止一哄而起。为保证地铁事业健康、稳步、有序的发展，国家必须加强宏观调控，给予政策的引导和扶持。

（一）实行有抑有扬的政策。地铁建设一哄而起不可取，但冻结所有地铁新项目也决非良策。我们认为，国家应当实行有抑有扬的发展政策。根据国际上地铁发展的经验和我国的国情，原则上讲，目前我国发展地铁应限制在200万人口（指市区非农业人口，下同）以上的超大城市。据统计，现在我国200万人口以上的超大城市有上海、北京、天津、沈阳、广州、重庆、南京、武汉、哈尔滨、西安等10个。当然不能仅仅以城市人口数量为标准，还要考虑城市交通状况、现代化进程和财力等因素。据此，这10个超大城市有的就不一定需要发展地铁，而像深圳等个别城市，人口规模虽不到200万，但人口密度高、城市现代化程度高、财力可以承受的，也可以作为特殊情况对待。这样，可考虑发展地铁的城市控制在10个超大城市和特大城市的范围。有一种观点主张100万人口以上的特大城市就可以发展地铁。我们认为这个标准太宽。目前我国100万人口以上的特大城市有32个（含超大城市），我们既没有这样大的财力，又没有必要在这么多的大城市发展地铁。

我们特别建议，北京、上海、天津、广州等极少数超大城市要把发展地铁作为解决交通难题的主要战略选择，要加大地铁发展力度，加快地铁建设进程。而其他城市，即使符合人口规模标准，也暂缓发展地铁，或严格限制其发展。我们可以设想，北京、上海平均每两年新建一条长

15公里左右的地铁线路，这样经20—25年持续不断地建设，使各自的地铁线路延伸到200公里以上，形成网络。那时，地铁不仅能承担起全市60%以上的客运量，市内交通状况从根本上得到改善，而且城市现代化程度和整体素质也会大为提高。可能会有人认为，这样设想过于大胆和不切实际。我们认为，90多年前纽约等城市能做的事，现在的北京、上海同样能做到。请问，改革开放以来北京的巨大变化，最近几年来上海浦东的高速发展，是我们许多人当初能预测到的吗？况且，即使按照我们的这种"大胆"设想来推进地铁建设，北京、上海的地铁网络要赶上纽约等城市也需要花几十年甚至上百年的时间。

（二）实行规划从宽、启动从严的政策。一个地铁项目，从规划、可行性研究到动工兴建往往要有五六年时间，施工、试运行还要三四年时间。因此，对地铁项目宜提前五年以上做前期准备工作，如对沿线进行规划，控制土地使用，预留地面空间，禁铺煤气等管线等等；否则仓促上马会遇到许多难以解决的难题，诸如地面建筑的拆迁、地下管线的迁移等，将造成巨大损失。这就叫"没有远虑必有近忧"。因而要求我们对地铁建设实行规划从宽、启动从严的政策。我们上面所讲的200万人口以上的特大城市可以考虑发展地铁，就是指的可以从宽批准其做前期准备工作。至于对正式动工兴建，则要从严掌握，特别是建设资金必须落实到位。但我们过去没有规划从宽、启动从严这样的政策，说从严便一刀切。前些年有十多个城市准备上地铁项目，可现在不少城市的有关组织机构都解散了，前期准备工作也没有人做了。

（三）实行鼓励多渠道筹资的政策。前面我们已经提出多渠道筹措地铁建设资金的具体建议，但必须有政策支持。国家有关部门要结合投资体制的改革和资本市场的建立，制定有关扶持地铁建设的筹资政策，尤其是银行政策性贷款、地方政府发行建设债券和发行公司债券等方面的政策。

（四）实行推进地铁设备国产化的政策。要加强对地铁设备国产化工作的领导和协调，统一组织对引进技术和设备的消化、吸收和提高，统一组织对国产化设备的技术攻关，制订国产化设备的技术标准，对购买国产化设备的，国家应给予政策优惠和支持。

（五）设立全国性的地铁建设协调管理机构。为加强对地铁建设的宏观管理，似乎有必要建立一个统一、精干、高效的职权明确的协调管理机构。目前的状况是多头管理，相互协调不够，特别是对全国特大城市的地铁建设没有一个系统的、长远的考虑，远不能适应地铁事业健康、稳步、有序发展的需要。

个人所得税不宜划归地方*

回头看：本文提出个人所得税势必会快速增长，当年将个人所得税划归地方是一个战略性失误，现在个人所得税收入已经调整为中央、地方共享税，并成为一个重要税种，实践验证了本文分析的预见性和正确性。本文高估了个人所得税占全国财政收入比重的上升趋势，但2011年个税占中央财政收入的比重已达12%。

一、个人所得税划归地方终将成为妨碍
中央财力相对扩大的一个重要因素

1994年出台的财税体制改革，主要目的就是提高两个比重，包括中央财政收入比重。但是，这些措施并未起到立竿见影之效，甚至未能止住多年来两个比重持续下降的趋势。据统计，1994年全国财政收入相当于GNP的比重约为12%，比上年下降4.2个百分点，中央总财力（中央财政本级收入扣除对地方返还和补助，再加上地方上解收入）占全国财政收入的比重约为29%，比上年下降2.4个百分点，均为近年来的最低水平。这是非常值得忧虑的。更加令人忧虑的是，这种趋势还在进一步发展。据统计，今年1—5月，中央级税收增长24.1%，完成全年计划的35.1%，而地方级税收增长34.1%，完成全年计划的41.5%，即无论税收增长速度还是年度计划完成进展情况，地方税收都快于中央，这种鲜明对比可能预示着今年或近期内中央财政收入占全国财政总收入的比重仍然难有什么改观。这里我们所要强调的是，在妨碍中央财力提高的诸因素中，个人所得税划归地方的影响可能是最重要、最深远的。许多事

---

* 本文原载《经济研究参考》1995年第182期。

实表明，今后一个时期内个人所得税必将继续保持超高速增长，很快就会在全部税收和财政总收入中占有一个相当重要的地位。从这个意义上说，个人所得税划归地方可能是一个战略性失误。

二、未来十年内个人所得税占全国财政收入的比重将逐步上升，有望成为地方财政收入的主要来源之一

1981年个人所得税征收额仅0.05亿元，1987年也只有3.49亿元，到1994年，个人所得税收入已达72.48亿元，但在全部税收和财政收入（不包括债务）中的比重分别仍只有1.5%和1.4%。特别值得注意的是，在过去十多年中，个人所得税收入一直是各项税收和财政收入中增长最快的一项。据计算，1982—1987年个人所得税收入年均增长约100%，即每年翻一番；1988—1994年年均递增54%，即每年翻半番。因此，个人所得税收入的高增长仍然有巨大的、甚至难以估量的潜力。这从去年个人所得税已增长约55%，今年头五个月继续保持约84%的更高增长的态势上可见一斑。

个人所得税收入持续高速增长的影响将是极其深远的和令人吃惊的。据测算，如果今年个人所得税增长80%，则个人所得税收入将达到130亿元，预计占全国财政总收入（不包括债务收入）的比重为2%左右。如果"九五"期间个人所得税收入增长率平均达到45%，则到2000年个人所得税将达到830亿元，预计占当年财政收入的约5.5%；这种情况意味着，近期内，由中央组织征收的财政收入在全部财政收入的比重可能保持在接近60%的水平上，但由于对地方的税收返还和补助额依然非常大，因而中央的实际可支配力依然偏小（估计在40%以下）。从中长期角度看，中央对地方的税收返还和补助的绝对额可能继续保持稳定或一定程度的增长，但其在财政总收入（或总支出）中的比例将有明显的下降，这将导致中央财力的相对扩大。然而，在税收返还和补助作为地方财力的来源而逐渐相对收缩的过程中，个人所得税变得日益重要起来，成为抵消地方财力下降的关键因素。

据估算，个人所得税收入对地方财力的贡献率在2000年将为9%，

2010年还会更高一些，即个人所得税将逐渐演变为地方财政收入的重要来源。实际上，个人所得税无论划归谁，都会成为一项重要的财政收入来源。

估计目前收入达到纳税水平的个人占全部城镇职工和个体经营者的比例远低于10%。许多职工收入正在迅速逼近纳税水平，一旦这一比例达到20%，就会产生十分了不起的影响。目前我国个人所得税中有相当大的比例没有征收上来。大致估计，目前个人所得税的漏税面在80%以上，偷漏税额在50%以上。据测算，长期以来美国、日本等西方发达国家的个人所得税收入占全国财政总收入的比重一直在1/3左右；1985年和1990年，韩国个人所得税收入占财政收入的比重分别为13.3%和18.7%。目前我国个人所得税收入基数很小，但增长潜力不可低估。今后十多年经济的增长和居民收入的增长，特别是城镇居民收入的增长，必将为个人所得税收入的快速增长提供越来越雄厚的基础。

三、个人所得税划归地方是一把双刃剑

一方面，个人所得税划归地方有利于加强对个人所得税的征管，减少个人所得税流失。另一方面如果个人所得税划归中央，则个人所得税收入的增长速度可能比目前慢些。

面对这样一种矛盾，不可能有万全之策。因此，我们建议：尽早寻找适当的时机对现行税制进行再调整，把个人所得税改为划归中央财政收入，或者将个人所得税作为共享税，中央占大头。目前个人所得税收入增长虽快，但在全国财政收入中的比重毕竟还很小，因而上述税制调整遇到的阻力（源于地方）可能要小些；等个人所得税已然成为全国财政收入的重要来源之后再着手税制调整，必然意味着要从地方财政收入中割去一大块肉，恐怕会有更多的困难。国际经验表明：个人所得税主要是一种中央税而不是地方税。长期以来，个人所得税归入中央财政的比例在美国一直为80%以上，日本为70%左右。不可否认，多数西方发达国家和发展中国家的中央财政收入（财力）占全国财政收入的50%—60%，甚至达80%以上，其中个人所得税收入是保证中央财力强大的一个重要支柱。同样，从长远的、战略的角度看，没有个人所得税收入的支持，我国中央财力的加强必然会遇到更多的困难。

结构性物价上涨的成因及其治理*

回头看：本文指出中国物价上涨往往具有结构性特征，而食品价格和服务价格是"龙头价格"，具有主导作用，并分析了原因，提出了对策。迄今，这仍是中国物价调控中遇到的一大难题和顽症。

目前的物价上涨，本质上是结构性物价上涨，即食品类价格和服务项目价格的持续、大幅度上涨，导致物价总水平的上涨和坚挺。食品类价格和服务项目价格相当于"龙头价格"。显然，对物价上涨进行分析和调控的重点应放到这些"龙头价格"上来。

一、"龙头价格"的主导作用

我国主要用零售物价指数和居民消费价格指数来衡量通货膨胀或判断价格形势。1994年1—10月，全国零售物价指数累计上升21.3%，其中食品类价格上升33.9%；居民消费价格上升23.7%，其中食品类价格和服务项目价格分别上升30.7%和25.7%。对于零售物价总水平和居民消费价格总水平而言，食品类价格和服务项目价格是名副其实的"龙头价格"。据测算，1994年1—10月份剔除食品后的零售物价指数仅为9.2%，比包含食品的全社会零售物价指数低12.1个百分点；剔除食品和服务项目后的居民消费价格指数仅为11.5%，比包含食品和服务项目的居民消费价格指数低12.2个百分点。在21.3%的零售物价上涨幅度中，食品类价格的影响约为16.6个百分点，占77.9%；其他商品价格的影响

---

* 本文原载《经济研究参考》1995年第32期。

约为4.7个百分点，占22.1%。在23.7%的居民消费价格上涨幅度中，食品类价格的影响约为16.9个百分点，占71.3%；服务项目价格的影响约为2.9个百分点，占12.4%；其他商品价格的影响约3.9个百分点，占16.3%。也就是说，仅食品和服务项目价格对零售物价指数和居民消费价格指数的影响即高达8成左右（见表1—4）。

表1　包含与未包含食品的零售物价指数　　　　　单位：%

年　份	零售物价指数	食品类价格指数	剔除食品后的零售物价指势
1985	8.8	14.4	3.9
1986	6.0	7.4	4.7
1987	7.3	10.1	4.8
1988	18.5	23.0	14.4
1989	17.8	16.2	19.3
1990	2.1	0.3	3.8
1991	2.9	3.3	2.5
1992	5.4	7.7	3.2
1993	13.2	14.3	12.1
1994.1—10	21.3	33.9	9.2
1985—1993 平均	9.0	10.5	7.5

资料来源：《中国统计年鉴》（1994）等。食品价格权数根据商品零售和居民消费结构等测定。

表2　包含与未包含食品和服务的居民消费价格指数　　　　　单位：%

年　份	居民消费价格指数	食品类价格指数	服务项目价格指数	剔除食品和服务后的居民消费价格指数
1985	9.3	14.4	9.0	2.0
1986	6.5	7.4	6.6	5.2
1987	7.3	10.1	6.6	3.4
1988	18.8	23.0	16.2	13.2
1989	18.0	16.2	23.9	19.4
1990	3.1	0.3	20.9	3.5
1991	3.4	3.3	8.7	2.0
1992	6.4	7.7	13.4	2.3
1993	14.7	14.3	27.9	10.9
1994.1—10	23.3	30.7	25.7	11.5
1985—1993 平均	9.9	10.5	14.5	6.7

资料来源：《中国统计年鉴》（1994）等。食品和服务项目价格的权数测定依据同上。

表3　食品价格对零售物价指数的贡献率　　　　　单位：%

年　份	零售物价	食品价格	其他商品价格
1985	100	76.1	23.9
1986	100	58.3	41.7
1987	100	65.8	34.2
1988	100	58.9	41.1
1989	100	43.3	56.7
1990	100	7.1	92.9
1991	100	55.2	44.8
1992	100	69.8	30.2
1993	100	53.8	46.2
1994.1—10	100	77.9	22.1
1985—1993 平均	100	57.0	43.0

资料来源：根据表1计算。

表4　食品与服务价格对居民消费价格贡献率　　　　　单位：%

年　份	居民消费价格	食品类价格	服务项目价格	其他价格
1985	100	85.2	6.8	8.0
1986	100	62.6	7.1	30.3
1987	100	76.2	6.3	17.5
1988	100	67.3	6.1	26.6
1989	100	49.5	10.3	40.1
1990	100	5.3	52.6	42.0
1991	100	53.4	22.0	24.6
1992	100	66.2	21.6	12.3
1993	100	53.5	21.6	24.8
1994.1—10	100	71.3	12.4	16.3
1985—1993 平均	100	59.0	13.0	28.0

资料来源：根据表2计算。

　　在价格涨幅较高的年份，食品和服务项目价格对零售物价和居民消费价格水平的影响尤其大。例如1985年、1988年和1993年，全国零售物价指数分别达到8.8%、18.5%和13.2%，食品类价格分别上涨14.4%、23.0%和14.3%,对零售物价指数的贡献率分别为76.1%、58.9%和53.8%；

这3个年份中居民消费价格指数分别为9.3%、18.3%和14.7%，其中食品和服务项目合计对居民消费价格指数的影响分别为92.0%、73.4%和75.2%。1994年1—10月商品零售和居民消费价格指数居高不下，食品和服务项目价格的大幅上涨起到了更加明显的主导作用。

食品类价格对零售物价和居民消费价格指数的影响之所以大，究其原因：一是因为食品类价格上涨幅度大；二是因为食品类价格在零售物价和居民消费价格指数中所占权数大。服务项目价格对居民消费价格指数上升的拉动作用则主要在于多年来服务项目价格上升一直较快。

上述分析表明：食品和服务项目价格是名副其实的"龙头价格"，如果能对食品和服务项目价格实施有效的调控，整个物价形势的稳定就是大势所趋了。

二、结构性物价上涨的成因

1993年以来的物价上涨是许多因素共同作用的结果。归结起来，主要有如下18个方面：（1）经济增长速度在过去两年连续达到13%，1994年实行"软着陆"而不是"急刹车"，经济增长速度依然很高；（2）固定资产投资规模偏大；（3）货币供应量过大，货币超量发行；（4）税制改革；（5）汇率并轨导致进口商品成本和价格提高；（6）机关事业单位工资改革；（7）居民收入（特别是非工资性收入部分）增长过快；（8）原油、煤炭等上游基础产品提价；（9）流通领域秩序混乱；（10）政府的价格调控不力；（11）区域性、结构性的农产品供求失衡；（12）市场竞争不充分；（13）上年价格上涨的滞后影响；（14）出口增加过快，导致外汇占款和基础货币投放增多；（15）利用外资规模庞大；（16）集团消费；（17）投机行为蔓延；（18）通货膨胀预期。不难看出，这些因素既有需求方面的，也有供给方面的；既有经济方面的，也有非经济方面的；既有直接起作用的，也有间接起作用的；既有当期产生影响的，也有滞后一段时间才产生影响的。不可否认，在分析当前我国的通货膨胀形势时，这些因素都是不应忽视的。

然而，目前的物价上涨具有明显的结构性特征，并非普遍的物价大幅上涨。而上述各种因素对于"龙头价格"的影响并不是等同的。因此，那些引致"龙头价格"大幅度上涨的因素，应当成为分析和关注的焦点。我们认为，在"龙头价格"大幅度上涨方面，如下四方面因素是具有决定意义的：

（一）在条件不完全具备的情况下，放开粮食等农产品价格。

1. 我国农业还不过关，人多地少、靠天吃饭的局面还没有大的改变。这就决定了我国农产品供给状况必然是总量偏紧和频繁波动。如果放开价格，那么粮食等农产品价格必然出现波浪性、跳跃性的上涨。即使北美、西欧等农产品供过于求的国家，其粮食等农产品价格也没有完全放开，而是由政府给予大量补贴，使生产者利益得以保护。

2. 农产品产量的增加过分依赖物质投入的增加，致使农产品生产成本不断上升。近年来在我国农业生产中，一方面单位面积的化肥施用量等物质投入迅速增加，另一方面化肥等农业生产资料价格大幅度上涨，两方面因素共同作用。形成了推动农产品生产成本上升的巨大合力。据对四川省自贡市的调查，1985—1993年该市粮食产量增加4.4%，而化肥投入量却增长77.2%。每公斤化肥投入所产出的粮食由9.4公斤降至5.5公斤。

3. 农产品流通秩序不佳，效率低下。目前国营商业系统在粮食等农产品流通方面已不能发挥主渠道作用。取而代之的是无数的、遍及城乡的集体和个体经营者，他们在活跃城乡市场、方便人民生活方面发挥着巨大的作用，但从宏观的角度看，他们毕竟显得很分散，不成系统，难以做到整体上的协调有序，而且从微观的角度看，其效率也不是十分令人满意。此外，由于地方保护主义的存在，地区间相互封锁的情况也时有发生。因而地区间农产品的流通、调运并不畅通。在市场体系建设方面，虽然各级批发、零售市场发展很快，但从全国范围看，还没有建成一个完善的、协调动作的市场体系网络。

4. 农业规模经营尚未形成。由于我国农村人口十分庞大，人均耕地面积又十分有限，农业的规模经营便很难实现。由于每个经营单位的产量和收入规模偏小，对自然灾害和市场波动的应付能力必然偏弱。粮食等农产品生产一出问题，就不仅是市场供应问题，而且同时是社会问题。

在过去的十多年中，对粮食等农产品价格的调整几乎从未间断过，经验和教训都有。如以一定的供求形势为前提，无论通过放开价格还是调价方式都可以使粮食等农产品价格达到一个新的水平，但放开价格和调价两种机制对于价格上涨的作用方式和后果是不同的，表现为：在放开价格的情况下价格上涨是自发的，一定程度上是难以预料的；而调价则是主动的，可预见的；在放开价格的情况下，如果流通领域存在问题，则价格上涨的好处可能既落不到生产者头上，也落不到消费者头上，而是被中间流通环节拿走，这时所形成的价格其实并非真正意义上的市场均衡价格。况且，由于粮食等农产品在生产周期和消费等方面的特殊性，其市场均衡价格往往不是使生产者利益和消费者利益都得以维护的目标价格。因此，任由市场力量来决定粮食等重要农产品的价格，并不一定是最佳选择。

（二）收入失衡与消费失衡。

1. 总体上看，居民收入增长速度过快，收入与消费之间出现结构性失衡，居民消费支出过分集中在短期消费特别是食品上。改革以来的城乡居民收入持续大幅度增长，在国民收入中的份额越来越大。1994年1—10月银行对个人工资性现金支出增长41%，创改革以来最高纪录，农民收入也明显增加。而在居民消费支出结构中，食品等短期消费占大头。例如，1993年城镇居民消费支出中食品所占比重仍在一半以上，农民家庭消费中食品支出所占比重更高，达58%，而住房消费在城镇居民消费中比重不过1%，其他方面的长期消费在居民家庭消费中的比例同样很低。由于居民长期消费与短期消费之间一头过轻，一头过重，在多数居民对食品等短期消费需求得到满足以后，长期消费领域仍十分狭小，而居民收入却还在迅速增加，结果造成居民收入与消费之间的失衡。当过多、过快增长的收入对应于稳定（或稳定增长）的短期消费时，短期消费品、特别是需求价格弹性小的食品等短期消费品价格上涨便获得了雄厚的收入基础。

2. 居民个人收入差距拉大，引发"认可型"与"被迫认可型"通货膨胀。居民收入差距扩大是改革以来我国收入分配中一个十分突出的现象。目前在一定程度上可以说，社会上高收入阶层和低收入阶层都已经形成或正在形成。尽管高收入阶层的长期消费领域正在明显扩大，但由于种种原因，高收入阶层的消费同样过分集中在短期消费上，他们对食品等消费品价格的大幅度上涨（无论合理的或不合理的）并不在乎，因为价格上涨的影响与他的高收入水平相比，显得无关紧要。当市场上出现消费涨价的趋势或压力时，高收入者仍会一如既往地去购买和消费，他对价格上升是自觉不自觉地认可的。高收入者的实际购买和消费行为使价格上涨由潜在趋势和压力在一定范围内首先变成现实，这可称之为认可型物价上涨，或认可型通货膨胀。在高收入者通过其实际购买和消费行为而认可了物价上涨的情况下，由于对食品等基本生活消费品需求的价格弹性低，中低收入者只得被迫接受或认可物价上涨，形成被迫认可型物价上涨或被迫认可型通货膨胀。概而言之，在居民必需的实际消费量难有多大变化的情况下。无论高收入者对物价上涨趋势的不自觉认可或主动性认可，还是中低收入者对于物价上涨被迫的或无奈的认可，结果都是一样的，即物价上涨由潜在可能性变为现实。

3. 地区收入差距拉大使物价上涨具有扩散效应。地区经济差距扩大和不同地区居民间相应的收入差距扩大是我国经济发展过程中另一个引人注目的现象。据统计，1993年上海、广东的职工平均工资分别达到5646元和5322元，分别相当于江西的2.3倍和2.1倍，相当于安徽的2.0倍和1.9倍，如果包括非工资收入，差距可能更大。那些经济发达、居民收入水平高的地区，可以通过放开价格或大幅度调高价格的办法来吸引外地的粮食等物质资源，同时由于经济实力强，当地政府可以通过补贴或提高工资水平等方式使职工不仅不受价格上涨之害，反而在收入上得到更多的补偿，并在食品等消费品的购买和消费上获得更大的选择权。这时，粮食等资源流出地区则可能转而面临供求紧张的矛盾，并引发价格上涨。这种涨价行为就像一根链条，从最早放开（或调高）价格的高收入地区连绵不断地波及其他地区，使全国物价水平出现普遍性上涨。

遗憾的是，我国居民收入与消费的结构性失衡、居民个人收入和地区收入差距扩大等问题不是一朝一夕所能改变的，而且收入分配领域里的一些问题还有继续发展之势。这就决定了源于收入分配方面的通货膨胀压力还将继续存在。

（三）政府的价格调控缺乏手段和依托。随着向市场经济过渡，行政命令的实际效力明显弱化。但在某些特殊情况下，如物价上涨过猛，行政手段则是非常必要和有效的。但目前的问题在于，一些行政命令有名无实，难以成为价格调控的有力手段。例如限价措施就没有达到预期的目的。显然，行政命令手段不灵、物价上涨过快也与法制不健全，法律手段没有发挥应有的作用有关。如果我们建立了一套完善的市场法规体系，并能够使之得到切实的遵守，那么，许多属于流通秩序混乱、市场行为不合理的问题，如垄断、价格欺诈、暴利、批零差价过大、强买强卖等就不会发生，流通效率就会高得多，价格上涨趋势就会比目前缓和得多。

在价格放开的情况下，经济手段在价格调控中具有特别重要的意义。但由于国有商业系统在市场流通中所占份额日益缩小，而且国有商业也有其独立的经济利益，造成宏观调控的微观基础缺位，宏观调控成了无本之木，无所依托。例如，为平抑粮价，政府可能希望为经销商提供一笔补贴，要求其按政府规定的价格销售，但在目前经营极其分散的情况下，政府甚至找不到合适的人来接受这笔钱，以实现政府平抑价格的意图。再如，为平抑粮价，政府期望国有商业企业能够发挥重要作用，在市场供应紧张时抛售粮食，但出于自身的利益考虑，国有商业企业并不愿意这样做，甚至有背道而驰。由于宏观调控缺乏依托，在市场供求失衡、物价迅速上升时，政府手中即使有钱有物，也难以实施有效的调控，甚至眼看着事态的恶化而无可奈何。由于粮食等农产品的风险基金和储备制度都还没有很好地建立起来，政府手中既缺少用于调控物价的钱，也没多少物，又缺乏实施调控措施的依托，因而粮食等重要农产品价格上涨趋势得不到有效抑制便是可以理解的了。

三、对结构性物价上涨的抑制

针对目前严重的结构性物价上涨，政府一方面应当采取一些应急措施以治标。另一方面更当采取一些长期对策以治本，既使当前的物价上升趋势尽快得以缓解，又要建立起具有持久意义的物价上涨预防机制和抑制机制。

（一）近期内可以采取的对策包括：

1. 利用目前国家外汇储备大量增加的有利条件，增加粮食等市场供应紧张的农产品进口，同时严格限制出口。进口粮食所需补贴由国家财政负担，财政资金不足时靠发行临时国债解决。

2. 建议在所有的副食商店（包括某些百货店）增设政策性粮食销售服务项目，粮食由国家储备系统提供，粮价由政府决定，政府保证副食店的粮食零售有一定的盈利。如果能够适时适度地运用国家所掌握的粮食来干预市场，就可以期望国家的政策性售粮行为起到"四两拨千斤"的作用，引导全国粮价的稳定。

3. 推广深圳经验，对重要农副产品流通实行批零差率、差价管理，同时加强对最高限价政策执行情况的检查监督。据对北京等城市的调查，在生产、批发、零售三个环节上。一些主要农副产品的价差率约为1：2：4，造成"两头叫，中间笑"，十分不合理。因此，实行差率、差价管理十分必要。由于各地的情况不尽一致，因而对于批零差价和最高限价可以制定符合当地实际的标准；而对于农副产品的批零差率，则可以制定一个全国大致相同的标准。

4. 对服务项目价格上涨情况进行一次全面的清理、检查。对于那些与居民基本生活密切相关的服务项目的乱涨价行为，要坚决地制止和纠正。

（二）从长远出发，治理结构性物价上涨须采取如下措施：

1. 对放开粮食等重要农产品价格进行重新思考。要从粮食等重要农产品供应的波动性和保证程度、流通的秩序和效率、政府干预市场的能力、对国际市场的依赖程度、政府的财力、市场价格的波动程度、居民的承受力、社会代价和国际经验等方面加以综合考虑。我们认为，我国粮食等重要农产品价格应实行有限制的放开，或有管理的放开。

2. 改造或重建农副产品流通体系。要加强市场建设，根据地区或城市规模情况，建立比较规范、布局合理、规模适中的农副产品批发市场和零售市场；鼓励发展连锁店，不仅在一个城市、一个地区，而且在全国范围内发展连锁店，提高服务质量和效率；要把目前极其分散的农副产品经营者组织起来，成立行业协会，作为自律组织和联系政府与经营者的桥梁；实行批零差率、差价管理，将行之有效的管理办法以法律法规形式固定下来；逐渐减少零售中的超小规模经营、露天市场和流动摊贩，发展规模经营、店棚市场和固定摊点。总之，要加强流通秩序，提高流通效率。

3. 建立强有力的政府调控体系。为此，政府一要有资金，二要有物资，三要有依托。目前风险基金和储备制度正在建立，而政府实施调控的依托或微观基础，原则上可以是任何有组织的、能够进行有效监督的企业，只要在保证其合理利润率的情况下能够完全按政府的意图办事。在大的地区，政府应有一些独立的、完全为政策服务的区域性非营利组织体系（如政策性物资供应批发商）。另外，在政府宏观调控方面还应明确的两个原则是：其一，政府用经济手段进行价格调控（如进行商品的吞吐活动）。既不是以营利为目的，也不应总是亏损，而是坚持不盈不亏或略有亏损的基本准则。这样就能既实现宏观调控目的，又不使政府重又背上过分沉重的包袱。其二，宏观调控的责任和权力属于中央政府。但地方政府有义务提供资金、物资方面的基础条件（如可根据不同地区的人口和经济发展水平而下达资金、物资等方面的调控条件配额）及其他配合，中央政府通过其派驻各地的直属机构来实施和监督宏观调控。

4. 促进农业规模经营。农业规模经营应当作为发展农业和农村经济的一项战略性工作来抓。凡有条件的地方，就可以先走一步，以起到试验和示范作用。

5. 在收入政策方面。要控制居民（特别是城镇居民）收入增长速度，使之与经济增长速度和劳动生产率提高速度相适应。对收入的过快增长，既可以从收入分配的源头加以控制，也可以用税收形式进行事后调节。由于国有企业的预算约束问题没有得到完满解决，产权制度改革没有完成，不同所有制、不同地区、不同行业职工收入差距相当明显，收入攀比现象十分突出，特别是非工资收入、灰色收入甚至一些"黑色收入"增长迅猛的趋势十分强劲，目前阶段上从源头来控制收入增长的手段相当有限，效果也不理想。同时，目前个人所得税征缴也是非常薄弱的一环。从长远来看，加强个人所得税征缴具有十分重要的意义，因为搞好个人所得税征缴，不仅能对已经发生的合理的或不合理的收入差距进行调节，而且有助于增加财政收入。在许多西方国家，个人所得税收入占财政收入的比重可以达到1/3左右。从发展的趋势看，个人所得税的潜力是巨大的。目前我国加强对个人所得税征缴工作，一要通过各种方式强化人们的纳税意识，二要定期对居民真实收入进行调查，三要对偷漏税者进行严厉的处罚，四要使单位对所属职工的个人所得税缴纳负起一定的连带责任来。

6. 完善消费政策，引导居民消费结构向长期消费转移。目前居民收入与消费之间的矛盾主要在于收入增长过快，而消费又集中在短期消费上，增加居民长期消费势在必行。但问题是，相对于吃穿等短期消费而言，居民收入似乎多了，居民储蓄存款和其他金融投资增长很快；另一方面，对许多长期消费（如住房、汽车等）而言，居民收入（包括储蓄）又显得不足，普通居民既买不起住房也买不起汽车。这恐怕主要是因为分期付款消费观念还没有深入人心，现实生活中这种销售和消费方式也没有得到积极的倡导和推广。实际上，即使在收入水平很高的西方发达国家，广大普通居民在购买住房和汽车时也不是一次性买断，何况我们这样一个低收入国家！目前普通居民只有攒几十年的钱才能买得起车、买得起房。可以设想，如果用分期付款方式，则许多人马上就可以消费汽车和自有住房。一个可以期望出现的效应是，在广大居民得以享受长期消费的同时，对应于短期消费的收入或积蓄也就不再那么庞大，不再对短期消费品价格造成过分的冲击和压力了。

城镇居民收入分配的宏观微观分析*

回头看：本文对改革开放至20世纪90年代中期的城镇收入分配问题作了较为全面的分析，其中提到要素占有不平等、要素流动受限、泡沫经济影响等，提出了鼓励要素合理流动、改革户籍制度、对财产进行税收调节、防止泡沫经济等政策建议，现在看来解决收入分配问题仍然任重而道远。

改革以来我国城镇居民收入分配演变的特征、问题和影响，既表现在总量方面，也表现在结构方面，既表现在微观方面，也表现在宏观方面，既表现在规模收入分配方面，也表现在功能收入分配方面。本文试图从相对综合的角度对我国城镇居民收入分配问题作一分析。

一、特征

改革以来我国城镇居民收入分配演变的特征是多方面的，最引人注目、也是在经济界形成广泛共识的特征至少包括如下七个：

（一）从总体上和总量上看，城镇居民收入增长过快，超过国民经济增长速度。我们认为，城镇居民收入增长持续快于经济增长是改革以来我国经济生活中的一个基本趋势。主要依据是：（1）银行对个人工资性现金支出增长明显超过GDP增长。据统计，1979—1993年我国现价GDP和二、三产业增加值平均增长率分别为15.6%和16.3%，同期银行工资性现金支出平均增长18.6%，分别比前二者高出3和2.3个百分点；

---

* 本文原载《经济研究参考》1995年第13—14期。

其中，1985—1993年现价GDP和二、三产业增加值平均增长率分别为18.3%和20.5%，银行工资性支出增长21.1%，分别比前二者高出2.8和0.6个百分点。（2）我们可以把城镇居民消费与城镇居民储蓄存款增量之和视为居民总收入，其中消费按照抽样调查中的人均生活费支出与城镇总人口数来估算，储蓄存款增量本身并不能完全反映居民当年收入结余，因为居民收入结余除用于银行存款外，还用于其他金融投资和实业投资，故储蓄存款概念小于居民收入结余（或广义储蓄）概念，但另一方面，目前居民储蓄存款中有相当一部分"虚假成分"（如有关部门最近的调查结果显示，居民储蓄存款中约10%属于公款私存，25%为个体或集体单位经营性资金），这样，将居民储蓄存款指标的"不足"（反映居民收入结余方面）与"虚假成分"（公款私存等）作相互抵销处理，就可以直接用居民储蓄存款增量作为居民收入结余。结果表明：1979—1993年城镇居民总收入平均增长21.2%，比GDP和二、三产业增加值增长率分别高出5.6和4.9个百分点；其中，1985—1993年城镇居民收入平均增长23.0%，比GDP和二、三产业增加值增长率分别高出4.7和2.5个百分点。同时，城镇就业者人均收入增长速度也高于GDP增长速度。如果用城镇就业者人均GDP增长速度与人均收入增长速度相比较，结论更是如此。

（二）城镇居民收入分配差距扩大，高收入阶层和低收入阶层（或贫困阶层）都已经形成或正在形成。据抽样调查，1981年，我国城镇居民家庭中低收入户（占总户数20%）的人均收入为326.4元，高收入户（占总户数20%）的人均收入为749.5元，相差423.1元，二者之比（低收入户为1）为1∶2.29；1985年，占总户数10%的最低收入户和最高收入户人均收入分别为482.8元和1383.7元，相差900.9元，二者之比为1∶2.87；到1993年，低收入户与高收入户人均收入水平分别为1539.3元和4266.2元，相差2726.9元，二者之比为1∶2.77；其中最低收入户与最高收入户人均收入水平分别为1359.9元和4905.8元，相差3545.9元，二者之比为1∶3.61。

城镇居民家庭抽样调查结果在一定程度上显示了城镇居民收入差距扩大的事实，但恐怕并非事实的全部。

实际上，城镇储蓄存款的分布状况为城镇居民收入差距扩大提供了有力的佐证。据调查，近年来在新增居民储蓄存款中约70%—80%是由10%左右的储户提供的。对1993年情况进行测算，可能有10%的城镇人口，他们的人均储蓄存款增量约为6000元，即户均储蓄存款约2万元。把这些高收入者的实际储蓄存款增量与实际消费加起来，并与低收入者的情况相比较，所得到的收入差距概念可能更客观一些。

此外，目前社会上部分人挥金如土，畸形消费，另一部分人生活拮据的现象，也是城镇居民收入差距扩大的重要表现。据上海市对500户居民抽样调查，1993年1—11月与上年同期比，有15.2%的户人均收入相对减少，4.1%的户人均收入绝对下降。与此同时，年收入几万元、几十万元者也不乏其人。高低收入之对比日趋明显。

令人稍感不解的是，我国城镇居民收入差距的基尼系数并不高。例如，一些计算结果表明，1985—1990年城镇居民收入分配基尼系数一直在20%—22%，最近几年也没什么大的变化，即基尼系数既低又相对稳定，因此，并不表明城镇居民收入差距过大或有恶化趋势。我们认为，基尼系数不高的原因恐怕在于基础数据的质量不高，正如城镇居民家庭抽样调查结果可能并没有充分反映真实的城镇居民收入差距那样。

总之，城镇居民收入差距扩大是人们在经济生活中可以切身感受或耳闻目睹的一个基本事实。相应地，随着高收入阶层的形成，低收入阶层也正在形成或已经形成。进入高收入阶层的人主要是一些私营业主、个体工商户、三资企业中方高级管理人员、承包经营者、炒卖有价证券者、著名影视歌星、走私贩私者以及搞权钱交易、出卖国家利益者；落入低收入阶层的人主要是一些离退休人员、体弱多病者、家庭负担人口多的人和破产或濒临倒闭、效益不好企业的职工。

（三）城乡居民收入差距扩大。根据城乡居民家庭基本情况调查结果，1978—1993年我国城乡居民收入都获得了迅速的增长，其中城镇居民人均收入由343.4元增加到2583.2元，农村居民人均纯收入由133.6元增加到921.6元，城乡居民人均收入差额由209.8元增加到1661.6元。过去15年中，城镇居民收入平均增长14.4%，农民人均纯收入增长13.7%，城乡居民收入差额年均扩大14.7%。城乡居民收入之比（如以农民收入为1)经历了一个先收缩后扩大的过程,即由1978年的1∶2.57收缩到1982年的1.98和1985年的1.88,然后扩大到1989年的2.31和1993年的2.80,意味着目前的城乡居民收入差距已超过了改革以前的水平。由于1985年以来城乡居民消费价格指数上升大致处于同一水平,表明即使扣除价格因素,城乡居民收入差距扩大的结论仍然是成立的。

（四）地区收入差距扩大。据统计调查,1981年全国城镇居民家庭人均现金收入水平最高的是上海、广东、北京和浙江,分别达到610.1元、571.3元、545.0元和523.3元,同年收入水平最低的是山西、江西、贵州和安徽,分别为400.1元、405.1元、424.1元和425.3元。其中收入最高的上海城镇居民人均纯收入相当于四个低收入省份的倍数分别为1.52、1.51、1.44和1.43。到1993年,广东、上海、浙江、北京城镇居民人均收入仍稳居全国前四位,分别为4632.4元、4297.3元、3626.0元和3546.8元,而收入水平列于最后四位的是内蒙古、江西、吉林和山西,分别为1893.2元、1918.8元、1953.1元和1957.5元。收入水平最高的广东城镇居民收入相当于4个低收入省份的倍数分别为2.45、2.41、2.37和2.36。城镇居民收入最高与最低的省份之差额由1981年的210元扩大到1993年的2739.2元。城镇居民收入的地区差距的扩大本质上是经济发展水平差异的一种反映或结果。

（五）不同所有制职工收入差距扩大。由于资料所限,我们只能主要根据人均工资水平来说明不同所有制职工收入差距扩大的趋势。1978—1993年全部职工平均工资由615元增加到3371元,其中国有单位职工平均工资由644元增加到3532元,集体单位职工平均工资由556元增加到2592元,其他单位职工平均工资由1984年的1048元增加到1993年的4966元。各类职工工资虽均有较快增长,但不同所有制职工工资起点水平不同,过去15年中的平均增长速度也不同。这似乎都是很正常的。问题在于:城镇集体职工平均工资的起点水平最低,同时平均增长速度也最低,导致集体单位职工工资与其他所有制职工相比的绝对差额与相对差距都扩大了。例如,1979—1993年城镇集体单位职工平均工资增长速度为11.5%,低于全部职工0.5个百分点,城镇集体职工平均工资与国有单位职工平均工资差额由1978年的138元增加到1993年的940元,国有、集体和其他单位职工平均工资之比由1984年的1：0.78：1.01演变为1993年的1：0.73：1.41。也就是说，与国有单位职工平均工资相比，一方面是集体单位的工资水平在收缩，另一方面是其他经济单位的工资水平在明显扩大。目前其他经济单位职工平均工资相当于城镇集体单位的近2倍。特别是外商投资企业职工平均工资已超过5000元，相当于城镇集体单位职工平均工资的2倍以上。这种趋势目前还在发展。

不可否认，单从工资水平角度并不能全面反映不同所有制职工收入差距状况。因为，各类职工几乎都有非工资性收入。国有单位职工仍然享有一些在住房、医疗等方面较优越的福利、保险待遇，而涉外企业职工收入也并非只有名义上不低的死工资一项，而是还有"红包"之类的其他收入形式。试想，1993年涉外单位职工平均工资约5200元，合每月430多元，仅这么多"油水"而令那么多人趋之若鹜，显然是不能令人信服的。实际上，许多涉外职工家庭实行的是"一家两制"，一方在涉外单位得到高收入，另一方在国有单位继续享受住房、医疗、子女教育等方面的优惠。综合工资与非工资，显性收入与隐性收入，才能对不同所有制职工的收入水平差距作出较为客观的判断，遗憾的是目前我们尚缺乏足够的基础资料。

（六）不同行业职工收入差距扩大。1978年，在16个行业中，职工平均工资排在前四位的分别是电力、煤气和水生产供应业、建筑业、地质勘查和水利管理业、交通运输仓储和邮电通信业，其平均工资分别为850元、714元、708元和694元，比各行业平均工资分别高出235元、99元、93元和79元；排在最后四位的是社会服务业、农林牧渔业、教育文化艺术和广播电影电视业、批发零售贸易和餐饮业，其平均工资分别为392元、470元、545元和551元，比各行业平均工资分别低223元、145元、70元和64元。到1993年，职工平均工资排在前四位的行业是：房地产业、电力、煤气和水生产供应业、交通运输仓储和邮电通信业、科研和综合技术服务业，其平均工资分别为4320元、4319元、4273元和3994元，比各行业平均工资分别高出949元、948元、902元和533元。排在最后四位的行业是农林牧渔业、批发零售和餐饮业、教育文化艺术和广播电影电视业、制造业，其平均工资分别为2042元、2679元、3278元和3348

元，比各行业平均工资低1329元、692元、93元和23元。应当引起注意的是：（1）1978年工资水平最高的行业与最低的行业相差仅458元，到1993年扩大到2278元，1979—1993年各行业职工平均工资年均递增12.0%，最高与最低行业职工平均工资差距扩大速度为平均每年11.3%，表明随着职工平均工资的增加，行业之间的工资收入差距基本上也在同步扩大。（2）1993年与1978年相比，职工工资水平排在前四位的行业发生了较大变化，即房地产业和科研与综合技术服务业取代了建筑业和地质勘查、水利管理业。这似乎比较容易理解，而排在最后四位的行业中，农业、教育文化、批发零售和餐饮业仍然一如既往，居于末位，应当给予关注。制造业平均工资水平进入倒数第四位也是一个新现象。

如以各行业平均工资水平为1，1978年列在前四位的行业工资水平与总平均工资水平之比为1∶1.38∶1.16∶1.15∶1.13，1993年为1∶1.28∶1.28∶1.27∶1.16。排在最后四位的行业工资水平与各行业总平均工资水平之比，1978年为1∶0.64∶0.76∶0.89∶0.90，1993年为1∶0.61∶0.79∶0.97∶0.99。工资水平最低行业与最高行业之比，1978年为1∶2.16，1993年为1∶2.12。上述计算表明，过去15年中不同行业职工平均工资水平的相对差距略有缩小，但绝对工资差额是扩大的。

（七）在收入分配机制逐渐合理化的同时，分配不公和平均主义现象仍然存在，不合法收入有禁不止。收入分配机制的合理化表现在，在目前的个人收入分配过程中，劳动付出的多少、特别是贡献的大小和经营成果的好坏起着越来越重要的作用，一些作出突出贡献的科技人员得到了重奖，一些经营得好的企业承包者获得了很高的承包收入，一些稀缺商品或资源由供求关系所决定而得到了较高的市场价格（如明星的表演等），人力资本和其他生产要素对收入的权利也开始不同程度地得到社会的认同。收入分配机制的合理化主要是通过三种方式来实现或推进的：一是各种形式的承包经营责任制，包括企业承包、车间承包、计件工资等；二是生产要素市场化，谁的贡献大、谁更稀缺，谁的报酬就高；三是要素流动，即雇员（和资本）通过增强其流动性而寻求其适当的回报。

然而，平均主义并没有根绝。相反，在某些领域、某些方面它依然存在甚至有所发展。例如，在国有单位职工工资总额中，各种津贴和补贴所占比重由1978年的6.5%，上升到1985年的18.5%和1993年的25.1%，而津贴和补贴的发放往往是最具有平均性质的。此外，奖金在工资总额中的比重也呈上升趋势，而许多单位的奖金发放也没有什么合理的标准，没有拉开差距。平均主义本身就是分配不公的一种表现。近年来，分配不公在其他一些方面也有所显露或发展，包括由垄断、不正当竞争、价格欺诈等不合理行为引起的收入差距。最后，一些经济犯罪现象越来越普遍和严重，由偷税漏税、走私贩私、权钱交易等所引致的不合法收入成为收入分配差距和收入分配不公的一个重要根源，是社会上下关注的一个焦点。

二、原因

正如城镇居民收入分配具有多方面特征那样，引致这些特征出现的因素也是多方面的。不同特征与不同因素之间的关系是多重的，即收入分配的某一个特征往往是由多个因素共同作用形成的，同时某一个因素对收入分配的作用也往往是多侧面的，对收入分配的若干个特征都有影响。当我们对引发收入分配特征形成的诸因素一并加以分析之后，对改革以来的城镇居民收入分配演变作一些价值判断或许就更容易了。

（一）经济发展水平（与速度）。经济发展水平越高，居民收入水平越高，经济发展速度越快，居民收入水平提高越快，这是存在于多数国家和地区的一个普遍现象。改革开放15年来我国GDP平均增长速度为9.3%（现价计算增长15.6%），是这一时期世界上经济增长最快的国家之一，这是决定我国居民收入（包括城镇居民收入）迅速增加的基本因素。当然，经济增长速度快并不必然意味着居民收入增长会快于经济增长。我国城镇居民收入增长持续快于经济增长的原因根植于现存经济体制之中。

同时，不同地区（或省份）的经济发展水平差异对地区（或省份）收入差距的影响是显而易见的。例如，1993年人均GDP最高的前四个省市是上海、北京、天津和广东，职工人均工资水平最高的省市也是这四个（西藏因情况特殊，除外），除了因地处高原或边疆少数民族地区而有特殊补贴者外，人均GDP排位较后的安徽、贵州、广西、河南等省市，职工工资水平也都较低。

从城乡差距来看，我国城市经济发展水平明显高于农村，因此城镇居民收入水平也明显高于农村居民。1978—1984年由于农村改革极大地解放了生产力，农村经济迅速发展，而城市经济改革尚未取得明显成效。结果城乡居民收入差距有所缩小。1985年以后城市经济发展速度明显超过农村，城乡居民收入差距又开始扩大。也就是说，城乡经济发展速度的相对变化是影响城乡居民收入差距变化的决定性因素。

从所有制结构方面看也不例外。1985—1993年国有工业年均递增8.4%，同期以三资企业为主要组成部分的其他经济类型工业年均递增53.1%，如此悬殊的发展速度必然造成不同所有制单位职工收入差距的扩大。

不同行业的产业增长状况与其职工收入增长状况也存在明显的相关关系。房地产业职工工资水平在1993年位居各行业之首，无疑是由近两年房地产业急剧膨胀决定的。邮电业职工工资水平高，也是与1985年以来邮电业务量年均增长38%的高速度分不开的。形成对照的是，1985—1993年国有、集体商业单位商品零售额年均增长率只有13.5%，如果剔除价格因素年均增长速度不过4%左右，这就不难理解批发零售业职工工资水平为什么一直较低了。

总之，地区收入差距、城乡收入差距、不同所有制职工收入差距和不同行业职工收入差距的存在都不可能离开相应的经济发展（或产出）水平差距而得到圆满的解释。

（二）以"放权让利"为特点的改革效应。我们这里所谓"放权让利"，主要是指在过去的改革中企业一方面获得了内部分配自主权，另一方面国家向企业一步步让利，即相对来说国家利益逐渐收缩，而企业利益则逐渐扩张，这便使收入分配向个人倾斜获得了客观基础。在这个意义上，过去十多年的改革，无论实行利润留成、两步利改税还是各种形式的承包制，以及许多优惠政策，都具有放权让利的特点。国家财政收入占国民生产总值的比例由1978年的31.2%下降至1993年的15.1%，是国民收入中国家所占份额收缩、企业和个人所占份额扩张的一个重要表现。国家向企业和个人"让利"曾经是一种主动行为，是当时改革的主要内涵，后来"让利"逐渐成了被动的事情。目前，在许多时候企业实际上是在向国家"争利"、"抢利"。在现行体制下，当企业既有钱（让利）、也有权（分配权）的时候，个人收入的过快增长就不再容易受到什么硬性约束了。

（三）软预算约束与收入攀比机制的作用。那些效益好的企业职工的收入水平高、增长快似乎是顺理成章的。而那些经济效益差的企业，并不想使自己职工的收入过分落后，而是自然产生一种与职工收入水平高的企业攀比的倾向。特别是一些企业经济效益差并不完全是由于自己努力不够、经营无方造成的，而是政策性因素的结果，这就使得收入攀比具有了一定的"合理性"或"依据"。由于国有单位的预算约束是软的或比较软的，收入攀比往往可以由倾向或愿望而变成现实。不仅如此，收入攀比还容易形成自我循环而恶性发展。因为，初始的收入攀比多是低收入者攀比高收入者，从而使低收入者的收入逐渐接近于高收入者；这时高收入者就会产生一种不公平感，认为自己企业（单位）效益好，应当得到高收入。因此，这时高收入者就会进一步提高自己的收入（在这样做时，高收入者的收入增长可能已经超过了经济效益增长，同样是靠排挤国家和企业利益而使个人利益膨胀），使高收入与低收入差距再一次拉开，从而引发又一轮收入攀比。收入攀比现象相当普遍，不仅在不同企业之间存在，在不同行业之间也存在。例如，机关事业单位职工收入一直相对较低，而每一次机关事业单位调整职工工资，都会伴随着企业单位相应的工资调整。甚至一些企业单位在工资调整方面"闻风而动""变本加厉"，比机关事业单位调整得更早，幅度更大。

（四）企业经济效益差异。收入攀比机制和软预算约束的主要影响是促使个人收入轮番增长，助长居民收入增长超过经济增长，与此同时，客观上也可以起到抑制居民收入差距过大的作用。但是，企业经济效益好坏终归还是影响职工收入高低的一个重要因素，特别是对于那些亏损企业来说，其约束力就更强。这是因为，企业毕竟首先得有钱才能发给职工。我国目前企业效益状况差别很大。例如，国有企业多年以来"1/3

明亏，1/3暗亏，1/3盈利"，在实行新会计制度后仍有1/3以上的企业亏损，这些亏损企业连基本工资都很难发出去。与此同时，全国范围内也有一些效益极好的企业，有的人均创利润可达上万元或数万元。在我国经济的市场化程度不断加深、价格改革的任务接近于完成、企业的预算约束（特别是对一些非国有企业而言）有所增强的时候，企业经济效益的悬殊差异（无论由内部管理不善还是外部条件变化引起）必然会带来不同企业职工之间较大的收入水平差距。即使有收入攀比机制存在，也不可能完全填平职工收入差距，更不会立刻填平收入差距，收入攀比总是一个过程。

（五）价格结构与劳动生产率差异的影响。在过去相当长的时间里我国的价格结构很不合理，许多基础产品价格偏低，而加工产品则价高利大。十分明显的对比是：多年来石油、煤炭产品价格偏低，这些行业曾长期处于亏损或微利状态，而石化、煤炭、化工等则持续保持着较高的盈利水平。在实行统收统支的传统体制下，由于个人收入分配权没有下放给企业，因而行业间、企业间的盈亏状况（无论由于政策性原因还是其他原因）并不直接导致职工个人收入差距。但自从改革开放、将收入分配权下放给企业以来，由比价不合理所决定的行业间、企业间的盈亏状况差异，便直接折射到职工收入差距上来。目前我国一些房地产价格之高，令海外投资者惊叹不已，而这正是房地产业职工收入名列各行业之首的重要因素之一。另外，目前电话初装费在北京等一些大中城市达到5100多元，这在世界上是罕见的，这也是引起电信部门营利水平高、职工收入增加快的原因。

城乡居民收入差距的变化也与工农产品交换比价关系的变化有关。如以1978年工农商品交换比价指数为100，则到1984年累计下降为70.1，即农村工业品零售价格相对大幅度下降，而农副产品收购价格则相对大幅度上升了。结果是城乡居民人均收入之比（以农民人均纯收入为1）由1∶2.57降至1∶1.86。相反，由于1989—1991年农村工业品零售价格上升连续三年超过农副产品收购价格上升，1992、1993年二者又几乎同幅上升，因此城乡居民人均收入之比由1990年的1∶2.22迅速扩大到1993年的1∶2.80，超过了改革以前的差距。当然，在城乡居民收入差距扩大过程中，工农产品比价关系并不是唯一的因素，劳动生产率的差异也十分重要。1978—1993年，以农业为主要组成部分的第一产业的人均增加值由359.7元提高到1957.8元，同期以工业和建筑业为主要组成部分的第二产业的人均增加值由2503.9元提高到12018.1元，第一产业劳动生产率仅相当于第二产业的1/5左右，过去15年中第一产业的生产率提高速度虽稍快一点（可能是比价关系的影响），但生产率的绝对差距拉大了许多，这使得工业在较高的生产率前提下在职工收入分配方面具有更大的伸缩性。

总之，特定的比价关系会影响到企业、行业乃至地区经济效益的差异，进而对城镇居民收入差距产生多方面影响。生产率的差异也是如此。

（六）优惠政策及其效应。十多年来我们出台了许多优惠政策。归结起来，这些优惠政策可以分为三类，一是地区优惠政策，二是所有制优惠政策，三是产业或行业优惠政策。总的来说，前两类优惠政策在各类优惠政策中占据绝大部分比例，优惠幅度很大，实际效果也特别明显。例如，从1980年起中央决定在广东和福建实行特殊政策和灵活措施，财政上"划分收付、定额上交（或补助），五年不变"，外贸、外汇方面也给予了很大的自主权。这些优惠政策在1984年到期后又继续延长五年，使这两个省的自主财力大为增强，经济发展水平和居民收入水平迅速提高。此后的经济特区政策、沿海开放城市政策和经济技术开发区政策都具有地区优惠性质。结果是，东部沿海地区特别是开放城市、特区、开发区的经济发展水平与中西部之间的差距进一步拉大了，地区收入差距以及从全国范围来看的个人收入差距也因此而形成和扩大了。

不同所有制之间的政策待遇孰优孰劣或许一句话难以说清。但有目共睹的是，为了鼓励集体、个体经济发展，为了吸引外资，在税收等方面政府对集体企业、个体工商户特别是三资企业给予了一些明显的优惠政策，非国有企业不仅充分地利用了这些政策机遇，而且通过钻空子等方式"过分地""掠夺性地"利用了这些优惠政策。国有企业虽然有庞大的固定资产、财政补贴、国家投资、银行信贷等方面的支持，但长期以来在经营管理上毕竟受到多方面的约束，机制不活，而且历史包袱、社会负担沉重，而非国有企业则更好地适应和运用了市场机制。因此，十多年来的改革过程，既是中国经济逐步市场化的过程，也是国有经济逐渐收缩、非国有经济逐步扩张的过程。伴随着这一过程，不同所有制职工之间的收入差距也就逐渐形成了。

值得一提的是，地区政策优惠和所有制政策优惠往往同时发生，从而产生叠加效应。例如，东部沿海城市特别是经济特区，正是三资企业和其他非国有经济比例最大的地区，地区优惠和所有制优惠便可以同时兼得了。相应的一个后果是，不同地区间的收入差距、不同所有制职工的收入差距以及城镇居民个人之间的收入差距都因此而扩大了。

（七）要素占有的不平等。在传统的计划经济体制下，个人在哪个企业、哪个行业就业对于其收入来说或许是没有什么实质区别的，因为实行统收统支，个人收入分配都按国家工资标准办事。一旦进入市场经济、企业获得了收入分配自主权，人们就会切身地感到，在不同的行业或企业工作，个人收入状况会很不一样。个人收入的差别可能源于所在单位经济效益或财力大小的差别，这些差别在很大程度上又取决于生产要素占有的不平等，这种不平等主要是历史形成的。例如，首钢、一汽之类的企业效益好、职工收入水平高，固然与其经营有方有关，而国家在几十年中所投入的巨额资金所形成的庞大固定资产也是重要的基础条件，而其他许多企业（及其职工）就没有这些条件，而是在一个烂摊子上起步，甚至只能白手起家。道理上讲，过去国家投资所形成的固定资产是属于国家的或全民的，但这些资产在地区之间和全民之间并不是均衡分布的，而是由具体的企业（及其职工作为整体）来实际地占有、支配和利用，这些企业及其职工就可以"近水楼台先得月"，从中得到一些好处。而那些一开始便仅占有少而差的生产要素的企业和职工只好"艰苦奋斗"或望洋兴叹了。

（八）要素市场发育不够、要素流动受到限制。我国的劳动力流动和资本流动都还相当有限，制约了劳动力获得与其人力资本和贡献相适应的报酬的平等机会，也制约了不同企业、行业之间的公平竞争，使企业间、行业间的效益差异和居民之间收入差距趋于固化、扩大化。城乡之间、大小城市之间劳动力流动的限制就是极明显的一例。众所周知，我国大城市的居民收入水平普遍高于中小城市，城镇居民收入水平普遍高于农村居民，在就业和个人发展机会方面也是大城市优于中小城市，城镇优于农村。但由于户籍制度的限制，农民只有通过考大学、入伍转干等极其有限的渠道才能进入城市正式成为城镇居民，广大农民则只能"困"居于农村。中小城市居民要进入大城市也不那么自由，特别是像北京、上海、天津这样的城市，而大城市居民进入中小城市则要容易得多。资本流动是优化资源配置，行业和企业间利润率平均化趋势的一个必要前提，而我国目前的资本流动性并没有达到合理的水平。如电信市场需求巨大，现有供给能力远远满足不了需求，按理说可以允许和鼓励其他一些行业的资金投入到电信事业上来，因为在技术上没有不可逾越的障碍，但我们却一直严格限制其他行业对电信业的投入，而是维护电信业的垄断地位。结果是，电信业长期以来保持着极高的盈利率，电信业职工收入也远高于其他行业职工。但社会需求并未满足，却滋长了一些不正之风，群众意见甚大。当然，除了对要素的垄断性占有会导致效益和职工收入的差别以外，其他一些方面的要素流动限制也有相似的效应。例如，许多国有企业迫于各种压力而无法按照效率最大化原则来裁减冗员或处置闲置资产，从而使整个企业的活力、效益和职工收入都受到影响。

（九）国有资产流失。这里首先有一个不平等问题，即只有那些实际占有国有资产的企业，才可能侵蚀国有资产或发生国有资产流失现象，通过侵蚀国有资产来达到增加职工收入的目的。最常见的国有资产流失形式：一是少提或不提折旧基金，相应地带来虚假经济效益，成为企业承包者和职工收入增加的"依据"；二是在合资合作中对有形或无形国有资产价值低估，使新的合资合作企业效益"虚高"，合资合作企业职工"名正言顺"地分享这些虚假效益；三是收入侵蚀利润，即以虚列成本和营业外支出等形式增加职工收入；四是利用企业破产作幌子，造假账、甩包袱，国家财产受到损失，个人却从中渔利。总之，在国有资产流失过程中，职工收入往往不受损反受益，助长了城镇居民收入增长超过经济增长和企业效益增长的趋势，特别是少数人还因此而大发横财。

（十）经济犯罪现象增加，非法收入来源渠道扩大。偷税漏税、走私贩私、权钱交易是近年来我国经济生活中一个具有一定普遍性的现象。据一些调查，我国私营企业和个体户偷漏税面达80%以上，集体企业偷漏税面达50%以上，外商投资企业偷漏税面达40%以上，国有企业偷漏税面也在40%左右，每年的偷漏税额数以百亿元计，这些偷漏税中有相当一部分落入了个人腰包。此外，近年来走私贩私现象在一些地方也十分猖獗，某些地区和当地的少数人就是靠走私贩私而发财致富的。走私贩私一本万利，很短时间内就可以"制造"出一批暴发户来。最后，以权谋私、贪污受贿等腐败现象的存在也不可否认，特别是近年来曝光的一些大案要案令人触目惊心。尽管腐败现象已在一定程度上受到了严厉的打击，但漏网之鱼也是有的，而且新的腐败现象也还在滋生。凡经济犯罪现象，只要有得逞者，即使只是一时得逞，其直接后果就是收入分配的不公和收入差距的扩大。

（十一）虚拟经济与泡沫经济的影响。近年来我国债券市场、股票市场、外汇市场、期货市场和房地产市场等都获得了一定的发展。既然开办和发展了这些市场，就会有债券、股票、外汇和期货等的炒买炒卖者，就难免有投机行为。由股票、期货等市场波动的特征所决定，一些人可以一夜之间由穷变富，甚至腰缠万贯，也有一些人则顷刻间遭受巨大损失，濒临破产。在这些市场上，那些完全的个人投资者总体上看是有盈有亏的。但值得注意的是，有相当一部分人是利用单位或国家的钱来炒作，盈了个人要分成，亏了则由单位或国家承担损失。可以相信，虚拟经济的发展和泡沫经济的形成（如1992—1993年的房地产市场膨胀和前几年的股票热），造就了一批暴发户，使城镇居民之间的收入差距剧烈地扩大了。同时还应当看到，虚拟经济和泡沫经济的发生和发展多在东部沿海城市（或地区），由此而带来的宏观微观上的好处（例如股票热时全国大量资金都往深圳和上海涌入）大部分便落到了当地企业和居民的头上，地区间的经济发展水平差距和居民收入差距便进一步加剧了。

（十二）缺乏有效的城镇居民收入差距调节机制。如前所述，引致城镇居民收入差距的因素是多方面的，既有合理的，也有不合理的。一个被普遍认同的原则是：无论由什么因素引起的居民收入差距，当超过一定界限时，都应当通过税收等形式加以调节。也就是说，居民初次分配的过大差距（或过高水平）应当通过税收等再分配形式进行事后调节，使居民的最终可支配收入差距有所缩小或趋于合理化。这些具有再分配性质的税收调节手段主要有个人所得税、遗产税、消费税、财产税等形式。在这方面，我国的现实是：个人所得税和消费税没有起到应有的作用，其他税种没有开征，这是不能令人满意的。例如，1993年我国个人所得税收入仅42亿元，占全部工商税收总收入（3597亿元）的比例只有1.17%，在全部财政收入中的比例不到1%。而在许多发达国家，个人所得税收入占总税收入的1/3以上。我国个人所得税收入流失的一个客观效果，是纵容了一些不合理收入的滋长，纵容了一些不合理的居民收入差距。

不难理解，上述引致城镇居民收入差距的诸因素，既有直接因素，也有间接因素，既有表层因素，也有深层因素，既有源头方面的因素，也有事后调节方面的因素，它们对城镇居民收入差距的作用方式和程度是不能一视同仁的。

在讨论了城镇居民收入分配的特征和原因之后，我们如何对目前我国的城镇居民收入分配状况作一个总体上的价值判断呢？首先，居民收入，特别是城镇居民收入增长过快，超过经济增长和企业效益增长，是不合理的；其次，收入差距不合理扩大（由要素占有不平等和非法收入等引起）的现象是存在的，但总的来说，目前各种收入差距的扩大是发展市场经济的必然结果，这些差距基本上都还处于可接受或可容忍的范围内，某些收入差距，如高级经理阶层与一般劳动者阶层之间的收入差距或许还可以拉得更大一些；第三，由于资源稀缺和市场认可而造成的某些畸高收入（如明星收入）可能不合情但合理；第四，在相同地域或行业范围内，在个人机会平等化方面，与过去相比有了明显的进步，因而现有的个人收入差距存在是具有合理性的；第五，对经济和社会稳定具有潜在危险性的问题有三方面，一是地区经济和收入差距的扩大，二是城乡经济和收入差距的扩大，三是对低收入者缺乏收入补偿；第六，对生产要素占有的初始不平等和对要素流动的种种约束仍然是收入分配不公、收入分配差距扩大的主要根源。因此，城镇居民收入分配领域里的问题或问题的根源，可能主要存在于宏观层次而不是微观层次。

三、影响

（一）国民收入分配过分向居民个人特别是城镇居民倾斜，政府宏观调控的物质基础受到削弱。根据有关统计和估算结果，城镇居民总收入占GDP的比例由1978年的15.5%上升到1993年的31.8%，15年中上升了16个百分点，银行工资性现金支出占GDP的比例由17.2%上升到25.3%，上升了8个百分点，这些均表明国民收入分配向城镇居民倾斜的演变趋势。与此同时，财政收入占国民生产总值的比例由1978年的31.2%下降到1993年的15.3%，恰好下降了16个百分点，与前面测算的城镇居民收入占GDP比例的上升幅度正好一致。我们认为，这种一致性不是偶然的（尽管前述城镇居民收入占GDP比例的估算结果可能并不十分准确）。城镇居民收入的迅猛增长在改革初期具有"还账""补偿"性质，但迄今仍在继续发展则远远超出了"还账"的范围。相比较而言，西方发达国家则是另一种情形：一方面多数西方国家的城镇居民收入占GNP的比例一直比较稳定，或者只是在有限范围内上下波动，极少出现持续扩张（或收缩）的趋势；另一方面，政府财政收入占GNP的比例多在20%左右（其中中央政府占大头），而且这一比例也比较稳定，极少出现持续大幅度上升或下降的趋势。因此可以得出的一个结论是，实行统收统支，或财政收入占GNP比例过高，固然不利于经济的生机和活力，但政府拥有必要的财力是实施有效宏观调控的重要基础条件，我国目前由于国民收入分配过分向居民特别是城镇居民倾斜，政府财力弱化，宏观调控的有效性自然受到了影响。

（二）收入与消费失衡，对物价上涨产生压力。一方面是城镇居民收入持续大幅度上涨，另一方面是城镇居民消费过分集中于短期消费、特别是食品上，这就产生了收入与消费之间的失衡。据统计，1978—1993年银行对个人工资性现金支出由617.4元增加到7953.2元，15年中平均每年增长18.6%，其中1991—1993年平均增长率高达24%，1994年则达到创纪录的41%的水平。而在城镇居民消费支出结构中，食品所占比重一直在一半以上，住房消费比重不过1%，其他长期消费也极其有限。当城镇居民对食品等短期消费的需求已然得到满足的情况下，收入仍然迅猛增长，势必造成庞大的、过快增长的城镇居民收入与过于狭窄的城镇居民消费领域相对峙的局面，有时难免出现前者冲击后者的情形。收入多了当然可以用于储蓄，但当长期消费的负担还没有现实地落在城镇居民头上时，储蓄的目的性就不是那么强。在这种情况下，多增加些储蓄或少增加些储蓄对居民而言其实无关紧要。因而收入的较快增长往往意味着较多的收入直接对应着狭窄的消费领域，从而对食品等短期消费品价格上涨产生压力。或者，当市场上出现价格上涨趋势时，居民会通过其一如既往的实际购买行为（因为有钱）而认可物价上涨。总之，近年来食品等方面的物价大幅度上涨与居民收入过快增长是不无关系的。

（三）城镇居民个人之间消费水平差距扩大，畸形消费和少部分居民生活水平下降两种极端情形同时并存。据统计调查，占总户数20%的城镇居民家庭低收入户与高收入户的人均消费支出额，1981年分别为304.0元和666.2元，相差362.2元，二者之比（低收入户为1）为1∶2.19。到1993年低收入户与高收入户的人均消费支出分别为1395.0元和3171.9元，相差1776.9元，二者之比为1∶2.27；其中最低收入户和最高收入户（各占总户数10%）的人均消费支出分别为1261.4元和3533.5元，相差2272.1元，二者之比为1∶2.80。至于部分"大款"的奢侈性高消费和部分困难户生活窘迫的情形，这里不再详述，有一点可以肯定的是：二者差距之悬殊，是改革以前所不曾有的。问题在于，无论收入来源是否合理，收入差距和消费水平差距过大都会引起社会不满。

（四）城乡居民之间消费水平差距扩大。据统计调查，城镇居民家庭人均消费支出由1978年的311.2元增加到1993年的2110.8元。在此期间的15年中平均每年增长13.6%，同期农民人均消费支出由116.1元增加到769.7元，15年中平均每年增长13.4%；城乡居民人均生活消费支出的绝对金额由195.1元扩大到1341.1元，平均每年扩大13.7%；城乡居民人均消费支出之比（以农民为1）由1978年的1∶2.68扩大到1∶2.74。

从狭义国民收入（只包括物质生产部门净产值）使用中的居民消费结构来看，也会得出相同的结论。据统计，1978—1993年农民消费水平由132元增加到774元，同期非农业居民消费水平由383元增加到2480元，由于后者增长速度快，农民与非农业居民消费水平之比（以农民为1）

由1：2.90扩大到1：3.20。

当然，由于城乡物价上涨幅度不同，剔除价格因素后农民实际消费支出（或实际消费水平）的增长速度可能稍快于城镇居民（或非农业居民），但由于城乡居民消费水平的起点不同，经过十多年后城乡居民实际生活水平的绝对差距还是进一步拉大了。

（五）企业融资成本增加和资金成本意识增强。由于国民收入分配向居民特别是城镇居民倾斜，国内总储蓄的大部分便集中在居民特别是城镇居民手中，以储蓄存款、有价证券等形式存在，与此形成鲜明对比的是，国家财政困难，企业相对拮据。据调查，目前多数企业尤其是国有企业的投资和经营资金中有80%以上是外部融资，即贷款或发债等，融资成本迅速增加，每年的经营收入中有很大一部分要用于偿还本息，有人称之为"企业为银行打工"。实际上，由于银行的钱来自于个人储蓄，它必须是有偿的，而且贷款利率也必然会随着吸储成本的上升而"水涨船高"。总之，这一系列现象的根源是城镇居民收入增长过快，客观效果是企业外部融资成本增加和资金成本意识的被迫增强。当然，企业外部融资成本意识增强对于改善企业全部资金的使用效率是有深远影响的。

（六）居民收入分配中的寻租现象与马太效应。民工潮或许可以视为寻租的一个典型例子。由于户籍制度的限制，农民很难取得城市居民的资格，如果待在农村，则所面对的只是有限的土地、有限的工作机遇和有限的收入，而一旦进入城市以后，机遇就明显多了，在付出同样辛苦的情况下，在城市做工的收入要远高于农村。这或许就是民工潮一浪高过一浪的原因。同样，城镇居民也在寻找着各种特殊的机遇，期望不增加付出但增加收入，或少增加付出多增加收入。例如前两年股票热时大家争购原始股，因为原始股是极其有限的，而买到原始股就意味着买到一个"金娃娃"；再如，许多人争相进入官办大公司，因为在这里与国家机关相比，房子和其他福利待遇不少，但工资收入却明显增加了，而且旱涝保收，比那些完全"下海"的人工资收入差不了多少，风险却几乎没有；也有一些人极力把自己的家庭改造成"双轨制"，把国家机关的福利待遇和"下海"的高收入尽收于一家。如此等等。收入分配领域里的寻租现象在某些方面会带来一些积极效应，如促进劳动力流动，对垄断性利益产生竞争性压力等。但是寻租并不激励人们通过自己平等的劳动付出来获得相应的收入，相反，寻租对于激励的影响是负的，它不利于人们在自己的工作岗位上多劳多得，而是诱发人们的不公平感，鼓励人们投机取巧，少劳多得。

另一个值得注意的现象是，在城乡居民收入差距、地区收入差别方面，一定程度上开始显露马太效应，即穷者愈穷，富者愈富。这是由对生产要素的初始占有不平等和发展条件差异所造成的。人才、资金由西向东流动，由农村向城市特别是东部沿海城市流动，价高利大、技术先进的产业在城市、特别是东部沿海城市不断扩张，使得城市特别是东部沿海城市的经济发展和城镇居民收入真正步入了快车道，而农村、特别是广大西部农村的经济发展和农民收入状况虽有不小的改观，却愈益相形见绌。这种趋势的进一步发展，必然严重妨碍国民经济的均衡、协调发展，成为经济和社会不稳定的主要根源。

四、对策

我国的城镇居民收入分配，无论是在规模收入分配方面，还是在功能收入分配方面，与改革之初相比，都明显地趋于合理化了，这从劳动者积极性的提高、资源配置效率的提高和经济持续高速增长中可以充分体现出来。当然，问题同样存在。概括地讲，目前我国城镇居民收入分配中的问题，主要存在于功能收入分配上，而不是规模收入分配上，主要是存在于宏观层次上，而不是微观层次上。任由这些问题继续发展，其负面影响可能会以加速度的形式恶性膨胀起来。

从长远出发，或许可以为我国城镇居民收入分配的未来演变设定一些量的或趋势性的标准：（1）城镇居民收入增长应当与经济增长相协调。这意味着，城镇居民收入在城镇居民所创造GDP中的比例要在一个合理水平上相对稳定下来；（2）在某些方面，城镇居民个人之间的收入差距还可以进一步有所扩大，但低收入阶层的最低收入和生活水准应当得到切实保障；（3）城乡居民收入差距应当缩小；（4）地区收入差距应当缩小；（5）行业之间、特别是营利行业之间职工收入水平应具有趋同倾向；（6）无论城镇居民收入来源于何种渠道、体现于何种形式，凡超过一定标准者均应通过税收等形式给予再调节。

改善城镇居民收入分配的机制和结构，促进城镇居民收入分配的合理化，需要从如下方面入手：

1. 推进产权制度改革，加强企业在收入分配上的自我约束。分别不同类型的企业看，三资企业、集体企业（包括乡镇企业）的预算约束都是较硬的，对于那些经济效益好的国有企业来说，一般也很少发生职工收入增长远远超出产出增长、经济效益增长的情形，预算约束弱的负面影响主要体现在效益差的企业中。只有推进产权制度改革，那些效益差、职工收入却不减的企业才能真正建立起自我约束机制来，居民收入增长才能在总体上与经济增长协调起来。必须认识到，工效挂钩办法是标，是外在的，自我约束机制是本，是内在的。没有人为三资企业和乡镇企业规定什么工效挂钩比例，但这些企业在工效挂钩上做得最好、最自觉。国有企业推行了多年工效挂钩办法，总体上看却是不成功的。

2. 完善鼓励竞争机制，破除不合理的垄断，对某些自然垄断行为通过资源税等形式对其收益进行调节。只有这样，才能为不同企业和行业创造一个比较公平的经营和发展环境，消除由垄断行为引起的企业间、行业间不合理职工收入差距。

3. 进一步发展劳动力市场，促进劳动力的合理流动。完善劳动力市场，一方面可以使劳动力通过流动而各得其所；使不同的人力资本得到不同的回报，从而适当拉开城镇居民收入水平；另一方面劳动力市场的发展可以使某些"油水多"的高收入岗位面临较大的竞争压力，从而有利于拉平某些不合理的城镇居民收入差距。

4. 加强国有资产管理，结合清产核资工作建立国有资产保值增值制度，严防国有资产流失。国有资产的流失往往同时意味着个人收入的增加。在与外商合资合作、国有企业"嫁接"改造、向集体或个人出售、出租国有财产、国有股配股分红等过程中，国有资产流失现象最容易发生，应引起特别重视。

5. 逐步改革户籍制度，增加居民在大城市与中小城市之间、城镇与乡村之间迁移和就业的自由度。这样才有助于使从全国范围来看的广大居民获得相对而言更加公平的机会，避免机会不公和收入差距不合理的状况变得僵化或进一步恶化。

6. 切实实行九年制义务教育，保证低收入者的子女全部完成义务教育，并为考上大学的低收入者的子女提供有效的资助。国内外的经验均表明，居民的文化素质高低与经济发展水平高低有明显的相关性，提高低收入者家庭、低收入地区（包括整个农村）的文化教育水平，是使低收入者脱贫致富的根本，是百年大计。没有平等的受教育机会，收入差距和收入分配不公就会在某些地区、某些人身上出现累积和"遗传"效果。

7. 整顿流通秩序，提高流通效率。近年来，由于流通秩序混乱而浑水摸鱼、大发横财者不乏其人，导致"挖煤的不如倒煤的""种菜的不如卖菜的"等不合理现象，既形成不合理的居民收入差距，也使消费者受损。只有彻底扭转流通秩序混乱局面，生产与流通环节上的个人收入分配才会趋于公平合理。

8. 机关事业单位应减人增资，建立正常增资机制及与其他行业工资水平的稳定比例关系。在目前政府机构庞大、冗员甚多而财政又拮据的情况下，提高国家机关工作人员的收入水平、缩小与其他行业的不合理差距是难乎其难的。出路只能在于：大量裁减冗员、提高工作效率；在行政管理费支出总额不变或略有增加的情况下使政府工作人员的人均收入水平得以明显提高；建立正常的增资机制和职务职称晋升机制，不能再像过去那样几年才动一次，且不定期；为政府工作人员建立单独的、更加优越的社会保障制度；培养政府工作人员的荣誉感，而不是唯利是图或将收入水平作为工作的唯一动力；对少数政府工作人员中的腐败现象给予严厉打击。

9. 适度发展虚拟经济，严防泡沫经济膨胀。虚拟经济是实体经济发展到一定阶段上的产物。虚拟经济可以被认为是一种更高的经济形式，也可以视为与实体经济相对照的另一种经济形式。虚拟经济的发展对于实体经济的有效运转是有意义的，但也不能估计过高。在我国实体经济发展水平还较低的情况下，过分发展虚拟经济，往往意味着增加泡沫经济发生的可能性，而泡沫经济则会损伤实体经济的元气，并造就出一批暴发户，拉大城镇居民收入分配差距，引起社会不满情绪滋长。因此，虚拟经济发展要适度，泡沫经济要严防。

10. 建立企业财务账目的独立会计审查制度。凡达到一定规模的企业，其年终财务账目都要经过独立的会计审查，并向税收和其他有关部门提供会计审查报告。这样才能增加企业收支的透明度，防止企业制造假账、滥发钱物，抑制职工收入过快增长，抑制不合理的城镇居民收入差距出现。为此，一要严格执行现有的会计制度，二要加强会计师队伍建设，三要把独立的会计审查制度作为一项每年一次的义务加于企业之上。

11. 严厉打击经济犯罪活动，堵塞各种非法收入来源渠道。

12. 建立个人收入申报与调查制度、单位代扣个人所得税制度，开征遗产税和赠予税，加强和完善有关的个人税收征管。向有关部门申报个人的真实收入，是居民应尽的义务，任何人不得无理拒绝，特别是要增加某些政府高级官员和企业负责人收入状况的透明度。同时，要对个人真实收入状况进行定期、不定期的抽样调查。当有关部门怀疑某些个人的财产和消费状况与其收入水平不符时，可以进行特别调查。此外，应实行单位代为职工扣缴个人所得税制度，单位和职工个人负连带责任，凡发现偷漏税款者，一并予以处罚。开征遗产税、财产税和赠予税也是对居民收入差距进行再调节的必要措施。总之，目前个人所得税流失严重的原因首先在于个人收入底数不清，企业和个人都设法隐瞒个人真实收入。因此，加强和完善个人所得税征管，作为前提的一项基础性工作是对企业独立的会计审查制度和个人收入申报、调查制度能够真正建立起来。

补贴现状及其分配效应*

回头看：补贴曾是改革初期一个普遍现象,本文分析了补贴与财政、企业、居民消费的关系和分配效应, 结论是这种补贴利少弊多。这一现象早已通过改革而改观。

补贴是贯穿我国生产和生活众多领域的一种普遍经济现象, 应该对其进行广泛而深入的研究。目前我国有实际统计数字的补贴是物价补贴、企业亏损补贴和减免税, 没有进行统计或不算作财政补贴项目的有住房、医疗、交通和副食补贴等, 本文所说补贴仅指前者。下面, 我们从分配的角度, 分析财政补贴给国家、企业、个人带来的影响, 从而探索其存在的合理性, 即补贴应该在怎样的程度上继续存在下去或不存在下去。

一、补贴与国家财政

各种形式的补贴, 无论生产领域的补贴、流通领域的补贴还是消费领域的补贴, 无论价格补贴、企业亏损补贴还是减免税收, 无论明补还是暗补, 终归都是财政补贴, 即利用现实的和潜在的财政资金进行的无偿资助。因此, 补贴范围越广, 补贴幅度越大, 所需支出的财政资金就越多, 由此而给财政造成的负担就越重。近年来我国的补贴给财政带来的正是越来越沉重的负担。如表1所示, 1979年以来的10年中, 仅价格补贴一项, 占国家财政总收入的比重有五个年份达到22.3%—30.1%, 如果扣除财政收入中的借债部分, 则上述比重更大, 达到23.2%—32.24%, 价格补贴占财政支出的比重也基本类似。实际上, 价格补贴

---

* 本文原载《财贸经济资料》1990年第5期。

不过是财政补贴的一项，财政补贴总额远比价格补贴庞大。比如，1986年企业亏损补贴达324.78亿元，占国家财政总收入的14.4%，占扣除债务部分的财政净收入的15.3%，占财政支出的13.9%；1988年企业亏损达445.83亿元，占国家财政总收入的17.2%，占扣除债务部分的财政净收入的19.2%，占财政支出的16.7%。这样，把价格补贴和企业亏损补贴加起来，两项补贴占财政收支的比重历年都在20%以上，有时接近甚至超过30%。考虑到每年还有数亿或数十亿算作补贴的减免税，财政补贴总额占财政收支额的比重将更大。有理由认为，1979年以来的个别年份，财政补贴总额占财政收支额的比重可能达到40%左右。另外，从平均的角度看，结果也差不多。据统计，1979年以来的10年中，财政补贴数额已突破5000亿元，而同期财政总收入累计为16200亿元，剔除借债部分的财政净收入累计为15200亿元，财政总支出累计为16900亿元，那么，10年来财政补贴占财政总收入的比重平均超过31%，占财政净收入的比重平均超过33%，占财政总支出的比重平均超过30%。因此，我国的财政在相当程度上可以说是"补贴财政"。

表1　价格补贴与财政收入　　　　　　　　单位：亿元

年份	价格补贴	财政总收入	财政净收入	财政总支出	价格补贴占财政总收入%	价格补贴占财政净收入%	价格补贴占财政总支出%
1978	93.86	1121.1	1121.1	1111	8.4	8.4	8.5
1979	180.71	1103.3	1067.99	1273.9	16.4	16.9	14.2
1980	242.07	1085.2	1042.19	1212.7	22.3	23.2	20
1981	327.72	1089.5	1016.42	1115	30.1	32.24	29.4
1982	318.36	1124	1040.14	1153.3	28.3	30.6	27.6
1983	341.66	1249	1169.59	1292.5	27.4	29.2	26.4
1984	370.00	1501.9	1424.56	1546.4	24.6	26	23.9
1985	299.47	1866.4	1776.55	1844.8	16	16.9	16.2
1986	257.48	2260.3	2122.05	2330.8	11.4	12.1	11
1987	294.60	2368.9	2199.35	2448.5	12.4	13.4	12
1988	316.95	2587.8	2326.79	2668.3	12.2	13.6	11.9

说明：1. 资料来源：《中国统计摘要》(1989)；《奋进的四十年》，中国统计出版社1989年版。

　　　　2. 财政净收入指减去国内外债务后的收入。

由于我国经济的直接计划性还很强，因而与其他间接宏观调控手段相比，财政显得更为重要，它对国民经济和社会发展应该能够发挥更大的调节作用。这种调节作用主要是通过财政支出即财政资金在不同项目上的运用来完成的。为了便利分析，我们将所有财政支出项目分作两类，即"刚性支出项目"和"弹性支出项目"，或称为"硬约束支出项目"和"软约束支出项目"。所谓"刚性支出项目"，指必须按照需要或规定列支而不得缩减或变动的支出项目，如债务支出，国防费，抚恤和社会救济费。在现行体制下，补贴本身是一种刚性支出，而且是刚性最强的一种支出。所谓"弹性支出项目"，指支出项目本身及项目支出额可以进行较多或较大幅度变动的支出项目，如流动资金、基本建设拨款，科教文卫事业费，行政管理费等。固然，刚性与弹性是相对而言的，既没有完全的刚性，也没有完全的弹性。但财政所具有的对经济和社会发展的调节作用，却主要是通过弹性支出项目来发挥的，因此用于弹性支出的财政资金越充裕，财政资金的运用就可能越灵活，从而财政作为杠杆的调节作用就越大。而我国近年来的财政状况，却是愈来愈令人担忧的：财政收入占国民收入的比例由1978年的37.2%下降到1988年的19%（按可比口径算），说明财政力量越来越薄弱。在这种不利的财政大环境下，财政补贴却有增无减，同时，财政的其他刚性支出也必须得到保证，因而弹性支出必然受委屈，少开支。就是说，财政补贴加重了财政负担，缩减了财政中的弹性支出，从而削弱了财政的宏观调控能力。这是补贴对国家财政的第一方面的也是最重要的影响。

另一方面，在财政补贴中，企业亏损补贴和减免税列为财政收入冲减，价格补贴列为财政支出。前者的直接效应是使财政收入减少，间接效应是使经济建设支出减少，消费支出相对增加。道理很简单：财政收入减少并不导致财政的工资性支出减少，工资支出是与人头相联系的，具有很强的刚性，同时在其他财政支出方面，必要的行政管理费是不可少的，科教文卫事业费等还需要增加等等。当所有其他支出项目都必须得到保证甚至增加时，结果只能是经济建设支出减少。就企业亏损补贴本身而言，它形式上是补贴生产，实质上却在相当大的程度上是补贴人民生活，特别是政策性亏损，往往因为产品是人民生活必需品，价格受限制，所以企业才亏损，而低价最终给消费者带来好处。从后者即价格补贴看，其消费倾向更加明显。据统计，1987年和1988年国家财政补贴总额中直接用于工农业生产的部分分别占29%和15%，直接用于城市和农村居民生活的部分则分别占33%和32%。其实，如果将作为财政收入冲减的企业亏损补贴和减免税撇开，只看作为财政支出项目的价格补贴，其消费性就十分明显了，如表2所示，近年来用于人民生活消费的价格补贴在某些年份甚至达到价格补贴总额的90%以上，可以说基本上都是消费性补贴。既然无论作为财政收入冲减的企业亏损补贴还是作为财政支出项目的价格补贴，都有助长财政的消费性的作用，那么表3所示的近年来我国经济建设支出占财政支出总额的比重大幅度下降的趋势就很容易理解了。本来，建设职能应该是我国社会主义财政的重要职能之一，但补贴对国家财政的第二方面的影响却是背道而驰的。它强化了财政的消费倾向，弱化了财政的建设职能。

表 2　国家财政对物价的补贴 单位：亿元

年份	合　计	一、为稳定人民生活，对若干商品实行购销价格倒挂的差价和亏损补贴		二、为扶持农业生产、按优待价供应农业生产资料的补贴		三、为平衡国内市场供求关系对外贸进口的粮食、棉花、砂糖、化肥、农药等五种商品亏损的补贴	
		绝对额	比重（%）	绝对额	比重（%）	绝对额	比重（%）
1978	93.86	55.60	59.2	23.91	15.5	14.35	15.3
1979	180.71	136.02	75.3	21.79	12.1	22.90	12.6
1980	242.07	178.56	73.8	20.41	8.4	43.10	17.8
1981	327.72	217.72	66.4	21.74	6.6	88.26	17
1982	318.36	240.22	75.5	21.35	6.7	56.79	17.8
1983	341.66	269.52	78.9	13.46	3.9	58.68	17.2
1984	370.00	320.85	86.7	8.15	2.2	41.00	11.1
1985	299.47	274.92	91.8	6.96	2.3	17.59	5.9
1986	257.48	243.88	94.7	6.15	2.4	13.34	2.9

资料来源：《中国统计年鉴》（1988）。

表3　经济建设支出占财政支出的比重

年　份	财政支出总额（亿元）	经济建设支出额（亿元）	经济建设支出占财政总支出比重（%）
1978	1111.0	707.84	63.7
1979	1273.9	761.59	59.8
1980	1212.7	670.78	55.3
1981	1115.0	544.43	48.8
1982	1153.3	543.18	48.7
1983	1292.5	635.21	49.1
1984	1546.4	784.65	50.7
1985	1844.8	895	48.5

资料来源：《中国统计年鉴》（1988）。

二、补贴与企业分配

财政补贴的三种形式与企业利益之间都存在着不同程度的联系：企业亏损补贴与企业利益直接相关；减免税也如此；价格补贴中的相当一部分是在企业中，通过企业的生产经营活动实现的。财政补贴对于企业分配关系有着不容忽视的影响。

首先，财政补贴恶化了国家与企业之间的分配关系，助长了国民收入分配格局向企业过分倾斜。可以这样来分析：如果没有企业亏损补贴，就没有相应数额的国家财政收入冲减，这意味着国家财政每年就会增加相应数量的收入，将该部分收入算作企业上缴国家利润的话，国家与企业之间的分配关系在利润方面就表现为如表4所示的那样：在以放权让利和利改税为主要内容的改革初期或前期，企业与国家在利润分配方面的关系发生很大变化，分配格局持续数年大幅度地朝企业方向倾斜，这种趋势是有一定合理性的，但到近几年，分配格局将逐步稳定下来，企业得到比改革前更多的留利，财政虽然相对地失去一些收入，但这可视为增强企业活力、换取更多收入的代价。无论如何，至少有一点可以肯定：财政不会陷入困境，出现危机。遗憾的是，这种判断只是一种假设而已。现实却是，企业亏损补贴日益庞大地存在着，它越来越严重地侵蚀着国家财政收入，但企业留利却并不因此而稍减，相反，同样呈现为扩张的态势。结果，企业留利占实现利润的比重由1978年的3.7%持续增加到1982年的50.7%（见表5），国家与企业的分配格局正在愈益走向畸形化。当然，我们上面的分析绝不是说，企业亏损补贴本身直接导致了国家与企业之间分配关系的变化，实际上这种变化的出现有其内在的原因，我们只是想指出：如果没有企业亏损补贴，国家与企业之间分配关系的恶性演变将会在相当程度上受到抑制，并且仅仅在此意义上说，企业亏损补贴恶化了国家与企业之间的分配关系。

表4 不存在企业亏损补贴情况下的国营企业留利水平

年份	企业留利占实现利润的%	年份	企业留利占实现利润的%
1978	3.4	1983	33.9
1979	10.9	1984	39.6
1980	18.9	1985	41.4
1981	21.1	1986	37.3
1982	29.1	1987	37.4

说明：计算留利水平时假设不存在企业亏损补贴，而实际补贴额算作企业上缴利润；补贴额包括外贸进口商品的亏损补贴。

表5 国营企业实际留利水平

年份	企业留利占实现利润的%	年份	企业留利占实现利润的%
1978	3.7	1983	41.8
1979	12.3	1984	45.1
1980	21.5	1985	47.1
1981	26.1	1986	49.6
1982	34.2	1987	50.7

说明：本表根据企业留利额与实现利润额计算；但企业实际支配的留利额并没有统计数字显示的那么多，企业留利会在许多环节打折扣，但这部分也不是流入国家财政收入中。

其次，对于受补企业来说，财政补贴实质上有一部分充当了企业职工失业"救济金"的角色，客观效果是保证了因亏损本应破产的企业职工的基本生活；还有一部分则充当了维持企业运转的救急资金的角色，客观效果是保证了因亏损本应破产的企业生产经营活动仍然得以进行。补贴的负效应是：或者使不合理的企业经营环境，如扭曲的价格体系继续存在下去，或者使落后、亏损企业继续存在下去。具体说来，在正常的情况下，企业亏损严重就应当破产，职工自然失业，国家发给职工失业救济金。但当对企业亏损给予补贴时，问题的实质就变成国家以避免企业破产、维持企业正常运营而给予企业生产性补贴的形式，发给职工"救济金"，不同之处在于：职工得到了"救济金"并没有失业，企业也没有停产。这看起来是件好事：它一方面缩小了因失业人员增多而可能给社会带来的不安定，另一方面又给予亏损企业以重整旗鼓的机会和资助。然而，这种想法是带有虚幻性的：一方面，靠补贴而不是靠企业自身的盈利换来的社会安定总是蕴藏着或孕育着危险；另一方面，企业亏损分为政策性亏损和经营性亏损，由于两类亏损在现实中难以十分清楚地辨别，补贴对于两类亏损往往同时覆盖（但并不都是定额地补偿亏损）。但是，对于经营性亏损的企业来说，采取亏损补贴的做法并不见得比自然淘汰的做法更能促进整体经济效益的提高，比如允许低效益企业的存在就意味着高效益企业的资源被剥夺或被排挤，这种情况在我国资源约束型经济的条件下并不是无足轻重的；对于政策性亏损企业来说，关键在于政策的改变，而不在于补贴的增加，相反，补贴这种有点文不对题的做法目前只能说是没有办法的办法，它必须使得不合理的企业经营环境长期延续下去，其中不合理的价格体系就是这种环境的重要方面。顺便指出，对于不合理的价格体系而言，不仅企业亏损补贴，更重要的是价格补贴，成为其不折不扣的"制造商"。

三、补贴与居民消费

个人是财政补贴的重要受益者。比如，价格补贴可以分为明补和暗补，明补就是直接给予个人的补贴，暗补则是通过间接的途径，在生产经营环节发放但最终使个人受益的补贴。企业亏损补贴，如前所述，它在"拯救"了企业的同时也"救济"了职工个人。当然，对于全社会范围内的个人收入分配而言，影响更大的是价格补贴。下面分两个方面来说明财政补贴主要是价格补贴对于个人分配关系的影响。

（一）财政补贴主要是价格补贴，采用平均主义的分配方式，在一定程度上保证了低收入阶层居民的基本生活，从而有助于保持社会平等。改革开放以来，由于按劳分配原则的贯彻和其他因素的作用，我国居民的收入差距逐渐拉大，如表6所示，1987年我国占总数1/10的最高收入户的人均收入是同样比例最低收入户人均收入的近3倍，60%以上的城镇居民户人均收入低于全部城镇居民家庭的平均收入水平。按说，我国高收入层和低收入层的居民的消费水平应该有相当大的差距，因为通常，个人收入水平高低是决定居民消费水平高低的主要因素，在高度市场化经济中更是如此。但在我国，这一"规律"只有打几分折扣才能成立。这主要不是因为我国经济的市场化程度低，更重要的一个因素可能是我国的补贴范围广泛、规模庞大，使得每一个城镇居民从生到死的方方面面的生活都受惠于补贴，比如，独生子女一出生就有独生子女费，上学后读书有书本补贴，日常生活中的衣（棉花及其制品、猪皮等）、食（粮、油、肉、蛋、菜等）、住（房租、取暖、水电等）、行（乘公共汽车、地铁、自行车等）、用（火柴、手纸、肥皂等）以及医疗、外出休假、读书读报、洗澡理发等都有补贴，就是到了去世办理丧事还能得到补贴。[①]对于个人消费而言，补贴的最大特征是什么呢？是其平均性。尽管有人不无道理地将补贴分作如下3类：（1）无限制性实物补贴，即消费者不受身份和配额限制购买补贴商品得到的实物补贴，如对洗衣粉、作业本等的补贴；（2）现金补贴，即政府对消费者因产品涨价所损失的购买力提供的现金补贴，通常按人头平均发放；（3）限制性实物补贴，对于此类补贴商品消费者不能任意购买，而是受到限制，即或者每一个消费者只能购买一定限量的补贴商品，或者只有一部分消费者可以购买补贴品，或者只有一部分消费者能在一定限量内购买补贴品。[②]上述三类补贴都带有平均色彩，就连所谓无限制实物补贴，如对洗衣粉等的补贴，即使没有人为的限制，也存在自然的消费限制，就是说，每个人对洗衣粉的消费量是没有太大差异的。另外，上述第三类补贴，即限制性实物补贴，除了一部分是不合理的特权现象外，一般更有助于使低收入和高收入阶层的居民消费水平差距缩小。因此，将补贴因素加进来，我国的居民消费可以分成补贴性消费和非补贴性消费，前者与收入额相

---

① 参见阎振国等：《各色补贴实情》，《瞭望》1989年第25、26期。

② 李扬：《价格补贴的经济影响》，《经济研究》1988年第11期。

关性小，后者与收入额相关性大，我国的现实是，补贴性消费在居民总消费中地位十分重要，它冲淡了由收入水平差异导致的消费水平差异。拿北京市来说，如表7所示，1987年城市居民家庭生活费收入，占总数1/10的最低收入户平均每人每月为58.17元，同样比例的最高收入户平均每人每月为174.45元，后者为前者的3倍，据此能不能说后者的日常生活水平相当于前者的3倍呢？不能。原因有几方面：一是对于低收入户来说，生活费收入往往不足以满足日常生活开支，需要从其他收入中抽去一部分加以弥补；对于高收入户来说，其生活费收入可能超过一般的日常生活开支，需要将多余的钱挪作他用或储蓄起来，因而在表7中北京市居民最高收入户与最低收入户的生活费支出只相差1.6倍，而不是如收入那样差2倍。第二方面的原因是，即使高收入户希望在其收入限额内高消费，但供给方面却可能形成难以克服的限制。第三方面的原因就是补贴的影响，如表7所示，将补贴额加入居民家庭生活费收入和支出后，最高收入户和最低收入户在收入方面只相差1.1倍，在支出方面只相差0.9倍，远远低于不计算补贴情况下的分别为2倍和1.6倍的差额。当然，在上面的估算中，一是由于资料所限把1986年的补贴数用于1987年的居民生活计算，二是把所有补贴都视作暗补，因而夸大了一些补贴对居民生活的影响。但是可以肯定，就道理和趋势而言，上述意见是正确的。

表6　城镇居民家庭生活基本情况（1987年，按收入等级分组）

项　目	单位	总平均	最低		低收入户	中　等偏下户	中　等收入户	中　等偏上户	高收入户	最高收入户
			收入户	困难户						
调查户数	户	32855	3285	1643	3286	6571	6571	6571	3285	3286
比　重	%	100.00	10.00	5.00	10.00	20.00	20.00	20.00	10.00	10.00
平均每一就业者负担人数	人	1.79	2.49	2.67	2.13	1.92	1.74	1.61	1.52	1.41
平均每人全部收入	元	1012.20	595.68	550.56	732.84	852.24	991.44	1154.04	1351.56	1734.24
平均每人生活费收入	元	915.96	526.68	480.12	659.16	770.52	897.84	1049.64	1228.56	1581.60
平均每人生活费支出	元	884.40	548.76	514.68	658.20	767.04	872.52	1006.44	1141.92	1439.88

资料来源：《中国统计年鉴》。

表7 1987年北京市城市居民月均生活费收入和支出① 单位：每人每月

	生活费收入（1）	生活费支出（2）	补贴②（3）	加入补贴后生活费收入（4）=（4）+（3）	加入补贴后生活费支出（5）=（2）+（3）
总　　计	98.49	95.63	44	142.49	139.63
最低收入户	58.17	59.02	44	102.17	103.02
其中：困难户	53.09	57.13	44	97.09	101.13
低收入户	70.9	71.72	44	114.9	115.72
中等偏下户	82.05	85.13	44	126.05	129.13
中等收入户	94.77	92.49	44	138.77	136.49
中等偏上户	110.82	108.97	44	154.82	152.9
高收入户	129.88	119.3	44	173.88	163.3
最高收入户	174.45	151.57	44	218.45	195.57

注：①资料来源：国家统计局《1987年全国城镇居民家庭收支调查资料》。

②补贴数为1988年数，不包括住房、医疗、交通等福利性补贴。

（二）补贴促进了不合理的居民消费结构的形成，助长了消费膨胀。补贴存在与否，对于居民消费结构有十分明显的影响。比如住房支出，在英国家庭的总支出中，1980年占16.6%，1985年占16.4%，这可以说是不算小的比重，足以引起每个家庭在安排支出时给予注意或重视。但在我国，由于存在大量补贴①，城镇居民的房租支出在总支出中只占1%左右，显得微不足道，甚至随着人均住房面积的增大，每人支付的房租费却几乎没有变化，房租支出在总支出中的比重反而逐年下降（见表8），这与西方国家比是大相径庭的。其他如粮食、燃料等消费支出状况也类似，国家付出了大量的补贴，使其消费价格维持在很低水平上。这种做法导致我国居民消费的一大特征是：居民基本生活消费的一部分由国家包了下来。具体而言，当居民的收入水平低时，基本生活必需品的相当一部分在相当程度上由国家通过补贴来负担；当居民的收入水平提高后，基本生活必需品的同样部分在同样程度上仍然由国家通过补贴来负担。这样的居民基本生活费用负担格局，当居民收入水平低时，似乎还有一定道理，也不会引致多少问题；一旦居民收入水平高了，比原来多

① 房租补贴没有统计到财政补贴额中。

出来的那部分收入就可能惹是生非：由于在我国个人收入的投资机会少，居民的投资观念差，满足了基本生活需要后的多数新增收入部分将仍然留在消费领域，并且易于投向高档耐用消费品等高消费领域，从而扭曲居民消费结构，助长消费膨胀。我国改革以来居民消费结构变化的轨迹正反映了上述趋势，比如从1980年到1988年我国居民的实际消费水平提高0.79倍（按不变价格计算），而每百人拥有的电视机数量却提高13.7倍，由此可以想象在居民消费总支出中耐用消费品支出将怎样急剧膨胀。与此相联系的是，居民的整体消费水平迅猛提高：从1979年到1988年10年中，全国居民实物商品消费水平按可比价格计算，每年平均增长7.6%，而1952年到1977年的25年中，居民消费水平平均每年仅增长2.1%；相应地，六五时期的积累率低于五五、四五时期，特别是近年来，由于折旧提取不足等因素影响，实际积累率是明显下降趋势，消费膨胀成为导致社会总需求膨胀的越来越重要的因素。毋庸置疑，凡此种种，在某种程度上都是可以"归功于"或"归罪于"财政补贴及其连锁反应的。

表8　我国城镇居民家庭每人消费状况（住房和燃料）

	1983	1985	1987
住房：居住面积（平方米）	5.9	7.46	8.47
房租支出（元）	7.68	6.48	7.74
房租占总支出比重（%）	1.52	0.96	0.87
燃料：煤炭消费量（公斤）		400	407
燃料费支出（元）	8.76	11.5	12.27
燃料费占总支出比重（%）	1.73	1.71	1.38

我国的职工福利及其对
国民收入分配的影响*

回头看：本文对20世纪80年代及此前存在的职工福利现象进行了较为全面的分析，这是收入分配问题的一个重要侧面。

职工福利,通常是指企业、事业单位和国家机关为职工举办的保险、保障事业和建立的某些消费补助和补贴制度。我国的职工福利制度始建于50年代,40年来几经曲折和变革,迄今仍保留着几乎始终一贯的如下特征：一是无偿性。职工所得到或享受的作为福利的那部分利益是免费或基本免费的, 即使有些福利项目需要职工付费,也往往是象征性的,付费与福利项目的"市场价"之间存在很大的差距, 甚至远远不能弥补福利项目的成本。由福利所体现的这部分利益构成职工实际收入和实际消费的重要组成部分。二是集团性。我国的职工福利一般不是由国家或私人福利机构提供的,而是绝大部分由职工所属的企业、事业、机关单位或单位联合直接提供的,这就为不同单位之间职工福利状况的差异提供了可能,因为尽管国家对职工福利支出有种种统一的规定,但由于不同的单位对有关福利政策的理解存在偏差, 甚至有意识追求特殊水准,且不同单位的"经济基础"强弱有别,不同单位之间的职工福利状况的差异便在所难免。三是平均性。无论企业、事业或机关单位,在其内部,每个职工所享受到的福利大体上是均等的,这意味着,当福利在职工实际收入和消费中所占比重越大时,职工总的收入水平和消费水平差距越

---

* 本文原载《经济科学》1990年第3期。

小，越趋于平均化。四是普遍性。我国几乎任何一个机关、企业、事业单位都设置负责职工福利的附属机构、配备相应的工作人员，因而几乎每个单位都直接提供职工福利。

上述四方面特征说明，职工福利是影响职工收入水平和消费状况的一种重要方式，它必然对国民收入分配格局发生作用。进入80年代以来，我国的国民收入分配格局发生了明显的变化，个人和企业所得在国民收入分配中的比重持续地大幅度上升，与这种变化相对应的，一方面是作为直接分配方式的工资、奖金制度的深度变革，另一方面是作为间接分配方式的职工福利制度基本维持原状。然而，职工福利制度不变并不意味着它对国民收入分配不具有影响或只具有固定的影响，恰恰相反，大量的事实显示，无论是变革了的工资奖金分配方式，还是没有实质性变革的职工福利制度，对近年来国民收入分配产生作用的方向是一致的。相对而言，工资奖金对国民收入分配的影响是显性的，容易理解，职工福利则不然，其规模和影响受到相当程度的非货币化和间接分配方式的遮盖。因此，弄清职工福利以什么形式、在怎样程度上作用于国民收入分配，应当是很有意义的。

一、职工福利的类型与规模

我国职工福利的实际范围非常宽泛，应当说，凡是职工从所在单位得到的由所在单位直接提供的正常的工资性收入以外的物质利益，都可以归入职工福利范畴。在此定义基础上，可以从不同的角度，对职工福利进行多种分类。

首先，根据福利范畴的内涵，可以将职工福利划分为通常意义上的福利和具有福利性质的社会保险。通常意义上的福利有三个方面：一是集体福利事业，包括职工食堂、托幼事业、职工住宅，在这些方面，单位都为职工提供福利；二是文化福利事业，包括文化宫、俱乐部、图书馆和职工的文艺、体育、旅游等活动，在这些方面，单位职工也都享受福利；三是福利补贴制度，包括探亲、上下班交通费补贴、冬季宿舍取暖补贴、生活困难补助等项目。具有福利性质的社会保险包括公费医疗、职工死亡丧葬及抚恤、退休退职离休待遇、生育补贴、疗养休养等，这些项目在性质上都属于保险，但其费用在相当程度上由单位负担，因此对职工来讲事实上也是一种福利，是体现在社会保险领域里的福利。

其次，从职工获得或享用福利的方式看，大体有三种：一是消费。即对于某些带有福利性质的产品或服务而言，职工只有通过实际的消费，才能获得福利，消费过程同时也是福利的获得过程。例如关于医疗卫生、死亡丧葬及抚恤、职工文体活动等方面的福利。二是支付货币。如职工生活困难补助、上下班交通费补贴，洗理费等。这些福利项目的实现是以货币形式定量地支付给职工，由职工自主安排支出。这部分货币收入不属于职工工资范围。三是发放实物。这种方式在许多情况下是不符合关于职工福利的有关规定的，但对于职工来说确是一种实际存在的由单位提供的福利。据调查，许多企业的福利性实物收入占职工总收入的10%左右。

再次，职工福利还可以分为符合规定项目或额度的与超出规定项目或额度的两种。在我国，福利是一种方便、习惯而又颇具弹性的收入分配方式，它既不在工资总额之内，又不受奖金税限制，一些单位便或者巧立新的福利项目，或者超过国家规定的限度为职工提供福利。这些超出规定范围的福利既有定期提供的，也有不定期提供的；既有货币形式支付的，也有实物形式发放的，既有免费提供的，也有以不足价购买获得的。

另外，从统计的角度看，我国的职工福利可以分为纳入统计的福利和未纳入统计的福利两类。纳入统计的职工福利项目是医疗卫生费、职工死亡丧葬及抚恤费，职工生活困难补助、文娱体育宣传费、集体福利事业的补贴费，集体福利设施费，计划生育补贴，上下班交通补贴，洗理卫生费和其他项目（包括易地安置的离休、退休、退职职工安家补贴费、生活困难补助以及书报费、洗理费、副食品价格补贴、房贴、水电贴、少数民族补贴等），上述项目合计，1986—1988年历年分别为420亿元、509亿元和635亿元，相当于当年职工工资总额的25.3%、27.0%和28.2%。

未统计的福利包括四方面。一是廉价住房。显然，房租补贴对职工来说是一项数额庞大的福利。据测算，1987年我国公有住房成本房租为每月每平方米1.56元，而实际收取的房租仅为0.13元，当年公有住房面积约16亿平方米，将成本房租视作合理房租的话，1987年全年房租补贴达275亿元。按同样方法估算，1986、1988年全国房租补贴约为255亿元和314亿元。二是职工低价使用水、电、气等公用事业产品所得到的利益，这种利益也带有福利性质。由于数额不大，且不易估算，这里略而不计。三是单位以实物或其他形式向职工提供但未加以统计的福利，可谓"超额福利"。按照职工工资总额的10%估算，1986—1988年该项福利分别达166亿元、188亿元和262亿元。四是社会集团购买中有一部分事实上被用于个人消费，如单位买煤用于职工食堂或冬季供暖，公车私用等，应当划入福利范畴，按社会集团消费品零售总额10%的比例估算，则1986—1987年该种来源的福利历年分别约46亿元、55亿元和67亿元。上述三项未统计的福利额合计，1986—1988年历年分别为467亿元、518亿元和643亿元，与有统计数的福利相加，职工实际福利总额历年分别达887亿元、1027亿元和1296亿元，规模十分可观，并且未进行统计的福利规模相当于甚至超过了纳入统计范围的福利规模。

二、福利在国民收入分配中的地位

福利是一个不容忽视，而应加以充分利用的职工收入分配方式，但相对于工资而言，它只能居于次要地位。固然，在不同的历史时期和经济环境下，福利在职工个人收入分配中的地位总是处于变动之中，但一般说来，当职工工资水平偏低、工资增长速度较慢的时期，应适当加重职工福利在职工个人收入分配中的地位，以保证职工生活水平合理提高的需要；当工资水平较高或工资增长速度较快的时候，应适当降低职工福利在个人收入分配中的地位，以预防或制约消费规模的过分膨胀。我国的情况如何呢？

改革10年来，我国职工福利与职工工资之间的关系可谓"比翼双飞"。1978—1988年，职工工资总额由568.9亿元增加到2316.2亿元，增长3.07倍，平均每年递增15%。纳入统计的职工保险福利费由78.1亿元增加到653.1亿元，增长7.36倍，平均每年递增24%。可以看出，职工工资总额的增长本来已经很快，而职工福利保险费的增长更快，这显然是不够合理的。从职工平均工资和平均享受的福利保险费的变化也能够反映上述趋势，1978—1988年，全国职工平均工资由615元增加到1747元，增长1.84倍，平均每年递增11%；离休、退休、退职职工保险福利费（以离休金、退休金为主要项目）每人平均由551元增加到1516元，增长1.75倍，平均每年递增接近11%，即与职工工资同步增长；而在职职工的福利保险费则由每人平均65.7元增加到250.7元，增长2.8倍，平均每年递增14%，超过了平均工资的增长速度。这种速度特征，必然导致一个结果，即福利作为一种收入分配工具与工资相比，在职工个人收入分配中的分量愈来愈重。统计数据表明：在1978年，全国职工保险福利费用总额相当于工资总额的比例为13.7%，1984年上升到22.7%，1988年达28.2%。这种现象可称之为"福利排挤工资"。

事实上，福利在职工个人收入分配中的地位比上面说的还要大，因为上述福利保险费只是按照现行统计口径统计到的数值，现实中还存在没有纳入现行统计范围或没能统计上来的职工福利，前面已提到，这类主要有廉价住房，以实物等形式发放给职工的"超额"福利，和社会集团消费品购买中被用于职工个人的部分，这三项合起来，1986—1988年估算历年约为467亿元、518亿元和643亿元，相当于职工工资总额的28.1%、27.5%和27.8%。如果把统计的和估算的两种福利相加，那么职工所享受的实际福利总额在1986年、1987年、1988年分别达到887亿元、1027亿元和1296亿元，相当于工资总额的比例，历年分别为53.4%、54.5%和56%，如此高的比例，似乎令人不敢置信，但正是如此高的比例才能够解释得通，为什么职工与非职工（如城镇个体劳动者）以及职工之间的工资性货币收入差距并不能反映他们实际生活水平上的差距。就是说，某些非职工劳动者（如城镇个体劳动者）的"看得见"的货币收入虽多，但不能享受的"看不见"为特征的职工福利，因此个体劳动者的货币收入只有打一定的折扣才能与职工工资相比较，从而合理地测定其生活水平差距。同样，职工之间工资水平尽管有差距，而且改革以来这种差距扩大了，但是福利对每个职工来说却是大体平均的，更重要的是，10年来职工福利总额的增长幅度超过了职工工资总额的增长幅度，职工人均占有福利费用的增长幅度超过了职工平均工资的增长幅度，于是便在很大程度上抵销了职工工资水平差距所可能造成的职工生活水平差距。

既然职工福利相当于职工工资的比例越来越大，相当多的福利又只能在消费过程中获得，这就不难得出结论：福利性消费在职工家庭消费和全社会消费中的地位十分重要。如表1所示，纳入统计的职工福利性消费总额占非农民消费总额的比重由1978年的12.4%上升到1987年的24.3%，接近1/4，10年间比重翻了一番。如果将未纳入统计的福利项目即廉价住房、实物发放和社会消费被挪作个人消费部分加进来，则职工福利性消费对非农业居民消费的影响更大，如表2所示，统计的和未统计的职工实际的福利性消费总额占非农民实际消费总额的比重，自1986年以来都将近40%，即将近一半消费是属于福利性质的。

表1 职工福利性消费占非农民消费的比重

年 份	职工福利性消费额（亿元）（1）	非农民消费额（亿元）（2）	（1）／（2）
1978	78.1	630	12.4%
1979	107.3	698	15.4%
1980	136.4	839	16.3%
1981	154.9	901	17.2%
1982	180.5	951	18.9%
1983	212.5	1016	20.9%
1984	257.7	1163	22.2%
1985	331.6	1512	21.9%
1986	420.1	1779	23.6%
1987	508.7	2096	24.3%
1988	653.1	2792	23.4%

注：这里把每年职工福利保险费看作当年职工福利性消费额。虽然现实中个别福利保险费项目和集体福利设施费不被计入居民消费中，但这样做便于计算，在很大程度上也是合理的。

资料来源：《中国统计年鉴》（1989）。

表2　职工福利性消费占非农民消费的比重

年　份	职工实际福利性消费额（亿元）（1）	非农民实际消费额（亿元）（2）	（1）/（2）
1986	887	2246	39.5%
1987	1027	2615	39.3%
1988	1296	3435	37.7%

注：本表中非农民实际消费总额做了调整，加进了房租补贴、实物发放和社会消费挪用作个人消费三部分，现实中这些部分没被统计到居民消费中。

在全社会消费额和全部国民收入中，福利性消费的地位也是值得重视的。表3显示，1986—1988年，职工各种福利性消费在全社会消费中的比重达15%以上，在国民收入使用总额中的比重达10%以上。

表3　福利性消费在国民收入中的地位

年份	职工福利性消费总额（亿元）（1）	全社会消费总额（亿元）（2）	国民收入使用总额（亿元）（3）	（1）/（2）	（1）/（3）
1986	887	5803	8747	15.3%	10.1%
1987	1027	6616	9914	15.5%	10.4%
1988	1296	8285	12413	15.6%	10.4%

注：本表中全社会消费额和国民收入使用总额都相应地加进了公房房租补贴部分，该部分在现行统计中既未计入消费，也未计入国民收入。

三、支持福利膨胀的因素

在我国，关于职工福利的资金来源渠道是多方面的，而每一种渠道究竟能提供多少福利经费往往也是富有弹性的，这两方面特点便使我国的职工福利膨胀具有了现实的可能性。

归结起来，福利经费分为福利性设施建设经费和其他福利经费两类。福利性设施建设指职工住房、食堂、幼儿园、文化宫等具有福利性质的非生产性建设，该类建设投资费用由国家和单位共同承担，改革以前以国家为主，国家的基本建设投资比例中有一部分是非生产性建设投资，近年来单位利用自有资金进行住房等非生产性建设的规模逐渐扩大。例如，国家允许企业历年积存下来的奖励基金可以拨出一部分用于职工住宅建设，企业留利中也可以拿出一部分搞职工福利设施建设。如

表4所示，改革以前，我国基本建设中非生产性建设和其中的住宅建设投资比重偏小，妨碍了职工生活水平的合理提高和经济的良性循环，但进入80年代以来，我国的非生产性建设规模迅速扩大，在总投资中的比重超过新中国成立以来任何时期。这意味着，职工福利也得到了迅速的扩张，因为，非生产性建设的大部分是带有福利性质的，为职工生活服务的，像住宅、食堂等，这方面的投资往往不仅不能盈利，甚至成本无法收回，折旧无法补偿。

表4　我国各个时期非生产性建设比重（%）

时　　期	生产性建设	非生产性建设	住宅
"一五"时期	67	33	9.1
"二五"时期	85.4	14.6	4.1
1963—1965年	79.4	20.6	6.0
"三五"时期	83.8	16.2	4.0
"四五"时期	82.5	17.5	5.7
"五五"时期	73.9	26.1	11.8
"六五"时期	57.4	42.6	21.3
1986—1988年	64.2	35.8	11.1

资料来源：《中国统计年鉴》（1989）。

其他福利项目的经费来源，可以分为企业和行政事业单位两种情况加以说明。就企业而言，由于它是营利性的，所以福利经费既源于成本，也源于留利。在成本方面：一是职工福利基金，国家规定企业可以按职工工资总额的一定比例提取福利基金，用于有关职工福利方面的经常补助和浴室、理发室、洗衣房、哺乳室、托儿所、食堂的开支除去收入后的差额；二是工会经费，许多福利费用可以从工会经费中开支；三是企业管理费，其中一部分也可以用于支付某些福利项目的费用，如职工食堂的大型炊具等；四是营业外支出，如职工生活困难补助、职工子女入学等费用即可列入该支出项下。近年来，从上述几项成本项目中开支的职工福利费用得到了迅速的增加，这从许多方面都能加以证实。据统计，我国国营工业生产企业生产费用中，职工福利基金由80年代初的15亿元左右上升到1987年的近40亿元，增长了1.5倍，平均每年增长14%以上，超过工资费用平均增长率3个百分点，超过所有费用总额平均增长率2个百分点，在生产费用总额不断增加的情况下，职工福利基金占生产费用总额的比重持续保持在0.7%的水平，具有非常强的"刚性"。1980年以来，我国国营独立核算工业企业的可比产品成本，除了1983年略有降低外（0.2%），其余年份都是增加，其中"六五"期间平均每年上升2.2%，1986年以来每年上升7%以上，而1989年估计上升20%以上，可比产品成本如此大幅度的上升，除了其他原因外，福利费用增多也是一个不可忽视的因素。

企业留利也是企业职工福利费用的一个重要来源，尽管国家对企业留利的用途有明确的规定，但现实中这些规定很少得到圆满的执行，特别是一些盈利大、留利多的企业，往往更是千方百计以各种名目将留利用于个人奖励和福利，可以肯定，企业留利中实际用于职工福利的数额比现有的某些统计数字还要大。即使是可能缩小了的统计数字也显示，我国国营工业生产企业留利中用于职工福利基金的部分从1979年到1987年增长了约2.6倍，平均每年增长17%左右，超过工资的增长。我国其他企业的情况也是大体类似的。

在行政事业单位，笼统言之，职工福利经费源于行政事业经费。首先，各行政事业单位都建立福利费制度，依照国家规定，行政事业单位可以按一定额度或工资总额的一定比例提取福利费，用于解决职工生活困难等。其次，行政经费、事业费也可以用于福利开支，如机关、事业单位对食堂、托儿所等的补贴，职工上下班交通费补贴、房贴、水电贴、冬季宿舍取暖补贴等。再次，还有一些职工福利费用是从工会经费中开支的。近年来我国财政支出中行政管理费和事业费迅速增加，在一定程度上与行政事业单位的职工福利费用增加也是有关联的。拿行政管理费来说，1979—1987年增加2.98倍，九年中平均每年增加16.6%，有关材料表明，同期的行政经费中用于个人部分的年平均增长率接近16%，而行政经费中用于个人部分的内容，除了工资以外，主要与职工福利有关。

此外，无论国营企业单位还是行政事业单位，都掌握着一笔数量可观的预算外资金（企业留利也是预算外资金的一个来源），虽然预算外资金的一半以上属于专项资金，但仍有约40%在运用上具有一定的灵活性，因此，预算外资金也是职工福利支出的一个重要渠道。据统计，全国预算外支出用于福利的部分，1983年为77.32亿元，到1987年达到130.68亿元，四年间增加0.69倍，平均每年增长14%，亦属不慢。

总之，从上述几个正常途径所得到的统计数据已经能够在很大程度上说明职工福利膨胀从哪些方面得到了支持。如果考虑到近年来我国经济生活中的透明度越来越低，特别是收入分配领域中透明度更低的情况，考虑到许多单位可能通过非正常的、因而也难以获得统计资料的途径变相地增加职工福利的情况，那么，近年来的职工福利膨胀尽管是不合理的，但却是完全可以得到解释的。

四、福利膨胀的分配效应

由于历史的和其他的原因，我国职工福利的存在确实是必要的。一般说来，如果严格遵循国家关于福利支出的规定，职工福利总额应能控制在一个较适当的范围。但现实是，当我国经济体制的其他方面已经进行了具有相当深度的改革的时候，职工福利制度却基本维持原状。并且延续至今的职工福利制度存在许多缺陷，其中最重要的，是在体制转轨时期职工福利越来越富有弹性，越来越成为职工工资外收入的重要"转换器"，越来越具有膨胀的可能性。那么，是什么因素在诱发和推动着职工福利的膨胀，职工福利膨胀带来怎样的分配效应呢？

首先，对工资性收入差距的补偿。由于不同行业、不同部门、不同所有制单位的工资奖金水平有不小的差异，这些差异既有合理的，也有不合理的，由于在我国平均主义思想在人们头脑中根深蒂固，因而无论合理的或不合理的工资奖金水平差异，都难免引起收入水平的攀比，那些工资奖金水平低的行业、部门和单位，往往倾向于通过增加职工福利的办法来弥补工资奖金水平之不足，现行福利制度的弹性特征使得这种愿望得以变成现实。从表5可以看出，职工工资低于全国平均水平的农业、商业、房地产、卫生、教育、金融、国家机关7个行业中，有5个行业的职工平均福利费超过全国平均水平；而职工平均工资高于全国平均水平的工业、地质、建筑、交通、科研5个行业中，有2个行业的职工平均福利费低于全国平均水平。也就是说，在全国12个行业中，有7个行业的职工工资水平与福利水平是具有相互补偿关系的，其余5个行业中，有2个行业即农业和教育的职工工资水平和福利水平均低于全国水平，有3个行业即工业、地质、科研的职工工资水平和福利水平均高于全国水平。这些用统计数据所表示的不同行业职工工资和福利水平的差异与人们在实际生活中的感受是基本吻合的。当然，关于职工工资水平和福利水平相互补偿的关系还可以从其他方面得到证实，比如个体劳动者的货币收入明显高于一般职工，但一般职工在货币收入以外所享受到的福利却能够对此差距起到一定的补偿作用。

表5　职工平均工资和福利费　　　　　　　　单位：元

行　业	工　资	福　利	行　业	工　资	福　利
全国	1853	288.3	房地产	1820	308.7
农业	1318	146.2	卫生	1793	376.7
工业	1931	304.6	教育	1764	202.1
地质	2300	292.2	科研	1935	650
建筑	2139	283.7	金融	1842	391.9
交通	2182	281.4	国家机关	1708	326.1
商业	1733	303.5			

注：本表中的职工平均福利费是根据《中国统计年鉴》（1989）中纳入统计的职工福利保险费计算的。

其次，对奖金税的逃避。对于一些盈利大的企业来说，只要企业钱多，就可以相应地给职工发放奖金，但按照国家规定，奖金超过一定额度要缴纳奖金税，而且奖金税是累进的。显然，奖金税对于资金发放单位来说是一种"损失"，为了避免或减少"损失"，一些单位便将一部分奖励基金转成福利基金，通过增加职工福利的办法来变相地发放奖金。在这种情况下，职工福利的内容和范围便有了突破，可能有相当一部分福利并非名正言顺，而是一种事实上的福利。

再次，对工资总额限制的逾越。关于工资总额，国家有明文规定，各单位必须按照规定执行，不得任意变更，扩大工资总额。在一些情况下，为了扩大职工个人收入而又不受工资总额的限制，便可以通过增加福利的途径来达到目的。

最后，弱化通货膨胀的影响。通货膨胀现象必然给职工实际收入带来损失，为了弥补这种损失，在职工工资收入因受种种限制不能适当增加的时候，增加职工福利便是一条方便而有效的途径。统计资料表明，1979—1988年的10年中，我国的物价指数平均每年提高5.6%，职工工资增长11.1%，而职工平均福利费（根据1989年《中国统计年鉴》有关资料计算）则增长14.3%，说明在抵销了物价上涨因素的影响后，职工得到的实际福利增长快于实际工资的增长。

可以说，上述几方面既是职工福利扩张的动机，也表明了职工福利扩张的结果。此外，职工福利作为一种收入分配渠道，在其扩张过程中还不可避免地带来如下两方面效应：第一，加强了同一单位内部职工之间收入分配的平均化倾向。这是因为，福利分配的最大特征是人人有份、利益均沾，而我国近年来收入分配领域里的实际情形恰恰是福利膨胀，职工实际享受的福利总额相当职工工资总额的比重越来越大，结果必然冲淡职工工资水平的差异，使得从总收入角度看的职工收入分配越来越平均化。第二，加重了不同单位之间职工收入分配的不平等。这里所谓不平等，一是指收入水平差距，二是指收入水平差距的不合理状况。之所以说会加重不同单位之间职工收入水平差距，是因为现行福利制度有缺陷，有弹性，职工福利的弹性或职工福利的扩张程度，是以单位的"经济基础"和单位领导人的意志为转移的，当单位的"经济基础"雄厚的时候，当单位领导人刻意于增加职工收入的时候，该单位的职工就能够享受到十分优惠的福利，但事实上，该单位的"经济基础"雄厚与其经营状况及职工付出的劳动可能并不密切相关，而是由其他一些客观因素如价格体系不合理，专营地位等造成的，并且单位领导人关于扩大职工福利的主张可能是不符合国家有关规定的，牺牲了国家或集体的利益而讨好于一般群众。但无论如何，现实中只要出现这类情况，就会加重不同单位之间职工收入水平的差距，尽管这种差距可能是不合理的。

收入均等与效率：模式与选择*

回头看:本文对收入均等与效率问题的多种结合模式进行了较为全面的理论分析,其中提出平均主义损害效率,而不合理的收入差距也必然损害效率。这从当前看仍有现实意义。

平等与效率问题已经成为我国学术界热心于探讨的问题,但也是未能取得一致结论的问题。其中的原因之一,是对于平等可以有相当不同的理解,比如既有经济学意义上的平等也有社会学意义上的平等,既有作为手段或机会的平等,也有作为结果的平等,不同含义的平等所对应的效率自然是各异的,因而对平等与效率的一般关系就有完全不同的理解。应当说,平等和效率的关系是一个相当大的题目,对其不同的侧面有必要加以分别研究,本文所要探讨的收入均等与效率的关系就是平等与效率关系的一个重要方面。

一、收入均等和效率内涵的界定

(一)收入均等。收入均等首先是一种收入差距状态。人们可以制订一个收入差距标准,当现实中的收入差距小于这一标准时,可以称为收入均等。因此,收入均等是一个相对的概念,一种收入差距能否叫收入均等取决于不同的参照物。同样一个收入差距,按照一定的标准可能是均等的,按照另一个标准可能是不均等的。理论上讲,只有每个收入主体之间的收入差距为零,才是完全的收入均等,或称绝对的收入均等。

---

* 本文原载《计划与市场》1990年第2期,作者韩文秀、王立新。

在当代，绝对的收入均等几乎是不存在的，因为即使每个人的名义收入相等了，还因为每个人的需求偏好不同，而形成事实上的不均等。

收入均等还可以理解为一个动态的过程。当高收入者的收入通过一定的渠道和方式转移到低收入者手里或用于满足低收入者的消费时，这个过程可以称为收入均等或收入均等化。比如，政府对高收入者征收累进的个人所得税，或对低收入者发放救济金，就是动态意义上的收入均等。作为动态过程的收入均等，其含义与作为动态的收入均等具有同等重要的意义。

由于收入差距不仅发生在不同的个人之间，也发生在不同的群体之间，如不同的家庭、企业、行业和地区之间，因此，收入主体不仅指单个自然人，而且包括以家庭、企业、行业或地区为单位的收入主体。

收入均等也是一个社会目标。无论中国历史上的"不患寡而患不均"思想，还是西方空想社会主义者的"乌托邦"，都把收入均等视为应该达到的最重要的社会目标。更为重要的是，收入均等也是现代社会几乎所有国家的政府努力实现的目标。

收入均等还是平等的重要内容。美国学者阿瑟、奥肯把平等区分为权利平等、机会平等和收入均等，其中权利平等和机会平等是形式平等，而收入均等是结果平等。他认为，在平等和效率的关系中，权利平等和机会平等与效率之间经常表现为互相促进的关系，而收入均等和效率之间却经常可能发生冲突，使得在收入均等目标和效率目标之间形成两难选择的关系。这说明，对收入均等和效率之间关系的研究是十分必要和有意义的。

最后应该指出，收入均等和公平是两个完全不同的概念。公平通常是指按照同一个标准，大家享有同等的机会，因而更接近机会均等的含义，例如，按劳分配对劳动者来说是公平的，按资分配对资本家来说也是"公平"的。当然，有时也有人把公平理解为平均或收入均等。但无论如何，在表示收入差距的缩小方面，收入均等概念比公平概念要准确得多。

（二）效率。效率在通常意义上指投入额与产出额的比率。效率的高低与投入量成反比，与产出量成正比，在同等的投入量下，产出越多，效率越高，反过来，在同等的产出量下，投入越少则效率越高。这里，需要强调的是，在分析收入均等与效率的关系时所使用的效率概念，宁可说是"人"的效率，而不是一般的效率。所谓"人"的效率，即指一定数量的人在一定时期内生产的有效物质产品和劳务量的多少。之所以把效率概念与人联系起来，是因为收入分配的主体是人，收入均等状况首先影响到人的行为和效率。同时，这里的效率概念虽然并不排斥企业管理意义上的人均产出量含义，但更多的是在宏观的意义上使用，表示一个国家或社会的人均产出量。因此，这里的效率又是社会平均效率。与收入均等一样，效率也是一个社会目标，效率预示着一个社会的先进性和强大程度，因此它也是每个国家的政府努力实现的目标。

二、影响收入均等和效率关系的因素

收入均等和效率之间的关系经常表现为一种简单的替代关系，达到一个目标，就要牺牲另一个目标，"熊掌与鱼，二者不可得兼"。但是，在现实中也存在收入均等与效率并存等不那么简单的现象，因此，有必要研究影响收入均等和效率关系的内在因素，收入均等与效率的关系就取决于这些因素发挥作用的条件和影响的强弱。它们包括：收入主体的积极性，高收入主体和低收入主体资金要素产出率的差异，高收入主体和低收入主体的储蓄率和投资率的差异，不同层次收入主体对人力资本的投资偏好等。具体地讲，在一般情况下，这些因素与效率之间具有以下关系：收入主体的生产积极性越高，社会总的要素产出率水平的上升，社会总的储蓄率和投资率的提高，对人力资本投资的追加，都有利于效率的提高。下面就初步分析一下这四个因素对收入均等和效率关系的影响。

（一）从收入差距对收入主体积极性的影响看收入均等与效率的关系。收入差距对收入主体的积极性的影响取决于人们对物质利益的关心，假如在一个生产组织里每个人都是利他主义者，都富有高度的自我牺牲精神，收入差距本身显然不会影响到人们的生产积极性，从而不会影响到效率的高低。然而，在现代社会，由于生产力水平等诸多条件的限制，人们的行为仍然受到物质利益原则的约束。物质利益原则决定了每个收入主体只有在其收入与贡献对称时，才愿意尽其最大努力，发挥出全部的聪明才智。从全社会来讲，只有当收入差距完全反映个人贡献差距时，才能做到极大地调动每个人的积极性，也只有在这时，社会效率才会达到最大。根据这一要求，收入差距小于贡献差距或大于贡献差距都不利于效率的提高。

当收入差距小于贡献差距时，收入差距的变化与效率的关系表现为，收入差距越大，就越接近反映贡献差距，从而效率也越高，收入差距越小，就越不能反映贡献差距，从而效率就越低。这时就产生了收入均等与效率的矛盾，即追求收入均等就会牺牲效率，追求效率就会牺牲收入均等。对企业来讲，当工人之间实行"干多干少一个样"的分配原则时，收入均等得到了保证，但由于打击了工人的积极性，整个企业的效率就降低了，反过来，如果对工人实行计件工资，在物质利益的刺激下，工人有了积极性，工作效率大大提高，但工人之间的收入差距却拉大了。农村也是一样，在"大锅饭"的集体经济分配模式下，农民之间的收入差距很小，相应的农业生产效率相当低下；实行"一部分人先富起来"的政策后，由于刺激了农民的积极性，农业生产效率得到前所未有的提高，然而收入差距也扩大了。

当收入差距大于贡献差距时，情况相反。这时越缩小收入差距就能使之越接近贡献差距，越扩大收入差距就越不能反映贡献差距。因此，收入越均等（注意：这里的收入均等所指的收入差距仍大于贡献差距，但收入均等是一个相对的概念），效率越高，收入越不均等，效率越低，这时收入不均就可能与低效率并存。在部分收入主体之间，收入差距大于贡献差距的可能性是存在的，原因很多。从我国的情况看，主要有以下两个原因：首先是因为我国在地区之间、行业之间、企业之间的投资和就业缺乏足够的流动性，市场还很不完善，有些收入主体可能利用对市场的垄断获得大于其贡献的收入。比如某些经营稀缺性商品的行业、单位和个人都能获得超额利润，从而获得大于其贡献的收入；第二，在社会主义初级阶段还没有完全消除特权，官员本应是人民的公仆，但由于监督不够，有些官员利用手中的职权行贿受贿，假公济私，取得了与其贡献无关的收入。

上面所分析的情况都假定人们对物质利益是关心的,但这只是一般的情况。在特殊的条件下,人们对物质利益的关心可能淡化。中国在50年代,收入分配是比较平均的,但是人们的积极性仍然很高,效率创下了历史纪录,这也许是因为人们刚从人剥削人的制度下解放出来,地位发生了变化,充满了自豪感,人与人之间相互信任,从而能在较少关心个人利益的情况下,掀起建设社会主义的高潮。

(二)从收入差距对社会总的要素产出率的影响看收入均等与效率的关系。在高收入主体和低收入主体的收入差距背后,往往是效率的差异,其中,最重要的是要素产出率的差异。从个人来看,高收入者往往比低收入者更具有创新意识,更了解市场行情,因此如果将一笔收入用于投资,其资金要素产出率比低收入者要高;从地区和企业之间看,高收入地区和企业也比低收入地区和企业的资金要素产出率要高。这样,收入差距越大,越有利于较多的收入被投入资金要素产出率高的收入主体使用,相反,收入差距越小,更大比重的收入被投入资金产出率低的收入主体使用。这时,收入均等和效率也是矛盾的关系。比如,在我国过去"大锅饭"分配体制下,盈利企业的利润被国家收走,用于补贴亏损企业,盈利企业的资金要素产出率高,却缺乏资金,反过来,亏损企业虽然得到了资金,其资金要素产出率却较低。在地区收入主体之间,东部高收入地区的资金要素产出率比西部地区要高得多,但以前国家的投资方向是西部,收入的使用均等化了,却因此而牺牲了效率。

但是,高收入主体的资金要素产出率并不一定比低收入主体高,有时,高收入主体的资金要素产出率也可能比低收入者的资金要素产出率要低,其原因在于高收入主体的收入可能来源于较多的资金投入或对市场的垄断,或者来自特权。不过,只要一个社会的高收入主体在总体上比低收入主体的资金产出率高,收入均等化就会在一定程度上降低效率。

(三)从收入差距对总的储蓄和投资量的影响看收入均等与效率的关系。根据凯恩斯的消费理论,边际消费倾向是随收入的增加而递减的,于是高收入主体用于储蓄和投资的比重在总体上将高于低收入主体。这样,收入差距越大,整个社会用于储蓄和投资的比重就越大,就越有利于效率的提高。在资本主义早期，资产阶级残酷剥削雇佣工人，造成严重的贫富悬殊，然而资本主义在这个时期却创造了前所未有的高效率。其中，一个重要原因就在于资本家将剥削来的财富又重新投入到生产过程中，从而使资本主义生产力得以迅速积累。这一点，我们在后面还将加以论述。在我国过去，由于实行计划经济，国家成为最重要的积累和投资的主体，社会总的储蓄和投资的比重不会随收入差距的变化而发生变化。然而随着市场因素的引入，个人在储蓄和投资中的作用越来越大，那么社会总的储蓄和投资也将在一定程度上受到收入差距的影响。

（四）从收入差距对社会总的人力资本的影响看收入均等与效率的关系。根据人力资本理论，人们总是把收入的一部分用于对人力进行投资，以期将来获得更大的收益，这种投资形成人力资本。对人力资本的投资的比重在各不同的收入阶层中是不同的，一般来说，人力资本的投资在低收入者的收入中所占的比重较大。如果是这样，收入差距越大，社会总的人力资本就越小，收入差距越小，社会总的人力资本就越大。从这个角度讲，收入均等有提高效率的趋势。

但是，对人力资本的投资，在社会平均收入较低的条件下，却可能是另一种情况，即高收入阶层用于人力资本的投资的收入占其个人收入的比重较高，而低收入阶层用于人力资本投资的比重较低。这是因为，这时低收入阶层的个人收入只能满足温饱，没有多余的钱用于进行人力资本投资，而高收入阶层却能将富余的钱用于人力资本的投资。在这种情况下，收入均等就不利于效率的提高。

三、收入均等与效率结合的四种典型模式

实践证明，收入均等与效率之间没有完全固定的关系，而是存在多种关系和模式，其中比较典型的有四种结合模式。

（一）早期资本主义模式——收入不均与高效率。资本主义早期的社会发展状况可以说是收入不均与高效率相结合的典型。早期资本主义经济中创造的高效率是人所共知的，就连无产阶级的革命导师马克思都

禁不住慨叹:"资产阶级在它的不到一百年的阶级统治中所创造的生产力,比过去一切世代创造的全部生产力还要多,还要大。"另一方面,早期资本主义的社会收入不均状况也是显而易见的:工人得到的工资收入有时比劳动力价值还低,而资本家依靠剥削攫取的收入与工人相比简直有如天壤之别。如果说在封建社会也存在社会收入差距的话,那么进入资本主义社会后,这种差距成倍成倍地扩大了。毫无疑问,资本主义生产方式比封建生产方式要先进得多。但资本主义生产方式在创造出经济高效率的同时,也伴随着收入水平的两极分化,并为此付出了社会极度不安定的沉重代价。为什么早期资本主义能使高效率与收入不均结合起来呢?首先,资本主义的生产方式极大地调动了作为生产过程指挥者的资本家的"积极性"。就像马克思在《资本论》中引述的一段话:"如果有10%的利润,它(资本)就保证到处被使用;有20%的利润,它就活跃起来;有50%的利润,它就铤而走险;为了100%的利润,它就敢践踏一切人间法律;有300%的利润,它就敢犯任何罪行,甚至冒绞首的危险。"作为资本人格化的资本家,正是这样。其次,收入不均使得收入集中到资本家手中,在强烈的剩余价值动机的刺激下,资本家将大部分的收入投入再生产,从全社会来讲,提高了投资率和积累率,从而促进了生产的发展。再次,除了上面两个一般因素外,资本的集中使用本身为社会化大生产提供了可能,从而在技术上给效率的发展开拓了更大的空间。当然,早期资本主义生产方式是剥削性质是不必多说的。

(二)欠发达国家模式——收入不均与低效率。当代一些第三世界国家的社会发展表现出收入不均与低效率同时并存的特点,在这些国家里,社会发展水平不高,经济效率低下,但收入差距却不小,有的富翁甚至具有世界级别,其富有程度超过某些西方发达国家的大财阀。为什么在这些国家收入差距足够大却不能带来高效率呢?道理并不复杂。首先,这些国家的高收入者的收入往往是凭借非经济手段比如政治权利获得的,因此而造成的收入差距与贡献差距相去甚远,不仅不能激发全社会成员在经济生活中的积极性,反倒抑制了社会成员的主观能动性,从而不可能带来高效率;其次,高收入者的收入多数不是返还到经济领域用于经济发展,而是用于挥霍、炫耀等非生产领域,因而全社会的投产率和积累率都是很低的；第三，收入即使用于生产领域，由于生产方式的落后性，全社会的资本要素产出率是较低的，从而决定了其低效率的必然性。因此，悬殊的收入差距与低下的经济效率两个都不理想的目标得以并存。

（三）"基布茨"模式——收入均等与高效率。以色列的农业生产合作社"基布茨"，可以说是收入相当均等、效率也相当高的一种生产组织形式。"基布茨"是以色列乡村合作经济的一种，人口占以色列的4%，主要农产品的生产却占以色列的90%以上。"基布茨"的生产效率能与世界上任何农业生产组织媲美。然而，"基布茨"内部却实行着一种近似于按需分配的消费品分配原则，其成员不领取工资，对住房、食品、服务设施的消费都无须付费，"基布茨"成员领到的每人1份的零用钱也大致相等。这就产生了一个问题：为什么"基布茨"的收入均等分配能与高效率并存呢？这是世界各国专家学者乐于研究却又难于回答的一个问题。笔者认为，其关键恐怕在于"基布茨"成员对物质利益的关心不如其他生产组织那么强烈，他们并不需要按贡献分配来刺激生产积极性。造成这种情况的原因主要有：第一，"基布茨"的组织形式很像一个"家"，每个成员从生活的各个方面都受到组织的照顾，成员之间的关系融洽，没有资本主义社会人与人之间关系冷淡的一面，而世界上其他带有"家"色彩的生产组织与别的类型的组织相比，往往能做到在不至于过多地损害效率的情况下，使收入更均等一些；第二，"基布茨"的成员都是从世界各地去的犹太移民及其后代。他们受到社会主义思潮的影响，信仰平等的原则，收入均等得到每个成员的认可，因此他们并没有因收入均等而丧失积极性，相反，却是为了收入均等这一原则而劳动；第三，"基布茨"成员都有机会参与生产决策，组织的民主优势充分调动了每个成员的积极性和创造性，在很大程度上促进了生产的发展。

"基布茨"模式的缺点在于，它还不具有普遍性，它被认为是社会主义思潮和犹太复国主义相结合的产物，在世界上其他地区还缺乏存在的基础。

（四）传统社会主义模式——收入均等与低效率。我国六七十年代的经济发展特点是收入均等与低效率并存。那时,在分配上搞平均主义,大家都吃社会主义的"大锅饭""干多干少一个样",甚至"干与不干一个样",人们之间的收入确实均等了,但效率却受到损害,"馅饼"做得小,所谓收入均等也只能是低水平的均等,结果,不仅贡献多的人不满意,贡献少的人也不满意。这种被动局面的症结在于:在当时极低的生产力水平下,只有实行按劳分配,允许一定的收入差距存在,才能激发人们的生产积极性,而与此相反,传统社会主义抹杀了人与人之间的贡献差别,也就抹杀了劳动者的积极性,收入均等目标似乎实现了,但为此付出了极大的效率代价。

上面几种典型的模式都带有一定的特殊性,现实中这些模式都已不多见,具体到某一个国家,往往接近于某一种典型模式,却又不完全相同。如在发达资本主义国家,其收入均等与效率的结合接近早期资本主义模式,但比早期资本主义多了一些平等;而正在进行改革或改革后的社会主义国家,其收入均等与效率的结合接近传统社会主义模式,却比传统社会主义模式多了一些效率。在四种典型模式中,除"基布茨"模式比较理想以外,其他几个模式都不理想,但"基布茨"模式却难以模仿和照搬,因此,各国只能在原有不理想模式的基础上,进行改进。实际过程正是这样,在早期资本主义模式的基础上,发达国家试图以牺牲较少的效率换来较多的平等;在传统社会主义模式的基础上;改革中或改革后的社会主义希望改变平均主义所导致的不合理的收入均等换来较多的效率。一般而言,许多国家目前都使收入均等与效率的结合模式更加理想了。

四、收入均等与效率的选择

现代社会中,每个国家都面临着收入均等、效率及其结合方式的选择。事实上,在这个问题上,每个国家都做出了选择,只是选择的结果并不全都如愿而已。在收入均等和效率的选择上,有两种比较极端的做法。其中之一是将收入均等放在优先地位进行选择,这一选择的思想理论基础可谓源远流长。在中国,从古代思想家"不患寡而患不均"的议论和农民起义中"均贫富"的口号，到孙中山先生对"大同"社会的设想，某种意义上可说是一脉相承的，至少在追求"均等"方面是接近或相同的；在西方，空想社会主义者也都在自己的著作中，把收入均等作为未来理想社会的重要标准。应当指出，空想社会主义者在强调收入均等的同时，多数并没有忽视效率问题，相反，他们把收入均等看成影响效率、促进效率的一种手段，以为一旦收入均等了，就能唤醒人们无穷的工作热情和干劲，与收入不均的社会相比，那时效率能得到几倍几十倍甚至成百倍提高。考虑到在空想社会主义者生活的时代两极分化严重，工人受到残酷剥削因而没有劳动积极性甚至破坏劳动工具，上述想法的产生是可以理解的，然而，不幸的是，这些想法并没有得到历史的、实践的验证，或者说，由历史的、实践的验证所得到的结论是相反的。比如在改革前的社会主义国家，收入均等曾是一项优先的和自觉的社会经济政策，但这种政策执行的结果却是对效率的极大的妨害。如果说社会收入分配严重不均是不合理的和令人厌恶的现象的话，那么以妨害效率为前提的收入均等也不是优化选择，特别是，当收入均等对效率的损害达到使经济停滞甚至倒退的程度时，收入均等就不再是社会文明和进步的表现，而成为落后的甚至反动的，必须加以改变。

其中之二是把效率放在优先地位来进行选择。这一选择用美国学者阿瑟·奥肯的话来说，就是把"馅饼"做得最大。效率优先的选择标准所暗含的意思是，不管收入差距是多么悬殊，只要"馅饼"能做得更大些，就是理想的，持这种主张的人认为，不论每个人占有的份额大小，只要"馅饼"做得大，每个人得到的"馅饼"的绝对量就能扩大，或者说，只有"馅饼"做得大，个人所得到的"馅饼"的绝对量才可能扩大。这种观点，初看起来似乎不无道理，特别是历史上确实出现过只追求"效率"不顾及均等，使高"效率"得以实现的情形（比如早期资本主义社会）。但是，与收入均等状况联系起来，效率优先作为一般原则就会暴露其缺陷：其一，以收入水平极端不均为代价的效率往往具有两面性，既有其进步性，也有其残酷性；既有其存在的合理性，也有其存在的暂时性。其二，当社会还不够进步、不够文明的时候，当平等观念还只是一种先进的思想火花的时候，社会成员就能够容忍或不得不容忍收入极端不均以换取效率；当社会更加进步、更加文明的时候，当平等观念深入人心的时候，收入极端不均就不可能存在或不可能换取效率。因此，不分时代，不分国度、不分社会发展状况地泛泛而谈效率优先，是不科学的。

在现代社会，各国政府基本上都放弃了照顾一方，牺牲一方的选择方法，在主观上都希望做到收入均等目标与效率目标的兼顾，只是根据各国不同的具体国情，在两个目标上各有侧重。各国在应该向哪一个目标侧重上，有没有一般性的原则呢？笔者认为是有的，这就是，政策倾斜和侧重的方向应该根据经济发展水平而定。与其他国家相比，当一个国家的经济发展水平很高时，其政策应该向收入均等目标倾斜，这是因为，对于经济发达国家来说，一方面平等已成为一个被广泛接受的价值标准，收入均等化能起到稳定社会的作用；另一方面，发达国家的效率已经相当高，为实现收入均等提供了足够的物质保障。相反，当一个国家的发展水平很低时，其政策应该向效率倾斜，水平越低，越应该倾向效率。这是因为，对于经济落后国家来说，一方面可能缺乏改善社会平等状况的物质基础，另一方面效率对这个国家的存在极为重要，效率过于低下意味着国力的衰弱，人民的穷苦，国际地位的降低，被侵略的危险。

我国目前的发展水平还不高，因此政府的政策应该向效率倾斜，但是，我国是社会主义国家，在进行收入均等和效率的选择时，在收入均等方面应该满足如下要求：一是达到社会主义人道主义所需要的收入均等，即对老弱病残、失业者、无家可归者等，社会应该保证其基本生活需要；二是达到为实现公平权利平等和机会平等所需要的收入均等，这包括实现政治民主和建立全民义务教育制所需要的收入均等。在此基础上，应该允许居民收入差距扩大。只是应该注意，这种收入差距应该是与贡献差距相一致的，否则，不合理的收入差距不仅不会促进效率，还必然会损害效率。

五、政府的作用——如何实现收入均等与效率的优化选择

政府不仅能够在收入均等和效率两个目标中进行选择，而且还能影响到这两个目标之间的关系。各国政府干预经济的实践表明，政府往往能使收入均等与效率的矛盾在一定程度上得到缓和，从而避免选择一个目标就必然牺牲另一个目标的困境。政府是如何使收入均等和效率目标得到一定统一的呢？

首先，政府对社会收入进行二次分配，第一次分配注重效率，在社会主义国家就是对劳动者实行按劳分配，不怕拉开收入差距，充分调动个人的劳动积极性，因此，第一次分配在收入均等和效率的选择上，牺牲了收入均等，选择了效率；第二次分配是政府利用手中掌握的公共财政，对收入进行再分配，这次分配把实现收入均等目标放在第一位，如政府对低收入主体进行补贴，对不能劳动者进行救济。二次分配的本意就是在充分实现效率目标的基础上兼顾公平，其优点在于，政府分两次去实现两个不同的目标，避免了一次实现两个并不相容的目标的困难。从心理上讲，由于政府用于实现收入均等目标的收入来自全社会，而不是来自某一个富人，因此对整个社会积极性的影响要比直接把高收入者的收入转移到低收入者那里微弱得多。

其次，如前所述，高收入主体的资金要素产出率一般要比低收入主体高，因此收入差距越大、效率越高。但是，如果有政府介入，情况就可能发生变化。因为政府可以投资于低收入地区，改善低收入地区的基础设施，提高低收入生产者的技术水平，从而使低收入主体的资金要素产出率得到大幅度提高。这样，一方面缩小了收入差距，另一方面又提高了效率，使收入均等和效率目标得以兼顾。当然，政府在对低收入地区进行投资时，首先要讲究效率。否则，会造成既浪费资源又达不到目的的不良后果。

第三，政府在实现社会均等计划时，可以变对低收入主体的输血为给低收入主体建立一种造血机制，即将扶贫的资金多用于对低收入地区进行投资，而不是用于消费，相当于提高了全社会的储蓄和投资率。只

要投资方向把握得当，就有可能在实现收入均等目标时，不过多地损害效率目标。

第四，虽然在通常情况下低收入者用于人力投资的比重比高收入者要大，但这并不是绝对的，尤其在人均收入很低的条件下，低收入者仅能满足温饱，自然不愿将收入用于发展体力和智力，而政府却可以改变这种状况。最典型的例子是政府在全社会普遍实行义务教育制，从经济支出上讲，全社会普遍义务教育制无异用于高收入者的收入给低收入者办教育，是一项明显的收入均等计划。但是，这一项计划大大增加了全社会对人力资本的投资，不论从短期还是长期上讲，都有利于效率的大大提高。

人力资本化与非资本化*

回头看：本文分析了人力资本化的内涵，对生产、消费的影响，以及从人力非资本化向资本化过渡的要求，其中将人的消费划分为资本化消费和享乐性消费具有独到性和长远意义。

一

人力资本概念最早是由美国著名经济学家西奥多·舒尔茨于1960年提出的。1964年出版的加里·S.贝克尔的《人力资本》一书成为后来有关方面研究成果的代表作。这里，人力资本概念中"资本"一词的含义与马克思的资本定义不同，它是"能够带来更多财富的财富"。在这种意义上（本文中资本一词皆在此种意义上使用），当代西方经济学认为，资本可以采取物质资本和人力资本两种形式，体现在物质形式方面的资本为物质资本，体现在劳动者身上的资本为人力资本。也就是说，劳动者的知识、技能、健康构成了人力资本。人力资本的所有权属于人力资本的投资者，投资者可以是个人、公司或国家。

所谓人力资本化，我们认为，首先是把人力即人的知识、技能、健康当作一种资本来对待的社会观念、准则、状况。同时，也可以把人力资本化当作人力资本浓化或因投资而增加的过程。当人力作为资本时，它就具有与其他资本一样的追求价值增值的特性，并且社会环境也为人力资本的这种要求的实现提供了广泛的可能性。因而，投资者对人力资本进行投资时，决策依据主要是投资的经济效益，而不是其他因素。

---

* 本文原载《北京大学学报》1988年第6期，作者韩文秀、陈义。

与人力资本化相反的情况，人力非资本化首先是不把人力即人的知识、技能、健康当作一种资本来对待的社会观念、准则、状况。当然，在另一种意义上，也可以把人力非资本化当作人力资本淡化或因缺乏投资而使人力资本绝对、相对地减少的过程。既然人力不被当作资本，它就不具备追求价值增值的资本特性，而社会也不具备满足这种特性要求的条件和环境。相应的是，在对人力进行投资时，不是把人力作为资本，因此所考虑的不是这项投资的经济效益，而是其他因素。

依据上面的叙述，我们认为现代西方社会在更大程度上是人力资本化社会，而过去传统的社会主义社会则属于人力非资本化社会。

二

人力资本化、非资本化之于经济有怎样的影响呢？

从企业或国家经济角度说，在人力资本化的情况下，既然资本可以分为物质资本和人力资本，那么生产中产出的效率就取决于两种资本要素的优化组合。物质资本和人力资本都有各自的数量和质量特征，这意味着，一定质量前提下的某种数量的物质资本需要相应质量前提下的相应数量的人力资本与之配合。现代生产的一个特点是物质资本的质量越来越高，即机器设备越来越现代化，这就要求人力资本的质量（主要指其中的知识、技能）也越来越高，这时谁来为人力资本的质量提高而投资呢？或个人，或企业，或国家，三个投资主体都依据投资与收益的分析来作出是否投资的决策（yes-or-no decision），但三方中至少有一方得进行实际的投资，不投资或投资不足，就会导致物质资本与人力资本组合的劣化，从而引起经济效益的损失，这种后果与企业、国家的经济目标是相违背的。因此，在人力资本化的情况下，尽管个人、企业、国家都是根据投入—产出的效益分析来进行人力资本的投资决策，但一般来说，对人力资本总是有适当的投资的，因为个人、企业、国家都有自己独立的经济利益，三者都有意识地进行人力资本的投资效益分析，因而对任何一方都没有效益的人力资本投资的情况极少。这意味着，在人力资本化条件下，往往不会因为人力资本投资的匮乏而使经济效益受到严重损失。

从企业或国家经济的角度说，在人力非资本化的情况下，尽管生产的要素仍然是物质的和人力的两部分，产出的效率也是决定于这两种生产要素的优化组合，但是当物质的要素对人力的要素提出质量和数量方面的要求时，并没有一个完善的机制来保证这种要求得到满足。从个人来说，在人力非资本化的情况下，个人收入与个人人力因素即知识、技能、健康状况是不对等的，或者说，二者之间的联系是不规则的。因此，个人在很小的程度上因为收入的动机对自己的人力进行投资。从企业来说，旧的传统的社会主义国家的企业往往不具有独立的经济利益，企业亏损不影响自身的生存，企业盈利却全部上缴国家，因此，企业对人力资本的投资及其可能带来的效益并不感兴趣；再从国家方面来说，由于不把人力当作资本，因此国家在人力方面的投资如教育、医疗等投资，主要是出于别的目的而非经济效益，被看作非资本意义上的非生产性投资，结果是：即使国家有这些方面的投资，但与经济的需要却是不配套、不协调的。传统的社会主义往往靠发扬劳动者的主人翁精神来调动劳动积极性，但这并不能代替人力作为资本时所具有的作用，即不能用人的主观能动性来代替对人力资本在各方面尤其是质量方面的要求。可以说，我国过去已经因人力非资本化而丧失了不少的经济效益。

从个人经济或收益的角度说，在人力资本化情况下，人力作为资本的价值大小与个人的收入之间的关系是对等的（在个人对人力资本进行投资的情况下），即人力资本价值越大，个人收入水平就越高，这成为社会普遍遵循的准则。因此，个人对自己的人力资本的投资具有自觉性、积极性。那么，是否会出现人力资本投资的膨胀呢？在人力资本投资膨胀的情况下人力资本的报酬是否同样越来越高呢？我们认为，物质资本和人力资本具有相互替代性，一定条件下，一定限度内，既可以使较多的人力资本与较少的物质资本相结合，保持整个产出效率不变，从而使人力资本的报酬增多；也可以使质量较高的人力资本与质量较低的物质资本相结合，保持整个产出效率不变，从而使人力资本的报酬增多。当然，超过了一定的技术限度，就会使某种数量或质量的人力资本成为多余，不会提高或保持整个产出的效率，从而较多的人力资本不能得到相应多的报酬，但这种情况的最终结果是促使对人力资本的投资减少，从而使人力资本在数量上减少、质量上下降，以与社会对人力资本的需求相适应。

从个人经济或收益的角度说，在人力非资本化的情况下，人力即人的知识、技能、健康状况与个人收入之间的关系是不对等、不规则的。人的知识、技能、健康状况好，并不一定导致他的收入水平高。社会不以人力因素状况作为决定个人收入高低的准则。因此，个人对人力的投资没有自觉性、积极性。这种状况与传统社会主义下所有者利益与劳动者利益界限不清有关系，就是说，传统社会主义社会中，个人作为全民所有的生产资料的所有者应该因此而获得利益，同时，个人作为劳动者也应该因为自己的劳动而获得利益，但这两种利益是性质不同的利益，获得这两种利益的多少不同所依据的标准也是不同的。传统社会主义下的情况是，由于平均主义的分配政策，个人作为劳动者的利益没有得到充分的体现，似乎自己的收入是作为生产资料所有者的人人一份的利益的表现，同时，由于劳动者与生产资料不是直接的结合，又给人们造成虚化的所有者的感觉。结果，个人既是劳动者又不是劳动者，既是所有者又不是所有者，个人收入就成为个人所具有的多重身份的混合利益的表现。既然作为所有者的利益是不能被剥夺的，既然劳动与收入是不对等的，当然个人就没有为自己的人力而投资的积极性了。

三

人力资本化、非资本化之于消费有怎样的影响呢？

从国民经济的角度来说，在人力资本化的情况下，既然人力作为资本，就需要对人力资本进行投资，就需要有人力投资品的生产，即消费品的生产包括物质消费品和精神消费品的生产，以及兴办文化教育事业等等。这样一种要求，有可能形成一种机制，使得清费资料的生产与生产资料的生产同时并重，协调发展。消费资料作为人力资本的投资品、生产资料作为物质资本的投资品是同样重要、同样必需的。而在人力非资本化的情况下，由于不把人力作为资本，往往会导致对人力的投资品即消费品的生产的忽视，因为这时消费品生产的决策依据不再是为满足社会对人力投资品的需要，而是别的因素如政治的或意识形态的因素。我国过去长期存在的生产资料生产规模过大和生活资料生产规模过小的不协调状况，可以说也是由于人力非资本化所促成的，因为那时的主观目的是为了生产的高速发展才压缩生活资料的生产、牺牲人民的消费，但没想到，生产的高速发展需要生产要素的物质方面和人力方面的优化组合，而这种优化组合又要求生产资料生产和生活资料生产的协调发展。实际上，我国过去的做法也是一种短期化行为，它依靠对现有人力的掠夺性消耗来促成暂时的经济高速增长。与此同时，因投资不足而造成人力存量（即人力资本存量）减少，最终必将影响未来的经济增长。

从个人消费的角度说，在人力资本化的情况下，有两方面的特征：一是个人会设法争取尽可能多的资本化消费。这里，我们把人的消费分为资本化消费和享乐性消费，资本化消费是实现了人力资本增值的消费，也就是个人对自己人力资本的投资。在人力资本因折旧（知识老化、健康恶化等）而出现损耗的情况下，资本化消费可使人力资本存量保持不变或增加。二是个人消费还有一种自我约束机制。这种自我约束机制主要由如下两个因素构成：其一，人力资本的价值大小在人的一生中具有周期性特征，既然人力资本大小与个人收入的联系是规则的，就必然造成个人收入水平在一生中也具有相应的周期性特征，即一个人从青年到中年，他的人力资本的增加超过折旧，因而在绝对量上人力资本处于增加状态，到某一时期如老年的某一时期，人力资本的投资小于人力资本的折旧，出现人力资本在绝对量上的下降，相对应的是，个人的收入，由青年而中年而老年，往往呈现先增加后减少的趋势。反映到个人消费方面，则个人在生命周期某阶段上的消费，既受该阶段上收入状况的制约，也要考虑到个人生命周期其他阶段上的收入状况，例如，青年时收入少，可以通过借贷来扩大消费，中年时收入多，可以通过储蓄而约束消费，老年时收入少，可以依靠过去的储蓄而保证一定的消费水平。这样就使个人消费在整个生命周期中带有某种微弱的、平均化的、适度的趋势。其二，是风险预期。在人力资本化情况下，个人收入只取决于个人人力资本价值的大小，个人的各项消费又都取决于个人收入的有无和大小，因此对于生老病死、失业、萧条等不测因素的出现，个人必须时时加以提防，有所准备，这意味着现期收入的相当部分需要储蓄起来，或者应付不测，或者作长期投资如购买住房等。

在人力非资本化的情况下，个人消费具有不同的特点：一方面，个人消费不是作为有意识的对人力的投资。这表现为国家的公费医疗、就业保障、廉价住房等方面的投资的资金效益极低，事实上这方面的投资只是为了举办社会福利事业，而不是为了追求经济效益。另外个人支付形式的消费不见得比国家支付形式的清费更好，特别是近几年我国居民收入水平提高后，居民消费倾向出现偏差，如追求带有享乐性甚至奢侈性的"吃得好"、"穿得漂亮"，本来，"吃得好"也是人力资本中健康要素的一个保证，无可厚非，但健康对于"吃得好"的要求是有一定限度的，超过这个限度，"吃"就成为一种享乐甚至奢侈，而不会更多地增进健康。与此相对照的是，我国居民并没有把更多的货币转移到对人力的其他方面的投资中。事实上，由于我国人力非资本化状况，人们根本没有人力资本的概念和对人力资本进行投资的意识。另一方面，个人消费没有有效的自我约束机制。这并不等于说，人们手头没钱却大量地借贷消费，事实上我国居民还很少有这种观念；而是说，一旦人们手头有了钱，就会把其中的绝大部分投入到中短期消费之中。导致这种状况的部分原因是，在人力非资本化情况下，个人收入来源是不清晰的，收入形式是多种多样的，既有货币形式的价格收入，也有非价格收入；部分原因还在于对未来的无风险预期，如住房、养老等，因为这类长期投资已经由政府包了下来，不用个人担心。上述道理似乎可以从一个侧面来解释近几年我国居民"一旦有了钱"的消费需求膨胀状况。

四

上面的叙述会得出一个显然的结论：人力资本化对经济的影响优于人力非资本化。某种意义上可以说，人力非资本化是如我国过去那样的"产品经济"的必然要求或产物，而人力资本化也是商品经济的必然要求或产物。既然我们现在要发展社会主义商品经济，因而人力资本化成为至少在逻辑上的一种发展趋势。那么，从人力非资本化向人力资本化过渡，需要解决哪些问题呢？

（一）**劳动力商品化**。劳动力商品化的结果是，劳动力商品的所有者可以根据劳动力市场的状况来检验自己的劳动力"价值"，从而培养劳动者提高自己的劳动力"价值"的意识，以便在劳动力市场上得到更好的价格。而企业在雇佣或解雇劳动力时，也以经济效益为标准，从而不仅在个人方面而且在企业方面培养一种新的意识：把人力当作资本来看待、使用。

（二）**个人非价格收入的价格化**。传统社会主义社会中，医疗、保险、住房等方面的免费或半免费消费都是非价格收入。这种消费实质上也是对人力的一种投资，但这种投资没有效率，没有经济效益方面的考虑。因此，应逐步取消公费医疗、廉价住房等政策，使这方面的消费价格化，同时给居民以货币补贴，并纳入居民正常收入。这样做的目的，是把人力投资的主体由国家变为个人，从而提高对人力投资的意识和效率。

（三）*所有者利益与劳动者利益分离*。两种利益的分离首先需要两种利益的分清，劳动者利益可以由于劳动力商品化而得以区分，而所有者利益的明确，在国家代表人民而成为公有财产所有者的情况下，需要国有资产的人格化，如成立国家财产管理局等机构，来处理国家财产方面的问题。

第五篇

防风险

人民币国际化的三个门槛和三个支撑*

回头看：本文为人民币国际化设了三个门口：即达到日元的国际化水平、欧元的国际化水平、美元的国际化水平，并指出这是一个艰难曲折而又漫长的过程，需要三方面要素的支撑：即优秀的货币品质、强大的经济实力、强大的综合国力。人民币的国际地位上升滞后于国家经济实力和综合国力。现实正是如此。

我先讲一个小故事。大约2005年，我到德国访问，在柏林住下来以后，几个同事拿着一些钱要去银行换欧元。一个同事刚从澳大利亚回来，这次去德国带了不少澳大利亚元，想换成欧元，但银行说不收澳大利亚元。另外一个同事从北京带了几千元人民币，也想换成欧元，银行说人民币可以兑换。两种货币的不同待遇有点出乎意料，那个时候就感觉到，人民币在国际市场上还是很受欢迎的，大有希望的。

中国人民大学国际货币研究所发布了2014年版人民币国际化最新报告，听了以后，对当前人民币国际化的进展感到十分振奋，对未来人民币国际化的前景充满期待。常言说，人贵有恒。希望这份人民币国际化指数报告能够长期编下去，坚持10年、30年，为人民币国际化不断攀上新的高峰而提供见证和建言。这里，我围绕报告的主题简要谈点个人看法，主要是说，人民币国际化有三个门槛有待跨越、三个支撑需要夯实。

当前，人民币国际化可以说是万里长征才迈开第一步，理论上讲，

---

* 本文是2014年7月20日在中国人民大学国际货币研究所《人民币国际化报告2014》发布会上的发言。

今后的前进道路上有三个具有标志意义的门槛或境界,考验我们能否跨过。一是达到日元的国际化水平,其国际化指数和在全球官方储备货币中的比重大体在5%左右。日本的经历是,经济规模曾经长期位居世界第二,但日元的国际化程度未曾达到两位数的水平,近年来则在较低的水平上徘徊。二是达到欧元的国际化水平,其国际化指数和在全球官方储备货币中的比重大体在1/4上下。欧元区的经济规模和美国比较接近,但欧元诞生以来的国际地位似乎没有表现出明显上升的趋势。三是达到美元的国际化水平,其国际化指数和在全球官方储备货币中的比重超过一半甚至在60%以上。这是最高境界,但并非没有先例,英镑在历史上曾经达到类似的地位。未来人民币的国际地位如能跨越这些不同门槛,都将具有里程碑意义,但都不是轻而易举的事情。

推进人民币国际化需要三个支撑或三重保护。一是货币品质,即人民币作为国际货币要保持优良品质,人们使用和持有人民币要方便、可信、有益。除了要进一步提高资本项目可兑换性外,人民币对内不宜有明显的通货膨胀,对外不宜有明显的货币贬值,这在短期内容易做到,但长期持续做到则是很难的。二是经济实力,即国际地位不断上升的经济总量、对外贸易、对外投资。这里强调相对地位,即问题不在于自己同自己的过去相比经济实力扩大了,而在于自己在全球的地位特别是相对于美国作为头号大国的经济地位要持续上升,这随着我国自身经济体量的增大而变得不再那么简单容易。日本在二战后相当时期内相对于美国的经济地位是不断上升的,但20世纪90年代后则出现逆转。三是综合国力,即单有经济实力是不够的(从日元国际化中可以得到印证),还要有核心竞争力不断增强的综合国力。例如,今后在科技上应当有若干来源于中国的重大原始发明创造创新(近代以来中国似乎没有一项),军事上应掌握几件我有人无的撒手锏绝活,外交或国际规则制定上应具备在重大国际议题上我们振臂一呼、大家群起响应的号召力影响力,文化上应有一些作品能够引领世界潮流、具有较强的感染力和传播能力。

从英镑和美元的历史看,一国货币演变成为主导性国际货币通常要经历一个漫长的过程,还要有重大历史性机遇。人民币国际化恐怕也是如此,既要主观推动,也在很大程度上是一个自然历史过程。所谓时势造英雄，时势也将造就人民币国际货币。

中国古代诗人陆游曾说，"汝果欲学诗，功夫在诗外"。对人民币国际化而言，诗内、诗外功夫都要做足。金融基础设施很重要，但还不是根本性要素。例如，新加坡金融市场发达，但新加坡货币不是重要国际货币；英国金融市场发达，但现在英镑不是重要国际货币。他们主要是在为美元的国际货币功能提供平台和服务。金融基础设施（如人民币离岸市场）好比高速公路或剧场舞台，对人民币来说，除了需要我们在上海等地自建外，一定要用好现有的各类国际金融基础设施，包括离岸市场，纽约、伦敦、法兰克福、香港、东京、新加坡等地已经建成运行上百年几百年，可喜的是，这些地方越来越欢迎人民币进入他们搭设的舞台，这就会形成众人搭台、人民币唱戏的局面，如果好戏连台，就会吸引更多的粉丝，人民币就成为国际货币舞台上受人追捧的主角。

国际金融危机下的中国经济发展前景*

回头看： 本文在国际金融危机爆发之初提出，这次危机影响深远，要做好应对困难的长期思想准备和政策储备，世界经济恢复可能呈现W型或多个W相连接的波浪型以及耐克商标型（快速下降、缓慢回升），危机中各国经济实力此消彼长，我国经济总量可能会加快接近美国。

从国际金融危机演变及其对我国的影响来看，2009年是承上启下的一年，迄今的发展前景仍然扑朔迷离。本文就此作几点初步分析。

一、金融危机的影响有多深

这次国际金融危机对我国经济的影响之深，可以从三个角度、用三个"前所未有"来表述：一是我国与世界经济联系的紧密程度前所未有。从外贸依存度（外贸进出口相当于国内生产总值的比例）指标来看，2007年我国达到约67%，远高于美国23%、日本30%的水平，在大国经济中极其少见。二是这次国际金融危机的蔓延程度前所未有。如与1998年亚洲金融危机比较看，10年前的金融危机主要发生在亚洲，其他地区安然无恙，甚至还在快速发展。1998年，韩国、日本经济分别增长-6.7%和-2.5%，而美国经济增长4.4%。国际货币基金组织预测2009年世界经济增长-1.3%，而1998年世界经济增长1.9%。当前与10年前的危机差异甚大。如与1929—1933年大萧条比较，那么当时分为资本主义世界和社会主义苏联，大萧条是资本主义世界的灾难，而社会主义苏联则蒸蒸日上，

---

* 本文原载《经济学动态》2009年第6期、《经济研究参考》2010年第1期。

这期间美国工业生产下降46%，英国工业生产下降11%，但苏联工业生产增长67%。而在当前的金融危机中，可以说全球没有哪个国家得以幸免。三是我国受国际金融危机影响的程度前所未有。过去，我国经济与外部世界的关系曾经是井水不犯河水，她走她的独木桥，我走我的阳关道；现在我国经济与世界经济周期的同步性明显增强，双方很大程度上是一荣俱荣、一损俱损的关系，我们不可能置身事外、独善其身。最典型的例子是，连回收废品的也深切感受到金融危机的影响，而且比其他许多行业受到影响的时间还早。

金融危机对我国经济的影响，迄今经历了从急转直下到低速徘徊的两个阶段。从2008年下半年到第四季度，我国经济受金融危机的影响出现急转直下，2009年以来总体上处于低速徘徊状态。说明问题的指标比比皆是。前几年我国经济增长速度都在两位数，工业增速则多在16%左右。但受金融危机的冲击，我国GDP增速从2008年第三季度当季的9%回落到第四季度的6.8%和2009年第一季度的6.1%，工业增速从2008年6月份的16%回落到年底的低于6%，2009年一季度工业增速仍在6%以下。前几年用电紧张的形势转换为发电量下降，财政收入大幅增加的形势转换为财政收入大幅减少。可以说，短短的几个月时间内，我国经济经历了冰火两重天。

金融危机对我国影响和对美欧影响在方式、程度、范围上不同。这次金融危机起源于美国，对美欧的影响是先冲击金融系统或虚拟经济，后影响实体经济，如在雷曼兄弟等金融企业倒闭后，美国通用、福特、克莱斯勒三大汽车公司等陷入困境。金融危机对我国经济影响的逻辑顺序是：先出口企业后其他企业；先沿海后内地；先实体经济后金融系统。2009年一季度我国出口下降约20%，在各类指标中是降幅最大的。从地区看，2009年一季度上海、浙江、广东GDP分别增长3.1%、3.3%和5.8%，明显低于其他地区，这正是受金融危机影响重于其他地区的表现。过多依靠出口的经济增长结构和过多面向国际市场的生产能力的现状，意味着在世界经济衰退、国际市场萎缩背景下政策调整（无论税率还是汇率）的作用必然是有限的，"胳膊扭不过大腿"。

目前金融危机尚未见底，对我国的影响仍在持续。金融危机何时见底还是未知数，其中房价是个重要的指标。美国房价从最高点已经下跌30%以上，目前还在下降，但降势趋缓。而我国的房价下降和房地产市场调整刚开始不久，可能还要经历一个过程。当然，金融危机总会迎来到底的那一天，现在甚至可以说这一天已经为期不远，但危机见底并不意味着万事大吉了，并不表明触底之后必然反弹，更不表明触底之后必然出现内在的趋势性回升。我们宁可把困难估计得更充分一些，以增强主动、减少被动。

二、保增长的潜力有多大

历史惊人地相似，世界经济的演变也是如此。10年前，我们遭遇亚洲金融危机，10年后我们遭遇美国次贷危机演化而成的国际金融危机；10年前，我们提出要确保经济增长8%，10年后我们提出的保增长目标还是8%；10年前我们应对危机保增长的基本方略是扩大内需，10年后我们应对危机保增长继续强调扩大内需。

那么，保增长的目标要求有多高呢？其实我们有"三保"目标，即保增长、保民生、保稳定，其中保增长是基础和关键。与1998年相比，这一次我们保增长面临一些特有的困难：一是经济的对外依存度比过去高；二是部分行业生产能力过剩的压力比过去大；三是股市和房地产市场处于调整期；四是发达国家经济陷入深度衰退；五是一些基础设施的状况大为改善甚至趋于阶段性饱和；六是金融企业特别是银行的市场化程度明显提高。这些都是与10年前不同的。另外，1998年四个季度的GDP增速（累计）分别为7.6%、7.2%、7.5%、7.8%，当时第一季度的增长速度还比较接近目标要求，而今年第一季度的GDP增速为6.1%，与8%的要求差距更大一些。因此可以说，2009年实现8%左右的经济增长任务十分艰巨。

与此同时，我国实现保增长的目标任务，无论与10年前相比还是与其他国家相比，具有难得的有利条件和巨大的潜力。经过改革开放30年的快速发展，我们拥有雄厚的物质基础；国内需求潜力巨大；体制条件明显改善，市场在资源配置中的基础性作用明显增强；宏观政策（包括财政政策和货币政策）调整的余地较大；我们既有治理通货膨胀的经验，也有治理通货紧缩的经验。同时，我国社会主义制度的优越性在抗击重大自然灾害和应对国际金融危机中得以更加充分地发挥。

我国自2008年底以来已经出台了一系列扩大内需、稳定外需、促进增长、调整结构的措施，这些已经开始见效，并将继续取得成效。根据经济发展的需要，我国完全有条件有能力继续出台新的刺激经济的措施。因此，2009年实现8%左右的经济增长目标是可能的。这意味着，在2009年一季度经济增长6.1%的基础上，后几个季度的经济增长速度必然有所回升，甚至个别季度可能超过8%。但我们对这种回升要辩证地、清醒地看待。这种回升的实质可能将主要是技术性回升、政策性回升、暂时性回升，而不是趋势性回升、内在性回升、持续性回升。今后一段时间，我们在为经济回升感到欣慰和振奋的同时，还要做好过几年"苦日子"的准备。亚洲金融危机的经验告诉我们，经济复苏之路是不平坦的。按照当时的统计，1998年我国经济增长7.8%，此后四年即1999年、2000年、2001年、2002年经济分别增长7.1%、8.0%、7.3%、8.0%（这些数据国家统计局后来做了调整），消费价格指数在1998年为−0.8%，此后几年为−1.4%、0.4%、0.7%、−0.8%，换言之，那时经济增长乏力和通货紧缩趋势持续了五年之久。如果我们承认这次国际金融危机的影响远大于10年前的亚洲金融危机，那么我们就不能满足于个别经济指标甚至主要经济指标的暂时性回升，而是要做好应对困难的长期思想准备和政策储备。

三、谁先复苏

就像金融危机终究要见底那样，陷入衰退或回落中的经济迟早也要复苏。谁先复苏问题，可以从国内和国际两个角度来思考。从国内来看，改革开放以来我国地区经济发展中形成了苏南模式、温州模式和珠三角模式等，这次在金融危机中也都受到不同程度的冲击，目前各地都在采取措施促进经济发展，并期望率先恢复较快增长。展望未来，客观上存在哪个地区率先"复苏"的问题，可以说这是不同模式面临的考验和竞争！我们拭目以待。

从国际的角度看，也存在一个中国率先"复苏"还是美国率先复苏的问题。严格地讲，中国经济没有陷入衰退，因而也不能说是复苏，而是会否率先走出金融危机阴影问题。讨论这一问题需要分析中美经济的特征和相互联系。在一定程度上，中国经济和美国经济就像一枚硬币的两面。近年来的客观现象是，美国高消费、低储蓄，中国低消费、高储蓄；美国存在巨额贸易逆差，中国存在巨额贸易顺差。这一对称现象的意义很深刻，过去几年世界经济高增长与这一对称现象紧密联系在一起，今后一个时期世界经济的恢复也与这一对称现象如何调整变化紧密联系在一起。也就是说，如果美国提高储蓄率、降低消费率、减少贸易逆差，那么美国经济恢复给国际市场创造的空间就会相对缩小，甚至出现"美国经济有恢复、国际市场无扩大"的现象。美国经济率先复苏的影响因素在于：从逻辑上讲，美国率先陷入衰退，可能率先走出衰退，但这只是一种可能性而不是必然性；美国宏观调控没有教条，财政、货币各种手段可谓"无所不用其极"；美国经济具有其他国家不具备的巨大的回旋余地。但是，美国经济的真正恢复，还要看能否培育出足以替代和超越上一轮房地产业带动作用的新经济增长点。美国新政府对包括新能源在内的低碳经济（绿色经济）寄予厚望，但效果还有待观察。而从中国来说，与美国相比较，率先走出危机阴影和滞后走出危机阴影的两类影响因素都存在：既然中国经济对外需的依赖程度很高，理论上讲，经济恢复需要外需率先恢复，因此在时间上可能比美国晚；另一方面，中国扩大内需如能较快见到明显成效，超越外需萎缩的负面影响，那么也可能先于美国走出危机的阴影。显然，中国扩大投资的效果很快，但扩大消费则是"慢工细活"，没有灵丹妙药，而扩大内需最终要靠扩大消费需求，同时扩大投资需求也要选准投向，瞻前顾后，防止加重生产能力过剩矛盾。再从美国方面看，提高储蓄率恐怕也不会出现"超调"，不会走向储蓄率偏高的另一个极端，而是从过去的偏低水平回归合理水平，因为多年形成的美国消费文化恐难以在短期内根本改观。由此，我们的预期是，中国和美国经济可能大体上同时恢复，当然中国经济是在更高水平上的恢复。至于经济恢复的形状，V型（迅速反弹）和L型（经济恢复遥遥无期）是两个极端情形，可能性都比较小。U型即使可能，底部也会较宽，且不平滑，而是锯齿状。W型或多个W相连接的波浪形以及耐克商标型（快速下降、缓慢回升）倒是都有可能。

四、靠什么复苏

金融危机下的经济恢复前景往往与三个因素密切相关：一是看国际市场何时好转，二是看政策刺激力度多大，三是看新经济增长点是否及时得到培育。这三个因素在本质上可归结为经济恢复的环境问题、政策问题、市场问题。从亚洲金融危机的经验看，1998—2001年至少4年时间都处于经济增长乏力的时期，这首先是因为外部环境恶化，出口增速较低（2000年出口增速较高，但进口增长更快），对经济增长的拉动作用较小，四年平均为0.6个百分点。当时经济得以保持8%左右的增长，很大程度上归功于积极财政政策的支撑。在全社会固定资产投资资金来源中，国家预算内资金的比重从1997年的2.8%上升到1998年的4.2%，2001年和2002年进一步达到6.7%和7%，起到了四两拨千斤的作用。与此同时，1998年7月推出的城镇住房体制改革催生了一个影响广泛而深远的新经济增长点。在住房改革之前的1997年，城镇房地产开发投资增长-1.2%，1998年房地产投资增长开始加快，但仍低于全社会投资增速，在启动改革后的1999—2002年，全社会投资平均增长11.2%，而房地产开发投资增长达到21.2%，此后几年房地产开发投资增幅甚至超过30%，这充分显示了改革的动力和威力。借鉴以往经验、应对当前危机，对于国际经济环境的好转我们只能静观其变，因为它是外在于我们的一个客观现实。同时，政策刺激要保持必要的力度和持续性，既然这次金融危机的冲击超过以往，政策刺激的力度也应大于以往。更为重要的是，把短期应急和长期内生性增长动力建设结合起来，培育可支撑下一阶段快速发展的新经济增长点。这必然有赖于加大体制改革和结构调整的力度，其中收入分配制度改革、基本公共服务均等化、绿色经济、自主创新、现代服务业等都是题中应有之义，要下大功夫、硬功夫、真功夫。

五、金融危机过后的中国与世界经济格局

历史经验表明，任何一次大的经济危机（金融危机）都是各国间经济实力此消彼长的过程。在这次国际金融危机中，我国也遭受了很大的冲击和困难，但相比较而言，我国经济是金融危机期间世界经济中一道亮丽的风景线。危机过后，我国经济在世界上的地位必将进一步上升，而且上升的程度可能超出许多人的预期。从经济规模看，2008年我国GDP为30万亿元，按汇率折算已超过4万亿美元，次于日本居世界第三位（2007年日本GDP为4.38万亿美元），近期按照我国经济持续增长、日本经济出现下降、人民币汇率坚挺等因素判断，我国不久就会超越日本成为世界第二大经济体。但此后我国经济在这个位次上可能要待较长的时间，因为美国现在的经济规模为14万亿美元，我国经济总量与美国之间还有很大的差距。回顾历史，据OECD经济史学家麦迪森的计算，我国经济曾经长期居世界首位，例如1820年中国占全球经济总量的大约33%。我国经济的国际地位逐步上升可以看作是中华民族复兴的标志之一。即使我国经济总量继续扩大，甚至加快接近美国，但从人均的角度衡量，我国与发达国家相比仍有很大的差距。因此，我国社会主义现代化和中华民族的伟大复兴必然还需要长期坚持不懈的努力。

至于金融危机之后的世界经济发展大趋势特别是其结构特征，似乎存在不少疑惑。这些疑惑包括，未来将去全球化？去杠杆化？去市场化？去美元化？我们的展望是，金融危机后的世界经济特征既有变化的一面，也有不变的一面：经济全球化的速度可能有所放慢，但全球化深入发展的大趋势不会改变；政府在经济运行调节中的作用可能会有所加大，但市场在资源配置中的基础性作用不会改变；国际货币多元化会有所推进，但美元作为主要国际货币的地位短期内不会改变；金融投资的杠杆比率可能有所降低，但必要的杠杆比率还要保持。最后，发展中国家的整体实力会有所上升，但从国家综合国力和核心竞争力等方面看，在今后相当长的时期内，现有的大多数发展中国家将还是发展中国家，现有的发达国家将还是发达国家。

美国金融危机的若干启示*

回头看: 本文在国际金融危机爆发之初提出金融必须服务于实体经济这一根本目的（2011年底中央经济工作会议之后这已经成为普遍共识）。还提出在金融危机中既要"保自己"又要"帮别人"。

1. **泡沫终究要破裂。** 战后世界经济发展史上曾经出现一些令人信以为真的"神话"：一是20世纪80年代中后期日本出现房价地价只会升不会跌的"土地神话"。当时日本社会心浮气躁、盲目自信，经济快速增长，日元大幅升值，东京要建设国际金融中心，而日本人多地小，与金融和经济发展的雄心很不适应，房价地价不涨才怪！结果是房地产一度炒到天价，加上股市飞涨，日本的资产价值总规模居然超过美国。二是20世纪90年代末美国等出现"经济周期消失神话"。由于信息技术革命突飞猛进，许多人相信新经济的出现使得传统经济周期不存在了，世界经济有了"永动机"，可以享受无限的高增长。事实证明，世界经济发展没有出现"神话"，只出现了"泡沫"，而泡沫终究是要破裂的，泡沫破裂必然带来巨大损失。这次美国金融危机的本质，就是在互联网泡沫破裂后人为制造的更大的房地产泡沫的破裂。

2. **承认和预防泡沫膨胀既更重要也更困难。** 一旦泡沫形成并破裂，无论处理泡沫破裂和金融危机的艺术再高、能力再强，沉重代价也无法避免。况且，任何一次金融危机都不是以往危机的简单复制，都没有现成的、标准的处置办法，都有可能在应对危机过程中出现时机、方法、措施、力度等方面的失误，从而招致更大损失。因此，最有效、最高明、

---

* 本文完成于2008年10月。

最困难的是事先预防泡沫的滋生和膨胀。但在泡沫滋生和膨胀过程中，最盛行的态度往往是视而不见、轻描淡写。近两年，我国股市和房价存在泡沫是不争的事实，但我们没有鲜明地指出过，没能采取有效措施抑制其过度膨胀。现在股市跌幅差不多居世界之最，房价调整也将经历一个痛苦的过程，令人感叹"早知今日何必当初"。庆幸的是，在1996年国债回购事件后，银行资金与股市脱钩，目前股价下跌而银行无恙；担心的是，银行贷款余额中房地产贷款占约1/5（约6万亿元），房市持续低迷难免殃及银行贷款质量。

3. 金融杠杆不能无限长。杠杆投资是近年来华尔街投资银行和基金公司十分盛行的一件利器，是以小博大的典范。所谓杠杆或杠杆率，简言之就是股本负债比率，即1元钱可以买多少倍价值的股票或债券。杠杆投资的风险必然随着杠杆率的提高而加大。美国雷曼兄弟公司、美林、摩根士丹利等投资银行的杠杆率曾在30倍左右，一旦风险暴露，必然陷入无力自救境地。这在一定程度上解释了一个现象，即在这次救市中，尽管美国政府稳住了"两房"（房利美、房贷美），但其他金融机构的问题和风险还是没有得到有效控制，还在纷纷倒闭破产，因为链条太长了、杠杆太长了。

4. 虚拟经济离开实体经济就成为无源之水无本之木。金融是现代经济的核心，金融要为经济发展服务。但近年来金融产品创新的一个倾向是，金融工具越来越脱离实体经济，呈现出自我服务、自我循环的特征。例如在美国次级抵押贷款之上创造出的更深层、更复杂的一系列衍生产品，很大程度上是为证券市场自身的发展而设计和服务的，为投资银行和各类基金的利润和风险管理设计和服务的，与房地产市场本身健康发展的联系越来越远，甚至背道而驰。金融市场上许多衍生产品都具有类似的特性。其实，虚拟经济的发展终究要以实体经济为基础，并以服务于实体经济的发展为根本目的。可以说，虚拟经济就像风筝，实体经济就像脚踏实地的人，风筝飘得再远，也离不开地上牵着它的人。今后的一个趋势可能是，虚拟经济发展向实体经济合理回归、适度靠拢。

5. 帮助穷人不能违背市场基本准则。贷款给具备偿还能力的人本是尽人皆知的基本信贷准则。小布什总统上台后倡导"居者有其屋"，用心可谓良好，而这次金融危机的根源在于过度贷款给没有偿还能力的人，结果是金融危机的酿成和爆发，不仅帮了穷人的倒忙，还造成了国家经济全局性的损失。小企业融资、农业融资、穷人融资（目的是购买住房、创业就业、就学等）既是世纪难题，也是世界难题，没有哪个国家真正一劳永逸地解决好了这一难题。我们在探索解决小企业融资难、农业融资难、穷人融资难的过程中，也要充分考虑做好事和防风险之间的平衡，避免好心办坏事。

6. 投资银行似不宜上市。投行的收入和利润与资本市场联系紧密，容易出现大起大落，和暴发户有许多相似之处，来得快去得也快。投行上市往往会加剧股市动荡和金融危机。我国股票市场开办时间不算长，但此类经历和甘苦在许多证券公司（投行）身上也有淋漓尽致的表现。投行在好年头（2007年就是这样一个年份）一年的收益足够正常年份几年分享，但现在的"时尚"似乎是"今朝有酒今朝醉"，当年收益分光吃净，哪怕日后洪水滔天。这就不难理解，一方面前几年国际投行高管获得天文数字的高薪，一方面如今国际著名投行在金融风险面前不堪一击。

7. 墙倒众人推是银行、证券、保险和外汇市场的共同劣根性。过去的经验表明，一个银行再大、存款再多，往往也经受不住社会公众的挤提。这次金融危机中，一旦社会公众对一只股票普遍失去信心，集中抛售，股价就可能一泻千里，上市公司即刻面临从生到死的严酷命运。保险业同样如此，如果大家都去退保，一家保险公司马上就危在旦夕。外汇市场如出一辙，1992年国际炒家集中冲击英镑和1997—1998年冲击泰铢和韩元，英镑和泰铢败下阵来。因此，各类金融机构和整个金融系统都要避免出现明显的漏洞和薄弱环节，否则，平时看似庞然大物，在金融风波发生时可能被众人落井下石，转眼间轰然倒下。

8. 任由雷曼破产也许是个失误。在9月中旬美国金融动荡的尖峰时刻，雷曼、美林、AIG（最大的保险公司美国国际集团）三大金融机构在一周内接连爆发危机，在不容"长考"的情况下，美国政府采取有保有舍的救援措施，保住了美林和AIG，舍弃了雷曼兄弟。这样做的出发点是，对于涉及广大公众的金融机构要救，如房利美、房地美，对于主要涉及机构投资者、影响范围小的金融机构可以不救，同时也担心对问题金融机构都救的话力不从心。对此匆忙决策，外界颇有争议。雷曼是美国五大投资银行之一，是百年老店，与美林等并无本质区别。救美林而弃雷曼，事后看并没有达到消除金融市场和金融机构恐慌的目的，不确定性依然如故，其他比雷曼规模更小、更没名气的大量金融机构仍然人人自危。同时，雷曼破产也必然直接拖累与其存在业务往来的金融机构，对金融恐慌雪上加霜。形成对照的是，此后法国总统声称不会听任任何一个大银行破产，这对于稳定市场信心的效果更好。

9. **严惩造谣传谣**。金融恐慌就像瘟疫，传染给谁谁就可能倒下，传染到哪里那里就可能出现危机。另一方面，目前手机短信和互联网的传播速度之快、范围之广，令人防不胜防。在金融风波迭起、社会心理脆弱的情况下，一个不实的短信或网上信息足以给一家金融机构以致命打击，即使事后查无实据，损失已经造成。近年来此类事件频频发生。因此，要健全法制、加强执法，极其严厉地惩罚造谣传谣。

10. **任何金融活动都不能游离于监管之外**。美国等对于投资银行的监管偏于宽松，对对冲基金的监管更加放任，这与对传统商业银行的监管不同，与对新兴市场国家和石油出口国主权财富基金的监管要求也形成鲜明对比（令人产生不许百姓点灯的感叹）。在传统商业银行监管上，各国都有成熟的法律，国际上还有不断修订的巴塞尔协议。而投资银行在业务上特别是产品创新上则如天马行空，而中央银行如美联储也不承担对其救助的直接义务。这次金融危机的一个教训就是金融监管不能留下真空。如果政府对金融活动放任自流，即使强调"风险自负"，但出了大事政府无法见死不救，还得负责收拾烂摊子。近年来我国金融混业经营和创新快速发展，出现了不少具有高度交叉性、复合性、复杂性的金融创新产品，现行分业监管体制难以完全覆盖，存在一定的监管真空或灰色地带，单靠"三会"之间的协调沟通难以从根本上解决问题，实行综合监管体制势在必行。

11. **金融自由化、金融对外开放和金融创新不能过度和过于超前**。可以说，10年前的亚洲金融危机中一些亚洲国家吃了金融过早自由化、过早对外开放的亏，当前的国际金融危机中美国吃了金融创新过度的亏。金融自由化、金融对外开放和金融创新要与国内金融监管能力相适应，与国内金融市场发育程度相适应，与经济发展阶段相适应。我们应当心中有数、正确把握的现实问题是：在人民币汇率由市场供求决定而自由浮动上不能太天真、太放任，在资本项目完全可兑换上不能太天真、太放任，在金融衍生产品的发展上不能太天真、太放任。

12. 树立信心不能光靠喊口号。在金融危机爆发蔓延过程中，一旦社会公众对一家金融机构丧失信心，这家金融机构就可能遭遇抛售、遭受重大损失，甚至面临生死抉择。危急关头，信心是金。让别人对自己有信心，首先要自己对自己有信心。但信心不是空喊出来的，关键在于，对困难局面的认识是清醒的而不是模糊的，必要的财力等物质基础是具备的而不是缺乏的，目标要求是现实的而不是空洞的，解决问题的思路和步骤是清晰的而不是混乱的，做到胸中有数、有的放矢。在这方面，政府的信誉、权威和效率关系重大。

13. 现阶段我国对外投资应以实业为主金融为辅、民营为主国有为辅。我国已经进入对外投资大发展的历史性阶段，把握好对外投资战略至关重要。对外实业投资可以缓解我国资源不足的矛盾，缓解部分生产能力过剩的矛盾，缓解国际收支顺差过大的矛盾，同时我们对实业领域的投资毕竟更加熟悉。而对外金融投资的风险性更高、可控性更差，这在本次金融危机中已充分暴露，即使是日欧等发达国家经验丰富的投资老手也纷纷失手，我们作为初来乍到的"小学生"更要十分谨慎和收敛。我国的社会主义性质决定了美欧等对我国国有企业对外投资必然采取各种手段加以无理阻挠和限制，从我们自己的角度考虑，也担心"走出去"中的国有资产流失问题。而放手让民营企业"走出去"，充分满足他们在对外投资方面的外汇需求，则好处很多、弊端较少。

14. 既要"保自己"又要"帮别人"。与以往不同的是，在这次金融危机中我国承担着双重责任：既要保护自己，又要帮助别人。前者是全国人民的期待，后者是国际社会的期待。面对国内外的期待，我们既要在口头上有所表示，也要在行动上有所体现。保自己要谨言慎行，言必信、行必果；帮别人可既说又做、多说少做，做到互利共赢。面对这次金融危机，我国完全有能力有条件保持金融和经济的"双稳定"。届时我们需要下决心采取的关键措施恐怕有两条：一是在经济增速过多下降（低于8%）时把财政赤字率从目前占GDP的0.6%左右提高到2%左右；二是在住房价格过多下降（例如30%左右）时把现有的部分商品房购买过来转为国家的廉租房和经济适用房。至于参与国际社会救市，在我国拥有近2万亿美元外汇储备的情况下，如果只是隔岸观火、无所作为，可能于情于理、于人于己都不是最佳策略。在继续呼吁加强国际协调配合、增强信心的同时，似乎可采取一些具体动作：（1）宣布增持美国（和部分欧盟国家）国债。反正我国国际收支顺差和外汇储备还在大量增加，购买部分美国国债本来就是不能不作的投资。（2）由中投公司等协商以合适的价格收购个别大型金融机构部分股权，包括从美国政府手中接手"两房"部分股权。（3）鼓励国内企业并购一些因金融危机影响而临时陷入困境但发展潜力较大的企业。

15. 危机中的机遇只青睐有胆识和有准备者。"沧海横流，方显英雄本色。"在金融危机面前，我们虽也受到一些影响，但现在还是"风景这边独好"。从求全责备的角度看，危机中巴菲特的几笔投资十分抢眼，而我们的投资者还没有做成一笔可圈可点的投资；本来可以借机推进人民币国际化，但我们尚未做好充分准备。下一步，我们要认真评估本轮金融危机本身缓和后的多种可能性：近3万亿美元国际救市资金会否引发新的全球流动性泛滥？金融危机会否引发实体经济的危机？新的国际金融体系如何重塑？从而使我们继续经受住考验，始终保持国内金融和经济的稳定，不出现大的事态和大的波动，把大危机变成提升我国国际地位和影响力的大机遇。

实体经济与虚拟经济的关系思考*

回头看：本文在这次国际金融危机爆发之前完成，提出虚拟经济与实体经济之间既有相互联系的一面，也有相互独立的一面，是一种非对称的关系，特别是本文强调发展虚拟经济不应忘记为实体经济服务的根本宗旨，努力实现实体经济与虚拟经济的协调发展。这在金融危机爆发之后已经成为全社会的共识。

一、根据实体经济与虚拟经济的关系状况可以衡量一个国家的经济发展阶段和程度

一个国家的经济发展阶段和程度如何，通常用工业化的实现程度来衡量，包括：农业社会阶段（或工业化之前的阶段），初期工业化阶段，中期工业化阶段，后期工业化阶段，后工业化阶段。学界普遍认为，我国目前正处于工业化的中期阶段。其实也可以换一个坐标系，即以实体经济与虚拟经济的关系状况来衡量。虚拟经济的发展状况，本质上是金融及其衍生产品的发展状况。虚拟经济从发展程度上可以划分为：（1）与实体经济相关的虚拟经济；（2）脱离或超越实体经济的虚拟经济。前者可以再细分为：与实体经济密切相关的虚拟经济，与实体经济间接相关的虚拟经济。通常的银行信贷、股票和债券市场属于与实体经济相关的虚拟经济。后者可以再细分为：初步脱离实体经济的虚拟经济，高度脱离实体经济的虚拟经济。股指期货、权证交易等属于与实体经济在不同程度上脱离的虚拟经济。

---

* 本文完成于2007年11月，是作者攻读博士学位期间的一篇习作。

对一个国家的经济发展阶段,可以从实体经济与虚拟经济发展状况和相互关系的角度划分为:(1)完全实体经济阶段(相当于物物交换阶段);(2)实体经济为主、虚拟经济直接依附和服务于实体经济阶段,如传统计划经济下,金融基本没有独立的意义;(3)实体经济为主、虚拟经济为辅但具有一定程度独立性的阶段,如我国近几年的情况;(4)实体经济与虚拟经济既相互联系又相互独立的阶段,如欧洲大陆一些国家和日本的情形;(5)虚拟经济的内在影响超越实体经济的阶段美国和英国是这方面的典型。从虚拟经济发展程度来看,美国和英国是第一层次,可以说已经获得博士学位;日本和欧洲一些国家是第二层次,相当于大学毕业;而我国则处于第三层次,还是初中生甚至小学生。这样表述的政策含义是:在虚拟经济领域,我国不可能与美国等进行平等的博弈。就像一个小孩到赌场和大人同台较量,即使带再多的钱也是输。在国际市场上我国进口大量的石油和矿产品,花了很多外汇,但在产品定价上(特别是期货市场)却没有什么话语权,这是虚拟经济中处于弱势的典型表现之一。再看日本和德国,其实体经济已经非常发达,但他们都没有一个伦敦金融城,也没有一个华尔街。

虚拟经济在很大程度上也可以看作金融经济。上述发展阶段划分的依据还在于:虚拟经济是在实体经济发展到一定程度的基础上发展起来的。不可以设想,一个国家可以缺乏实体经济的基础而凭空发展起庞大的虚拟经济。因此,虚拟经济的发展程度,以及实体经济与虚拟经济的相互关系状况、在整个国民经济中的地位作用状况,可以从一个重要侧面反映出一个国家经济的发展阶段和水平的高低。

二、实体经济与虚拟经济之间具有
非对称的相互关联性和相互独立性

以股票市场变化与实体经济发展的关系为例来分析,实践中往往有如下几种组合:(1)实体经济好,并不必然股市好。一个国家的股市行情往往还受到股市本身的制度缺陷、市场信心、国外股市等因素的重要影响。例如,2005年以前中国股市多年疲靡不振状况与中国经济快速发展的态势形成鲜明对比，主要原因在于股权分置等制度性障碍。（2）实体经济差，股市往往在总体上也表现平常。经济发展史上很少看到经济衰退而股市暴涨的情形。以上是从实体经济的角度来看相对应的股市状况。也可以反过来，从股市好坏的角度来看所对应的实体经济状况。（3）股市好，背后往往有实体经济的必要支撑。例如，近两年中国股市猛涨，与宏观经济快速增长、上市公司利润大幅增加有很大关系。在日本20世纪80年代末出现股市泡沫和美国21世纪初发生网络股泡沫之前的股市上涨时期，都直接间接地对应着相对较好的宏观经济状况（后来出现股市泡沫，这本身是坏事，姑且不论）。（4）股市低迷时期，所对应的实体经济状况可好可坏。其中的关系有很大的不确定性、不规则性。很难在实体经济与虚拟经济之间建立规则的数量对应关系，特别是股市的暴涨和暴跌，很难从数量上找到与实体经济的直接对应关系。从以上情况引申出的一个结论是：简单地说"股市是国民经济的晴雨表"并不恰当；同样，简单地说"股市不是国民经济的晴雨表"也不恰当。股市与经济基本面之间，以及虚拟经济与实体经济之间，可以说既有相互联系的一面，也有相互独立的一面，是一种非对称的关系。

三、中国的虚拟经济已经进入快速增长时期，
正在形成与实体经济的"剪刀差"

一个最突出的表现是，在股权分置改革完成后，借助于宏观经济快速增长、企业效益大幅改善的基础和条件，中国股市出现令人瞠目结舌的迅猛上涨。2005年，上证综合指数最低时不到1000点，到2007年10月曾经达到6100的最高点，上涨了5倍多。而同期国内生产总值增长速度平均略高于10%。如果把国内生产总值的扩大与股市指数上涨放在同一个坐标系上，就会形成一个急剧扩张的"剪刀差"或"喇叭口"。而在2005年以前的几年，这个"剪刀差"是"负"的，或者说是朝相反方向的，因为经济增长较快，是持续上升的曲线，而股市指数线则是平的甚至是下降的。新的"剪刀差"的出现，实际上是在重现欧美等国很多年前的现象，也表明中国作为后发国家，在包括资本市场发展等很多

领域都在奋起直追发达国家。

其实，近年来不仅股市大幅上涨，而且其他金融产品不断推出，金融交易规模不断扩大。这包括，国债、企业债（公司债券和企业短期融资券）、基金、金融债券等的发行和交易不断扩大，银行间同业拆借市场、债券市场、外汇交易市场的规模不断扩大，保险市场规模不断扩大，信贷规模不断扩大，期货市场规模不断扩大。同时，资产支持证券、股指期货、各类权证等新的衍生产品也已经登台或将陆续登台。这预示着，中国的金融市场正在迎来一个大发展的时期，也可以说虚拟经济正在迎来一个大发展的时期。

四、从美国次级房贷危机得到的启示：正确认识和处理虚拟经济与实体经济的关系

美国次级房贷危机固然与实体经济中存在的问题有关，但与传统的金融危机不同，本质上更是一种虚拟经济的危机。导致次级房贷泡沫并在泡沫破灭后遭受损失的，主要不是传统的银行和房地产商，而是新型的金融中介如投资银行和对冲基金等。房地产抵押贷款原本是非流动性资产，通过新型金融中介的运作，在美国变为今天无所不在、交易频繁、流动性强的证券化产品。过去，房地产抵押贷款市场的主角是商业银行，而到了2006年，美联储数据显示，华尔街投资银行已经控制了60%的住房抵押贷款融资市场。目前，房地产抵押贷款市场的规模已达6.5万亿美元，日交易量超过2500亿美元，甚至比美国国债市场规模还大。这就是虚拟经济和金融衍生产品的魔力所在。其实，房地产市场的金融衍生产品只是冰山一角。从全球来看，实体经济与虚拟经济规模的差距已经越拉越大。据麦肯锡的数字显示，全球金融资产与全球年产出的比率由1980年的109%飙升至2005年的316%。据估计，对冲基金的数量已经由1990年的610家增至到2007年第一季度的9575家，所管理的资产总额达1.6万亿美元。高收入国家的居民拥有的国际金融资产和债务与总的国内生产总值之比，由1970年的50%升至20世纪80年代中期的100%，2004年又升至300%。据国际清算银行统计，2004年全球在有组织的交易所

内发生的金融衍生产品交易额为873万亿元，相当于当年全球GDP总量的26倍，近三年来这一比例还在快速上升，实体经济的交易似乎被虚拟经济的交易所淹没。正如有的外国学者所言，传统资本主义正在向全球金融资本主义演变，全世界正在形成一种新的"借贷和杠杆文化"。在这种形势下，更需要清醒地认识实体经济与虚拟经济的关系。如果把实体经济比作"以物换钱"（以及以钱换物），把虚拟经济比作"以钱赚钱"，那么实体经济终究是基础，对一个国家来说如此，对全球经济来说也如此。目前从各国虚拟经济的发展程度来看，可以分为三个层次：美国和英国的虚拟经济正在发展到极致；日本和德国等国的虚拟经济和实体经济似乎旗鼓相当，但更重视实体经济；我国则是实体经济为主，虚拟经济规模小但发展迅速。我们应当着眼于为实体经济服务来适度发展虚拟经济包括金融衍生产品，而不应当过分超越实体经济来发展虚拟经济，更要防止在明显技不如人的情况下贸然进入国际金融衍生产品市场玩"空手道"而被套牢。

总之，从发展趋势看，我国的金融深化是一个必然趋势，虚拟经济发展快于实体经济发展是一个必然趋势，金融创新和衍生产品不断推出是一个必然趋势，但很多事物都具有双刃剑性质，我们在顺应和推动这些趋势的同时，不应忘记实体经济的内在制约，不应忘记为实体经济服务的最终目的、根本宗旨，努力实现实体经济与虚拟经济的协调发展。

外贸依存度与对外开放水平*

回头看：本文提出外贸依存度有不同的计算调整方法，并对我国外贸依存度偏高的利、弊、风险等作了较为全面的分析。

随着我国参与经济全球化的程度加深，我国进出口规模不断扩大，吸收外商直接投资不断增加，国内经济发展与国际经济的相互联系更加密切。本文着重从外贸依存度这一概念入手，分析我国对外开放的现状和面临的新问题。

一、对我国外贸依存度的测算和调整

所谓外贸依存度，通常是指一国或一个地区的外贸进出口总额相当于该国或该地区国内生产总值的比例。简单地采用这一指标，往往存在不少局限性，缺乏国际可比性。但通过这一指标也能在一定程度上反映出一些问题。在我国现行统计制度下，这一比例受汇率、GDP和进出口总额等方面因素的影响。我们可考虑不同影响因素，分别计算和调整外贸依存度水平。

（一）**名义依存度。**就是通常所说的外贸依存度，计算时将进出口总额按当年美元兑人民币平均汇率折算成人民币值，除以现价GDP。以这种方式衡量，我国外贸依存度从1978年的9.8%提高到2004年的近70%（表1）。据初步预计，2005年GDP增长约9.2%，考虑到价格因素可增长10%以上，贸易进出口总额增长22%，按照全年人民币对美元平均汇率

＊ 本文完成于2005年10月。

8.15，我国的外贸依存度将提高到75%左右。这一数字远远高于世界发达国家，接近出口导向型的新兴市场经济国家（表2）。

表1　我国历年名义外贸依存度　　　　　　　　单位：%

年　份	外贸依存度	出口依存度	进口依存度
1978	9.8	4.6	5.2
1980	12.6	6.0	6.6
1985	23.1	9.0	14.0
1989	24.6	11.6	13.0
1990	30.0	16.1	13.9
1991	33.4	17.7	15.7
1992	34.2	17.6	16.7
1993	32.5	15.3	17.3
1994	43.6	22.3	21.3
1995	40.2	21.3	18.9
1996	35.6	18.5	17.0
1997	36.2	20.4	15.9
1998	34.3	19.4	14.8
1999	36.4	19.7	16.7
2000	43.9	23.1	20.8
2001	43.3	22.6	20.7
2002	48.9	25.6	23.2
2003	60.1	30.9	29.2
2004	69.8	35.9	33.9

表2　名义外贸依存度国际比较　　　　　　　　单位：%

	1980	1990	2000
中国	12.6	30	43.9
日本	25.5	17.6	18.1
印度	13.9	13.9	20.1
印度尼西亚	50.4	47	62.4
韩国	70.5	53.5	72.1
新加坡	406.1	307.3	293.9
马来西亚	111.5	143.3	200.3

	1980	1990	2000
美国	17	16.5	20.8
加拿大	49.2	45.4	71.9
墨西哥	21.2	24.7	34.3
巴西	19.2	11.5	19.2
英国	42.9	41.6	42.9
荷兰	90	91	110.1
德国	46	50.6	56.2
澳大利亚	30.1	29	35.8

（二）将进出口总值中的加工贸易仅计入附加值部分来计算外贸依存度。目前我国的加工贸易占外贸进出口总额的一半以上。我国名义的外贸依存度很高，与加工贸易在整个贸易额中的比例高有直接关系。加工贸易是指企业进口原材料和零配件将其加工成制成品出口，它包括"来料加工装配贸易"和"进料加工贸易"，在一定程度上存在"大进大出"的特点。加工贸易的增值部分计入GDP统计，而现行的进出口统计中，加工贸易来料、进料被计入进口，产品总值（包括增值部分）被计入出口，存在重复计算。我们将加工贸易的出口减去进口的差额，粗略地看作是加工贸易的增值部分。如果在计算进出口总额时仅计算加工贸易增值部分，则2004年我国的贸易依存度为43%，低于名义依存度约17个百分点。

（三）以购买力平价换算的贸易依存度。在将按人民币计算的GDP折算成美元时，使用不同的汇率会得到不同的数值，直接影响外贸依存度的数值。世界银行按购买力平价法（即PPP）得出的人民币兑美元比率为1.81∶1，如果以这一比率换算，2004年我国的外贸依存度为15.3%，大大低于按名义汇率计算的数值。

不同的测算方法得出的外贸依存度差别较大。任何一种依存度的计算方法都有其侧重，难以全面衡量对外开放水平。不过，任一种外贸依存度都可以从不同程度上说明外贸对我国经济的重要影响，而且，从依存度的变化也能够看出我国对外开放的发展趋势。考虑到数据的一致性，下面仍以名义依存度来衡量我国的对外开放状况。

二、外贸依存度变化反映出我国对外开放不断扩大

（一）对外开放从沿海向全方位逐步推进。从1980年确定深圳、珠海、汕头、厦门4个经济特区开始，我国的对外开放以沿海、沿江、沿线开发轴相互支撑、内引外联的态势发展，逐步形成多层次、多渠道、全方位开放的格局。从沿海地区到内陆地区，各地区外贸依存度都有不同程度的提高，东、中、西部地区外贸依存度分别从2001年的63.9%、8.5%和9.3%，提高到2004年的91.9%、11.6%和12.1%。在东部地区，对外开放由东南沿海向长江三角洲扩散的趋势明显。从1995年到2004年，各地区（不包括西藏）的外贸依存度从高到低排序，排名前10位的地区一直以东部地区为主，前10位名单没有变动，但不同省份的名次变化比较明显。作为对外开放的前沿地区，广东省的外贸依存度多年来保持在全国第一，长江三角洲地区的整体位次上升（图1，表3）。

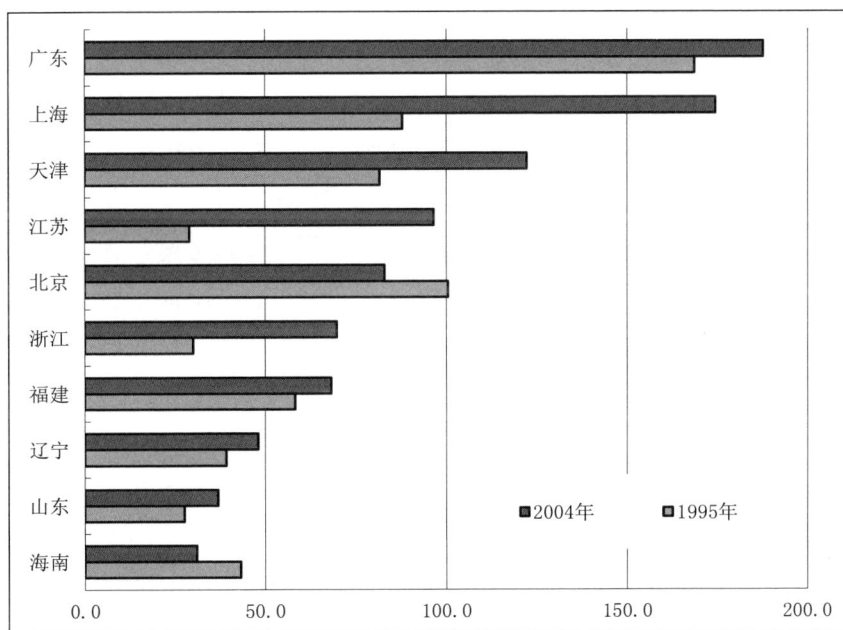

图1　1995年和2004年各地区外贸依存度排名前十位情况

表 3   外贸依存度前 10 名位次变动情况

	1995 年	2004 年	位次变动
广东	1	1	0
上海	3	2	+1
天津	4	3	+1
江苏	9	4	+5
北京	2	5	−3
浙江	8	6	+2
福建	5	7	−2
辽宁	7	8	−1
山东	10	9	+1
海南	6	10	−4

注:"+"表示位次上升,"—"表示位次下降

（二）外资企业逐步成为外贸进出口的主体。外资企业是促使我国外贸依存度不断提高的主要影响因素。外资企业商品进出口额占进出口总额的比重从2000年的49.9%上升到2004年的57.4%，其中出口比重从47.9%上升到57.1%。外资企业进出口成为拉动我国外贸快速增长的主要力量，2004年我国进出口增量的62.8%、出口增量的63.3%由外资企业提供。

（三）加工贸易成为主要贸易方式。加工贸易的迅速扩大是我国外贸依存度不断提高的主要原因。自1981—2004年，中国加工贸易实现跨越式发展，年均增速达26%，比同期外贸平均增速高11个百分点。这一时期，我国加工贸易出口从11.3亿美元增至3279.9亿美元，加工贸易进出口额在进出口总额中的比重从6.0%增至47.6%。进入20世纪90年代后，加工贸易已逐步取代一般贸易，成为中国外贸中占主体地位的贸易方式。1991年加工贸易进出口总额在全国外贸进出口总额中所占比例为42.4%，1996年所占比例首次超过50%，达到50.5%，以后连续多年所占比例都在50%以上。受世界经济增长放缓和国际市场形势变化的影响，近两年来我国加工贸易进出口增长虽有所放缓，但2004年加工贸易进出口额仍高达5497亿美元，其中加工贸易出口3280亿美元，占出口总额的55.3%。同时，加工贸易增值率提高，2004年加工贸易创造顺差1062.6

亿美元，比进出口总体顺差多743亿美元。

（四）我国参与国际市场的程度明显加深。我国商品结构不断升级，初级产品出口比重不断下降，从1990年占出口总额的25.6%下降到6.8%，而工业制成品比重相应从74.4%上升到93.2%（图2）。贸易市场日益多元化，主要贸易伙伴从亚洲周边国家地区扩大到全球范围，前三大贸易伙伴的贸易总和占进出口贸易总额的比重从1990年（香港、欧洲、日本）的69%下降到2004年（欧洲、美国、日本）的47.5%（见表4）。

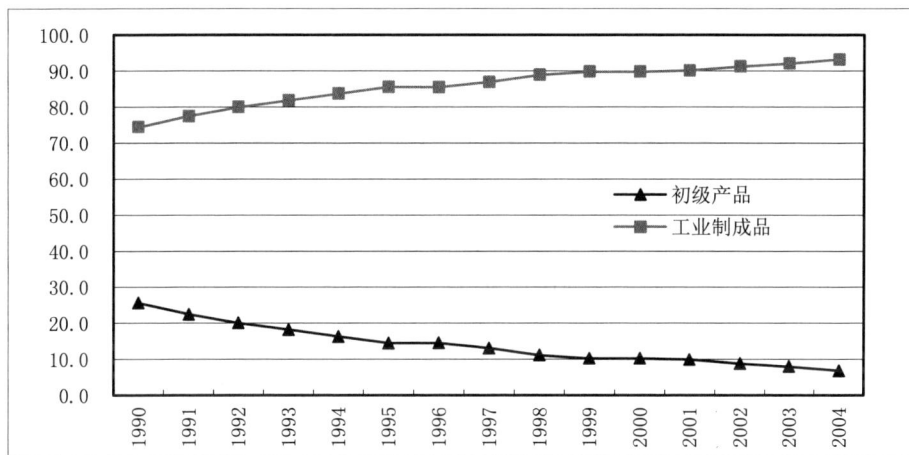

图2 初级产品和工业制成品出口占总额比重变动情况

表4 我国与主要贸易伙伴的贸易份额

贸易规模排名	1990		2004	
	国家/地区	进出口份额（%）	国家/地区	进出口份额（%）
1	香港	35.4	欧洲	18.3
2	欧洲	19.2	美国	14.7
3	日本	14.4	日本	14.5
合　计		69.0	合计	47.5

三、外贸依存度也反映出我国对外开放质量有待提高

（一）外贸依存度高和出口附加值低多年并存。近年来，尽管加工贸易的国内采购率和增值率有所上升，但外贸出口附加值低、特别是加

工贸易大进大出的格局没有改变,在外贸依存度计算上直接体现为分子的更多扩张。芭比娃娃是典型的例子之一。

(二)企业产品竞争力弱和外贸依存度高并存。最近20多年来,我国的外贸从总体上讲一直处于初级产品出口竞争力下降、工业制品出口竞争力持续上升的状况。初级产品的出口竞争力指数从1980年的0.134下降到2002年的-0.267,而工业制品的出口竞争力指数在同期从-0.183上升至0.094(注:产品的出口竞争力指数的公式为:出口-进口/出口+进口,指数越接近1说明产品的出口竞争力越强,越接近-1说明产品的出口竞争力越弱。)这说明,我国外贸结构优化的效果是明显的。但进一步深入分析表明,在工业制品中,我国出口竞争力高的产品依然集中在劳动密集型产品,竞争力格局依然呈现劳动密集型产品强、资本和技术密集型产品弱的态势。劳动密集型产品创造的顺差弥补了其他产品的逆差,尽管我国近年产业结构有了提高,外贸商品结构出现了优化,高新技术产品的出口有了突破,但从总体上讲,除了劳动密集型产品,我国其他要素密集型产品在国际上还不具有很强的竞争力。

(三)外贸依存度高与某些关键设备和零部件进口依存度大并存。最近10年来,随着我国高新技术产业获得可喜的发展,高新技术产品的出口也逐年增加,但许多所谓高新技术产业仅从事一些产品的来料加工和装配,以研究、开发和生产为特征的产业格局只是初显雏形,与传统产业相比其竞争优势不明显。2003年高新技术产品进口前3位都是集成电路类产品,其中"其他单片集成电路"进口达140.9亿美元,超过同年中国130亿美元的鞋类出口。

(四)外贸依存度高与石油等重要资源的进口大幅增加并存。中国自1993年成为原油净进口国以来,原油进口连年递增。2003年中国原油进口达9112万吨,扣除当年出口的813万吨原油,实际净出口原油8300万吨,石油的对外依存度已达32.8%(见表5)。2004年进一步有较大提高。由于中国对汽车的需求刚进入增长期,对石油的需求也将大幅度增长,预计到2020年中国石油进口将达到2亿吨,石油的对外依存度也将高达50%—60%,与美国目前的水平相当。

表5　近年我国原油供需情况

年　份	产量（亿吨）	消费量（亿吨）	净进口量（亿吨）	进口依存度（%）
1995	1.461	1.562	0.071	4.5
2000	1.626	2.226	0.600	27.0
2003	1.700	2.530	0.830	32.8

注：原油进口依存度＝净进口量/消费量。

进口依存度过大的不仅仅是原油，近年一些矿产资源也越来越依赖进口。我国已连续8年保持世界第一产钢大国的地位，但同时中国钢铁业对铁矿石的进口需求也与日俱增。2003年，我国铁矿石需求量达4.71亿吨，比上一年增加18.3%。为弥补需求缺口，我国的铁矿石进口量达到了1.48亿吨，比上年增加32.9%，进口量已超过日本、欧盟，成为全球最大的铁矿石进口国。目前我国铁矿石的进口依存度按照含铁量计算已经超过50%。据预测，未来铁矿石进口量还将进一步增长。

四、外贸依存度提高带来的风险

从外贸规模上看，我国是一个外贸依存度高的大国，而出口以劳动密集型产品为主，进口以关键零部件、设备以及能源等矿产资源为主，这种结构特征又说明我国同时是一个贸易弱国。处于这种地位的我国与其他贸易强国相比，经济发展更容易受到外部环境变化的制约。在今后我国的经济发展中必须高度重视、统筹考虑。

第一，在主要贸易伙伴内部正在形成针对我国的贸易保护主义环境。在与发达国家的贸易中，以劳动密集型产品出口为主的发展中国家往往处于不利地位，发展中国家的贸易结构被长期固定化。此外，这些发展中国家还容易面临来自其他发展中国家的竞争风险，尤其是在劳动密集型产品出口方面。加工贸易出口集中造成与贸易伙伴的贸易不平衡，容易使我国在对外谈判中处于不利地位，而且大部分加工停留在跨国公司全球化生产经营链条的劳动密集型环节，技术含量不高，技术溢出效应较弱。能源、矿产资源、某些关键设备和零部件进口依存度大，容易使本国的经济命脉受制于人。

第二，出口市场风险加大。一方面，各国均开始重视以出口来带动经济发展，导致全球性生产过剩加剧；另一方面，进口国为了保护本国的就业，越来越倾向于动用各种隐蔽的贸易保护手段来保护本国市场。这一切对出口国而言，出口环境更加趋于严峻。

第三，关键能源和重要矿产资源的进口风险。能源、矿产资源是一国的经济命脉，某些关键设备和零部件也很容易掣肘一国某些产业的发展。这些产品进口依存度的提高，将成为我国经济发展的潜在风险。目前，全球铁矿石行业已经出现了行业垄断的迹象。如何防止居于垄断地位的出口商对矿产资源的提价将是今后资源进口国面临的课题。我国石油进口量越大，进口变数就越大，国民经济遭遇的风险也就越大。而在我国的石油进口中，一半以上来自中东。一旦中东局势或海上输油线海域局势紧张，石油进口无疑将遭遇非常大的风险。

第四，加工贸易对外资企业的依赖性过高将产生一定的不确定性。2003年，外商投资企业的进料加工进、出口额在我国加工贸易进、出口总额中占比分别达到93.45%和90.24%。外资在中国加工贸易中已起着举足轻重的主导作用。外商对中国加工贸易的偏好是基于我国国内开放条件及跨国公司全球经营战略等多重考虑决定的。在经济全球化加速和高科技革命兴起的推动下，世界经济结构再次出现调整。我国日益改善的投资环境，特别是丰富而低廉的劳力资源，成为国际产业转移及产业内贸易的良好场所。跨国公司从全球经营战略着眼，把国际产业链条上的部分加工组装环节大规模移师我国，利用我国要素禀赋优势，在大进大出中获取利益。

虽然外商加工贸易对我国外贸出口增长和产业结构提升起了一定的作用。但是也应该看到，有些加工贸易产品虽然技术水平较高，但核心技术尚未转移到我国，绝大部分加工生产企业承接的加工贸易属于低水平的劳动密集型产品。值得关注的是，外商主导加工贸易的格局已产生了所谓的"贸易顺差的国际转移"现象。而美国等发达国家却在"指责"我国贸易顺差过大。其实，在加工贸易这个国际化生产、流通的过程中，我国只是从事其中部分低端的加工环节，庞大的出口及贸易顺差并不代表我国在贸易过程中获取了相应的贸易利益，但却易被他国利用，成为向中国施加贸易压力的砝码。同时目前我国加工贸易对外资依存度过高的情况也隐含国家经济安全问题，对于在国际经济环境和国际政治格局一旦有变的突发形势下，外商特别是从事劳动密集型加工贸易的企业快速撤资所可能造成的影响应有所考虑。

第五，贸易依存度高和外贸顺差过大对我国经济未来走势产生较大影响。我国经济增长受国际环境的影响加大，一旦外部需求放缓，贸易摩擦增加，整体贸易环境恶化，我国进出口总额将减少，随之引发就业、投资、消费的波动，顺差减少，使外需对经济的拉动力减弱，这种情况下，如果内需包括投资、消费的动力仍然不足，难以弥补外需减少的影响，难免会造成整个经济的波动。

国家货币演变为国际货币的支撑要素

回头看：本文从国际历史经验的角度分析了一国货币演变为国际货币特别是主导性国际货币（如历史上的英镑、当今的美元）应具备的多种支撑要素或条件，认为这是一个客观因素和主观因素共同作用的长期历史过程。这对于人民币国际化具有多重启示。

从历史经验看，一个国家货币演变成为国际货币需要具备一些重要的条件，经历一个曲折的过程。大致来说，共性因素包括：强大的经济实力和综合国力，发达而开放的金融市场，信誉良好而坚挺的货币，庞大的贸易盈余和对外投资，广泛的文化政治影响，等等。在客观条件具备的情况下，新旧国际货币的交替往往还要有坚定的国家意志，并经历一番激烈的政治经济外交斗争。

一、强大的经济实力和综合国力

经济实力和综合国力是一国货币能否成为国际货币的最根本的决定因素，但经济实力与国际货币之间的关系却呈现出许多令人深思的特征。

（一）国际货币的经济实力门槛。从国际经验看，任何国际货币都有国家经济实力作后盾。国家经济实力可以从总量、人均和份额等多个角度加以衡量。从全球历史统计数据中可以发现，国际货币背后的经济实力门槛有如下共同之处：

1. 经济总量在全球前10位以内。我们分别来考察英镑、美元、马克、日元等国际货币。先看英镑。英镑是19世纪最重要的国际货币。表

1显示，根据经济合作与发展组织经济学家麦迪森的估算，1820年，英国经济规模达到362.32亿元（1990年国际元[①]），居全球第4位。经济总量排在前10位的其他经济体分别是：中国（2286亿国际元，下同）、印度（1114.17）、法国（384.34）、德国（263.49）、意大利（225.35）、日本（207.39）、西班牙（129.75）、美国（125.48），墨西哥（50）。当时中国和印度的经济总量都很大，但都是封闭性、内需主导型经济，而且中国和印度都处于东方，地理上文化上与欧洲差异较大，因此，为国际贸易等服务的国际货币，主要是英镑、法郎等。到1870年，总量排在前10位的经济体分别是：中国（1897.4）、印度（1348.82）、英国（1001.79）、美国（983.74）、法国（721）、德国（714.29）、意大利（418.14）、日本（253.93）、西班牙（222.95）、比利时（137.46）。这时，除了中国和印度两个比较封闭而遥远的东方国家外，英国早已经上升到西方国家经济实力的首位。再看美元。美元是20世纪（特别是后半期）最重要的国际货币。1950年，经济总量位居全球前10位的国家是：美国（14559.16）、英国（3478.5）、德国（2653.54）、中国（2399.03）、印度（2222.22）、法国（2204.92）、意大利（1649.57）、日本（1609.66）、西班牙（667.92）、荷兰（606.42）。这时，美元的国际地位与美国的经济实力高度一致。到1973年，国际经济格局又有新的变化，经济总量排在前10位的国家是：美国（35366.22）、日本（12429.32）、德国（9447.55）、中国（7400.48）。按照购买力平价法，这里对中国的估值可能偏高（作者注）、法国（6839.65）、英国（6759.41）、意大利（5827.13）、印度（4948.32）、西班牙（3042.2）、墨西哥（2793.02）。这时，除了美国和美元仍居首位外，日本和德国的经济实力实现了跨越式上升，这与在此前后德国马克和日元分别成为重要的国际货币是紧密联系在一起的。一般来说，经济总量在世界前10位之外的国家的货币罕有成为国际货币的。

[①] 国际上多边购买力平价比较将不同国家货币转换成统一货币，成为国际元。最初由爱尔兰经济统计学家R. G. Grary创立，后由S. H. Khamis加以发展。参见[英]安格斯·麦迪森：《世界经济千年史》，北京大学出版社2003年版，第16页。

表1　1973年以前一些国家 GDP 估计　　单位：百万国际元

年份 国家	0	1000	1500	1600	1700	1820	1870	1913	1950	1973
奥地利			1414	2093	2483	4104	8419	23451	25702	85227
比利时			1225	1561	2288	4529	13746	32347	47190	118516
丹　麦			443	569	727	1471	3782	11670	29654	70032
法　国			10912	15559	21180	38434	72100	144489	220492	683965
德　国			8112	12432	13410	26349	71429	237332	265354	944755
意大利			11550	14410	14630	22535	41814	95487	164957	582713
荷　兰			716	2052	4009	4288	9952	24955	60642	175791
挪　威			792	304	450	1071	2485	6119	17838	44544
瑞　典			382	626	1231	3098	6927	17403	47269	109794
瑞　士			482	880	1253	23342	5867	16483	42545	117251
英　国			2815	6007	10709	36232	100179	224618	347850	675941
西班牙			4744	7416	7893	12975	22295	45686	66792	304220
苏　联	1560	2840	8475	11447	16222	37710	83646	232351	510243	1513070
美　国			800	600	527	12548	98374	517383	1455916	3536622
日　本	1200	3188	7700	9620	15390	20739	25393	71653	160966	1242932
中　国	26820	26550	61800	96000	82800	228600	189740	241344	239903	740048
印　度	33750	33750	60500	74250	90750	111417	134882	204241	222222	494832
世　界	102536	116790	247116	329417	371369	694442	1101369	2704782	5336101	16059180

资料来源：[英]安格斯·麦迪森：《世界经济千年史》，第259页。

2. 经济总量在全球经济总量中的份额在5%左右或更大。从历史数据看，要成为有较大影响的国际货币，一个国家的经济总量在全球经济总量中的比例应当在5%左右，而要成为主导性的国际货币，其母国经济总量占全球经济总量的比例似应在10%左右或更大。从英国和英镑的情况看，据估算，1600年和1700年时英国GDP占全球的份额分别为1.8%和2.9%，到1820年上升到5.2%，1870年进一步达到9.1%（见表2），这既是英国经济的顶峰时期，也是英镑国际地位的顶峰时期。从美国和美元的情况看，1950年时美国经济占全球经济总量的比例达到27.3%，超越了历史上其他西方国家曾经达到的份额，而这一时期美元作为国际货币也达到登峰造极的地位。到1973年，在全球经济中美国仍居首位，但日本和德国正迎头赶上，三个国家占全球经济的份额分别为22%、7.7%和5.9%，国际货币格局中除了美元外，德国马克和日元也开始占有一定的位置，这种变化绝不是偶然的，而是一个国家的经济地位与货币地位之间内在联系的重要表现。

表2　1973年以前一些国家GDP占全球的份额估计　　　单位：%

年份 国家	0	1000	1500	1600	1700	1820	1870	1913	1950	1973
奥地利			0.6	0.6	0.7	0.6	0.8	0.9	0.5	0.5
比利时			0.5	0.5	0.6	0.7	1.2	1.2	0.9	0.7
丹　麦			0.2	0.2	0.2	0.2	0.3	0.4	0.6	0.4
法　国			4.4	4.7	5.7	5.5	6.5	5.3	4.1	4.3
德　国			3.3	3.8	3.6	3.8	6.5	8.8	5.0	5.9
意大利			4.7	4.4	3.9	3.2	3.8	3.5	3.1	3.6
荷　兰			0.3	0.6	1.1	0.6	0.9	0.9	1.1	1.1
挪　威			0.1	0.1	0.1	0.2	0.2	0.2	0.3	0.3
瑞　典			0.2	0.2	0.3	0.4	0.6	0.6	0.9	0.7
瑞　士				0.3	0.3	0.3	0.5	0.6	0.8	0.7
英　国			1.1	1.8	2.9	5.2	9.1	8.3	6.5	4.2
西班牙			1.9	2.1	2.2	1.9	2.0	1.7	1.3	1.9
苏　联	1.5	2.4	3.4	3.5	4.4	5.4	7.6	8.6	9.6	9.4
美　国			0.3	0.2	0.1	1.8	8.9	19.1	27.3	22.0
日　本	1.2	2.7	3.1	2.9	4.1	3.0	2.3	2.6	3.0	7.7
中　国	26.2	22.7	25.0	29.2	22.3	32.9	17.2	8.9	4.5	4.6
印　度	32.9	28.9	24.5	22.6	24.4	16.0	12.2	7.6	4.2	3.1
世　界	100.0	100.0	100.0	100.0	100.0	100.0	100.0	100.0	100.0	100.0

资料来源：[英]安格斯·麦迪森：《世界经济千年史》，第261页。

3. 人均经济总量在全球前10位以内。人均经济总量大小也是经济实力的重要指标，对于一国货币成为国际货币也有重要影响。19世纪英镑的国际地位最高。1870年，全球人均GDP排在前10位的国家是：英国3191元、荷兰2753元、比利时2697元、美国2445元、瑞士2205元、丹麦2003元、法国1876元、奥地利1863元、德国1821元、瑞典1664元（见

表3）。这时，英镑的国际地位与英国经济总量和人均水平都处于世界顶端，是非常一致的。从工业化水平看，在19世纪，英国一直处于绝对领先地位，如以1900年英国的人均工业化水平为100，那么欧洲平均只有英国水平的41%，美国相当于英国水平的69%，而在此之前的年代，欧洲其他国家和美国与英国工业化水平的差距更大（见表4）。20世纪是美元的时代。早在1913年，美国的人均工业化水平就超过英国，成为世界第一。当时英国的人均工业化水平相当于1900年的115%，而美国的人均工业化水平已达到126%。1950年，全球人均GDP排在前10位的国家是：美国9561元、瑞士9064元、丹麦6946元、英国6907元、瑞典6738元、荷兰5996元、比利时5462元、法国5270元、芬兰4253元、德国3881元。在这里，除了美元的国际地位与美国人均GDP高度一致外，还可以发现瑞士的人均GDP水平仅次于美国，而在那前后瑞士法郎也是公认的、国际社会比较普遍接受的国际货币。瑞士法郎可能是唯一的母国经济规模很小的国际货币。到了1973年，人均GDP的位次发生新的重要变化，排在前10位的国家是：瑞士18204元、美国16689元、丹麦13945元、瑞典13493元、法国13123元、荷兰13082元、比利时12170元、英国12022元、德国11966元、日本11439元。此时，除了美元外，英镑、马克、日元、瑞士法郎也已成为国际货币或蓄势待发，这在这些国际货币母国人均GDP进入世界前10位上得到印证和支持。当然，与经济总量的国际地位相比，人均GDP水平的影响明显要小，这也是为什么丹麦、瑞典、荷兰、比利时等国家的人均GDP很高但其货币不是国际货币（或无足轻重）的原因。

表3 1973年以前一些国家人均GDP估计   单位：国际元

年份 国家	0	1000	1500	1600	1700	1820	1870	1913	1950	1973
奥地利			707	837	993	1218	1863	3465	3706	11235
比利时			875	976	1144	1319	2697	4220	5462	12170
丹 麦			738	875	1039	1274	2003	3912	6946	13945
法 国			727	841	986	1230	1876	3485	5270	13123
德 国			676	777	894	1058	1821	3648	3881	11966

年份 国家	0	1000	1500	1600	1700	1820	1870	1913	1950	1973
意大利			1100	1100	1100	1117	1499	2564	3502	10643
荷 兰			754	1368	2110	1821	2753	4049	5996	13082
挪 威			640	760	900	1104	1432	2501	5463	11246
瑞 典			695	824	977	1198	1664	3096	6738	13493
瑞 士			742	880	1044	1280	2202	4266	9064	18204
英 国			714	974	1250	1707	3191	4921	6907	12022
西班牙			698	900	900	1063	1376	2255	2397	8739
苏 联	400	400	500	553	611	689	943	1488	2834	6058
美 国			400	400	527	1257	2445	5301	9561	16689
日 本	400	425	500	520	570	669	737	1387	1926	11439
中 国	450	450	600	600	600	600	530	552	439	839
印 度	450	450	550	550	550	533	533	673	619	853
世 界	444	435	565	593	615	667	867	1510	2114	4104

资料来源：[英]安格斯·麦迪森：《世界经济千年史》，第262页。

表4　1860—1913年人均工业化水平（英国1900年=100）

国　　家	1860 年	1880 年	1900 年	1913 年
英 国	64	87	100	115
比利时	28	43	56	88
瑞 士	26	39	67	87
法 国	20	28	39	59
德 国	15	25	52	85
欧洲（含俄国）	19	29	41	58
美 国	21	38	69	126

资料来源：《剑桥欧洲经济史》（第8卷），第129页，经济科学出版社2004年版。

（二）国际货币地位与国际经济地位的时间错位。国际货币的形成往往滞后于一国国际地位的上升，这从历史上看是一个相当普遍的现象。就是说，随着时间的推移和经济的发展，一国经济实力可能首先达到较高的水平、占据较大的份额，但其货币的国际地位却很低。18世纪是英国经济实力迅速跃升的时期，1700—1820年，英国的经济总量占全球的份额从2.9%上升到5.2%。1780年，英国的商船总吨位已经达到约10万吨，超过荷兰，居世界第一。可以说18世纪末、19世纪初，英国的总体经济实力已经是世界最强，但其货币地位并不特别突出。只是到了1870年前后，在英国经济实力连续几十年稳居世界首位之后，英镑才成为最主要的国际贸易支付货币，英国成为世界金融中心。美元的情况也类似。早在1870年，美国的经济总量就已经十分接近英国，此后很快超过英国，到1913年时，美国经济总量占全球的比例达到19.1%，远远超过英国的8.3%，但在1870—1913年期间，国际货币以英镑为主导，美元的地位十分微弱。如以第次世界大战尾声时召开的1944年布雷顿森林会议作为美元国际地位正式确立的时间，那么这是在美国经济实力居世界首位的几十年之后。由此，我们得出的一个粗略判断是，一个国家从经济实力跃居世界第一到本国货币成为主导性国际货币的时滞可能在50年左右。

（三）国际货币地位与国际经济地位的不对称性。从全球的角度看，各国GDP的加总就是世界GDP总量，每一个国家都或多或少总会占有一定的份额。但是，国际货币却是极其有限的，绝大多数国家的货币在国际货币格局中基本上不占有任何份额、没有任何地位。例如，韩国、印度、巴西、墨西哥等国在世界经济总量中都有相当的地位，但其货币却没有国际地位，或者说在国际货币中的份额为零，其他小国更不必说。即使同为国际货币，其母国的经济地位与该货币在国际上的地位也是不对称、不对等、不均衡的。例如，美元、欧元、英镑、日元、瑞士法郎是当代主要的国际储备货币，2007年在国际储备中所占份额分别为64.2%、26.1%、4.5%、3.1%、0.2%，而同年美国、欧元区、英国、日本、瑞士的GDP在世界GDP总量中的份额分别为25.4%、22.3%、5%、8.1%、0.8%（见表5）。这一结构表明，当前国际货币的首位度（排在第一位的国际货币所占比例）很高。处于前两位的国际货币美元和欧元在国际储备中所占份额大大高于货币母国的GDP份额，而处于后三位的国际货币英镑、日元和瑞士法郎在国际储备货币中的份额明显低于其GDP份额，这是国际货币格局所独有的特征。这可称之为"赢者通吃"。

表5　国际货币地位与国际经济地位的不对称性

国家/货币	美国/美元	欧元区/欧元	英国/英镑	日本/日元	瑞士/瑞郎
储备货币份额（2007年4月）	64.2%	26.1%	4.5%	3.1%	0.2%
GDP总量份额（2007年）	25.4%	22.3%	5%	8.1%	0.8%

资料来源：世界银行、国际货币基金、国际清算银行。

二、发达而开放的金融

经济实力是国际货币的基础，金融市场的发育状况则是国际货币的重要条件。英镑和美元等国际货币的崛起无不印证了这一道理。就英镑而言，在19世纪前期，英国和法国在经济规模上大体相当，如1820年英国GDP占全球的5.2%，而法国占5.5%。[1]但从金融业或金融市场的发展情况看，英国远远超出法国。一些重要的事实是：（1）英格兰银行建立于1694年，而法兰西银行建立于1800年。（2）英国财政革命（利用政府信用发行国债）发生于1688—1740年，法国财政革命在1789年后发生。（3）银行券在18世纪在英国广泛使用，而在法国是19世纪以后的事情。（4）银行存款于1826年开始在英国普及，1850年后迅速普及，法国则在1875年后慢慢普及。（5）1855年英格兰和威尔士有409家银行、1185家银行营业所，而1863年时法国3/4的地方没有银行，1881年只有115个可设银行的地方。（6）伦敦票据交换所建立于1772年，而巴黎票据交换所建立于1872年。（7）15世纪末汇票在英国已成陈规，法国在1700年前很少使用汇票，18世纪才盛行。（8）1725年伦敦《每日邮报》上有14只证券报价，1740年有20只，而1815年巴黎证券交易所才有4只挂牌证券。（9）英格兰的第一家保险公司创建于1680年，1720年得到迅速扩展，法国的火灾和人寿保险在拿破仑战争（1804—1815年）后才开始持续进行。[2]

在17世纪末财政革命后，英国为应付战争等的支出需要，大量发行国债（见表6），特别是在1815—1880年期间许多年份的发债额曾达到约8亿英镑，其规模远远超过其他国家，这是英国金融市场的一个重要组

---

① [英]安格斯·麦迪森：《世界经济千年史》，北京大学出版社2003年版，第261页。

② [美]金德尔伯格：《西欧金融史》，中国金融出版社2007年版，第129页。

成部分。以上这些表明，英国金融市场的发展，无论在产品创新上、产品品种的多样性上，还是在金融市场的规模上，都处于当时的世界前列，超过其他国家，这就为英国成为世界金融中心、英镑成为国际货币创造了金融市场和体制条件。

表6　1697—1920年英国国债　　　　　单位：百万英镑

年　　份	国债金额	年　息　额	特殊开支
1697	14.5	1.2	九年战争结束
1702	12.8	1.2	
1714	36.2	3.1	西班牙王位继承战
1739	46.4	2	
1748	75.8	3.1	奥地利王位继承战
1757	77.8	2.7	
1763	132.1	5	七年战争
1776	130.5	4.8	
1781	187.8	7.3	美国独立战争
1786	243.2	9.5	第四次英荷战争
1793	244.7	9.5	
1802	523.3	19.5	拿破仑战争
1815	834.3	31.4	拿破仑战争
1828	800	29.2	
1853	812.2	27.6	
1860	821.7	26	克里米亚战争
1880	769.9	29.6	
1902	745	27.3	
1914	649.8	22.7	
1920	7831.7	349.6	第一次世界大战

资料来源：[美]金德尔伯格：《西欧金融史》，第179页。

　　美元的国际货币地位上升与美国金融市场的长足发展是分不开的。尽管美国的经济规模在19世纪末已经超过英国居世界首位，但英国在此后相当长的时间内还是世界主要金融中心，在大萧条发生的1929年，伦敦和纽约的金融中心地位不相上下，甚至在国际金融方面伦敦还有一定优势。但经过大萧条和第一次世界大战，国际金融市场的格局发生了重大调整，美国金融市场的深度和广度都超过了其他国家。表7显示，1950年，美国国债余额达到2574亿美元，是英国的3.6倍，法国的21.8倍，德国的148倍，日本的167倍。同时，美国积累了大量的黄金和外汇储备，1950年达到242.7亿美元，是英国的7倍，法国的30.7倍，日本的40倍，德国的128倍。

表7　1950年主要国家国债和黄金外汇储备

国　　家	美国	日本	联邦德国	英国	法国
国债（亿美元）	2574	15.4	17.4	722.5	118
人均国债（美元）	1690	18.5	36.3	1436.3	288
黄金和外汇储备（亿美元）	242.7	6.05	1.9	34.43	7.91

资料来源：《国外经济统计资料1949—1976》，中国财政经济出版社1979年版。

此外，纽约上升为首要的国际金融中心。从国际股票发行额看，1955—1962年纽约市场共发行41.71亿美元，相当于伦敦的3.9倍，苏黎世的4.7倍，布鲁塞尔的10.6倍（见表8）。

表8　1955—1962年金融中心的国际股票发行额

市　　场	纽约	伦敦	苏黎世	布鲁塞尔	阿姆斯特丹	法兰克福
百万美元	4171	1064	882	393	298	163

资料来源：Youssef Cassis, Capitals of Capital, PICTET, 2005, p253.

从银行资产规模看，美国大银行也明显超过其他国家的大银行。如美洲银行总资产在1953年达到70.22亿美元，比英国最大的巴克莱银行多近10亿美元。到1960年，美洲银行总资产达到112亿美元，比巴克莱银行多37亿美元（见表9）。无论在资产规模还是发展速度上，美国大银行都超过了英国的大银行。其他国家的银行更无法和美国相比。

表9　1953年和1960年各国大商业银行总资产　　　单位：百万美元

国家/银行	1953年	1960年
美国 美洲银行	7022	11200

续表

国家/银行	1953 年	1960 年
花旗银行	6026	8160
大通银行	5574	8420
英国		
巴克莱银行	6064	7463
米德兰银行	4264	5103
劳埃德银行	3745	5033
法国		
里昂信贷	1243	2616
兴业银行	1068	2285
BNCI	1041	1730
德国		
德意志银行	1295	2690
德累斯顿银行		1905
Commerzbank	381	1640
瑞士		
瑞士银行	690	1192
瑞士信贷	634	1138

资料来源：Youssef Cassis, Capitals of Capital, PICTET, 2005, p254.

从以上一些指标可以看出，到20世纪中叶，美国金融业和金融市场的发展已经全面超过了包括英国在内的其他国家，美元作为主导性国际货币拥有了雄厚的金融市场基础。

三、信誉卓越的货币品质

一种货币要成为国际货币，应具备良好的品质。在铸币时代，货币的品质表现在货币的成色十足、形状美观、制作精良等方面，主要是技术层面的问题，那时曾经在特定环境下出现"劣币驱逐良币"的现象，后人称之为格雷欣法则，但从总体上看，当时还是"良币"占据主导。其实，我国早在汉代，贾谊就提出"法钱"概念，相当于标准的本位货币，由国家垄断铸造，以保证其重量、成色，即货币的品质。在信用货币时代，则无疑是良币压倒劣币、强币压倒弱币的时代。国际货币新旧交替的实质是"良币驱逐劣币"。要想成为国际货币，首先要成为良币。货币的品质可以从几个方面来衡量：一是兑换性；二是稳定性。而稳定性又可以分为对内稳定和对外稳定。对内稳定是指通货膨胀率不高，货币的国内购买力比较稳定；对外稳定是指货币对外比较坚挺，对其他货币的汇率相对稳定甚至升值。因此，品质好的货币至少应具备三要素，即（1）可兑换性；（2）对内稳定；（3）对外稳定。

（一）货币的可兑换性。长期而稳定的可兑换性是货币信誉的重要指标。在金本位时代，货币的可兑换性要看一种货币与黄金之间，在相当长的历史时期内，是否能够始终按照规定的比例（黄金比价）保持稳定的可兑换性。在固定汇率时代，货币的可兑换性要看一种货币与另一种货币之间，在相当长的历史时期内，是否能够按照规定的汇率保持稳定的可兑换性。要做到这一点，其实是相当困难的，需要庞大的国力和发达的金融市场作支撑。19世纪的大部分时间里，巴黎和伦敦在金融方面一直是竞争对手，巴黎在19世纪50年代也发展成为国际金融中心、国际清算中心。但由于1870年法兰西银行在普法战争期间中，止了黄金的兑换权，巴黎的国际金融中心地位很快又丧失了。此后，"现金支付的……全部债务都甩给了英格兰银行"。[1]从那以后直至第一次世界大战，英国支配了世界金融体系，这一体系为主要用英镑支付的国际贸易提供资金，英国作为金融中心和英镑作为国际货币的地位得到确立和加强。

美元在20世纪二三十年代国际金融动荡和大萧条期间，也曾经面临贬值等方面的压力和冲击，但在20世纪50年代之前不曾发生真正的兑换危机。

（二）货币的对外稳定性。汇率的长期稳定和持续升值是货币坚挺和信誉良好的重要表现。历史经验表明，一个国际货币在其发育成长过程中，往往伴随着该货币对其他货币汇率的持续升值。当然，汇率的短期波动可能是难以避免的，但关键是从长期的、历史的角度看问题。从英镑来说，在19世纪的金本位时代，各国货币与黄金的比价、进而各国货币之间的汇率本应是固定的。但实践中由于一些国家黄金储量不足、

---

① [美]金德尔伯格：《世界经济霸权1500—1990》，商务印书馆2003年版，第222页。

经济危机和兑换困难等，也曾多次出现黄金比价和货币汇率的调整。从表10可以看出，从1780年到1913年和1920年这样的时期内，英镑对法郎、马克的汇率是升值的。其中，英镑与法郎的汇率由1780年的1：23.8，演变为1800—1913年的1：25.22和1920年的1：52.27。在这一时期，英镑和法郎是国际上两种特别重要的货币，而英镑显然更加坚挺和信誉卓著，这也是英镑作为主导性国际货币的重要特征。

表10　1780—2004年主要国际货币汇率变化

1英镑	美元	法郎	德国马克	瑞士法郎	荷兰盾	日元
1780年		23.8	6.8		12.41	
1800—1913年	4.86	25.22	20.43	25.22	12.41	9.76
1920年	3.66	52.27	215.1	21.68	10.66	7.69
1930年	4.86	124.18	20.43	25.22	12.4	9.76
1938年	4.89	170.14	12.18	21.37	8.89	17.2
1950年	2.8	987.1	11.76	12.24	10.64	985.27
1961年	2.8	13.82	11.2	12.24	10.13	1003.28
1972年	2.49	12.62	7.98	9.55	8.03	764
1980年	2.34	9.84	4.23	3.9	4.63	524.9
1990年	1.78	9.7	2.88	2.47	3.24	257.29
2004年	1.83	9.65	2.88	2.27	3.24	198.1
1美元	英镑	法郎	德国马克	瑞士法郎	荷兰盾	日元
1800—1913年	0.21	5.18	4.2	5.18	2.55	2
1920年	0.27	14.3	58.77	5.93	2.92	2.1
1930年	0.21	25.52	4.2	5.18	2.55	2
1938年	0.2	34.79	2.49	4.37	1.82	3.52
1950年	0.36	352.42	4.2	4.37	3.8	351.77
1961年	0.36	4.93	4	4.37	3.62	358.2
1972年	0.4	5.07	3.21	3.84	3.23	307.2
1980年	0.43	4.22	1.81	1.67	1.98	224.76
1990年	0.56	5.45	1.62	1.39	1.82	144.58
2004年	0.53	5.27	1.57	1.24	1.77	107.97

注：1930年改为帝国马克；1949年再引入新德国马克。1959年实行新法郎。

资料来源：Youssef Cassis, Capitals of Capital, PICTET, 2005.

但在第一次世界大战结束后，英镑的国际货币地位逐步下降，美元的国际货币地位逐步上升。从第一次世界大战结束到第二次世界大战结束，甚至到20世纪六七十年代，美元演变成为主要国际货币并达到如日中天的程度，这与美元汇率逐步升值的轨迹是一致的，不是巧合。表10显示，从19世纪到20世纪30年代，美元与英镑的汇率大约在1美元对0.2—0.27英镑，到1950年升至0.36英镑，1972年后再升至0.4英镑以上。美元对法郎的比价关系同样如此，由1800—1913年期间的大约1美元兑5.18法郎，演变为1920年的14.3法郎、1930年的25.52法郎、1938年的34.79法郎、1950年的352.42法郎，美元的强劲势头更加明显。在这些时期，国际上先后实行金本位和固定汇率制，理论上讲汇率不会变化，但事实上却在变化，原因是，对于走下坡路的国家和货币来讲，最初确定的黄金比价和固定汇率关系在实践中变得越来越难以承受，黄金比价和汇率关系的调整是客观需要、在所难免。这种调整不是浮动汇率制下那种连续的调整，而是间断的特定时点上的调整，或者说是客观现实的发展超越原有黄金比价或汇率关系可承受临界点的调整。在此调整的背后，存在着各国之间政治、经济、军事等方面实力此消彼长的变化。

（三）货币的对内稳定性。如果一国通货膨胀率过高，货币的对内购买力急剧下降或处于剧烈波动状态，那么这种货币就缺乏成为国际货币的重要品质。可以说，货币对内购买力的长期相对稳定是成为国际货币的必要条件之一。从表11看出，在19世纪初期到20世纪初期的百余年中，根据通货膨胀情况来测算，英镑对内购买力的变化幅度与其他货币比起来相对较小。如以1914—1924年平均值与1815—1913年平均值相比，英镑实际购买力下降约41%，而法郎下降60%，马克下降67%，瑞士法郎下降50%，表明这一时期英镑的购买力实际上更加稳定，而这一时期也正是英镑国际地位较高的时期。随后，在第一次世界大战结束到第二次世界大战结束的一段时期内，美元的购买力稳定与英镑等货币的购买力在波动中下降形成了对比，这时正是美元的国际货币地位形成和上升的时期。1914—1949年间，美元的实际购买力仅下降15%，而英镑的购买力先上升、后下降，1938—1949年平均值与1925—1938年平均值相比，英镑购买力下降22%，法郎购买力则更是直线下降，第二次世界大战结束时的购买力大体是第一次世界大战结束时的1/10。第二次世界大战结束后的很长时间内，美元购买力的稳定性继续高于英镑和法郎。而马克、瑞士法郎和日元的购买力则相对而言更加稳定。1995—2004年平均值与1950—1964年平均值相比，英镑的购买力下降14/15，法郎下降9/10，美元只下降6/7，而马克、瑞士法郎、日元下降得更少，分别为3/4、3/4和4/5。货币购买力的这种变化态势，与第一次世界大战后美元处于主导性国际货币地位，英镑和法郎的国际地位下降，马克、日元、瑞士法郎的国际地位上升，具有较高的一致性。

表 11　1815—2004 年主要货币的购买力（基于通货膨胀测算）

年　份	美元	英镑	法郎	马克	瑞士法郎	日元
1815—1913	20	46	25	12	12	40000
1914—1924	13	27	10	4	6	15000
1925—1938	12	32	4	6	7	12000
1938—1949	11	25	1.1	6	5	6000
1950—1964	7	15	10	4	4	5
1965—1979	4	6	4	2	2	2
1980—1994	1.5	1.6	1.3	1.3	1.3	1
1995—2004	1	1	1	1	1	1

资料来源：Youssef Cassis, Capitals of Capital, PICTET, 2005.

考虑到劳动生产率等因素的影响，按照人均收入来测算，可以得到与前面相似的结论。劳动生产率越高，购买力越强、越稳定。如表12所示，1820—1913年期间，英镑购买力相对下降63%，而法郎下降77%，马克下降87%，美元下降72%，这一时期英镑相对最稳定。而在第一次世界大战结束后到20世纪末的很长时间里，美元与英镑、法郎相比，其购买力要更稳定一些。而马克和瑞士法郎的购买力则更加稳定。日元在80年代以后的购买力与马克和瑞士法郎一样相当稳定。

表 12 1820—2004 年主要货币的购买力（基于人均收入测算）

年　份	美元	英镑	法郎	马克	瑞士法郎	日元
1820	338	493	477	269	217	
1870	156	264	229	108	97	1386000
1913	95	183	109	35	50	309337
1930	49	164	77	2207	21	160388
1950	22	58	56	20	11	63648
1960	15	32	23	8	9	26
1970	7	16	10	4	4	6
1980	3	4	3	2	2	2
1990	1.6	1.6	1.4	1.5	1.2	1.1
2004	1	1	1	1	1	1

资料来源：Youssef Cassis, Capitals of Capital, PICTET, 2005.

四、庞大的贸易盈余和对外投资

国际货币的基本职能是为国际经济活动做交易媒介。一方面，一国货币要想成为国际货币，该国的对外经济活动必须有足够大的规模。对外贸易是最传统的对外经济活动，因此一国的进出口规模与该国货币是否能够成为国际货币关系密切。但持续进口和不断扩大贸易道差对一个国家来说通常是难以持续的，而扩大出口和贸易顺差对一个国家米说往往成为一种有效的发展模式，具有更大的可持续性。从历史经验看，出口和顺差扩大，是一个国家经济竞争力增强的重要标志。另一方面，随着出口和贸易顺差扩大，国家黄金和外汇储备必然增加。但黄金和外汇储备如果只是放在金库中，就不能增值，就没有意义。因此，在进口不能相应增加的情况下，一国黄金和外汇储备的增加必然导致对外投资和贷款的增加。这就容易形成一个良性循环：扩大出口→扩大贸易顺差→扩大对外投资和贷款。用公式表示为：贸易或经常项目顺差+资本和金融项目逆差=国际收支平衡。但这不是一个简单的循环、简单的平衡，在这一循环过程中，该国成为贸易顺差国、资本输出国和债权国。在这一循环过程中，该国对外经济活动的规模将急剧扩大，国家主权货币则借势逐步成为国际货币。

英国在19世纪是最大的贸易大国、制造品顺差大国。在19世纪中期，英国已经成为"世界工厂"，并大力倡导自由贸易，采取了废除谷物法、主动降低进口关税等措施，这与英国在国际贸易中强大的竞争力是分不开的。1820年，英国出口总额约为11.25亿美元（1990年美元[①]），而法国只有4.87亿美元，意大利3.39亿美元，美国2.51亿美元。到1870年，英国出口额扩大到122.37亿美元，占欧洲出口总额的40%，这时法国为35.12亿美元，意大利为17.88亿美元，美国为24.95亿美元。即使到1913年，英国仍是世界第一，达到393.48亿美元，而法国为112.92亿美元，意大利46.21亿美元，美国191.96亿美元，这时德国也已经达到382亿美元。特别是，英国在国际贸易中出现连续多年的贸易顺差。表13显示，1855—1924年英国制造品贸易顺差从77.4百万英镑增加到344.4百万英镑，充分显示了英国的强大竞争力和对国际贸易的主导地位，也为英镑的国际地位奠定了坚实基础。

表13　1855—1924年英国制造品贸易　　　　单位：百万英镑

年　　份	进　　口	出　　口	顺　　差
1855	11.2	88.5	77.4
1860	15.7	114.6	98.9
1870	35.9	178.8	142.9
1889	55.1	182.4	127.4
1890	71.3	206.5	135.1
1900	102.5	213	110.5
1910	126.4	320.3	193.9
1912	145.3	362.9	217.6
1924	221.2	565.5	344.4

注：数据为三年平均数。

资料来源：马赛厄斯等，《剑桥欧洲经济史》（第8卷），第77页。

随着进出口规模和贸易顺差扩大，英国在19世纪也成为全球最大的对外投资国。表14显示，从1825年到1913年，英国的对外投资额从5亿美元增加到195亿美元，远远超过欧洲其他国家和美国，在大约一个世

[①] [英]安格斯·麦迪森：《世界经济千年史》，北京大学出版社2003年版，第358页。

纪的时间内一直是世界最大的对外投资国。英国在对外贸易和对外投资这两种最基本的对外经济活动中的强大地位,为英镑作为国际货币的地位提供了极其有力的支撑。

表14　1825—1913 年主要国家对外投资　　　　单位:百万美元

国家	1825 年	1840 年	1855 年	1870 年	1885 年	1900 年	1913 年
英国	500	750	2300	4900	7800	12100	19500
法国	100	300	1000	2500	3300	5200	8600
德国	*	*	*	*	1900	4800	6700
荷兰	300	200	300	500	1000	1100	1250
美国	N	N	N	N	N	500	2500

资料来源:转引自[美]金德尔伯格:《西欧金融史》,第240页。

从19世纪中后期起,美国的出口规模持续较快增加,且一直保持贸易顺差约百年时间。到20世纪,国际贸易和对外投资的形势和格局发生了新的巨大变化,美国逐步替代英国成为最大的国际贸易国和资本输出国。1790—1868年期间,美国商品贸易处于逆差状态,此后美国进入贸易顺差时期,其中,1869—1878年平均每年商品贸易顺差5270万美元,1879—1888年达到1.324亿美元,1889—1899年为2.408亿美元,1900年6.4亿美元,1901—1913年为5.702亿美元。[①]此后国际政治经济环境跌宕起伏,先后经历了第一次世界大战、大萧条、第二次世界大战,期间美国的国际贸易地位继续上升。在这一过程中,美国成为自由贸易的倡导者,贸易保护主义的反对者,与19世纪中期英国的态度和做法极其相似。1929年,美国出口421亿美元,进口374亿美元,顺差47亿美元;1940年,出口420亿美元,进口317亿美元,顺差扩大到103亿美元。1946年出口690亿美元,进口420亿美元,顺差270亿美元。到1948年,美国的商品出口占世界总出口额的21.8%,而进口占世界的11.3%,[②]美国贸易大国和顺差大国的地位达到了极高的程度,为美元的国际货币地位奠定了强有力的基础。

---

① 恩格尔曼等:《创桥美国经济史》(第2卷),中国人民大学出版社2008年版,第693页。
② 陈宝森:《美国经济与政府政策》,世界知识出版社1988年版,第823页。

美国的资本输出形势在19世纪末、20世纪初发生转折。美国从诞生之日起就是净债务国，在整个19世纪积累了大量的债务，这与当时美国经济快速增长过程中巨大的资金需求有关，但到19世纪末期开始转为资本出口。[1]1898—1905年连续8年出现资本净流出，有的年份净流出量在3亿美元左右。但是，当时的对外资产与过去一个世纪积累起来的债务相比是不匹配的。战争转换了这种地位。[2]第一次世界大战期间，各交战方纷纷到美国市场发债借款筹资，美国的海外负债从1914年夏季的50亿美元下降到1919年末的20亿美元，海外投资组合则超过70亿美元。第一次世界大战结束后美国对外贷款仍保持在很高的水平，并在欧洲重建和战后恢复中扮演了重要角色。大萧条时期美元贬值导致资本大量流入美国。随后的第二次世界大战发挥了和第一次世界大战相似的作用，它不仅增强了美国作为资本输出国的地位，而且增强了美国在国际货币体系中的地位。1941年3月到1946年9月美国向同盟国资助了380亿美元，相当于第一次世界大战时提供的3倍多。战后通过马歇尔计划等，美国向欧洲提供了巨额的援助。1947—1955年，美国对西欧的军事援助达115.34亿美元，其他援助235.11亿美元。同时，美国的私人对外投资也大量增加。1950年，美国海外投资的市场价值达到726亿美元，大大超过外国在美国投资的价值208.51亿美元（见表15）。美国的对外投资在国际上遥遥领先，并成为世界最大的债权国。在对外援助和对外投资过程中，许多是直接用美元来进行的，美元作为国际货币的地位顺势而升。

表15　1900—1950年美国国际投资状况　　单位：百万美元

年　　份	美国海外投资的市场价值	外国在美国投资的市场价值
1900	910	3251
1914	4820	4670
1919	12207	3658
1929	35146	10737
1933	14265	3337
1939	35267	13061

[1] 恩格尔曼等：《剑桥美国经济史》（第2卷），中国人民大学出版社2008年版，第695页。
[2] 恩格尔曼等：《剑桥美国经济史》（第3卷），中国人民大学出版社2008年版，第349页。

续表

年　　份	美国海外投资的市场价值	外国在美国投资的市场价值
1943	48466	16231
1950	72598	20851

资料来源：恩格尔曼等：《剑桥美国经济史》（第3卷），第350页。

五、广泛的文化政治影响

一国货币成为国际货币，除了直接的经济金融因素外，其他一些非经济非金融因素的影响也不容忽视，严格地讲，国际货币的发育和成长是多种因素综合作用的结果。

从英镑成为国际货币的影响因素看，可以再指出以下几点：（1）英国是工业革命的发源地和领导者。从18世纪60年代到19世纪三四十年代，英国进行了一场对世界经济发展和社会进步产生重大影响的工业革命。工业革命首先是一次重大的技术革命，许多具有革命性的技术创新成果源源不断地涌现出来，并应用到生产过程，变为现实的生产力。同时，工业革命也是一次深刻的社会变革，在劳动生产率迅速提高的同时，社会生产的组织方式、人与自然的关系、人与人的关系都发生了重大变化。可以说，英国是当时世界先进生产力的代表，在技术、经济和社会等的发展趋势方面，都占有先机。而法国、德国、美国等则在18世纪末、19世纪初才开始工业革命，许多方面都在"模仿"英国，跟在英国的后面。英国工业革命的巨大影响自然也使英镑的国际地位受益。（2）英国曾经拥有面积最大、人口最多的海外殖民地。殖民地是人类发展史上不光彩的一页。从客观影响来看英国对广大殖民地的长期统治，使得英国经济社会的各方面影响潜移默化地扩散到殖民地国家，其中也包括英镑的影响。表16显示，从1826年到1913年，英国的殖民地面积从900万平方公里扩大到3286万平方公里，殖民地人口从1.9亿人增加到3.9亿人，一直是世界最大的宗主国。英镑在这些殖民地国家对外经济活动中具有重要的交易中介作用，可以看作是殖民统治的副产品或伴生产品。（3）英国移民大量增加。在19世纪中后期，英国迁往美国、巴西、澳大利亚等国的移民迅速增加，如1870—1913年的40多年迁往美国的移民达到1500多万人，迁往巴西的达到220万人（表17）。这些移民多数分布在西方国家，他们对母国的货币和文化等自然存在一种特殊的纽带和感情。因此，移民人数越多，分布范围越广，其母国货币的影响自然也越容易扩散、容易接受。（4）英国曾是世界航运能力最大的国家。1780年，英国的航运能力就达到100万吨，相当于全球的1/4；1820年，英国航运能力发展到2448万吨，相当于全球的41.6%。此后到1913年，英国的航运能力达到460万吨，占全球的比重仍在27%（表18）。由于航运发达，航船遍及世界各地，其货币和文化等方面的影响也容易传播到五洲四海。

表16　1826年—1913年欧美等国家海外殖民地情况

宗主国	殖民地面积（千平方公里）			殖民地人口（百万人）		
	1826年	1876年	1913年	1826年	1876年	1913年
英　国	9000	22470	32860	190	250	390
法　国	100	970	10590	1	6	60
荷　兰	1200	2020	2020	10	25	50
葡萄牙	500	600	2080	2	2	9
西班牙	400	430	350	6	8	1
德　国			2940			12
比利时			2360			7
意大利			1530			2
欧　洲	11200	26500	54800	210	300	530
美　国			310			12
日　本			290			22
世　界	11200	26500	55400	210	300	570

资料来源：马赛厄斯：《剑桥欧洲经济史》第8卷，第95页。

表17 1600—1950年英国迁往美国等国家的移民情况 单位：千人

国　　家	1600—1700年	1700—1820年	1820—1869年	1870—1913年	1913—1950年
巴西	60	400	400	2200	1294
澳大利亚		33	1069	885	673
美国	131	587	6131	15820	6221
英国	－714	－672	－5548	－6415	－1405

注：原文缺单位，估计为千人。作者注。

资料来源：[英]安格斯·麦迪森：《世界经济千年史》，第23页。

表18 1570—1913年英国和世界航运能力 单位：千吨

年　份	英　国			世　界			英国占世界比重（%）
	帆船	轮船	运载力合计（帆船当量）	帆船	轮船	运载力合计（帆船当量）	
1570	51	0	51	730	0	730	7
1670	260	0	260	1450	0	1450	18
1780	1000	0	1000	3950	0	3950	25.30
1820	2436	3	2448	5800	20	5880	41.60
1850	3397	168	4069	11400	800	14600	27.90
1900	2097	7208	30928	6500	22400	96100	32.20
1913	843	11273	45953	4200	41700	171000	26.90

资料来源：[英]安格斯·麦迪森：《世界经济千年史》，第88页。

　　美元成为国际货币，也在一定程度上得益于美国的文化政治影响力。（1）美国是第二次世界大战期间盟国中事实上的领袖。第二次世界大战中美国财大气粗、兵强马壮，对于盟国作战给予了很大的物质援助和支撑，特别是美国参战对于第一次世界大战形势具有十分重要的影响。经过第二次世界大战，美国不仅是经济大国，而且成为政治大国和军事大国，成为综合实力最为强大的国家。美元的国际地位与此相匹配，也成为顺理成章的事情。（2）美国是最大的移民国家。据统计，1790—1920年海外移民占美国总人口增长中约25%的份额。1819—1920年间，约3370万移民从国外来到美国。1920年，约63%的美国人的最早血统来自北欧和西欧（41%来自英国和北爱尔兰），27%来自中欧和东欧（祖先在德国的占16.3%），4.5%来自南欧。[①]这些移民与其祖国之间总是存在千丝万缕的联系和感情上的纽带，这种特殊联系也容易把美元的影响带到千里万里之外的祖国，而在他们之间的经济交往中，也都更容易接受美元。（3）英语是全球应用最广泛的国际语言。随着英国和美国先后成为世界第强国，英语在国际上的地位大为提高。目前英语是除汉语之外母语人口最多的语言，但从国际语言的角度说，英语是世界上应用最多、最广的语言。这种状况并非自今日始，而是在第二次世界大战结束前后（甚至更早）就已经形成，这对于英镑和美元先后成为主要国际货币也有很大的积极作用。这是国际语言对国际货币地位的正"外部性"效应。

根据以上因素分析，可以说国际货币的诞生及其地位，从根本上是由许多客观条件决定的，只有当客观条件具备时，国际货币或货币国际化才能水到渠成、瓜熟蒂落。当然，主观上的努力也是需要的，国际货币也必然是国家意志和经济外交的结果。

六、坚定的国家意志和精明的经济外交

在国际货币形成过程中，客观条件与主观因素的有机结合、有效配合很重要。理论上讲有两种情形：（1）当客观条件具备时，如果缺乏国家意志，即不愿意推动本国货币成为国际货币，那么就可能错失机会，或者拖延一国货币成为国际货币的时间。（2）当客观条件不具备时，主观上硬性推动本国货币成为国际货币，这样做的结果可能是"强扭的瓜不甜"，不是主观努力无功而返，就是做成"夹生饭"，难以成长为影响广泛的国际货币。最佳效果应当是，当客观条件具备时，积极实施有效的策略，开展精明的经济外交，使得本国货币成为国际货币的潜力不失时机、最大限度地发挥出来，在增强货币的国际地位过程中促进本国和世界经济发展。从历史上看，各国在维护和提高本国货币国际地位上的努力是不同的，成败得失也各有不同。

（一）英镑的国家意志和经济外交。英镑的国际地位是和金本位制

---

① 恩格尔曼等：《剑桥美国经济史》（第2卷），中国人民大学出版社2008年版，第135页。

联系在一起的，甚至可以说，金本位制本质上是英镑本位制，因为在国际贸易中主要采用英镑，英格兰银行以自己为中心在世界范围内控制和操作金本位制的运行。但与布雷顿森林会议建立美元为中心的国际货币体系相比，英镑的国际地位并没有一个正式的国际协议安排，宁可说，英镑是靠自己的信誉和创新来赢得国际地位的。早在1717年，英镑就按黄金固定了价格，并一直延续到1931年。一般认为，正式的金本位制始于19世纪20年代，由英国率先实行。当时一些国家实行金银复本位制。此后，德国于1871年采用金本位，荷兰在1873年紧随其后，瑞士和比利时在1878年也采用金本位，法国虽然朝着金本位方向发展，但仍保持金银复本位制，1879年美国用黄金固定美元价值，1897年俄罗斯和日本支持采用黄金。到1900年，金本位制在全球范围内扩展。这在一定程度上体现了英国的领导和示范作用，但其中没有国际规则或协议的约束。在维护金本位制的过程中，英国主要在初期和末期进行过经济外交或国际关系上的努力：一是19世纪前期英格兰银行与欧洲大陆银行在黄金紧急援助上的合作。1825年英格兰银行面临挤兑危机，法兰西银行运来一批金镑加以救助。1836年和1839年，法兰西银行和汉堡银行贷款给英格兰银行，以应对金融危机。此后很长一段时间，金本位制在英国的运转是比较平稳顺畅的。二是在两次世界大战之间，即1919—1939年，主要特征是英国等西方国家恢复金本位制的尝试失败。1918年1月，在第一次世界大战还未结束、结局不甚明朗的时候，英国政府就任命专门的委员会研究按照旧汇率恢复英镑同黄金的可兑换性问题（这与二战结束前美国、英国就专门研究制定战后国际货币金融体系何其相似）。在1920年举行的布鲁塞尔国际金融会议、1922年举行的热那亚多国会议上，讨论了国际金融体系和恢复金本位制问题，英国在会上都发挥了重要作用，但会议都没有产生实际的结果。在经过长时间的争论后，英国于1925年5月恢复金本位制，欧洲其他国家也先后恢复金本位制。但是，两次大战之间的金本位制没能像以前那样平稳顺畅地运转，而是跌跌撞撞，没过几年就瓦解了，其中英国在1931年9月放弃金本位制是一个重要的标志。从英国来说，被迫放弃金本位制的原因：一是当时各国经济实力格局已经发生了很大变化，英国的经济实力已经难以支撑英镑以往的地位；二是在恢复金本位制时英国沿用了战前的黄金平价，这实际上高估了英镑的价值，致使后来陷入被动。而其他一些国家是在货币贬值的基础上恢复金本位制的，如法国、比利时、意大利等按照战前平价的1/4和1/8来恢复，保加利亚、希腊、葡萄牙等按照战前平价的1/11和1/32来恢复，德国、奥地利等高通胀国家则发行新的货币。[1]三是国际货币协调缺乏机制保障，极其困难和无效。有人评价说，"毁掉金本位的，是不明智而只顾自身利益的法国和美国的货币政策"。当时英国恢复金本位制和维护英镑国际地位的国家意志是很明确的。正如丘吉尔（时任英国财政大臣）在支持恢复英镑的黄金平价时说："我们不仅是世界的金融中心，我们也是个广阔的帝国的中心"，"如果英镑不是每个人都知道和可以信赖的，每个国家每个人都理解并可以信任的本位，那么，不仅大英帝国的经济，而且欧洲的经济，可能都得运用美元而不是运用英镑，我以为那将是一大不幸"。但这种结局不幸而言中。这也表明，与主观愿望和主观努力相比，货币的国际地位主要还是由经济实力等客观因素决定的。

（二）美元的国家意志和经济外交。对于20世纪30年代国际经济和货币"群龙无首"的混乱状况，美国经济史学家金德尔伯格认为当时是"美国无意而英国无力"充当世界经济霸主，但实际上更准确概括的是"美国和英国都有意但都无力成为世界经济霸主"。[2]到了第二次世界大战期间和结束之后，美国则是"既有意也有力"来实现其国际经济金融霸权了。战后国际货币体系和美元国际地位的塑造可以说是国家意志和经济外交相结合的经典范例。早在1941年12月珍珠港事件爆发不久，美国财政部就着手设计一项"联合国平准基金计划"，"旨在战争期间用于援助潜在的以及实在的盟友并牵制敌人的货币计划，提供一种战后'国际货币'"。1942年初，美国提出了战后国际货币体系的"怀特计划"（怀特是美国财政部特别助理），而在1941年7月英国就提出了关于同一主题的"凯恩斯计划"（凯恩斯是著名经济学家，英国财政部顾问）。两个方案的目标不谋而合，都是要通过建立一个国际金融机构来管理和稳定战

---

① 马赛厄斯等：《剑桥欧洲经济史》（第8卷），经济科学出版2004年版，第236页。
② 张振江：《从英情到美元：国际经济霸权的转移》，人民出版社2006年版，第21页。

后国际货币市场,确保国际间正常的经济往来和贸易稳定。两种货币计划都有其合理之处,但也都体现了美英两个不同的利益关切,经过艰苦复杂的经济外交斗争和合作,最终以英国不断退缩、让步、屈从而告结束。这表现在许多方面:首先,美国对凯恩斯计划消极应付,不作为平等的方案加以正式讨论,而以自己的怀特计划作为双边和多边会议讨论的基础。其次,英国希望与美国共同主宰战后国际货币体系,坚持双边主义,但美国则在多边主义的幌子下行独霸之实。再次,国际货币基金运作的原则最终采纳了美国提出的认缴份额原则,抛弃了凯恩斯计划提出的透支原则(逆差国可以借款)和贸易逆差国(如英国)与贸易顺差国(如美国)共同承担国际收支平衡责任的思想。最后,英国期望战后成立的国际货币基金和世界银行的总部至少一个设在伦敦,但结果是两个总部都在华盛顿。这种边倒的结果,客观上在于当时美国的经济实力和综合国力已经强大到别的国家难以比拟的程度,而美国的经济外交也很精明,达到了顺势而为、最大限度实现国家利益的效果。

(三)日元的国家意志和经济外交。日元的国际化经历了一个曲折的过程,但总体上效果不甚明显,从日元在国际储备和贸易结算中的份额看,目前日元的国际地位与历史上曾经达到的程度相比甚至还有所下降。在亚洲金融危机和欧元诞生之前,日元国际化总体上是比较消极被动的。消极的一面表现在,战后日本经济虽然快速增长,迅速成为世界第二经济大国,但日本政府对金融和资本市场的开放十分谨慎,对日元国际化对国内金融市场可能带来的扰动高度警惕,主观上并不积极推进日元国际化,也没有一个完整的战略;被动的一面表现在,日元国际化的些步骤是被美国推着走,这是因为,长期以来特别是20世纪80年代,日美之间存在巨大的贸易不平衡,日本金融对外开放和日元国际化的措施,往往是在美国主导下、与缓解日美贸易不平衡问题相联系的。[①]进入21世纪以来,日本开始积极推进日元国际化,一方面比以往更加注重金融自由化和金融对外开放,一方面把战略目标调整为日元亚洲化,倡导亚洲共同货币(亚元)。但这种主观努力可能仍难以取得理想的效果,

---

① [日]菊地悠二:《日元国际化》,中国人民大学出版社2002年版。

因为时移事易，目前日本经济实力处于相对下降阶段，日元国际化将日益缺乏强有力的经济后盾。

（四）欧元的国家意志和经济外交。欧元作为国际货币是一个特例，因为它不是国家货币，而是多国共同货币。欧元作为国际货币形成，从经济外交或主观因素方面看，分为两个层次：一是欧盟内部各国之间的经济外交。欧元的诞生，如果从1957—1958年建立欧洲经济共同体算起，经历了40多年的时间，在此过程中欧盟各国之间的经济外交极为频繁和复杂。二是欧元区与其他国家特别是美国之间的经济外交。从当今的国际经济和金融格局看，对于美元国际地位构成最大竞争的当属欧元。但自欧元诞生10年来，欧元并未主动挑战美元的地位，对欧元也没有做出什么正式的国际安排，一切听凭市场的选择。目前欧元仍处于适应期，还未经历严峻的考验。但毫无疑问，欧元与美元之间的关系既有合作、更有竞争，欧元的国际地位将会上升到何等地步，首先要看欧元能在多大程度上适应和促进欧元区的经济发展，从而看欧元区的经济实力与美国之间的消长变化。当然，在两虎相争、势均力敌的情况下，欧盟与美国之间的经济外交策略和技巧对于两大国际货币地位的变化也将产生相当重要的影响。

根据以上分析，我们可以尝试对国际货币的必要条件和充分条件作一归纳。货币可兑换是成为国际货币的必要条件之一，因为国际货币的一个基本特征和前提就是可兑换，如果货币不可兑换，则只能承担国内货币职能，不可能成为国际货币。现有的国际货币都是可兑换货币，但完全自由兑换并不能保证一种国家货币必然成为国际货币，如新加坡元等。良好的货币品质，如对内对外价值稳定等，是成为国际货币的另一个必要条件，因为一个国家如果经常出现恶性通货膨胀，汇率大幅贬值，则这种货币就难以获得国际社会的信任，进而成为国际货币，但仅具有良好的货币品质也不能保证一种货币必然成为国际货币，世界上有不少国家的货币具有较好品质，但并非国际货币。发达而开放的金融市场也是一种货币成为国际货币的必要条件，缺乏这一条件的支撑，国际货币难以成长壮大，但一国仅有发达而开放的金融市场并不能保证其货币必然成为国际货币，新加坡就是如此，当前英国金融市场上的交易总体上也是以美元而不是英镑为主导，这相当于非国际货币发行国"搭台"、请国际货币"唱戏"。经济规模也是成为国际货币的必要条件，如果国经济和贸易没有足够大的体量，其货币就难以成为国际货币，现实中经济小国的货币罕有成为国际货币的。非经济因素特别是军事外交实力等同样是成为国际货币不可或缺的条件，但仅有非经济实力也不能使一国货币成为国际货币，如俄罗斯多年来一直是军事大国，目前也实现了货币自由兑换，但卢布并未成为国际货币。当以上必要条件同时具备的时候，也就形成了催生国际货币的充分条件。而以上各类必要条件的总和，可以理解为综合国力。因此可以说，综合国力是成为国际货币的充分条件。反过来，国际货币一旦成长壮大，又构成综合国力的一个独特要素。

总的看，综合国力是一个国家货币成长为国际货币的决定性因素，国际货币竞争归根到底是综合国力的竞争。以上所分析的各因素，都可以归结为硬实力和软实力。随着一国经济实力和综合国力达到一定的程度，其货币也就逐步具备了成为国际货币的条件，启动了迈向国际货币的进程。因此，一个国家货币的成长壮大，很大程度上是客观的、历史的、逻辑的过程，而不是"人为"的结果。主观努力的成效需要建立在客观条件成熟的基础之上。这既是理解以往的和现存的国际货币演变的关键所在，也是理解、推动和展望人民币迈向国际货币进程的关键所在。

积极财政政策的相对淡出和绝对淡出*

回头看： 在应对亚洲金融危机四年之后，对于积极财政政策是否退出，本文提出了相对淡出和绝对淡出的概念，并认为相对淡出已是事实，但不会戛然而止，这已为当时和后来的经济运行实践所证实。

发行长期建设国债是积极财政政策的一个重要组成部分，但不是全部内容。积极财政政策的力度大小，最终而全面地体现在财政赤字规模上，尤其是财政赤字率即赤字占国内生产总值的比例上。当赤字率提高时，表明积极财政政策的力度加大；相反，当赤字率降低时，表明积极财政政策的力度减弱。而赤字的绝对规模并没有太大的意义，例如1000亿元赤字在10年前承受不了，目前则不是多大问题，因为作为分母的国内生产总值是在不断扩大的，国民经济对于赤字的承受能力是不断增强的。在经济运行中，导致财政赤字的因素很多，国债投资只是其中的一个。当然，从最近几年的情况看，也是最重要的一个因素。

积极的财政政策不是长期政策，更不是永恒的政策，总有淡出或退出的时候。积极财政政策的"淡出"可以有相对"淡出"和绝对"淡出"两种方式。所谓绝对淡出，是指财政赤字额绝对减少甚至彻底消灭；所谓相对淡出，是指赤字的绝对额基本维持不变，但由于经济总量逐步扩大，赤字率相应地逐步下降。从长期建设国债作为积极财政政策的一个部分看，也是如此。国债投资的绝对淡出表现为停止发行长期建设国债或大幅度减少国债发行规模，相对淡出则表现为国债发行规模保持大体稳定，但在总赤字和经济中所占比例逐步下降。

当前，在人们争论积极财政政策是否应当"淡出"而莫衷一是的时

---

* 本文完成于2002年7月。

候,作为积极财政政策一个内容的国债投资对赤字的影响其实正在出现弱化趋势,换言之,国债投资事实上已经相对"淡出"。

国债投资已经相对"淡出"的主要表现是:(1)长期建设国债的规模连续三年保持稳定,没有扩大。1998年和1999年长期建设国债的发行规模分别为1000亿元和1100亿元,2000年增加到1500亿元,此后两年即2001年和2002年长期建设国债的发行规模均为1500亿元,或零增长。(2)长期建设国债相当于全部财政赤字的比例正在下降。长期建设国债相当于当年财政赤字的比例,由1998年的108%下降到1999年的63.9%和2000年的60.2%,2001年为60.7%,按照预算2002年将进一步下降到48.4%。(3)长期建设国债相当于国内生产总值的比例正在下降。这一比例在1998年和1999年均为1.3%,2000年上升到1.7%,此后开始下降,2001年为1.6%,2002年预计下降到1.5%。(4)长期建设国债在全部固定资产投资中的比例正在下降。长期建设国债在全社会固定资产投资中的比例(假设建设国债全部用于当年的投资,实际并不如此,而是有时滞,且不均衡使用),1998年为3.5%,1999年和2000年分别上升到3.7%和4.6%,2001年转为4.1%,2002年预计进一步下降到3.6%左右。(5)长期建设国债在财政全部债务收入中的比例正在下降。我国财政举债早已有之,并非始自建设国债。1998年和1999年长期建设国债在财政债务收入中的比重均为30%左右,2000年上升到35.9%,2001年下降到32.6%,2002年将下降到26.4%。总体上看,长期建设国债正在呈现相对收缩态势。

经济形势总是在不断变化的,任何一种宏观调控政策都不可能是永恒的,积极的财政政策也是如此。当前的积极财政政策是否应当"淡出"、以什么方式和节奏"淡出",取决于需要与可能两方面因素。从必要性看,当需求稳定增长的内在机制形成以后,在减少或停止政府投入的情况下国民经济仍能够实现稳定而适度的增长,那么就可以调整或放弃实行积极的财政政策。从可能性看,主要取决于财政的承受能力。目前的现实是,我国国内需求增长对积极财政政策的依赖程度仍然较高,出口受国际环境变化的影响较大,同时财政赤字率和债务率仍处于比较安全的界限以内,因此,坚持实行积极的财政政策既是必要的,也是现实可行的。

在国债投资已经相对淡出的情况下，下一步是否应当绝对淡出或以更大的幅度相对淡出，2002年下半年的经济运行情况如何很可能提供更多的线索或依据。这是因为，上半年国债投资计划下达和资金安排的进度明显快于往年，对上半年投资快速增长起到了明显的带动作用。下半年国债投资力度将明显减小，这种情况下如果全社会投资增长速度还不掉下来，而是继续快速增长，那么就表明民间投资已经可以代替国债投资的作用，进一步的推论是：国债投资也可以收山归隐了。

然而，现实经济生活可能更复杂一些。近年来的国债资金大部分用到了中西部地区，特别是西部开发。例如，2001年用于西部地区的长期国债约600亿元，2002年将继续增加。也就是说，国债投资客观上承担了双重任务：一是应对外部环境恶化（如亚洲金融危机等）对总需求和经济增长带来的不利影响；二是推动经济结构调整，特别是西部大开发。这两者在前一时期的作用是完全一致的。目前，第一项任务似乎正在接近于完成，而第二项任务则还有很长的路要走。毫无疑问，今后西部开发仍需要大量的资金投入，但西部地区的财力确实严重不足，而民间资金包括外资在西部地区投资中的作用还相当有限。例如，2001年西部开发12个地区加起来的外商直接投资总额仅为20亿美元，不如一个苏州市。停止发行长期建设国债，在很大程度上就意味着大量减少对西部开发的资金投入，直接影响西部开发的进程。当然，西部开发的资金投入如果完全依赖发国债，也不是长久之计。现实的选择可能是，一定时期内保持长期建设国债发行规模的大体稳定，或逐步缩小，在投向上进一步向西部地区集中，使长期国债成为事实上的西部开发特别国债。同时，力争在较短时间内大力开拓其他资金来源渠道，最终代替国债资金在西部开发中的作用，进而实现国债投资的完全退出。显然，国债投资不可能戛然而止。

应当指出的是，如果长期建设国债停发，而赤字规模继续扩大，赤字率继续提高，那么积极的财政政策就没有"淡出"或退出。简单地将长期建设国债与积极财政政策完全等同起来是不正确的，关键是看以哪种方式实施积极的财政政策更有效，更能够促进国民经济尽快实现良性循环。

建立国家石油储备的国际经验
和对中国的建议*

回头看：本文简明而系统地总结了国外建立石油储备的主要做法和经验，对中国建立石油储备体系提出了建议。目前我国国家石油储备已经初步建立。

20世纪70年代以来，美国等许多国家逐步建立了比较完备的石油储备制度，在维护国家能源和经济安全方面发挥了重要作用。借鉴国外的经验和做法，对于更好地落实"十五"计划纲要提出的建立国家石油储备的要求，维护国家能源安全，扩大我国在国际交往中的回旋余地，具有积极的意义。

一、国外石油储备体系的基本框架

（一）国际机构对石油储备的法定要求。按照1974年签署的国际能源协议（IEP）的要求，国际能源机构（IEA）成员国（目前共有包括西方七国在内的26个国家）必须承担相当于90天石油净进口量的石油储备义务。但石油净出口国则不承担此项义务。储备品种包括原油和成品油。为达到90天的储备目标，目前除加拿大之外的所有IEA成员国均已制定有关的法律或政府条例，以明确公司、中介组织和政府的职责。

欧盟也要求其成员国承担石油储备义务，但与IEA相比有所不同。

---

* 本文完成于2001年9月，作者韩文秀、裴建军，是作者参与国家石油储备规划建设前期工作的思考。

欧盟确定的储备义务是90天的石油消费量,而且对所有成员国均要求建立应急储备,只是对于石油净出口国,允许在90天消费量基础上扣减15%的比例。另外,其储备品种限于三大类石油产品:一是汽油和航空汽油,二是柴油和航空煤油,三是燃料重油。

(二)石油储备的实际规模。据IEA估计,2000年全球石油库存量在8亿吨左右,相当于90天的世界石油消费量。其中,战略储备1.7亿吨,商业库存6.3亿吨。2000年IEA成员国的石油储备规模约为3.7亿吨,相当于110天的净进口量。20世纪80年代,IEA成员国的石油储备规模比较大,1986年曾达到160天的净进口量。进入90年代以后,工业界在库存管理上合理运作、降低成本,导致储备规模逐年下降。但目前IEA成员国储备规模仍高于90天的要求,有能力应对石油供应危机。

(三)石油储备体系。石油储备体系通常可分为三大类:1. 公司储备(企业储备),包括义务储备和商业储备。2. 政府储备,纳入中央政府财政预算,专门用作应急目的。3. 中介组织储备,法律规定的由公共或民间团体组织承担应急石油储备义务。IEA把政府储备和中介组织储备称为公共储备。

从IEA成员国的实际情况看,可分成四种类型:

一是仅有公司储备的国家。主要包括:澳大利亚、奥地利、比利时、希腊、意大利、卢森堡、新西兰、葡萄牙、瑞典、瑞士和土耳其11个净进口国家;加拿大、挪威和英国3个净出口国家(不承担IEA储备义务)。

二是兼有公司储备和政府储备的国家。包括:日本和美国2个净进口国家。

三是兼有公司储备和中介组织储备的国家。主要包括:捷克、芬兰、法国、匈牙利、荷兰和西班牙6个净进口国家;丹麦1个净出口国家(不承担IEA储备义务)。

四是兼有公司储备、中介组织储备和政府储备的国家。包括:德国和爱尔兰2个净进口国家。

(四)储备的动用。由于国情不同,各国石油储备的动用机制存在一定的差别。对于包括公司储备和政府/中介组织储备的国家来说,这些国家根据石油危机发生的情况和本国的政策决定首先动用哪一种储备。例如，美国在与IEA成员国协调后优先动用政府所属的战略石油储备（SPR）。日本政府认为，原则上讲，在动用政府储备之前动用公司储备，动用政府储备往往根据国际舆论要求和危机的性质来决定。然而，近年来的政策倾向于优先动用政府储备。1999年日本石油协会建议日本通产省在次石油危机的情况下，把政府储备作为平息市场的首要工具。荷兰也强调，荷兰储备协会（COVA）储备在次石油危机和IEP应急对策机制启动情况下的作用。对于在没有发生石油短缺的情况下，能否使用应急储备干预市场、降低石油价格问题，有些政府持赞成意见，理由是可以抵消非市场因素（OPEC组织，紧急事件等）的作用，打击因投机引起的价格上涨，保持经济稳定增长。而有些政府则持否定意见，理由是必须节省储备，以便用于真正的石油危机，要尊重市场原则，避免市场扭曲和人为干预。近几年，总的趋势是政府储备有所减少，公司储备所占的份额也减少，而中介组织储备的份额在增加。例如，捷克、芬兰、匈牙利、爱尔兰和西班牙成立了新的中介组织。这种储备形式被认为可增加透明度，具有公正性，为欧盟所提倡。

（五）公司的义务储备。IEA成员国把公司储备作为应急石油储备的组成部分，且大多数国家对从事石油生产、经营的公司施加义务储备的要求。其中，16个国家法律规定，对不能履行储备义务的公司实施惩罚措施。一旦IEP应急对策机制启动或宣布进入紧急状态，各国政府将有权降低公司义务储备的数量。与公共储备相比，由于企业要部分地从运营的角度考虑问题，因而公司义务储备可靠性稍低，也不易由政府控制。

（六）原油和成品油储备的特点。IEA应急石油储备的储备品种可分为原油和成品油两大类。然而，依国情不同，各成员国之间的储备情况差别较大，有的以原油储备为主，有的以成品油储备为主，往往兼而有之。储备原油的好处是储备成本低，便于加工所需要的产品和容易保持其质量。储备成品油的优点是在紧急情况下能够迅速提供给用户，避免炼厂产生瓶颈问题。

（七）产业界对石油储备的看法。国际上知名的跨国石油公司，如壳牌公司（SHELL）、道达尔-菲纳-埃尔夫公司（TOTAL-FINA-ELF）、埃克森公司（EXXON）等，对应急石油储备基本上持肯定的态度。他们认为，应急石油储备是减少石油供应危机的影响和减低经济受损害程度的最好工具。具体表现在，石油储备对市场反应迅速，有助于减少区域间供应紧张局面，对于因紧急事件、气候、罢工等引起的次石油危机具有灵活性。而其他措施如燃料转换、需求抑制和增加产量等仅能起辅助作用。从政府的作用来看，应急石油储备提供了市场本身不能提供的服务，实质是减少了供应危机带来的社会净成本。

关于应急石油储备的模式，总体上认为每一种储备体系各有特色。道达尔-菲纳-埃尔夫公司的看法是，公司储备能够利用剩余储备能力，使现有储备能力和活动更优化，且能降低成本，在报告、审计和实施制度完备的情况下，能够履行储备义务。埃克森公司认为，公司储备往往把商业储备（经营周转）和义务储备混在一起，很难区分开来，因此政府不易对其进行界定和审计。在实际需要时，存在公司能否按照政府确定的数量和时间执行动用义务储备的指令问题。建议所有权属于政府的储备与公司储备能够分隔储存，或向中介组织储备发展。多数石油公司不赞成政府利用储备干预市场，坚持储备要用于真正的石油危机（如海湾危机）。在遇到不确定情况需要政府调控的时候，允许一定的灵活性，为避免对市场产生大的影响，与产业界的协调是非常重要的。

二、有关国家建立石油储备的主要做法和经验

（一）美国的石油储备。目前美国年石油消费量近8亿吨，其中57%依靠进口。经历1973年的第一次石油危机之后，美国于1975年制定了能源政策和保护法，建立战略石油储备（SPR）的目的是减少石油供应中断的影响，同时承担IEP能源计划所要求的义务。截至2000年底，SPR共储备原油5.4亿桶（合7400万吨）和燃料重油200万桶（合27万吨）。原油储备数量相当于56天的净进口量，若加上公司储备可超过90天的储备义务。

美国能源部负责战略石油储备（SPR）的管理，内设战略石油储备办公室，另外在新奥尔良设项目管理办公室，下属四个储备库区，采取

地下盐洞储存方式。战略石油储备的动用由总统决定,销售采取竞价方式。当美国总统认为出现下列能源供应中断情况时,就可以批准动用战略石油储备:一是有紧急事态发生,且持续时间长,影响范围广,造成原油供应显著减少;二是因发生紧急事态,油品价格大幅度上涨,并可能对国民经济带来重大影响。此外,在上述紧急事态没有发生,国际能源机构也没有启动应急对策机制,但总统认为原油供应有可能因运输环节中断而造成供应不足时,也可以决定动用战略石油储备。

美国战略石油储备的建设资金和石油收储资金主要来自财政拨款。到2000年,SPR共花费215亿美元,其中储备设施建设和操作费用53亿美元,购买石油及运费159亿美元。石油储备政策是美国能源政策的组成部分,被称作能源的保险。1991年发生海湾危机时,战略石油储备在缓解供求、平抑油价方面发挥了积极作用。2000年受国际石油价格持续高涨影响,克林顿总统批准由SPR向石油公司提供3000万桶原油,以补充国内成品油资源和库存不足。此外,从1995年起,SPR利用其剩余的石油储备设施开展商业化运作,不仅向国内企业出租,还向国外用户提供储备服务。

(二)日本的石油储备。日本是世界第二大石油消费国,目前年石油消费量约2.7亿吨,几乎全部依赖国外进口。鉴于石油消费高度依赖进口和考虑到国家经济安全的需要,日本早在60年代就开始建立石油储备,以防止石油供应突然中断对国内市场的冲击。70年代两次石油危机给日本经济和社会发展造成了很大影响,同时也威胁到国家安全,因而日本的储备规模逐步扩大。60—70年代日本的石油储备均为民间储备,80年代以来则包括国家石油储备和民间石油储备两种形式。为了确保石油储备的顺利实施和规范管理,日本政府于1975年12月27日颁布了《石油储备法》,1977年9月29日又颁布了《石油公团法》。目前日本石油储备的储备规模约为9000万吨,其中国家储备和民间储备差不多各占一半,合计相当于155天的石油消费量。储备品种包括原油和成品油,国家石油储备全部为原油,民间石油储备56%为成品油,44%为原油。

日本的国家石油储备由日本政府授权通产省能源厅统一指导管理。通产省负责制定石油储备政策,协调政府部门之间的关系,制定石油储备担保的预算，决定国家石油储备的动用和投放。日本石油公团作为政府特别法人，在通产省的领导下，负责制定国家石油储备基地建设、石油储备的运作计划，具体管理8个国家石油储备公司（下设10个国家石油储备基地），负责与通产省的协调和咨询。国家石油储备公司负责石油储备基地建设，实施石油储备运作，编制财政年度的石油储备计划，与石油公团进行协商，取得对其财政年度的预算和实施计划的批准，管理国家石油储备基地。国家石油储备基地负责管理储备的石油，负责储备设施的维护和保养，负责安全教育和防灾训练。在1979至1980的第二次石油危机和1990年海湾危机期间，日本动用了部分民间储备。

　　日本国家石油储备资金由政府通过征收石油税的方式予以保证。据统计，1999年日本石油税为4586亿日元（每千升石油征收2040日元石油税），当年用于石油储备的部分为2983亿日元，占石油税总额的65%。民间石油储备资金是由各企业将其纳入产品成本之中筹措的。国家石油储备建设的资本金由政府出资，通过政府的特别法人石油公团对国家石油储备基地建设进行投资。国家石油储备基地的资本金由石油公团出资70%，另外30%由民间石油公司出资。建设投资一部分是政府通过预算直接拨款，其余部分由石油公团通过政府担保、发行政府担保债券（政府补助利息）和非公开债券等方式，向金融机构贷款，然后无息贷款给国家石油储备公司。对一部分民间石油储备，石油公团出资50%的资本金。国家石油储备的石油收储资金，由石油公团通过政府担保、发行政府担保债券和非公开债券，以及承兑债券等方式，向金融机构贷款支付给国家石油储备公司，政府通过预算对贷款利息进行补助。国家石油储备的运营管理费用，全部由政府通过预算安排给石油公团，再由石油公团支付给国家石油储备公司。

　　（三）法国的石油储备。目前法国年石油消费量约9000万吨，其中98%依靠进口。早在20世纪20年代，法国就制定了石油进口商承担储备义务的法律，是最早建立石油储备的国家。为与IEA和欧盟的承诺一致，法国在1992年出台的石油供应安全法中，规定所有的石油经营者承担应急石油储备义务，1993年法律进一步明确经营者必须建立和保持相当于上年26%的原油和成品油消费量的石油储备，约合95天的消费量。

法国工业部的原料和烃（类）局（DIMAH）负责烃（类）化合物的供应安全、战略石油储备监控和供应危机处理业务。政府定期监控经营者储备义务的执行情况，对违规者采取罚款措施。根据1992年法律，法国成立了一个新的机构——战略石油储备专业委员会（CPSSP），负责战略储备的运作，一是直接建立和管理战略储备，二是将储备业务交给某些实体运作。按照规定，石油经营者必须自己承担一定的储备义务，或将一定比例的储备委托给CPSSP承担。CPSSP向经营者收取建立和维护石油储备的费用，最终通过经营者把费用转嫁到消费者身上。考虑到市场情况和储备成本，CPSSP收取的费用定期进行修订。1998年CPSSP管理950万吨战略石油储备，为全国储备义务的58%，总成本约10亿法郎。

CPSSP约一半的储备是由安全储备管理公司（SAGESS）承担的。SAGESS是1988年根据商法成立的民间储备组织，1988—1993年期间承担法国45天的成品油储备义务。实际上，SAGESS自己并不拥有储备设施，而是租用储运公司的库容或地下盐洞。我们在法国阿尔弗尔港参观的CIM公司就是一家储运公司。SAGESS所持有的储备品种以汽油、柴油为主，还包括一部分原油和喷气燃料。从1993年起，CPSSP取代了SAGESS的管理业务并接管了它的财务工作。

（四）荷兰的石油储备。目前荷兰年石油消费量2300多万吨，其中90%依靠进口。1976年荷兰制定了石油储备法，1987年做了修订，要求炼油厂和石油进口商按其销售到国内市场的石油数量承担特定的最低石油储备量。在IEA规定的基础上，目前荷兰国家石油储备规模为478万吨，相当于100天的净进口量。其中，荷兰国家石油储备协会（COVA）承担大部分，共410万吨，约合86天的净进口量；炼油厂和石油进口商承担少部分，为68万吨，约合14天的净进口量。

荷兰经济事务部负责全国的石油应急准备管理,决定在发生石油危机和次石油危机时储备的投放和数量。COVA是根据荷兰法律成立的从事石油储备业务管理的机构,受由经济事务部部长任命的监督委员会领导,是一个非营利组织,不交纳公司税。COVA的任务是用最低的成本,维持法律确定的石油储备义务,满足石油供应安全的需要。COVA自己并不拥有储备设施，主要是租用储运公司的储罐或国外公司的地下盐洞。例如，在荷兰鹿特丹港的VOPAK公司就是为COVA提供石油储备服务的一家石油储运公司。COVA 所持有的储备品种以原油为主，成品油为辅。购买储备石油依靠贷款解决，贷款利息和租罐费用由国家征收储备费补偿。征收储备费的大小，视COVA的运作情况定期调整。

（五）德国的石油储备。目前德国年石油消费量在1.3亿吨左右，其中98%依靠进口。由于对进口石油的高度依赖，石油安全问题是德国政府优先考虑的问题，也是其能源政策的重要内容。1966年联邦德国开始建立义务储备。1974年，联邦德国制定了能源安全法，赋予政府在应对石油危机时，对石油的生产、运输、储备、贸易和配给所需采取的权力。1978年联邦德国制定了石油储备法，并于1987年和1998年进行了修订，对石油储备组织、储备义务做了明确规定。目前联邦政府石油储备的品种包括原油、汽油、柴油、重油等，实际储备规模合计达到110天的全国消费量。

德国经济部负责石油储备的宏观管理、调控和协调。德国石油储备联盟（EBV，是一个中介储备组织）承担了德国大部分的应急石油储备义务。根据石油储备法的要求，EBV须保持相当于90天的主要石油产品消费量的储备规模，所有从事石油进口和炼制的公司是EBV的义务成员。EBV既租用储运公司的库容，也拥有自己的储运设施，包括地下盐洞等。例如，在德国威廉港的NWKG公司便是EBV的全资子公司。而另一家NWO公司是一家独立的储运公司，专门为EBV等用户提供储运服务。目前，EBV所持有的储备品种，60%为成品油，40%为原油，储备规模合计约2400万吨。EBV的资金来源于成员公司交纳的会员费。这些费用由石油公司加在零售价中转嫁出去，最终由消费者承担，并在销售凭证（发票）上注明。1999年的实际会员费分品种为，汽油11.87马克/吨，柴油8.88马克/吨和燃料重油7.9马克/吨。购买石油的资金由银行贷款解决，贷款逐年滚动使用。筹集的储备资金用于储备设施建设、支付贷款利息和管理等维护费用。另外，德国政府拥有730万吨的原油储备，从1997年开始销售部分储备，其减少部分由EBV增加储备来弥补。

（六）韩国的石油储备。目前韩国年石油消费约9000万吨，进口石油约1亿吨，是世界上第四大石油进口国。韩国的石油供应几乎100%依赖进口。因此，韩国对石油储备和供应安全问题十分重视。韩国的石油储备分为政府储备和工业储备，2/3以上的储备由政府直接控制。韩国石油储备的目标是在2006年前达到相当于上年90天的国内石油消费量，其中政府60天，企业30天。2000年韩国的石油储备实际规模相当于约66天的上年消费量，如按照国际能源机构的办法折算，为94天净进口，符合国际能源机构的储备要求。

政府储备由韩国国家石油公司负责建立和运作，为此专门制定了韩国国家石油公司条例。石油经营条例是企业建立储备的法律依据，该条例规定，石油经营企业应持有相当于38天国内销售量的石油库存。如果石油经营企业不能满足这一要求，则或者吊销经营资格，或者给予罚款。在发生严重的石油供应中断的情况下，政府可以采取多种政策措施，包括动用库存和配给。如果石油进口规模出现重大变化，政府可以调整对企业石油库存量的要求。根据石油经营条例，对石油加工企业、进口企业和石油产品销售企业征收每升13韩元的附加税。但用于应急储备的石油进口免税。附加税收入用于建立"石油价格缓冲储备基金"，以应对石油价格波动。在石油价格急剧上升的情况下，政府将设定石油产品的目标价格，石油加工企业必须按此价格向市场供应产品，政府则利用上述基金对石油加工企业给予补偿。

根据石油经营条例，在紧急情况下政府可以命令韩国国家石油公司和私营企业动用石油库存。届时韩国国家石油公司将向全国5家大的石油加工企业提供石油，价格根据国际市场和国内因素等来决定。在政府作出动用储备的15—30天内石油产品可以到达最终消费者。近年韩国在储备动用上还引入了一个"弹性机制"，即在可预测的短期石油供应中断情况下，如台风或管网破裂等，韩国国家石油公司也可以向私营石油企业提供石油，但必须在60天内补足储备，且这种动用量不超过国家石油公司总库存的30%，国家石油公司可以与私营企业签订回购石油合同，在市场条件许可的情况下，返还储备的石油应多于原来动用的规模。企业的石油库存情况定期向韩国国家石油公司报告，韩国国家石油公司代表政府对所有企业的库存是否达到国家规定标准进行监测和监督检查。

三、国际经验对我国建立石油储备的启示

（一）建立国家石油储备势在必行。建立石油储备是经济发达国家形成的共识，是自20世纪70年代初以来历经数次石油危机的教训和经验所得，采取这种做法的不仅是那些石油净进口国，也包括了相当多的石油净出口国。随着经济的快速发展，近年来我国国内石油需求增长较快。尽管我国是石油生产大国，但受资源条件制约，国内原油生产已经远远不能满足需求，致使石油进口数量逐年增加，自1993年起我国成为石油净进口国。2000年我国净进口石油约7000万吨，石油消费对进口的依赖程度达到约30%。未来10—20年我国石油消费对国外资源的依赖程度将进一步提高，这将严重影响我国石油供应安全乃至经济安全。因此，建立石油储备是当前一项十分紧迫的任务。2001年九届人大四次会议批准的国民经济和社会发展第十个五年计划纲要，明确提出要建立国家战略石油储备，维护国家能源安全。经过20多年的改革开放，我国的综合国力明显增强，为建立国家石油储备奠定了经济基础。社会有关方面对建立石油储备的认识更趋一致。应当说，我国建立国家石油储备的条件已经具备。

（二）将建立国家石油储备纳入法制化轨道。对于石油供应安全和建立储备问题，目前许多国家均制定了相应的法律法规和政策措施，并根据情况变化作出调整。例如，除加拿大之外的所有IEA成员国均已制定涉及应急石油储备的国家法律或政府条例，即使加拿大也有石油应急配给方面的法律。根据国外的经验，我国也要尽快研究、制定涉及能源安全和发展战略的法律法规，包括能源结构的优化、能源节约和提高能源利用效率、能源的替代、建立石油储备、环境保护、加强国际合作和紧急情况下的能源配给等。石油储备立法可以单独进行，也可以同石油法、能源政策法结合在一起制定，对石油储备的地位、目标、资金来源、管理体制和企业应承担的义务做出明确规定，使建立石油储备有法可依、有章可循，工作规范化、制度化，增加透明度，提高工作效率，降低成本，同时便于监督检查。

（三）确定适当的石油储备规模。借鉴各国建立石油储备的经验，

建立储备是一个由小到大、循序渐进的过程，其发展过程依每个国家的国情、制度、财力等因素而定，没有一个绝对的标准。另外，随着时间的推移，各国石油储备的规模也在不断变化和调整之中。因此，我国石油储备目标要根据我国的国情和国力确定，采取循序渐进、逐步发展的方针，既要有远期目标，又要尽快起步，然后逐步扩大石油储备规模。

（四）建立符合我国国情的石油储备模式。按照IEA的分类，目前世界上大致有公司储备、政府储备和中介组织储备三种储备体系，每个国家又有不同的组合。中介储备机构实际上是承担政府赋予职责的非营利公司。我国在起步阶段宜采取政府储备和公司储备同时并举。借鉴国外经验，国家石油储备要实行高度集中统一管理，同时将决策与经营分开。储备品种主要是原油、成品油，还可以适当考虑天然气或液化天然气（LNG）、液化石油气（LPG）。储存方式，除采取通用的大型储油罐外，根据我国的地质结构等条件，也可研究其他方式。在资金筹措上，建立国家石油储备所需资金主要由政府承担，建立企业储备所需资金主要由企业承担，国家可考虑在某些环节给予适当优惠。

（五）完善石油统计和报告制度。在国际能源机构（IEA）和欧盟的大多数成员国制定的能源安全和石油储备的法律中，大都含有对石油经营者定期报告石油生产、销售、进出口、库存统计数据的要求，报告对象或是国家统计部门，或是经济、能源主管部门，也有的是石油储备机构。通过信息的收集、分析，政府可以及时跟踪和监测石油供需形势、市场变化，对石油储备应保持多大规模、应急情况下的储备投放等进行决策。如果石油经营者未能如实或按期报告，政府将依法采取惩罚措施。目前，我国的能源统计还不够完善，特别是石油统计数据还不完全，不利于提高决策的科学性和及时性。在研究建立我国国家石油储备的过程中，应建立石油信息报告制度，完善石油统计。

（六）加强国际合作与交流。过去几十年，许多国家和国际能源机构在建立石油储备方面积累了丰富的经验。通过加强与这些国家和国际组织的合作与交流，借鉴他们的经验，我们可以在建立石油储备体系的过程中博采众家之长，少走弯路。由于我国在国际能源领域日益增长的重要地位，我国建立国家石油储备制度既符合自己的国家安全利益，也将对维护国际能源安全产生积极的影响,因而受到国际社会的普遍期待和赞许。在建立起一定规模的石油储备后,我们仍然需要继续加强有关方面的国际合作与交流,因为实践已多次表明,石油供应安全问题往往是一个国际性问题,一旦石油供应出现短缺,或一条运输通道受阻,其影响将至少是区域性的,涉及多个国家。因此,维护石油安全,既需要相关国家自身有一个比较完备的体制,也需要国际社会共同作出努力。

我国实施积极财政政策的
潜力及可持续性*

回头看： 本文对实施积极财政政策应对亚洲金融危机2年来的实践进行总结，提出继续实施积极的财政政策仍有较大的潜力和可持续性。

1998年以来，我国实施积极财政政策，财政赤字和国家债务的规模相应扩大。我国运用积极财政政策调控经济的潜力有多大？今后实施积极财政政策还可以持续多长时间？如何有效提高财政政策的可持续性？对此问题，经济理论界众说纷纭。通过研究，我们得出的一个基本结论是，我国积极财政政策的潜力和可持续性在规模和时间上均超出许多人的预期。只要能够找到正确地运用财政政策的方式和途径，保证国民经济的持续快速增长，就能够保持积极财政政策的可持续性。

一、按照国际口径衡量的财政赤字和债务状况指标

长期以来，我国的财政收支和赤字概念与发达市场经济国家不一致。参照国际货币基金组织《政府财政统计手册》（1986年版）标准，政府总收入、政府总支出和政府总收支差额（赤字）的计算口径分别为：

---

* 本文载于《宏观经济研究》2000年第12期，作者韩文秀、刘成。

表1　若干政府收支和债务指标的变动状况　　　　单位：%

年份	政府总收入/GDP	政府总收支差额/GDP	国内债务余额/GDP	债务收入/政府总支出
1979	33.9	−3.4	0	2.5
1990	23.4	−1.1	4.8	8.3
1991	21.5	−1.4	4.9	9.7
1992	19.8	−1.5	4.8	12.4
1993	19.3	−1.1	4.4	10.7
1994	17.5	−1.6	4.9	13.5
1995	17.0	−1.5	5.6	14.5
1996	18.9	−1.4	6.4	14.5
1997	19.3	−1.5	7.4	17.5
1998	20.4	−2.1	9.9	20.5
1999	21.3	−3.1	12.8	18.7

资料来源：转引自韩文秀、刘成等著《积极财政政策的潜力和可持续性》，经济科学出版社，2000年。

政府总收入=财政预算收入+企业亏损补贴+预算外收入+社会保障收入+
　　　　未纳入一般预算的中央政府基金收入
政府总支出=财政预算支出+利息支出+企业亏损补贴+预算外支出+
　　　　社会保障支出+未纳入一般预算的中央政府基金支出
政府总收支差额=政府总收入−政府总支出

　　按照国际口径调整和测算的我国有关指标结果见表1，从中可以看到：（1）我国政府收入占国内生产总值的比重比预算内财政收入占国内生产总值的比重高近1/3，1999年约为21%，而当年财政预算收入占GDP的比重只有13.9%。我国政府集中的收入确实不像想象的那样低。（2）从债务负担和应债能力角度分析，1998年国债余额占GDP的比例仅为9.9%（1999年为12.8%），外债余额比例为14.9%，加起来不到25%，与其他国家相比还是相当低的。而国债余额占私人部门金融资产的比例只有约7%，表明国民应债能力较强。（3）从债务依存度（债务收入/政府支出)分析，由于调整后政府总收支规模比财政预算收支规模大得多，所以计算出的债务依存度比一般按照财政预算支出计算也要低得多。1999年，按照债务收入与财政预算支出计算的债务依存度为28.3%，而按照债务收入与政府总支出计算的债务依存度只有18.7%。显然，如果没有按照国际口径调整，债务依存度就被大大高估了。但目前的问题是债务集中在中央财政，中央财政的债务依存度（债务收入/包括债务还本付息的中央财政支出）已经达到60%以上。（4）1998年国家提出并实行了积极的财政政策。按国际可比口径测算，当年政府总收支差额（赤字）相当于国内生产总值的比重是2.1%，居然比历史最高年份1979年低1.3个百分点。

初步分析发现，是否按照国际口径调整政府收支状况对我们理解当前实施积极财政政策的潜力和可持续性影响很大。在按照国际口径调整后可以发现，我国当前实施积极财政政策的潜力比一般按照财政预算收支口径衡量要宽松得多。这为今后几年继续实行积极财政政策提供了可能性。

二、从赤字和债务的国际比较中得到的启示

究竟实施积极财政政策力度掌握多大，可以持续多久，有没有准确的赤字和债务的警戒线，经济界争议较大。我们认为，世界上并不存在一个适用于所有国家、所有时期的统一的警戒线标准。通过对一些国家的政府赤字和债务的实践进行比较，可以得到如下启示：

1. 财政赤字占GDP的比例在3%左右（或更高一些）连续保持三五年甚至更长一些时间的现象，在国外经济发展史上并不鲜见。我国在实施积极财政政策过程中可以参照这一比例，但不能认为低于3%就是安全的，高于3%就是危险的。在政策操作上可以把3%左右作为一段时间内（如5年）合适的平均值，不同年份的实际值在此平均值上下有所波动是正常的，但如果赤字比例呈现持续上升趋势，就需要严密关注和严加控制。

2. 国债余额相当于GDP的比例，在不同国家有不同的情况，在同一国家的不同时期也不一样，没有一个世界统一的安全标准。英国、美国和日本等国历史上国债余额相当于GDP的比例都曾经超过100%，但并未引发经济灾难。因此，欧盟的标准（公共债务余额占GDP的比例低

于60%）可供参考，但国债余额比例低于60%并不一定安全，突破60%也并不一定危险。财政对债务的承受能力与财政收入在国内生产总值中的比例高低有一定关系。欧美等发达国家的财政收入占GDP的比例一般在30%—40%，欧盟国家的债务比例要求控制在60%以内，后者相当于前者的1.5—2倍。目前我国政府总收入占GDP的比例在20%左右，同理推算，我国可以承受的债务占GDP的比例在40%左右。1999年我国国债余额占GDP的比例为12.7%，表明今后继续发行国债的余地较大。考虑到财政收入比重提高和经济较快发展的前景，我国可以承受的国债规模比这里简单推算的结果要大得多。

3. 我国财政的债务依存度的确较高，需要引起重视，但仅仅根据这一指标而对发债规模进行过分严厉的限制是不必要的。我国财政的债务依存度高主要因为政府财政收入占GDP的比例偏低，中央财政收入占全国财政收入的比例偏低。发债规模多大才是安全的，从根本上看，取决于经济的规模、经济发展趋势以及资金市场的状况。有一种说法认为，近年来中央财政每年支出大约4000亿元，同时现在每年发债4000亿元，说明中央财政支出完全是靠发债。其实这里说的中央财政支出未包含债务支出。只有在中央财政收入为零的情况下中央财政支出才会100%依赖发债，但中央财政没有一分钱收入是不可想象的。目前中央财政的债务依存度大约为60%，即包括债务支出的中央财政支出中有60%依靠发债。我国较高的债务依存度已经持续了一段时间。今后在财政的债务依存度维持较高水平的前提下继续发行国债仍是可能的。降低债务依存度的方法也非只有限制发债规模一个，通过提高财政收入的两个比重可以达到同样的目的。

4. 国民储蓄率高低决定了政府可动员的资金潜力的大小，从而影响到可承受的赤字率高低。近年来我国的总储蓄率一直保持在40%左右的高水平，相当于世界平均水平的约2倍，储蓄率比固定资产投资率高6个百分点。这意味着，我国对赤字率的承受能力实际上比其他许多国家更强。

通过对财政赤字和债务的国际比较，我们可以对我国实施积极财政政策的持续性作如下特别简明但并不一定准确的概括：财政赤字占GDP

的比例为3%的状况，可以持续5年或更长；财政赤字比例为5%的状况，可以持续3年或更长；财政赤字比例为1%的状况，可以持续10年或更长；财政赤字比例处于+2%和-2%范围内，且在不超过5年的时间内赤字和盈余相互交替出现，则此类财政政策可以长期存在。同时，要极力避免财政赤字比例连续超过5%的状况发生。

三、客观估量政府隐性债务、或有债务的规模和影响

前面的分析都以政府承担的直接的、显性的债务为基础，但令理论界更多担心的，恰恰是我国政府承担的或有债务和隐性债务。

1. 根据我们的粗略测算，我国主要的隐性债务和或有债务总体水平相当于GDP的77.2%—111.5%。主要考虑两方面因素：（1）外债。一般考察财政债务状况只包括统借统还外债。近来也有学者把全部外债都考虑在内。前一种方法过低地估量了政府的外债负担；后一种方法把外债全部包括在政府债务的范围内也不合适，因为我国外债包括政府部门主权外债、金融机构外债、国内企业（包括租赁公司）外债以及外商投资企业外债，但外商投资企业的债务不能转化为政府的债务负担。按照国际惯例，国有企业的债务属于广义的政府债务的范围，在实践中政府也往往提供直接或间接的担保。因此，把包括国有企业债务的公共外债和公共担保的外债作为衡量口径是比较合适的。1997年我国公共和公共担保的外债（长期外债）相当于GDP的12.5%。（2）社会保障欠账。世界银行1994年估算我国社会养老保险欠账占GDP的比重约为46%—69%。不考虑其他或有债务、隐性债务，并假定我国养老保险欠账保持1994年的水平，那么我国1997年隐性债务、或有债务总体水平大约相当于当年GDP的77.2%—111.5%。

2. 国际比较表明，我国政府的综合负债处于相对较低的水平。把政府承担的显性国债、上述各种隐性和或有债务加起来，并考虑政府其他隐性和显性、直接和或有债务负担，称为政府的综合负债水平。1997年我国综合负债占GDP的比重大约90.9%—125.2%之间。而据估算，90

年代中期匈牙利的综合负债，大体相当于GDP的3倍；养老保险资金缺口相当于GDP的比例，美国为90%，英国、德国、日本都约为150%，意大利高达250%。可见，我国财政的隐性债务和或有债务的总体水平与其他国家相比并没有想象的那么严重，综合债务负担与其他国家相比远没有达到难以承受的地步。另外，从综合债务的构成看，我国银行不良资产问题严重，因而控制银行不良资产对于减轻我国财政隐性债务和或有债务负担，降低政府综合债务水平，也同样具有特别重要的意义。

需要注意的是，对财政最终产生影响的是政府的净负债。当考察财政的隐性债务和或有债务时，不能简单用整个负债与财政的收入支出对比，因为与财政或政府全部负债相对应的不是财政的收入或支出，而是政府的总资产。债务的范围扩大到什么界限，对应的资产的范围也需要相应扩大到同样的界限。真正能够对财政产生影响的部分是债务超过资产后的余额，即净负债。从我国目前的情况看，政府实际上拥有相当数量的净资产。

当然，当前在实行积极财政政策的同时必须注意化解隐性债务和或有债务的不良影响。要规范政府行为，明确界定政府职能，切实防止新的隐性债务和或有债务的发生。

四、从中长期偿债能力看"十五"
时期我国的财政政策

从中长期角度看，实施扩张性财政政策的持续性主要取决于相对偿债能力。我国财政和经济能够支持积极财政政策的实施，主要表现在我国财政自身的相对偿债能力和宏观偿债能力都有可能在中长期里得到保持和增强。

1. 我国财政自身的相对偿债能力能够保持并增强，表现为债务依存度和偿债率的降低。债务依存度是债务收入与财政支出（包括债务支出）的比例，而偿债率是债务还本付息额与财政收入的比例。从长期看，只要财政赤字能够得到控制（控制财政赤字是长期的财政政策目标），财政收入的增长率能够持续高于利率水平，债务依存度和偿债率就可能

稳定甚至降低。（1）我国国债名义利率水平在7%—8%。据测算，1998年我国国债存量的名义利率水平大约为8.85%。从储蓄率持续大于投资率决定的资金供求格局看，我国中长期利率有可能在未来一段时期继续保持较低的水平。如果以7%—8%的利率水平作为衡量依据或标准，用来对财政偿债能力进行判断，应该是留有余地的。（2）我国财政收入增长估计保持在年均12%左右的速度。根据计算，1980—1998年我国财政收入名义平均增长速度为12%，1994—1998年平均为17.8%（见表2）。从改革开放以来财政收入与经济增长的关系看，如果物价以3%为控制水平，实际经济增长速度以7%为控制水平，我国财政收入增长的一般趋势可能在9%—12%的区间内。通过税收制度改革和调整、政府分配行为的进一步规范以及税收征管的加强，我国财政收入的规模可望有较大的增长。可以看出，从长期动态化的角度观察，我国的财政收入能够按照12%以上的名义增长速度持续增长，超过目前债务存量平均利率水平3个百分点。只要财政赤字的规模在中长期里能够控制在目前的水平以内，征管能力保持目前的水平，经济继续较快增长，债务依存度和偿债率就可以得到稳定甚至逐步降低，我国财政自身完全具有偿债能力。

2. 我国财政的宏观偿债能力也能够得到保持并增强。财政的宏观偿债能力主要指经济是否存在承受财政赤字的能力。我国的高储蓄率能够持续支持比较高的赤字率。在中长期实施稳健财政政策、赤字率能够得到控制的条件下，应重视的是国民储蓄率的变化趋势。80年代以来，我国国民储蓄率持续上升。进入90年代，我国储蓄率上升到40%左右。从我国所处的经济发展阶段看，我国国民储蓄率能够持续地保持在比较高的水平。高储蓄率说明我国实际上具有比西方国家更强的承受赤字率的能力。

我们认为，"十五"时期我国经济增长速度可以达到7%左右，价格涨幅为4%左右，现价GDP年均增长11%左右。这样，到"十五"时期末我国GDP总量可以达到14万亿—15万亿元。按照财政赤字（包含利息支出）占GDP的3%测算，"十五"期末国债余额约为3万亿元，相当于GDP的20%左右，远低于欧盟的警戒线标准，也低于其他许多发达国家和发展中国家。同时，随着财政体制的进一步改革、完善和税收征管力度加强，财政收入占GDP的比例将继续呈现稳定上升趋势。按照每年上升约1个百分点计，"十五"时期末财政预算收入占GDP的比重可以达到约20%，财政债务依存度持续上升的压力将得到缓解，偿债能力将得到增强。因此，"十五"时期应继续实施积极的财政政策，保持现有的政策力度。

表2　改革开放以来我国财政收入增长状况

年份	GDP（亿元）	GDP名义增长速度（%）	财政收入（亿元）	财政收入增长速度（%）	财政收入增长弹性（%）
1979	4038.2	11.4	1146.38	1.2	1：0.11
1980	4517.8	11.8	1159.93	1.2	1：0.10
1981	4862.4	7.6	1175.79	1.4	1：0.18
1982	5294.7	8.9	1212.33	3.1	1：0.35
1983	5934.5	12	1366.95	12.8	1：1.28
1984	7171.0	20.8	1642.86	20.2	1：0.97
1985	8964.4	25	2004.82	22	1：0.88
1986	10202.2	13.8	2122.01	5.8	1：0.42
1987	11962.5	17.2	2199.35	3.6	1：0.21
1988	14928.3	24.8	2357.24	7.2	1：0.29
1989	16909.2	13.3	2664.9	13.1	1：0.99
1990	18547.9	9.7	2937.1	10.2	1：1.05
1991	21617.8	16.5	3149.48	7.2	1：0.44
1992	26638.1	23.2	3483.37	10.6	1：0.46
1993	34634.4	30	4348.95	24.8	1：0.83
1994	46759.4	35	5218.1	20	1：0.57
1995	58478.1	25	6242.2	19.6	1：0.78
1996	67884.6	16	7407.99	18.7	1：1.17
1997	74772.4	10.1	8651.14	16.8	1：1.66
1998	79553	6.4	9853	13.9	1：2.17
1999	82054	3.1	11377	15.5	1：5.0

　　资料来源：《1998年中国财政年鉴》，《2000年中国统计摘要》。

五、寻找积极财政政策的合理实现方式

前已指出，财政政策具有继续扩张的潜力并能够保持其持续性，并不是说不论宏观形势变化，一味用尽财政政策扩张的空间。相反，要充分考虑经济形势的变化调整政策力度。特别重要的是，要寻求合理的财政政策实现方式，用最小的财政政策成本取得最大的扩张需求效果，这显然是保持财政政策可持续性的题中应有之义。

1. 增加投资支出还是增加居民收入或社会保障支出。政府直接增加投资支出，在扩张需求方面的作用更直接。但政府投资规模受资金的限制，在全社会投资中往往只占较小的比例，且需要花费大量的人力物力和时间来组织投资活动，如果投资方向或工程质量等方面出了问题，日后政府还将背上沉重的包袱。而通过调整工资等方式增加居民收入，在刺激需求方面的作用则比较间接。要想使居民收入增加最大限度地转化为消费支出增加，甚至带动更多的支出，应当具备这样一些条件：（1）收入增加是持久性的；（2）居民心理预期是稳定的或乐观的；（3）主要是给最缺钱的低收入者增加收入，一般不通过政策手段来普调工资或给高收入者增加收入；（4）收入增幅既不能太低，又不能超过财政的可承受能力。当然，调整收入政策往往具有刚性，工资水平上去了不容易下来，给财政造成"永久负担"。但我国目前适当提高政府工作人员的工资收入从长远看也是必要的、合理的。在社会保障制度不健全、社会保障对象增多以及社会保障水平偏低时增加社会保障支出，可以使社会保障机制恰如其分地发挥其稳定经济和社会的作用。但社会保障支出的增加也受到两方面因素的制约：一是社会保障支出规模不能超出财政的可承受能力，同时还要考虑到其他经常性支出增加的需要；二是社会保障水平（或标准）之高不能导致"养懒"。

2. 增加基础设施投资还是增加其他投资。投资方向可以分为三类：一是基础设施，二是一般意义上的技术改造，三是高新技术产业。对一般意义上的技术改造，政府应尽量不直接参与。基础设施建设也有经营性基础设施和公益性或非经营性基础设施之分，经营性基础设施完全可以交给企业或实行企业化经营。但无论如何，很大一部分基础设施的建设还是离不开政府，我国的国情也决定了政府有责任继续加强基础设施建设。另一方面，由于种种因素限制，特别是缺乏风险投资机制，我国高新技术产业发展水平较低，在整个国民经济中所占的比例较小，这是政府增加对高新技术产业的投资，相当于填补了风险投资基金的空缺，或扩大了风险投资基金的规模，对高新技术产业的发展将产生很大的推动作用。即使是建立了风险投资机制的市场经济国家，政府也对高新技术产业的发展给予必要的支持。因此，国债投资的方向，应当坚持"取两头，舍中间"的原则，一方面加强基础设施建设，包括环境整治和生态建设等，另一方面加大对高新技术产业发展的支持力度。

3. 直接增加政府投资还是引导社会投资。目前我国的国债投资都是通过国有企业（或国有单位）来实现的，但也可以通过非国有企业（或非国有单位）来实现。如果为了更好地实施积极的财政政策，那么国债资金投入就不宜简单地局限于特定所有制性质的企业，而应当打破所有制界限，以经济效率为标准。积极财政政策的效果和可持续性，很大程度上要看企业或单位（包括国有的和非国有企业或单位）自发的投资能否被诱发和带动起来。如果企业或单位投资不能自发地回升，要想保持投资需求和经济的增长，就只好依赖连续不断地发债来扩大投资。因此，国债资金的使用，包括技改贴息，应当以公开公平公正的方式如招标等，在全社会范围内各种各类企业中合理地确定。

4. 早投入还是晚投入，均衡投入还是集中投入。在经济增长乏力甚至有滑坡之虞时，一旦确定了实施积极的财政政策，通过发行国债增加投资或其他支出，就应当及早安排投入，而不是等事到临头再仓促行事。我国在1998年和1999年两次增发国债，都是在8月份的全国人大常委会上正式通过的，此后4个月的时间需要确定投资项目，下达投资计划，拨付国债资金，时间相当紧迫，相当大一部分国债投资计划在当年完成不了，而是结转到下一年。财政支出往往也是前紧后松，前10个月，甚至前11个月收支相抵，都是盈余，到年底却出现一个巨额赤字。因此，完善积极的财政政策，也需要对财政资金投放的时机和方式加以改进。

六、加快发展国债市场是实施
积极财政政策的客观要求

在实施积极的财政政策条件下，只有保持国债合理的利率水平和利率结构，促使期限结构保持均衡，国债市场不断发展，国债市场容量也能够相应持续扩大，持续实行积极的财政政策才是可行的。

实施积极财政政策需要国债市场容量不断扩大。从目前看，我国国债市场仍然主要是面向居民个人的市场，与国外相比个人持有国债比重过高，而金融机构持有国债的比重过低。要扩大我国国债市场容量，需要注意以下几点：（1）扩大金融机构持有国债的数量。西方发达市场经济国家能够支撑政府巨额财政赤字和国债发行的重要原因，就是这些国家的金融机构都是国债市场上最重要的活动主体。商业银行对短期国债存在巨大需求，而保险机构对长期国债存在巨大需求。财政对于金融机构持有的国债几乎可以不考虑还本问题，而只用到期更新债务即可。（2）中央银行要扩大公开市场业务，需要增加国债资产比重。（3）发展国债投资基金。国债投资基金能够兼顾满足居民个人的国债投资需求和金融机构参与国债市场的需要。国债基金可以把居民的资金集中起来，投资对象只能是可上市国债，这必然有利于二级市场的发展。政府也可以减少直接发行给居民个人的储蓄性债券的数量，增强市场流通性国债的比重，有利于挖掘国债投资需求和国债规模的扩大。（4）建立统一、高效的国债市场。要加快研究完善统一国债托管和结算的管理法规；重新启动银行和券商柜台交易，大力发展场外市场；加快建立做市商制度。

完善积极财政政策的几点建议*

回头看：本文对积极财政政策实施1年多过程中的问题进行梳理，并提出了完善积极财政政策的建议，其中提到"修改预算法，允许地方政府在规范的基础上发债"。

1998年以来我国实行积极的财政政策，连续增发长期建设国债，对促进国民经济稳定增长起了十分重要的作用。目前我们已经积累了实施积极财政政策的初步经验。但是必须看到，在积极财政政策实施过程中，也难免存在这样那样的问题。只有认真解决这些问题，才能使积极财政政策得到进一步完善，并发挥更大的作用。

一、积极财政政策实施过程中存在的主要问题

归结起来有六个方面：两个"瓶颈约束"问题，两个"重复"问题，一个时机问题，一个"担心"问题。

（一）项目储备不足。1999年是第二次增发长期建设国债，由于项目准备不足，地方报送项目和国家选择项目的余地已经明显缩小，甚至在一定程度上出现了地方没有足够的项目可报、国家没有足够的项目可选的情形。基础设施项目是这样，技术改造项目更是如此。如果2000年再发1000亿元以上的长期建设国债，项目不足的问题将会更加突出，这就必然影响积极财政政策的实施进度和效果。项目不足的原因：一是缺乏必要的前期投入，项目前期准备工作做得不够。二是项目选择限定

---

* 本文载于《经济研究参考》2000年第1期。

在国有单位范围，特别是国有大中型企业，存在一定的局限性。技改贴息最为典型。非国有单位与国债资金无缘。三是项目选择权主要在中央，地方缺乏必要的自主决策权。地方为了项目的可批性，倾向于上报比较大的和具有某种标志性的项目，而这样的项目必然不多。四是过于看重项目本身的直接经济效益，对项目本身的还款能力给予过高的预期或要求。

（二）地方配套资金不足。地方财政可用于建设的资金本来就少，连续两次增发国债，要求地方资金配套，已经使一些地方的资金潜力挖掘殆尽。1999年增加机关事业单位工资，提高社会保障三条线水平，调整离退休人员待遇，补发拖欠的离退休金，更使地方财政感到负担加重。2000年调整工资的支出要全部纳入预算，许多地方的财政已经很难保证资金及时足额到位。特别是西部落后地区财政本来十分困难，再增加配套资金投入将更加力不从心。如果继续严格要求地方资金配套，很可能出现不良后果：或者一些地方少上项目甚至不上项目，因而无法扩大投资规模；或者拆东补西，影响正常的经常性支出，这将不利于社会稳定；或者地方以不规范的方式举债，填补配套资金缺口。

（三）重复评审。国债资金项目一般也需要银行配套投入信贷资金，而且信贷资金所占比例往往较大。目前商业银行在贷款投放方面的约束性很强，但缺乏必要的激励机制。政府投资主管部门和其他部门联合评审下达的国债项目，银行往往还要再评审一次。由于银行贷款权限上收较多，项目评审能力不足，容易导致项目搁浅或延误。

（四）重复检查。目前对国债建设项目有检查监督权的单位包括：审计部门，国家重大项目稽查特派员办公室，财政部门，人大、纪检监察部门，一些地方政府也在陆续成立项目稽察特派员办公室，国家经贸委将成立重大技改项目督察特派员办公室。对建设项目进行检查监督是十分必要的，但如果检查过多过滥，也难免给项目建设造成影响。据反映，有时对项目的检查过于集中和频繁，令人应接不暇，中央的走了，地方的来了，这个部门的走了，那个部门的来了，其中不乏重复检查的成分。将来这种现象很可能更为明显。

（五）出台时机偏晚。1998年以来连续两次增发国债，都是在8月底的人大常委会上讨论通过并最终出台的。尽管1999年的准备工作做得稍早些，但真正实施的时候也已进入全年最后一个季度。冬季正是不利于施工的季节。特别是由于时间紧迫，在项目评估、计划下达、财政资金拨付、银行资金供应、地方资金配套等环节，只要稍有差错或脱节，就会影响投资进度，进而影响全年的经济增长态势。为了赶进度，就不得不更多地采取行政命令的办法，仓促上马项目。日后投资效果如何，自然增加了不确定性。

（六）担心赤字和债务规模过大。政府一方面希望通过发债来度过眼前的困难，使国民经济尽快恢复正常增长，一方面对于国家财政能够承受多大的赤字和债务，这些赤字和债务会在将来带来什么影响，心里没底，理论界也莫衷一是，一定程度上出现了"前怕狼后怕虎"的局面。这对宏观决策产生了明显不利的影响。年初在确定发债计划时，往往倾向于偏小些，以便容易在人代会通过和社会接受，结果刚到年中就意识到需要增发国债。问题是，任何决策都有一个时滞，时机的延误难免影响政策效果。同时，即使实践证明积极财政政策是有效的，但如果不能保持应有的力度（体现在赤字和债务规模上），那么经济困难也将难以如预期那样得到缓解。此外，在思维上我们往往看重赤字和债务的绝对规模大小，而不是在国民经济中的比例高低，例如1999年的赤字规模将接近2000亿元，创新中国成立以来的纪录，听起来吓人，这就容易加重人们对赤字和债务规模的担心。

二、完善积极财政政策的几点建议

（一）用公开招标的办法在全社会范围内确定国债投资项目。可成立由政府部门、企业和社会有关方面专家组成的专门机构，对项目进行评审。对于符合要求的项目，政府可采取参股形式进行投资，无论其所有制性质如何，也无论其地域界限如何。财政贴息的技改投资项目，尤其应当通过公开招标的办法在全社会范围内筛选确定。这样做，可望使项目不足问题得到一定程度的缓解，同时也可以调动社会增加项目前期投入的积极性。此外，国债项目的确定，应主要看其间接经济效益或社会经济效益大小，能否弥补市场缺陷，能否带动民间投资，而不是看其直接经济效益如何，更要避免其对民间投资产生排斥或抑制影响。

（二）采取资金切块方式，在严格限定投资范围的前提下，将部分国债项目的决策权下放给地方政府。目前看，国债项目无论大小，都拿到中央来审定，存在一些弊端。中央部门对众多的项目本身往往很难了解得全面、深入，但由于时间紧迫，不得不匆忙决策。这样，一方面项目决策的科学性难以保证，一方面地方政府在项目安排上的积极性、机动性和责任心也会受到影响，也不利于地方政府将当地的一些小项目"捆绑"或吸引进来。因此，可以考虑在严格把握资金投向的前提下，将部分国债资金切块给地方，具体项目由地方自主安排。

（三）设立专项资金，主要用于基础设施项目的前期准备工作。预算内可用于投资建设的资金十分有限，与其直接投入项目建设，相当于杯水车薪，不如拿出更多的钱，加强基础设施项目的前期准备工作。如果说工业项目过两年就事过境迁、没有什么意义的话，那么许多基础设施项目特别是城市基础设施项目，从长远发展的角度看，早晚要上，不如把项目前期工作做到前面，做得更扎实些，有备无患。

（四）修改预算法，允许地方政府在规范的基础上发债，同时取消国债资金转借（或称转贷）地方的方式。目前我国预算法不允许地方政府打赤字和发债，但地方政府以隐蔽的、不规范的方式打赤字和发债的现象，已经在一定范围内存在。地方政府发债在国际上是普遍现象，我国在规范的基础上允许地方政府发债是一个必然趋势。目前国债资金以转借地方的方式使用，尽管层层签订还款协议，但地方的责任和压力其实不大。让地方政府自己发债，自己决定项目，自己完全承担还款责任，其压力要比现在大得多。过分担心地方发债一发而不可收是不必要的。可以通过三个方面对地方政府发债进行制约：一是地方人大审议通过；二是中央政府总量控制；三是地方发债必须有资信评估，投资者在此基础上作出选择。地方政府发债主要用于本地基础设施建设，应以城市为单位发债。同时应当明确，地方政府发债是一种市场行为，不是"扶贫"，发债要以地方财力作后盾，因此发达地区的发债规模必然更大些。毫无疑问，发达地区（例如上海和深圳）同样有发债的需要，就像美国的纽约那样。

（五）适当降低落后地区国债项目的地方配套资金要求，相应增加中央国债资金和预算内资金的投入力度。对西藏、青海等地，可以考虑完全免除地方配套资金要求，中央有多少钱就办多少事。这些地方配套多少资金，由地方根据能力自主决定。

（六）在适当恢复扩大基层商业银行贷款权限的同时，邀请银行代表自始即参与国债投资项目的联合评审。联合评审结束后，银行所要做的工作，主要是履行贷款手续问题，而不是完全重新评审政府部门已经确定的项目。在地方推荐项目的过程中，也要邀请当地银行或潜在的贷款银行参与意见。

（七）建立由不同检查部门共同参加的联席会议制度，协调项目检查工作。对项目的稽查可采取一部门为主、相关部门配合的联合检查方式，一次完成所有的检查项目。或者一部门检查合格后，一定时间内其他部门自动免予检查。同时，要在部门间协调的基础上，合理控制对同一项目的检查频率。一旦查出问题，则严肃处理，决不姑息迁就。

（八）发债计划力争在年初即打足，并开始执行，尽量避免"临时抱佛脚"。财政收支及其差额在季节分布上应努力实现均衡化，把更多的支出用在上半年，及早发挥效益，争取主动，避免"前三季度大量盈余、最后一个季度突击花钱、突击扩张赤字"的做法。将来可以考虑通过立法赋予国务院在一定幅度内相机调整预算的权力，即在保持经常性预算平衡前提下，适当增加建设性预算在执行过程中的弹性，包括支出和赤字在相邻年度间的调剂和动态平衡。

（九）借鉴国外经验，充分认识我国发债潜力和经济的可承受能力，保持积极财政政策的应有力度。连续五年以上财政赤字占GDP的比例超过3%的情形在国外并不少见。例如，1931—1936年的6年中，美国政府赤字占GNP的比例平均为3.3%；1980—1994年的15年中，这一比例平均约为4.3%。1974—1989年的16年中，日本财政赤字占GDP的比例平均高达5.4%。历史上美国、英国和日本的国债余额相当于GDP的比例曾经超过100%。从消极方面看，即使扩张性财政政策未能取得预期效果，也不曾带来灾难性后果。至于潜在的赤字和债务，其转化为现实的赤字和债务需要一定的条件和过程。从积极方面看，如果扩张性财政政策用得好，则不仅可以促进当前经济增长，而且有助于化解潜在的赤字和债务，降低财政风险。因此，我们既不能把扩张性财政政策当作包治百病的灵丹妙药，也不必过于畏缩；既不能认为只要赤字和债务比率低于某个界限就是安全的，也不能认为只要赤字和债务比率超过某个界限就是不安全的。应当根据经济发展的需要，参照国际经验，在大体把握赤字占 GDP比率（例如3%左右）的基础上，更加大胆、灵活地安排赤字和发债的计划规模，使积极财政政策的作用得到有效发挥。

积极财政政策不搞一两年*

回头看：在积极财政政策这一新鲜事物实行一年之际，社会上对于是否应当继续发债、实行积极财政政策争论较多，本文鲜明提出积极财政政策不搞一两年，要做好实行三到五年的准备。

财政的偿债能力多大，不仅要考虑现行体制下财政增收的可能性，还要考虑财税体制改革对财政偿债能力的积极影响。

1998年以来我国实行积极的财政政策，增加发行长期国债，用于固定资产投资，对经济增长起到了有力的拉动作用。进一步用好积极的财政政策，需要妥善处理积极财政政策的定位问题，即在功能、时间、程度和方式等方面把握好积极财政政策的辩证法。

积极财政政策不是长期政策，但也不是一两年就能奏效的，要做好实行积极财政政策3—5年的准备。期望通过连续不断地发债来保持经济的长期持续增长，或单纯依靠发债来解决经济生活中的深层次问题，都是不现实的。无论加强基础设施建设，还是发展高新技术产业，促进结构升级，或者进行国有经济的战略性调整，都需要政府给予支持，包括通过实行积极的财政政策，增加直接投入。结构调整不可能一蹴而就，而是需要一个过程。积极财政政策的使命在于将失衡的经济重新推入具有内在增长动力的良性循环轨道，因此，积极财政政策在时间上的持续性，根本上取决于何时基本完成这一使命。美国在历史上曾经数次实行积极的财政政策，并取得一定成效。30年代大萧条时期美国实行了至少6年扩张性的或积极的财政政策，经济才基本得到恢复。80年代初到90年代美国实行了至少10年的扩张性财政政策，实现了结构调整。其实，如

---

* 本文原载《人民日报》1999年8月23日。

果把赤字和发债看作是积极财政政策的表现，那么改革以来的绝大多数年份我们实行的都是积极的财政政策，目前不过是加大一些力度而已。

财政赤字占国内生产总值的比重并非只要低于3%就必然是安全的，但也不是说某个年份只要超过3%就必然会出危险。经济生活与物理现象不同，3%不是像冰点、沸点那样的绝对临界值。西方一些国家（如欧元区）根据其以往经济发展的经验，把3%的赤字比例作为安全警戒线，但在实践中，某一年超过3%或连续几年超过3%的情况并不少见。3%对我国来说也不是"金科玉律"，从目前的情况看，个别年份超过3%也不会有多大问题。但另一方面，如果积极财政政策不能促使经济进入良性循环，不能创造出更多的财源，使财政走上可持续发展的道路，那么，即使赤字比例低于3%，也不能说就是安全的、适当的，任由这种赤字长期持续下去，国债必将积少成多，甚至衍生出大的风险。

增发国债用于投资一定要讲究效益，但财政资金的投向主要不是有直接经济效益的项目，而是有间接经济效益和社会效益的项目。如果财政资金也只投向有直接经济效益的项目，那么在目前的市场环境下，不是找不到项目，就是与企业争项目，产生"挤出效应"。这样的话，政府就没有找对自己应有的位置，就不能弥补市场的缺陷。其实，财政资金在投下去的时候，由于同时扩大了赤字，从财政循环自身看，可以说已经"终结"了。将来增加财政收入，不能期望从财政投资的特定项目中得到多大的直接回报，而主要是看国民经济能否从困境或窘境摆脱出来，进入持续快速增长的轨道。因此，财政投资的硬性约束，一是必须保证工程质量，二是必须有间接经济效益或社会效益，如果财政投资项目恰好也有直接经济效益当然更好。从这样的角度看，政府将不是没有项目可投，而是远不能满足投资需要。

积极的财政政策不仅可以采取增发国债、增加支出的方式，也可以采取减税的方式。发债和减税各有短长。增发国债的扩张效应是直接的，但政府直接投资必须以效率为前提，否则可能导致发债越多、无效投资越多、浪费越多的现象。减税的扩张效应往往是间接的，减税会导致企业和居民收入增加，但并不必然导致投资、消费等有效需求的增加；减税措施不能频繁出台，一旦出台后，其日后的影响也比较难以控制。但减税会对企业和居民的投资和消费行为产生刺激作用，其影响面往往更广。因此，我们一方面应当在正确把握资金投向、提高投资效率的前提下继续发行国债，增加固定资产投入。另一方面，考虑到财政收入比重低的事实，我们可以有选择地、临时性地减税。既可以对出口减税即提高退税率，也可以对某些特定的投资行为减税，还可以对特定的消费行为减税。

财政的债务负担究竟多大，不仅要考虑显性债务，还要考虑隐性债务；财政的偿债能力多大，不仅要考虑现行体制下财政增收的可能性，还要考虑财税体制改革对财政偿债能力的积极影响，以及国有资产与国家债务的对应性。财政的隐性债务负担主要包括社会保障资金缺口、国有银行呆坏账和一些国有企业的亏损挂账等。将显性债务和隐性债务加起来，总的债务规模似乎大得惊人。然而，随着经济的发展，财政将相应增收；随着财税体制改革的深化，财政收入在国民经济中的比例将会提高，偿债能力将会增强。另一个不应忽视的因素是，与国家债务相对应，我国有庞大的国有资产，可以作为偿债的重要物质基础。1998年我国国有资产达到8.2万亿元，与现行债务总量大体相当，这是其他国家不可比拟的。因此，如果说我国的真实债务负担比名义债务大的话，那么我国的真实偿债能力也比一般所认为的要大。

在中央财政继续发债的同时，应当及早考虑地方发债的可能性和潜力。目前我国预算法不允许地方政府发债，但在实践中有些债务实际上具有地方政府债的性质：一是中央政府发债转借地方使用，二是市政公司债券实际上具有准政府债的性质，因为市政公司与当地政府往往有密切关系。目前我国中央财政收入比重较低，而地方财政比重高，这与许多西方国家很不一样。如果把债务负担都放在中央财政身上，风险就会加大，同时也将限制财政总体的发债能力。地方政府发债有现实的需要。我们所担心的是，一旦开了口子就一发而不可收。其实，取消贷款规模管理后并没有出现随意贷款和贷款膨胀现象，允许地方政府发债也不是允许其任意发债。与其让地方政府以不规范的方式搞一些隐性债务，不如修改现行法规，使地方政府发债在规范的基础上进行，并严加管理。例如可以规定，地方政府发债额度须经中央政府批准，并进行债信评级。这样，地方政府债能否发出去以及能发多少，将受到计划和市场（投资者）的双重制约和调控。

进一步扩大内需和拓宽融资渠道的意见*

回头看：本文对扩大内需应对亚洲金融危机提出了全面而具体的建议，包括加快特大城市地铁建设、发展环保产业、鼓励轿车进入家庭，中小城市率先改革户籍政策鼓励消费移民、投资移民、技术移民。

从1999年一二月份的情况看，如果能够保持当前的发展势头，则一季度和上半年的经济增长速度可以达到8%以上，全年实现7%的预期增长目标是比较有把握的。目前所担心的是，1998年下半年以来经济回升的势头具有多大的可持续性，亚洲金融危机对我国外贸和利用外资的负面影响将会严重到什么程度。在这种背景下，1999年我们需要像市政府承诺为市民办几件实事那样，在进一步扩大内需和拓宽融资渠道上采取几项具体而切实可行的措施，以夯实经济增长的基础，保持经济增长的持续性，提高经济增长的质量，减少经济增长的水分。

一、1998 年扩大内需有关措施的评价

1998年我国政府所采取的扩大内需、应对亚洲金融危机的一系列对策取得了巨大的成功，对此国际社会给予了充分的肯定。与此同时，也要认识到，我们的政策并非完美无缺，而是存在值得重视和改进的地方。

1. 中国经济增长乏力的原因主要是内因而非外因。在分析1998年增长困难的原因时，人们通常对亚洲金融危机的影响和特大洪涝灾害特别重视，实际上，中国市场供求态势变化、买方市场形成的影响更大、

＊ 本文完成于1999年3月，原载国家计委《经济动态》1999年第7期。

更持久。中国经济长期以来是内需主导型经济，国内需求的变化态势具有决定性影响。1988年、1992—1993年进口增长快于出口增长，出现巨额外贸逆差，但由于国内需求膨胀，这几个年份均出现经济过热和经济增长高峰。1997年外贸出口增长21%，但包括服务在内的整个出口对经济增长的贡献不到20%。至于洪涝灾害的影响，主要是存量财富损失3000亿元，而生产损失并不大，因为本来就没有那么大的市场需求。关键是民间需求增长乏力。如果对1998年经济增长的不利因素排序的话，那么第一是买方市场，第二是亚洲金融危机，第三是洪涝灾害。

2. 积极财政政策出台时机稍晚。1998年前几个月，货币政策的局限性已经比较明显地表现出来，经济界许多人呼吁增发国债。决策层虽然已经意识到要适当增加投资，但没有能够及时采取有力措施，而且当时似乎还维持着"怕热不怕冷"的原有思维。增发1000亿元国债决策在8月底出台，资金到位和发挥作用主要是在第四季度，对当年经济增长的影响有限。由于出台时机稍晚，又要求在剩下的很短时间里尽可能多完成工程量，难免仓促决策、仓促上马、仓促施工，影响工程质量。

3. 改革措施对促进发展的即期效应可能是负的。改革从长远看是十分必要的，但在1998年的特殊环境下，对于居民而言，改革的直接效应是，或者增支，或者减收，或者影响未来工作和收入的稳定性，导致居民预期下降，消费需求低迷，对经济增长的净效应可能是负的。应当认识到，改革与发展的关系已经转型，过去改革与发展是一致的，改革是发展的直接动力。目前改革往往涉及更多、更深层次的利益调整，改革措施在短期内可能对发展具有制约影响。如何把改革与发展很好协调起来，是一个新的课题。

4. 政策之间的协调配套不够。1998年在财政、货币政策配合上取得新进展，体现在增发1000亿元国债、银行配套增加1000亿元贷款上。但总体上看财政、货币政策各行其是，银行资金与国债资金配套的依据是什么，比例如何确定，并不明确。在发债时机、数量、利率、二级市场操作等方面，财政部与中央银行之间仍缺乏制度化的、深入的协调。此外，1998年确保工商税收增收1000亿元无多大必要。年初确定工商税收增收任务800亿—1000亿元，依据是当时对全年经济增长和价格上涨的判断。后来经济形势比预期差很多，同时却不断加大税收征收力度，客观上对扩张性财政、货币政策具有抵销作用，当然，清欠、加强征管从一般道理上讲是对的。

5. "剃头挑子一头热"，政府孤军奋战，民间反应平淡，政策和财政资金的杠杆作用没有得到应有发挥。尽管政府出台了一些鼓励政策，民间消费和民间投资仍然萎靡不振。即使政府下大力气增加直接投资后，社会投资需求仍未激发出来，联动效应不明显。

6. 国债资金使用规则模糊，反而可能影响资金使用效率。一方面国债资金转贷地方层层签订还贷合同，要求地方和企业承担还贷责任，一方面从上到下心里都清楚国债资金还不了，也没准备都还回来。一方面有些人认为国债资金作为资本金来使用，另一方面国债以有偿的、信用资金方式使用，与资本金的性质、要求不符。最终的结果，很可能如"拨改贷"那样，贷款收不回来，不了了之。

二、1999 年进一步扩大内需的几个原则

1. 扩大投资需求与扩大消费需求同时并重。投资的可调控性强，保持投资的快速增长对实现全年经济增长目标仍然至关重要。同时也要认识到，消费需求是最终需求，只有消费需求上去了，才会为投资需求的进一步扩大提供动力源泉，从而实现经济的良性循环，而投资本身是不可能无限制地自我循环下去的。此外，消费需求在总需求中占有60%左右的份额，消费需求的变化对国民经济增长态势具有举足轻重的影响。因此，目前应当像鼓励出口那样，千方百计扩大消费需求。可以相信，在目前的国际国内环境下，千方百计扩大消费比千方百计扩大出口的效果要好。

2. 搞好在建基础设施项目后续投资的同时，适当安排新开工项目。投资的重点是继续加强基础设施建设，特别是要在资金、技术、人力等方面采取有力措施，保证在建基础设施项目顺利完成后续投资，使其尽快发挥效益，同时要在认真做好规划和前提准备工作的基础上，适当开工新的投资建设项目，否则投资和经济增长在下半年可能面临后劲不足问题。

3. 启动消费需求应对高收入者与低收入者区别对待。指望城乡居民收入普遍快速增长是不切实际的,同时居民收入差距扩大是一个既成事实,短期内无法改变,甚至还有进一步恶化的可能。因此,启动消费需求也必须面对现实,对症下药。对高收入者,应设法将其收入调动出来用于消费支出;对低收入者,应设法在增加收入的同时增加消费支出。

4. 开拓市场应对城市市场和农村市场区别对待。简单地将城市商品送货下乡效果不佳,即使降价处理也难有多大成效,因为多数产品都是为城市市场设计的,原本就不适应农村市场需要。例如,地毯价格再低,质量再好,农民也不需要。农民与城市居民不同,城市居民是单纯的消费者,其收入的使用除了消费就是储蓄或金融投资,而农民则既是消费者,又是生产者,其收入的使用方向有三:一是生产,二是消费,三是储蓄。对农民来说,生产支出是第一位的,因为生产安排不好,收入就没有保障,更谈不上消费和储蓄,因此,开拓农村市场要把农民对农业生产资料的需求和消费需求结合起来。

5. 在保持政府投资、国有单位投资稳定增长的同时,刺激民间投资需求回升。民间投资(非国有单位投资为主)的变化是真正的晴雨表,民间投资回升了,才表示国民经济具有自发回升的趋势,才能保证国民经济的回升具有持续性和坚实基础,才能最终使政府从不断加重的赤字和债务负担中解脱出来。

6. 在继续搞好国有大中型企业的同时,为中小企业和民营经济的健康发展创造适宜的环境。1997年国有经济占GDP的比重只有42%,非国有经济占58%,在GDP增长中,国有经济的贡献在20%左右,非国有经济占80%左右。可以说,目前国有经济的作用主要体现在保持经济和社会的稳定上,而经济的快速增长则在更大程度上依赖于非国有经济,包括中小企业和民营经济。

三、进一步扩大内需的重点领域

1998年增加投资的重点是农林水利、交通通信、城乡电网改造、中央直属储备粮库、环境保护和经济适用房建设等六个方面。1999年应在继续保持或加大这些方面投资力度的同时，开辟扩大内需的新领域，培育新的经济增长点。

1. 尽最大可能加快特大城市地铁建设。目前一些特大城市的交通仍然是一个严重的瓶颈部门，造成巨大的经济损失，也影响了居民生活。国内外经验表明，地铁是解决特大城市交通问题的一个有效途径，而我国在地铁建设的技术能力等方面已完全具备条件。在目前内需增长乏力的情况下，应当选定若干特大城市，（未被批准的城市一律不准轻举妄动），下定决心以技术上允许的最快速度加快特大城市的地铁建设。据估计，目前每公里地铁需投资10亿元左右，如果选5个城市，每个城市每年建成10公里地铁，则需要投资约500亿元。即使每年都能建成10公里地铁，北京、上海要赶上巴黎、伦敦、莫斯科等城市目前的地铁水平也还需要40—60年。

2. 大力发展城市基础设施。主要是城市道路、停车场、桥梁、上下水道、垃圾处理和环境保护等。目前城市（或地区）之间的公路、铁路交通状况已有很大改善，个别路段还存在车流量、客（货）运量不足问题，交通问题的焦点已越来越集中到两点：一是市内交通，一是农村交通。据统计，我国城市每万人拥有的铺装道路长度1995年为7.0公里，1997年为7.1公里，铺装道路面积1995年为7.3万平方米，1997年为7.8万平方米。平均每万人拥有的下水道长度1995年为6.0公里，1997年为6.1公里。每万人拥有的绿地面积1995年为36.7公顷，1997年为35.0公顷。每万人拥有公厕1995年为6.1座，1997年为5.6座。考虑到这些指标统计的仅是城市非农业人口，而近年来城市农业人口（农民工等）大量增加的事实，可以说城市交通、上下水道、环境卫生等基础设施状况实际上在恶化。这既影响居民生活质量，也妨碍经济发展。例如城市道路和停车场等交通设施之不足已制约了轿车进入家庭的步伐，不利于把汽车培育成为新的经济增长点，必须努力加大城市基础设施投资力度。

3. 大力发展义务教育和非义务教育。我国教育的发展速度明显落后于经济发展速度，与日本等国在追赶发达国家过程中实行教育先行的模式形成很大反差，随着时间的推移，这种状况必然会对我国国际竞争力的提高和经济的持续发展形成越来越明显的制约。1997年我国各级学校在校学生数占全国人口的比重为17.24%，比改革之初的1978年低约5个百分点，初中毕业生升学率在20年前已超过40%，迄今仍在40%多的水平徘徊。尽管高等院校招生规模不断扩大，但仍然远远不能满足需要。另一个明显的事实是，北京市考生的大学入学录取分数线是比较低的，如果全国都按照北京市的分数线标准来录取新生，那么估计全国高校每年需要多招生几十万人，即比计划多招1/3左右。目前的问题是，一方面政府"失职"，对义务教育的投入严重不足，另一方面对非义务教育管得过多，卡得过死。许多中小学校不得不向学生家长收费，让当地企事业单位赞助，或依赖于"希望工程"捐款，致使义务教育的成本高于某些低收入家庭（特别是农村贫困地区）所能承受的水平，加之其他方面的教学条件不足，结果仍有相当数量的学生未能完成义务教育（因而也不具备现代社会所要求的起码的教育水平）而过早加入劳动大军。可以说，义务教育既有供给不足问题，也有有效需求不足问题。非义务教育固然也存在政府投入不足问题，但主要是政府对学校自主办学和社会办学限制得过死，因而造成严重的供给不足问题。大力发展教育势在必行。

4. 进一步挖掘旅游业的增长潜力。在许多行业面临需求约束、增长放慢的情况下，近年来旅游业却一直有着较好的发展势头。1997、1998年旅游业总收入分别增长约25%和10.2%。目前看，在国际旅游方面提高人均创汇率、在国内旅游方面提高居民的出行率和人均支出水平，都有较大潜力。同时，进一步挖掘旅游资源，改善旅游服务质量，均大有文章可做。估计今后一定时期内我国旅游收入（或产出）仍可以继续保持10%左右的快速增长。

5. 环保产业正在进入快速发展轨道。尽管一些有识之士曾经提出警告，要吸取发达国家工业化过程中"先污染后治理"的教训，但我们实际上已经在很大程度上重蹈了这一覆辙。目前我国已经是一个污染相当严重的国家。而环保则是一个新兴产业。随着全社会环保意识的增强，对污染防治设施的需求将持续扩大，环保产业将获得持续而快速的发展。

6. 家庭轿车将继续保持较快发展势头。近几年在轿车销售中私人购车比例不断上升，目前一些大城市的这一比例在一半以上，轿车进入家庭是大势所趋。值得注意的是，私人轿车的发展是在轿车价格偏高、购车手续费偏高、车辆使用维护费用偏高、停车场所严重不足等不利条件下获得的。可以设想，如果轿车的价格和各种费用降低1/3左右，同时下决心改善城市道路和停车场所状况，那么私人轿车必然能够获得更快的发展。

7. 农用机械大有发展潜力。尽管政府没有大力推动，近年来农民对农用机械的需求不断扩大，农业机械化水平不断提高，但农用机械的发展也存在不少问题。从供给方面看，相当多的农用机械是一些小修造厂生产出来的，粗制滥造，质量缺乏保证，性能也不能很好适应农民需要。从需求方面看，许多农民仅靠自己的积蓄尚不具备对农用机械的购买力，但生产经营上确有需要。可以相信，一旦化解了这些矛盾，农用机械制造业将继续保持若干年的快速发展势头。

8. 农村基础设施状况亟待改善。我国农村道路、水、电等基础设施状况从总体上看还相当落后，没有成千上万亿的投资是不可能明显改变的。但这些投资主要是社会公益性质的，资金来源是个很大的问题。目前只能说，这一领域存在着巨大的投资缺口，应当在力所能及的情况下逐步填补这一缺口。

四、关于进一步扩大国内需求、拓宽融资渠道的几点建议

无论政府增加投入（支出）还是民间增加投入（支出），无论增加投资还是增加消费，从扩大国内需求的角度讲都是一样的。政府方面，在全年发债计划之外，视情况再增发部分国债（例如300亿元）的余地是完全存在的，但政府财力（包括发债资金）毕竟有限，如果能够调动起民间增加投入的积极性，那么扩大需求的效果会好许多，政府也就可以因此而从不断加重的债务负担中逐步解脱出来。因此，进一步扩大国内需求，拓宽融资渠道，需要同时挖掘政府和民间两种潜力，重点是后者。

1. **发行城市基础设施（包括地铁）建设债券。** 目前国债和企业债均十分热销，银行利率很低，是发债的好时机，可以以市政公司或地铁公司名义发债，利率可以略高于银行存款利率。发债规模可以相当大，例如凡批准修建地铁的特大城市每年均可发行10亿元建设（企业）债券。

2. **选择若干城市进行地方政府发债试点。** 地方政府发债应以城市（而不是省或地区）为单位进行，且要选择财政收入稳定、偿还有保证的城市（而不是穷的、偿还无望的城市），发债资金由市政府统筹安排用于市政基础设施建设。作为第一步，安排10个城市发行总额100亿—200亿元市政债券是不成问题的。在广泛宣传、说明用途的基础上，中央政府或城市政府甚至可以发行一些无息或低息的爱国债券。

3. **发行城市基础设施建设彩票。** 这种活动可以像福利彩票那样定期地或经常性地进行，所筹资金用于纯公益性质的城市基础设施建设。通过这种方式，大城市每年筹集到10亿元左右资金估计是可以做到的。

4. **建立小企业贷款担保基金。** 可以采取中央、地方、企业共同出资的办法建立小企业贷款担保基金，同时与银行协商，按照担保基金的一定比例（倍数）向加入基金的小企业提供信贷支持。在基金中政府出资应与企业出资保持一定的比例关系，企业出资越多，政府补助的资金也就越多。随着加入基金的小企业增加，担保基金的规模越大、银行应当向小企业承诺的贷款额度就越大。

5. **增加贴息资金。** 政府贴息对于吸引银行贷款具有杠杆作用，比政府将有限的资金直接用于增加投入或硬性要求银行增加贷款的效果要好。例如，增加100亿元贴息，估计政府可以间接影响的贷款可达数千亿元。贴息资金可以分为建设项目贷款（中长期贷款）贴息资金和生产性贷款（中短期贷款）贴息资金，宜由有关宏观调控部门根据宏观调控需要安排使用。

6. **扩大以工代赈的规模和范围，实行以工代赈城乡并举。** 目前消费需求不旺的主要原因，一方面是低收入家庭受收入水平限制，另一方面居民储蓄倾向偏高，有钱也不用于消费。而以工代赈则是将增加收入与增加消费直接统一起来的一个特别方式。农村贫困地区以工代赈取得了很好的效果，而城市也正在形成一个低收入阶层，同样有必要、有可能搞好以工代赈。

7. 像鼓励消费信贷那样鼓励农民利用信贷方式购买农用机械和其他农业生产资料。在收入增幅下降甚至停滞的情况下，让农民增加消费是不切实际的。农民首先考虑的是如何通过改善生产经营来增加收入。农民现金支出中用于生产投入的比例，在1980年只有11%，1997年达到26%，人均600元，相当于消费支出的53%。1991—1997年农村居民人均生产费用支出平均增长18%，而近两年的增长速度不到8%。如果农村居民生产费用支出能够保持90年代以来的平均增长速度，则1999年全国可以多增加支出约500亿元。因此，增加对农民的生产性贷款是扩大国内需求的一个现实选择。

8. 调整消费政策。凡生产能力过剩或扩大生产能力有余地的产品，均应由过去的限制消费政策转变为鼓励消费政策。例如电力，可以从过去的用电越多电价越高的政策，转变为用电越多电价越低的政策；电信也是如此，网上用户电话收费目前仍实行用得多、收费高的政策，应当改过来，完全按统一的固定标准收费，或实行用得多、收费低的鼓励政策。再如旅游，为防止腐败而用行政命令办法禁止到若干旅游景点开会的规定，是否有因噎废食之嫌，似乎也值得进一步思考。为鼓励轿车购买和消费，一是应大幅度减少各种购车费用，二是进一步降低轿车价格。此外，政府可以投资兴建停车场，也可以鼓励社会资本在符合政府统一规划的前提下兴建收费停车场，为轿车消费创造条件。

9. 开展产业投资基金试点。产业投资基金试点管理办法已形成初稿，在征求有关部门意见基础上，可以在年内出台。目前各地和有关部门要求开展产业投资基金试点的积极性很高，试点的条件越来越成熟。由于私募方式比较容易操作和控制，对股市影响不大，应当力争在下半年首先以私募方式进行产业投资基金试点，为扩大内需助一臂之力。此外，《境外产业投资基金管理办法》在1996年即已颁行，但实际上还没有一家真正按此办法建立的境外产业投资基金，这与近年来的"基金热"形成鲜明对照，也说明该办法存在缺陷。应当修改和完善境外产业投资基金管理办法，特别是应允许在境内设立中外合资基金管理公司（初期可规定中方股份不低于某个比例），以促进境外产业投资基金健康发展，开辟利用外资的新途径。

10. 放开和鼓励民间资本进入一些特定的产业领域，促进这些产业领域的竞争和发展。电信行业，除了分割中国电信，鼓励联通发展以外，还可以允许国内其他国有大型企业以适当方式介入，以使电信行业获得更快的发展。教育方面，可以给予高校在招生上更大的自主权，允许和鼓励社会力量办各级各类学校，允许和鼓励以合资合作方式吸引外资办学（如MBA、外语教育等）。基础设施方面，应允许和鼓励以国内BOT、项目融资、经营权转让等方式吸引民间资本包括民营资本进入基础设施领域，例如修建收费路、桥等等。如果能在这些方面真正取得进展，那么其对扩大内需和拓宽融资渠道的作用，比之政府直接增加投资不知要大多少倍。

11. 有针对性地完善消费信贷。据银行反映，消费信贷的呆坏账率最低。消费信贷是银行新的贷款增长点。扩大消费信贷于国、于行、于民均有利。目前消费信贷的适用范围已经足够大，但期限应当适当延长，抵押担保条件应当适当放宽，利率应当适当降低。

12. 实行鼓励向中小城市流动的新户籍政策。农民凡购买一定面积的住房、投资一定金额的项目（符合政府规划和产业政策）、具有特定的技术专长或发明，均可向中小城市申请落户，即实行消费"移民"、投资"移民"、技术"移民"。

通货紧缩趋势分析*

回头看：本文对改革开放之后第一次出现的明显通货紧缩态势进行了比较全面、系统的分析。

为克服亚洲金融危机带来的不利影响，1998年我国实施了以扩大内需为主的一系列政策措施。这些措施在启动经济方面的力度之大是前所未有的，效果也是非常显著的。但也必须看到，启动经济的政策效果比预想的要差，特别是社会投资和居民消费需求依然不旺，成为国民经济持续快速增长的重要制约因素。这种情况的出现，除了经济生活中一些旧的矛盾和困难在作怪以外，是与通货紧缩这一新现象、新问题分不开的。实际上，通货紧缩正在对我国经济生活产生广泛而深刻的影响，尤其在当前世界性通货紧缩日益明显，我国加入WTO的趋势更加明朗，输入性通货紧缩的影响可能加剧，如果不能遏制通货紧缩的趋向，消除通货紧缩的危害，国民经济就不能进入良性循环的轨道，对此必须有清醒的认识。

一、当前我国通货紧缩的态势及其危害

去年以来我国多种价格指数同时出现全面下降，这是过去从来没有发生过的事情。1998年，我国商品零售价格指数下降2.8%，居民消费价格指数下降0.8%，生产资料价格指数下降7.1%，农业生产资料价格指数下降5.5%，工业品出厂价格指数下降4.1%，农产品收购价格指数

---

* 本文完成于1999年4月。

下降8.0%，GDP缩减指数下降1.3%。到1999年3月，与上年同期相比的商品零售价格指数已经连续18个月下降，居民消费价格指数连续12个月下降，生产资料价格指数连续36个月下降，农业生产资料价格指数连续23个月下降。到1998年年底，农产品收购价格指数累计下降了12.1%，生产资料价格指数累计下降了9.2%，工业品出厂价格累计下降了4.4%。今年一季度，我国各种价格指数继续呈下降趋势。其中，居民消费价格指数同比下降1.2%，商品零售价格指数下降2.9%，农业生产资料价格指数下降4.6%，生产资料价格指数下降8.5%。如果单纯从价格总水平持续下跌这样的角度来理解，我国当前已经处于比较严重的通货紧缩环境。

国际上不少知名经济学家认为世界性通货紧缩已经成为世界经济发展的大敌，值得注意的是，与国际水平相比，我国的价格总水平跌幅更大，通货紧缩趋势也更为严重。1998年世界平均的GDP缩减指数上升1.7%，消费价格指数上升2.1%，分国别看基本没有出现价格总水平绝对下降的情况，而我国这两个指数分别下降1.3%和0.8%，比世界平均水平均低3个百分点左右，因此，我们理应比其他国家更重视通货紧缩问题。

价格总水平的持续下降，给经济发展带来了广泛的不良影响。一是农民利益受到损害。1998年农产品收购价格下降8%，而农产品产量的总体增长幅度低于这一水平，表明农业增产难以弥补价格下降的影响，农民从农产品销售中得到的收入减少，有些产品甚至出现生产越多、亏损越多的现象。1998年农村居民人均纯收入2160元，仅比上年增加70元，增长3.3%，而农村消费品零售额仅增长6.4%，与1991—1995年的平均速度相比，1998年农民收入与农村消费品零售额增幅均有所下降。目前农产品价格仍然低迷，开拓农村市场的难度加大。二是生产者利益受到损害，企业效益下降。由于市场价格下跌，1998年工业企业实现销售收入增长4.1%，而实现利润下降17%，亏损企业亏损额增长22.1%，而且这是在连续6次下调利率（其中1998年当年连续下调3次）、企业欠息大量增加的情况下出现的，表明企业经济效益明显恶化。三是抑制投资需求。在市场价格不断下跌的情况下，投资的预期收益必然下降，投资意愿减弱，加之企业效益下降，投资能力降低。四是抑制消费需求。价格下降使企业经营环境恶化，企业职工工资增长必然受到直接影响，并且失业、下岗人员增多，许多居民家庭收入增长放慢，甚至绝对下降，加上"买涨不买落"的心理作用，消费需求不旺。五是抑制银行贷款积极性，助长惜贷倾向。由于市场前景看淡，企业收入下降，债务拖欠增加，欠息和呆坏账增多，银行在发放贷款方面的谨慎态度有时可能超过必要的、合理的限度。六是在市场价格低迷的情况下，一些企业为了自身的生存或占领市场份额，低价倾销和恶性竞争现象加剧。

总之，通货紧缩趋势已经并正在继续对国民经济产生严重危害，如果任其发展下去，通货紧缩趋势与经济增长速度的回落、失业下岗人员的增加、经济效益的下降之间，将形成一种恶性循环，决不可等闲视之，必须进一步采取强有力的应对措施。

二、出现通货紧缩趋向的原因

通货紧缩趋势的出现，是多种因素共同作用的结果。

1. 多年来的盲目重复建设，造成一般加工工业生产能力大量过剩，同时，由于缺乏创新和激励机制，技术水平落后，技术储备不足，产业结构调整和升级的进展缓慢。这是目前市场供过于求、价格持续下降的最根本原因。一些学者估计，我国全社会生产能力闲置率在20%左右。许多产品的生产能力利用率更低。1998年钢产量1.16亿吨，而生产能力为1.9亿吨，生产能力利用率61%；钢材产量1.05亿吨，而生产能力为1.75亿吨，生产能力利用率为60%。第三次全国工业普查结果显示，普查涉及的900多种主要工业品，有半数产品的生产能力利用率在60%以下。

2. 农业连续几年丰收，许多农产品生产过剩，部分农产品不适应市场需要，造成农产品价格普遍下降，带动了价格总水平的下降。食品价格在商品零售和居民消费价格总指数中占一半以上的比重，由于粮价低，1998年食品类价格下降了3.2%，对商品零售价格总水平下降的影响达60%左右。

3. 货币供应量增幅比以往有较多回落，对经济发展的支持力度减弱。一是商业银行不良贷款压力沉重，银行贷款从粗放、外延经营方式向集约、内涵经营方式转变，贷款投放趋于严格、谨慎；二是银行自身经营能力的制约，如对贷款项目评估、鉴定能力较弱，在经济不景气时期，选择好的项目难度加大；三是我国占主导地位的国有独资商业银行内在经营机制不完善，在防范风险的约束机制得到强化的同时，并没有相应建立起对称的贷款投放的激励机制；四是由于商业银行的资金存在消极的出口，如以超额储备形式存放在中央银行套利，即使不套利也可以在保持一定营利性的前提下保持最优的安全性和流动性组合。

关于通货紧缩形成的制度性因素，我们认为，一是近年整治金融秩序以来，社会资金向国有商业银行加速归流，游离在国有金融体系之外的资金趋于收敛状态，而国有金融体系资金流向产业体系的速度放慢，与此同时，国有金融体系的资金供给对象依然以国有大中型企业为主导，而国有大中型企业内在约束机制的严重缺损，导致产业资金加速渗漏、流失，或以呆滞、沉淀的物化产品存在，产业体系货币资金短缺的矛盾加剧；二是资本市场发育滞缓，资本工具的短缺使得社会资金储蓄化倾向增强，而投资形成水平下降，高负债经济运行从供需双重方面对信贷扩张形成负面影响。

4. 居民收入增幅下降，收入差距拉大，减收增支预期增强，即期消费需求不旺。收入增幅下降，养老、抚幼和住房等长期支出的预期负担加重，而社会保障体制不健全，导致居民预防心理增强，

5. 城市化水平低，城乡二元经济结构矛盾突出，形成城乡之间供给与需求的错位。我国的居民消费结构正处于由基本生活消费向高层次消费、从产品消费向服务消费、从吃穿用向住行转移的重要过渡时期。

6. 全球性生产能力过剩和国际市场价格普遍走低对我国的"输入"影响。据世界银行统计，1997年到1998年，非能源产品价格指数涨幅由2.2%变为-15.7%(其中农产品由2.6%变为-16.5%，金属和矿产品由1.2%变为-15.4%)，能源产品由-6.9%变为-28.5%，制成品出口产品由-5.1%变为-3.8%。1998年国际市场原油价格平均下降了30%。我国经济已经与世界经济紧密地联系在一起，我国许多产品的价格水平已经与国际市场价格相当，甚至高于国际市场价格，因此一方面出口产品不得不压低

价格，一方面进口产品低价也对国内市场价格起到抑制作用。

7. 亚洲金融危机的影响。我国一般加工工业生产能力过剩在前几年已经开始出现，只是由于1994年汇率改革以后出口和贸易顺差大幅度增长，使国内生产能力过剩问题得以掩盖，由于亚洲金融危机的影响，我国出口出现滑坡，生产能力过剩的问题便"水落石出"了。

此外，我国已经告别短缺经济，初步形成买方市场，国内市场供求关系发生了具有历史意义的重大变化。在市场经济条件下，这种市场供求态势在一定程度上是一种常态。而我国的企业对这样一种新的市场供求态势还很不适应，往往不顾市场形势的变化而一味盲目生产，从而加剧市场供求的不平衡。这也是我国出现通货紧缩趋势的一个重要背景。

三、遏制通货紧缩趋势、保持国民经济持续快速健康发展的政策建议

防止通货紧缩趋势继续发展和造成更大的危害，逐步解决经济中存在的深层次矛盾，最根本的是要在需求和供给两方面共同采取措施，通过结构调整，使其脱胎换骨，既创造出新的需求，也创造出新的供给，实现总需求与总供给之间新的更高层次的平衡。当前，要密切关注通货紧缩趋向，兼顾治标与治本，兼顾短期增长与中长期发展，把扩大内需作为促进经济增长的主要措施和长期战略，继续实行积极的财政政策和稳健的货币政策，拓宽融资渠道，增加货币供应量，加快结构调整步伐，开拓城乡市场，培育新的经济增长点，使价格总水平逐步恢复到合理的变动区间，促进国民经济持续快速健康发展。

根据以上分析，当前和今后一个时期宏观经济政策的主要取向是：

1. 进一步扩大内需，特别是加大城市基础设施投资力度。近年来我国基础产业基础设施建设取得很大进展，基础产业对经济发展的制约影响明显缓解，但从总体上看，我国的基础设施状况还比较落后，特别是城市和农村落后地区的基础设施仍然相当落后，远远满足不了需要，继续加大基础设施投资力度很有必要。加快包括交通、环保在内的城市基础设施建设，应当成为今后一个时期基础设施建设的重点之一。为此，

要大力拓宽融资渠道。（1）发行城市基础设施建设债券。目前银行利率很低，国债和企业债均十分热销，是发债的好时机，可以以市政公司或地铁公司名义发债，利率可以略高于银行存款利率。发债规模可以相当大，例如凡批准修建地铁的特大城市每年均可发行10亿元建设（企业）债券。在股市融资受到限制的情况下，可以根据市场需要和可能扩大企业债券发行规模。（2）经人大常委会批准，选择若干城市进行地方政府发债试点。地方政府发债应以城市（而不是省或地区）为单位进行，且要选择财政收入稳定、偿还有保证的城市（而不是穷的、偿还无望的城市），发债资金由市政府统筹安排用于市政基础设施建设。（3）允许和鼓励以国内BOT、项目融资、经营权转让等方式吸引民间资本包括民营资本进入基础设施领域，例如修建收费路、桥等等。（4）尝试在少数城市发行基础设施建设彩票，所筹资金用于纯公益性质的城市基础设施建设。（5）开展产业投资基金试点。产业投资基金试点管理办法已形成初步方案并上报国务院，在征求有关部门意见基础上，可以在年内出台。目前地方和有关部门要求开展产业投资基金试点的积极性很高，试点条件越来越成熟，应当力争在下半年在基础设施和高技术产业领域进行产业投资基金试点。

2. 加强政府宏观引导，加快结构调整步伐。对不同产业和部门，要分门别类，区别对待。总的原则是，压一部分，保一部分，调整一部分，扶持培育一部分。结构调整要遵循市场原则，同时政府也要发挥积极作用。（1）按照中央部署，坚决淘汰过剩和过时落后的生产能力。纺织、煤炭行业要完成压锭、关井任务，对技术落后、质量低劣、污染严重、资源浪费的小玻璃厂、小水泥厂、小火电厂、小炼钢厂、小炼油厂，要实施整顿和关闭。（2）大力发展新兴产业和高新技术产业，创造新的供给和新的需求，使国民经济实现新的更高层次的平衡。要以市场为导向，积极利用先进技术改造和提高传统产业，振兴装备工业，大力发展新兴产业和高技术产业，提高国民经济的整体技术水平。在积极引进、消化、吸收国外先进技术的同时，提高自主开发能力，推进关键设备的国产化。对城市轨道交通设备和环保设备实施国产化专项计划。探索建立高新技术创业投融资机制。对国家鼓励发展的新兴产业如信息、环保、生物工程等，在投资税收方面实行适当的免抵退。（3）鼓励和引导第三产业加快发展。目前第三产业发展潜力很大，新增长点很多，特别是社区服务、旅游、城市交通、通讯、教育、科技、文化娱乐、体育保健、信息咨询、金融保险、公用事业等，都具有良好的发展前景。对这些行业，该扶持的政府要给予必要的扶持，该放开的政府要坚决放开投资和经营，使其进入快速发展轨道。（4）对国有经济布局进行战略性调整。适当收缩国有经济的战线，加强国有经济在关系国计民生的重点行业关键领域的控制能力和对国民经济的宏观调控能力。（5）引入竞争机制，增加国防投入。当前的国际形势表明，天下并不太平，我国增加国防投入，加强国防科学技术和设备的研制，很有必要。增加国防投入也是发达国家在经济萧条时期实施宏观调控、刺激国内需求、促进经济增长的一种惯常做法。可考虑建立重大国防科研（试制）项目基金。增加国防投入也要引入竞争机制，通过招标方式确定承担有关研制任务的企业或单位。对一些单项科研试制项目，招标范围可扩大到非军工企业或单位，以提高国防投入的效率。

3. 进一步完善财政货币政策，加强财政货币政策的协调配合。（1）继续实行积极的财政政策，在稳步提高财政收入两个比重的同时，根据经济发展的需要，可以在赤字和国债的国际警戒线以内，适当调整增加国债发行规模。作为短期措施，积极的财政政策可以坚持3—5年。当然从长期看，应当坚持适度从紧的财政政策，严格控制赤字和国债规模，努力减轻政府的债务负担。（2）银行要在切实防范金融风险的同时，进一步改善金融服务，积极组织贷款，适当增加货币供应量，支持经济发展。可考虑对利率实行全面浮动，扩大利率上下浮动的幅度。银行要搞好机构和人员配置，加强和改善对中小企业、个体经营户和消费者的金融服务。在国债发行利率、时机、规模、对象、二级市场操作等方面，财政部门与中央银行要进行经常的、制度化的协商。允许和鼓励商业银行和其他金融机构适当增加国债持有规模，鼓励发展商业票据，加大中央银行公开市场操作的力度。（3）积极稳妥地推进费改税，实行费改税后中央财政可能相应增加的部分可支配资金，应主要用于弥补社会保障资金缺口和以资本金方式投入基础设施建设。（4）增加财政贴息资金，通过对贴息资金的灵活运用，引导信贷资金投放规模和投向。（5）要通过股份制方式对国有独资银行和保险机构进行改造，在加强规范和监管的基础上，积极发展地方性金融机构和非国有金融机构。要允许和鼓励民间资本通过项目融资、经营权转让等新型融资方式参与道路、交通等基础设施建设和经营管理服务。

4. 调整收入分配政策，切实保障下岗职工和低收入家庭的基本生活。（1）在加强社会保障税费征管的基础上，财政对社会保障支出缺口兜底，切实保证下岗职工和城市低收入家庭的基本生活，并根据职工平均收入增长和物价变动状况，逐步调整最低工资和基本生活保障标准。（2）逐步将再就业服务中心从企业转移到政府，并以城市为单位，实行集中统一管理，以减轻企业负担，进一步搞好下岗职工的培训和再就业工作，稳定和提高居民的心理预期。（3）建议经人大常委会批准，向中央银行发行超长期（例如50年）专项国债（或专项借款），建立社会保障基金，弥补社会保障资金缺口。（4）扩大以工代赈的规模和范围，实行以工代赈城乡并举。以工代赈是将增加收入与增加消费直接统一起来的一个特别方式。农村贫困地区以工代赈取得了很好的效果，而城市也正在形成一个低收入阶层，同样有必要、有可能搞好以工代赈。（5）适当提高公务员工资。（6）加强个人所得税征管，适时开征遗产税、赠与税，实行储蓄实名制，对利息收入征税，调节个人收入差距。

5. 调整消费政策，正确引导居民心理预期。随着生产供给能力的扩大和买方市场的形成，我国的消费政策也应当做必要的调整，要从过去的以限制消费为主向适当鼓励消费或既不鼓励也不限制的政策方向转变。（1）凡生产能力过剩或扩大生产能力有余地的产品，均应由过去的限制消费政策转变为鼓励消费政策或既不鼓励也不限制政策。例如电力，可以从过去的用电越多电价越高的政策，转变为用电越多电价越低的政策。对国际互联网用户收费也应当从超时加价改为按统一价格收费。（2）清理和取消不利于扩大消费的规定或做法。为鼓励家庭购买和消费轿车，应大幅度减少各种购车附加费用和使用费用。（3）政府应当积极提供有利于消费扩大的基础设施条件和其他服务。政府可以投资兴建停车场，或鼓励社会资本在符合政府统一规划的前提下兴建收费停车场，为轿车消费创造条件。要坚决制止那种只收费、不提供相应的服务或设施条件的做法。（4）完善消费信贷。消费信贷是银行新的贷款增长点，对于居民消费结构升级和银行信贷结构调整优化具有重大而长远的意义。目前消费信贷的适用范围已经扩大，应当加快建立个人信用制度，同时适当延长贷款期限，放宽抵押担保条件，降低利率水平，做好各方面的服务工作，促进消费信贷健康发展。（5）租售并举，加快城镇住房制度改革，有条件的地方可以放开住房二级市场。（6）注意引导社会心理预期。建议停止每月在报纸上公布各地价格指数，停止统计和公布商品零售价格指数，用消费价格指数取而代之。商品零售价格指数统计不包括服务价格，是有缺陷的一个价格指数，也不具有国际可比性，目前已有居民消费价格指数，可以对消费价格指数的统计进行必要的调整完善，如在服务项目价格之外，单列消费品价格指数，作为第二层次的价格指数，然后再对消费品和服务价格进行更细的分类。如果仍然公布价格指数，可以改为公布消费价格指数。根据居民消费结构变化，及时调整消费价格指数的商品和服务范围及权数，以更好地反映价格总水平变动趋势。同时，要提高改革的透明度，做好改革的宣传工作，对于改革措施可能给居民带来的负担和好处要讲清楚，使居民心里有底，从而端正对改革措施的态度，增加对改革的参与和支持。对那些明显影响居民收入或支出变化的改革措施，要注意把握出台的时机、次序，防止因改革措施过分集中出台而影响居民的心里预期和即期消费需求。（7）大力整饬市场秩序，规范企业的市场行为。对于部分企业低价倾销、恶意竞争、破坏市场秩序、损害国家和其他经营者利益的行为，要依法坚决查处。

当然，对于不合理的消费、畸形消费和不适合我国国情的超前消费，也要加以适当引导和限制。在目前的收入水平和发展阶段上，对出国旅游不宜过分渲染和鼓励，特别是在亚洲金融危机爆发的背景下，更要注意出国旅游热可能对我国外汇收支产生的不良影响。必要时，可对出国旅游兑换外汇的条件和额度进行适当的调整。此外，一些地方大规模修建坟茔、寺庙、牌坊等，也不能提倡，而是要加以劝阻和反对。

6. 拓宽融资渠道和市场准入，为中小企业和非国有经济的健康发展创造适宜的环境。（1）建立小企业贷款担保基金。可以采取中央、地方、企业共同出资的办法建立小企业贷款担保基金，同时与银行协商，按照担保基金的一定比例（倍数）向加入基金的小企业提供信贷支持。（2）增加对农户特别是一些专业生产经营大户的生产经营性贷款。应当像鼓励消费信贷那样鼓励农民利用信贷方式购买农用机械和其他农业生产资料。（3）鼓励民营企业上市或通过股票市场进行收购兼并，研究开办二板市场的可能性和时机，使非国有企业在资本市场融资获得平等待遇。（4）允许和鼓励发展非国有、股份制金融机构，或对现有国有金融机构进行股份制改造，加强对非国有经济的金融服务。

7. 改革户籍管理制度，加快城市化进程。（1）要逐步改变过去那种"离土不离乡"或"离乡不离土"的做法，实行"离土又离乡"，即凡进城务工或从事个体经营的农民，允许其将户口迁至城市，并享受相应的市民待遇，但必须放弃在农村的土地承包经营权。这样一方面鼓励进城农民在城市永久居住和发展，扩大消费需求，一方面也有利于农村耕地的规模经营和合理利用。（2）农民凡在城市购买一定面积的住房、投资一定金额的项目（符合政府规划和产业政策）、具有特定的技术专长或发明，均可向中小城市申请落户。（3）鼓励乡镇企业在城镇或农村集中发展，形成规模效应，促进小城镇建设和第三产业发展。以上政策主要在中小城市试行。

扩大内需和拓宽融资渠道的途径*

回头看：应对亚洲金融危机最为惊心动魄的时刻当在1998年、1999年，本文在1998年春节前即新一届政府成立前提出力争使1998年经济增长速度达到8%以上，并系统地提出了扩大内需的20个领域和拓宽融资渠道的10个途径。

1997年我国经济增长速度继续呈现平稳回落态势。这既是1993年以来中央采取各项宏观调控措施的结果，也是我国经济增长模式由大起大落和总体上的高速度转变为相对平稳、适度快速增长新阶段的表现。作为具有惯性的内在基本趋势，1998年国内需求增长速度可能进一步有所回落，出口方面则受亚洲金融风暴的影响增速回落幅度将会更大。初步估计，如果不有意识地采取扩大需求的政策，1998年经济增长速度有可能降至约7%，即比1997年下降2个百分点，其中亚洲金融风暴对我国出口和利用外资的消极影响反映到GDP增长速度上约为1—1.5个百分点。

在亚洲金融危机已经产生广泛影响而尚未平息的形势下，1998年中国经济能否继续保持较快的增长速度、人民币汇率能否继续保持稳定，无论对于中国经济本身还是对于亚洲乃至世界经济的未来发展态势，都具有极为重要的意义。我们认为，力争使1998年中国经济增长速度达到8%以上，既是必要的，也是可能的，关键在于适当扩大内需。据测算，只要国内投资和消费的实际增长率均达到10%，1998年就可以实现8%以上的经济增长。

---

* 本文完成于1998年春节前。

一、扩大内需的主要途径

内需包括消费需求和投资需求。消费需求在总需求中约占50%的比例，因此扩大消费需求对经济增长的影响最大。但是，消费需求有其自身的变化规律，特别是居民个人消费是十分分散的自主行为，政策可调控的余地较小，而投资变化的弹性往往很大。因此，扩大内需，很重要的就是适当扩大固定资产投资需求。

大致来说，投资的增加，应当主要用于基础设施和基础产业、农田水利基本建设、技术改造和住宅建设等领域。预计1998年消费总体上仍将保持平稳增长势头。可望扩大的消费，将主要是长期消费（住房等）和服务消费。具体而言，应当着重在如下方面增加投资、扩大消费、培育新的经济增长点。

1. 公路建设。公路建设的重点，一是主要城市之间的高速公路和高等级公路；二是农村公路，力争尽快实现村村通公路，这是全面发展农村经济、开拓农村市场的基础条件。

2. 特大城市的地铁建设。目前地铁建设投资每公里需要约10亿元，如果北京、上海、广州等几个特大城市每年新修100公里地铁，需要投资上千亿元。鉴于大城市交通拥挤状况总体上不仅没有改观，而且还在恶化，加快城市轨道交通建设势在必行。

3. 城市基础设施建设。包括城市道路、桥梁、停车场和其他交通设施、供排水、供气等。城市基础设施发展滞后对于城市生产和生活都产生了明显的制约影响。一般来说，增加城市基础设施投资不存在重复建设问题（机场、深水港是另一个问题）。

4. 铁路建设。铁路建设总体上还需要加强，但也应瞻前顾后。由于公路、航空等运输方式的竞争，近年来铁路经营状况令人担忧。今后不同运输方式之间的竞争将更加激烈，铁路在运输市场中的份额有可能继续下降。因此，新建铁路要对投资效益（直接效益和间接效益）进行全面的预测和评估。

5. 电网建设。如果说目前电力方面还存在瓶颈制约的话，那么问题可能已经主要不是发电能力不足，而是输变电方面的落后。例如在城市用电方面，铺设入居民户的线路多数不能适应用电负荷增加的需要，已经明显影响了居民家庭对空调、热水器、微波炉、电暖器和其他家用电器的购买和消费。农村更是由于电力供应得不到保证、电价偏高等问题，妨碍了农民对一些家用电器的购买和消费。

6. 加快大型水利项目的建设进度。例如长江三峡和黄河小浪底工程可以在保证工程质量的前提下加快建设进度。

7. 提高中小型水利建设项目的质量档次。防洪堤坝的加固可以由过去以土石结构为主改变为以钢筋混凝土结构为主，这样可以避免过去那种年年加固年年冲毁、年年冲毁年年加固的不良循环，收到一劳永逸的效果，同时带动水泥等建材工业的发展。全国的堤坝可以分期分批地都进行一次更新。

8. 农田节水灌溉设施。农村缺水越来越严重，而在用水特别是灌溉用水方面的浪费现象仍很普遍。大力推广节水灌溉设施直接关系到农村经济的可持续发展，意义非同小可。

9. 住宅建设。居民住宅建设具有广阔的市场前景，可以培育成为有广泛影响的新经济增长点。关键是要加快城镇住房制度改革，取消福利性的住房分配制度，同时还要降低住房成本和销售价格，健全和扩大住房抵押贷款体系。1997年个人购买住房增长较快，但商品住房积压增长也很快。因此，目前应当努力促使住宅建设进入良性循环，防止一哄而起。可以相信，如果有现实的需求，我国城镇住宅的建设、供给能力是不成问题的。

10. 环保产业。环境保护事关国民经济的可持续发展，影响到人民生活的质量。环保产业将大有可为。一旦政府对排污、垃圾处理等方面规定了严格的标准并对违反者给予严厉处罚，环保技术和产业就会很快发展起来。

11. 农用机械。包括联合收割机、农用车等。近年来这方面发展很快，今后可能继续保持较快的发展势头。要保证农用机械的质量和售后服务，保持适宜的价格水平，防止给农民的需求热情泼冷水。

12. 通讯。近年来我国电信业一直保持着高速增长态势。目前电信业的发展潜力仍然很大。如果能够进一步消除垄断、放开市场、鼓励竞争，电信业的发展速度可以更快。

13. 电子信息产业。计算机产业方兴未艾，我国的市场容量之大难以估量。应当进一步采取措施，鼓励我国的电子信息企业在硬件和软件的开发、生产上齐头并进，巩固和扩大国内市场占有率，并努力拓展国际市场。

14. 家庭轿车。近两年经济、适用型家庭轿车发展速度较快，个别车型还曾出现短暂供不应求的局面。随着轿车价格的降低，居民收入的增加，消费信贷的扩大，城市交通设施的改善，家庭轿车有可能出现加快发展的趋势，其对经济的带动作用将是可观的。

15. 旅游。近年来我国的国际旅游业和国内旅游业都获得了可喜的发展。国际旅游方面，我国每年吸引的来华观光人数已经不少，关键是提高人均创汇率。而在国内旅游方面，无论是提高居民的出行率，还是增加旅游方面的人均支出，都有很大的潜力。

16. 医疗保健。随着收入水平的不断提高，居民对医疗保健方面的需求逐渐增加。医院的就诊、住院服务、家庭医疗保健器械、体育休闲、保健食品等都有很好的发展前景。

17. 家庭室内装饰。现在新建住宅的室内装饰已经普遍大大提高了标准，对旧房进行室内装修的比例不断提高，室内装饰业将继续获得稳步发展。

18. 开发城市新型家电市场。微型计算机、大屏幕彩电、VCD、DVD等新型家电市场将在城市得到较快的发展。

19. 开拓农村传统家电市场。关键是要从农村的实际需要出发进行产品的设计、开发和生产，做到经济、实用，质量可靠，并提供必要的售后服务。同时要改善农村供电、供水等方面的条件，促进工业消费品下乡。

20. 教育。一方面，政府要积极创造条件继续增加教育经费支出，大力发展普通教育；另一方面，要完善和深化教育体制改革，进一步发展职业教育、成人教育、在职培训等非义务教育，让居民承担部分教育费用。近年来居民家庭用于教育支出的比例是提高的。

无论近期还是远期，要扩大内需，培育新的经济增长点，保持国民经济的健康发展，均须把握好几个基本点：一是加快发展第三产业。我国第三产业的比重既低于发展中国家的平均水平，也低于低收入国家的平均水平。二是下决心把民族装备工业搞上去。三是为非公有经济发展创造适宜的环境和足够的空间。近20年来，非国有经济的增长速度一直明显快于国有经济，预算约束也强于国有经济，目前在我国总产出中占一半以上比例，非国有经济的发展状况事实上已经成为决定整个国民经济发展状况的一个重要因素。在政策上对非国有经济要尽量做到一视同仁，特别是对于乡镇企业，在信贷、股票上市、发债、企业兼并等方面要给予更多的支持。四是新的经济增长点应当主要由市场来选择和培育，而不是靠行政命令。

二、拓宽融资渠道的主要方式

扩大内需特别是适当增加固定资产投资，必须有相应的资金支持。由于我国吸引外商直接投资的绝大部分来自港澳台和东南亚国家，这些国家和地区受亚洲金融危机影响比较严重，加之在金融危机继续发展的情况下许多欧美投资者对亚洲持等待观望态度，估计1998年我国利用外资的规模将受到明显影响。因此，扩大国内融资渠道是扩大内需的重要保证。

我国国内储蓄率高（近年来一直在40%左右），国内可挖掘的资金潜力很大。只要国内融资渠道进一步疏通，资金利用效率进一步提高，国内资金完全可以支持较高的经济增长（例如8%以上）。

初步考虑，拓宽融资渠道可以在如下几方面多做文章。

1. 进一步发展消费信贷体系。目前城市居民消费正处于由万元级向10万元级升级过程中，对于住宅和家庭轿车的购买，没有消费信贷体系的支持是不可想象的。消费信贷不发达，是目前制约民用住宅和家庭轿车业发展的重要因素之一。扩大消费信贷，一方面需要消费者更新消费观念（过去一直是"有多少钱办多少事"），另一方面需要健全消费信贷体系。其中有两点很重要，一是适当延长抵押贷款期限，二是适当降低抵押贷款利率。

2. 适当增加贷款贴息。取消信贷规模限制、减少政府对银行的不合理干预，是建立适应社会主义市场经济要求的金融体系的重要举措。目前银行普遍存在"惜贷"、"惧贷"心理，扩大内需不能简单恢复过去的做法，硬性要求银行对项目贷款。可以通过增加贴息的方式引导银行资金投向。

3. 根据市场状况加快股市扩容速度。我国股市发展的潜力很大，每年通过股市实际筹资1000亿元以上是没有问题的。但股市扩容要根据股市变化，注意掌握节奏和力度，否则可能适得其反。

4. 扩大企业债券发行。在发达国家的资本市场上，企业债券（公司债券）与股票和国债大体处于三足鼎立状态。我国企业债发展明显滞后。近年来尽管出现过企业债偿还困难问题，但总体偿还情况是好的，企业债在效益和约束方面优于银行贷款。因此，在加强和改善管理的前提下，应当扩大企业债券发行。

5. 加快产业投资基金的管理办法制定和试点工作。产业投资基金可以较好地把扩大融资渠道和贯彻国家产业政策、调整产业结构结合起来，应当抓紧有关管理办法的制定和试点工作。

6. 鼓励国内银团贷款。目前银行在贷款投放上越来越趋于谨慎、自我约束增强，对于大的项目往往不愿意单独承担风险，因此，应当鼓励、推广国内若干家银行联合起来组织银团贷款的方式。

7. 发行中央政府建设债券。目前国债发行规模不小，但主要用于弥补财政赤字和偿还原有债务的本息。应当在进一步增收节支、缩小财政赤字的前提下，增发中央建设债券，用于重大项目的投资。

8. 有选择、有控制地进行地方政府建设债券试点。地方政府债券恐怕迟早要放开。目前似乎可以选择个别地方进行试点。试点应在几个方面严格把关：一是地方经济发展态势良好，地方政府财政收入稳定增长；二是发债规模控制在财政收入的一定比例内；三是发债所筹资金只能用于未来收入流十分稳定的地方基础设施项目（例如地铁建设），绝不允许用于加工工业项目，以防止重复建设；四是以城市为单位而不是以省为单位发债。

9. 相机适当调整出口退税率，加快出口退税进度。是否调整出口退税率以及调整幅度多大,应当根据出口的实际变化情况和财政的可承受能力而定。即使出口退税率不变,加快出口退税进度对于鼓励出口也具有十分积极的影响。

10. 推进BOT、项目经营权转让等新型融资方式的"国产化"。BOT、项目经营权转让等新型融资方式不仅对外资有吸引力,也可以成为吸引内资、挖掘国内资金潜力的重要途径。关键是政府要转变观念,放宽民间资本可以进入的投资领域,并积极为国内资本参与 BOT和项目经营权转让创造条件。

11. 适当增加国内商业银行的外汇贷款。目前我国一方面外汇储备规模很大,另一方面亚洲金融危机对今年我国利用外资的规模可能产生明显不利的影响。适当增加国内商业银行的外汇贷款可以满足企业对外汇资金的需要。增加外汇贷款,应当比照与国际上大体一致的条件(如利率)和规定进行,还可以与国外银行一起组织银团贷款。

扩大内需的数量界限、主要
障碍和对策思路*

回头看： 本文在应对亚洲金融危机的艰难时刻，对扩大内需问题提出了比较完整系统的意见建议。约十家报刊转载。

目前我国经济的适度快速增长面临着双重困难：一方面，东亚金融危机对我国出口和利用外资的不利影响正在逐步显露出来；另一方面，短缺经济的消除、买方市场的出现，标志着我国的市场供求格局发生了根本性变化，经济发展正在进入一个新的阶段。在这种形势下，1998年为保证实现8%的经济增长，扩大内需是关键所在。那么，扩大内需的数量界限是多少呢？所面临的困难和障碍是什么呢？应当采取何种对策呢？这是需要认真研究、对待的问题。

一、扩大内需的数量界限

1997年我国GDP总量为74772亿元，按照8%的增长率测算，1998年GDP总量应达到80754亿元（不变价格），即比1997年增加约6000亿元。简言之，只要国内需求的实际增长额能够达到6000亿元，假设不考虑出口的影响或假设出口对经济增长的影响为零，1998年就可以实现GDP增长8%的目标。

然而，确定扩大内需的数量界限，必须估计到东亚金融危机对我国出口进而对经济增长的负面影响。据统计，1997年我国外贸顺差达403

---

　　* 本文原载《中国工业经济》1998年第7期、《光明日报》1998年7月15日。

亿美元，剔除服务项目贸易赤字后，估计商品和服务净出口折合人民币2700亿元左右。按照1998年出口增长5%—8%，进口增长10%—15%测算，并考虑到服务贸易差额，预计全年商品和服务净出口额可达到1900亿元左右。也就是说，1998年的商品和服务净出口额将比1997年减少约800亿元，相当于影响经济增长速度约1.1个百分点。据此，1998年扩大内需的数量界限可以确定为：（1）内需的增量应达到6800亿元，即在弥补了减少800亿元净出口额后，总需求净增额达到6000亿元，带动经济增长速度达到8%；（2）内需本身的增长应能带动经济增长速度达到9.1%，即在剔除东亚金融危机的负面影响（−1.1%）后，实际经济增长速度还可以达到8%。

具体而言，作为内需的投资和消费分别应当达到多少呢？首先来看1997年的经济运行结果。1997年社会消费品零售额为26843亿元，全社会固定资产投资25300亿元，分别比上年实际增长约10.2%和9%。按照消费品零售额与总消费的比例测算，1997年总消费（包括服务消费和自给性消费等）约为44700亿元。据分析，1998年消费可能继续平稳增长，投资则由于政府出台了一系列刺激措施而可能有所加快。如果1998年固定资产投资和消费都增长10%（不变价），则固定资产投资可增加2530亿元，总消费可增加4470亿元，合计增加额约为7000亿元，折合GDP增长9.4%。这样，即使1998年净出口比上年减少800亿元，影响经济增长速度1.1个百分点，全年GDP增量也可达到6200亿元，相当于GDP增长8.3%。进一步考虑到近年来用需求法测算的GDP增长速度往往高于用生产法统计的结果，二者之间存在一个系统差，剔除其影响后，1998年 GDP增长8%仍然是有保证的。因此，扩大内需的数量界限可以具体化为"双十"：固定资产投资和消费的实际增长速度分别达到10%。

对于扩大内需的上述数量界限需要做几点补充说明：一是如果考虑价格因素，则扩大内需的数量（绝对量）界限应有所调整；二是如果消费增长速度明显低于10%，则投资增长速度就应进一步加快，以弥补消费增长速度之不足，例如，如果消费只能增长8%，那么投资增长速度就应当达到约13.5%；三是在上述测算中我们实际上假设存货零增长，但如果投资和消费都达不到必要的增长，则存货大量增加也可以保证实现8%的经济增长，但这样的经济增长没有实际意义，也不具有可持续性。

二、扩大内需的主要障碍

（一）"最终的"最终需求缺乏。经济增长有赖于最终需求的扩大。最终需求由消费、投资、出口和存货增加四部分组成。仔细分析可以发现，在这四部分中，消费和出口可以说是"最终的"最终需求，而投资和存货增加则是相对意义上的最终需求。这是因为，投资的结果是扩大后备生产能力，从而满足更大量的消费或出口，如果没有消费和出口的扩大，投资的扩大只会形成更大规模的闲置生产能力。存货增加要计入国内生产总值，通过扩大库存的确也可以提高经济增长速度，但这其实是表面现象，因为存货急剧增加意味着大量资金占压，必将导致企业经济效益下降乃至亏损，因而存货不可能无限制地大幅度增加下去。也就是说，投资和存货的过快增长有可能成为自身继续快速增长的障碍。消费和出口则不同。一个消费品被消费掉了，或出口了，就没有了，到头了，需求就彻底实现了。只要消费和出口需求持续增长下去，就会对总需求和经济增长不断地起到拉动作用。目前的问题是，消费和出口这两种"最终的"最终需求上不去，因而需要尽可能地扩大投资。由于消费需求具有平稳增长、政策调控余地小的特点，目前的政策取向实质是"以投资需求增加来弥补出口需求相对收缩"，从而保证经济的稳定增长。

为什么"最终的"最终需求上不去呢？目前影响我国出口扩大的主要是东亚金融危机。据统计，1998年第一季度我国对日本、东盟和韩国的出口分别下降2.5%、7.8%和24.5%，其中3月份外贸总出口增长8.2%，增幅比上年同期回落近27个百分点。东亚金融危机对我国出口的负面影响在1998年下半年可能表现得更加明显。而影响我国居民消费扩大的因素则是多方面的：一是收入增幅趋缓。1997年我国城镇居民人均可支配收入比上年实际增长仅3.4%，农村居民人均纯收入也只增长4.6%，增幅均比前几年明显回落。二是城乡居民收入水平还没有积累到实现消费升级的程度，目前均处于一种"购上不足，购下有余"的特殊时期，出现了消费断层。就是说，由于收入水平限制，目前农村居民无法接续城市居民80年代对彩电、冰箱等千元级产品的消费浪潮，城市居民也难以大规模地进入家庭轿车和自有住房的消费时代。三是消费信贷不发达，居民消费观念没转变，无论买吃的买穿的还是买房买车，仍习惯于"一手交钱一手交货"的支付方式。四是居民储蓄倾向持续上升。1998年2月份人民银行的调查表明，尽管储蓄存款利率连续下调，居民储蓄意向比上年四季度提高6.9个百分点。五是居民收入预期的不稳定性显著增加，消费上就更加谨慎起来。例如1998年以来住房货币化改革声势很大，社会保障体系却很不完善，市场形势的变化可能使企业今天盈利明天亏损，职工收入也可能今天高、明天低，甚至今天在岗、明天下岗。六是收入差距扩大，高收入者的边际消费倾向递减，中低收入者则受到收入水平限制难以扩大消费。

（二）资金筹措困难。扩大内需需要资金保证。近年来我国国内总储蓄率高达40%左右，即使外资不像过去那样大幅增加或者略有减少，国内资金总量也足以支持较快的经济增长。但这只是就资金来源的潜力而言，实际上资金来源渠道并不畅通。第一，我国财政一直比较紧张，目前财政收入占GDP的比例只有11%左右。1998年第一季度财政收入仅增长8.7%，剔除不可比因素后增幅更低，而作为财政收入重要来源的"两税（增值税和消费税）"收入仅增长2.2%。从多方面因素看，1998年全年财政收入增长前景不容乐观。在财政收入框架内扩大政府支出已没有多少文章可做，财政支出结构调整的余地也不大，而且结构调整不能达到总量扩张的目的。第二，受东亚金融危机影响，1998年利用外资规模能够达到上年的水平就不错了。第三，我国资本市场容量较小，一段时间以来又不大景气，限制了资本市场融资规模。1997年我国股票市场发展较快，A股市场筹资达到600多亿元，是前所未有的。但600亿元即使都用于投资，也仅相当于当年全社会固定资产投资规模的2%—3%，可以说微不足道。从当前股市状况看，1998年股票市场筹资规模很可能少于上年。据统计，1998年第一季度通过A股市场筹资83亿元，比上年同期下降17%。而B股、H股则未有一家新股上市。第四，我国企业负债率很高，经济效益下滑，自有资金严重缺乏。这是一个无法回避的现实。第五，在这种情况下，人们把扩大内需的资金来源的希望主要寄托在扩大银行信贷规模上。客观地讲，银行资金是充裕的。但是，银行资金充裕并不意味着贷款投放就多。1998年一季度全部金融机构贷款增加912亿元，而上年同期为1584亿元，即同比少增加670亿元。实际上，银行贷款投放趋缓早在去年已露端倪。1997年国家银行破天荒地没有完成当年信贷计划，与往年需要追加贷款计划或实际贷款大大超过计划的情形形成鲜明对照。从目前形势看，1998年国家银行完不成年初确定的信贷规模指导性计划的可能性也是完全存在的。这意味着，信贷资金渠道其实也没有充分的保证。

（三）资金进入限制和配置失当。目前在某些领域某些行业，既有较大的市场需求和盈利前景，也有较多的资金希望进入，但由于种种限制，社会资金难以进入这些特定的领域或行业，从而妨碍了全社会资金和资源的有效利用和合理配置。具体而言，有两方面表现：一是产业限制。例如目前电信业市场前景仍很广阔，但存在行政性垄断，竞争很不充分，即使是其他行业的国有企业也很难通过适当的渠道投资于电信市场。应当承认这样一个现实，即无论通过银行还是资本市场，电信业都可以筹得大量建设资金，但在相当长的时间里电信部门似乎对外部融资并不那么感兴趣，而是主要依靠自有资金，这必然使电信业的发展速度受到制约，尽管多年来电信业一直在高速增长。再如基础设施和基础产业，许多投资项目目前只能由国有企业来搞，其实许多民间资本也热心于基础设施投资，但苦于不允许进入这个门槛，或没有合适的途径进入。二是所有制限制。许多非国有企业，包括乡镇企业和私营个体经济，在贷款、资本市场筹资等方面并没有获得一视同仁的待遇。而非国有企业恰恰是国民经济的生力军。

三、扩大内需的对策思路

在扩大何种内需、如何扩大内需的问题上，人们似乎把希望更多地寄托于增加投资、调节货币政策（包括降低利率、增加贷款等）和搞好国有企业上，而对于挖掘消费需求、财政政策和非国有经济特别是乡镇企业的潜力,则抱着一种不屑一顾或无可奈何的态度。这恐怕有失偏颇,也未免消极。实际上,在扩大消费需求、调节财政政策、支持非国有经济快速发展方面完全可以有所作为,而且只有在这些方面有所作为,8%的经济增长才有更加可靠的保证。

(一)把增加投资与扩大消费结合起来。增加投资是各国政府惯用的刺激经济回升的重要手段,在目前我国出现买方市场、居民收入增幅减缓的情况下,增加投资具有无可替代的作用。这是毫无疑问的。但是也应当认识到,当前增加投资实际上也不是没有困难和局限性。首先,投资的变化有其自身的规律,即使政府进行干预,也不是挥之即去,呼之即来。目前增加投资和扩大消费一样受到严重的市场约束。消费市场无热点与投资没有好项目其实是相互联系的现象。从根本上讲,投资是为消费服务的,没有消费的增长,投资不可能无限制地自我循环下去。其次,既要看到增加基础产业投资的特殊重要性,也要认识到对总量的影响的有限性。在总需求的总量和增量中,固定资产投资约占1/3的份额,而消费则占50%—60%,投资增加1个百分点远不如消费增加1个百分点的影响大。而基础设施和基础产业投资在全社会总投资中也是小头。1997年农林水利、能源和运输通信等基础设施和基础产业投资增幅明显高于其他投资,但其占全社会投资的比重不足30%。再次,目前基础产品的市场供应状况也已经发生了重大变化,某些能源、原材料产品出现了供求基本平衡或一定程度上供过于求的态势,继续大幅增加这方面的投资缺乏市场需求基础,而目前供给不足的主要是那些社会公益性强、营利性弱、价格受到国家严格控制的基础设施,如城市交通、电网、环境治理、农村道路、农林水利基础设施等,这又是社会资金不愿进入或难以进入的。

在扩大基础产业投资的同时,要注意防止出现两方面的大滑坡:一是投资增加的同时消费出现滑坡;二是基础产业投资增加的同时其他投资滑坡。一般来说,由于后者规模远大于前者,如果后者出现滑坡,前者往往是难以弥补的,从增幅的角度看是如此,从绝对规模上看更是如此。

当然,必须看到,目前消费市场无热点,消费主要是居民的个人行为，可调控性差，因此对消费增长寄予过高期望是不现实的。但是，从进一步开拓市场的角度看，可以说虽无西瓜可抱，但有芝麻可捡，因而需要不辞辛苦地"捡芝麻"，同时耐心培育和等待"西瓜"长大。例如，目前许多城市居民对空调的需求量较大，发电能力也不成问题，但进入居民家庭的供电线路绝大部分负荷不够，致使每到夏季经常出现掉闸断电情形，这就影响了居民对空调的购买和电力消费。可以设想，一旦消除这个瓶颈制约，相应的消费可望有一定的增加。此外，农村一些地区由于管理不善，电价奇高，农民连照明都用不起电，更不用说购置家用电器了。据国家计委最近调查，各地超过国家规定的不合理电费加价高达217亿元，个别地区农村电价达到每千瓦时2—4元甚至更高。类似现象的存在表明，无论在开拓城市市场还是农村市场方面，都是有潜力可挖、有事情可做的。

（二）把货币信贷政策调节与财政政策调节结合起来。目前信贷资金仍然是企业外部融资的主要形式，同时银行资金也相当充裕，贷款利率一降再降，已经到了多年来少见的低水平，但1998年一季度金融机构贷款新增额远少于上年同期，难以确保8%的经济增长。其中的原因是多种多样的。有人把目前银行贷款不积极现象称为"惜贷""惧贷"或"惰贷"。这种现象的出现，除了主观上的因素外，也存在着体制上、政策上的制约。例如，要求商业银行每年降低不良贷款比例2—3个百分点，取消贷款规模管理，赋予商业银行更大的信贷决策自主权，实行资产负债比例管理等，致使一些存在贷差或贷款比例高的银行无法新增贷款，在商业银行内部信贷决策权上收以后商业银行总行对资金调度不灵，严格的资本金比率要求使许多投资项目不符合贷款条件而拿不到贷款，中小企业得不到担保，也没有合适的资产用作抵押，等等。这些对于增加贷款投放的确都产生不利影响。但是应当看到，上述许多因素具有合理内核，而且对贷款增加的制约作用也是有限的，真正阻碍贷款投放增加的原因是银行对市场前景和贷款项目安全性的担忧。因此，贷款投放的明显增加只有在两种情况下才会出现：一是市场明显转旺，经济趋热，二是政府对银行贷款进行行政干预。目前来看，1998年的市场和经济形势很难明显转旺趋热，而政府强迫银行大量投放贷款的可能性也不大，因为取消贷款规模控制后政府再去直接干预银行贷款行为已经失去了合法性，既干预银行贷款行为又对银行提出降低不良贷款比例的要求也就自相矛盾了。无疑，政府可以对银行贷款进行"道义劝说"，"窗口指导"，但银行将主要根据自己的判断来做出贷款决策。总之，对银行增加贷款期望过高是不现实的，硬性要求银行增加贷款也是不合适的，如果银行为了完成全年贷款规模的指导性计划而在年终突击发放贷款将更是徒有其名、实有其害的。

在这种情况下，必须注意同时发挥财政政策的作用。国外经验表明，政府为刺激经济而惯常使用的主要是财政政策。我国虽然财政收入占国内生产总值的比例偏低，目前财政入不敷出，但在为扩大内需提供资金支持方面，调节财政政策仍然有潜力可挖。这里有一个观念问题。关键是对财政收支差额（赤字）目标如何确定要重新认识。财政赤字在市场经济国家是一个比较普遍的现象，我国自1979年以来只有2个年份财政有盈余，其余18个年份都是赤字。我们固然不能把改革以来的经济高速增长归因于有赤字，但为什么赤字的持续存在与经济的持续快速增长同时并存，也值得思索。赤字本身不可怕，关键是赤字规模不能过大。而赤字规模的大小主要不是看其绝对规模，而是看其在GDP中所占的比重。这是因为，经济规模是不断扩大的，过去的100亿元赤字与现在的100亿元赤字绝不可同日而语。比较合理的标准是，把财政赤字控制在GDP的一定比例之内。目前欧洲货币联盟的标准是3%，我国1997年财政赤字占GDP的0.7%。根据国际经验，我国如果把财政赤字控制在GDP的2%或2.5%以内将是足够安全、健康的。这意味着在目前规模上我国的赤字可以适当扩大，即使赤字规模达到1000亿元，其相当于GDP的比例也不过略超过1%。如果能够在不妨碍必要的经济增长的前提下消灭赤字、保持盈余，当然更好。但是，无论消灭赤字、保持赤字或扩大赤字，其本身都不是目的，最终目的是促进经济的发展。可以说，减少赤字是长远目标，确保经济增长速度达到8%是眼前的紧迫任务，因此前者恐怕是次要矛盾，后者才是主要矛盾，对此要有客观的认识。

适度从紧的财政政策是相对而言的。应当把我国财政已经存在的赤字作为一个既成事实来看待，以此作为出发点，可以作出如下判断：如果来年的政策是要减少赤字，表明财政政策是紧的；如果维持原有的赤字规模不变，表明财政政策大体是中性的；如果允许赤字进一步扩大，则表明财政政策是宽松的。从这个意义上讲，我国目前的财政政策其实是紧的，因而与扩大内需的要求是不太适应的。

配合扩大内需，调整财政政策，在现行财政收支框架内可采取的措施主要是调整财政支出结构，相对缩减经常性支出，增加建设性支出。这样做是必要的，但潜力是有限的。因此，还应当在现行财政收入之外做文章。目前最具有可操作性的是增加长期建设国债发行。据分析，目前形势下，增发500亿元5年期以上的建设国债是不成问题的。而增加500亿元政府建设资金的直接影响和间接影响将是十分可观的。特别是在目前银行和社会资金普遍找不到好项目、不愿意投向实业的情况下，增加政府投资的示范、引导作用是十分必要的。同时，增发国债用于基础建设，属于债务收支，不增加今年的预算赤字。此外，地方政府发债用于当地基础设施建设在发达市场经济国家是一个相当普遍的现象。目前我国《预算法》不允许地方政府发债，但不妨选择上海、深圳、广州和北京等经济发达、财政收入增长快、偿还有保证的城市，作为特例，经全国人大常委会批准后进行试点。还可以考虑修改《预算法》，为将来地方政府发债提供法律依据。这一步恐怕迟早是要走的。

（三）把搞好国有企业与支持非国有经济快速增长结合起来。搞好国有企业的改革和发展，是今年实现8%经济增长的一个重要保证。事实上，长期以来我们一直把主要的精力和资金投入到了国有企业的改革和发展上。然而，需要正视的现实是，多年来国有经济在国民经济中的比重在不断下降，国有企业对经济增长的贡献率越来越小，而非国有经济对经济增长的贡献率不断上升。据测算，1997年国有经济在GDP中的比重为42%，非国有经济占58%。今年一季度全国工业增加值增长8.2%，其中国有工业仅增长1.9%，对全部工业增长的贡献率只有11%，国有及国有控股工业仅增长3.3%，对全部工业增长的贡献率只有25%，而非国有经济对工业增长的贡献率高达75%。在国有企业的现行体制、机制和目前的经济增长格局下，就是对国有企业注入再多的资金、给予再多的优惠，恐怕对经济增长的意义都不会太大。而如果把同样规模的资金投入到非国有经济，效果必然很不一样。因此，如何为非国有经济的发展创造一个适宜的环境，特别是在融资方面给予有力的支持，已经不是一个可有可无的事情，而是一个事关重大的问题。

支持非国有经济和中小企业，需要探索和寻找多种具体的形式。在银行贷款投放上，可以根据国有企业和非国有企业的产出比例，来大致确定一个指导性的贷款比例，以供商业银行作为内部参考。财政可以每年拿出一笔钱用于对中小企业贷款贴息或对贷款利息进行事实上的担保。企业上市、发债、兼并、收购等方面也要尽量按照统一的经济标准对非国有企业开绿灯。此外，可以借鉴美国等发达市场经济国家的经验，适当的时候成立国家中小企业管理局，专门为中小企业提供政策、技术、信息和培训等方面的服务。

（四）把扩大内需与提高对外开放水平结合起来。从促进经济增长的角度看，扩大内需和扩大出口是相辅相成的，出口扩大了，可以减轻扩大内需的压力。同时，我国的"外贸依存度"较高，几乎相当于美、日等国的两倍，今后我国外贸应由数量扩张型向质量取胜型转变，因此从量上看，稳步扩大内需将是一项长期任务。

应当认识到，东亚金融危机既给我国造成了不利影响，也给我们提供了启示，还给我们带来了机遇。同时，当今世界经济一体化趋势愈益明显，我国与其他国家经济的联系越来越紧密，我们不可能脱离世界经济而独自发展。因此，在扩大内需的同时，必须不失时机地努力提高对外开放水平。第一，继续把通货膨胀控制在较低的水平内，从而在一定程度上抵销东南亚国家货币贬值对我国出口带来的消极影响。假如东南亚国家的通货膨胀率明显高于我国，那么东南亚国家货币实际贬值幅度与名义贬值率相比，就要打一个折扣。我国的相对通货膨胀率越低，就越有利于提高国际竞争力。第二，严格控制劳动力成本上涨幅度，继续保持劳动力便宜的优势，同时着重提高劳动力素质，这样就可以既在出口方面也在引进外资方面提高我国的竞争力。据有关资料，发生金融危机前泰国、菲律宾等国的月平均工资额已达到或超过200美元，比我国沿海地区工人工资高1倍左右。因此，即使在一些国家货币贬值后，我国劳动力成本低的优势也还可以在一定程度上得以保持。第三，努力提高出口产品的技术含量和附加价值率。如果我国的出口产品在技术上与东南亚国家相比高出或错开一个档次,能够在产品设计、技术和质量等方面占有优势,那么其他国家的货币贬值就不会对我国的出口构成过大的威胁。从日本等国的历史经验看,出口制胜的关键不在于货币贬值,而在于出口产品本身。没有哪个国家是靠货币贬值而成为贸易强国的。第四,在出口退税政策方面可以适当增加一些灵活性。一方面可以进一步加快出口退税进度,另一方面可以根据外贸出口形势的变化有选择地调整出口退税率。第五,新近出台的进口设备免税政策将对扩大吸引外资和提高国际竞争力产生积极影响。目前我国与美国的双边贸易存在较大顺差,美国急欲缩小与中国和其他国家的贸易逆差,我们可以借此机会向美国施加影响,多从美国进口一些先进的技术设备,提高国民经济的技术装备水平。第六,可以利用我国外汇储备多而金融危机受灾国资产价格急剧下跌、外汇资金紧缺、利率高的时机,到有关国家进行直接投资、收购企业或向其政府提供一些贷款。这样做的前提是,需要对我国外汇储备的稳定增长有信心,也要对这些国家经济恢复的前景看得准。总之,在扩大内需的同时,应当而且可以采取措施使我国的对外开放水平进一步提高。

汇率幻觉与汇率真实*

回头看：本文分析了汇率变化对一国经济实力和收入水平的影响在多大程度上是幻觉、多大程度上是真实，这是一个十分有趣的问题，同时也涉及了中国经济赶超发达国家的时间问题。这一问题今后仍将在现实生活中存在。

一、汇率幻觉

一个国家的经济发达程度如何，许多时候是用人均GDP多少来加以衡量和比较的。如果有人问：落后国家追赶发达国家靠什么？多数人的回答恐怕是一致的：靠比发达国家更快的经济增长。这肯定没有错。然而从统计的角度看，某些时候汇率变化的影响可能超过经济增长。这或许是人们没有想到或不可思议的事情。不过，翻开国际统计年鉴，就可以发现一个奇妙的现象：按美元计算，有些国家的人均 GDP增长的确大大超过其经济增长。例如，1971—1980年按不变价计算，日本经济年均增长4.5%，按现价计算经济增长12.6%，而人均GDP（按美元计算）增长18.3%。同期，按不变价计算德国经济增长2.7%，按现价计算经济增长8.1%，而人均GDP（按美元计算）增长17.3%。其中的奥妙何在呢？在于汇率的变化。因为人均GDP水平的国际比较，需要通过汇率换算、以统一的货币计量单位进行，而汇率往往是不断变化的，这就可能导致按国际货币计算的人均GDP水平出现意想不到的、与经济增长似乎明显脱节的波动，形成一种"汇率幻觉"。

---

* 本文原载《宏观经济研究》1998年第12期。

汇率幻觉在欠发达国家赶超发达国家过程中所产生的影响往往令人惊叹不已。日本和联邦德国在收入水平上赶超美国的过程，是十分典型的例证。1970年，日、德人均GDP分别为1940美元和2860美元，相当于美国的39%和58%。到1980年，日、德人均 GDP分别达到10440美元和14150美元，相当于美国的81%和103%，这时德国已经率先超过了美国。1990年，日本和德国的人均GDP分别为26100美元和22720美元，相当于美国的117%和102%，即日本和德国的人均GDP水平都已经超过了美国，而且日本后来居上，超过的幅度明显高于德国。在日本和德国人均GDP水平赶超美国的过程中，汇率变化的影响超过了经济增长。我们来看一组统计分析数据。按美元计算，1971—1980年日本人均GDP平均增长18.3%，这一速度可以分解为四个部分，即经济实质增长4.5%，人口增长1.1%（影响为负值），价格（GDP缩减指数）上升7.7%，日元汇率升值影响人均GDP增长约6.8%（同期日元对美元平均汇率由360∶1升值为226.7∶1）。1980—1990年日本人均GDP平均增长9.6%，其中经济增长4.2%，人口增长0.6%，价格上升1.7%，而日元对美元汇率由226.7∶1升值到144.8∶1，影响人均GDP增长约4.3%。

个别年份的情况可能更令人感到惊奇。1987年日本人均GDP为17270美元，而美国为19810美元，比日本多2500美元。但1988年日本人均GDP突然跃升到23570美元，比上年增长了36.5%，结果人均 GDP反而比美国多了近2000美元。这简直令人怀疑是数字游戏或什么魔术。其实，1988年日本实际经济增长率仅为6.2%，价格上升0.3%，人口增长0.4%，这些因素加起来，只能解释人均GDP增长了大约6个多百分点。另一方面， 1985—1988年日元对美元平均汇率由238.5∶1升值为128.2∶1，这才是导致以美元计算的日本人均GDP急剧上升的主要因素，因为按照世界银行的计算方法，一国人均GDP在换算为美元时用的是连续三年的平均汇率，当然还要考虑该国通货膨胀与几个主要发达国家平均通货膨胀的差别状况。当年德国人均GDP超过美国时的情况如出一辙。1978年德国人均GDP为9660美元，比美国少590美元。到1979年，德国人均GDP达到12110美元，比上年增长25%，一举超过美国420美元。在以美元计算的德国人均GDP大幅度增长的背后，主要不是经济增长速度的加快（1979年德国经济增长仅4%），而是德国马克的明显升值。例如，1976—1979年德国马克对美元平均汇率由2.51∶1升值为1.83∶1，升值27%。

有道是"水可载舟，亦可覆舟"。汇率升值使得一国人均GDP水平跳跃式地增长，汇率贬值则可以使一国人均GDP水平不升反降，出现"越发展越落后"的悖论现象。1980年中国的人均GDP水平，按当时的汇率折算大约为305美元，到1987年，按当时的汇率计算，中国的人均GDP为294美元，比1980年下降了3.6%，这与我国改革开放的巨大成就和人民生活水平的明显提高是很不一致的。即使到1994年，按汇率折算，中国的人均GDP也只有大约450美元，意味着在这之前的14年人均GDP平均每年仅增加10美元，增长2.8%。照这样的速度，中国要赶上发达国家的收入水平几乎是永远不可能的。问题出在汇率变化上。1980年人民币汇率大约为1.5元兑1美元，在以后的10多年里，人民币汇率经历了一个不断调整、贬值的过程。到1994年，人民币平均汇率为8.62元兑1美元，与1980年相比贬值4.7倍，因此，如果按汇率来计算中国的人均GDP，得到上述结果也就不足为奇了。

亚洲金融危机的爆发使一些东南亚国家的经济发展水平转眼间倒退10年，也具有明显的汇率幻觉色彩。例如印尼，金融危机爆发前的1996年，人均GDP大约1000美元，是中国的1.5倍。金融危机爆发后，印尼货币对美元汇率从1997年6月底的2432∶1贬值到1998年初的1万盾兑1美元和7月初的1.4万盾兑1美元，如果按照1万盾兑1美元计算，目前印尼人均GDP水平大约只有250美元，即使按照1996—1998年3年的平均汇率计算，估计也不过500美元，仅相当于1997年中国人均GDP（世界银行计算结果为860美元）的60%。中国与印尼的相对收入水平及其国际排位在1年左右的时间内将颠倒过来。这里，汇率就像一根魔杖，既可以点石成金，也可以点金成土。

二、汇率真实

然而，由汇率变化所引发的人均GDP水平的大幅度变化并非完全是虚幻的东西，而是有着相应的真实经济基础和寓意。

汇率变化作为一个基本趋势是真实经济的反映。在市场经济条件下，某一时点的具体汇率水平有时可能是形形色色的索罗斯们在外汇市场上投机的结果，但汇率变动的基本趋势则主要由经济的基本面所决定。1970—1995年，日元对美元平均汇率从360∶1持续上升到94∶1所反映的基本事实是：日本经济快速增长，国际收支呈现大量盈余，经济结构不断升级，经济实力迅速提高，人们对日本经济前景抱着乐观预期。而近两年日元贬值则反映了现实经济中的一种相反趋势，即日本经济萎靡不振，美国经济增长势头则很强劲，日、美经济实力对比朝着对美有利的方向发展。同时，尽管日本贸易顺差仍然很多，但资金流出也很多，资本项目下存在大量逆差。而且，日本经济结构特别是金融体系中的问题逐步暴露出来，人们对日本经济的信心极度低落。日元贬值成为一种必然趋势。政府不可能仅从愿望出发来决定本国货币的升值或贬值，即使政府可以在某个特定时点上选择或决定一个汇率，如果这个汇率水平与经济基本面决定的市场均衡汇率有很大差距的话，也将难以持久，终究会被市场均衡汇率所取代。而汇率变化在某个时点上的偶然性与趋势上的必然性之间有统一性。因此，当某个特定时期汇率出现较为剧烈的变化之后，通过汇率换算的收入水平也必然出现戏剧性变化，而这种变化的背后是真实经济中国家间相互关系和实力消长的变化。

汇率变化导致本国货币的对外购买力上升或下降，对经贸和投资活动具有真实而重大的影响。前两年日元明显升值的时候，许多日本人喜欢到欧美度假、旅游、购物，甚至选择到国外举办婚庆活动，主要原因就是日元的对外购买力大大提高，到国外花费反而合算。如果一个外商拿1000万美元到东南亚国家投资的话，那么在金融危机爆发前他可能只是合资企业中的一个小股东，而在金融危机爆发后同样一笔美元资金也许可以收购整个企业。这可不是什么虚无缥缈的假设，而是活生生的现实。

三、汇率幻觉与中国赶超发达国家的联想

赶超发达国家需要经济快速增长，这是尽人皆知的道理。然而，我国经济发展水平与发达国家相比差距如此之大，即使我们可以继续保持相当快的经济增长，也需要经过极其漫长的时间才能赶上发达国家。我们不妨做两个测算：一是中国的GDP总量何时赶上美国，二是中国的人均GDP何时赶上发达国家的平均水平。据世界银行数据，1997年中国的GDP总量大约1万亿美元，而美国GDP约为7.7万亿美元。如果不考虑其他因素，设想今后中国经济年均增长8%、美国经济年均增长2.5%，需要经过40年，中国的GDP总量才能赶上美国。再来看人均 GDP的情况。世界银行计算的1997年中国人均GDP为860美元，发达国家平均为25700美元，如果按发达国家人均GDP年均增长2.5%，中国年均增长7%测算，则需要经过80年，中国的人均GDP才能赶上发达国家平均水平。然而，正如我们在前面所考察的，实际上对于收入水平在国际比较中的影响因素，除了经济增长速度之外，还有汇率和价格等。考虑到这些因素后，我们追赶发达国家所面临的"机遇"和"挑战"都大大增加了。

在上述假设基础上，如以人民币汇率今后平均每年升值2%测算，就会得到大不相同的结果，那就是：只要经过30年，中国的GDP总量就可以赶上美国，经过50多年就可以使人均GDP赶上发达国家平均水平。与前面单纯从速度方面测算得到的结果相比，分别缩短了10年和20多年。当然，如果我国的价格上涨率持续高于发达国家，同时其他假设条件不受影响，则追赶发达国家的过程会进一步缩短。那么，这种测算有什么意义呢？应当说，这既是理论上的设想，也具有相当大的现实意义。

日本和德国汇率变化的经验可以给我们许多启示。1970—1995年，日元对美元汇率从360：1上升到94：1美元，平均每年升值2.2%。1968—1980年，德国马克对美元汇率从4：1上升到1.82：1，平均每年升值3.7%。此外，按照世界银行采用购买力平价方法测算的我国人均GDP在1997年已经达到3570美元（见世界银行《世界发展报告98/99》），所隐含的汇率是1.7元人民币兑1美元。由于我国的商品和服务在质量、品种上与发达国家相比还有很大差距，消费结构、消费水平与发达国家不是在同

一或相近的层次上，世界银行按其购买力平价法测算的我国人均GDP明显高估。如何科学地测算购买力平价，当有许多复杂的问题尚需研究。但现实的人民币汇率低于其实际的购买力，应是可以认定的。有些专家认为，实际汇率的变化有可能呈现向购买力平价靠拢的趋势。因此，设想在今后一定时期内人民币平均每年升值2%并不是天方夜谭。

改革以来我国人民币汇率经历了一个通过不断调整贬值而向均衡汇率回归的过程，1994年汇率改革使得人民币汇率恢复到大体均衡的水平，从而也使此后汇率的变化获得了一个合理的出发点。自1994年以来，由于我国经济继续快速增长，相对经济实力不断提高，国际收支存在大量顺差，人民币面临升值的压力。1994—1997年，人民币对美元汇率已经从汇率并轨之初的8.7∶1升值为8.29∶1。如果没有亚洲金融危机发生，人民币将面临更大的升值压力。可以预期，在亚洲金融危机平息后，随着我国经济的继续快速增长，经济实力和国际竞争力不断提高，那么人民币汇率将重新表现出明显升值的趋势，从而成为我国经济和收入水平赶超发达国家的一个重要影响因素。然而，如果把货币汇率当作任人打扮的少女，那就大错特错了。汇率的变化趋势从根本上讲不是政府主观决定的，而是一国经济的国际竞争力的反映。因此如果将来我国经济增长的质量和效益提高缓慢，国际竞争力就会相对下降，也就不能完全排除人民币出现贬值趋势，那么即使能够保持一定的经济增长速度，赶超发达国家就将难以如期实现，成为第一经济大国也将几乎是不可能的事，这便是汇率因素提出的严峻"挑战"。

从各方面条件看，可以得到这样一个初步结论：今后相当长时期里，中国经济增长速度继续高于主要发达国家的可能性大于增长速度低于发达国家的可能性；与主要发达国家相比中国经济国际竞争力相对提高的可能性大于相对下降的可能性；中国的国际收支保持大体平衡的可能性大于明显失衡的可能性；经济结构逐步优化的可能性大于恶化的可能性；相应地，人民币汇率与主要发达国家货币相比升值的可能性大于贬值的可能性。这是中国的经济总规模和人均收入水平赶超发达国家的信心和希望所在。